汽车维修技工培训丛书

U0875732

汽车维修电工
——电器技术
（第2版）

舒　华　王　征　主编
赵劲松　舒　展　主审

国防工业出版社
·北京·

内 容 简 介

本书介绍了汽车用电源系统、启动系统、点火系统、照明与信号系统、信息显示系统、空调系统、辅助电器系统和全车线路的组成、类型、功用和结构原理，详细介绍了检测工具、仪器仪表与试验设备的使用方法，重点介绍了总成拆装、分解、调整与试验、零部件检测与维修、故障诊断与排除方法。

本书可作为汽车维修电工培训教材，也可供汽车专业师生和从事汽车设计制造、运输管理、维修管理的工程技术人员以及汽车修理工与驾驶员阅读参考。

图书在版编目(CIP)数据

汽车维修电工．电器技术/舒华，王征主编．—2版．—北京：国防工业出版社，2010.1
(汽车维修技工培训丛书)
ISBN 978-7-118-06651-7

Ⅰ.①汽…　Ⅱ.①舒…　②王…　Ⅲ.①汽车—电工—技术培训—教材②汽车—电气设备—维修—技术培训—教材　Ⅳ.①U463.6②U472.41

中国版本图书馆 CIP 数据核字(2010)第004339号

※

国防工业出版社出版发行
(北京市海淀区紫竹院南路23号　邮政编码100048)
天利华印刷装订有限公司印刷
新华书店经售

*

开本 787×1092　1/16　**印张** 19½　**字数** 490千字
2010年1月第2版第2次印刷　**印数** 4001—9000册　**定价** 36.00元

国防书店：(010)68428422　　发行邮购：(010)68414474
发行传真：(010)68411535　　发行业务：(010)68472764

《汽车维修技工培训丛书》
编 委 会

第2版序

汽车技术、建筑技术和环境保护技术是衡量一个国家工业化水平高低的三个重要指标。汽车自1886年1月29日发明至今,已有120多年的历史。近年来世界知名汽车企业进入我国市场,大大促进了国产汽车技术水平的提升,汽车产销量迅猛增大。到2009年8月31日,国内机动车保有量已达1.8亿辆,其中,私人拥有轿车达2377万辆,占轿车总保有量的81.89%。随着汽车逐步进入家庭,作为汽车售后市场重要环节之一的修理市场也越来越大,这就需要大量懂得汽车维修技术的实用型人才。然而,国内汽车修理人才目前仍然处于紧缺状态,具有一定理论基础和技术过硬的高级技工人才更是供不应求。

本套丛书第1版自2007年1月问世以来,深受广大读者欢迎和关注,并多次被选作部队及地方汽车维修技工培训教材,还被四川和河南等省选入"农村书屋"推荐书目。为了充分反映汽车新技术、新装备和新工艺的发展,不少读者殷切期望本套丛书进行修订。为此,国防工业出版社与军事交通学院等的专家教授于2009年1月开始,对丛书进行了全面修订。在修订过程中,重点把握了以下几点。一是严格按照技能型、应用型人才培养模式进行设计构思,坚持以读者就业为向导,以服务市场为基础,以能力培养为目标,培养读者的职业技能和就业能力;二是采用了最新的国家标准和行业标准;三是新增了发动机各系统常见故障的分析与排除方法;四是对汽车电子控制技术概论、汽车发动机电子控制系统故障诊断与检修、汽车电子控制主动安全系统等章节进行了较大幅度的调整与修改,规范了汽车电子控制系统的分类方法,增加了电子控制制动辅助系统和车身稳定性控制系统等内容;五是新增了色彩、色漆与美术涂装、涂料病态及其防治方法以及不同车型的涂装工艺和涂装方法等内容。从而使丛书修订后的体系结构更趋完整合理。

本套丛书可作为中高等职业院校和交通技工学校汽车运用与维修专业及相关专业教材,也可供汽车维修技工和汽车管理、维修技术人员培训与学习使用。

丛书编委会

2009年10月于天津

序

汽车技术是衡量一个国家工业化水平高低的重要标志之一。自1886年1月29日发明汽车至今,已有120多年的历史。近几年来,世界知名汽车企业进入国内汽车市场,大大促进了国内汽车技术的进步与发展,随着国民经济综合实力的提高,我国汽车生产量和销售量都在迅速增大,汽车拥有量大幅度上升。随着汽车越来越普及,作为汽车售后市场的重要环节之一,修理市场也进一步扩大,需要大量懂汽车的实用性维修人才。全国汽车维修行业每年需要新增近30万从业人员,而目前汽车修理行业中,汽车修理人才仍处于紧缺状态,尤其是有一定理论基础且技术过硬的高级技工供不应求。

目前我国汽车维修人员的培养主要依靠的是高职院校和技校,汽车维修作为教育部将实施的技能紧缺人才培养工程的重点之一,汽车维修专业人才已被列为我国"四大紧缺人才"之首。为了贯彻国务院《关于大力推进职业教育改革与发展的决定》和教育部、劳动保障部、国防科工委、信息产业部、交通部、卫生部等六部委《关于实施职业院校制造业和现代服务业技能型紧缺人才培养培训工程的通知》精神,配合中等职业学校实施紧缺人才培养计划,适应国家"十一五"规划提出的大力发展职业教育和部队军地两用人才培训的要求,国防工业出版社与军事交通学院合作组织了一批专家教授,根据他们多年的教学经验和实践经验,并结合教育部等六部委颁布的《中等职业学校汽车运用与维修专业领域技能型紧缺人才培养培训指导方案》以及劳动和社会保障部培训就业司颁发的《技工学校汽车类专业教学计划与教学大纲》的要求精心编写了本套丛书。

丛书严格按照本专业教学计划和教学大纲的要求编写。在编写过程中,按照技能型、应用型人才培养的模式进行设计构思;坚持以读者就业为向导,以服务市场为基础,以能力培养为目标,培养读者的职业技能和就业能力;合理控制理论知识,注重实用性,突出新技术、新工艺、新知识和新方法;既注重符合汽车专业教育教学改革的要求,又注重职业教育的特点;既能满足当前汽车维修的实际需要,又能体现教学内容的先进性和前瞻性。

本套丛书可作为中高等职业院校和交通技工学校汽车运用与维修专业及相关专业教材,也可供汽车维修技工和汽车管理、维修技术人员培训与参考学习使用。

丛书编委会

前 言

本书从提高汽车维修电工的实际动手能力和电器技术水平出发，以国产汽车为例，全面系统地介绍了汽车电器系统的功用、组成、结构原理、零部件检修、故障诊断与排除方法。在修订过程中，对部分标准（如化工行业标准 HG/T 2692—2007《蓄电池用硫酸》规定、机械工业部标准 JB/T 2599—1993《铅蓄电池产品型号编制方法》等）进行了核准，采用了最新标准；对 8 管、9 管、11 管和无刷交流发电机的结构特点、工作原理、工作特性和检修方法进行了简要介绍；对许多技术数据与维修方法进行了具体测量和试验验证。

全书分八章编写。第一章为电源系统，第二章为启动系统，第三章为点火系统，第四章为照明与信号系统，第五章为信息显示系统，第六章为空调系统，第七章为辅助电器系统，第八章为全车线路。每章后面附有思考题，以便读者掌握学习重点。

本书由舒华教授、王征高级工程师主编，赵劲松、舒展主审。参加编写的还有姚国平、王国权、许江枫、薛乃恩、杨丹、黄昭祥、周增华、唐亮文、李文杰、马洪文、范卫新、门君、白雪峰、刘磊、张绪鹏、高斐、刘凯、陈适、裴庆银、杨玉琦、许玉新、张大鹏、巴威、张芳凌等。全书由舒华教授统稿。

在编写过程中，得到了天津市优耐特汽车电控技术有限公司、上海大众汽车有限公司、一汽大众汽车有限公司、南京军区空军汽车修理厂、沈阳军区汽车检测维修中心、总后军事交通学院图书馆以及军交运输研究所等单位的大力支持，在此一并表示感谢！

由于编者水平有限，书中不妥之处在所难免，恳请读者批评指正。

作者

2009 年 10 月于天津

目录

概　述

汽车由发动机、底盘、电气设备和车身四大部分组成。电气设备是汽车的重要组成部分，为了可靠启动发动机，需要装备电源系统和启动系统；为了保证汽车安全行驶，需要装备照明系统、信号系统、信息显示与报警系统、挡风玻璃刮水与洗涤系统；为了便于查找和排除汽车电气设备故障，需要装备熔断器、易熔线和故障自诊断系统；为了提高汽车的动力性，需要装备发动机燃油喷射系统、进气控制系统、增压控制系统、汽油发动机微机控制点火系统和爆燃控制系统等；为了提高汽车行驶的安全性，需要装备防抱死制动系统、安全气囊系统、座椅安全带控制系统、雷达车距控制系统和倒车防撞报警系统等。由此可见，汽车的技术性能和使用性能与电器部件的质量与数量密切相关。

一、汽车电气设备的组成

现代汽车电气设备由汽车电器系统与汽车电子控制系统两大系统组成，每个系统又由若干个子系统组成。汽车电器系统的主要功能是保证汽车正常行驶，汽车电子控制系统的主要功能是提高汽车的整体性能。

汽车电器系统是指由电器装置或电子装置、电器开关和导线等组成，并具有特定功能的有机整体，主要有电源系统、启动系统、点火系统、信息显示与报警系统、照明与信号系统、辅助电器系统等。图 0-1 所示为上海大众汽车有限公司制造的桑塔纳 2000GSi 型轿车电器系统零部件的分布情况。

(1) 电源系统。主要由蓄电池、发电机和调节器组成。发电机是汽车的主要电源，蓄电池是辅助电源。电源系统又称为充电系统，其作用是向整车用电设备提供电能。

(2) 启动系统。现代汽车普遍采用电磁控制式启动系统，主要由起动机、启动继电器和点火启动开关组成。启动系统的作用是启动发动机。

(3) 点火系统。汽油发动机装备有点火系统，柴油发动机在压缩冲程末期，吸入缸内空气的温度已经超过柴油的燃点，从喷油器喷出的雾状柴油遇到热空气就立即燃烧，所以不需要装备点火系统。汽油发动机点火系统的功用是产生高压电火花，点燃汽缸内的可燃混合气。按控制方式不同，汽车点火系统可分为传统点火系统、电子点火系统和微机控制点火系统 3 种类型。传统点火系统仅在早期生产的汽车上采用，工业发达国家从 20 世纪 60 年代、国内从 20 世纪 80 年代开始采用电子点火系统，目前国内外生产的载货汽车都已普遍采用电子点火系统，小轿车已普遍采用微机控制点火系统。电子点火系统主要由点火信号发生器、点火控制器、点火线圈和火花塞等组成。微机控制点火系统主要由安装在发动机上的各种传感器、发动机电控单元、点火控制器、点火线圈和火花塞等组成。

(4) 照明与信号系统。照明系统包括车内外各种照明灯，用以提供夜间或雾天安全行车必需的灯光照明。其中，前照灯是最重要的照明装置。信号系统包括各种信号灯、闪光器、电喇叭与蜂鸣器等，主要提供安全行车必需的警告信号。

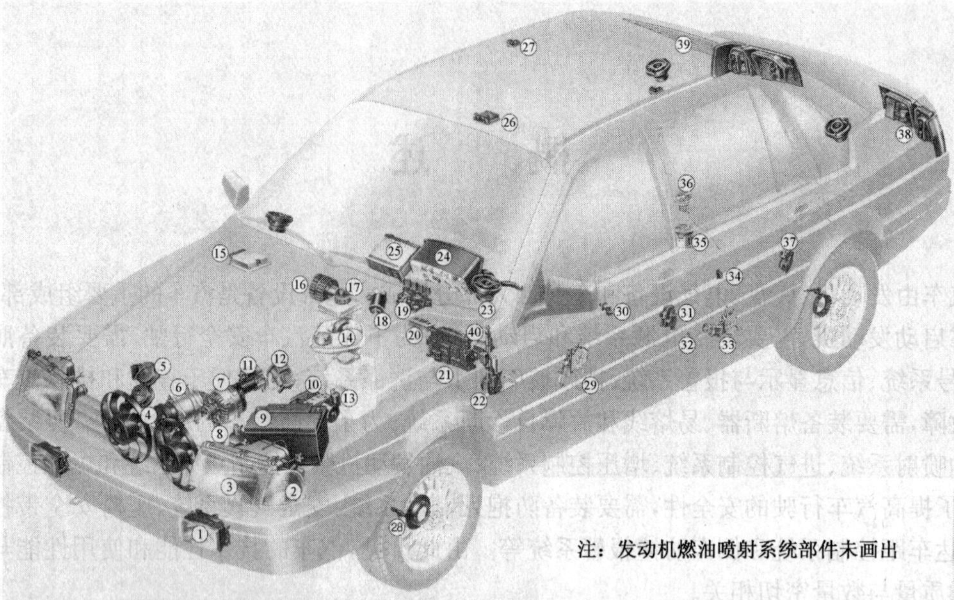

图 0-1　桑塔纳 2000GSi 型轿车电器与电子控制部件分布图

1—雾灯；2—转向信号灯；3—组合前照灯；4—散热器风扇；5—双音喇叭；6—空调压缩机；7—交流发电机；8—储液干燥器；9—蓄电池；10—ABS ECU 与液压控制器总成；11—起动机；12—点火线圈与点火控制器；13—挡风玻璃洗涤泵；14—冷却液液位传感器；15—发动机 ECU；16—空调鼓风机；17—制动液液位传感器；18—风窗刮水器电动机；19—空调控制器；20—电动摇窗机控制按钮；21—中央接线盒；22—自动升降天线；23—扬声器；24—组合仪表盘；25—收放机；26—内顶灯；27—阅读灯；28—轮速传感器；29—前风窗升降电动机；30—电动后视镜调节开关；31—中央门锁控制器；32—车门接触开关；33—后风窗升降电动机；34—后摇窗机开关；35—燃油泵；36—燃油油位传感器；37—后门锁控制电动机；38—组合后灯；39—后风窗除霜器；40—防盗器 ECU。

(5) 信息显示与报警系统。信息显示系统包括监测发动机和整车状态的各种监测仪表，如电流表、电压表、油压表、温度表、燃油表、车速里程表、发动机转速表等。报警系统包括防盗报警装置、警告报警装置以及各种报警灯，如蓄电池充放电指示灯、紧急情况报警灯、油压过低报警灯、气压过低报警灯、冷却液温度过高报警灯以及各种电子控制系统的故障报警灯等。

(6) 辅助电器系统。包括挡风玻璃刮水与洗涤系统、风窗玻璃升降系统、空调系统、低温启动预热系统、座椅位置调节系统、收放机和点烟器等。随着汽车技术的发展，辅助电器系统将日益增多，主要向娱乐、舒适、方便和安全保障的需求方面发展。

(7) 配电装置。配电装置包括各种控制开关、保险装置、中央继电器接线盒、配电线束和插接器等。

汽车电子控制系统是指由传感器、电控单元和执行器 3 部分组成，并能提高汽车性能的机电一体化控制系统，主要有发动机电子控制系统、底盘电子控制系统和车身电子控制系统等子系统。汽车电子控制系统的显著特征是以汽车发动机、底盘和车身为控制对象，主要功能是提高汽车的整体性能，包括动力性、经济性、排放性、安全性、舒适性、操纵性与通过性等。

二、汽车电气设备的特点

汽车种类繁多，电气设备形式各异，但其结构原理大同小异，电气设备的特点也基本相同，具有“两个电源、低压直流、并联单线、负极搭铁”4 个特点。

(1) 两个电源。即蓄电池和发电机。在汽车装备的两个电源中,蓄电池是辅助电源,发电机是主要电源。蓄电池主要在启动发动机时供电,发电机在汽车运行过程中,既向用电设备供电,又向蓄电池充电。

(2) 低压直流。汽车电器系统的标称电压有 12V、24V 两种等级,汽油发动机汽车普遍采用 12V 电器系统、柴油发动机汽车大多数采用 24V 电器系统。12V、24V 电器系统的额定电压分别为 14V 和 28V。为了满足汽车电器装置日益增多、用电量越来越大,电源系统供电功率增大的要求,目前世界各国都在研究开发 42V 电器系统,欧洲共同体从 2008 年开始试用 42V 电器系统。

无论电压等级为 12V、24V,还是 42V,都是直流安全电压(直流安全电压为 50V、交流安全电压为 36V),其主要优点是用电安全,不会导致人体触电。

发动机靠电力启动机启动,启动机采用直流电动机且由蓄电池供电,而蓄电池必须使用直流电充电,所以汽车采用直流电器系统。

(3) 并联单线。汽车电路均为并联电路。蓄电池与发电机并联工作,整车电器与电子控制系统均与两个直流电源并联连接。

单线是指从电源到用电设备只用一根导线连接,并用汽车发动机、底盘或车身等金属机体作为另一根公用导线,又称为单线制。由于单线制节省导线、安装维修方便,且电器总成部件无须与车体绝缘,因此现代汽车普遍采用单线制。但是,在特殊情况下,为了保证电气设备特别是电子控制系统的工作可靠性,也需采用双线制。

(4) 负极搭铁。在单线制中,将电器产品的壳体与车体金属连接作为电路导电体的方法称为"搭铁"。将蓄电池的负极连接到车体上称为"负极搭铁";反之,将蓄电池的正极连接到车体上则称为"正极搭铁"。根据中华人民共和国汽车行业标准 QC/T 413—2002《汽车电气设备基本技术条件》规定,汽车电器系统统一为负极搭铁。

实践证明,由于汽车行驶的颠簸,发动机工作的振动以及气温、湿度、灰尘的影响,加之使用不当,很容易使电器与电子设备损坏。据有关资料统计表明,在汽车运行过程中,电器与电子控制系统故障占整车故障的比例为 85%左右,且呈逐年增加的趋势。由此可见,为了提高汽车的完好率,不仅需要电器与电子控制系统具有合理的结构和良好的工作性能,而且需要正确使用与检修。熟悉汽车电器与电子控制系统的结构特点和工作原理是正确使用与检修的基础。

思考题

(1) 现代汽车电器设备由哪两个系统组成?汽车电器系统和汽车电子控制系统的主要功能分别是什么?

(2) 为使汽车发动机可靠启动,需要装备哪些电器系统?

(3) 为了保证汽车安全行驶,需要装备哪些电器系统?

(4) 为了提高汽车行驶的安全性,需要装备哪些电子控制系统?

(5) 为了便于查找和排除汽车电器设备故障,需要装备哪些电器装置和电子控制系统?

(6) 汽车电器系统由哪些子系统组成?电源系统由哪几部分组成?

(7) 汽车电器设备具有哪些特点?汽车采用低压电器系统的主要优点是什么?

(8) 什么叫"搭铁"?国家标准和行业标准统一规定汽车电器系统为什么极性搭铁?

第一章 电源系统

汽车电源系统的功用是向整车用电设备提供电能。电源系统主要由蓄电池、发电机和调节器组成。在汽车装备的蓄电池和发电机两个直流电源中，蓄电池是辅助电源，发电机是主要电源；调节器是一种电压调节装置，其作用是在发电机转速变化时自动调节发电机的输出电压并使其保持稳定。在汽车上，蓄电池与发电机并联工作，整车电器与电子设备均与两个直流电源并联连接。

现代汽车普遍采用交流发电机与电子调节器。不同车型采用交流发电机和电子调节器的结构形式各不相同，因此，电源系统部件及线路的布置形式各有不同。按电子调节器的安装方式不同，电源系统的布置形式可分为分离式和整体式两种。当电子调节器与交流发电机分离安装时，电源系统的组成与线路连接关系如图 1-1 和图 1-2 所示。

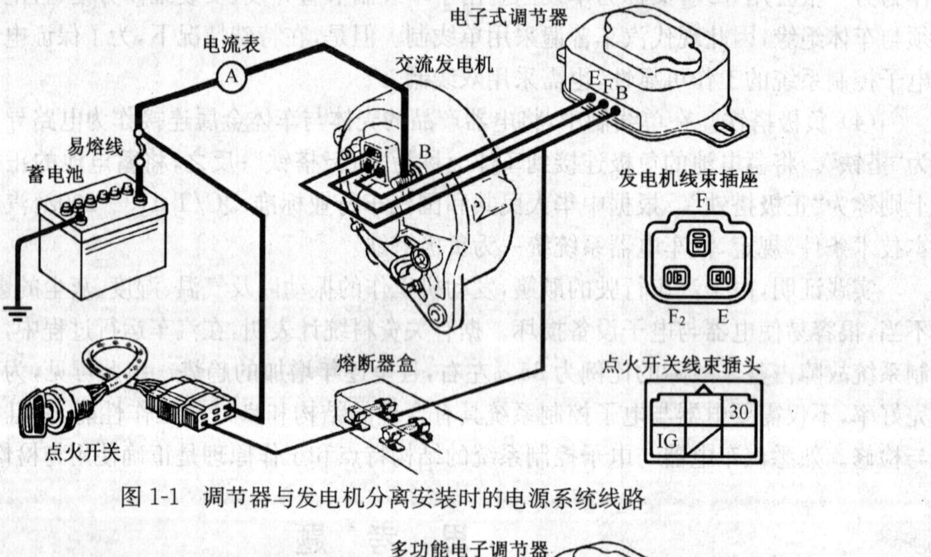

图 1-1 调节器与发电机分离安装时的电源系统线路

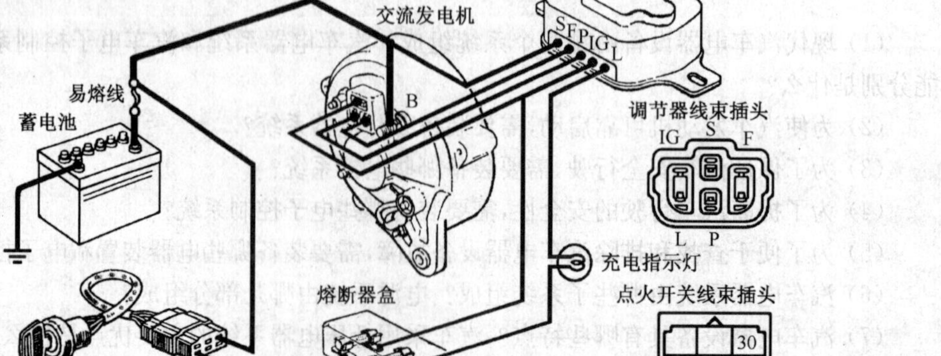

图 1-2 多功能调节器与发电机分离安装时的电源系统线路

调节器分离安装的缺点是发电机与调节器之间需用导线连接,因此电源系统的故障率较高。这种布置形式的优点是当电源系统发生故障时,能够就车诊断出故障发生在交流发电机还是发生在电子调节器,只需更换故障部件即可继续行驶。

在图 1-1 所示电源系统线路中,电子调节器只有调节发电机输出电压单项功能,并采用电流表指示蓄电池的充放电状态。由于电流表安装在组合仪表盘上,需要占用较大空间,因此电源系统结构简单、安装空间足够富裕的载货汽车普遍采用这种布置形式。

在图 1-2 所示电源系统线路中,电子调节器具有调节发电机输出电压和控制充电指示灯指示蓄电池充放电状态多种功能。由于充电指示灯安装在组合仪表盘上,占用空间很小,因此,这种布置形式既适用于载货汽车,也适用于结构紧凑的小轿车。

当电子调节器安装在交流发电机上组合成整体式交流发电机时,电源系统的组成与线路连接关系如图 1-3 所示,调节器一般都采用多功能集成电路(IC)调节器。

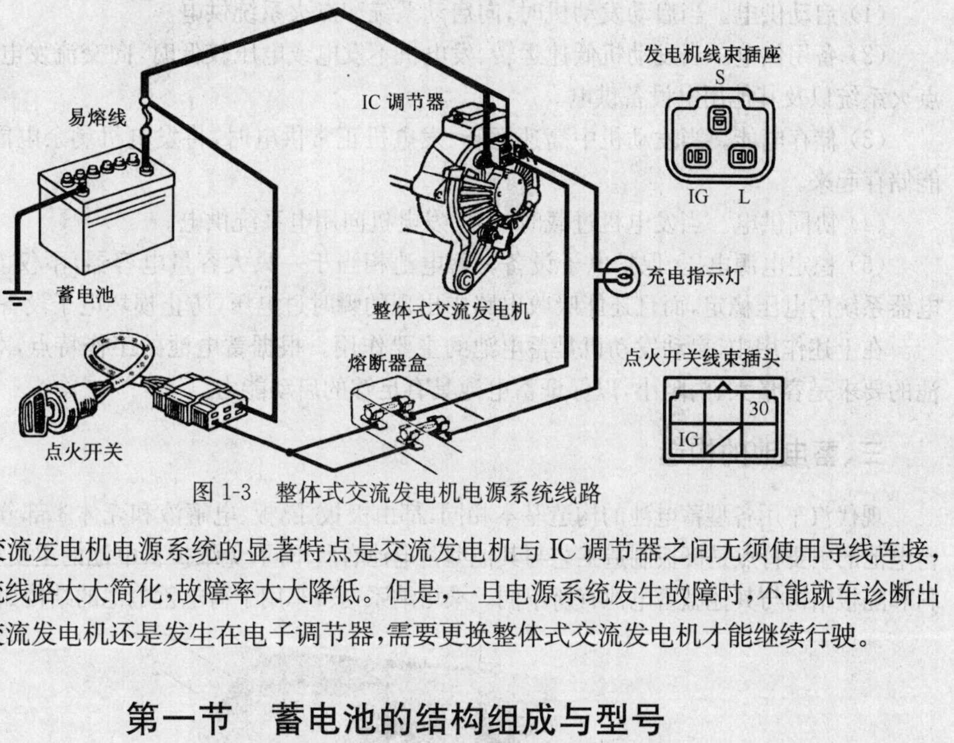

图 1-3 整体式交流发电机电源系统线路

整体式交流发电机电源系统的显著特点是交流发电机与 IC 调节器之间无须使用导线连接,因此电源系统线路大大简化,故障率大大降低。但是,一旦电源系统发生故障时,不能就车诊断出故障发生在交流发电机还是发生在电子调节器,需要更换整体式交流发电机才能继续行驶。

第一节 蓄电池的结构组成与型号

蓄电池是一种可逆的低压直流电源,既能将化学能转换为电能,也能将电能转换为化学能。汽车启动用蓄电池普遍采用铅酸蓄电池,简称蓄电池。

一、蓄电池分类

汽车用蓄电池按其结构可分为橡胶槽蓄电池和塑料槽蓄电池两类;按其性能可分为湿荷电蓄电池、干荷电蓄电池和免维护蓄电池 3 类。

(1) 湿荷电蓄电池。蓄电池加注电解液后,极板才能保存充电过程中所得电量的蓄电池,称为湿式荷电蓄电池,简称湿荷电蓄电池。

(2) 干荷电蓄电池。极板在干燥状态下,能在较长时间(一般两年)内保存制造过程中所得电量的蓄电池,称为干式荷电蓄电池,简称干荷电蓄电池。

(3) 免维护蓄电池。蓄电池在有效使用期(一般 4 年)内无须进行添加蒸馏水等维护工作的蓄电池,称为免维护蓄电池或无须维护蓄电池(Maintenance-Free Battery),简称 MF 蓄电池。

在上述 3 类蓄电池中,湿荷电蓄电池在首次使用之前,必须进行充电才能装车使用。由于充电工作会给汽车生产工艺安排和管理带来诸多不便,因此,现代汽车普遍采用便于使用的干荷电和免维护型蓄电池。

二、蓄电池的作用

当接通启动开关启动发动机时,蓄电池在 3s ~ 5s 内必须向起动机连续供给强大电流(汽油发动机汽车一般为 200A ~ 600A;柴油发动机汽车一般为 800A 以上),由此可见,蓄电池的主要作用是启动发动机。当发动机正常工作时,用电系统所需电能主要由发电机供给。归纳起来,蓄电池的功用有以下几点。

(1) 启动供电。当启动发动机时,向启动系统和点火系统供电。

(2) 备用供电。当发动机低速运转、发电机不发电或电压较低时,向交流发电机磁场绕组、点火系统以及其他用电设备供电。

(3) 储存电能。当发动机中高速运转、发电机正常供电时,将发电机剩余电能转换为化学能储存起来。

(4) 协同供电。当发电机过载时,协助发电机向用电系统供电。

(5) 稳定电源电压、保护电子设备。蓄电池相当于一只大容量电容器,不仅能够保持汽车电器系统的电压稳定,而且还能吸收电路中出现的瞬时过电压,防止损坏电子设备。

在上述作用中,启动发动机是蓄电池的主要作用。根据蓄电池的工作特点,对汽车用蓄电池的要求是容量大、内阻小,以保证蓄电池具有足够的启动能力。

三、蓄电池的构造

现代汽车用各型蓄电池的构造基本相同,都由极板、隔板、电解液和壳体 4 部分组成,干荷电蓄电池的主要特点是极板制造工艺与其他型蓄电池有所不同,免维护蓄电池的主要特点是极板材料和隔板结构与其他型蓄电池有所不同。桑塔纳系列轿车用干荷电蓄电池的结构如图 1-4 所示。

图 1-4 塑料槽蓄电池的构造

1—塑料槽;2—塑料盖;3—正极柱;4—负极柱;5—加液孔螺塞;6—穿臂连条;7—汇流条;8—负极板;9—隔板;10—正极板。

(一) 极板

1. 极板的构造

极板是蓄电池的核心部件,由栅架与活性物质组成。在蓄电池充放电过程中,电能与化学能的相互转换依靠极板上的活性物质与电解液中的硫酸产生化学反应来实现。

栅架由铅锑合金浇铸而成，并制作成放射形状，如图 1-5 所示。普通蓄电池栅架的含锑量为 5%～7%、干荷电蓄电池栅架的含锑量为 1.5%～2.3%。在栅架中添加金属锑的目的是提高机械强度和改善浇铸性能。

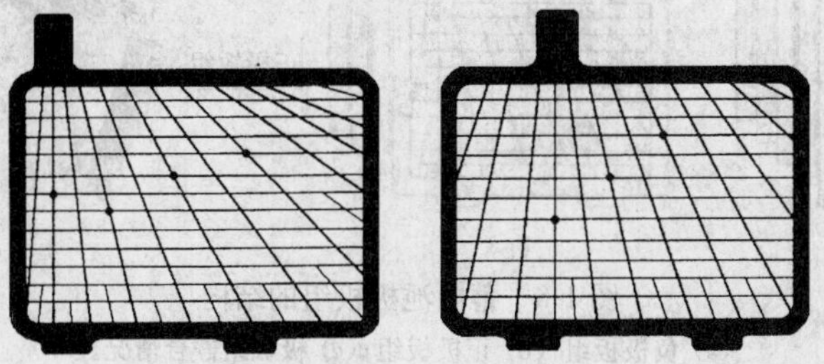

(a) (b)

图 1-5 蓄电池栅架的结构

免维护蓄电池采用了耗水量小、导电性能好的铅钙锡合金栅架，并采用热模滚压工艺制成。耗水量（蒸馏水的消耗量）是蓄电池的重要技术指标之一。蓄电池在使用过程中，消耗蒸馏水的途径一是水的自然蒸发（约占 10%），二是水的电解（占 90%）。在化学反应过程中，栅架中的锑会不断地从正极板中析出，并迁移附着到负极板表面，使负极板的氢过电位大大降低，从而使蓄电池电动势降低，充电电流增大，蒸馏水电解速度加快。为了减少耗水量，干荷电蓄电池普遍采用铅低锑合金栅架，免维护蓄电池普遍采用铅钙锡合金栅架。

活性物质是指极板上参加化学反应的工作物质，主要由铅粉与一定密度的稀硫酸混合而成。铅粉是活性物质的主要原料，由铅块放入球磨机研磨而成。

极板分为正极板和负极板两种。将铅粉与稀硫酸混合成膏状涂在栅架上即可得到生极板，生极板经热风干燥，再放入稀硫酸中进行化成（在蓄电池生产工艺中，对极板进行充电的过程称为“化成”，一般充电 18h～20h）处理便可得到正极板和负极板。正极板上的活性物质为二氧化铅（PbO_2），呈深棕色；负极板上的活性物质为海绵状铅（Pb），呈深灰色。目前国内外都已采用 1.1mm ～1.5mm 厚的薄型极板（正极板比负极板稍厚）。薄型极板对提高蓄电池的比能量（单位质量所提供的容量）和启动性能都十分有利。

2. 干荷电极板的特点

干荷电与免维护蓄电池都需采用干荷电极板。因为二氧化铅的化学活性在空气中比较稳定，所以正极板的荷电性能能够保持较长时间。由于海绵状铅的表面积大、化学活性高，因此当接触空气或水时容易发生氧化，使其荷电性能降低。为了提高负极板的荷电性能，得到干荷电极板，在制作负极板的工艺中采取了以下 3 项措施。

（1）在铅膏中添加松香、油酸和硬脂酸等抗氧化剂。

（2）在化成过程中至少进行一次深度充放电循环，使极板深层的活性物质也形成海绵状铅。

（3）化成后的负极板先用清水冲洗，然后放入抗氧化剂溶液（硼酸与水杨酸混合液）中进行浸渍处理，再放入抽成真空或充入惰性气体的干燥罐中进行干燥处理，使抗氧化剂在海绵状铅的表面形成一层保护膜，防止负极板被空气氧化。

3. 极板组的结构

单片极板的荷电量是有限的，为了增大蓄电池的容量，将多片正、负极板分别并联，并用汇流条焊接起来便分别组成正、负极板组，结构如图 1-6 所示。汇流条上浇铸有极柱；各片极板之间留有空隙。安装时，各片正、负极板相互嵌合，中间插入隔板后装入电池槽内便可形成单格电池。

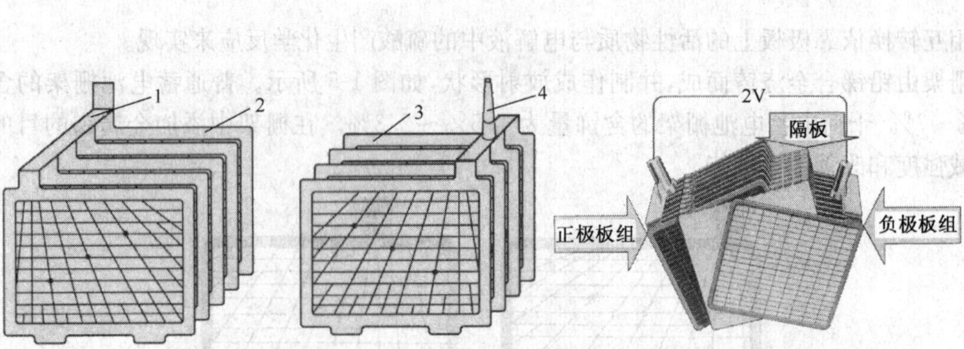

图 1-6　蓄电池极板组的结构

(a) 负极板组；(b) 正极板组；(c) 极板组嵌合情况。

1—汇流条；2—负极板；3—正极板；4—极柱。

在每个单格电池中，负极板总比正极板多一片。这是因为正极板上的化学反应比负极板上的化学反应剧烈，所以将正极板夹在负极板之间，可使其两侧放电均匀，防止活性物质体积变化不一致而造成极板拱曲。

将一片正极板和一片负极板浸入电解液中，便可得到 2V 左右的电压。现代汽车用蓄电池由 6 个单格电池串联成 12V 供汽车选用，如图 1-7 所示。12V 电器系统汽车选用一只电池，24V 电器系统汽车选用两只电池。

(二) 隔板

为了减小蓄电池内阻和尺寸，正、负极板应尽可能靠近。隔板的功用就是将正、负极板隔开，防止相邻正、负极板接触而短路。

微孔塑料和微孔橡胶隔板的结构如图 1-8(a)所示。安装隔板时，带槽一面应面向正极板，且沟槽必须与壳体底部垂直，因为正极板在充、放电过程中的化学反应剧烈，沟槽能使电解液上下流通，也能使气泡沿槽上升，还能使脱落的活性物质沿槽下沉。

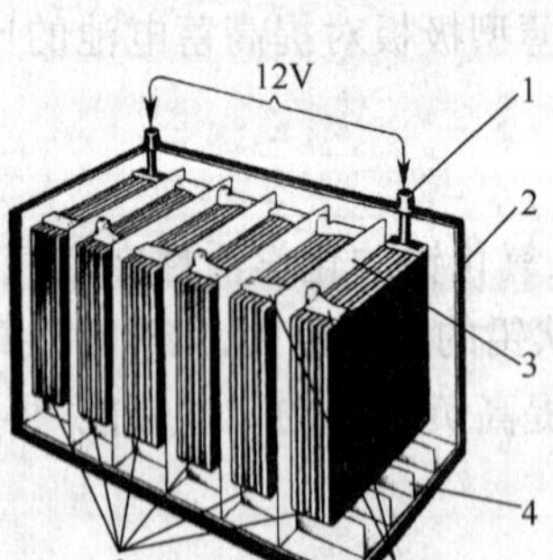

图 1-7　串联 12V 蓄电池极板组的结构

1—极柱；2—电池槽；3—隔壁；4—沉淀池壁；5—汇流条；6—极板组。

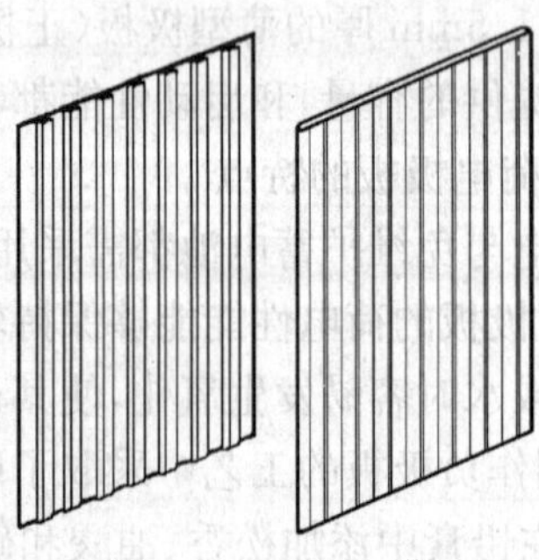

图 1-8　蓄电池隔板结构

(a) 塑料隔板；(b) 袋式隔板。

隔板应具有多孔性，以便电解液渗透，还应具有良好的耐酸性和抗氧化性。隔板材料有木质、微孔橡胶和微孔塑料等。木质隔板耐酸性能差，在硫酸作用下容易炭化和变脆，且消耗木材不符合保护环境的时代发展潮流，因此已不再使用。微孔橡胶和微孔塑料隔板耐酸、耐高温性能好，寿命长，且成本低，因此目前广泛使用。

免维护蓄电池普遍采用了聚氯乙烯袋式隔板，结构如图 1-8(b)所示。使用时，正极板被隔板袋包住，脱落的活性物质保留在袋内，不仅可以防止极板短路，而且可以取消壳体底部凸起的筋条，使极板上部容积增大，从而增大电解液的储存量。

(三) 电解液

电解液由密度为 $1.84g/cm^3$ 的浓硫酸与蒸馏水按一定比例配制而成，相对密度一般为 1.23～1.30。

电解液纯度是影响蓄电池电气性能和使用寿命的重要因素。因此，蓄电池用电解液必须符合机械行业标准 JB/T 10052—1999《铅酸蓄电池用电解液》规定，所用硫酸必须符合化工行业标准 HG/T 2692—2007《蓄电池用硫酸》规定，所用蒸馏水必须符合机械行业标准 JB/T 10053—1999《铅酸蓄电池用水》规定。由于工业用硫酸和普通水中含铜、铁等杂质较多，会加速蓄电池自放电，因此不能用于蓄电池。

(四) 壳体

蓄电池壳体由电池槽和电池盖两部分组成，其功用是盛装电解液和极板组。

蓄电池壳体应耐酸、耐热、耐振动、耐冲击等。目前使用的干荷电与免维护蓄电池普遍采用聚丙烯透明塑料壳体，电池槽与电池盖之间采用热压工艺粘合为整体结构，不仅耐酸、耐热、耐振动冲击，而且壳壁薄而轻(厚约 2mm)、易于热封合、外形美观、成本低廉、生产效率高。

电池槽由隔壁分成 6 个互不相通的单格，底部制作有凸起的筋条，以便放置极板组。筋条与极板底缘组成的空间可以积存极板脱落的活性物质，防止正、负极板短路。对于采用袋式隔板的免维护蓄电池，因为脱落的活性物质积存在袋内，所以没有设置筋条。

蓄电池各单格电池之间采用铅质连条串联连接。干荷电与免维护蓄电池普遍采用穿壁式点焊连接，所用连条尺寸很小，并设置在壳体内部，如图 1-9 所示。

在蓄电池盖上设有加液孔，并用螺塞或盖板密封，防止电解液溢出，如图 1-10 所示。旋下加液孔螺塞或打开加液孔盖板，即可加注电解液和检测电解液的相对密度。在加液孔螺塞和盖板上设有通气孔，以便排出化学反应放出的氢气和氧气。该通气小孔在使用过程中必须保持畅通，防止壳体胀裂或发生爆炸事故。蓄电池的装配过程如图 1-11 所示。

图 1-9 穿壁连接结构

1—连条；2—隔壁；

3—隔板；4—汇流条。

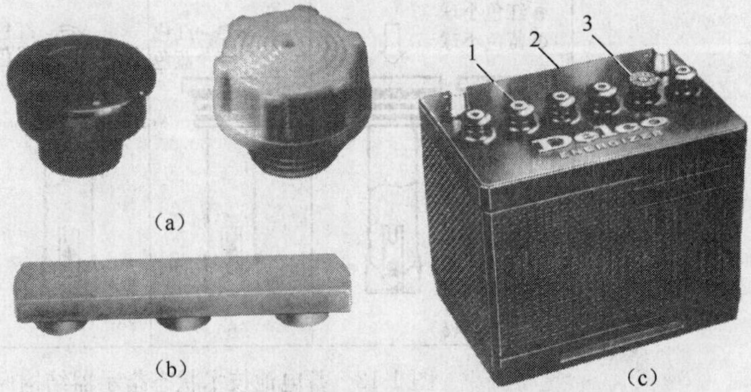

图 1-10 密封螺塞与密封盖的结构

(a) 密封螺塞；(b) 密封盖；(c) 整体蓄电池。

1—密封螺塞；2—电池盖；3—技术状态指示器。

(五) 蓄电池技术状态指示器

目前，装备全密封型免维护蓄电池的小轿车越来越多，由于这种蓄电池盖上没有设置加液孔，不能用密度计测量电解液的相对密度，为此这种免维护蓄电池盖上设有一只结构如图 1-12

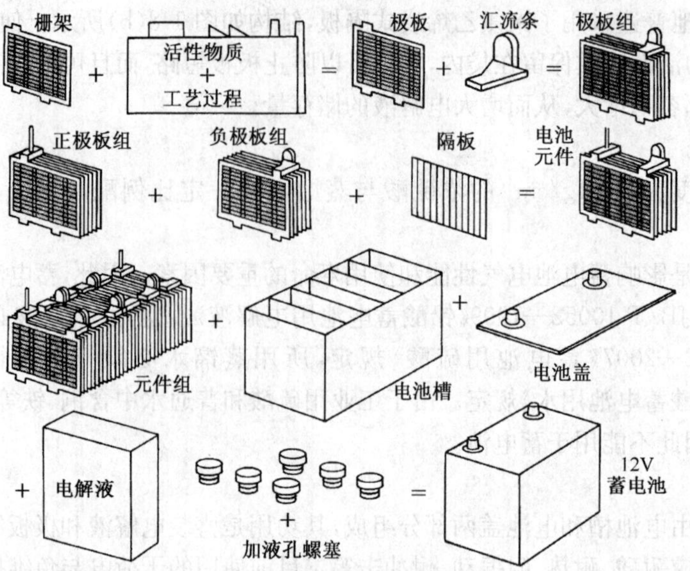

图 1-11　蓄电池的装配过程

(a)所示的蓄电池技术状态指示器(Maintenance-Free Battery Indicator)来指示蓄电池的技术状况。

蓄电池技术状态指示器又称为内装式密度计，由透明塑料管、底座和两只小球(一只为红色、另一只为蓝色)组成，借助于螺纹安装在蓄电池盖上。两只颜色不同的小球安放在塑料管与底座之间的中心孔中，红色小球在上、蓝色小球在下。由于两只小球由密度不同的材料制成，因此可随电解液的相对密度变化而上下浮动。

蓄电池技术状态指示器是根据光学折射原理来反映蓄电池技术状态的。当蓄电池存电充足、电解液的相对密度大于 1.22 时，两只小球向上浮动到极限位置，从指示器顶部观察到的经过光线折射的小球颜色如图 1-12(b)所示，中心呈红色圆点、周围呈蓝色圆环，表示蓄电池技术状态良好，英文标示为 OK。

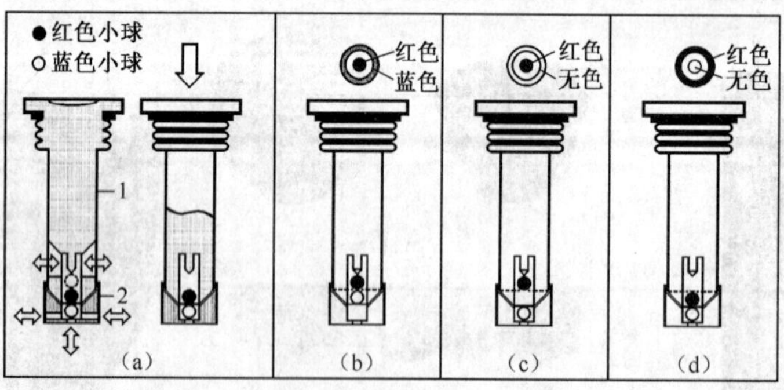

图 1-12　蓄电池技术状态指示器结构原理

(a) 指示器结构；(b) 存电充足；(c) 充电不足；(d) 电解液不足。
1—透明塑料管；2—指示器底座。

当蓄电池充电不足、电解液的相对密度过低时，蓝色小球下移到极限位置，观察结果如图 1-12(c)所示，中心呈红色圆点、周围呈无色透明圆环，表示蓄电池充电不足，应及时补充充电，英文标示为 Charging necessary。

当电解液液面过低时，两只小球都将下移到极限位置，观察结果如图 1-12(d)所示，中心呈无色透明圆点、周围呈红色圆环，表示电解液不足，蓄电池无法继续使用，必须更换蓄电池。如果这种指示器安装在干荷电蓄电池上，则表示必须添加蒸馏水，英文标示为 Add distilled Water。

四、蓄电池的型号与选用

车用蓄电池的型号目前仍按机械工业部标准 JB/T 2599—1993《铅蓄电池产品型号编制方法》的规定进行编制。该标准规定蓄电池型号由 3 部分组成，各部分之间用短线分开，型号内容及排列情况如图 1-13 所示。

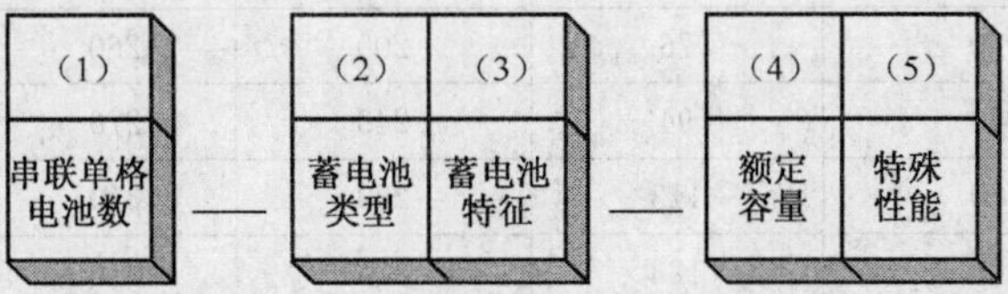

图 1-13　蓄电池型号内容及其排列

(1) 串联单格电池数。指一个整体壳体内所包含的单格电池数目，用阿拉伯数字表示。

(2) 蓄电池类型。根据蓄电池主要用途划分。启动型蓄电池用 Q 表示，代号 Q 是汉字“启”的第一个拼音字母。

(3) 蓄电池特征。为附加部分，仅在同类用途的产品具有某种特征，而在型号中又必须加以区别时采用。如为干荷电蓄电池，则用汉字“干”的第二个拼音字母 A 表示；如为无须(免)维护蓄电池，则用“无”字的第一个拼音字母 W 来表示。当产品同时具有两种特征时，原则上应按表 1-1 所列顺序用两个代号并列表示。

表 1-1　蓄电池产品特征代号

序号	产品特征	代号	序号	产品特征	代号
1	干荷电	A	7	半密封式	B
2	湿荷电	H	8	液密式	Y
3	免维护	W	9	气密式	Q
4	少维护	S	10	激活式	I
5	防酸式	F	11	带液式	D
6	密封式	M	12	胶质电解液式	J

(4) 额定容量。指 20h 率额定容量，用阿拉伯数字表示，单位为安培·小时(A·h)，在型号中可略去不写。

(5) 特殊性能。在产品具有某些特殊性能时，可用相应的代号加在型号末尾表示。如 G 表示薄型极板的高启动率电池，S 表示采用工程塑料外壳与热封合工艺的蓄电池。

例 1：北京 BJ2020 型吉普车用 6-QA-60 型蓄电池表示由 6 个单格电池组成、额定电压为 12V、额定容量为 60A·h 的启动型干荷电蓄电池。

例 2：东风 EQ1090 型载货汽车用 6-Q-105 型蓄电池表示由 6 个单格电池组成、额定电压为 12V、额定容量为 105A·h 的启动型蓄电池。

例 3：东风 EQ2102 型越野汽车用 6-QW-180 型蓄电池表示由 6 个单格电池组成、额定电压为 12V、额定容量为 180A·h 的启动型免维护蓄电池。

常用蓄电池的规格如表 1-2 所列，使用中可参考选用。

表 1-2 常用蓄电池品种规格

序号	额定电压 /V	20h 率额定容量 C_{20}/(A·h)	储备容量 t_r /min	启动电流 I_S /A	最大外形尺寸/mm		
					长(L)	宽(B)	高(H)
1	12	30	43	120	187	127	227
2	12	35(36)	52	144	197	129	227
3	12	40	59	160	238	138	235
4	12	45	67	180	238	129	227
5	12	50	76	200	260	173	235
6	12	60	94	240	270	173	235
7	12	70	113	280	310	173	235
8	12	75	123	300	310	173	235
9	12	80	133	320	310	173	235
10	12	90	154	315	380	177	235
11	12	100	175	350	410	177	250
12	12	105	187	368	450	177	250
13	12	120	223	420	513	189	260
14	12	135	260	405	513	189	260
15	12	150	300	450	513	223	260
16	12	165	342	495	513	223	260
17	12	180	386	540	513	223	260
18	12	195	432	585	517	272	260
19	12	200	441	600	521	278	270
20	12	210	450	630	521	278	270
21	12	220	460	660	521	278	270

第二节 蓄电池的工作过程与容量

蓄电池的工作过程就是化学能与电能的转换过程。放电时，蓄电池将化学能转换为电能供用电设备使用；充电时，蓄电池将电能转换为化学能储存起来备用。蓄电池充放电过程中发生的化学反应是可逆的。

自 1859 年法国科学家加斯顿·普莱特发明铅酸蓄电池以来，关于蓄电池化学反应过程有各种不同的理论，普遍认为格拉斯顿和特拉普于 1882 年创立的双极硫酸盐化理论（简称双硫化理论）能较确切地说明蓄电池的化学反应过程。根据双硫化理论，铅蓄电池正极板上的活性物质是二氧化铅（PbO_2），负极板上是海绵状铅（Pb），电解液是硫酸水溶液（H_2SO_4）。

当蓄电池和负载接通放电时，正极板上的二氧化铅和负极板上的铅都将转变成硫酸铅（$PbSO_4$），电解液中的硫酸减少、相对密度下降。当蓄电池接通直流电源充电时，正、负极板上的硫酸铅又将分别恢复成原来的二氧化铅和纯铅，电解液中的硫酸增加，相对密度增大。

在充放电过程中，蓄电池内部物质的变化情况如图 1-14 所示。如果略去化学反应的中间过程，其化学反应方程式可用下式表示。

$$\underset{\text{正极板}}{PbO_2}+\underset{\text{电解液}}{2H_2SO_4}+\underset{\text{负极板}}{Pb}\xrightleftharpoons[\text{充电}]{\text{放电}}\underset{\text{正极板}}{PbSO_4}+\underset{\text{电解液}}{2H_2O}+\underset{\text{负极板}}{PbSO_4}$$

工作状态	正极板	负极板	电解液及其相对密度	
完全充电	二氧化铅（PbO_2）	铅（Pb）	硫酸（H_2SO_4）	相对密度增大
放电 ⇩ ⬆ 充电	放电 ⇩ ⬆ 充电	放电 ⇩ ⬆ 充电	放电 ⇩ ⬆ 充电	放电 ⇩ ⬆ 充电
完全放电	硫酸铅（$PbSO_4$）	硫酸铅（$PbSO_4$）	水（H_2O）	相对密度减小

图 1-14　蓄电池充放电过程中内部物质的变化情况

一、蓄电池放电过程

将蓄电池的化学能转换成电能的过程称为放电过程。放电现象如图 1-15(a)所示。

蓄电池的单格电池由浸渍在电解液中的正极板和负极板组成，电解液是硫酸水溶液。当放电尚未开始时，正极板是二氧化铅，负极板是纯铅，电解液是硫酸溶液。由于正、负两极不同物质与电解液发生化学反应，使正极板具有正电位，约为 2.0V；负极板具有负电位，约为－0.1V。正、负两极间的电动势 E 为

$$E=2.0-(-0.1)=2.1\text{V}$$

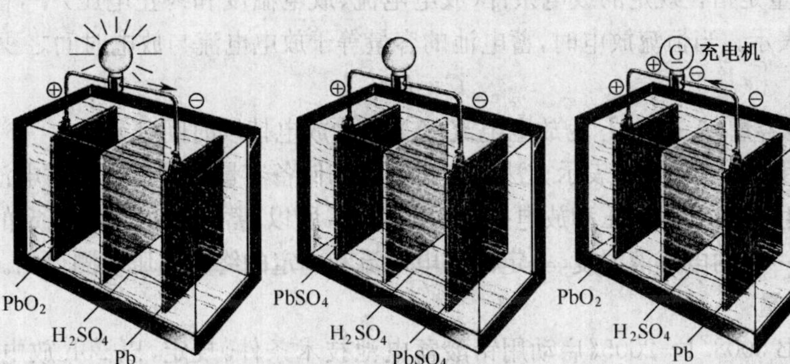

图 1-15　蓄电池充放电现象

(a) 放电过程；(b) 放电终了；(c) 充电过程。

当放电电路接通时，在电动势的作用下，电流便从正极流出，经过灯丝流回负极。电流流过灯丝会使灯丝发热，当电流足够大时，便使灯丝炽热而使灯泡发出亮光。

在放电过程中，由于正极板上的活性物质二氧化铅和负极板上的活性物质纯铅不断与电解液发生化学反应，因此，二氧化铅和纯铅逐渐转变成硫酸铅，正极电位逐渐降低，负极电位逐渐升高，使正负极间的电位差逐渐降低；电解液中的硫酸成分逐渐减少、水分逐渐增多，使电解液的相对密度逐渐减小。当电位差降低时，流过灯丝的电流就会减小，灯丝发热量相应减少，灯泡亮度变弱，直到不能发光为止，如图 1-15(b)所示。蓄电池放电终了的特征如下。

(1) 电解液的相对密度降低到最小允许值。

(2) 蓄电池端电压降到放电终止电压。

理论上，放电过程将进行到正负极板上的活性物质全部转变为硫酸铅为止。但是实际上，由于电解液不能渗透到活性物质最内层，因此所谓完全放电事实上只有 20%～30%的活性物

质转变为硫酸铅。要提高活性物质的利用率,就必须增大活性物质与电解液之间的反应面积。目前常用的措施有采用薄型极板和增大活性物质的孔率等。

二、蓄电池充电过程

将电能转换成蓄电池的化学能的过程称为充电过程。充电时,蓄电池应当连接直流电源,电池正极接电源正极,电池负极接电源负极,如图 1-15(c)所示。

将完全放电的蓄电池与直流电源接通时,电流就会按与放电时相反的方向流过蓄电池。此时蓄电池内部将发生与放电过程相反的化学反应,正、负极板上的硫酸铅将分别还原为二氧化铅和纯铅,电解液中硫酸成分逐渐增多而水分逐渐减少,电解液的相对密度逐渐增大。充电一直进行到极板上的活性物质完全恢复到放电前的状态为止。

在充电末期,电解液相对密度将升高到最大值,充电电流将用于电解水,所以在电解液中将产生大量气泡。蓄电池充电终了的特征如下。

(1) 蓄电池内产生大量气泡,即出现所谓"沸腾"现象。

(2) 蓄电池端电压和电解液相对密度均上升至最大值,且在 2h ~ 3h 内不再增加。

三、蓄电池的容量

蓄电池的容量是反映蓄电池对外供电能力、衡量蓄电池质量优劣以及选用蓄电池的重要指标。容量越大,可提供的电能越多,供电能力也就越大;反之,容量越小,则供电能力就越小。

蓄电池的容量是指在规定的放电条件(放电电流、放电温度和终止电压)下,蓄电池能够输出的电量,用 C 表示。当恒流放电时,蓄电池的容量等于放电电流与放电时间之积,即

$$C=I_f t_f$$

式中:C 为蓄电池容量(A·h);I_f 为放电电流(A);t_f 为放电持续时间(h)。

目前,汽车用蓄电池容量的表示方法有额定容量和储备容量两种。因为蓄电池容量与放电电流、电解液温度、放电终止电压和放电持续时间有关,所以,蓄电池出厂时规定的额定容量或储备容量都是在一定的电解液温度、一定的放电电流和一定的终止电压下测得的。

(一) 额定容量

国家标准 GB 5008.1—2005《启动用铅酸蓄电池技术条件》规定,以 20h 放电率(简称 20h 率)的额定容量作为启动型蓄电池的额定容量。放电率是以放电时间来表示的放电速率,即以一定的放电电流连续放电至蓄电池输出额定容量时所需的时间。

蓄电池的 20h 率额定容量是指完全充足电的蓄电池在电解液温度为(25 ± 5)℃条件下,以 20h 率的放电电流(0.05C_{20}安培电流)连续放电至 12V 蓄电池的端电压降到(10.5±0.05)V 时输出的电量,用 C_{20} 表示,单位为安培·小时(A·h)。

额定容量是检验蓄电池质量的重要指标。新蓄电池必须达到该指标,否则就为不合格产品。例如,在电解液温度为(25 ± 5)℃条件下,对新产 6-QA-105 型蓄电池以 5.25A 电流连续放电至电压降到(10.5±0.05)V 时,若放电时间大于或等于 20h,则其容量为 $C=I_f t_f \geqslant 105$A·h,达到或超过了额定容量 105A·h,因此该蓄电池为合格产品;若放电时间小于 20h,则其容量为 $C=I_f t_f < 105$A·h,低于额定容量值 105A·h,因此就为不合格产品。

(二) 储备容量

国际蓄电池协会和美国汽车工程师协会(SAE)规定蓄电池容量用储备容量表示。我国国家标准 GB 5008.1—2005《启动用铅酸蓄电池技术条件》对储备容量的定义和试验方法也有明

确规定，即额定储备容量是指完全充足电的蓄电池在电解液温度为(25 ± 5)℃条件下，以 25A 电流连续放电至 12V 蓄电池电压降到(10.5±0.05)V 时放电所持续的时间，用 $C_{r.n}$表示，单位为分钟(min)。

储备容量表达了在汽车充电系统失效的情况下，蓄电池能为照明和点火系统等用电设备提供 25A 恒定电流的能力。例如，北京切诺基吉普车用 58-475 型蓄电池的额定储备容量为 82min；6-QA-60 型蓄电池的额定储备容量为 94 min。

额定储备容量 $C_{r.n}$与额定容量 C_{20}的换算公式如下。

$$C_{20}=\sqrt{17778+208.3C_{r.n}}-133.3$$

$$C_{r.n}=\frac{(C_{20}+133.3)^2-17778}{208.3}$$

式中：C_{20}为蓄电池额定容量(A・h)；$C_{r.n}$为蓄电池额定储备容量(min)。当 $C_{20}\geqslant 200$A・h 或 $C_{r.n}\geqslant 480$ min 时，上式不适用。

四、影响容量的使用因素

蓄电池容量与很多因素有关，归纳起来分为两类：一类与生产工艺及产品结构有关，如活性物质的数量、极板的厚薄、活性物质的孔率等；另一类是使用条件，如放电电流、电解液的温度和电解液的相对密度等。

(一) 放电电流的影响

实验表明，放电电流越大，则电压下降越快，放电至终止电压的时间越短，因此容量越小。这是因为蓄电池放电时，极板上生成硫酸铅的摩尔体积为二氧化铅的 1.92 倍、为海绵状铅的 2.68 倍，所以在大电流放电时，极板表面活性物质的孔隙会很快被生成的硫酸铅堵塞，使极板内层的活性物质不能参加化学反应，因此放电电流增大时，蓄电池容量减小。

放电电流越大，电压下降越快，越容易出现放电终了现象，如继续放电，则将导致过放电而影响蓄电池使用寿命。因此在启动发动机时，必须严格控制启动时间，每次启动时间不得超过 5s，再次启动应间隔 15s 以上时间。

(二) 电解液温度的影响

温度降低则容量减小，这是由于温度降低时，电解液的黏度增加，渗入极板内部困难，使离子扩散速度和化学反应速度降低；同时电解液电阻也增大，使蓄电池内阻增加，电动势消耗在内阻上的压降增大，蓄电池端电压降低，允许放电时间缩短，因此容量减小。

我国标准 GB 5008.1—2005《启动用铅酸蓄电池技术条件》规定，蓄电池额定容量是指电解液温度为 25℃时的 20h 率容量。温度每降低 1℃，缓慢放电时容量约减少 1%，迅速放电时将减少 2%。不同温度条件下的容量可用下式换算为 25℃时的容量。

$$C_{25℃}=C_T[1-0.01(T-25)]$$

式中：$C_{25℃}$为换算为标准温度 25℃时的容量(A・h)；C_T 为电解液平均温度为 T℃时的实际容量(A・h)；T 为放电终止时，中间单格电池电解液的温度(℃)。

温度对蓄电池输出容量的影响给我国北方寒冷地区冬季汽车运行带来了一定困难，因此冬季应注重蓄电池的保温工作。

(三) 电解液的相对密度对容量的影响

适当增大电解液的相对密度，可以提高电解液的渗透速度和蓄电池电动势，延长放电时间，从而提高蓄电池输出容量。但是，当相对密度超过一定值时，由于电解液黏度增大使浸透速度降低，内阻和极板硫化增加，因此蓄电池输出容量又会减小。试验证明，电解液的相对密度约为1.23时，蓄电池输出容量最大。综合考虑电解液密度对蓄电池性能的影响，汽车用启动型蓄电池充足电时的电解液相对密度一般选择在1.23～1.30范围内。

第三节　交流发电机的构造与分类

汽车上采用的发电机有直流发电机和交流发电机两大类。直流发电机是经换向器换向，输出为直流电的发电机；交流发电机是用二极管整流，输出为直流电的发电机。由于采用硅二极管整流，因此又称为硅整流发电机。

交流发电机是汽车的主要电源，其功用是当发动机在怠速以上转速运转时，向除起动机以外的用电系统供电，同时还向蓄电池充电。

一、交流发电机分类

交流发电机可按总体结构、整流器结构和搭铁形式进行分类。

(一) 按总体结构分类

按总体结构不同，交流发电机可分为以下几种类型。

(1) 普通交流发电机。既无特殊装置，也无特殊功能和特点的汽车交流发电机，称为普通交流发电机，如东风EQ1090型载货汽车用JF132N型交流发电机。

(2) 整体式交流发电机。即机体上装有电子调节器的交流发电机，如二汽蓝鸟、颐达，一汽捷达，上海桑塔纳轿车用JFZ1913Z型14V90A发电机，南京依维柯(IVECO)汽车用JFZ1912Z型14V85A、JFZ1714Z型14V45A交流发电机。

(3) 无刷交流发电机。即没有电刷和集电环的交流发电机，如东风EQ2102型越野汽车用JFW2621型28V45A整体式发电机。

(4) 带泵交流发电机。即带真空制动助力泵的交流发电机，如仙游电机厂生产的JFB1712型交流发电机。

(二) 按整流器结构分类

按整流器结构不同，交流发电机可分为以下几种类型。

(1) 6管交流发电机。即整流器由6只整流二极管组成三相桥式全波整流电路的交流发电机，如解放CA1091型载货汽车用JF1522A、JF1518、JF1526型14V55A交流发电机。

(2) 8管交流发电机。即整流器总成由8只二极管组成的交流发电机，如天津夏利TJ7100、TJ7130型微型轿车用JFZ1542型14V45A型交流发电机。

(3) 9管交流发电机。即整流器总成由9只二极管组成的交流发电机，如斯太尔(STEYR)汽车用JFZ2518A型28V27A交流发电机和猎豹(PAJERO)汽车4G64型发动机用14V75A交流发电机。

(4) 11管交流发电机。即整流器总成由11只二极管组成的交流发电机，如一汽捷达、上海桑塔纳轿车用JFZ1913Z型14V90A发电机和东风EQ2102型越野汽车用JFW2621型28V45A整体式发电机。

(三) 按磁场绕组搭铁形式分类

按磁场绕组搭铁形式不同，交流发电机分为以下几种类型。

(1) 内搭铁型交流发电机。即发电机磁场绕组的一端与发电机壳体连接的交流发电机，如东风 EQ1090 型载货汽车用 JF132N 型交流发电机。

(2) 外搭铁型交流发电机。即磁场绕组的一端经调节器后搭铁的交流发电机，如捷达、桑塔纳轿车用 JFZ1913Z 型 14V90A 发电机，解放 CA1091 型载货汽车用 JF1522A 型交流发电机和东风 EQ2102 型越野汽车用 JFW2621 型 28V45A 整体式发电机等。

目前，大多数汽车都采用外搭铁型交流发电机。

二、交流发电机的构造

交流发电机的基本结构都是由定子、转子、整流器和端盖 4 部分组成的。整体式交流发电机的不同点是在基本结构的基础上增加了电压调节器，且都采用集成电路调节器，其零部件组成如图 1-16 所示，奥迪与桑塔纳等轿车用 JFZ1913Z 型 14V90A 交流发电机的总体结构如图 1-17所示。

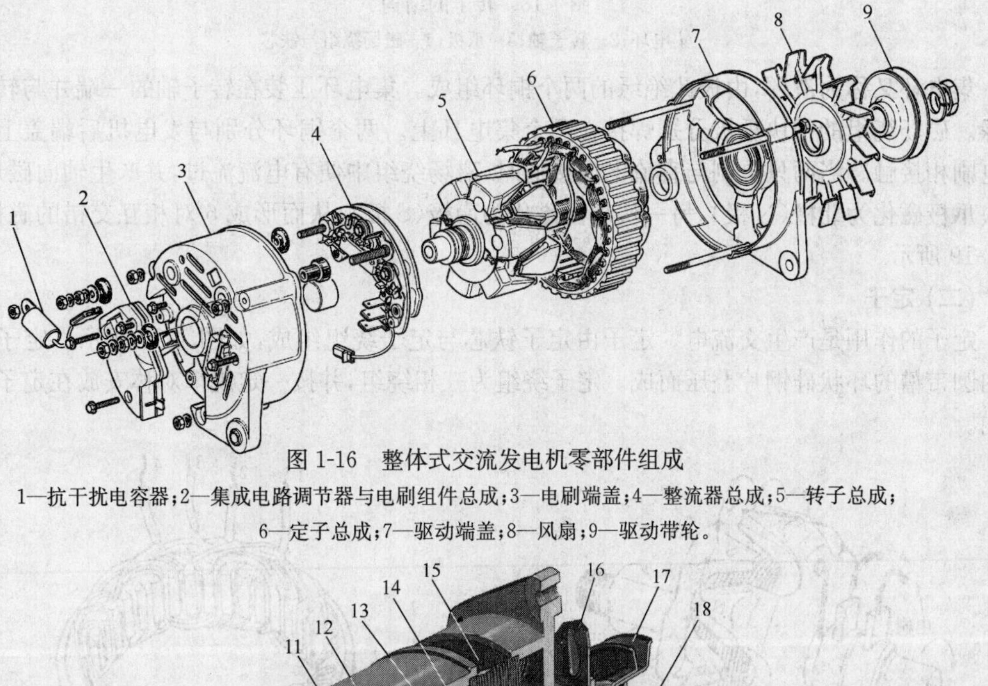

图 1-16 整体式交流发电机零部件组成

1—抗干扰电容器；2—集成电路调节器与电刷组件总成；3—电刷端盖；4—整流器总成；5—转子总成；6—定子总成；7—驱动端盖；8—风扇；9—驱动带轮。

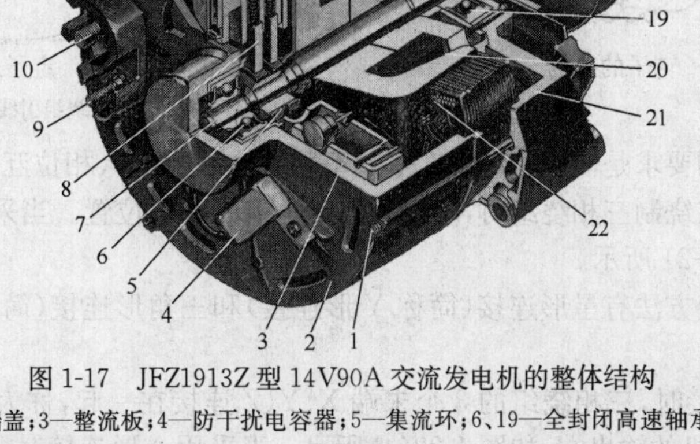

图 1-17 JFZ1913Z 型 14V90A 交流发电机的整体结构

1—连接螺栓；2—后端盖；3—整流板；4—防干扰电容器；5—集流环；6、19—全封闭高速轴承；7—转子轴；8—电刷；9—D+端子；10—B+端子；11—IC 调节器；12—电刷架；13—磁极；14—定子绕组；15—定子铁芯；16—风扇叶轮；17—传动带轮；18—紧固螺母；20—磁场绕组；21—前端盖；22—定子槽楔子。

(一) 转子

汽车交流发电机为三相同步交流发电机，其转子的作用是产生磁场。转子由两块爪极、磁场绕组、铁芯和集电环组成，如图 1-18 所示。爪极有两块，每块爪极上制有 6 个鸟嘴形磁极。两块爪极压装在转子轴上，爪极间的空腔内装有铁芯，铁芯压装在转子轴上，磁场绕组绕在铁芯上。

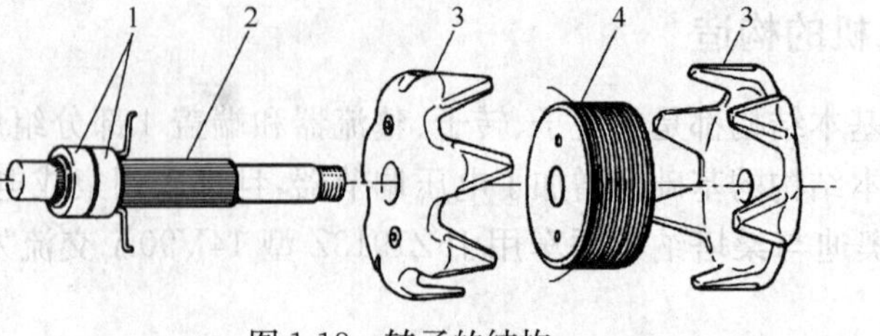

图 1-18　转子的结构

1—集电环；2—转子轴；3—爪极；4—磁场绕组与铁芯。

集电环又称为滑环，由彼此绝缘的两个铜环组成。集电环压装在转子轴的一端并与转子轴绝缘。磁场绕组的两块爪极分别焊接在两个集电环上。两个铜环分别与发电机后端盖上的两只电刷相接触。当两只电刷与直流电源接通时，磁场绕组中便有电流流过，并产生轴向磁通，使一块爪极磁化为北极(N 极)，另一块爪极磁化为南极(S 极)，从而形成 6 对相互交错的磁极，如图 1-19 所示。

(二) 定子

定子的作用是产生交流电。定子由定子铁芯与定子绕组组成，如图 1-20 所示。定子铁芯由内圆带槽的环状硅钢片叠压而成。定子绕组为三相绕组，并按一定规律对称安放在定子铁芯槽内。

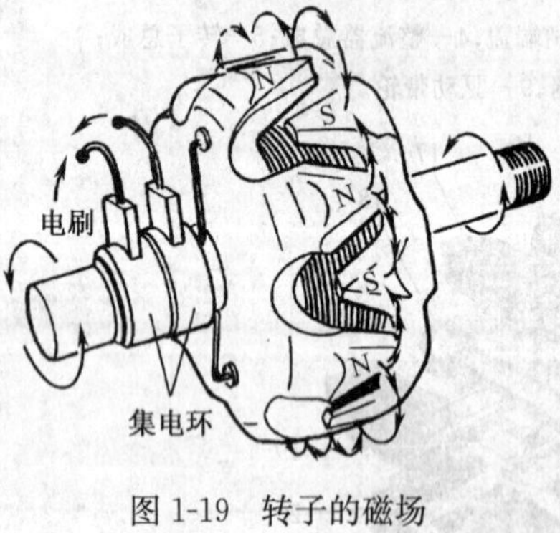

图 1-19　转子的磁场

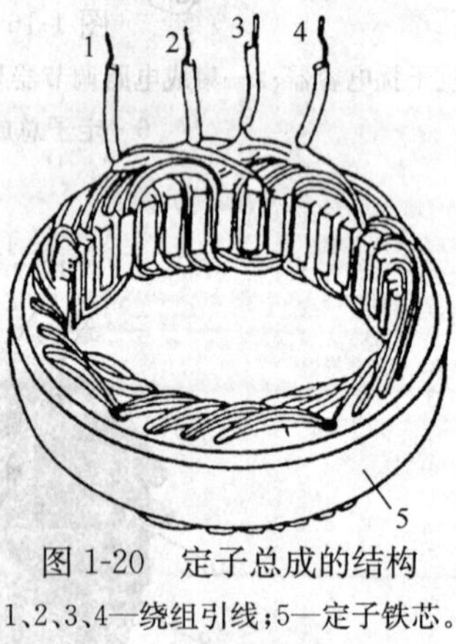

图 1-20　定子总成的结构

1、2、3、4—绕组引线；5—定子铁芯。

绕制三相绕组的要求是使三相绕组产生频率相同、幅值相等、相位互差 120°电角度的三相对称电动势。为此在绕制三相绕组时，应合理确定绕组的安放位置。当采用 Y 形连接时，定子绕组的展开图如图 1-21 所示。

三相绕组的连接方法有星形连接(简称 Y 形连接)和三角形连接(简称△形连接)两种，如图 1-22 所示。

当采用 Y 形连接时，三相绕组的 3 个末端 X、Y、Z 连接在一起，称为中性点，3 个始端 U、V、W 作为交流发电机的输出端，如图 1-22(a)所示。当采用△形连接时，一相绕组的始端与另一相绕组末端连接，共有 3 个接点，这 3 个接点即为交流发电机的输出端，如图 1-22(b)所示。

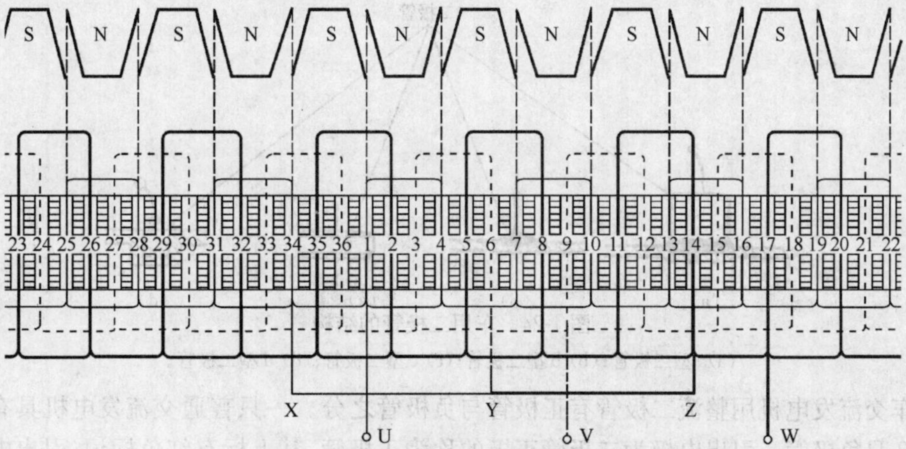

图 1-21　交流发电机定子绕组展开图

交流发电机转子的磁极对数决定了三相定子绕组线圈的个数和定子铁芯的槽数。转子上每对磁极必须对应分布在定子铁芯槽中 3 个线圈的下面，以便产生三相交流电。定子线圈嵌入铁芯槽中用以切割磁力线而产生感应电动势的边称为有效边，每个线圈的两个有效边应分别嵌入定子铁芯的两个槽中，以便获得感应电动势。

（三）整流器

交流发电机整流器的作用是将三相定子绕组产生的交流电变换为直流电。整流器由整流二极管和二极管的散热板组成。奥迪与桑塔纳等轿车用交流发电机整流器总成的结构如图 1-23 所示。

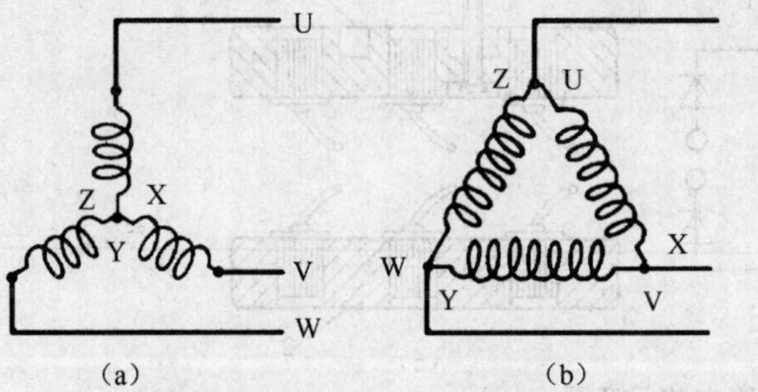

图 1-22　三相绕组的连接方法

(a) Y 形连接；(b) △形连接。

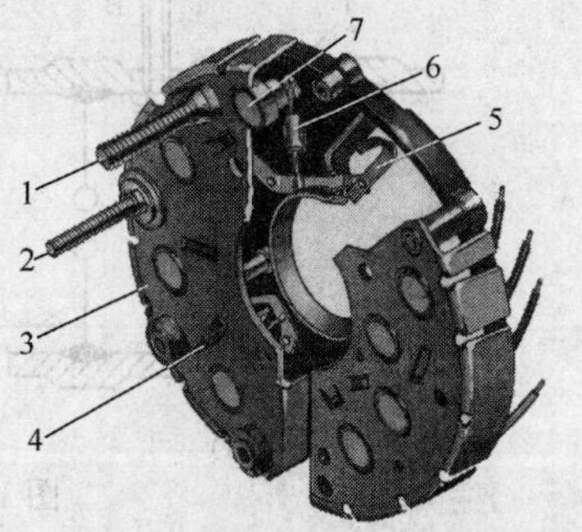

图 1-23　整流器总成的结构

1—“输出”端子 B+；2—“输出”端子 D+；3—正整流板；4—防干扰电容器连接插片；5—电刷架压紧弹片；6—磁场二极管；7—输出整流二极管。

汽车交流发电机用硅整流二极管的内部结构和工作原理与一般工业用硅整流二极管基本相同，但其外形结构却与一般二极管不同，如图 1-24 所示。

图 1-24(a)所示二极管（简称 a 型）是将二极管的外壳用焊锡焊到金属散热板上使用的；图 1-24(b)所示二极管（简称 b 型）是将二极管的整流结（PN 结）直接烧结在金属散热板上使用的；图 1-24(c)所示二极管（简称 c 型）是将二极管做成扁圆形，既可焊在金属散热板上，也可夹在两块金属板之间使用的；图 1-24(d)所示二极管（简称 d 型）是将二极管压装在金属散热板上的孔中使用的。在这 4 种类型的二极管中，b、d 两种形式应用最广。20 世纪 80 年代以后，工业发达国家采用 b 型结构的小型二极管日趋增多，到 20 世纪 90 年代，日本生产的交流发电机全都采用了 b 型结构。

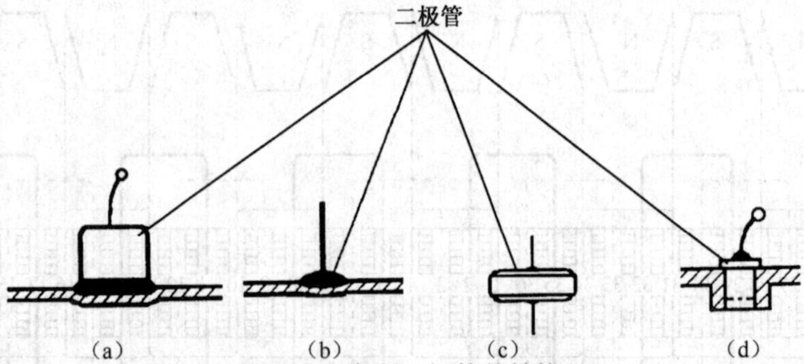

图 1-24　车用二极管的结构
(a)a 型二极管;(b) b 型二极管;(c) c 型二极管;(d) d 型二极管。

汽车交流发电机用整流二极管有正极管与负极管之分。一只普通交流发电机具有 3 只正极管和 3 只负极管。引出电极为二极管正极的称为正极管,其上标有红色标记;引出电极为二极管负极的称为负极管,其上标有绿色或黑色标记。

汽车交流发电机用整流二极管的工作电流大、反向电压高。根据汽车行业标准 QC/T 422—2000《机动车用硅整流二极管》规定,ZQ50 型二极管的正向平均电流为 50A、浪涌电流为 600A、反向重复峰值电压为 270V、反向不重复峰值电压为 300V。

安装整流二极管的铝质散热板称为整流板。现代汽车交流发电机的整流器多数都有两块整流板。安装 3 只正极管的整流板称为正整流板;安装 3 只负极管的整流板称为负整流板,如图 1-25 所示。有的交流发电机只有正整流板而没有负整流板,3 只负极管直接压装在发电机的后端盖上,即后端盖相当于负整流板。由于不便维修,这种结构已被淘汰。

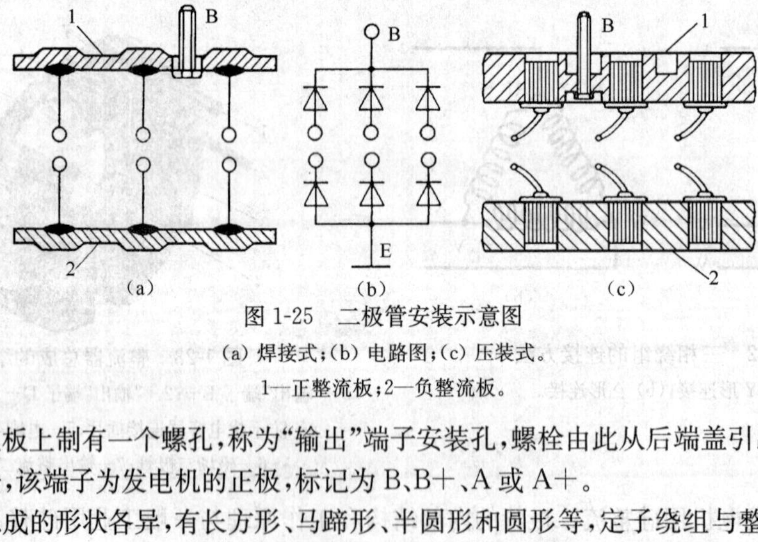

图 1-25　二极管安装示意图
(a) 焊接式;(b) 电路图;(c) 压装式。
1—正整流板;2—负整流板。

在正整流板上制有一个螺孔,称为"输出"端子安装孔,螺栓由此从后端盖引出,作为发电机的"输出"端子,该端子为发电机的正极,标记为 B、B+、A 或 A+。

整流器总成的形状各异,有长方形、马蹄形、半圆形和圆形等,定子绕组与整流器的连接关系如图 1-26 所示。

目前整流器总成大多数都装于交流发电机后端盖的外侧,在整流器总成外面再加装一个用薄铝板或薄铁板冲压而成的防护盖。这与整流器总成装于交流发电机后端盖内侧相比具有两大优点,一是便于散热冷却;二是便于维修。

(四) 端盖与电刷组件

交流发电机的前、后端盖均用铝合金压铸或用砂模铸造而成,采用铝合金材料的主要目的是减少漏磁,因为铝合金为非导磁材料,且具有质量轻、散热性能好等优点。在后端盖上装有电刷组件,电刷组件由电刷、电刷架和电刷弹簧组成,如图 1-27 所示。

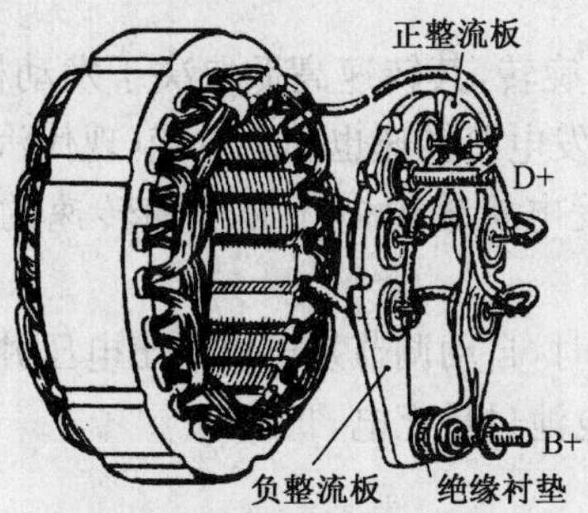

图 1-26　定子总成与整流器的连接

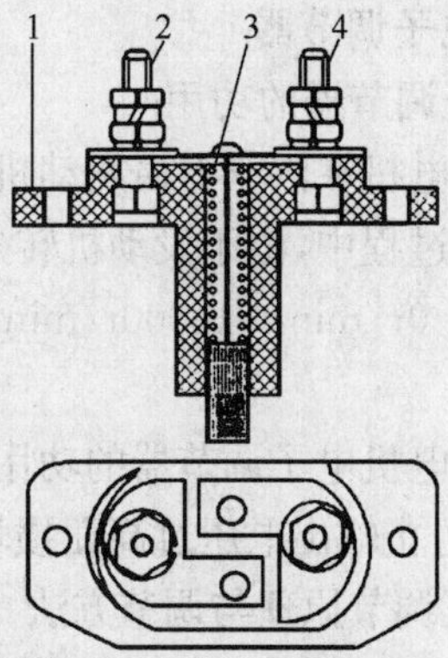

图 1-27　电刷组件

1—电刷架；2、4—"磁场"端子；3—电刷与电刷弹簧。

电刷用铜粉和石墨粉模压而成；电刷架用酚醛玻璃纤维塑料模压而成。电刷安装在电刷架的孔内，借弹簧张力使电刷与集电环保持良好接触。每只交流发电机有两只电刷，每只电刷都由一根引线直接引到发电机后端盖的接线端子上或后端盖上。

电刷组件的安装形式有外装式和内装式两种。图 1-27 所示为外装式结构，其电刷的拆装和更换在电机外部即可进行，拆装与检修十分方便，因此交流发电机普遍采用。内装式电刷组件的电刷拆装在电机内部进行，由于拆装不便，因此已很少采用。

交流发电机的搭铁形式有内搭铁型和外搭铁型之分，如图 1-28 所示。磁场绕组的一端经滑环和电刷在发电机端盖上搭铁的发电机称为内搭铁型交流发电机，如图 1-28(a)所示，东风 EQ1090 型载货汽车用 JF132N 型交流发电机即为内搭铁型交流发电机；磁场绕组的两端均与端盖绝缘，其中一端经调节器后搭铁的发电机称为外搭铁型交流发电机，如图 1-28(b)所示，桑塔纳、捷达、红旗、奥迪、解放等大多数汽车均采用外搭铁型交流发电机。

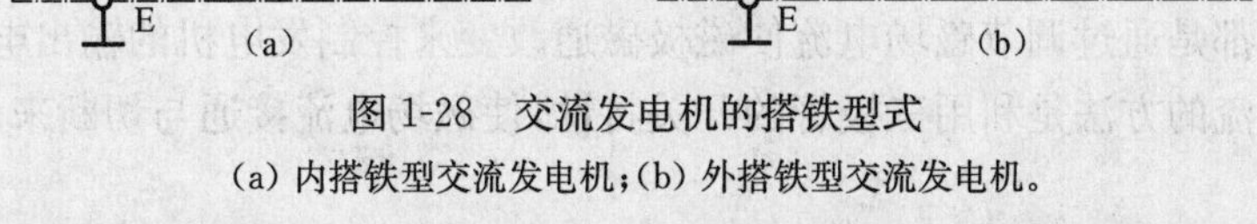

图 1-28　交流发电机的搭铁型式

(a) 内搭铁型交流发电机；(b) 外搭铁型交流发电机。

交流发电机前端盖之前装有驱动带轮，由发动机通过驱动带驱动带轮旋转，转子随驱动带轮一同转动。通风散热依靠风扇来完成，在前、后端盖上制有通风口，当风扇与驱动带轮一起转动时，空气便从进风口流入，经发电机内部再从出风口流出，由此便将内部热量带出，达到散热目的。散热风扇有 1 个～2 个，用铝合金板或钢板冲压或焊接而成，其安装形式如下。

对于只有一个风扇的发电机，其风扇均装在前端盖与驱动带轮之间；对于有两个风扇的发电机，其风扇的安装形式有两种情况：①一个风扇安装在前端盖与驱动带轮之间，另一个风扇安装在后端盖与转子爪极之间，如北京切诺基 BJ2021 型吉普车用交流发电机；②在前、后端盖内的转子爪极两侧各安装一个风扇，如丰田系列和夏利系列轿车用交流发电机。

(五) 电子调节器

1. 电子调节器的功用

交流发电机在汽车上由发动机按固定的传动比驱动旋转，其转速高低取决于发动机转速。在汽车行驶过程中，由于发动机转速随时都在发生变化，发电机转速也随之改变(现代汽车发电机转速可在 0r/min～18000r/min 范围内变化)，因此发电机输出电压必然随转速的变化而变化。

交流发电机电子调节器的功用是当发电机转速变化时，自动调节发电机输出电压并使电压保持恒定，防止输出电压过高而损坏用电设备和避免蓄电池过量充电。

2. 电压调节原理与调节方法

交流发电机输出电压 U 与其感应电动势成正比关系，而感应电动势 E_Φ 与发电机转速 n 和每极磁通 Φ 成正比，即

$$U \propto E_\Phi = C_e \Phi n$$

当发电机转速变化时，如果要保持发电机电压恒定，就必须改变磁极磁通。调节器的调节原理就是通过调节磁场电流使磁极磁通改变来使发电机输出电压保持恒定。当发电机转速一定时，电压调节过程如图 1-29 所示。

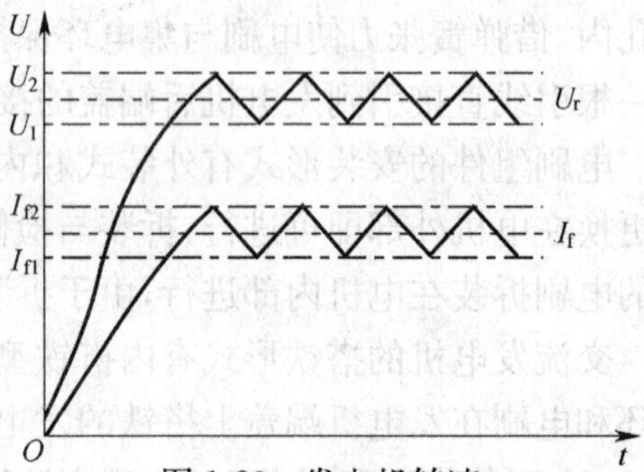

图 1-29 发电机转速 n 一定时的电压调节过程

当发电机转速 n 达到一定值(n=常数)，其输出电压 U 达到调节电压上限值 U_2 时，调节器开始进行调节并使磁场电流 I_f 减小，因此磁通 Φ 减少，电动势 E_Φ 下降，输出电压随之下降。当输出电压降到调节电压下限值 U_1 时，调节器又进行调节并使磁场电流 I_f 增大，因此磁通 Φ 增多，电动势 E_Φ 升高，输出电压随之升高。当输出电压再次升高到调节电压上限值 U_2 时，调节器重复上述调节过程，使发电机输出电压 U 在调节电压上下限 U_2、U_1 之间脉动，从而保持平均电压 U_r 不变。上述调节过程简要表达为

$$n\uparrow = C \rightarrow U\uparrow = U_2 \rightarrow \boxed{调节} \rightarrow I_f\downarrow \rightarrow \Phi\downarrow \rightarrow E_\Phi\downarrow \rightarrow U\downarrow = U_1 \rightarrow \boxed{调节} \rightarrow I_f\uparrow \rightarrow \Phi\uparrow \rightarrow E_\Phi\uparrow \rightarrow U$$

各种调节器都是通过调节磁场电流使磁极磁通改变来控制发电机的输出电压的，电子式调节器调节磁场电流的方法是利用三极管的开关特性，使磁场电流接通与切断来调节发电机磁场电流。

3. 电子调节器基本电路

汽车交流发电机有内搭铁型与外搭铁型之分，因此与之匹配使用的电子调节器也有内搭铁型与外搭铁型两类，下面以普遍使用的外搭铁型电子调节器为例说明。

外搭铁型电子调节器的基本电路如图 1-30 所示，由信号电压监测电路、信号放大与控制电路、功率放大电路以及保护电路 4 部分组成。电阻 R_1、R_2 和稳压管 VS 构成信号监测电路，电阻 R_1、R_2 串联在交流发电机“输出”端子 B 与“搭铁”端子 E 之间，构成一只分压器，直接监测发电机输出电压 U 的变化，从分压电阻 R_1 上取出发电机输出电压 U 的一部分 U_{R1} 作为调节器的输入信号电压，R_1 上的分压为

$$U_{R1}=\frac{R_1}{R_1+R_2}U$$

由上式可见，当发电机电压 U 升高时，分压电阻 R_1 上的分压值 U_{R1} 升高；反之，当发电机电压 U 下降时，分压电阻 R_1 上的分压值 U_{R1} 下降。

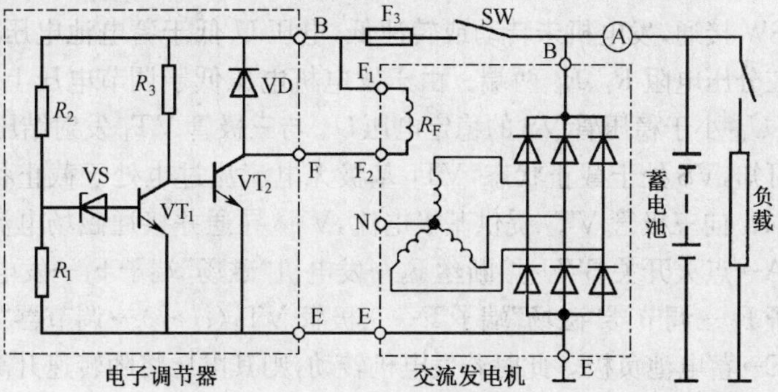

图 1-30 外搭铁型电子调节器基本电路

稳压二极管(简称稳压管)VS 是传感元件，一端连接三极管 VT_1 的基极，另一端接在分压电阻 R_1、R_2 之间，VS 与三极管 VT_1 的发射结串联后再与分压电阻 R_1 并联，从而监测发电机电压的变化，并控制三极管 VT_1 导通与截止。

三极管 VT_1 和电阻 R_3 构成信号放大与控制电路，其功用是将电压监测电路输入的信号进行放大处理后，控制功率三极管 VT_2 导通与截止。电阻 R_3 既是三极管 VT_1 的负载电阻，又是功率三极管 VT_2 的偏流电阻。三极管 VT_1 为小功率三极管，接在大功率三极管 VT_2 的前一级，起功率放大作用，也称前级放大。

功率三极管 VT_2 通常采用达林顿三极管构成功率放大电路，VT_2 为 NPN 型大功率三极管，串联在磁场绕组与搭铁端子之间，这是外搭铁型调节器的显著特点。磁场绕组的电阻为 VT_2 的负载电阻。VT_2 导通时，磁场电流接通；VT_2 截止时，磁场电流切断。因此，通过控制三极管 VT_2 导通与截止，就可改变磁场电流使发电机输出电压稳定。

续流二极管 VD 构成保护电路，其功用是防止磁场绕组产生的自感电动势击穿功率三极管 VT_2 而造成损坏。

4. **稳压管工作条件**

因为稳压管 VS 与三极管 VT_1 的发射结串联后再与分压电阻 R_1 并联，所以当发电机电压 U 高于或等于调节电压上限值 U_2、分压电阻 R_1 两端的分压值 U_{R1} 达到或超过稳压管 VS 的稳定电压 U_w(稳压管正常工作时，管子两端保持不变的电压值称为稳压管的稳定电压)与三极管 VT_1 发射结压降 U_{be1}(锗管：$U_{be1}=0.2V \sim 0.3V$；硅管：$U_{be1}=0.6V \sim 0.7V$)之和时，稳压管 VS 和三极管 VT_1 导通；反之，当发电机电压 U 下降到调节电压下限值 U_1、分压电阻 R_1 两端的分压值 U_{R1} 低于稳压管 VS 的稳定电压 U_w 与三极管 VT_1 发射结压降 U_{be1} 之和时，稳压管 VS 和三极管 VT_1 截止，即

稳压管 VS 导通条件：$U_{R1}=\frac{R_1}{R_1+R_2}U_2 \geqslant U_w+U_{be1}$

稳压管 VS 截止条件：$U_{R1}=\frac{R_1}{R_1+R_2}U_1 < U_w+U_{be1}$

5. **调节器工作过程**

电子调节器利用三极管的开关特性，将大功率三极管作为一只开关串联在发电机磁场电路

中，根据发电机输出电压高低，控制三极管导通与截止来调节发电机磁场电流，从而使发电机输出电压稳定在某一规定的范围之内。发电机电压调节过程如下。

(1) 接通点火开关SW，发电机电压U低于蓄电池电压时，三极管VT_1截止，三极管VT_2导通，磁场电流I_f接通，发电机他激发电，即磁场电流由蓄电池供给。

当点火开关SW接通，发电机未转动或转速低，电压U低于蓄电池电压时，蓄电池电压经点火开关SW加在分压电阻R_1、R_2两端。由于发电机电压低于调节电压上限值，因此分压电阻R_1上的分压值U_{R1}小于稳压管VS的稳定电压U_w与三极管VT_1发射结压降U_{be1}之和，由稳压管的导通条件可知，VS处于截止状态，VT_1基极无电流流过也处于截止状态。此时蓄电池经点火开关、电阻R_3向三极管VT_2提供基极电流，VT_2导通并接通磁场电流，其电路为：蓄电池正极→电流表A→点火开关SW→熔断丝F_3→发电机"磁场"端子F_1→发电机磁场绕组R_F→发电机"磁场"端子F_2→调节器"磁场"端子F→三极管$VT_2(c→e)$→调节器"搭铁"端子E→发电机"搭铁"端子E→蓄电池负极。此时若发电机转动，则其电压将随转速升高而升高。

(2) 当发电机电压上升到高于蓄电池电压但尚低于调节电压上限值U_2时，发电机自激发电，即磁场电流由发电机自己供给。

当发电机电压高于蓄电池电压但低于调节电压上限值U_2时，VS与VT_1仍然截止，VT_2保持导通。此时磁场电路为：发电机定子绕组→正极管→发电机"输出"端子B→点火开关SW→熔断丝F_3→发电机"磁场"端子F_1→发电机磁场绕组R_F→发电机"磁场"端子F_2→调节器"磁场"端子F→三极管$VT_2(c→e)$→调节器"搭铁"端子E→发电机"搭铁"端子E→发电机负极管→定子绕组。

(3) 当发电机电压随转速升高到调节电压上限值U_2时，VS、VT_1导通，VT_2截止，磁场电流切断，发电机电压降低。

当发电机电压升高到调节电压上限值U_2时，由稳压管导通条件可知，此时VS导通，其工作电流从三极管VT_1基极流入，并从VT_1发射极流出。因为VS的工作电流就是VT_1的基极电流，所以VT_1导通。当VT_1导通时，VT_2发射结几乎被短路，流过电阻R_3的电流经VT_1集电极和发射极构成回路，VT_2因无基极电流而截止，磁场电流被切断，磁极磁通迅速减少，发电机电压迅速下降。

(4) 当发电机电压降到调节电压下限值U_1时，VS、VT_1截止，VT_2导通，磁场电流接通，发电机电压升高。

当发电机电压降到调节电压下限值U_1时，由稳压管截止条件可知，VS截止，VT_1随之截止，其集电极电位升高，发电机又经R_3向VT_2提供基极电流使VT_2导通，磁场电流接通，磁极磁通增多，发电机电压重新升高。

当发电机电压再次升高至调节电压上限值U_2时，调节器重复(3)、(4)工作过程，将发电机电压控制在某一平均值U_r不变。

在VT_2由导通转为截止瞬间，磁场绕组产生的自感电动势(F端为正，B端为负)经二极管VD构成回路放电，防止VT_2击穿损坏。因为放电电流流经VD，所以VD称为续流二极管。

电子调节器利用三极管的开关特性来调节发电机电压，当大功率三极管截止时，磁场电流被切断，发电机仅靠剩磁发电，又因交流发电机剩磁磁通很少，所以调节器的工作上限很高，调节范围很大。

在使用中，外搭铁型电子调节器只能与外搭铁型交流发电机配用，内搭铁型电子调节器只能与内搭铁型交流发电机配用。否则交流发电机的磁场绕组将与电子调节器的大功率三极管并联连接，磁场绕组将无电流流过，发电机将只靠剩磁发电而不能正常输出电压。

三、交流发电机的型号规格

根据我国汽车行业标准 QC/T 73—1993《汽车电气设备产品型号编制方法》规定，汽车交流发电机的型号组成如图 1-31 所示，图中代号含义如下。

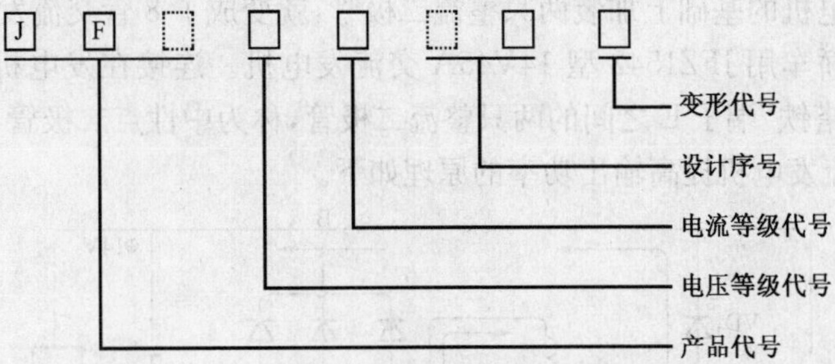

图 1-31　交流发电机型号组成

(1) 产品代号。交流发电机的产品代号为 JF、JFZ、JFB、JFW 共 4 种，分别表示交流发电机、整体式交流发电机、带泵交流发电机和无刷交流发电机（字母 J、F、Z、B 和 W 分别为“交”、“发”、“整”、“泵”和“无”字的汉语拼音第一个大写字母）。

(2) 电压等级代号和电流等级代号。分别用 1 位阿拉伯数字表示，其含义分别如表 1-3 和表 1-4 所列。

表 1-3　电压等级代号

电压等级代号	1	2	3	4	5	6
电压等级/V	12	24	—	—	—	6

表 1-4　电流等级代号　　（单位：A）

电流等级 / 产品名称	1	2	3	4	5	6	7	8	9
普通交流发电机									
整体式交流发电机									
带泵交流发电机	~19	≥20~29	≥30~39	≥40~49	≥50~59	≥60~69	≥70~79	≥80~89	≥90
无刷交流发电机									
永磁式交流发电机									

(3) 设计序号。按产品设计先后顺序，用 1 位～2 位阿拉伯数字表示。

(4) 变形代号。交流发电机以调整臂位置作为变形代号。从驱动端看，在中间不加标记；在右边时用 Y 表示；在左边时用 Z 表示。

例 1：JF152 表示电压等级为 12V、电流等级为大于 50A ～ 59A、第二次设计的普通交流发电机。

例 2：桑塔纳、奥迪 100 型轿车用 JFZ1913Z 型交流发电机，其电压等级为 12V、电流等级为大于 90A、第 13 次设计、调整臂在左边的整体式交流发电机。

四、其他交流发电机的结构特点

随着汽车交流发电机技术的发展与进步，各汽车生产大国相继开发出了结构先进、性能优良的新型交流发电机。目前汽车装备的主要有8管交流发电机(如天津丰田、威驰、夏利轿车发电机)、9管交流发电机(如斯太尔汽车发电机)、11管交流发电机(如奥迪、桑塔纳轿车发电机)和无刷交流发电机(如东风EQ2102、EQ1108、EQ1141型汽车发电机),这些发电机一般都制作成整体式结构。

(一) 8管交流发电机

在普通交流发电机的基础上加装两只整流二极管,就变成了8管交流发电机。如天津夏利TJ7100、TJ7130型轿车用JFZ1542型14V45A交流发电机。连接在发电机"中性点"N与"输出端"子B以及与"搭铁"端子E之间的两只整流二极管,称为中性点二极管,如图1-32中VD_7、VD_8所示。8管交流发电机提高输出功率的原理如下。

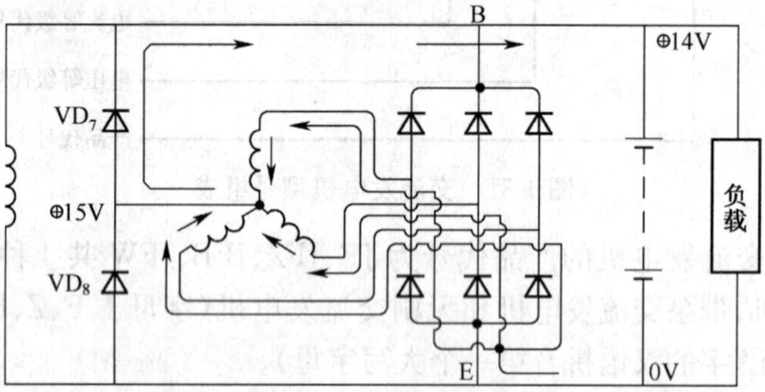

图1-32　中性点瞬时电压u_N高于输出电压U时的电流路径

(1) 当中性点的瞬时电压u_N高于输出电压平均值U时,二极管VD_7导通,从中性点输出的电流如图1-32中箭头方向所示。其电路为:定子绕组→中性点二极管VD_7→"输出"端子B→负载和蓄电池→负极管→定子绕组。

(2) 当中性点瞬时电压u_N低于0V(搭铁电位)时,二极管VD_8导通,流过中性点二极管VD_8的电流如图1-33中箭头方向所示。其电路为:定子绕组→正极管→"输出"端子B→负载和蓄电池→中性点二极管VD_8→定子绕组。

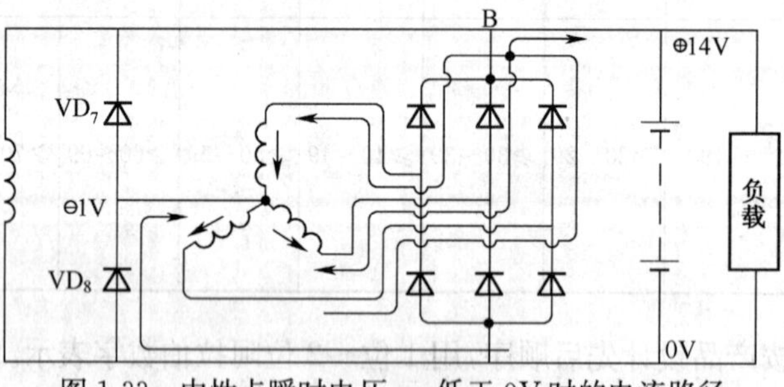

图1-33　中性点瞬时电压u_N低于0V时的电流路径

由此可见,只要在中性点处连接两只整流二极管,就可利用中性点输出的交流电压来增加交流发电机的输出电流,如图1-34所示。试验表明,在不改动交流发电机结构的情况下,加装两只整流二极管后,当发电机处于中高速(发电机转速超过2000r/min,发动机转速大约超过800r/min)时,其输出功率与额定功率相比就可增大11%~15%。

(二) 9管交流发电机

在普通交流发电机的基础上增设3只小功率二极管VD_7、VD_8、VD_9,并与3只负极管VD_2、VD_4、VD_6组成三相桥式整流电路来专门供给磁场电流的发电机,称为9管交流发电机,如图1-35所示,所增设的3只小功率二极管称为磁场二极管。

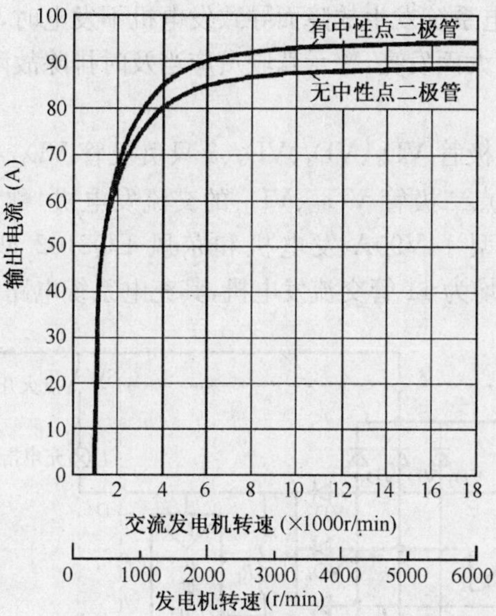

图 1-34　交流发电机输出电流比较

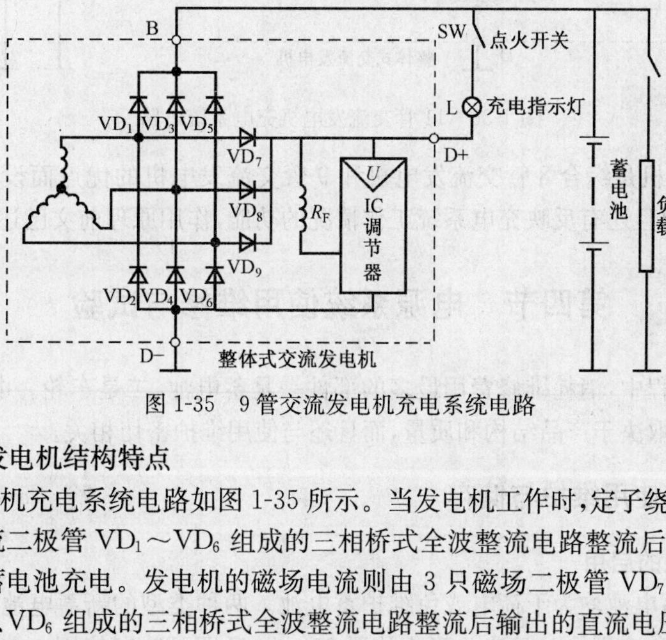

图 1-35　9 管交流发电机充电系统电路

1. 9 管交流发电机结构特点

9 管交流发电机充电系统电路如图 1-35 所示。当发电机工作时，定子绕组产生的三相交流电动势经 6 只整流二极管 VD_1～VD_6 组成的三相桥式全波整流电路整流后，输出直流电压 U_B 向负载供电并向蓄电池充电。发电机的磁场电流则由 3 只磁场二极管 VD_7、VD_8、VD_9 与 3 只负极管 VD_2、VD_4、VD_6 组成的三相桥式全波整流电路整流后输出的直流电压 U_{D+} 供给。

2. 充电指示灯工作情况

9 管交流发电机不仅可以控制充电指示灯来指示蓄电池充电情况，而且能够指示充电系统是否发生故障。

接通点火开关 SW，蓄电池电流便经点火开关 SW→充电指示灯→发电机 D＋端子→磁场绕组 R_F→调节器内部大功率三极管→搭铁→蓄电池负极构成回路。此时充电指示灯发亮，指示磁场电流接通并由蓄电池供电。

当发动机启动后，随着发电机转速升高，发电机 D＋端电压随之升高，充电指示灯两端的电位差降低，指示灯亮度变暗。当发电机电压升高到蓄电池端电压时，发电机 B 端与 D＋端电位相等，充电指示灯两端电位差降低到零而熄灭，指示发电机已正常发电，磁场电流由发电机自己供给。

当发电机高速运转、充电系统发生故障而导致发电机不发电时，因为D+端无电压输出，所以充电指示灯两端电位差增大而发亮，警示驾驶员应当及时排除故障。

(三) 11管交流发电机

整流器总成具有3只正极管 VD_1、VD_3、VD_5、3只负极管 VD_2、VD_4、VD_6、3只磁场二极管 VD_7、VD_8、VD_9 和两只中性点二极管 VD_{10}、VD_{11} 的交流发电机，称为11管交流发电机。桑塔纳、奥迪轿车用JFZ1913Z型14V90A发电机和东风EQ2102型越野汽车用JFW2621型28V45A整体式无刷发电机均为11管交流发电机，其充电系统电路如图1-36所示。

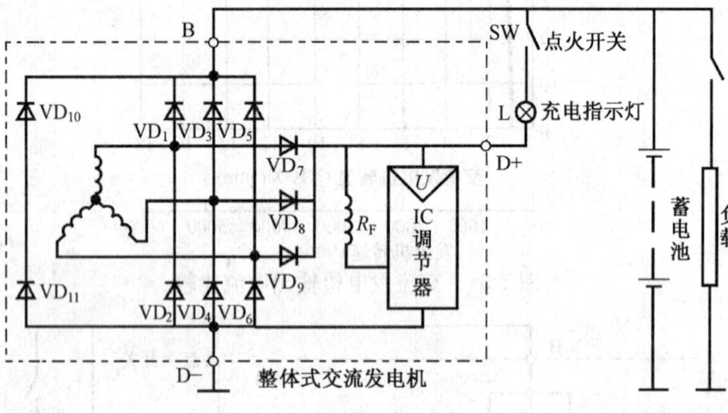

图1-36 11管交流发电机充电系统电路

11管交流发电机是综合8管交流发电机和9管交流发电机的优点而设制的，不仅具有提高输出功率功能，而且还有反映充电系统工作情况的功能，作用原理前文已述，故不赘叙。

第四节 电源系统使用维修与试验

汽车在使用过程中，消耗维修费用最多的部件一是蓄电池，二是车轮。电源系统的电气性能和使用寿命不仅取决于产品结构和质量，而且还与使用维护密切相关。

一、蓄电池的使用维护与储存

(一) 新蓄电池的启用

目前，汽车用蓄电池均为干荷电或免维护蓄电池。两种类型的新蓄电池在首次使用之前，加注规定相对密度和液量的电解液并静止放置30 min后即可装车使用。在启用新蓄电池时，需要注意以下几点。

(1) 蓄电池的型号规格必须符合汽车设计要求。一是要考虑蓄电池的容量。容量过小则无法启动发动机；二是要考虑蓄电池的外形尺寸。尺寸过大则无法安装，尺寸过小则安装不牢。

(2) 必须取下加液孔盖上密封通气孔的不干胶带。蓄电池在储存过程中，其加液孔盖上的通气孔粘贴有不干胶条，防止空气进入蓄电池内部而导致极板氧化失效。启用新蓄电池时，不干胶带必须取下。否则，蓄电池充放电产生的气体不仅会使壳体胀裂，甚至还会导致蓄电池爆炸。

(3) 电解液的相对密度必须符合本地区使用要求。电解液的相对密度过低容易结冰而导致蓄电池壳体胀裂，相对密度过高会加速极板和隔板腐蚀而缩短蓄电池的使用寿命。因此，在启用新蓄电池时,必须根据不同的使用条件来选择电解液的相对密度。寒冷地区应当使用相对密度较高的电解液,同一地区使用的蓄电池,冬季电解液的相对密度应比夏季高 0.02～0.04。不同地区和气温条件下,电解液的相对密度可参照表 1-5 或蓄电池制造厂家的规定进行选择。

表 1-5 不同地区和气温条件下电解液相对密度的选择范围

气候条件	完全充电蓄电池在 25℃时的电解液的相对密度	
	冬 季	夏 季
冬季低于－40℃的地区	1.30	1.26
冬季高于－40℃的地区	1.28	1.25
冬季高于－30℃的地区	1.27	1.24
冬季高于－20℃的地区	1.26	1.23
冬季高于 0℃的地区	1.23	1.23

(4) 电解液液面高度必须符合规定要求。液面过高时,电解液容易溢出;液面过低时,露出液面的部分极板不能参加化学反应,蓄电池输出容量就会降低。在蓄电池静置 30min 后,由于部分电解液渗透到了极板内部,因此电解液液面高度会有所降低,此时应补充到规定高度。在启用新蓄电池时,蓄电池电解液液面的高度应保持在壳体上标示的上液面线位置,如图 1-37 所示。当壳体上没有液面线或液面看不清(如蓄电池壳体为黑色)时,可用孔径为 3mm ～ 5mm 的玻璃管进行测量,方法如图 1-38 所示,先将玻璃管垂直插入蓄电池加液孔内,直到与保护网或隔板上缘接触为止,然后用拇指堵住管口,再取出玻璃管。此时,管内吸取的电解液高度即为液面高出隔板或保护网的高度,其值应为 10mm ～ 15mm。

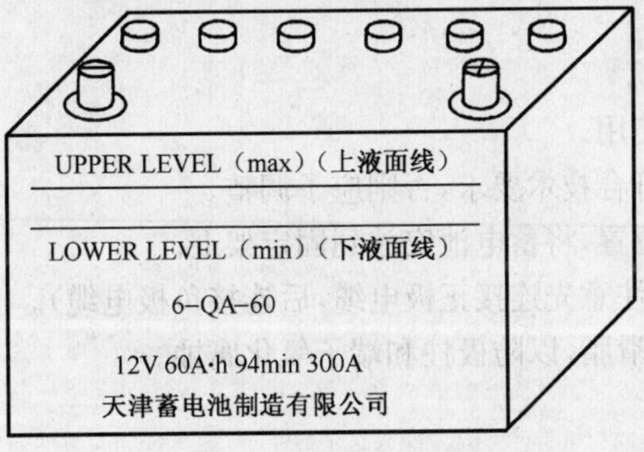

图 1-37 电解液液面线位置

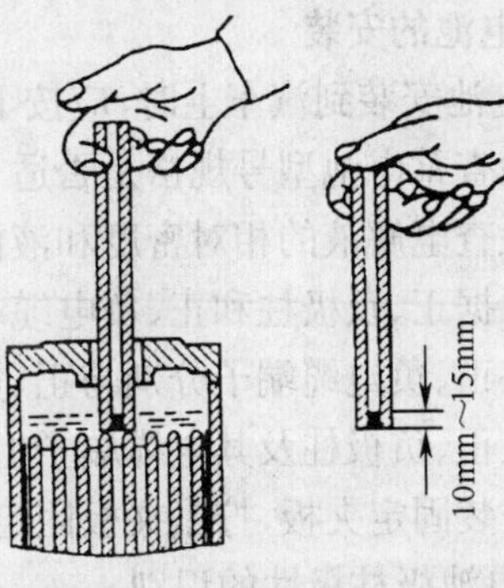

图 1-38 检查液面高度

(5) 存放时间过长的蓄电池需要充电之后再装车使用。干荷电和免维护蓄电池的存储时间一般为 2 年。当存放时间超过规定期限时,极板在干燥状态下的荷电性能受到空气氧化的影响会大大降低,蓄电池供电能力减小,甚至不能提供足够电流来启动发动机,影响车辆的正常使用,因此必须进行充电。

(二) 蓄电池的正确使用

为了延长蓄电池的使用寿命,使用中应特别注意以下几点。

(1) 正确使用起动机。每次启动时间不得超过 3s ～ 5s;如果一次未能启动发动机,应休息 15s 以上时间再进行第二次启动;连续 3 次启动不成功时,应查明原因,排除故障后再进行启动。在冬季冷机启动之前,应先给发动机加入热水,并将发动机空摇数转,以减小启动阻力和启动电流,减少蓄电池的亏损。

(2) 定期补充充电。蓄电池在装车使用过程中，由于发电机对其充电的电压是按基本充足电的电压2.4V来选择确定的，因此为了防止极板硫化而缩短使用寿命，每使用两个月后必须进行一次补充充电；如果蓄电池加注电解液后存放备用或安装在汽车上而汽车停放不用时，因为存放过程中蓄电池会自行放电，所以每间隔一个月时间必须进行一次补充充电。

(3) 安装固定牢靠。蓄电池在汽车上必须固定牢靠，防止汽车行驶时振动受损。搬运蓄电池应轻搬轻放，不能在地面上拖曳。

(三) 蓄电池的拆装与极柱极性识别

车用蓄电池内部电阻很小，一旦发生短路就会形成大电流放电，不仅损失电能，而且还有烧坏电缆或电器线束的危险。因此，在安装蓄电池时，应先连接正极电缆，后连接负极电缆。这是因为如果先连接负极电缆，那么在连接正极电缆时，扳手万一搭铁就会导致蓄电池短路放电。同理，在拆卸蓄电池时，应先拆卸负极电缆，后拆卸正极电缆。因为如果先拆卸正极电缆，那么当扳手万一搭铁时，就会导致蓄电池短路放电。

1. 蓄电池的拆卸

从汽车上拆卸蓄电池时，应按下述步骤进行。

(1) 将点火开关置于“断开(OFF)”位置。

(2) 拆下蓄电池固定夹板的固定螺栓，取下固定夹板。

(3) 拧松蓄电池正、负极柱上的电缆插头固紧螺栓，取下电缆(注意先拆卸负极电缆，后拆卸正极电缆)。

(4) 从汽车上取下蓄电池。

(5) 检查蓄电池壳体上有无裂纹和电解液渗漏痕迹，发现裂纹和渗漏应予更换蓄电池。

2. 蓄电池的安装

将蓄电池安装到汽车上时，应按下述步骤进行。

(1) 检查蓄电池型号规格是否适合该型汽车使用。

(2) 检查电解液的相对密度和液面高度是否符合技术要求，否则应予调整。

(3) 根据正、负极柱和正、负电缆端子的相对位置，将蓄电池安放到固定架上。

(4) 将正、负电缆端子分别与正、负极柱连接(注意先连接正极电缆，后连接负极电缆)。

(5) 在正、负极柱及其电缆端子上涂抹一层润滑脂，以防极柱和端子氧化腐蚀。

(6) 安装固定夹板，拧紧夹板固定螺栓。

3. 蓄电池极柱极性的识别

将蓄电池安装到汽车上使用时，需要将蓄电池的正极柱与通往起动机的电缆(火线电缆)连接，将蓄电池的负极柱与搭铁电缆(搭铁线)连接。在蓄电池充电时，需要将蓄电池的正极柱与充电机的正极连接，将蓄电池的负极柱与充电机的负极连接。因此，必须正确识别蓄电池极柱的极性，才能正确连接蓄电池电路。

根据国标GB/T 5008.3—2005《起动用铅酸蓄电池端子的尺寸和标记》规定，在蓄电池正极柱上或正极柱周围的蓄电池盖上标有“+”或“P”标记；在负极柱上或负极柱周围的蓄电池盖上标有“-”或“N”标记。对于使用一段时间后标记模糊不清难以辨别的蓄电池，可用下述方法进行判别。

(1) 观察极柱颜色进行判别。使用过的蓄电池，其正极柱呈深棕色，负极柱呈深灰色。

(2) 用直流电压表检测判别。将电压表连接蓄电池的正负极柱，按表针偏摆方向判断其正负极性。若表针正摆(向右偏摆)，则表的正极所连极柱为蓄电池正极；若表针反摆(即向左偏摆），则表的负极所连极柱为蓄电池正极。

(3) 用电解法进行判别。将蓄电池的两个极柱各连接一根导线，并将导线的另一端分别插入电解液中（注意导线端头切勿相碰），此时导线周围产生气泡较多者所连极柱即为蓄电池负极。

（四）蓄电池的维护与储存

1. 蓄电池的维护

为使蓄电池经常处于完好状态，延长其使用寿命，对使用中的蓄电池需要定期（汽车行驶6000km～7500km 或 30 天～45 天）进行下列维护工作。

(1) 检查调整电解液的液面高度。蓄电池就车使用过程中，电解液的液面高度应保持在蓄电池壳体上标示的上、下液面线之间，即液面应高出隔板或保护网 10mm ～15mm。当液面过低时，应补充蒸馏水。除确知液面降低是由电解液溅出所致外，不允许补充硫酸溶液。这是因为电解液液面正常降低是由电解液中蒸馏水电解和蒸发所致的。

(2) 检查测量蓄电池电解液的相对密度。电解液的相对密度可用吸式密度计或光学检测仪器进行检测。用吸式密度计检测电解液相对密度的方法如图 1-39 所示，先用拇指适当压下橡皮囊后再将密度计的橡皮吸管插入电解液中，然后缓慢放松拇指，使电解液吸入玻璃管中，吸入玻璃管中电解液的多少以使浮子浮起为准，此时液面与浮子相交的刻度即为电解液的相对密度值。因为相对密度大小与温度密切相关，所以，在测量电解液的相对密度时，必须同时测量电解液的温度，以便将不同温度时测得的相对密度值换算成标准温度（25℃）时的相对密度值。

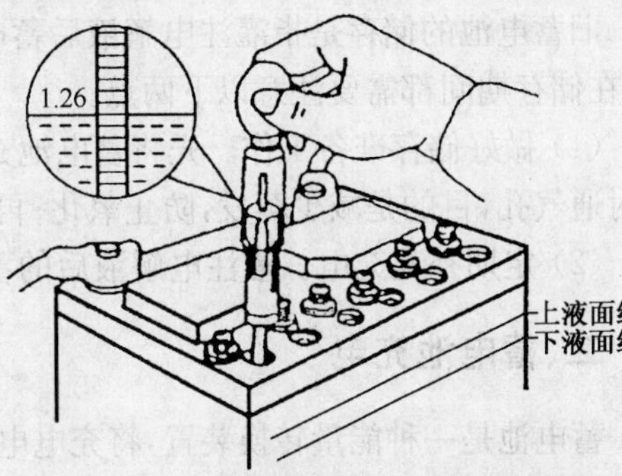

图 1-39　测量电解液的相对密度和温度

(3) 检查蓄电池的放电程度。由蓄电池恒流放电特性可知，电解液的相对密度与放电时间成直线规律下降。因此，蓄电池的放电程度可以通过检测电解液的相对密度进行换算。实践证明，电解液的相对密度每下降 0.04，蓄电池放电约为 25%。当冬季放电程度超过 25%，夏季放电程度超过 50%时，就应对蓄电池进行补充充电。

(4) 检查加液孔盖或螺塞上的通气孔是否畅通。如果通气孔通气不畅，蓄电池内部化学反应产生的气体就可能将壳体胀裂甚至引起爆炸事故。

(5) 检查并清洁蓄电池。检查蓄电池槽表面有无电解液渗漏痕迹，发现渗漏应予更换蓄电池。清除蓄电池盖上的灰尘和泥土，擦去电池盖上的电解液；清除正负极柱和电缆插头上的氧化物。

(6) 检查蓄电池安装与连接是否牢靠。检查蓄电池固定是否牢靠，正负极柱与电缆接头连接是否可靠紧固。实践证明，在蓄电池正负极柱与电缆插头之间，容易产生氧化物而导致接触电阻增大，当启动发动机时，接触电阻就会产生较大压降，使起动机两端的电压降低、启动电流减小而不能启动发动机。因此，蓄电池正负极柱与电缆插头可靠连接是保证发动机顺利启动的必要条件之一。

2. 新蓄电池的储存

新蓄电池的储存是指未灌电解液蓄电池的储存。新蓄电池在储存期间，需要注意以下几点。

(1) 储存时间不宜过长。干荷电或免维护型新蓄电池的储存时间不应超过产品使用说明书的规定，自出厂之日起计算，最长储存时间应不超过 2 年。如果储存时间超过 2 年，那么在首次使用之前，应先进行充电之后再装车使用，以免影响车辆的正常使用。

(2) 合理选择储存场所。蓄电池储存室应当保持阴凉干燥（温度低于 40℃、相对湿度低于 80%）、通风良好。

(3) 合理选择存放位置。蓄电池不能被阳光爆晒，距离热源（如暖气设备、锅炉等）的最近距离应不少于 1m。

(4) 妥善放置蓄电池。蓄电池不要重叠搁置，也不要直接放在地上，应按行排放于木架上。

(5) 通气孔要密封。蓄电池储存期间，加液孔螺塞应旋紧，螺塞上的通气孔应用胶带纸加以密封。对于采用密封盖密封的蓄电池，其密封盖应盖紧，密封盖上的通气孔也要用胶带纸加以密封。

3. 旧蓄电池的储存

旧蓄电池的储存是指灌注电解液后蓄电池的储存。蓄电池灌注电解液后，无论是否装车使用，在储存期间都需要注意以下两点。

(1) 做好储存准备工作。先将蓄电池充足电，液面调整到正常高度；然后拧紧加液孔螺塞，密封通气孔，目的是减少蒸发，防止氧化；再存放于阴凉干燥的室内。

(2) 定期补充充电。灌注电解液后的蓄电池在存放期间，每月应补充充电一次。

二、蓄电池充电

蓄电池是一种能量转换装置，将充电电源的电能转换为蓄电池化学能的过程称为充电。为使蓄电池保持一定容量和延长蓄电池的使用寿命，必须对蓄电池进行充电。

(一) 充电方法

为使充电电流 I_c 流过蓄电池，充电电源的电压 U_c 必须克服蓄电池的电动势 E 和内压降 I_cR_i，即

$$U_c=E+I_cR_i$$

由此可得充电电流 I_c 的表达式为

$$I_c=\frac{U_c-E}{R_i}$$

蓄电池充电的方法有：恒压充电、恒流充电和脉冲快速充电 3 种。其中常用的充电方法是恒压充电和恒流充电。

(1) 恒压充电。在充电过程中，充电电压恒定不变的充电称为恒压充电。蓄电池在汽车上由发电机对其充电就属于恒压充电，其充电电压由充电系统的电压调节器控制。

在恒压充电过程中，蓄电池的电动势 E 和充电电流 I_c 的变化规律如图 1-40 所示。

在充电初期，由于蓄电池的电动势较低，充电电压与电动势之差较大。因此，由充电电流公式可知充电电流较大，电动势上升也较快；随着充电时间增长，充电电压与电动势之差逐渐减小，充电电流随之减小；当电动势上升至充电电压时，充电电压与电动势之差为零，充电电流亦减小到零，如图 1-40(b)所示，充电将自动停止。

恒压充电电流曲线在充电初期具有上升趋势的原因是蓄电池内阻减小较快。蓄电池亏电越严重，电流上升越明显。

采用恒压充电时，如果充电电压选择过低，则充电电压与电动势之差减小，充电电流随之减

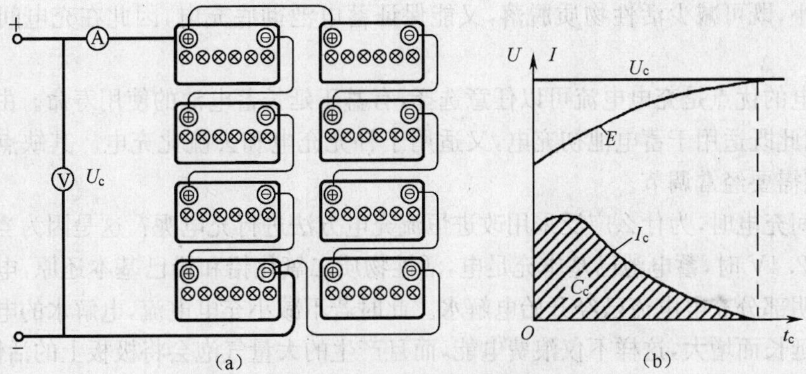

图 1-40　恒压充电电路及其特性曲线

(a) 电路连接；(b) 充电特性曲线。

小，只需经过较短时间充电，就可出现充电电流为零的现象。在此情况下，蓄电池不可能充足电，长此以往，势必导致长期亏电而产生硫化，使用寿命会大大缩短。如果充电电压过高，充电电流就会显著增大。这样，即使在蓄电池充足电后，也还有一定电流继续充电，其结果必然导致过量充电。在汽车上，电压调节器控制的发电机的输出电压越高，过充电现象就越严重，电解液中水的消耗也就越快，蓄电池使用寿命就会缩短。为此在采用恒压充电时，单格电池的充电电压一般都按基本充足电的特征电压 2.4V 进行选定。例如，在汽车上，根据全车电系电压等级不同，其电压调节器控制的发电机输出电压就分别选定为 14V 和 28V 左右。

恒压充电的优点是在充电初期，充电电流较大，充电速度较快，充电 4h ～ 5h 蓄电池的容量即可恢复 80%以上，因此充电时间短。同时，充电电流能随电动势的上升而逐渐减小到零，使充电自动停止，这就不必由人工调节充电电流。

恒压充电的缺点是充电电流大小不能调整，所以不能保证蓄电池彻底充足电；也不能用于蓄电池的初充电和去硫化充电。对于就车使用的蓄电池，为了防止其产生硫化故障，必须定期(每两个月)拆下用恒流充电方法充电一次。

(2) 恒流充电。在充电过程中，充电电流恒定不变的充电称为恒流充电。在使用中，实际恒流充电电路及其特性曲线如图 1-41 所示。

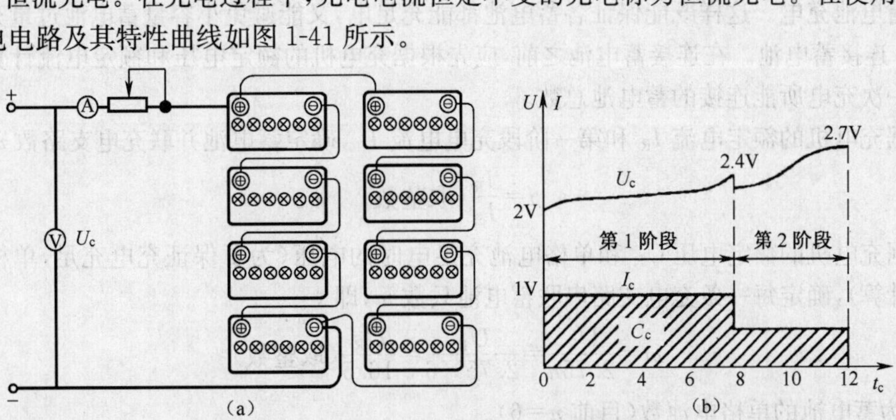

图 1-41　实际恒流充电电路及其特性曲线

由充电电流公式可知，在恒流充电过程中，随着蓄电池电动势 E 的上升，要想保持充电电流恒定，就必须调高充电电压。在充电第一阶段，用较大电流进行恒流充电，当单格电池电压上升到 2.4V 左右、电解液中开始产生气泡时，将充电电流减小一半转入第二阶段恒流充电，直到蓄电池完全充足电为止，这种充电方法又称为改进恒流充电或两阶段恒流充电。由于第二阶段充电电流较小，既可减少活性物质脱落，又能保证蓄电池彻底充电，因此在充电间充电时广泛采用。

恒流充电的优点是充电电流可以任意选择，有益于延长蓄电池的使用寿命。由于充电电流可以任选，因此既适用于蓄电池初充电，又适用于补充充电和去硫化充电。其缺点是充电时间长，充电电流需要经常调节。

在充电间充电时，为什么广泛采用改进恒流充电方法进行充电呢？这是因为当单格电池充电电压达到 2.4V 时，蓄电池已基本充足电，活性物质二氧化铅和铅已基本还原，电解液中开始产生气泡说明部分充电电流已经开始电解水。此时若不减小充电电流，电解水的电流就会随着充电时间的延长而增大，这样不仅浪费电能，而且产生的大量气泡会将极板上的活性物质冲掉，使蓄电池容量降低，寿命缩短。所以在实际充电中广泛采用两阶段恒流充电方法进行充电。

(二) 充电工艺

根据蓄电池技术状态不同，蓄电池充电工艺可分为初充电、补充充电和去硫化充电 3 种。对新蓄电池或更换极板后的蓄电池进行的首次充电称为初充电。蓄电池使用后的各次充电称为补充充电。消除硫化的充电工艺称为去硫化充电。目前汽车普遍采用干荷电和免维护蓄电池，由于这些蓄电池加注电解液后等待 30 min 即可装车使用，无须进行初充电。因此，下面主要介绍补充充电的充电工艺。

(1) 清洁蓄电池，检查电解液液面高度，并将液面高度调整到高出隔板或护网 15mm 位置或与蓄电池壳体上的上液面线平齐。当液面过低时，只需补充蒸馏水。

(2) 选择补充充电电流。补充充电电流的选择方法如下。

第一阶段充电电流为：$I_{c1}=\dfrac{C_{20}}{10}$(A)

第二阶段充电电流为：$I_{c2}=\dfrac{1}{2}I_{c1}=\dfrac{C_{20}}{20}$(A)

蓄电池的容量不同，充电电流大小也不相同。当同一充电支路中各串联蓄电池的容量不同时，其充电电流则应按容量最小者进行选择。当小容量蓄电池充足电后，应随即摘除，再继续给大容量蓄电池充电。这样既能保证各蓄电池都能充足电，又能避免小容量蓄电池过量充电。

(3) 连接蓄电池。在连接蓄电池之前，应先根据充电机的额定电压和额定电流计算出一台充电机一次充电所能连接的蓄电池总数。

根据充电机的额定电流 I_R 和第一阶段充电电流 I_{c1}，确定蓄电池并联充电支路数 i，即

$$i=\frac{I_R}{I_{c1}}\text{(取整数)}$$

根据充电机的额定电压 U_R 和单格电池充足电时的电压(为了保证充电充足，单格电压按 2.75V 计算)，确定每一条充电支路串联蓄电池只数 m，即

$$m=\frac{U_R}{2.75n}=\frac{U_R}{2.75\times 6}=\frac{U_R}{16.5}\text{(取整数)}$$

式中：n 为蓄电池的单格电池数(目前 $n=6$)。

一台充电机一次充电最多允许连接蓄电池总数 N 为

$$N=m\cdot i$$

当一条充电支路中串联蓄电池的只数大于 m 时，由于充电机电压不足，因此蓄电池不能彻底充足电。当有两条或两条以上并联支路同时充电时，各支路串联蓄电池的单格电池总数必须相等。否则就会导致串联单池总数少的蓄电池过量充电。

连接蓄电池时，先连接串联支路，再将各支路并联连接，最后将蓄电池充电支路的正极与充电机正极相连，将充电支路的负极与充电机负极相连。

(4) 接通充电电路充电。在充电过程中，每隔 2h ～ 3h 应测量一次充电电压和电解液的相对密度。当单格电压达到 2.4V 时，应及时转入第二阶段充电，直到充足电为止。在充电过程中，还应经常测量电解液温度。当其升到 40℃时，应将充电电流减半。当温度继续升高到 45℃时，应暂停充电，待温度降到低于 40℃后，方可继续充电。

(5) 调整电解液的相对密度。充电结束 30min 后，测量电解液的相对密度如不符合规定，则应进行调整。相对密度偏低应补充适量密度为 $1.40g/cm^3$ 的稀硫酸溶液；反之应补充蒸馏水进行调整。调整后的相对密度是否符合规定，要待充电 2h 后再复查一次。各单格电池之间的相对密度之差不得超过 0.01。相对密度调好后应作记录，以备使用参考。补充充电的全部充电时间约为 13h ～ 16h。

三、蓄电池技术状态的检验

蓄电池输出的电能是由其内部活性物质与电解液发生化学反应而产生的。由于车用蓄电池输出电流较大，因此，用电压表测量其静态端电压不能反映其技术状态好坏，必须在通过一定电流(充电电流或放电电流)的情况下，才能通过测量蓄电池的端电压进行检测。

在使用过程中，蓄电池的技术状态可用蓄电池检测器进行检测，检测原理都是利用蓄电池向放电电阻放电，并通过测量放电电阻两端的电压(蓄电池的端电压)高低来判断蓄电池的技术状态。下面以 HBV-101 型和 FY-54 型蓄电池检测器为例，说明其结构特点与使用方法。两种检测器都是根据干荷电和免维护蓄电池的正负极柱只有两个，且只能测量 6 个单格电池的整体电压(12V)的特点，在原测量蓄电池单格电池电压(2V)的高率放电计的基础上，改进设计和生产的蓄电池检测装置的换代产品，结构与高率放电计基本相同。

(一) HBV-101 型蓄电池检测器

1. HBV-101 型蓄电池检测器的结构特点

HBV-101 型蓄电池检测器的结构如图 1-42(a)所示，主要由放电电阻、电压表、检测器手柄、金属支架和正负电极组成。HBV-101 型蓄电池检测器适用于检测目前广泛使用的额定电压为 12V 的干荷电和免维护蓄电池。

检测器放电电阻(约 200mΩ)绝缘固定在上部的电阻盒内，电阻盒、电压表和手柄用两根金属支架连接固定。左边一根支架与中部的电压表负极连接，称为负极支架；右边一根支架与电压表正极连接，称为正极支架。放电电阻与电压表并联。检测器的正负电极均为针状电极，正针状电极(图中左边一根测针)又称为正极测针，负针状电极又称为负极测针。正极测针用导线与正极支架连接。负极测针固定在电阻盒前端，并与负极支架直接连接、与正极支架绝缘连接。

检测器上部的放电电阻盒设计为可拆式结构。拧松电阻盒两端的固定旋钮将电阻盒拆下后，检测器即可用作电压表使用。如此设计的主要目的是用其测量蓄电池充电时的端电压来判断蓄电池的充电状态。

检测器中部电压表的刻度盘如图 1-42(b)所示，在刻度盘上标示有 0V ～ 20V 电压值和红、黄、绿(从左到右)3 段刻线。检测蓄电池状态时，表针指在红、黄、绿刻线范围内分别表示蓄电池“有故障”、技术状态“良好”和“很好”。

2. HBV-101 型蓄电池检测器的使用方法

用蓄电池检测器检测技术状态时，先将蓄电池充足电，然后将检测器上端的负极测针插到蓄电池负极柱上，再将用导线连接的正极测针插到蓄电池正极柱上，此时蓄电池就会通过放电电阻放电。放电 20s 后取下针状电极停止放电，停止 3min 后再进行第二次放电。连续放电 3 次，每次放电 20s，停止放电 3min。蓄电池通过放电电阻放电时，电压表就会指示蓄电池的放电端电压，最终以第三次放电时电压表指示的端电压读数为判断依据。

对于额定容量小于或等于 60A·h 的蓄电池，如电压表读数低于 9V，说明蓄电池有故障或寿命终止，需要更换新品。如电压表读数在 9V ～ 11V 之间，说明蓄电池技术状态良好，端电压接近 11V 可继续使用，接近 9V 应补充充电。如电压表读数高于 11V，说明蓄电池技术状态很好，可以继续使用，无须补充充电。

对于额定容量大于 60A·h 的蓄电池，如电压表读数低于 9.5V，说明蓄电池有故障或寿命终止，需要更换新品。如电压表读数在 9.5V ～ 11.5V 之间，说明蓄电池技术状态良好，端电压接近 11.5V 可继续使用，接近 9.5V 应补充充电。如电压表读数高于 11.5V，说明蓄电池技术状态很好，无须补充充电。

（二）FY-54 型蓄电池检测器

1. FY-54 型蓄电池检测器的结构特点

FY-54 型蓄电池检测器的结构如图 1-43(a)所示，主要由放电电阻、电压表、壳体和正负电极组成。FY-54 型蓄电池检测器适用于检测 2V、6V 和 12V 蓄电池。

(a)　　(b)

图 1-42　HBV-101 型蓄电池检测器的结构

(a)检测器外形；(b)检测器刻度盘。

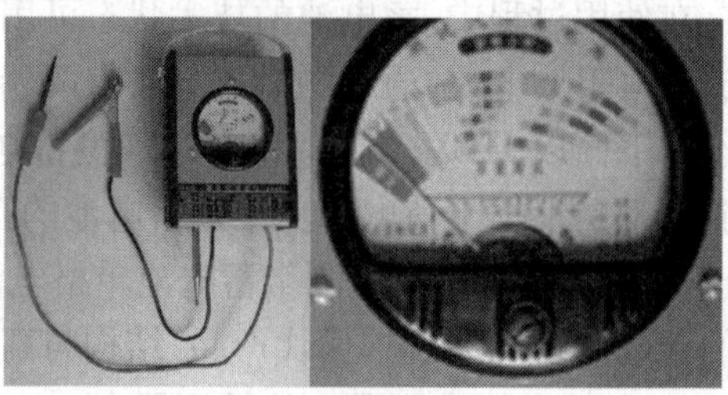

(a)　　(b)

图 1-43　FY-54 型蓄电池检测器的结构

(a)检测器外形；(b)检测器刻度盘。

检测器设有并联连接的两只放电电阻(每只约 200mΩ)，放电电阻固定在两块金属片上，金属片固定在电压表的正负电极上，电压表用 3 个小螺栓固定在壳体前盖上。壳体后盖上制有散热孔，用以散发放电电阻流过电流时产生的热量。

检测器设有两根针状电极(测针)和一个接线夹共 3 个电极。其中，固定在壳体上的测针和用导线连接的接线夹均用导线与电压表负极连接，因此称为负极测针和负极接线夹，用导线连接的一根测针与电压表正极连接，称为正极测针。使用时，将负极测针和负极接线夹接蓄电池负极，正极测针接蓄电池正极。

电压表的刻度盘上标示有 3 组数据和红、黄、绿、白(从左到右)4 段刻线。左边一组数据 0～2.5表示电压值(V)，用于测量 2V 单格电池时视读。中间一组数据 6、10、24、55、120 表示被测蓄电池容量(A·h)范围，用于测量 6V 蓄电池时视读。右边一组数据 6、10、20 ～ 32、40 ～ 60、100 ～ 120 表示被测蓄电池容量(A·h)范围，用于测量 12V 蓄电池时视读。红、黄、绿、白 4 段刻线范围内分别表示蓄电池“故障”、“充电”、“正常”和“充足”。

2. FY-54 型蓄电池检测器的使用方法

使用 FY-54 型蓄电池检测器之前，应先检查电压表指针是否指在刻度盘最左边的“0”位置。如指针未指“0”位，可通过旋转电压表盘中部的调零螺钉进行调整。

测试蓄电池时,先将蓄电池充足电,然后将检测器负极测针或接线夹连接到蓄电池负极柱上,再将正极测针插到蓄电池正极柱上,每次测试时间不得超过 3s。最后根据被测蓄电池电压等级、容量大小、刻度盘上标示的容量数据范围以及表针指示的位置,判断蓄电池技术状态。当被测蓄电池的额定容量与刻度盘上标示的容量数值不一致时,可选择容量相近的刻线进行视读。

例如,测量 6-QA-150 型蓄电池时,可选择最右边一组数据 100 ～120 和刻线视读。如表针指在红色刻线范围内,说明蓄电池有故障或寿命终止,需要更换新品。如表针指在黄色刻线范围内,说明蓄电池需要补充充电。如表针指在绿色刻线范围内,说明蓄电池技术状态良好,可以继续使用,无须补充充电。如表针指在白色刻线范围内,说明蓄电池技术状态很好,存电充足。

四、交流发电机与调节器的使用维护

(一) 交流发电机与调节器的正确使用

为了保证电源系统的使用性能,交流发电机与调节器在使用中应注意以下几点。

(1) 汽车交流发电机均为负极搭铁,蓄电池搭铁极性必须与发电机一致。否则蓄电池将正向加在整流二极管上使二极管烧坏。

(2) 发电机运转时,不能短接交流发电机的 B、E 端子(用试火花的方法)来检查发电机是否发电,否则容易烧坏整流二极管。

(3) 一旦发现发电机不发电或充电电流很小时,就应及时找出原因并排除故障。如果继续运转,那么故障就会扩大。如当一只二极管短路后,就会导致其他二极管和定子绕组被烧坏。

(4) 当整流器的 6 只整流二极管与定子绕组连接时,禁止使用 220V 交流电源检查发电机的绝缘情况,否则将会损坏二极管。

(5) 调节器与交流发电机的搭铁形式、电压等级必须一致。否则充电系统不能正常工作。对于外搭铁型发电机和外搭铁型调节器,磁场电流由电源正极,经点火开关 SW、磁场绕组、调节器"磁场"端子 F 流入调节器,再经调节器内部大功率三极管(NPN 型三极管)后,从调节器"搭铁"端子流回电源负极。对于内搭铁型发电机与内搭铁型调节器,磁场电流则由电源正极,经点火开关 SW,从调节器+端子流入,先经内部大功率三极管(PNP 型),从调节器"磁场"端子 F 流出,再经发电机磁场绕组、搭铁回到电源负极。由此可见,内搭铁型调节器只能与内搭铁型发电机配用;外搭铁型调节器只能与外搭铁型发电机配用,否则发电机就没有磁场电流而不能输出电压,蓄电池使用寿命将大大缩短。当调节器与发电的搭铁形式不匹配而又急需使用时,只能通过改变发电机磁场绕组的搭铁形式,使发电机与调节器的搭铁形式一致。

(6) 交流发电机的功率不得超过调节器所能匹配的功率。调节器所能匹配的功率取决于大功率三极管的功率。发电机功率越大,磁场电流亦越大(如 14V/750W 交流发电机的磁场电流为 3A ～ 4A;14V/1000W 交流发电机的磁场电流为 4A～5A)。磁场电流越大,对大功率三极管的技术要求就越高,成本也就越高。大功率发电机的调节器配小功率发电机使用时,虽然不会影响充电系统工作,但成本较高、不经济。然而小功率发电机的调节器则不能与大功率发电机配用,因为一方面调节器会因超负荷工作而使使用寿命大大缩短,另一方面控制磁场电流的三极管的管压降增大,磁场电流最大值减小,发电机空载转速和额定转速都将增高,交流发电机的输出性能将降低。

(7) 汽车停驶时必须断开点火开关,以免蓄电池长时间向磁场绕组放电。在汽车上,一旦接通电源,调节器的大功率管就始终处于导通状态,汽车停驶时大功率管始终导通(夜间停驶也是如此),而且此时磁场电流接近最大值,不仅会使电子调节器使用寿命大为缩短,而且还会导致蓄电池亏电。试验证明,当汽车调节器不受开关控制而直接与充足电的蓄电池连通时,蓄电池使用5天~7天便不能启动发动机,调节器的使用寿命也只有100天左右。使用证明,东风康明斯发动机(EQ6BT5.9发动机)汽车在傍晚停车时,如果忘记断开点火开关,那么,蓄电池储存的电能到第二天早晨就会全部放完,启动发动机时一点动静都没有,汽车就无法行驶。

(二) 交流发电机的维护

汽车每行驶30000km,应将交流发电机从车上拆下检修一次,主要检查电刷和轴承磨损情况。新电刷高度为14mm,磨损至7mm ~ 8mm时,应当更换新电刷;轴承如有显著松动,应予更换新品。汽车每行驶15000km,应当进行以下检查。

(1) 检查驱动带外观。驱动带外观检查如图1-44所示,用肉眼观察驱动带有无裂纹和破损现象,如有则应更换驱动带。驱动带安装情况应当符合图1-44(b)要求,如果安装情况如图1-44(c)所示,则应更换驱动带。

(2) 检查驱动带挠度。检查驱动带挠度的方法如图1-45所示。检查时,在两个驱动带轮之间驱动带的中央部位施加100N压力,此时驱动带的挠度应符合规定指标。新驱动带(从未用过的驱动带)一般为5mm ~ 7mm,旧驱动带(装车随发动机转动过5min或5min以上的驱动带)一般为10mm ~ 14mm。具体指标以车型手册规定为准,挠度不符规定应予调整。

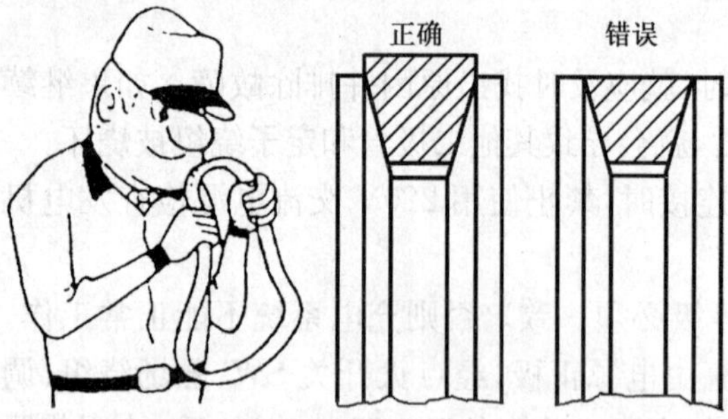

(a) (b) (c)

图1-44 驱动带的外观检查

(a) 检查外观;(b) 安装正确;(c) 安装错误。

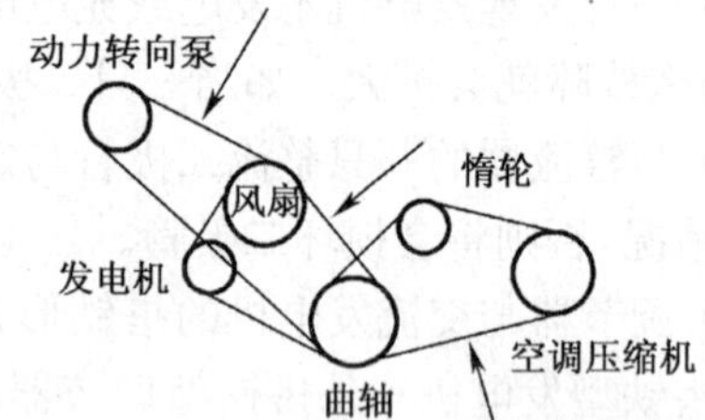

图1-45 检查驱动带的挠度

(3) 检查导线连接。一是检查各导线的连接部位是否正确;二是发电机B端子必须加垫弹簧垫圈;三是对于采用线束插接器连接的发电机,其插头与插座必须用锁紧卡簧锁紧,不得有松动现象。

(4) 检查有无噪声。在交流发电机出现故障特别是机械故障(如轴承破碎、转子轴弯曲等)后,当发电机运转时,都会发出异常响声。检查时,逐渐加大发动机油门,同时监听发电机有无异常响声。如有异常响声,则需拆下发电机分解检修。

五、交流发电机与调节器的检修

(一) 交流发电机的分解

各型交流发电机各有特点,分解方法各不相同,下面以奥迪、桑塔纳系列轿车用JFZ1913Z型整体式交流发电机为例,说明其分解步骤与方法。

(1) 拆下固定电刷组件和调节器总成的两个固定螺钉,取下电刷组件和调节器。

(2) 分别用直径为14mm和8mm的套筒扳手拆下“输出”端子B+和“磁场输出”端子D+上的固紧螺母(注意勿用开口扳手拆卸,以免损坏绝缘架)。

(3) 拆下绝缘架固定螺钉，取下绝缘架。

(4) 拆下防干扰电容器(2.2μF/100V)固定螺钉，拔下电容器引线插头，取下电容器。

(5) 拆下前、后端盖连接螺栓(6个)，分离前、后端盖，并使定子与后端盖在一起。

(6) 拆下整流器总成固定螺钉(6个)，从后端盖上取下整流器与定子总成。

(7) 用30W/220V～50W/220V电烙铁焊开定子绕组引线与整流二极管引出电极间的4个焊点，即图1-46中P_1、P_2、P_3、P_4这4个焊点，使定子总成与整流器总成分离。

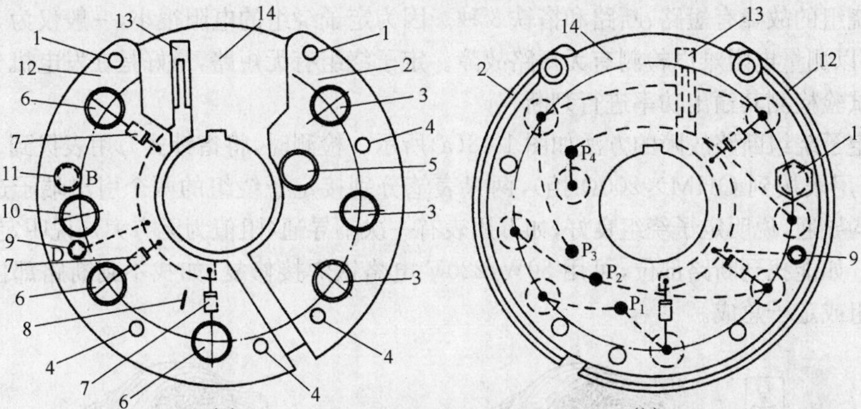

图1-46　JFZ1913Z型发电机整流元件的安装位置

(a) 从后端盖侧视；(b) 从前端盖侧视。

1—IC调节器安装孔(2个)；2—负整流板；3—负极管(3只)；4—整流器总成安装孔(4个)；5—中性点二极管(负极管)；6—正极管(3只)；7—磁场二极管(3只)；8—防干扰电容器连接插片；9—D+端子；10—中性点二极管(正极管)；11—B+端子；12—正整流板；13—电刷架压紧弹片；14—硬树脂绝缘胶板。

在一般情况下，分解到此即可进行检测。不必分解传动带轮、风扇和前端盖等部件。发电机分解后，应用压缩空气将内部灰尘吹净，并用汽油清洗各部件油污(绕组、电刷组件除外)，然后再进行检修。

(二) 交流发电机的检修

各型交流发电机的检修主要是磁场绕组、定子绕组和整流器的检修，检修方法基本相同。

1. 磁场绕组的检修

磁场绕组的故障有短路、断路和搭铁3种。在使用过程中，其端头的焊点易受振动影响而发生断路故障。因此可用万用表(指针式拨到$R\times 1\Omega$挡；数字式拨到OHM×200Ω挡)进行检测，检测磁场绕组电阻的方法如图1-47(a)所示。若阻值符合标准数值(一般为3Ω～5Ω)，说明磁场绕组良好；若阻值为无穷大，说明磁场绕组断路；若阻值小于标准阻值，说明磁场绕组匝间短路。

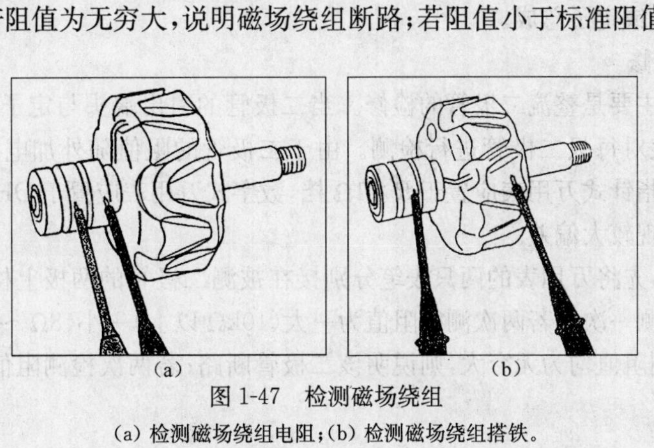

(a)　(b)

图1-47　检测磁场绕组

(a) 检测磁场绕组电阻；(b) 检测磁场绕组搭铁。

检测磁场绕组与转子铁芯之间绝缘电阻的方法如图1-47(b)所示。如万用表不导通(阻值为无穷大),说明绕组与铁芯绝缘良好;如万用表导通(阻值不为无穷大),说明绕组或集电环搭铁。

当磁场绕组断路故障发生在端头焊接处时,可用200W/220V电烙铁重新焊接排除。若断路、短路和搭铁故障无法排除,则需更换转子总成。

2. 定子绕组的检修

定子绕组的故障有短路、断路和搭铁3种。因为定子绕组的电阻很小,一般仅为200mΩ～800mΩ,所以测量电阻难以检测有无短路故障。定子绕组有无短路,最好是在发电机分解之前,通过台架试验检测其输出功率进行判断。

检测定子绕组断路故障的方法如图1-48(a)所示。检测时,将指针式万用表拨到$R\times1\Omega$挡(数字式万用表拨到OHM×200Ω挡),两只表笔分别接定子绕组的两个引出端子进行检测。如万用表均导通,说明定子绕组良好;如万用表有一次不导通(阻值为无穷大),说明定子绕组有断路故障。如能找到断路部位,可用50W/220V电烙铁焊接修复;如找不到断路部位,则需更换定子绕组或定子总成。

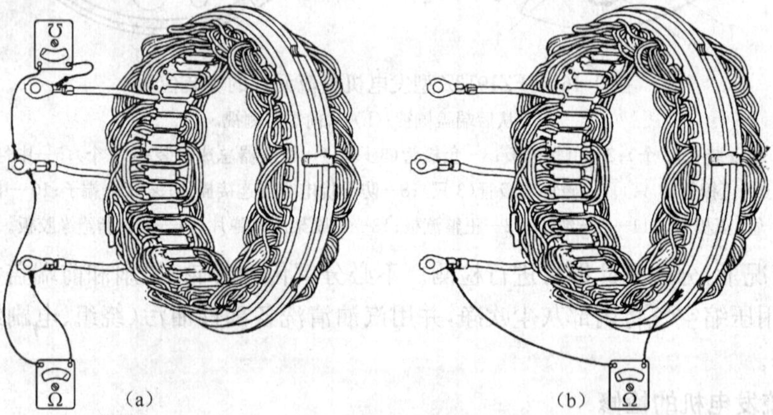

图1-48 定子绕组的检测
(a) 检测定子绕组电阻;(b) 检测定子绕组搭铁。

检测定子绕组搭铁故障的方法如图1-48(b)所示。检测时,将指针式万用表拨到$R\times1\Omega$挡(数字式万用表拨到OHM×200Ω挡),两只表笔一只接定子绕组的任意一个引出端子,另一只接定子铁芯进行检测。如万用表不导通,说明定子绕组良好;如万用表导通,说明定子绕组有搭铁,需更换定子绕组或定子总成。

3. 整流器的检修

整流器的检修主要是整流二极管的检修。当二极管的引出端头与定子绕组的引线端子拆开后,即可用万用表对每只二极管进行检测。由于二极管的阻值随外加电压的高低而发生变化,因此在检测时,指针式万用表应置于$R\times1\Omega$挡,数字式万用表应置于OHM×200Ω挡位,否则检测结果就会出现较大偏差。

检测二极管时,先将万用表的两只表笔分别接在被测二极管的两极上检测一次,然后交换两表笔的位置再检测一次。若两次测得阻值为一大(10kΩ以上)一小(8Ω～10Ω),说明该二极管良好;若两次检测阻值均为无穷大,则说明该二极管断路;若两次检测阻值均为零,则被测二极管短路。

目前汽车常用整流二极管的安装方式有焊接式和压装式两种。对于二极管为焊接式的整流器，只要有一只二极管短路或断路，该二极管所在的正整流板总成或负整流板总成就需更换新品；对于二极管为压装式的整流器，当二极管短路或断路后，只需更换故障二极管即可。更换整流板总成或二极管之前，需要特别注意二极管的极性。

各型发电机整流器的检修方法基本相同，但检测位置可能有所不同，下面以奥迪、桑塔纳系列轿车用发电机整流器总成检修为例说明。检测其整流器可参考图 1-46 进行，检测正极管和正极型中性点二极管时，先将万用表($R\times1\Omega$ 挡)红表笔接正整流板 12，黑表笔分别接二极管电极引线 P_1、P_2、P_3、P_4 端，万用表均应导通，如不导通，说明该二极管断路，应予更换整流器总成；再调换两表笔检测部位进行检测，此时万用表应不导通，如导通，说明该正极管短路，亦应更换整流器总成。

检测负极管和负极型中性点二极管时，先将万用表黑表笔接负整流板 2，红表笔分别接负极管引线 P_1、P_2、P_3、P_4 端，万用表均应导通，如不导通，说明该负极管断路，应予更换整流器总成；再调换两表笔检测部位进行检测，此时万用表应不导通，如导通，说明该负极管短路，亦应更换整流器总成。

检测磁场二极管时，万用表红表笔接电刷架压紧弹片 13，黑表笔分别接整流二极管引线 P_1、P_2、P_3 端，万用表均应导通，如不导通，说明该二极管断路，应予更换整流器总成；再调换两表笔检测部位进行检测，此时万用表应不导通，如导通，说明该二极管短路，亦应更换整流器总成。

4. 电刷组件的检修

电刷与电刷架应无破损或裂纹，电刷在电刷架中应能活动自如，不得出现发卡现象。电刷长度又叫电刷高度，如图 1-49 所示，是指电刷露出电刷架的长度 l。

电刷长度可用钢板尺或游标卡尺测量。新电刷高度为 14mm 左右，磨损至 7mm ～ 8mm 时，应当更换新电刷。更换电刷的方法如图 1-49 所示，先将电刷弹簧和新电刷装入电刷架，然后用鲤鱼钳或尖嘴钳夹住电刷引线，使电刷露出高度符合规定数值(一般为 14mm 左右)，再用电烙铁将电刷引线与电刷架焊牢即可。

(三) 电子调节器的检修

当充电系统出现故障，经检查确认发电机工作正常时，应将调节器拆下进行检修。

电子式调节器的检测分为搭铁形式检测和技术状况检测，可用专用检测仪或可调直流电源进行检测。检测搭铁形式时，可按图 1-50(a)所示线路进行检测，具体方法与步骤如下。

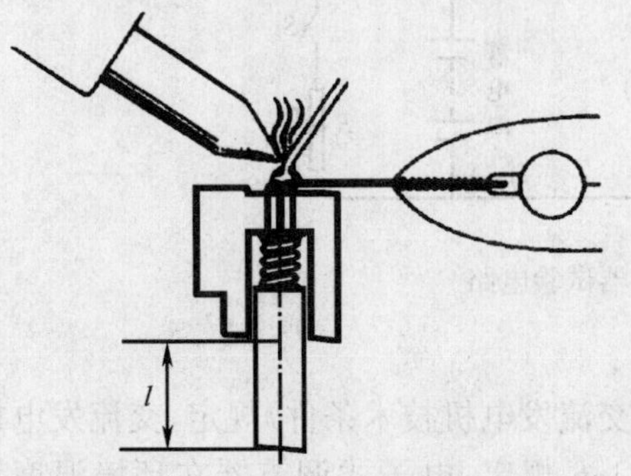

图 1-49　电刷高度及其更换方法

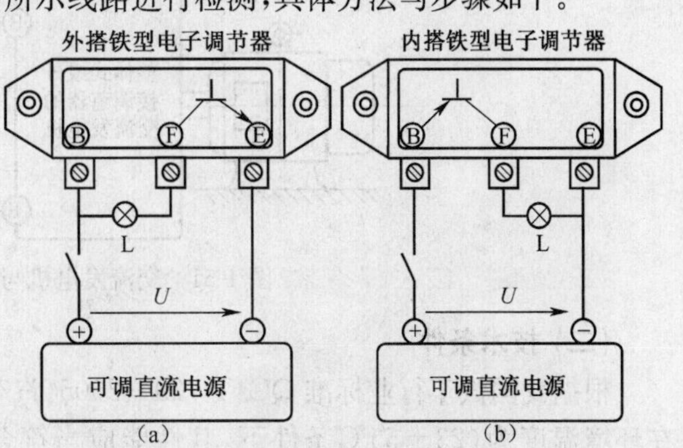

图 1-50　电子式调节器检测电路

(a) 外搭铁型电子调节器；(b) 内搭铁型电子调节器。

(1) 将电源电压 U 调到 12V(28V 调节器调到 24V)。

(2) 接通开关,若小灯泡发亮,则为外搭铁型调节器;若灯不亮,则该调节器为内搭铁型调节器。

检测电子调节器技术状况好坏时,外搭铁型调节器按图 1-50(a)所示线路连接;内搭铁型调节器按图 1-50(b)所示线路连接。检测线路接好后,先接通开关,然后由零逐渐调高直流电源电压,此时小灯泡的亮度应随电源升高而增强。

当电压调高到调节电压值(14V 调节器为(14.2 ± 0.25)V,28V 调节器为(28±0.3)V)或略高于调节电压值时,若小灯泡熄灭,则调节器技术状态良好;若小灯泡始终发亮,说明调节器已经损坏,可能是大功率三极管短路或前级驱动电路断路,若装车使用,则磁场电流将始终接通,发电机电压将随转速升高而失控,具有损坏用电设备的危险。

在上述检测过程中,若小灯泡始终熄灭(灯泡未坏),则调节器已损坏,可能是大功率三极管断路或前级驱动电路短路。若装车使用,则磁场电路不能接通,发电机仅靠剩磁发电而不能对外供电,长期使用就会导致蓄电池亏电。

(四) 交流发电机的组装

装复交流发电机各零部件之前,先将轴承填充规定型号的润滑脂(1 ～ 3 号复合钙钠基润滑脂或 2 号低温润滑脂),填充量为轴承空间的 2/3 为宜。若过量则易溢出,溅到滑环上会导致电刷与滑环接触不良。装复发电机的步骤与分解时相反,装复后,用手转动驱动带轮,检查转动是否灵活自如;再用万用表检测各接线端子间的阻值是否符合标准值要求。如无异常,即可进行试验。

六、交流发电机与调节器的试验

台架试验是检测交流发电机性能和质量的有效手段。交流发电机性能优劣以及修理质量高低,均应通过交流发电机与调节器试验台检测确定。如无试验台,也需装车进行试验。

(一) 试验电路

根据我国汽车行业标准 QC/T 424—2005《汽车用交流发电机电气特性试验方法》规定,试验电路应按图 1-51 所示电路进行连接(整体式交流发电机可直接进行试验,普通交流发电机需要连接调节器才能进行试验)。

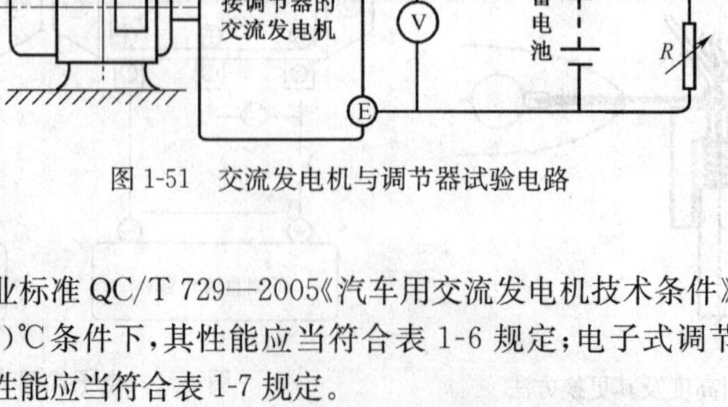

图 1-51　交流发电机与调节器试验电路

(二) 技术条件

根据我国汽车行业标准 QC/T 729—2005《汽车用交流发电机技术条件》规定,交流发电机在环境温度为(23±5)℃条件下,其性能应当符合表 1-6 规定;电子式调节器在环境温度为(23±5)℃条件下,其性能应当符合表 1-7 规定。

由此可见,交流发电机与调节器在使用过程中,不仅要进行空载转速、零电流转速、最小工

表 1-6　交流发电机技术条件

额定输出		配用调节器类型	零电流转速		最小工作电流		输出额定电流 I_R 时转速	
电压 U_R/V	电流 I_R/A		试验电压 U_t/V	转速 n_0/(r/min)	试验电压 U_t/V	电流 I_L/A	试验电压 U_t/V	转速 n_R/(r/min)
14	18、26 35、45 55、65	电子式	13.5	≤1150	13.5	≥25%I_R	13.5	≤6000
	75、90	电子式	13.5	≤1150	13.5	≥30%I_R	13.5	≤6000
	115	电子式	13.5	≤1000	13.5	≥35%I_R	13.5	≤6000
28	17、27 35	电子式	27	≤1150	27	≥25%I_R	27	≤6000
	45	电子式	27	≤1200	27	≥30%I_R	27	≤6000
	95、120	电子式	27	≤1050	27	≥35%I_R	27	≤6000

表 1-7　电子式调节器技术条件

试验项目	电压等级/V	试验条件	调节电压或调节电压差值/V
调节特性	12	n=6000r/min; I=50%I_R	14.2±0.25
	24		28.0±0.30
转速特性	12	I=10%I_R(不低于 2A); n_1=2000r/min; n_2=10000r/min	$\lvert\Delta U\rvert\leqslant0.3$
	24		$\lvert\Delta U\rvert\leqslant0.5$
负载特性	12	n=6000r/min; I_1=10%I_R(不低于 2A); I_2=85%I_R	$\lvert\Delta U\rvert\leqslant0.5$
	24		$\lvert\Delta U\rvert\leqslant0.8$

作电流(1500r/min 输出电流)和额定转速试验，还要对调节器进行调节特性、转速特性和负载特性试验。

(三) 试验方法

1. 空载转速试验

对交流发电机进行空载转速试验的方法如下。

(1) 按试验要求连接交流发电机、调节器和试验台。

(2) 断开负载开关 S_2，再接通激磁电流开关(相当于点火开关)S_1，使蓄电池向发电机提供磁场电流。

(3) 启动拖动电动机，并缓慢升高发电机转速，当充电指示灯熄灭时发电机的转速即为空载转速。该转速应当低于表 1-6 规定的零电流转速。

2. 零电流转速试验

交流发电机的零电流转速是利用图解外延法获得的，试验的方法如下。

(1) 按试验要求连接交流发电机、调节器和试验台。

(2) 断开开关 S_2，再接通开关 S_1，使蓄电池向发电机提供磁场电流。

(3) 启动拖动电动机，先将发电机转速升高到 1000r/min 以上，然后缓慢降低发电机转速，直至输出电流介于额定电流的 5% 和 2A 之间(但不能低于 2A)，记录其转速和电流以供图解零电流转速使用。

将电流—转速特性曲线延长至与横坐标相交，该交点的转速即为零电流转速。

3. 最小工作电流试验

对交流发电机进行最小工作电流(1500r/min 输出电流)试验的方法如下。

(1) 按试验要求连接交流发电机、调节器和试验台。

(2) 断开开关 S_2，再接通开关 S_1，使蓄电池向发电机提供磁场电流。

(3) 启动拖动电动机，并将发电机转速升高到 1 500r/min 保持不变。

(4) 接通开关 S_2，逐渐调小负载电阻使负载电流增大，此时发电机输出电压将会降低。当电压降低到试验电压(12V 发电机规定为 13.5V；24V 发电机规定为 27V)时，电流表指示的输出电流应当符合表 1-6 规定。

由于发电机性能与磁场电流大小有关，因此试验规定，调节器大功率三极管的管压降应低于或等于 1.5V。这是因为管压降越高，磁场电流越小，空载转速就越高。如空载转速高于规定数值，则说明发电机有故障，如磁场电路接触不良、定子绕组断路、整流二极管断路或短路等，需拆开发电机进行检修。

试验电压 12V 发电机规定为 13.5V，24V 发电机规定为 27V 的目的是使调节器处于非调节状态。

4. 额定输出电流试验

交流发电机的某些故障会导致其输出的额定电流降低，因此还应进行额定输出电流试验。试验方法如下。

(1) 按试验要求连接交流发电机、调节器和试验台。

(2) 断开开关 S_2，再接通开关 S_1，使蓄电池向发电机提供磁场电流。

(3) 启动拖动电动机，并将发电机转速升高到 6000r/min 保持不变。

(4) 接通开关 S_2，逐渐调小负载电阻使负载电流增大，此时发电机输出电压将会降低。当输出电压降低到试验电压(12V 发电机规定为 13.5V；24V 发电机规定为 27V)时，电流表指示的输出电流应当符合表 1-6 规定。

若电流能够达到额定输出电流值，说明发电机性能良好；若电流低于表中规定数值，则说明发电机性能降低或有故障，应修理或更换发电机。

5. 调节器的调节特性试验

调节特性试验的目的是检测调节器的调节电压是否在规定值范围内。调节特性的试验方法如下。

(1) 根据试验电路将调节器和发电机与试验台连接。

(2) 接通开关 S_1，启动拖动电动机，并将发电机转速升高到 6000r/min 保持不变。

(3) 接通开关 S_2，调节负载电阻使发电机输出电流达到 50%I_R(额定输出电流的一半)，此时电压表指示的电压即为调节器的调节电压值，其值应当符合表 1-7 规定。

6. 调节器的转速特性试验

转速特性试验的目的是检测调节器随发电机转速变化时，调节电压的变化幅度。试验电路与调节特性试验电路相同，试验方法如下。

(1) 根据试验电路将调节器和发电机与试验台连接。

(2) 接通开关 S_1，启动拖动电动机，并将发电机转速升高到 2000r/min。

(3) 接通开关 S_2，调节负载电阻使发电机输出电流达到 10%I_R(不低于 2A)保持不变，并记录此时电压表指示的发电机电压值。

(4) 将发电机转速从 2000r/min 逐渐升高到 10000r/min，同时读取电压表指示的电压值。两种转速时调节电压的差值应当符合表 1-7 规定。

7. 调节器的负载特性试验

负载特性试验的目的是检测发电机负载变化时，调节电压的变化幅度。试验电路与调节特性试验电路相同，试验方法如下。

(1) 根据试验电路将调节器和发电机与试验台连接。

(2) 接通开关 S_1，启动拖动电动机，将发电机转速升高到 6 000r/min 并保持不变。

(3) 接通开关 S_2，调节负载电阻使发电机输出电流达到 $10\% I_R$（不低于 2A），并记录此时电压表指示的发电机电压值。

(4) 将负载电流从 $10\% I_R$ 增大到 $85\% I_R$，同时读取电压表指示的电压值。两种负载电流时调节电压的差值应当符合表 1-7 规定。

第五节　电源系统常见故障诊断与排除

对汽车电源系统来说，无论蓄电池故障还是发电机或调节器故障，最终都会导致发动机无法启动，汽车就不能行驶。因此，了解电源系统发生故障的原因，掌握故障的预防、判断与排除方法，对使用汽车至关重要。

蓄电池在使用中出现的故障除材料和工艺方面的原因之外，多数情况下都是由于使用维护不当造成的。蓄电池常见的外部故障有壳体裂纹、极柱腐蚀或松动等，内部故障有极板硫化、活性物质脱落、正极板栅架腐蚀、内部短路、自行放电等。其中，极板硫化和活性物质脱落是导致蓄电池寿命终止的根本原因。充电系统常见故障有不充电、充电电流过小、过大和充电电流不稳等。

一、蓄电池极板硫化故障的判断与预防

极板上生成白色粗晶粒硫酸铅（霜状物）的现象称为“硫酸铅硬化”，简称“硫化”。极板硫化主要是负极板硫化，是蓄电池过早损坏的主要原因之一。

极板硫化产生的粗晶粒硫酸铅导电性能很差，正常充电很难还原为二氧化铅和海绵状铅。由于晶粒粗、体积大，会堵塞活性物质的孔隙，阻碍电解液的渗透和扩散。因此，蓄电池的内阻显著增大，启动时不能供给大电流，以致不能启动发动机。

(一) 故障现象

硫化后的蓄电池在充电或放电时都会出现异常现象。在放电时，由于内阻大，因此电压急剧下降，不能持续供给启动电流；在充电时，由于内阻大，因此充电电压显著升高，12V 蓄电池的充电电压高达 16.8V 以上。硫化越严重，充电电压越高，实测表明，充电电流为 2A 时，严重硫化蓄电池的充电电压一开始充电就高达 30V 以上，同时由于还原性差，因此相对密度上升很慢，而温度上升很快，且在很短时间内就会产生大量气泡而出现“沸腾”现象。

(二) 故障原因

极板硫化的主要原因有以下几点。

(1) 蓄电池长期充电不足或放电后不及时充电。当温度变化时，硫酸铅发生再结晶是形成硫化的根本原因。在正常情况下放电时，极板上生成的硫酸铅晶粒较小，导电性能相对较好，充电时能够还原为二氧化铅和铅。但是，当长期处于放电状态时，极板上的硫酸铅将部分溶解，温

度越高，溶解度越大；当温度降低时，溶解度随之减小，以致出现过饱和现象，这时部分硫酸铅就会从电解液中析出，并再次结晶生成更大晶粒的硫酸铅附着在极板表面而形成硫化。

(2) 蓄电池电解液液面过低。当电解液液面过低时，在汽车行驶过程中，由于电解液上下波动，极板(主要是负极板)露出液面部分与空气接触而被氧化，极板氧化部分与波动的电解液接触，就会逐渐形成粗晶粒硫酸铅硬化层而使极板上部产生硫化。

(3) 电解液的相对密度过高、电解液不纯和气温剧烈变化都将加速硫化。电解液的相对密度过高时，蓄电池内部化学反应加快，活性物质变成硫酸铅的速度加快，所以容易形成硫化。电解液不纯会加速蓄电池自行放电。气温剧烈变化会加速硫酸铅再次结晶形成硫化。

(三) 极板硫化的判断

蓄电池在使用过程中，极板硫化是不可避免的，硫化达到一定程度时，供给的电流就不足以启动发动机，这正是干荷电蓄电池只能使用1.5年～2年、免维护蓄电池只能使用3年～4年的根本原因之一。判断蓄电池是否严重硫化的方法如下。

(1) 利用蓄电池检测器进行检测。先将蓄电池充足电，然后用蓄电池检测器检测其供电能力，如果放电电压在3s内低于9V，说明蓄电池严重硫化，需要更换新品。

(2) 利用充电进行判断。当按正常充电电流充电时，如果开始充电电压在16.8V以上，并大量冒气泡，充电过程中电解液温升很快、相对密度基本不变，说明蓄电池严重硫化。

(四) 极板硫化的预防

由故障原因可见，避免硫化的主要措施是保持蓄电池经常处于充足电状态。蓄电池在汽车上虽有发电机对其充电，但只能保证基本充足，因此，应当定期(两个月)拆下送充电间彻底充电；对于放完电的蓄电池，应及时进行充电；电解液液面高度应符合规定。对于已经硫化的蓄电池，如不严重，则可采用较小电流进行充电予以排除。

二、蓄电池活性物质脱落故障的判断与预防

活性物质脱落主要是指正极板上的活性物质脱落，是蓄电池过早损坏的主要原因之一。

(一) 故障现象

活性物质大量脱落的特征是电解液中有沉淀物，充电时电解液浑浊、呈棕色液体，蓄电池输出容量显著减小。

(二) 故障原因

蓄电池在充电过程中，极板上活性物质的体积随时都在膨胀或收缩；蓄电池充足电时，极板孔隙中逸出大量气泡，在极板内部形成一定压力，从而导致活性物质容易脱落。因此，如果使用不当，就会造成活性物质大量脱落。

导致活性物质大量脱落的原因是极板质量差，充、放电电流过大，充电时间过长，低温大电流放电。

大电流放电特别是低温大电流放电时，极板上的化学反应不均匀就易造成拱曲变形而导致活性物质脱落。因为起动机启动汽车发动机时的启动电流很大，所以蓄电池活性物质脱落是不可避免的。

(三) 活性物质脱落的判断

活性物质是否严重脱落，可在充电时进行判断。如果电解液浑浊(呈棕色液体)，充电终了现象提早出现，说明活性物质严重脱落。

(四) 活性物质脱落的预防

在使用中，减少蓄电池活性物质脱落的主要措施是充电电流不能过大。在实际充电中，当蓄电池基本充足电时，应将充电电流减小一半。在时间允许的前提下，也可始终以小于第二阶段充电电流值的电流进行充电。

三、蓄电池自行放电故障的原因与预防

充足电的蓄电池在无负载状态下电量自行消失的现象，称为“自行放电”或“自放电”。蓄电池自放电是不可避免的，这是由其构造因素决定的，因为栅架、活性物质和电解液等不可能绝对纯净。对于充足电的蓄电池，若一昼夜容量损失不超过 0.7%，则属于正常自放电。若每昼夜容量降低超过 2%，则为故障性自放电。

(一) 自行放电的原因

铅蓄电池正常自放电是由蓄电池本身因素造成的一种不可避免的现象。造成故障性自放电的原因很多，主要有以下几个方面。

(1) 电解液杂质含量过多，这些杂质在极板周围形成局部电池而产生自行放电。例如，当电解液中含铁量达 1%时，一昼夜会将蓄电池全部放电。

(2) 蓄电池内部短路引起自放电。例如，隔板或壳体隔壁破裂、极板活性物质大量脱落而沉积于极板下部，都将使正负极板短路而引起自放电。

(3) 蓄电池盖上洒有电解液时会造成自放电，同时还会使极柱腐蚀。

(二) 自行放电的预防

避免蓄电池产生自放电故障必须注意以下几点。

(1) 配制电解液必须使用符合化工行业标准 HG/T 2629—2007《蓄电池用硫酸》规定的蓄电池专用硫酸和符合机械行业标准 JB/T 10053—1999《铅酸蓄电池用水》规定的蒸馏水。

(2) 配制电解液所用器皿必须是耐酸材料制做的，配好的电解液应妥善保存，严防掉入脏物。

(3) 蓄电池加液孔螺塞要盖好，以免掉入杂质。

(4) 蓄电池表面经常保持清洁。如有酸泥等脏物，要用清水冲洗干净。

对于自行放电严重的蓄电池，可将其完全放电使极板上的杂质进入电解液，然后将电解液倾出，最后灌入新电解液重新充电。

四、充电系统不充电故障的诊断与排除

(一) 故障现象

当充电系统正常时，发动机转速升高到比怠速转速稍高，发电机输出电压即可达到调节电压并对蓄电池充电。若发电机中速运转时，电流表仍指示放电或充电指示灯仍然发亮，则说明充电系统不充电。

(二) 故障原因

1. 交流发电机驱动带过松

2. 充电系统线路故障

(1) 发电机“输出”端子 B 至电流表之间的连线断路或松脱。这样发电机即使发出电能，也不能向蓄电池充电。

(2) 发电机与调节器之间的连线接错。当连线接错使发电机磁场绕组短路时，发电机因无

磁场电流而只靠剩磁发电。由于交流发电机剩磁微弱，因此在中速时不能输出电压。

(3) 发电机与调节器之间的连线断路或松脱。当发电机“磁场”端子 F 与调节器“磁场”端子 F 之间的连线断路或松脱时，发电机因无磁场电流而不能发电；当发电机“中性点”端子 N 与调节器“中性点”端子 N 之间的连线断路或松脱时，调节器内部充电指示控制器丧失控制能力，充电指示就不会熄灭。

3. **发电机故障**

导致发电机不发电的原因如下。

(1) 整流二极管短路、断路。

(2) 磁场绕组断路、搭铁。

(3) 定子绕组断路、搭铁。

(4) 电刷在电刷架中卡住。

4. **电子调节器故障**

(1) 控制磁场电流的大功率三极管(达林顿三极管)断路。

(2) 调节器前级驱动电路的三极管短路。

(三) 故障排除

充电系统不充电故障的排除程序如图 1-52 所示，排除方法如下。

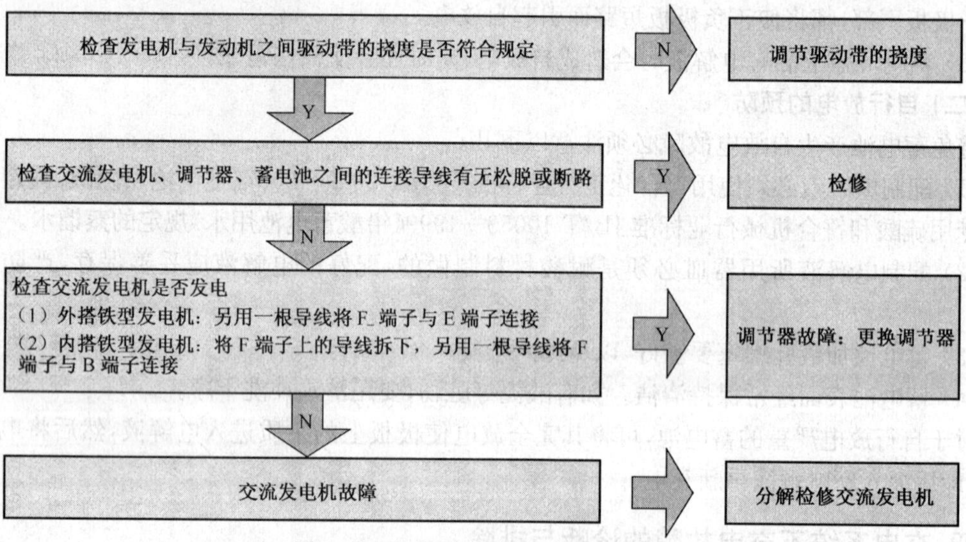

图 1-52　充电系统不充电故障的排除

(1) 检查交流发电机驱动带轮与发动机曲轴驱动带轮之间的驱动带挠度是否符合规定。在驱动带上施加 100N 压力下，新驱动带挠度为 5mm～7mm；旧驱动带挠度为 10mm ～ 14mm。如挠度过大应进行调整或更换驱动带。

(2) 检查交流发电机“输出”端子 B 至蓄电池之间的线路导线有无松脱或断路。检查断路时，可用 12V 试灯(该车仪表灯亦可)一端搭铁，另一端接发电机 B 端子以及线路各个连接点进行检查。如灯亮则线路良好；若灯不亮则有断路故障，应予检修或更换导线。

(3) 检查发电机与调节器之间的接线是否正确，导线端子有无松脱或断路。

(4) 检查发电机是否发电。对于内搭铁型发电机，将发电机 F 端子上的导线拆下，另用一根导线将 F 端子与 B 端子连接；对于外搭铁型发电机，则另用一根导线将两个磁场端子 F_+ 和 F_- 中与调节器连接的 F_- 端子与 E 端子连接；启动发动机并接通大灯远光挡位，将发动机转速提高到 1500r/min～2000r/min。如果电压表、电流表或充电指示灯指示充电，说明故障发生在调节器，应予更换新品；如果电压表、电流表或充电指示灯指示放电，则说明故障发生在交流发电机，分解检修即可。

五、充电电流过小故障的诊断与排除

汽车行驶过程中，发电机向蓄电池充电属于定压充压，充电电流大小随充电时间增长而减小，其变化规律大致如下。

在启动发动机后的短时间（3min ～ 5min）内，由于起动机在启动发动机时消耗了大量电能，使蓄电池端电压降低很多，因此充电电流较大。重复使用起动机次数越多、蓄电池技术状况越差，充电电流就越大，一般为 10A ～ 25A。随着充电时间即汽车行驶时间增长，蓄电池电压将逐渐升高，充电电流将逐渐减小。如果蓄电池技术状况正常，那么充电电流一般为 2A ～ 5A。当蓄电池基本充足电时，如果调节器调节电压正常，那么充电电流很小或接近于零。

（一）故障现象

在蓄电池存电不足的情况下，当发电机中速以上运转时，电流表指示充电电流过小，则说明充电系统有故障。

（二）故障原因

1. 发电机驱动带挠度过大而出现打滑现象

2. 充电线路或磁场线路接线端子松动而导致接触不良

3. 发电机故障

（1）个别整流二极管断路。

（2）一相定子绕组连接不良或断路。

（3）电刷磨损过多、集电环油污或锈蚀而导致电刷与集电环接触不良。

（4）磁场绕组匝间短路。

4. 调节器调节电压过低

（三）故障排除

充电电流过小故障的排除程序如图 1-53 所示，排除方法如下。

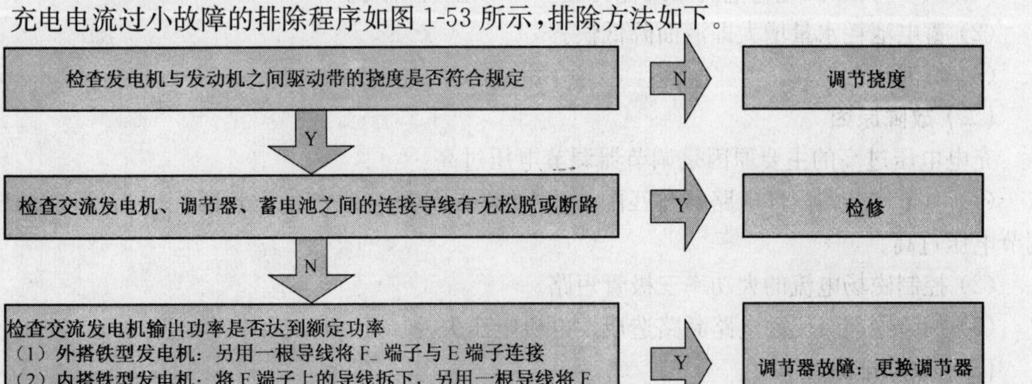

图 1-53　充电电流过小故障的排除

(1) 检查交流发电机驱动带挠度是否符合规定。

(2) 检查充电线路和磁场线路连接是否牢靠。

(3) 利用直流电压表(量程不小于 30V)和直流电流表(量程不小于 30A)就车检测发电机输出功率是否达到额定输出功率,方法如下。

①拆下交流发电机 B 端子上的电源线,将电流表串接在电源线与发电机 B 端子之间,电流表正极接发电机 B 端子,负极接刚拆下的电源线端子。如果原车充电系统电路中已有电流表,则可直接借用该表检测,不必拆线另接。

②将电压表正极接交流发电机 B 端子,负极接发电机"搭铁"端子 E,如原车已有电压表(如切诺基吉普车),则可借用,不必另接;观察电压表读数(若是利用原车电压表或电流表检测,则接通点火开关才能读数),此时指示的电压为蓄电池端电压,汽油发动机汽车约为 12V,柴油发动机汽车约为 24V。

③启动发动机,稍微加大油门,接通前照灯远光挡位,使发动机转速提高到 1500r/min～2000r/min(转速需用电转速表检测,否则只能凭经验判断),同时观察电流表和电压表读数。在上述转速下,电流表应该指示充电,充电电流大小依车型和蓄电池技术状况而异,一般情况下充电电流为 10A ～ 25A;电压表读数应高于蓄电池端电压,汽油发动机汽车应为(14.2±0.25)V,柴油发动机汽车应为(28.0±0.30)V。如电压或电流达不到上述标准数值,说明发电机或调节器故障。

(4) 诊断排除发电机或调节器故障。对于内搭铁型发电机,将发电机 F 端子上的导线拆下,另用一根导线将 F 端子与 B 端子连接;对于外搭铁型发电机,则另用一根导线将两个磁场端子 F_+ 和 F_- 中与调节器连接的 F_- 端子与 E 端子连接;启动发动机并接通大灯远光挡位,将发动机转速提高到 1500r/min～2000r/min,同时查看电流表读数能否达到 10A～25A。如充电电流能够达到 10A～25A,说明交流发电机能够输出额定功率,故障发生在调节器;如充电电流达不到 10A～25A,说明交流发电机故障,应当拆下发电机进行检修。

六、充电电流过大的诊断与排除

(一) 故障现象

(1) 汽车行驶时,充电电流始终保持在 10A 以上且不减小。

(2) 蓄电池耗水量增大即液面降低快。

(3) 灯泡经常烧坏。

(二) 故障原因

充电电压过高的主要原因是调节器调节电压过高。

(1) 电子调节器内部电路参数匹配不当(主要是分压电阻和稳压管匹配不当)造成调压器调节电压过高。

(2) 控制磁场电流的大功率三极管短路。

(3) 调节器前级驱动电路断路造成发电机电压失控。

(三) 故障排除

由于电子调节器采用树脂封装,不能检修,因此确认调节器故障后,只能更换新品。

七、充电电流不稳的诊断与排除

(一) 故障现象

汽车行驶时,如果电流表或充电指示灯指示充电,但电流表指针左右摆动或充电指示灯闪烁，则说明充电电流不稳定。

（二）故障原因

（1）发电机驱动带过松而打滑。

（2）充电线路连接松动、接触不良。

（3）发电机内部接触不良，如电刷弹簧弹力过弱，电刷磨损过度，磁场绕组端头焊点松脱，集电环表面过脏。

（4）电子调节器内部元件虚焊。

（三）故障排除

充电电流不稳故障的排除程序如图 1-54 所示，排除方法如下。

（1）检查交流发电机驱动带挠度是否符合规定。

（2）检查充电线路和磁场线路连接是否牢靠。

（3）用试灯代替磁场绕组，以便检查诊断发电机与线路故障。对于外搭铁型交流发电机，将调节器 B 端子与 F₋ 端子上的连接导线拆下并悬空；对于内搭铁型交流发电机，将 F 端子与 E 端子上的导线拆下并悬空。

（4）逐渐升高发动机转速，查看试灯发亮情况以及电流表或充电指示灯指示情况。如试灯稳定发亮且充电电流稳定，说明磁场绕组插头焊点虚焊或调节器内部元件焊点虚焊；如试灯稳定发亮但充电电流不稳定，说明充电线路接触不良。如试灯闪烁，说明发电机内部接触不良，应予检修。

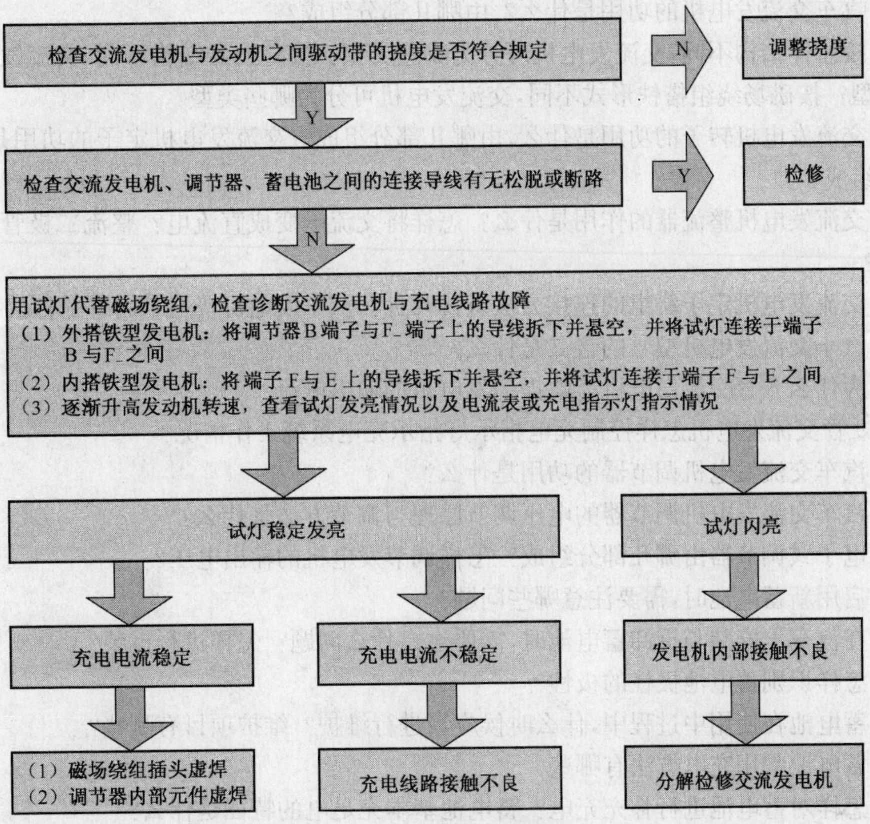

图 1-54　充电电流不稳故障的排除

思 考 题

(1) 电源系统电路的连接具有什么特点?

(2) 汽车用蓄电池的功用有哪些?其主要功用是什么?

(3) 汽车用蓄电池由哪几部分组成?对汽车用启动型蓄电池的要求是什么?

(4) 汽车常用蓄电池有哪些?干荷电与免维护蓄电池的主要特点是什么?

(5) 为什么工业用硫酸和普通水不能用于蓄电池?

(6) 为了得到干荷电极板,在制作负极板的工艺中采取了哪些措施?

(7) 将一片正极板和一片负极板插入电解液时,能够得到几伏电压?

(8) 蓄电池型号的含义分别是什么?

(9) 什么叫蓄电池充电?在充电过程中,蓄电池内部物质怎样变化?充电终了的特征是什么?

(10) 什么叫蓄电池放电?在放电过程中,蓄电池内部物质怎样变化?放电终了的特征是什么?

(11) 什么是蓄电池的额定容量?什么是蓄电池的储备容量?

(12) 蓄电池额定容量与储备容量的实用意义各是什么?怎样进行换算?

(13) 影响蓄电池容量的使用因素有哪些?

(14) 汽车交流发电机的功用是什么?由哪几部分组成?

(15) 按总体结构不同,交流发电机可分为哪些类型?按整流器结构不同,交流发电机可分为哪些类型?按磁场绕组搭铁形式不同,交流发电机可分为哪些类型?

(16) 交流发电机转子的功用是什么,由哪几部分组成?交流发电机定子的功用是什么,由哪几部分组成?

(17) 交流发电机整流器的作用是什么?怎样将交流电变成直流电?整流二极管的导通原则是什么?

(18) 交流发电机定子绕组的连接方法有哪几种?汽车发电机普遍采用哪一种?

(19) 汽车交流发电机型号的含义是什么?

(20) 为什么 8 管交流发电机能够提高发电机的输出电流?

(21) 9 管交流发电机怎样控制充电指示灯指示充电系统工作情况?

(22) 汽车交流发电机调节器的功用是什么?

(23) 汽车交流发电机调节器的电压调节原理与调节方法是什么?

(24) 电子式调节器由哪几部分组成?怎样调节发电机的输出电压?

(25) 启用新蓄电池时,需要注意哪些问题?

(26) 在汽车上安装与拆卸蓄电池时,需要注意什么问题?怎样进行拆装?

(27) 怎样识别蓄电池极柱的极性?

(28) 蓄电池在使用中过程中,什么时候应当进行维护?维护项目有哪些?

(29) 蓄电池常用充电方法有哪些?

(30) 怎样对蓄电池进行补充充电?蓄电池基本充足电的特征是什么?

(31) 怎样检测蓄电池的技术状态?蓄电池检测器的检测原理是什么?

(32) 在汽车上怎样检查交流发电机能否发电?

(33) 怎样检测交流发电机的磁场绕组、定子绕组以及整流二极管?

(34) 汽车交流发电机与调节器的技术条件是什么? 试验项目有哪些?

(35) 什么叫蓄电池极板硫化? 硫化故障的现象和原因分别是什么? 怎样预防?

(36) 蓄电池活性物质大量脱落的特征和原因分别是什么? 怎样预防?

(37) 导致蓄电池故障性自放电的原因有哪些? 怎样预防?

(38) 充电系统不充电的现象是什么,不充电的原因有哪些,怎样诊断与排除?

(39) 充电电流过小的现象是什么,充电电流过小的原因有哪些,怎样诊断与排除?

(40) 充电电流过大的现象是什么,充电电流过大的原因有哪些,怎样诊断与排除?

第二章 启动系统

汽车发动机由静止状态转为运转状态的过程称为启动。发动机进入正常工作循环之前，必须借助外力来启动。在发明起动机以前，汽车发动机都是依靠人力启动。现代汽车发动机普遍采用电磁控制式启动系统进行启动。

电磁控制式启动系统主要由蓄电池、起动机、启动继电器和点火启动开关(通常简称点火开关)等组成，如图 2-1 所示。

起动机由直流电动机、单向离合器和电磁开关 3 部分组成。蓄电池是动力源，直流电动机是将电能转换为机械能的装置；单向离合器是传动装置；电磁开关、启动继电器和点火开关是控制装置。

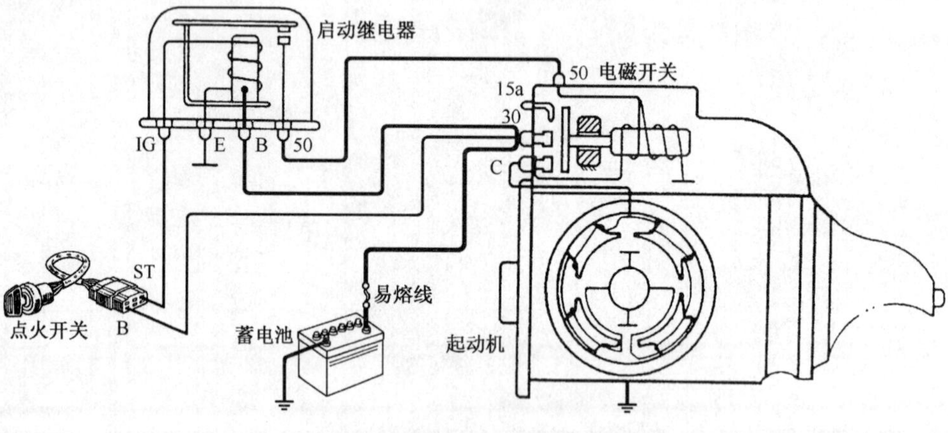

图 2-1 电磁控制式启动系统的组成

启动系统的功用是在控制装置的控制下，以蓄电池为动力电源，通过离合器将电动机的电磁转矩传递给飞轮使发动机启动。电磁控制式启动系统是借启动开关或启动按钮来控制电磁铁，再由电磁铁控制电动机主电路接通或切断来启动发动机。由于电磁铁可以远距离控制，且操作方便省力，因此现代汽车普遍采用。

第一节 起动机的分类与型号规格

一、起动机分类

汽车用起动机种类繁多，型式各异，分类方法各不相同。电磁控制式起动机可按起动机的总体结构、传动机构的啮入方式进行分类。

(一) 按起动机总体结构分类

按总体结构不同，起动机可分为电磁式、永磁式和减速式起动机。

(1) 电磁式起动机：电动机的磁场为电磁场的起动机。电磁场是指由线圈通电而在铁芯中产生的磁场，如桑塔纳轿车用 QD1225 型、东风 EQ2102 型汽车用 QD2623 型 24V4.5kW 起动机以及东风 EQ1090 型汽车用 QD124、QD1212 型和解放 CA1091 型汽车用 QD1215 型起动机，均为电磁式起动机。

(2) 减速式起动机：传动机构设有减速装置的起动机。其电动机一般采用高速小型电动机，质量和体积比电磁式起动机减小 30%～35%。缺点是结构和工艺比较复杂。主要用于小轿车和轻型越野汽车，如桑塔纳 2000GSi 型轿车、丰田轿车、切诺基吉普车用 DW1.4 型起动机和南京依维柯用 QDJ1317 型 12V2.5kW 起动机。

(3) 永磁式起动机：电动机的磁场由永久磁铁产生的起动机。由于磁极采用永磁材料(铁氧体或钕铁硼等)制成，无须磁场绕组，因此电动机结构简化、体积小、质量小。主要用于小轿车和轻型越野汽车，如奥迪 100 型轿车、BJ2021 和 BJ2020 型吉普车用起动机。

(二) 按传动机构啮入方式分类

按传动机构啮入方式不同，起动机可分为强制啮合式、电枢移动式和同轴齿轮移动式起动机。

(1) 强制啮合式起动机：利用电磁力拉动杠杆机构，使驱动齿轮强制啮入飞轮齿圈的起动机。主要优点是工作可靠性高，因此现代汽车广泛采用。

(2) 电枢移动式起动机：利用磁极产生的电磁力使电枢产生轴向移动，从而将驱动齿轮啮入飞轮齿圈的起动机。其特点是结构比较复杂，主要用于大功率发动机汽车，东欧汽车采用较多，如太脱拉 T111、T138，斯柯达 706R，却贝尔 D250、D420、D450 等汽车起动机。

(3) 同轴移动式起动机：利用电磁开关推动电枢轴孔内的啮合推杆移动，使驱动齿轮啮入飞轮齿圈的起动机。主要用于大功率发动机汽车，如斯泰尔 SX2190 型汽车用 QD2745 型 24V5.4kW 起动机和奔驰 Benz2026 型汽车用 KB 型起动机。

二、起动机的型号规格

根据中华人民共和国汽车行业标准 QC/T 73—1993《汽车电气设备产品型号编制方法》规定，汽车起动机型号组成如图 2-2 所示，各代号的含义如下。

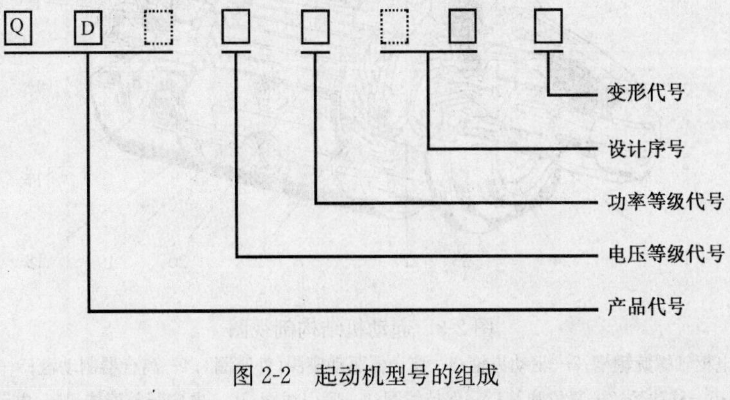

图 2-2 起动机型号的组成

(1) 产品代号：有 QD、QDJ、QDY 共 3 种，分别表示普通电磁式起动机、减速式起动机、永磁式起动机或永磁式减速起动机。字母 Q、D、J、Y 分别为汉字“起”、“动”、“减”、“永”汉语拼音的第一个大写字母。

(2) 电压等级代号：用一位阿拉伯数字表示，含义如前述表 1-4 所列。

(3) 功率等级代号：用一位阿拉伯数字表示，含义如表 2-1 所列。

表 2-1 起动机功率等级代号的含义

功率等级代号	1	2	3	4	5	6	7	8	9
普通起动机功率/kW 减速起动机功率/kW 永磁起动机功率/kW	≤1	>1～2	>2～3	>3～4	>4～5	>5～6	>6～7	>7～8	>8

(4) 设计序号：按产品设计先后顺序，以 1 位～2 位阿拉伯数字组成。

(5) 变形代号：主要电气参数和基本结构不变的情况下，一般电气参数的变化和结构的某些改变称为变形，以汉语拼音大写字母 A、B、C…顺序表示。

例 1：QD1225 型起动机表示额定电压为 12V、功率为 1kW～2kW，第 25 次设计的起动机。

例 2：QDJ1317 型起动机表示额定电压为 12V、功率为 2kW～3kW，第 17 次设计的减速型起动机。

第二节 电磁式起动机的结构原理

各型电磁式起动机的结构大同小异，如图 2-3 所示，解放 CA1091 型载货汽车用 QD1215 型起动机零部件组成如图 2-4 所示。由图可见，起动机主要由直流电动机(右下部分)、传动装置(左下部分的单向离合器和移动叉)和控制装置(上半部分的电磁开关)3 部分组成。

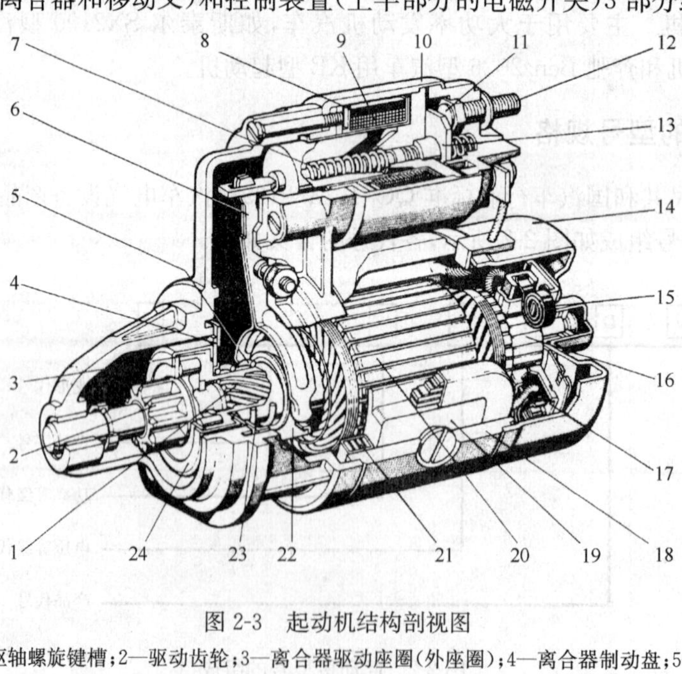

图 2-3 起动机结构剖视图

1—电枢轴螺旋键槽；2—驱动齿轮；3—离合器驱动座圈(外座圈)；4—离合器制动盘；5—啮合弹簧；6—移动叉；7—复位弹簧；8—保持线圈；9—吸引线圈；10—电磁开关壳体；11—电动机开关触点；12—接线端子“30”；13—开关触盘；14—换向器端盖；15—电刷弹簧；16—换向器；17—电刷；18—电动机壳体；19—磁极；20—电枢；21—磁场线圈；22—滑环；23—支撑盘；24—单向离合器。

图 2-4 QD1215 型起动机结构

1—驱动端盖；2、21—铜轴套；3—电枢轴；4—铁芯；5—移动叉；6—卡环；7、33—挡圈；8—复位弹簧；9—电磁开关壳体；10、37—弹簧；11—触盘；12—接线座；13—电源端子"30"(连接蓄电池)；14—接线端子"50"；15—磁场线圈端子 C；16—磁场线圈引线连接端子；17—负电刷；18—负电刷架；19—电刷弹簧；20—换向器端盖；22—锁片；23—防尘盖；24—正电刷架；25—正电刷；26—密封橡胶圈；27—承推垫圈；28—磁场线圈连接片；29—磁场线圈；30—磁极；31—换向器；32—电动机壳体；34—电枢线圈；35—电枢铁芯；36—滑环；38—离合器驱动座圈；39—驱动弹簧；40—驱动齿轮；41—卡环。

一、直流电动机的结构特点与工作过程

(一) 直流电动机的结构特点

起动机用直流电动机也是由磁极、电枢、电刷组件和壳体等部件组成。

(1) 磁极。磁极由铁芯和磁场线圈(磁场绕组)两部分组成(永磁式直流电动机的磁场为永久磁场，由永久磁铁构成)。铁芯用低碳钢制成马蹄形，并用螺钉固定在电动机壳体的内壁上，如图 2-5 所示，磁场绕组套装在铁芯上。

磁极的功用是产生磁场。电磁式直流电动机的磁场为电磁场，当磁场绕组接通电流时，在磁场铁芯中就会产生磁场(电磁场)。

起动机用直流电动机的显著特点是磁极多、磁场绕组的横截面积大，目的是增大起动机的电磁转矩。一般采用 4 个磁极，功率超过 7kW 的起动机一般采用 6 个磁极。磁场绕组一般用矩形裸体铜线绕制，QD124 型起动机采用了 1.25mm×6.0mm 矩形铜线；QD121 型起动机采用了 1.25mm×5.5mm 矩形铜线，并与电枢绕组串联，如图 2-6 所示。

磁场绕组的连接方式有两种：一种是 4 个绕组串联后再与电枢绕组串联，如图 2-6(a)所示；另一种是两个绕组先串联后并联，然后再与电枢绕组串联，如图 2-6(b)所示。现代汽车起动机普遍采用后一种连接方式，其目的是减小电阻，增大电流和电磁转矩。无论采用哪一种连接方式，其磁场绕组通电产生的磁极都必须满足 N、S 极相间排列的要求。

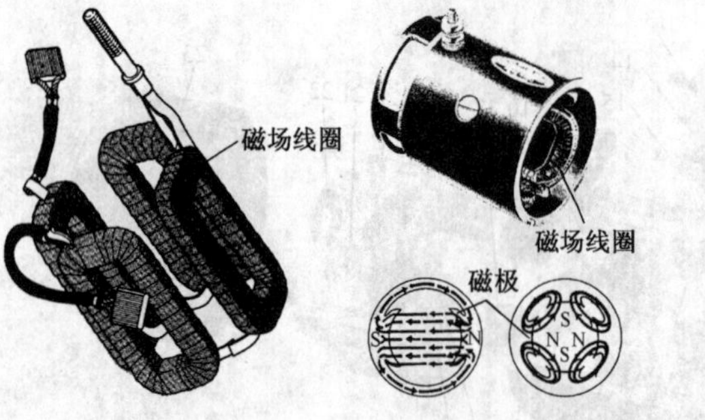

图 2-5　电磁式直流电动机磁极的结构

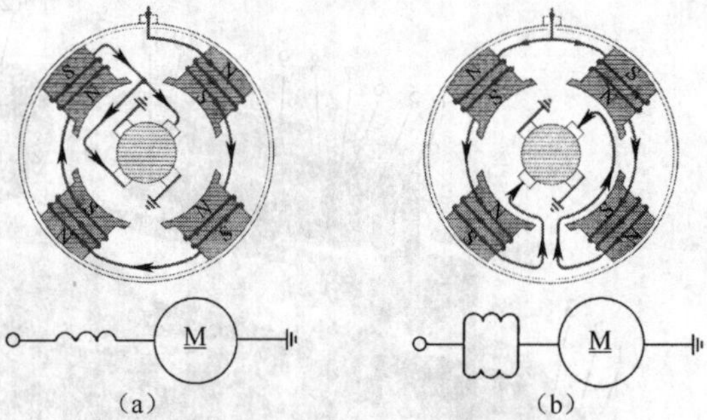

图 2-6　磁场绕组连接方式
(a)串联电路；(b)先串联后并联电路。

电动机壳体的功用是固定机件和构成导磁回路。壳体用铸铁浇铸或钢板卷焊而成。壳体上设有一个接线端子或引出有一根电缆引线，对电磁式电动机而言，该端子或引线与磁场绕组的一端连接。

(2) 电枢。电枢主要由电枢铁芯、电枢线圈(电枢绕组)和换向器组成，结构如图 2-7(a)所示。

电枢铁芯由相互绝缘的硅钢片叠装而成，其圆周上制有安放电枢绕组的线槽，内孔借花键槽压装在电枢轴上。电枢绕组绕制在电枢铁芯的线槽内，绕组两端分别焊接在换向器的铜片上。为了获得较大的电磁转矩，流经电枢绕组的电流很大(小功率起动机 300A 左右，大功率起动机 1000A 以上)，因此电枢绕组也采用横截面积较大的矩形或圆形(切诺基吉普车采用)裸体铜线绕制。

电枢的功用是产生电磁转矩。换向器的功用是保证电枢绕组产生的电磁转矩的方向保持不变。换向器由截面呈燕尾形的铜片围合而成，如图 2-7(b)所示。燕尾形铜片称为换向片，换向片与换向片之间以及换向片与轴套、换向片与压环之间均用云母绝缘。

(3) 电刷组件。电刷组件主要由电刷、电刷架和电刷弹簧组成，结构如图 2-8 所示。电刷组件的功用是将直流电引入电枢绕组。

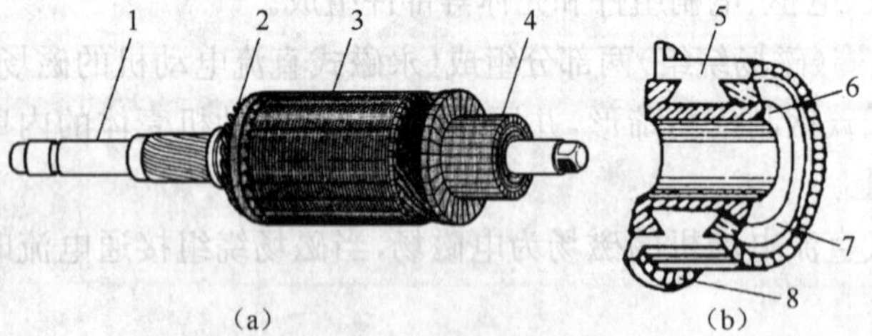

图 2-7　起动机电枢的结构
(a)电枢总成；(b)换向器结构。
1—电枢轴；2—电枢绕组；3—铁芯；4—换向器；5—换向片；
6—轴套；7—压环；8—焊线凸缘。

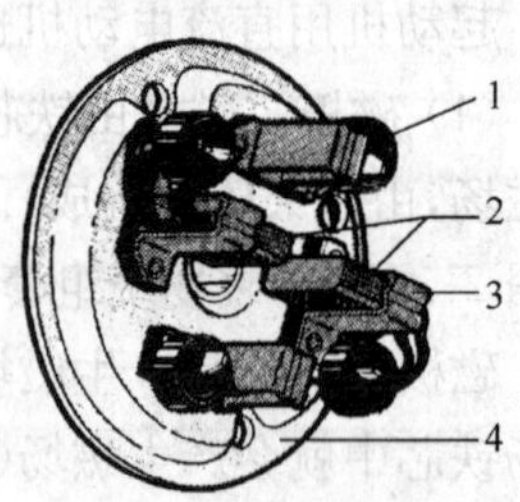

图 2-8　电刷组件的结构
1—电刷弹簧；2—电刷；
3—电刷架；4—换向器端盖。

电刷用铜粉与石墨粉模压而成，起动机电刷的含铜量为 80%左右，石墨含量为 20%左右。加入较多铜粉的目的是减小电阻，提高导电性能和耐磨性能。电刷安装在电刷支架(简称电刷架)内，借弹簧压力紧压在换向器上，电刷弹簧的压力一般为 12N～15N。

一只起动机有 4 只或 6 只电刷架。电刷架直接固定或通过绝缘垫片固定在换向器端盖上。直接固定在换向器端盖上的电刷架称为负电刷架，安装在负电刷架内的电刷称为负电刷；电刷架与换向器端盖之间安装有绝缘垫片，且电刷架与换向器端盖绝缘的电刷架称为正电刷架，安装在正电刷架内的电刷称为正电刷。

(4) 电动机壳体。汽车用起动机的壳体由电动机壳体(图 2-3 和图 2-4 中零部件代号分别为 18、32)、驱动端盖(图 2-4 中零部件代号为 1)和换向器端盖(图 2-3 和图 2-4 中零部件代号分别为 14、20)组成。

电动机壳体用于安置磁极，由低碳钢板卷焊而成，或用砂模浇铸而成。驱动端盖和换向器端盖一般都用砂模浇铸而成，用于安装支撑电枢与离合器总成。

(二) 直流电动机的工作过程

电磁式起动机的磁场是由磁场线圈通电产生的电磁场，如图 2-9(a)所示。如果将通电线圈放入磁场中，并使电流从 B 边流入、A 边流出，如图 2-9(b)所示，那么根据左手定则可以判定线圈的 A 边将向上运动，B 边将向下运动。直流电动机就是根据载流导体在磁场中会受到电磁力作用的原理而工作的，其工作过程如图 2-10 所示。

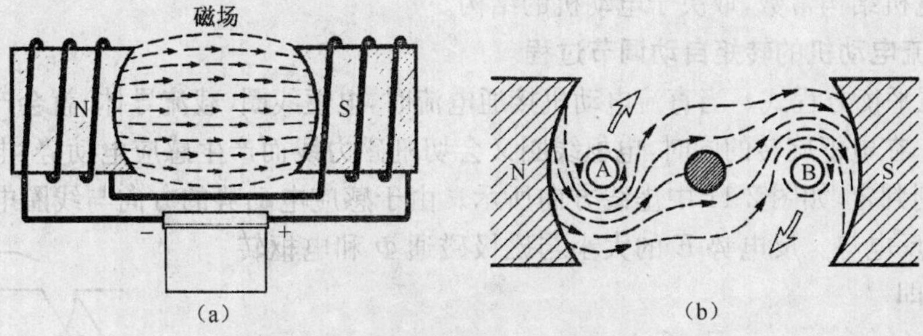

图 2-9 通电导体在磁场中的受力方向

(a)电磁场的产生；(b)受力方向。

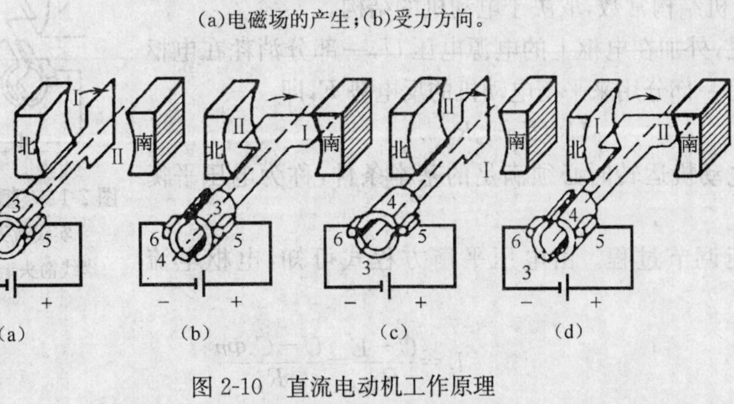

图 2-10 直流电动机工作原理

(a)静止状态；(b)顺时转动；(c)惯性转过；(d)顺时转动。

当电枢绕组处于如图 2-10(a)所示的垂直位置时，由于电刷 5、6 没有接触换向片 3、4，因此线圈中没有电流流过，线圈不受力的作用而静止不动。如将线圈稍微向顺时针方向转动，电刷 5、6 便分别与换向片 3、4 接触，如图 2-10(b)所示，此时电枢绕组中便有电流流过，电流路径由蓄电池正极，经电刷 5、换向片 3、电枢绕组、换向片 4、电刷 6 回到蓄电池负极。根据左手定则可以判定，线圈Ⅰ边将向下运动、线圈Ⅱ边将向上运动，整个线圈将沿顺时针方向转动。

当线圈旋转到图 2-10(c)所示垂直位置时，电刷 5、6 又不能接触换向片 3、4，线圈中没有电流流过，线圈将在惯性力矩的作用下转过此位置。

当线圈转过垂直位置时，电刷5、6便分别与换向片4、3接触，如图2-10(d)所示，线圈中又有电流流过，电流路径由蓄电池正极，经电刷5、换向片4、线圈、换向片3、电刷6回到蓄电池负极。由左手定则可知，此时线圈的Ⅰ边向上运动、线圈Ⅱ边向下运动，整个线圈仍沿顺时针方向转动。

由此可见，在换向片的作用，南极下面导线中的电流始终由电池正极经电刷流入，北极下面导线中的电流始终由导线经电刷流回电池负极。由于磁场方向和每个磁极下面导线中的电流方向都保持不变，因此由左手定则可知电枢绕组受力而形成的电磁力矩方向不变。如果电流不断通入电枢绕组，电枢就会不停地旋转。当电动机有负载时，就可将电源的电能转换为机械能。

图2-10所示的电枢绕组虽然能按一定的方向转动，但是每当转到垂直位置时，都是依靠惯性转过，转动很不平稳，电磁力产生的电磁转矩也很小。为了增大电磁转矩和提高电动机的平顺性，实际使用的电动机采用了多组电枢绕组和多对磁极。对于结构一定的电动机，其电磁转矩 M 与磁极磁通 Φ 和电枢电流 I_a 成正比，其数学表达式为

$$M=C_m\Phi I_a$$

式中：C_m 为电机结构常数，取决于电动机的结构。

(三) 直流电动机的转矩自动调节过程

(1) 电压平衡方程式。当直流电动机接通电流时，电枢线圈(载流导体)就会产生电磁转矩使电枢旋转。在电枢旋转的同时，电枢线圈又会切割磁力线而产生感应电动势，电动势的方向可用右手定则判定，如图2-11中虚线方向所示。由于感应电动势的方向与线圈电流的方向相反，因此称为反电势。反电势 E 的大小与磁极磁通 Φ 和电枢转速 n 成正比，即

$$E=C_e\Phi n$$

式中：C_e 为电机结构常数，取决于电动机的结构。

由此可见，外加在电枢上的电源电压 U，一部分消耗在电枢电阻 R_a 上，另一部分用来平衡电动机的反电势 E，即

$$U=E+I_aR_a$$

上式为电动机运转时必须满足的基本条件，称为电压平衡方程式。

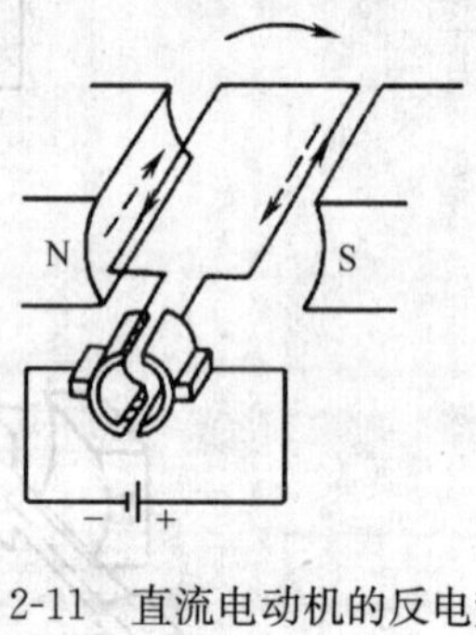

图2-11　直流电动机的反电势

实线箭头——→电流方向；

虚线箭头－－－→反电势方向。

(2) 转矩调节过程。由电压平衡方程式可知，电枢电流 I_a 为

$$I_a=\frac{U-E}{R_a}=\frac{U-C_e\Phi n}{R_a}$$

当电动机负载增大时，电枢轴上的阻力转矩增大，电枢转速降低，反电势随之减小，电枢电流增大，因此电磁转矩将随之增大，直至电动机的电磁转矩增加到与阻力转矩相等为止，此时电动机将在较大的负载下以比原转速较低的转速平稳运转。反之，当电动机负载减小时，电枢轴的阻力矩减小，电枢转速升高，反电势增大，电枢电流减小，电磁转矩随之减小，直至电动机的电磁转矩减小到与阻力转矩相等为止，这时电动机将在较小的负载下以比原转速较高的转速平稳运转。

可见，当负载发生变化时，电动机的转速、电流和转矩将自动发生相应的变化，以满足负载

变化的需要，这就是直流电动机的转矩自动调节过程。

二、传动装置的结构特点与工作过程

起动机的传动装置由单向离合器和移动叉组成。单向离合器的功用是单方向传递力矩，即启动发动机时，将电动机的驱动转矩传递给发动机曲轴（传递动力）；当发动机启动后又能自动打滑（切断动力），以免损坏电动机。这是因为发动机飞轮与起动机驱动齿轮之间的传动比为 1∶10～1∶15，当发动机启动后如果动力联系不及时切断，飞轮就会带动电枢以 8000r/min～15000r/min 的转速高速旋转，从而导致电枢绕组从铁芯槽中甩出而损坏电枢。

起动机采用的离合器有滚柱式、弹簧式和摩擦片式 3 种。滚柱式和弹簧式离合器主要用于功率较小的汽油发动机起动机，摩擦片式离合器可以传递较大转矩，主要用于柴油发动机起动机。

（一）滚柱式单向离合器

1. 滚柱式单向离合器的结构特点

滚柱式单向离合器的结构如图 2-12 所示。传动导管与外座圈制成一体，外座圈内圆制成“+”字形空腔。驱动齿轮另一端的内座圈伸入外座圈的空腔内，将“+”字形空腔分割成楔形腔室，如图 2-13 所示。

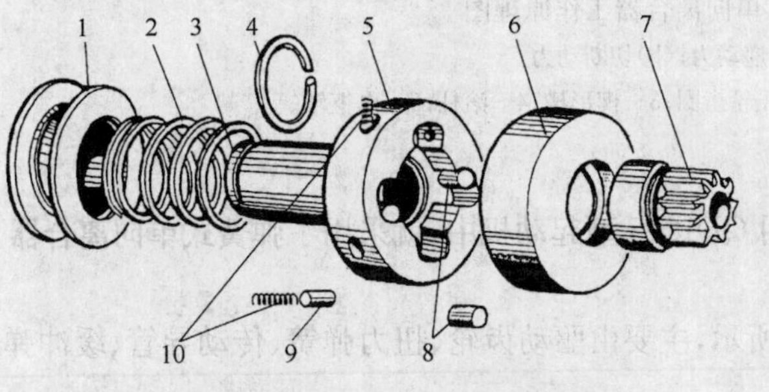

图 2-12　滚柱式单向离合器的结构

1—滑环；2—弹簧；3—传动导管；4—卡环；5—驱动座圈；6—壳体；7—驱动齿轮；8—滚柱；9—弹簧帽；10—弹簧。

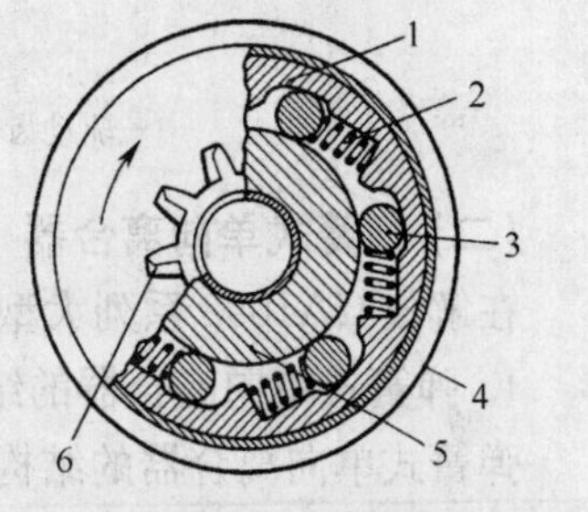

图 2-13　单向离合器楔形槽的结构

1—驱动座圈；2—滚柱弹簧；3—滚柱；4—壳体；5—内座圈；6—驱动齿轮。

滚柱有 4 只～6 只，安放在楔形腔室内。弹簧一端套有弹簧帽，并安放在外座圈的径向小孔中。弹簧帽压在滚柱上，弹簧另一端压在铁皮外壳上，铁皮外壳将内外座圈卷压包装在一起。当起动机尚未投入工作时，弹簧张力将滚柱压向楔形室较窄一端。

传动导管套装在电枢轴上，导管内圆制有内螺旋键槽，与电枢轴上的外螺旋键槽配合而传递动力。驱动齿轮与内座圈制成一体，并套装在电枢轴的光轴部分，既可轴向移动，也可绕轴转动。

2. 滚柱式单向离合器的工作过程

（1）启动发动机时传递动力。启动发动机时，驾驶员操纵点火启动开关，在控制装置（电磁开关）的作用下，移动叉下端便拨动离合器向车后移动，驱动齿轮与发动机飞轮齿圈进入啮合。当电动机驱动转矩小于发动机阻力矩时，电枢轴仅带动传动导管与外座圈转动，此时驱动齿轮、内座圈和飞轮并不转动，在内座圈与滚柱之间的摩擦力矩和弹簧力矩作用下，滚柱滚向楔形室较窄一侧并将外座圈与内座圈卡成一体，如图 2-14(a)所示，动力便经电枢轴、传动导管和外座圈、滚柱、内座圈和驱动齿轮传递到发动机飞轮齿圈。

当电动机驱动转矩达到或超过发动机阻力矩时，驱动齿轮便带动飞轮旋转，直到发动机被启动为止。在启动发动机时，离合器驱动齿轮为主动部件，发动机飞轮为被动部件。

(2) 启动发动机后切断动力。发动机启动后，曲轴在活塞的作用下高速旋转，发动机飞轮转为主动部件，单向离合器驱动齿轮转为被动部件。由于飞轮齿圈与驱动齿轮之间的传动比较大，因此发动机一旦被启动，飞轮就会带动驱动齿轮高速旋转。由于驱动齿轮转速远远高于电枢轴转速，因此内座圈与滚柱之间的摩擦力矩便使滚柱克服弹簧力矩滚向楔形室较宽一侧，如图 2-14(b) 所示，滚柱将在内、外座圈之间跳跃滚动，发动机的动力不会传递给电枢轴，即动力联系切断。此时电枢轴仅由电枢绕组产生的电磁转矩驱动而空转，从而避免电枢超速旋转而损坏。

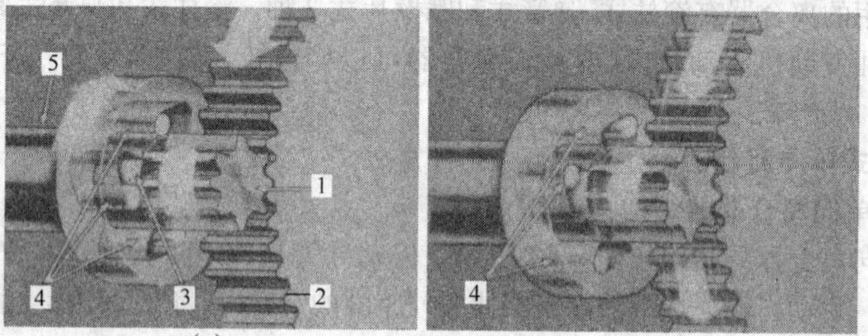

(a)　　　　(b)

图 2-14　单向离合器工作原理图

(a)传递动力；(b)切断动力。

1—驱动齿轮；2—发动机飞轮齿圈；3—楔形槽；4—滚柱；5—电枢轴。

(二) 弹簧式单向离合器

在解放 CA1092 系列大型运输车辆用 QD1215 型起动机中，就采用了弹簧式单向离合器。

1. 弹簧式单向离合器的结构特点

弹簧式单向离合器的结构如图 2-15 所示，主要由驱动齿轮、扭力弹簧、传动导管、缓冲弹簧和移动滑环等部件组成。

传动导管内缘制作有内螺旋键槽，套装在电枢轴的外螺旋键上。驱动齿轮套装在起动机电枢轴的光轴上。在驱动齿轮与传动导管之间，采用两个月牙形垫圈进行连接，其目的是在驱动齿轮与传动导管之间只能产生相对转动，不能产生轴向移动。

扭力弹簧安放在驱动齿轮与传动导管的外缘上。扭力弹簧两端分别箍紧在驱动齿轮尾部与传动导管上。

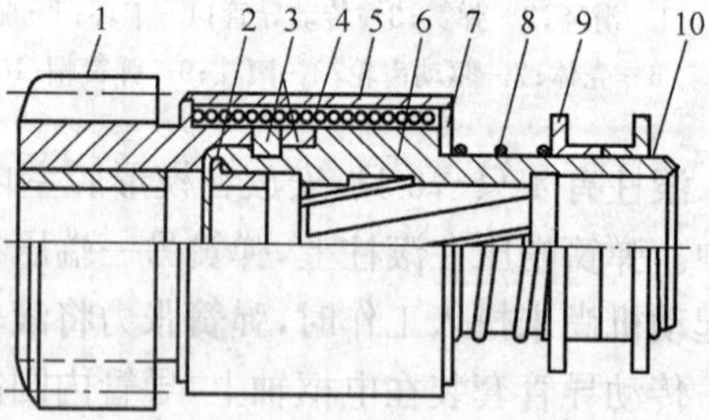

图 2-15　弹簧式单向离合器

1—驱动齿轮；2、7—挡圈；3—月牙形垫圈；4—扭力弹簧；5—护套；6—传动导管；8—缓冲弹簧；9—移动滑环；10—卡环。

2. 弹簧式单向离合器的工作过程

当启动发动机时，电枢轴的电磁转矩通过其外螺旋键和传动导管的内螺旋键槽传递到传动导管。因为扭力弹簧两端分别箍紧在驱动齿轮尾部与传动导管上，所以，当电枢轴的电磁转矩小于发动机的阻力矩时，电磁转矩就会通过传动导管使扭力弹簧张紧，并使驱动齿轮与传动导管连成一体，动力便经电枢、电枢轴外螺旋键、传动导管内螺旋键槽、传动导管、扭力弹簧和驱动齿轮传递到发动机飞轮齿圈。

当电磁转矩达到或超过发动机阻力矩时，驱动齿轮便带动飞轮旋转，直到发动机被启动为止。

在启动发动机时，离合器驱动齿轮为主动部件，发动机飞轮为从动部件。当发动机启动后，发动机飞轮转为主动部件，驱动齿轮转为从动部件。由于飞轮齿圈与驱动齿轮之间的传动比较大，因此，发动机飞轮就会带动驱动齿轮高速旋转，扭力弹簧就会放松，使驱动齿轮与传动导管之间的动力联系切断，防止电枢超速运转而损坏。此时驱动齿轮将随发动机飞轮旋转，电枢轴仅由电枢绕组产生的电磁转矩驱动空转。

弹簧式单向离合器的优点是结构简单、成本低廉、工作可靠。但是，由于扭力弹簧轴向尺寸较大，因此，不适用于小型起动机，一般仅在载货汽车用体积较大的起动机中采用。

(三) 摩擦片式单向离合器

1. 摩擦片式单向离合器的结构特点

摩擦片式单向离合器的构造如图 2-16 所示，主要由传动导管与主动盘 2、被动盘 5、主动摩擦片 8、被动摩擦片 9、锥面盘 13、保险弹性垫圈 15、驱动齿轮轴套 10 等部件组成。

传动导管 2 内缘制有螺旋键槽，套装在制有外螺旋键的电枢轴上，既可随电枢轴转动，也可在电枢轴上作轴向移动。主动盘的一端制有 4 个缺口，主动摩擦片 8 外缘的 4 个凸起安放在主动盘的缺口内，以便主动盘驱动主动摩擦片转动。

被动盘 5 内缘制有螺旋键槽，套装在驱动齿轮轴套 10 的外螺旋键上。被动盘外缘圆制有 4 个凹槽，被动摩擦片 9 内缘的 4 个凸起分别安放在被动盘的 4 个凹槽内，以使被动盘能随被动摩擦片一起转动。

主动摩擦片与被动摩擦片相间排列，并能在主动盘与被动盘上作轴向移动。

驱动齿轮轴套 10 套装在电枢轴的光轴部分。轴套的一端(图中右端)制有驱动齿轮，另一端(图中左端)制有螺旋键。在螺旋键的端部制有环槽，以便锁圈 4、卡簧 3 将被动盘上的零部件锁住。

锥面盘 13、保险弹性垫圈 15 和承推环 16 依次套装在驱动齿轮轴套的外螺旋键上，弹性垫圈一侧(图中右侧)装有卡环 14，用以限定弹性垫圈的安装位置。弹性垫圈一面(图中右面)中央部分靠在锥面盘 13 上，另一面(图中左面)靠在承推环圆的凸起上。在被动盘上装套有压盘 6，压盘与摩擦片之间装有调整垫片 7。

2. 摩擦片式单向离合器的工作过程

摩擦片式单向离合器的工作原理如图 2-17 所示。

启动发动机时，在控制装置的作用下，拨叉推动离合器右移，使离合器驱动齿轮与发动机飞轮齿圈进入啮合。

当起动机电枢转动时，电枢轴便通过传动导管带动主动盘和主动摩擦片转动，主动摩擦片与被动摩擦片之间的摩擦力便将电动机动力传递到被动摩擦片和被动盘。在启动开关刚刚接通时，发动机阻力矩很大，驱动齿轮及轴套并不转动。因此，主、被动摩擦片之间的摩擦力就会使被动盘沿驱动齿轮轴套上的螺旋键转动(从驱动齿轮一端观察，被动盘沿顺时针方向转动)。如果把被动盘看做螺母，驱动齿轮轴套上的螺旋键看做螺栓，那么，被动盘沿顺时针方向转动相当于拧紧螺母，并沿轴向右移。因为保险弹性垫圈右侧装有卡环限位，所以，被动盘右移将使主、被动摩擦片之间的正向压力增大，能够传递的摩擦力矩也随之增大。

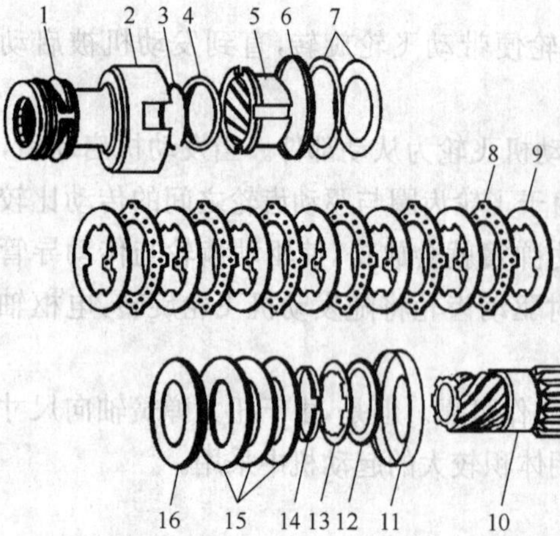

图 2-16　摩擦片式单向离合器的构造

1—拨叉环；2—传动导管与主动盘；3—卡簧；4—锁圈；5—被动盘；6—压盘；7—调整垫圈；8—主动摩擦片；9—被动摩擦片；10—驱动齿轮轴套；11—后端盖；12—挡圈；13—锥面盘；14—卡环；15—保险弹性垫圈；16—承推环。

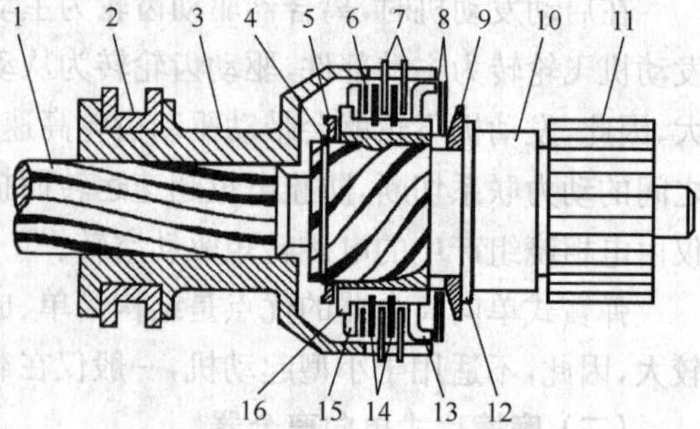

图 2-17　摩擦片式单向离合器装配示意图

1—电枢轴；2—拨叉环；3—传动导管与主动盘；4—卡环；5—锁圈；6—调整垫圈；7—主动摩擦片；8—保险弹性垫圈；9—锥面盘；10—驱动齿轮轴套；11—驱动齿轮；12—挡圈；13—承推环；14—被动摩擦片；15—压盘；16—被动盘。

当摩擦片间传递的摩擦力矩达到或超过发动机阻力矩时，被动盘将停止轴向移动，并随主动盘一起转动，电动机产生的电磁转矩即可通过主、被动摩擦片和驱动齿轮带动发动机飞轮旋转，当转速达到启动转速（汽油发动机为 30r/min～50r/min，柴油发动机为 150r/min～200r/min）时，即可启动发动机。

保险弹性垫圈的拱曲变形量取决于发动机阻力矩的大小。在被动盘压紧摩擦片的同时，作用在承推环上的压力将使保险弹性垫圈产生拱曲变形。发动机阻力矩越大，被动盘轴向右移量就越大，保险弹性垫圈的拱曲变形量也越大，摩擦片间的正压力也越大，摩擦片能够传递的转矩也就越大。反之，发动机阻力矩越小，保险弹性垫圈的变形量也越小。

摩擦片式离合器能够传递的最大驱动转矩取决于被动盘的最大轴向移动量。当被动盘轴向右移到极限位置（被动盘右端抵住保险弹性垫圈的内缘）时，主、被动摩擦片间的压力将达到极限值，离合器所能传递的驱动转矩也达到最大值。如果发动机阻力矩超过这一极限值，那么主、被动摩擦片之间将产生滑摩现象，从而避免电枢轴超负荷而折断，同时也防止电动机长时间处于制动状态而烧坏。

摩擦片式离合器能够传递的最大转矩又称为打滑力矩。因为打滑力矩取决于被动盘的最大轴向移动量，所以，通过增加或减少调整垫圈就可调整离合器的打滑力矩。

在使用过程中，主、被动摩擦片都会磨损，摩擦片厚度就会变薄，被动盘轴向右移量就会减小，摩擦片间的正压力也会减小，从而导致离合器的打滑力矩减小。因此，可以增加调整垫圈进行调整。

发动机启动后，若未及时断开启动开关，驱动齿轮将被飞轮带动高速旋转，其转速将远远高于电枢转速。此时被动盘在惯性作用下，将在驱动齿轮轴套的螺旋键上沿逆时针方向转动，并沿轴向左移。被动盘将沿螺旋键向左退出，相当于拧松螺母，摩擦片间的压力消失使离合器分离，切断飞轮与电枢之间的动力联系。

三、控制装置的结构原理

起动机的控制装置包括电磁开关、启动继电器和点火启动开关等部件，其中电磁开关与起动机制作在一起。各型汽车起动机的控制电路大同小异，东风 EQ1090 型载货汽车用 QD124 型起动机控制电路如图 2-18 所示。

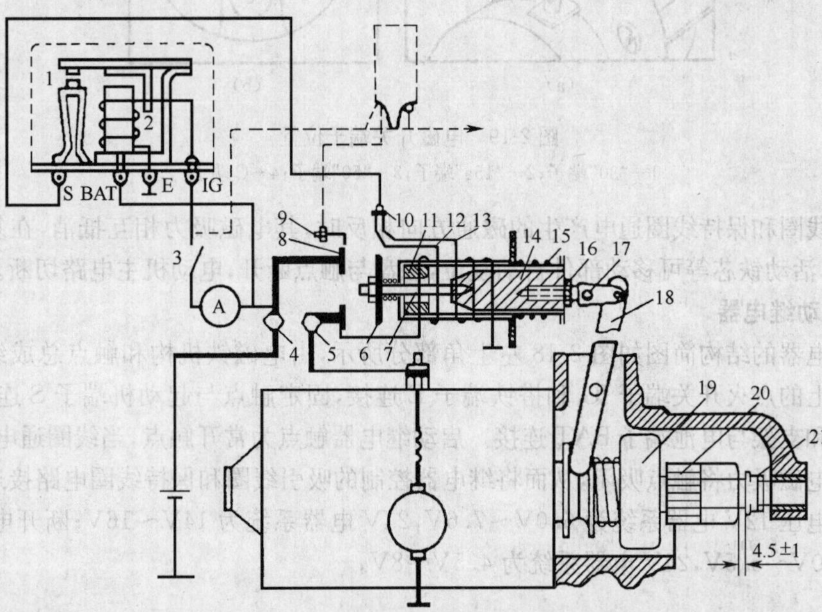

图 2-18 QD124 型起动机控制电路

1—启动继电器触点；2—启动继电器线圈；3—点火启动开关；4—起动机电源端子“30”；5—起动机磁场端子 C；6—电动机开关触盘；7—推杆；8—电动机开关触点；9—附加电阻短路开关接线端子“15a”；10—吸引线圈与保持线圈接线端子“50”；11—固定铁芯；12—吸引线圈；13—保持线圈；14—活动铁芯；15—复位弹簧；16—调节螺钉；17—连接销；18—移动叉；19—滚柱式单向离合器；20—驱动齿轮；21—止推垫圈。

(一) 电磁开关

1. 电磁开关结构特点

电磁开关主要由电磁铁机构和电动机开关两部分组成。电磁铁机构由固定铁芯、活动铁芯、吸引线圈和保持线圈等组成。固定铁芯与活动铁芯安装在一个铜套内。固定铁芯固定不动，活动铁芯可在铜套内作轴向移动。活动铁芯前端固定有推杆，推杆前端安装有开关触盘；活动铁芯后端用调节螺钉和连接销与移动叉连接。铜套外面安装有一个复位弹簧，其作用是使活动铁芯等可移动部件复位。电磁开关接线座上一般设有 4 个接线端子，如图 2-19 所示。

电动机开关由开关触盘和触点组成。触盘固定在活动铁芯推杆的前端；两个触点分别与连接引线端子 C 和电源端子“30”的螺柱制成一体。在开关触点旁边，设有一个小铜片制成的附加电阻短路开关，并与接线端子“15a”相连，该铜片的端面应稍微偏后于电动机开关触点所在的平面，以便触盘接通开关触点时，短路开关能可靠接通，附加电阻能被可靠短路。

2. 电磁开关工作原理

当吸引线圈和保持线圈通电产生的磁通方向相同时，其电磁吸力便吸引活动铁芯向前移动，直到推杆前端的触盘将电动机开关触点接通而使电动机主电路接通为止。

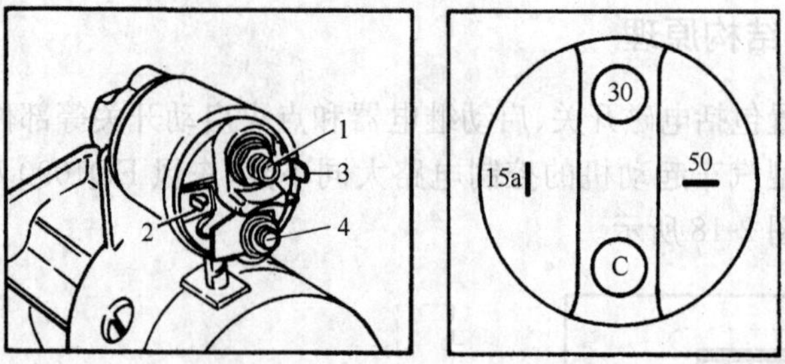

(a)　　　　　　　　　　　　(b)

图 2-19　电磁开关端子位置

1—“30”端子；2—“15a”端子；3—“50”端子；4—C 端子。

当吸引线圈和保持线圈通电产生的磁通方向相反时，其电磁吸力相互抵消，在复位弹簧的张力作用下，活动铁芯等可移动部件自动复位，触盘与触点断开，电动机主电路切断。

(二) 启动继电器

启动继电器的结构简图如图 2-18 左上角部分所示，由电磁铁机构和触点总成组成。线圈分别与壳体上的点火开关端子 IG 和搭铁端子 E 连接，固定触点与起动机端子 S 连接，活动触点经触点臂和支架与电池端子 BAT 连接。启动继电器触点为常开触点，当线圈通电时，继电器铁芯便产生电磁吸力将触点吸闭，从而将继电器控制的吸引线圈和保持线圈电路接通。继电器触点的闭合电压 12V 电器系统为 6.0V～7.6V，24V 电器系统为 14V～16V；断开电压 12V 电器系统为 3.0V～5.5V，24V 电器系统为 4.5V～8V。

第三节　电磁式启动系统工作过程

汽车电磁控制式启动系统工作过程基本相同，下面以图 2-18 所示东风 EQ1090 型汽车启动系统为例说明。

一、启动发动机时启动系统工作情况

(一) 接通启动开关，启动继电器工作，电磁开关电路接通

当点火启动开关未接通启动挡时，起动机驱动齿轮与发动机飞轮处于分离状态，如图 2-20(a)所示。

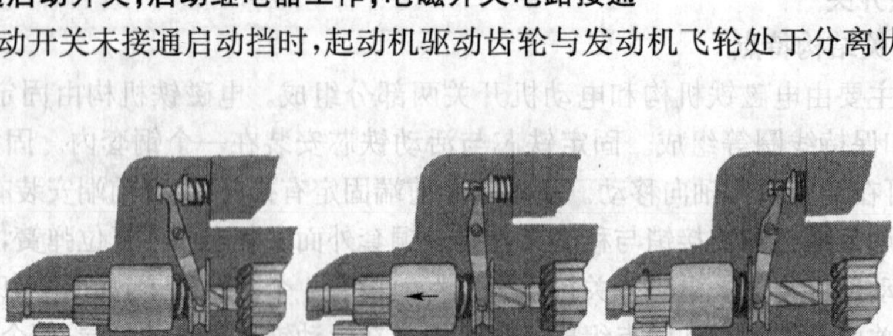
(a)　　　　　　　　(b)　　　　　　　　(c)

图 2-20　起动机工作过程

(a)初始状态齿轮分离；(b)齿轮进入啮合；(c)驱动飞轮旋转。

当启动发动机时，将点火开关转到启动位置，启动继电器线圈电路接通。由图 2-18 可见其电路为：蓄电池正极→起动机“30”端子(图中代号 4)→电流表→点火启动开关→启动继电器 IG

端子→启动继电器线圈→启动继电器E端子→蓄电池负极。

电流流过启动继电器线圈使铁芯磁化,电磁吸力将触点臂吸下,触点闭合接通电磁开关吸引线圈和保持线圈电路。

吸引线圈电路为:蓄电池正极→起动机"30"端子→启动继电器BAT端子→继电器支架、触点臂→继电器触点→继电器S端子→起动机"50"端子→吸引线圈12→起动机C端子→起动机磁场绕组、电枢绕组→搭铁→蓄电池负极。

保持线圈电路为:蓄电池正极→起动机"30"端子→启动继电器BAT端子、支架、触点→继电器S端子→起动机"50"端子(图中代号10)→保持线圈13→搭铁→蓄电池负极。

(二) 电磁开关与传动机构工作,起动机主电路接通并启动发动机

当吸引线圈和保持线圈刚刚接通电流时,两线圈产生的磁通方向相同,使固定铁芯和活动铁芯磁化,在其磁力的共同作用下,活动铁芯14向前移动(图中为向左移动),并带动移动叉绕支点(支撑螺栓)转动,移动叉下端便拨动离合器19向右移动,离合器驱动齿轮20便与飞轮齿圈进入啮合,如图2-20(b)所示。

当驱动齿轮后移与飞轮齿圈发生抵住现象时,移动叉下端将先推动右半滑环压缩锥形弹簧继续向后移动,待电动机主电路接通使电枢轴稍微转动、驱动齿轮的轮齿与飞轮齿圈的齿槽对正时,即可进入啮合。

当驱动齿轮与飞轮齿圈接近完全啮合(啮合尺寸约为驱动齿轮齿宽的2/3)时,活动铁芯带动推杆前移使触盘将起动机主电路(电枢和磁场绕组电路)接通,起动机主电路为:蓄电池正极→起动机"30"端子→电动机开关触盘6→起动机C端子(图中代号为5)→磁场绕组→正电刷→电枢绕组→负电刷→搭铁→蓄电池负极。

起动机主电路接通时,电枢绕组和磁场绕组通过电流很大(QD124、QD1212型起动机为600A左右),当电枢产生的电磁转矩超过发动机阻力矩时,就会驱动飞轮旋转,如图2-20(c)所示。

当转速达到一定值时,发动机便被启动。当驱动齿轮沿电枢轴的螺旋键槽向后移动(实为又转又移)时具有惯性力作用,后移直到抵住安装在电枢轴上的止推垫圈21为止。止推垫圈内装卡环,卡环安装在电枢轴上,因此限位螺母的作用是将驱动齿轮向后移动的惯性冲击力加到电枢轴上,防止冲击力作用到后端盖上而打坏端盖。

(三) 当主电路接通时,吸引线圈被触盘短路,保持线圈继续工作

在触盘6将电动机开关触点接通(将起动机端子"30"与C接通)之前,吸引线圈的电流是从起动机"30"端子经启动继电器触点、起动机"50"端子、吸引线圈12流到起动机C端子。当触盘将电动机端子"30"与C直接连通时,吸引线圈12便被触盘短路,吸引线圈没有电流流过而使磁力消失。此时保持线圈继续通电。因为此时活动铁芯14与固定铁芯11之间的气隙很小,所以保持线圈13的磁力能够将活动铁芯保持在吸合位置,故将线圈13称为保持线圈。

二、发动机启动后启动系统工作情况

(一) 断开启动开关启动继电器触点断开

当发动机启动后,放松点火钥匙,点火开关将自动转回一个角度,切断启动继电器线圈电路。继电器线圈电流切断后,磁力消失,在支架的弹力作用下,触点迅速断开。

(二)吸引线圈电流改道,电动机开关断开,齿轮分离

当启动继电器触点刚刚断开时,吸引线圈12中的电流电路改道,其电路为:蓄电池正极→

起动机“30”端子→触盘 9→起动机 C 端子→吸引线圈 12→起动机“50”端子→保持线圈 13→搭铁→蓄电池负极。

可见，此时吸引线圈 12 重新通电，但其电流和磁通方向与启动时相反。由于保持线圈 13 的电流和磁通方向没有改变，因此两个线圈产生的磁力相互抵消。在复位弹簧 15 作用下，活动铁芯 14 立即右移复位，并带动推杆和触盘向右移动，使起动机主电路切断而停转。与此同时，移动叉带动单向离合器 19 向左移动，使驱动齿轮与飞轮齿圈分离，启动过程结束。

第四节 新型起动机的结构特点

现代汽车采用的新型起动机有减速起动机和同轴移动式起动机两种。这些起动机具有输出转矩大、占用安装空间小和故障率低等优点。

一、减速起动机

在传动装置中设有减速装置的起动机，称为减速式起动机，简称减速起动机。减速起动机一般都采用永磁磁极式直流电动机，故又称为永磁式减速起动机。

（一）减速起动机的结构特点

减速起动机启动系统除减速装置和直流电动机磁极之外，其他零部件的结构原理与电磁式起动机启动系统基本相同。桑塔纳 2000GSi 型轿车用永磁式减速起动机的结构如图 2-21 所示；切诺基吉普车用永磁式减速起动机的结构如图 2-22 所示，零部件组成如图 2-23 所示。

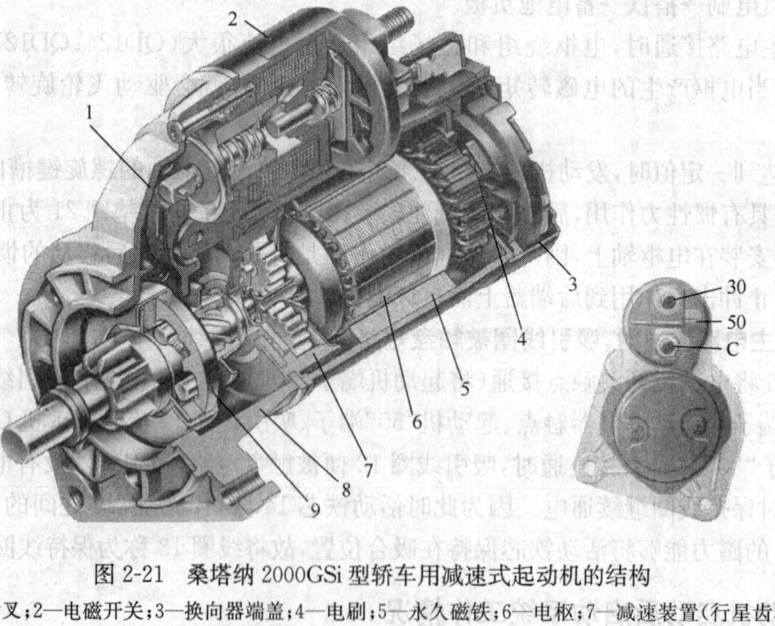

图 2-21 桑塔纳 2000GSi 型轿车用减速式起动机的结构

1—移动叉；2—电磁开关；3—换向器端盖；4—电刷；5—永久磁铁；6—电枢；7—减速装置（行星齿轮减速器）；8—驱动端盖；9—滚柱式单向离合器；30—电源端子（连接蓄电池正极）；50—吸引线圈与保持线圈接线端子（连接点火开关）；C—磁场端子（连接正电刷引线，电动机为永磁式直流电动机）。

减速装置安装在电枢轴与单向离合器之间，按传动方式不同分为平行轴圆柱齿轮外啮合传动式（如日本电装公司的 12V11E1.4 型减速起动机）、平行轴圆柱齿轮内啮合传动式（如国产 QD254 型减速起动机）和同心轴行星齿轮传动式（如桑塔纳 2000GSi 型轿车用起动机和北京

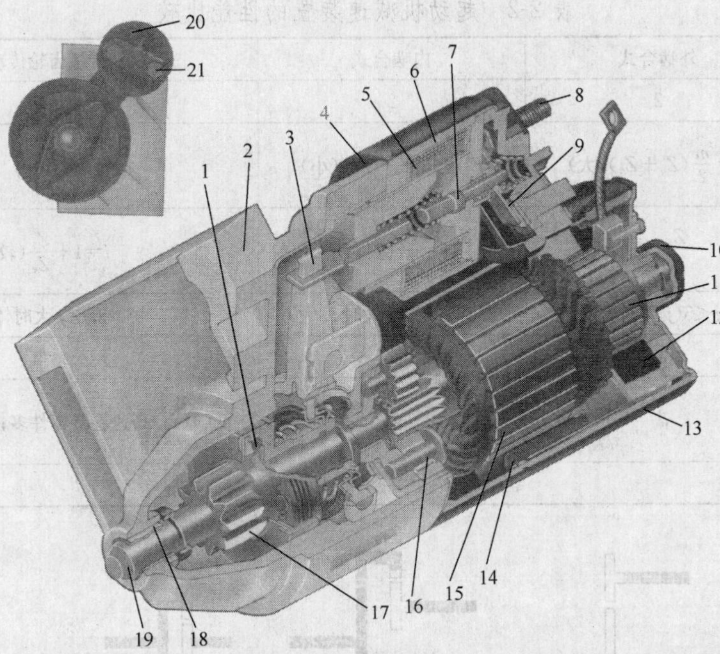

图 2-22　切诺基吉普车用永磁式减速起动机的结构

1—滚柱式单向离合器；2—驱动端盖；3—移动叉；4—电磁开关；5—吸引线圈；6—保持线圈；7—推杆；
8—电源端子“30”；9—移动触盘；10—换向器端盖；11—换向器；12—电刷；13—壳体；
14—永磁磁极；15—电枢；16—行星齿轮减速器；17—驱动齿轮；18—铜衬套；19—减速器输出轴；
20—吸引线圈与保持线圈接线端子“50”；21—电源端子“30”(接蓄电池正极)。

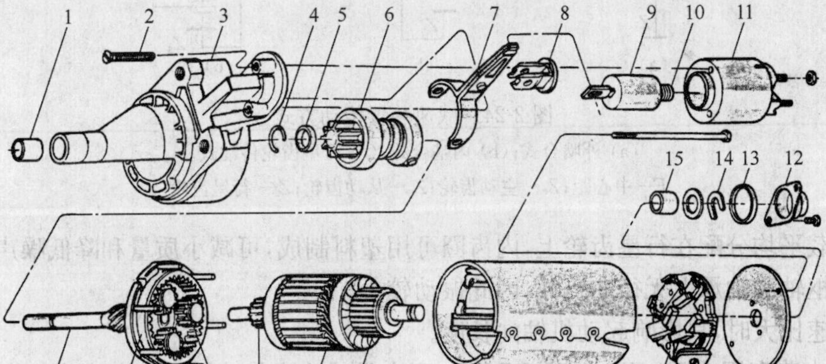

图 2-23　切诺基吉普车用永磁式减速起动机的零部件组成

1、15—铜衬套；2—固定螺栓；3—驱动端盖；4—卡环；5—止推垫圈；6—单向离合器；7—移动叉；
8—移动叉支点衬垫；9—活动铁芯；10—复位弹簧；11—电磁开关线圈总成；12—防尘盖；
13—密封圈；14—锁紧卡片；16—换向器端盖；17—电刷总成；18—电动机壳体；19—换向器；
20—电枢；21—减速器太阳轮；22—行星齿轮；23—内齿圈；24—减速器输出轴。

BJ2021 型吉普车用 12VDW1.4 型、QDJ124 型永磁式减速起动机)。

减速装置的 3 种减速传动方式如图 2-24 所示，技术性能如表 2-2 所列。在 3 种传动方式中，行星齿轮减速装置相对较好，这是因为行星齿轮减速装置具有以下优点。

表 2-2 起动机减速装置的性能比较

传动方式	外啮合式	内啮合式	行星齿轮传动式
齿轮数量	2	2	5
中心距	$E=\frac{m}{2}(Z_s+Z_e)$(大)	$E=\frac{m}{2}(Z_s-Z_e)$(小)	$E=0$
传动比 i	$i=\frac{Z_s}{Z_e}$(较小)	$i=\frac{Z_s}{Z_e}$(较大)	$i=1+\frac{Z_s}{Z_e}$(较大)
减速比 j	$1<j<5$(j 大时 E 大)	$2.5<j<5$(j 大时 E 大)	$j>3.8$(j 大时体积大)
噪声	低	高	低
可靠性	高	高	低(原因:高速旋转零件多;磨损导致不平衡)
备注	m:齿轮模数		

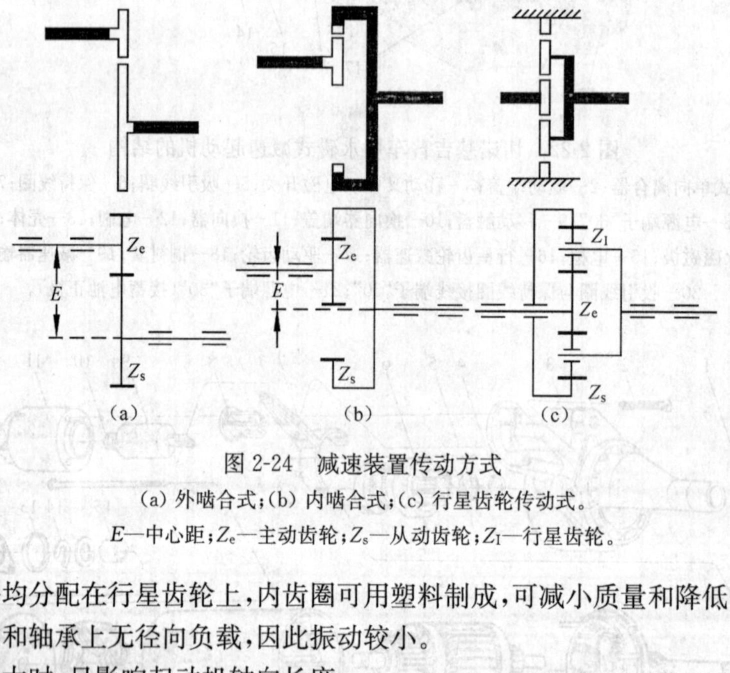

图 2-24 减速装置传动方式

(a) 外啮合式;(b) 内啮合式;(c) 行星齿轮传动式。

E—中心距;Z_e—主动齿轮;Z_s—从动齿轮;Z_l—行星齿轮。

(1) 负载平均分配在行星齿轮上,内齿圈可用塑料制成,可减小质量和降低噪声。

(2) 电枢轴和轴承上无径向负载,因此振动较小。

(3) 减速比大时,只影响起动机轴向长度。

切诺基吉普车用 12VDW1.4 型、QDJ124 型永磁减速式起动机行星齿轮减速装置的结构如图 2-25 所示,由内齿圈、3 个行星齿轮、一个太阳轮(电枢轴齿轮)、一个固定行星齿轮的支架(行星架)和减速器支架组成,各齿轮的啮合关系如图 2-26 所示。

行星架是一个圆盘,在圆盘上压装有 3 根行星齿轮轴,行星齿轮 2、3、4 可在轴上灵活转动。减速器输出轴与圆盘制成一体,输出轴上制有外螺旋键槽,以便与单向离合器传动导管的内螺旋键槽配合。内齿圈用塑料铸塑而成(部分国产配件用钢材制成),内齿圈与减速器支架制成一体,支架上制有 4 个定位销,以便安装定位。

当减速装置工作时,3 个行星齿轮在内齿圈内滚动。太阳轮为主动齿轮,制作在电枢轴的一端,并与 3 个行星齿轮保持啮合状态。太阳轮齿数 $Z_e=11$ 个,内齿圈齿数 $Z_s=37$ 个,减速比 j 为

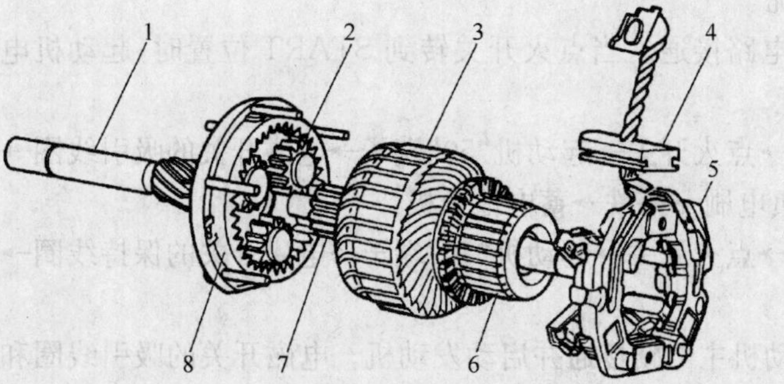

图 2-25　行星齿轮减速装置的结构

1—减速器输出轴；2—行星齿轮；3—电枢；4—橡胶定位块；5—电刷总成；6—换向器；7—太阳轮（电枢轴齿轮）；8—内齿圈。

图 2-26　行星齿轮减速装置的啮合关系

1—太阳轮；2、3、4—行星轮；5—行星架；6—内齿圈。

$$j=1+\frac{Z_s}{Z_e}=1+\frac{37}{11}=4.36$$

由此可见，减速装置输出轴上的转矩 M_o 为电枢轴输入减速装置转矩 4.36 倍，即电动机的输出功率经过减速装置减速增扭之后，转速降低了 4.36 倍，转矩增大了 4.36 倍，从而达到减速起动机减速增扭之目的。

（二）减速起动机的优点

与电磁式起动机相比，减速起动机具有以下优点。

（1）启动转矩增大，启动可靠性高，因此有利于低温启动。

（2）比功率（单位质量输出的功率）大、质量小。在输出功率相同的情况下，质量可减小 25%～35%。

（3）外部尺寸小，其总长度可缩短 20%～30%，因此在汽车上所占空间可大大缩小。

（4）减轻了蓄电池的负荷，可以相对延长蓄电池的使用寿命。

（三）减速起动机的工作过程

减速起动机的工作过程与电磁式起动机的工作过程基本相同，但是由于减速起动机除减速装置外，一般都采用没有磁场线圈的永磁式直流电动机，其电磁开关接线座上的 C 端子直接与电动机的正电刷引线连接如图 2-27 所示。因此，减速起动机控制电路与电磁式起动机略有不同。

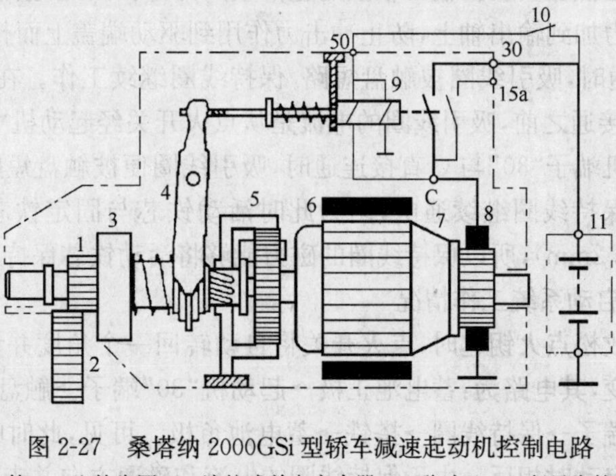

图 2-27　桑塔纳 2000GSi 型轿车减速起动机控制电路

1—驱动齿轮；2—飞轮齿圈；3—滚柱式单向离合器；4—移动叉；5—行星齿轮减速装置；6—永久磁铁；7—电枢；8—正电刷；9—电磁开关；10—点火开关；11—蓄电池。

1. 启动发动机时启动系统工作情况

(1) 接通启动开关,电磁开关线圈电路接通。当点火开关转到 START 位置时,起动机电磁开关吸引线圈和保持线圈的电路接通。

吸引线圈电流电路为:蓄电池正极→点火开关→起动机"50"端子→电磁开关的吸引线圈→起动机 C 端子→正电刷→电枢线圈→负电刷→搭铁→蓄电池负极。

保持线圈电流电路为:蓄电池正极→点火开关→起动机"50"端子→电磁开关的保持线圈→搭铁→蓄电池负极。

(2) 电磁开关与传动机构工作,起动机主电路接通并启动发动机。电磁开关的吸引线圈和保持线圈通电后,其磁通使固定铁芯与活动铁芯磁化。由于此时两线圈产生的磁通方向相同,因此磁场叠加,固定铁芯与活动铁芯的磁力增强。在其磁力的共同作用下,活动铁芯向右移动,并通过拉杆带动挂在拉杆左端方形小孔上的移动叉绕支点转动,移动叉下端便拨动单向离合器向左移动,使驱动齿轮与发动机飞轮齿圈进入啮合。

当吸引线圈电流流过电枢线圈时,电枢轴便以较慢速度旋转,以便驱动齿轮与飞轮齿圈啮合柔和。当驱动齿轮左移与飞轮齿圈发生抵住现象时,移动叉下端则先推动左半滑环压缩锥形弹簧继续向左移动,待电动机主电路接通使电枢轴稍微转动、驱动齿轮的轮齿与飞轮齿圈的齿槽对正时,即可进入啮合。

在移动叉下端拨动离合器向左移动的同时,活动铁芯克服复位弹簧弹力并推动触盘及触盘推杆向右移动。当驱动齿轮与飞轮齿圈接近完全啮合时,触盘将起动机"30"端子与 C 端子接通,使电动机主电路接通,其电路为:蓄电池正极→起动机"30"端子→电动机开关触盘→起动机 C 端子→正电刷→电枢线圈→负电刷→搭铁→蓄电池负极。

电动机主电路接通时,电枢线圈通过电流很大(稳定运转时为 160A 左右),电动机产生电磁转矩经减速装置和离合器传给发动机飞轮齿圈。动力传递路径为:电枢轴齿轮(太阳轮)→行星齿轮→行星齿轮架→输出轴外螺旋键槽→离合器传动导管→离合器滚柱→离合器驱动齿轮→发动机飞轮。

当电枢轴上的转矩经行星齿轮减速装置减速增扭后,并使单向离合器驱动齿轮上的驱动转矩超过发动机阻力矩时,便驱动飞轮旋转,使发动机启动。

当单向离合器驱动齿轮沿减速器输出轴螺旋键槽向左移动(实为又转又移)时具有惯性力作用。左移极限位置是抵住安装在输出轴上的止推垫圈为止。因此,止推垫圈的作用是将驱动齿轮移动的惯性冲击力加到输出轴上,防止冲击力作用到驱动端盖上而打坏驱动端盖。

(3) 当主电路接通时,吸引线圈被触盘短路,保持线圈继续工作。在开关触盘将电动机开关触点"30"与 C 端子接通之前,吸引线圈的电流是从点火开关经起动机"50"端子流至起动机 C 端子。当触盘将起动机端子"30"与 C 直接连通时,吸引线圈便被触盘短路,吸引线圈无电流流过而磁力消失。此时保持线圈继续通电,因为此时活动铁芯与固定铁芯之间的气隙很小(约 0.6mm,静态时约为 6.2mm),所以保持线圈的磁力能够将活动铁芯保持在吸合位置。

2. 发动机启动后启动系统工作情况

当发动机启动后放松点火钥匙时,点火开关将自动转回一个角度并切断开关电路,此时吸引线圈电流方向将改变,其电路为:蓄电池正极→起动机"30"端子→触盘→起动机 C 端子→吸引线圈→起动机"50"端子→保持线圈→搭铁→蓄电池负极。可见,此时吸引线圈重新通电,但其电流和磁通方向与启动时相反。由于保持线圈的电流和磁通方向并未改变,因此两个线圈产生的磁力相互抵消。在复位弹簧弹力作用下,活动铁芯立即左移复位,触盘在触盘弹簧的弹力作用下迅速向左移动,使起动机主电路切断。与此同时,移动叉绕支点转动,其下端带动离合器向右移动,使驱动齿轮与飞轮齿圈分离,启动过程结束。

二、同轴移动式起动机

利用电磁开关推动电枢轴孔内的啮合推杆移动,使驱动齿轮同步移动而啮入飞轮齿圈的起动机,称为同轴移动式起动机。

(一)同轴移动式起动机的结构特点

同轴移动式起动机可以传递较大扭矩,一般装备在功率较大的柴油发动机汽车上,如斯泰尔 SX2190、奔驰 Benz2026 汽车用 QD2645、QD2745 和 KB 型起动机。虽然同轴移动式起动机也是由电动机、传动装置和控制装置 3 部分组成的,但是,由于起动机功率较大,因此电动机一般都采用复激式直流电动机(磁场绕组与电枢绕组的连接方式既有串联连接,也有并联连接),传动装置一般都采用摩擦片式离合器,控制装置的启动继电器一般都与起动机制作成一体。

斯泰尔 SX2190 型和奔驰 Benz2026 型越野汽车用 QD2745 型同轴移动式起动机的结构如图 2-28所示,零件组成如图 2-29 所示。起动机的额定电压为 24V,最大输出功率为 5.4kW,其显著特点一是起动机的轴向尺寸较大;二是由吸引线圈、保持线圈和铁芯等组成的联动继电器 11 安装在起动机电枢轴的一端,以便推动电枢轴孔内的啮合推杆移动使驱动齿轮啮入飞轮齿圈。

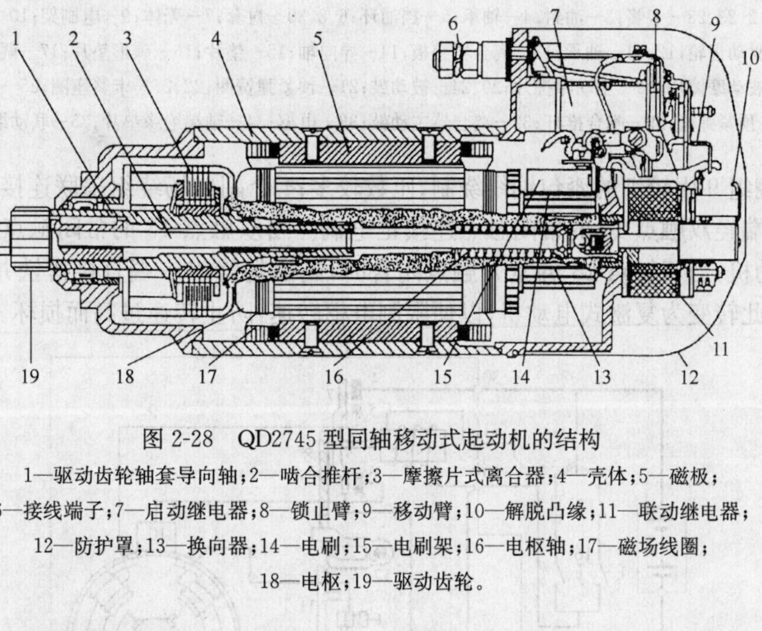

图 2-28 QD2745 型同轴移动式起动机的结构

1—驱动齿轮轴套导向轴;2—啮合推杆;3—摩擦片式离合器;4—壳体;5—磁极;6—接线端子;7—启动继电器;8—锁止臂;9—移动臂;10—解脱凸缘;11—联动继电器;12—防护罩;13—换向器;14—电刷;15—电刷架;16—电枢轴;17—磁场线圈;18—电枢;19—驱动齿轮。

1. 直流电动机的结构特点

QD2745 型起动机采用复激式直流电动机,主要由壳体、磁极、电枢、换向器和电刷组件等组成,结构特点如下。

(1) 电动机为 4 极 4 刷可变激磁方式(由串激变换为复激式)直流电动机。电动机结构简图与控制电路如图 2-30 所示,设有 4 个磁极 4 只电刷,每个磁极上都绕制有主磁场绕组和副磁场绕组。主磁场绕组 10 用矩形裸体铜线绕制,导线截面大,可以通过较大电流。4 个主磁场绕组两两串联而后并联,一端连接在下触点 6 上,另一端连接正电刷,正电刷安放在正电刷架(绝缘电刷架)内。

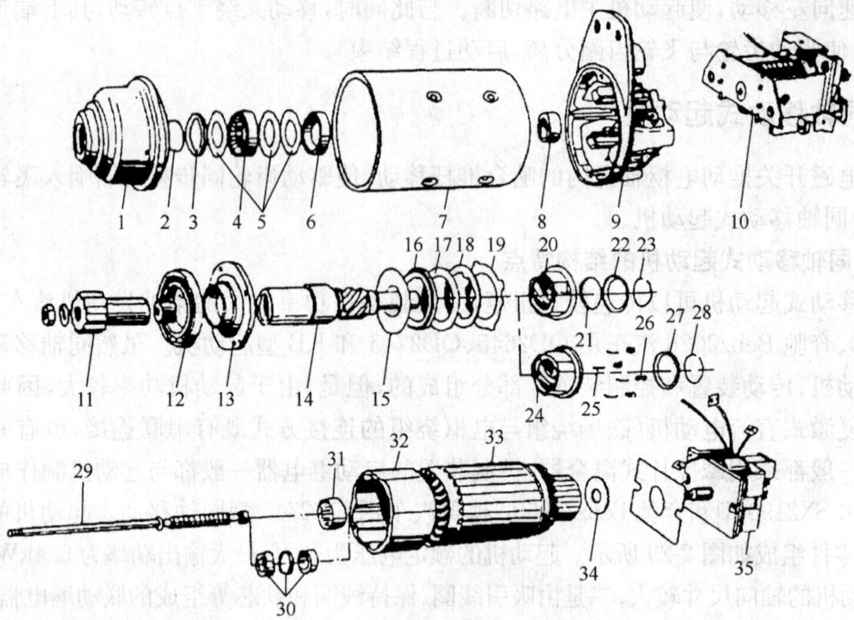

图 2-29　QD2745 型同轴移动式起动机零部件组成图

1—后端盖；2、23、28—卡簧；3—油封；4—轴承；5—挡油环；6、8、30—衬套；7—壳体；9—电刷架；10—启动继电器；11—驱动齿轮；12、31—轴承；13—离合器盖板；14—导向轴；15—垫片；16—碟形垫片；17—调整垫片；18—被动摩擦片；19—主动摩擦片；20、24—被动鼓；21—预紧弹簧圈；22、27—卡簧座圈；25—弹簧销；26—预紧弹簧；29—啮合推杆；32—离合器主动鼓；33—电枢；34—轴端绝缘垫片；35—联动继电器。

副磁场绕组 9 用较细的漆包铜线绕制，匝数较多；4 个副磁场绕组串联连接，一端连接小触点 5 上，另一端经双触点 13 的常闭触点连接正电刷。当双触点 13 的常闭触点闭合时，电动机为串激式电动机；当双触点 13 的常开触点闭合时，副磁场绕组一端直接搭铁并与电枢绕组并联，电动机因此转变为复激式电动机，以便限制电枢转速，防止转速过高而损坏。

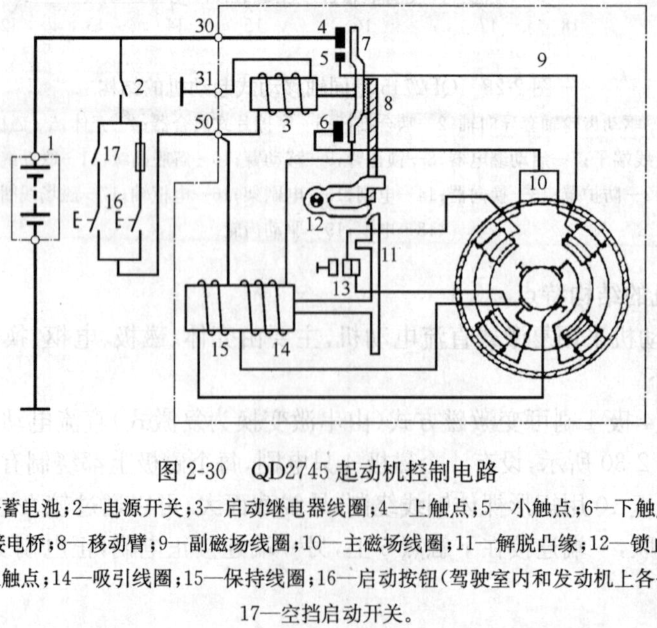

图 2-30　QD2745 起动机控制电路

1—蓄电池；2—电源开关；3—启动继电器线圈；4—上触点；5—小触点；6—下触点；7—接电桥；8—移动臂；9—副磁场线圈；10—主磁场线圈；11—解脱凸缘；12—锁止臂；13—双触点；14—吸引线圈；15—保持线圈；16—启动按钮（驾驶室内和发动机上各一个）；17—空挡启动开关。

(2) 电枢轴向为空心结构，啮合推杆穿过电枢中心孔。如图 2-28 所示，啮合推杆 2 的一端固装驱动齿轮 19，另一端经过一只钢球与联动继电器 11 的顶杆相接触。钢球用于定心传力，保证作用力作用在啮合推杆中心。当联动继电器线圈通电时，铁芯产生的电磁力将推动顶杆移动，顶杆通过钢球推动啮合推杆与驱动齿轮移动，使驱动齿轮与发动机飞轮进入啮合。

(3) 离合器主动鼓与电枢制成一体。如图 2-29 所示，摩擦片式离合器的主动鼓 32 与电枢 33 的驱动端(靠近驱动齿轮一端)制成一体，主动鼓 32 的盖板(离合器盖板 13)上制作有轴承座，离合器盖板用螺钉固装在主动鼓上。

2. 离合器的结构特点

离合器为摩擦片式离合器，结构如图 2-31 所示。离合器由主动鼓、驱动齿轮轴套导向轴 1、碟形垫片 2、主动摩擦片 3、被动摩擦片 4、调整垫片 5 和被动鼓 6 等组成。

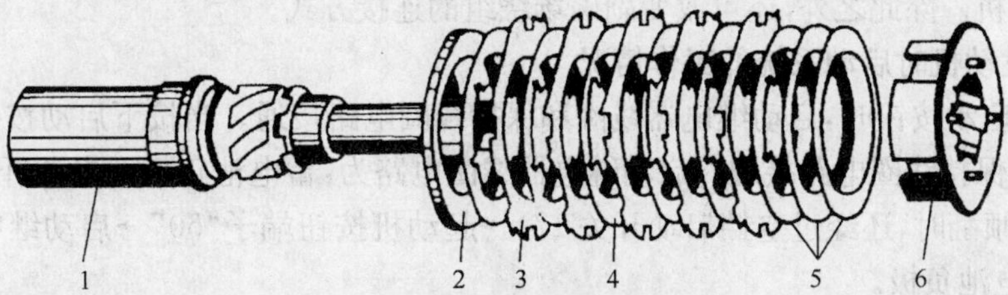

图 2-31 摩擦片式离合器结构

1—驱动齿轮轴套导向轴；2—碟形垫片；3—主动摩擦片；4—被动摩擦片；5—调整垫片；6—被动鼓。

主动鼓与电枢制成一体，被动鼓 6 通过内螺旋键槽与导向轴 1 上的外螺旋键槽配合。导向轴与驱动齿轮轴套用花键连接。除主动鼓外，离合器其他部件均可随啮合推杆轴向移动。

碟形垫片用来限制最大扭矩，防止起动机负荷过大而损坏。

3. 控制装置的结构特点

(1) 启动继电器与起动机安装在一起，以便控制电动机电路。同轴移动式起动机的工作特点与电磁式起动机有所不同，由控制电路图 2-30 可见，其电动机的主磁场电路和副磁场电路是由启动继电器和联动继电器(相当于电磁开关)协同控制。由于电动机工作电流较大(1000A 以上)，因此将启动继电器制作在起动机内，以便控制电动机电路。

(2) 联动继电器安装在电枢轴的一端。同轴移动式起动机工作时，依靠联动继电器顶杆推动啮合推杆移动，从而使驱动齿轮与飞轮啮合，其电枢不会移动。因此需要将联动继电器安装在起动机电枢轴的一端。

(3) 设有两条启动控制电路。由于驾驶室可以倾翻，为了便于检修发动机时启动试车，因此设有两条启动控制电路，如图 2-30 所示，其中一条控制电路的启动按钮设在仪表台上，供正常启动时使用；另一条控制电路的启动按钮设在发动机第五缸气门罩附近，供驾驶室倾翻后启动发动机使用。为了保证安全，在驾驶室倾翻后的启动控制电路中，串联有一只空挡开关。空挡开关 17 安装在变速器侧盖上，仅当变速器换挡杆处于空挡位置时，空挡开关才能接通，发动机才能启动。当换挡杆拨入任一前进挡或倒挡时，空挡开关将处于断开状态，起动机不可能运转，从而保证人车安全。

(二) 启动系统工作情况

QD2745 型起动机启动系统控制电路如图 2-30 所示，启动继电器通过操纵接电桥 7 来控制吸引线圈 14 和副磁场绕组 9 的电路，并协同联动继电器控制电动机主磁场绕组 10 的电路(主电路)。启动继电器线圈 3 一端连接起动机壳体上的启动按钮接线端子“50”，另一端连接搭铁端子“31”。QD2745型起动机壳体上总共设有电源端子“30”、启动按钮端子“50”和搭铁端子“31”3个接线端子。端子“30”与“31”直径较大，端子“50”直径较小。“30”端子上设有红色标记，连接蓄电池正极。

联动继电器既协同启动继电器控制电动机主电路，又直接控制啮合推杆和驱动齿轮移动。联动继电器铁芯上绕制有两个线圈，吸引线圈一端连接接电桥，另一端连接正电刷。当接电桥与上触点4(连接蓄电池正极)接通时，吸引线圈电路接通，并经电枢绕组搭铁；当接电桥与下触点6(连接主磁场绕组10)接触时，主磁场绕组电路接通，吸引线圈则被主磁场绕组短路。保持线圈15与启动继电器线圈并联，其电路接通与切断受启动按钮控制。

启动继电器和联动继电器协同控制锁止臂12、解脱凸缘11和移动臂8，使接电桥7动作分两步进行。第一步是接通吸引线圈电路，使驱动齿轮与飞轮进入啮合；第二步是接通起动机主电路启动发动机。除此之外，还可改变副磁场绕组的连接方式。

1. 启动发动机时启动系统的工作情况

(1) 按下启动按钮时，启动继电器线圈和保持线圈电路接通。当按下启动按钮16时，启动继电器线圈和保持线圈电路接通。启动继电器线圈电路为：蓄电池正极→电源开关2→启动按钮16(驾驶室倾翻时，还经过空挡启动开关17)→起动机按钮端子“50”→启动继电器磁化线圈3→搭铁→蓄电池负极。

联动继电器保持线圈电路为：蓄电池正极→电源开关2→启动按钮16(驾驶室倾翻时，还经过空挡启动开关17)→起动机按钮端子“50”→联动继电器保持线圈15→搭铁→蓄电池负极。

(2) 接电桥使上触点和小触点闭合，副磁场绕组和吸引线圈电路接通。启动继电器线圈接通电流后铁芯磁化，产生电磁吸力吸引接电桥(相当于触点臂)7移动。由于移动臂8下端被锁止臂12顶住，因此接电桥下端不能移动，其上端移动使上触点4与小触点5闭合，从而将副磁场绕组和吸引线圈电路接通，如图2-32所示。

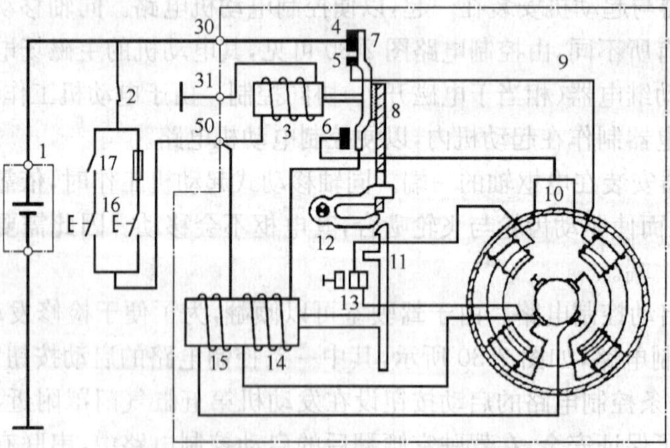

图2-32 上触点和小触点闭合，副磁场绕组和吸引线圈电路接通

1—蓄电池；2—电源开关；3—启动继电器线圈；4—上触点；5—小触点；6—下触点；7—接电桥；8—移动臂；9—副磁场线圈；10—主磁场线圈；11—解脱凸缘；12—锁止臂；13—双触点；14—吸引线圈；15—保持线圈；16—启动按钮；17—空挡启动开关。

副磁场绕组电路为：蓄电池正极→起动机电源端子“30”→启动继电器上触点4→接电桥7→小触点5→副磁场绕组9→双触点13的常闭触点→正电刷→电枢绕组→负电刷→搭铁→蓄电池负极。

吸引线圈电路为：蓄电池正极→起动机电源端子“30”→启动继电器上触点→接电桥→吸引线圈→正电刷→电枢绕组→负电刷→搭铁→蓄电池负极。

由此可见，当按下启动按钮时，吸引线圈和保持线圈同时通电，联动继电器铁芯将产生较大电磁吸力，并克服复位弹簧弹力推动顶杆、啮合推杆与驱动齿轮向左移动。与此同时，吸引线圈和副磁场绕组电流流经电枢绕组使电动机缓慢转动，有助于驱动齿轮与发动机飞轮齿圈进入啮合。

(3) 锁止臂将移动臂释放，电动机主电路接通，发动机启动。当联动继电器铁芯使顶杆、啮合推杆和驱动齿轮等部件向左移动到接近极限位置时，铁芯上的解脱凸缘 11 将锁止臂 12 向上顶起使移动臂释放，接电桥 7 下端与下触点 6 闭合，如图 2-33 所示，电动机主电路接通并启动发动机。主磁场绕组电路为：蓄电池正极→起动机电源端子“30”→启动继电器上触点→接电桥→下触点 6→主磁场绕组 10→正电刷→电枢绕组→负电刷→搭铁→蓄电池负极。

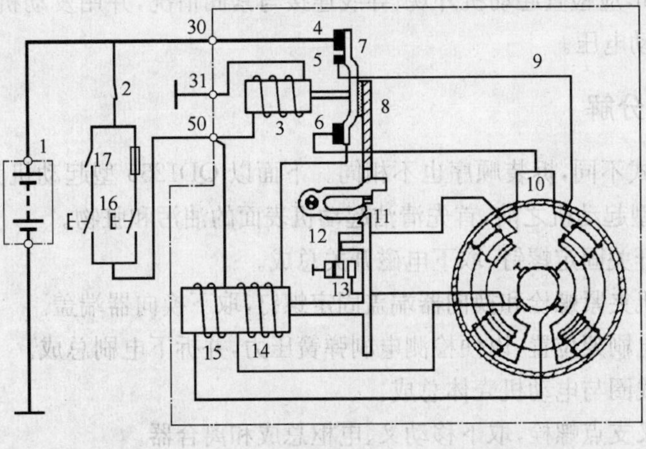

图 2-33　锁止臂将移动臂释放，电动机主电路接通

1—蓄电池；2—电源开关；3—启动继电器线圈；4—上触点；5—小触点；6—下触点；7—接电桥；8—移动臂；9—副磁场线圈；10—主磁场线圈；11—解脱凸缘；12—锁止臂；13—双触点；14—吸引线圈；15—保持线圈；16—启动按钮；17—空挡启动开关。

(4) 电动机主电路接通时，双触点的搭铁触点闭合，电动机转变为复激式电动机。在解脱凸缘 11 向左移动将锁止臂 12 向上顶起的同时，还将副磁场绕组电路中双触点的的常闭触点顶开、并使常开触点(搭铁触点)闭合，如图 2-33 所示，副磁场绕组直接搭铁，并与电枢绕组形成并联电路，电动机由串激式转变为复激式电动机，从而达到限制电枢轴最高转速的目的。

在接电桥移动使下触点闭合时，吸引线圈与主磁场绕组组成并联电路。由于主磁场绕组的阻值远远小于吸引线圈的阻值，因此吸引线圈电流很小，联动继电器铁芯主要由保持线圈产生的电磁吸力保持在吸合后的位置，使驱动齿轮与飞轮保持啮合。

在启动过程中，如果发动机阻力矩过大而超过起动机最大转矩时，离合器的碟形垫片将产生变形，使主、从动摩擦片打滑来限制起动机的最大转矩，以免损坏起动机。

2. 发动机启动后启动系统工作情况

放松启动按钮时，启动继电器线圈和联动继电器保持线圈电路切断，继电器铁芯磁力消失，接电桥在复位弹簧张力作用下复位，吸引线圈与主、副磁场绕组电路切断，联动继电器铁芯和顶杆复位，电动机停止转动。啮合推杆和驱动齿轮在复位弹簧张力作用下右移复位，齿轮分离，启动系统恢复初始状态。

第五节　启动系统使用维修与试验

一、起动机的正确使用

起动机工作时电流大、转速高，因此在使用时应当注意以下几点。

(1) 每次接通起动机的时间不得超过 5s，连续两次接通起动机应间隔 15s 以上时间，当连续 3 次接通起动机仍不能启动发动机时，应查明原因并排除故障后再使用起动机。

(2) 接通起动机时，如检测蓄电池端电压低于 9.6V，说明蓄电池存电不足或有硫化、短路等故障，应及时补充充电或更换电池。

(3) 汽车每行驶 6000km～7500km，应检查起动机工作是否正常，有无异常噪声；每行驶 12000km～15000km，应检查起动机外观、导线连接与紧固情况，并用发动机检测仪或专用仪器检测启动电流和启动电压。

二、起动机的分解

起动机结构型式不同，拆装顺序也不相同。下面以 QD1255 型起动机为例，说明起动机的分解方法。分解各型起动机之前，首先清洁起动机表面的油污和脏物。

(1) 拆下电磁开关固定螺钉、取下电磁开关总成。

(2) 拆下电动机夹紧螺栓和换向器端盖固定螺钉，取下换向器端盖。

(3) 适当移动电刷架位置，以便检测电刷弹簧压力，并拆下电刷总成。

(4) 拆下磁场线圈与电动机壳体总成。

(5) 拆下移动叉支点螺栓，取下移动叉、电枢总成和离合器。

(6) 拆下电枢轴上的限位卡环，将电枢总成与离合器分离。

分解各型起动机时，一般情况下只需将其分解成电磁开关、电枢、磁场线圈与电动机壳体总成、单向离合器、端盖等即可。分解之后，必须注意电枢绕组、磁场绕组、离合器与电刷等部件不能用洗油清洗，只能用棉纱蘸少量汽油擦拭，其余部件可用洗油清洗。

三、起动机零部件的检修

各型起动机零部件的检修项目、检修方法与技术要求如表 2-3 所列。

表 2-3　起动机零部件的检修项目、检修方法与技术要求

检测项目		检测方法	技术要求	处理方法
磁场部分	磁场线圈	目测	无断路	焊接
		2V 直流电	无短路	更换
		交流试灯	无搭铁	更换
电枢部分	电枢绕组	目测	无断路	焊接
		电枢检测仪	无短路	更换
		交流试灯	无搭铁	更换
	换向器	千分表测	失圆度不大于 0.05mm	车圆
		目测	无烧蚀、脏污	磨光

（续）

检测项目		检测方法	技术要求	处理方法
电枢部分	换向器铜片厚度	直尺测	不小于 2mm	更换
	电枢轴弯曲度	千分表测	摆差不大于 0.15mm	校直
电刷部分	电刷高度	直尺测	不小于 7mm	换新
	电刷接触面	目测	不小于 60%	磨合
	电刷弹簧	弹簧秤	11.76N～14.7N	校正或换新
电磁开关	触点	目测	无烧蚀	磨光
	触盘	交流试灯	绝缘良好	更换
		直尺测	不小于 1.5mm	换新
		目测	无烧蚀、脏污	磨光
	保持线圈	万用表	(0.97±0.10)Ω	焊接或换新
	吸引线圈	万用表	(0.6±0.05)Ω	换新
离合器	驱动齿轮	直尺测	齿长不小于 16mm	换新
	单向滑轮	扭力扳手	不小于 29.4N	换新

(一) 磁场绕组的检修

起动机磁场绕组的检修主要是检查磁场绕组有无断路、搭铁和短路故障。

1. 磁场绕组断路的检修

起动机磁场绕组断路故障可用万用表或 220V 交流试灯进行检查。方法如图 2-34 所示，两只表笔分别连接磁场绕组引线端头和正电刷，试灯应当发亮或万用表指示的阻值应当接近于零。如试灯不亮(或阻值为无穷大)，说明磁场绕组断路。

断路故障一般都是磁场线圈与电刷引线连接部位焊点松脱或虚焊所致，修理时先用钢丝钳夹紧连接部位，然后用 200W/220V 电烙铁将连接焊点焊牢即可。

2. 磁场绕组搭铁的检修

起动机磁场绕组搭铁故障可用万用表或 220V 交流试灯进行检查。方法如图 2-35 所示，两只表笔分别连接磁场绕组引线端头和起动机壳体，万用表应不导通(阻值应为无穷大)或试灯应不发亮。如万用表导通(阻值约为零)或试灯发亮，说明磁场线圈绝缘损坏而搭铁，需要更换磁场线圈或起动机。

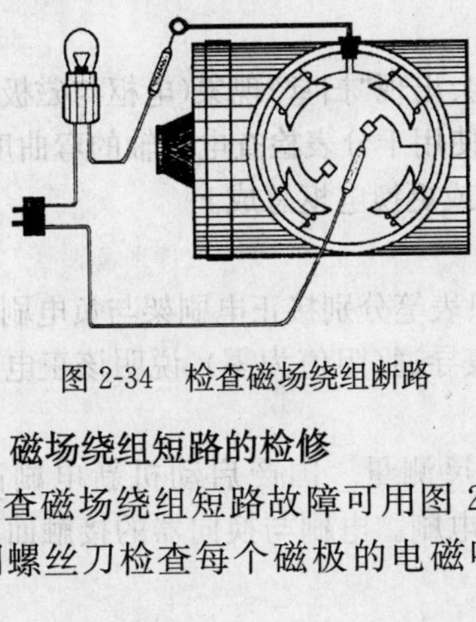

图 2-34　检查磁场绕组断路

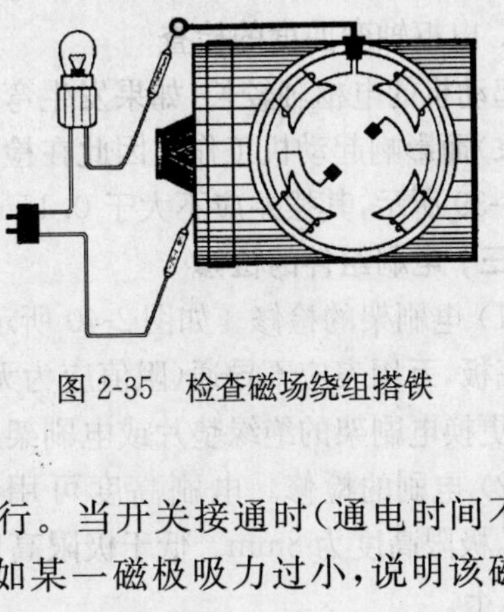

图 2-35　检查磁场绕组搭铁

3. 磁场绕组短路的检修

检查磁场绕组短路故障可用图 2-36 所示方法进行。当开关接通时(通电时间不超过 5s)，用螺丝刀检查每个磁极的电磁吸力是否相同。如某一磁极吸力过小，说明该磁极上的磁场线圈匝间短路。磁场线圈一般不易发生短路,如有短路故障则需重新绕制或更换起动机。

(二) 电枢的检修

起动机电枢的检修主要是检查电枢绕组有无断路、搭铁和短路故障以及电枢轴是否弯曲。

1. 电枢绕组搭铁的检修

电枢绕组搭铁故障可用万用表或220V交流试灯进行检查。方法如图2-37所示,两只表笔分别连接电枢铁芯与换向片,万用表应不导通(试灯应不发亮)。如万用表导通或试灯发亮,说明电枢绕组搭铁,需要更换电枢总成。

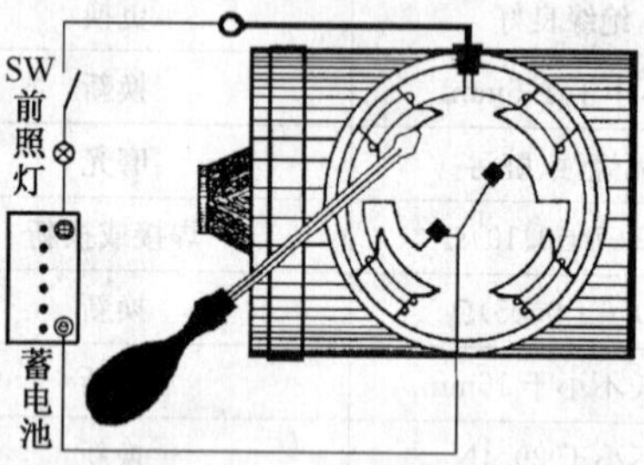

图2-36 检查磁场绕组短路

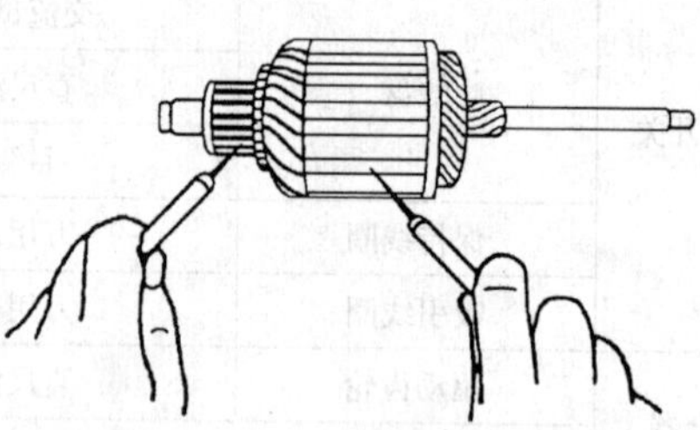

图2-37 电枢绕组搭铁的检查

2. 电枢绕组断路的检修

起动机电枢绕组采用截面积较大的矩形导线绕制,因此一般不会发生断路故障。如有断路发生,通过外观检查即可判断。发现断路时,可用200W/220V电烙铁焊接修复。

3. 电枢绕组短路的检修

电枢绕组流过电流较大,当绝缘纸烧坏时就会导致绕组匝间短路。除此之外,当电刷磨损的铜粉将换向片间的凹槽连通时,也会导致绕组短路。电枢绕组短路故障只能利用电枢检验仪进行检查,方法如图2-38所示。

先将电枢放在检验仪的"U"型铁芯上,并在电枢上部放一块钢片(如锯条),然后接通检验仪电源,再缓慢转动电枢一周,钢片应不跳动。如钢片跳动,说明电枢绕组有短路故障。由于绕制电枢绕组的导线截面积较大,因此绕线形式均采用波形绕法,所以当换向器有一处短路时,钢片将在4个槽上出现跳动现象。当同一个线槽内的上、下两层线圈短路时,钢片将在所有槽上出现跳动现象。当短路发生在换向器片之间时,用钢丝刷清除换向片间的铜粉即可排除。当短路发生在电枢线圈之间时,只能更换电枢总成。

4. 电枢轴弯曲度的检查

起动机的电枢轴较长,如果发生弯曲,电枢旋转时就会出现"扫堂"现象(电枢与磁极发生摩擦现象)而影响起动机工作。因此在检修起动机时,应当使用千分表检查电枢轴的弯曲度,方法如图2-39所示,其摆差应不大于0.15mm,否则应予校直或更换电枢总成。

(三) 电刷组件的检修

(1) 电刷架的检修。如图2-40所示,将万用表的两只表笔分别接正电刷架与负电刷架或电刷架底板,万用表应不导通(阻值应为无穷大)。如万用表导通(阻值为零),说明该正电刷架搭铁,应更换电刷架的绝缘垫片或电刷架总成。

(2) 电刷的检修。电刷高度可用钢板尺或游标卡尺测量。国产启动机新电刷高度为14mm,极限高度为8mm。低于极限高度时,应予更换新电刷。电刷与换向器的接触面积应在75%以上。

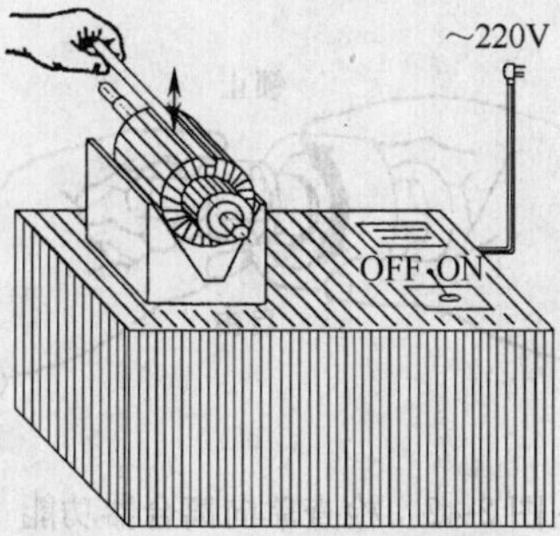

图 2-38　检查电枢绕组短路

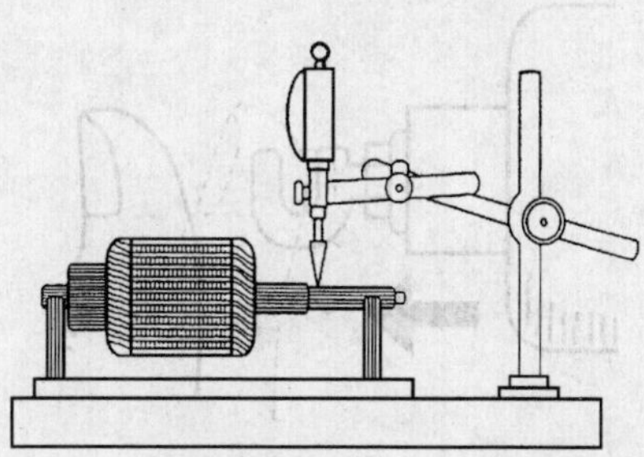

图 2-39　检查电枢轴的弯曲度

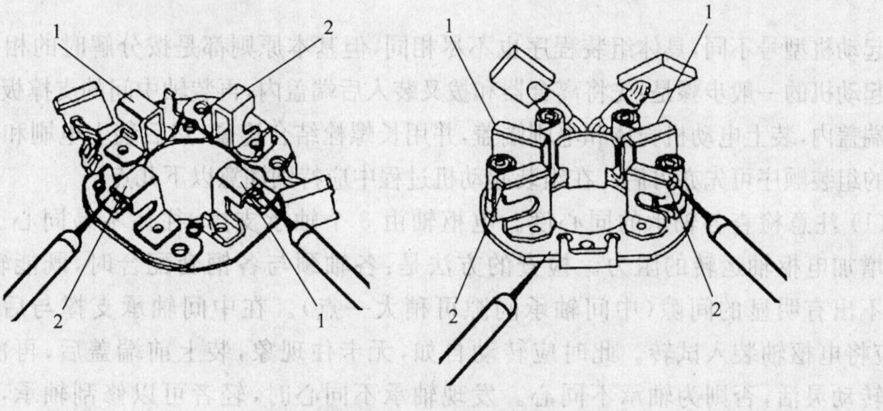

图 2-40　检查电刷架的绝缘

1—负电刷架；2—正电刷架。

(3) 电刷弹簧的检修。用弹簧秤沿弹簧切线方向检测弹簧的压力应为 11.7N～14.7N。如压力不足，可逆着弹簧的螺旋方向扳动弹簧来增加弹力，如仍无效，则应更换新品。

(四) 电磁开关的检修

1. 吸引线圈和保持线圈的检修

电磁开关的吸引线圈和保持线圈可用万用表测量线圈的电阻值进行检查。指针式万用表置于 $R\times1\Omega$ 挡，数字式万用表置于 OHM×200Ω 挡。检测吸引线圈时，两只表笔分别连接电磁开关“50”端子和 C 端子，阻值应为 0.5Ω 左右；检测保持线圈时，两只表笔分别连接启电磁开关“50”端子和开关外壳，阻值应为 1.0Ω 左右。如阻值为无穷大，说明线圈断路；如阻值过小，说明线圈匝间短路。断路一般都是线圈端头与接线端子的焊点脱焊或虚焊所致，用 50W/220V 电烙铁焊接即可；线圈短路则需重新绕制或更换电磁开关总成。绕制线圈时，导线的直径、匝数、绕线方向必须与原线圈相同。

2. 检查弹簧复位功能

用手先将挂钩及活动铁芯压入电磁开关，然后放松，如图 2-41 所示，活动铁芯应能迅速复位。如铁芯不能复位或出现卡滞现象，则应更换复位弹簧或电磁开关总成。

(五) 单向离合器的检修

检查单向离合器功能的方法如图 2-42 所示，一手捏住离合器壳体，另一手转动驱动齿轮，当沿顺时针方向转动驱动齿轮能被锁止时，沿逆时针方向应能灵活自如地转动，否则应予更换新品。

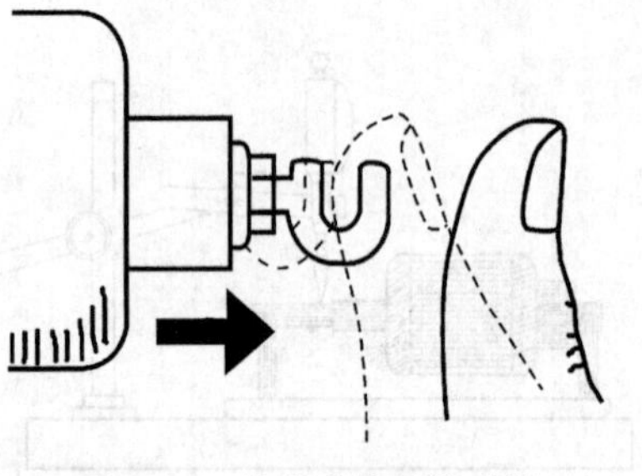

图 2-41　检查弹簧复位功能

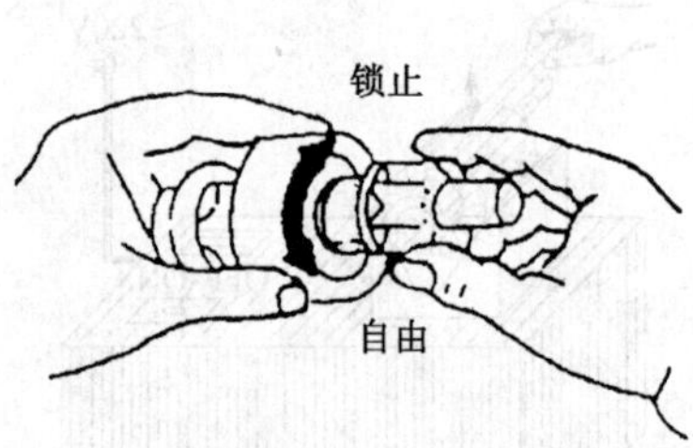

图 2-42　检查单向离合器功能

四、起动机的组装

起动机型号不同,具体组装程序也不尽相同,但基本原则都是按分解时的相反顺序进行。组装起动机的一般步骤是:先将离合器和拨叉装入后端盖内,再装轴中间的支撑板,将电枢轴插入后端盖内,装上电动机壳体和电刷端盖,并用长螺栓结合连紧,然后装上电刷和防尘罩;电磁开关的组装顺序可先亦可后。在组装起动机过程中应特别注意以下几点。

(1) 注意检查各轴承的同心度。电枢轴由 3 个轴承支撑,往往不易同心。若不同心,就会增加电枢轴运转的阻力。检查的方法是:各轴颈与各铜套配合时,既能转动自如,又感觉不出有明显的间隙(中间轴承间隙可稍大一点)。在中间轴承支撑与后端盖结合好后,应将电枢轴装入试转。此时应转动自如,无卡住现象,装上前端盖后,再次转动电枢,也应转动灵活,否则为轴承不同心。发现轴承不同心时,轻者可以修刮轴承,严重时应更换个别铜套。

(2) 铜套、电枢轴颈、键槽和承推垫圈等摩擦部位,都应使用机油予以润滑。

(3) 固定中间轴承支撑板的螺钉,一定要带弹簧垫圈。否则,工作中支撑板振动会使螺钉松脱而造成起动机不能正常工作,甚至损坏起动机。

(4) 驱动齿轮端面的止推垫圈和换向器端面的胶木垫圈以及中间轴承支撑板靠近离合器一侧的胶木承推垫圈,装复时不要遗漏。

(5) 磁极与电枢铁芯间应有 0.82mm～1.8mm 的间隙,最大不应超过 2mm,切不可有相互碰刮现象。

(6) 电枢轴轴向间隙不宜过大,一般为 0.2mm～0.7mm,间隙不当时,可改变轴前端或后端垫圈的厚度进行调整。

五、起动机与启动继电器的调整

(一) 起动机的调整

1. 起动机接通时机的调整

起动机接通时机的调整方法如图 2-43 所示。先将活动铁芯 1 向前推到底,然后用油标卡尺或钢板尺测量驱动齿轮与限位螺母之间的间隙,其值应当符合表 2-4 中规定。间隙不当时,取下连接销 4、拧松锁紧螺母 2、转动调整螺钉 3 即可进行调整。

2. 驱动齿轮端面与端盖凸缘之间间隙的调整

在静止状态下,驱动齿轮端面与端盖凸缘之间的间隙应当符合表 2-4 规定。间隙不当时,可拧松锁紧螺母 6、转动限位螺钉 7 进行调整。

表 2-4　起动机调整技术参数

起动机型号	电动机开关接通时驱动齿轮与限位螺母之间的间隙/mm	驱动齿轮与端面凸缘间的间隙/mm
QD124	29.0～32	4.5±1
QD321	32.5～34	4.0～5
QD121	31.0～32	4.5±1

3. 附加电阻短路开关接通时机的调整

为了保证启动发动机时点火系统具有足够的低压电流，在电动机主电路接通的同时或稍早，附加电阻(或电阻线)应被短路。如有不当，可拆开电磁开关，弯曲短路开关的铜片触点进行调整。

(二) 启动继电器的检验与调整

1. 闭合电压的检验与调整

继电器的闭合电压是指继电器触点由断开状态转为闭合状态时，作用在继电器线圈两端的电压。当闭合电压过高(高于电源电压)时，接通启动开关，启动继电器触点就不能闭合，起动机就不会工作。

检验启动继电器闭合电压的电路如图 2-44 所示。由图可见，在继电器线圈电路中，需要串联一个可变电阻；电压表直接并联在线圈两端，电源用 12V 蓄电池或直流电源均可。

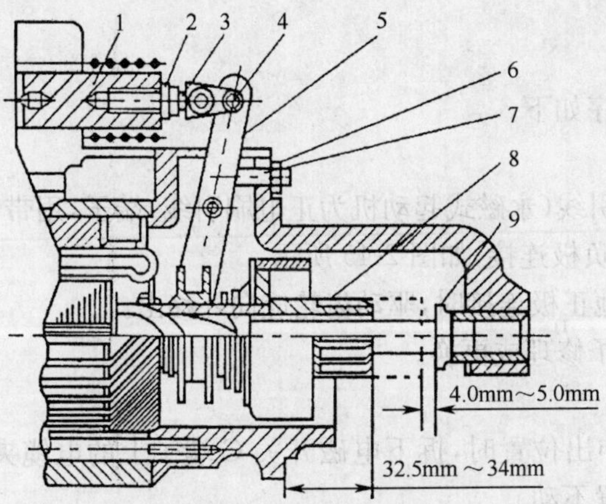

图 2-43　QD321 型起动机的调整方法

1—活动铁芯；2、6—锁紧螺母；3—调整螺钉；4—连接销；5—拨叉；7—限位螺钉；8—驱动齿轮；9—限位螺母。

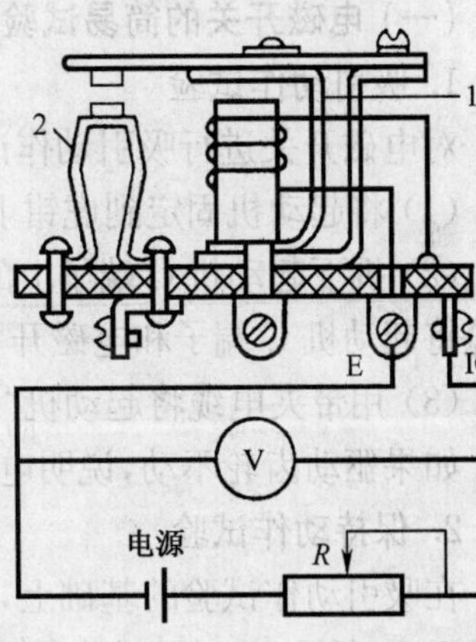

图 2-44　启动继电器检验电路

1—调整钩；2—静触点支架。

检验之前，将可变电阻阻值调到最大。检验时，缓慢调小可变电阻阻值，使作用在继电器线圈两端的电压逐渐升高。当触点闭合时，电压表指示的电压即为继电器的闭合电压，其值应当符合表 2-5 中规定。如闭合电压不符合规定，应改变触点臂与铁芯之间的气隙进行调整。JQ-1 型启动继电器的气隙为 0.8mm～1.0mm，可用尖嘴钳弯曲调整钩 1，使触点臂与铁芯之间的气隙改变进行调整。当静态气隙增大时，闭合电压将升高；反之当静态气隙减小时，闭合电压将降低。

表 2-5　启动继电器的调整数据

名　　称	12V 电器系统	24V 电器系统
继电器闭合电压/V	6.0～7.6	14.0～16.0
继电器张开电压/V	3.0～5.5	4.5～8.0

2. 断开电压的检验与调整

继电器的断开电压是指继电器触点由闭合状态转为断开状态时，作用在继电器线圈两端的电压。当断开电压过高时，就会导致起动机的活动铁芯产生连续不断的往复运动，即产生“打机枪”似的“哒哒……”声而不能启动发动机。除断开电压过高之外，电磁开关的保持线圈断路或蓄电池严重亏电时，起动机也会产生“打机枪”现象。

检验断开电压的电路与检验闭合电压相同。检验时，先接通电源使继电器触点闭合，然后逐渐调大可变电阻阻值使线圈两端电压缓慢降低。触点断开时电压表指示的电压即为继电器的断开电压。如断开电压不符规定，应改变触点间隙进行调整。JQ-1 型启动继电器的触点间隙为 0.6mm～0.8mm，可用尖嘴钳改变静触点支架的形状进行调整。当夹拢支架时，触点间隙减小，断开电压升高；反之，当撑开支架时，触点间隙增大，断开电压降低。

六、起动机的简易试验

汽车起动机一般都设装在发动机侧面，将其安装到汽车上操作十分不便。为了检查起动机维修质量和减少维修工作量，修复后的起动机可固定在虎钳上对电磁开关和空载性能进行简易的试验，试验之前先将蓄电池充足电。每项试验应在 3s～5s 内完成，以防烧坏线圈。

(一) 电磁开关的简易试验

1. 吸引动作试验

对电磁开关进行吸引动作试验的方法和程序如下。

(1) 将起动机固定到虎钳上。

(2) 拆下起动机 C 端子上的磁场绕组电缆引线(永磁式起动机为正电刷引线)端子，用带夹电缆将起动机 C 端子和电磁开关壳体与蓄电池负极连接，如图 2-45 所示。

(3) 用带夹电缆将起动机“50”端子与蓄电池正极连接时，驱动齿轮应向外移出。

如果驱动齿轮不动，说明电磁开关故障，应予修理或更换。

2. 保持动作试验

在吸引动作试验的基础上，当驱动齿轮在伸出位置时，拆下电磁开关 C 端子上的电缆夹，如图 2-46 所示，此时驱动齿轮应保持在伸出位置不动。

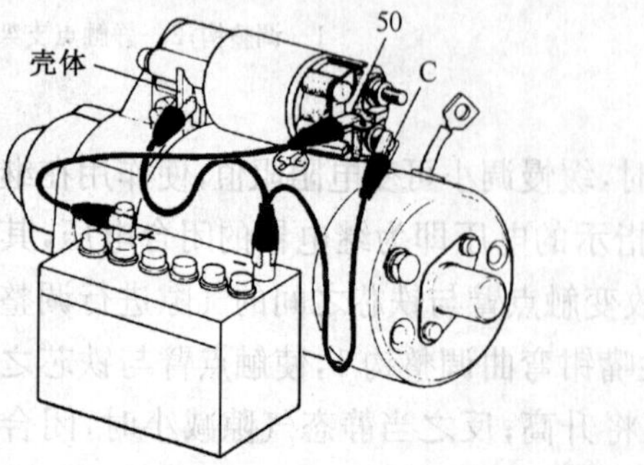

图 2-45　吸引动作试验方法

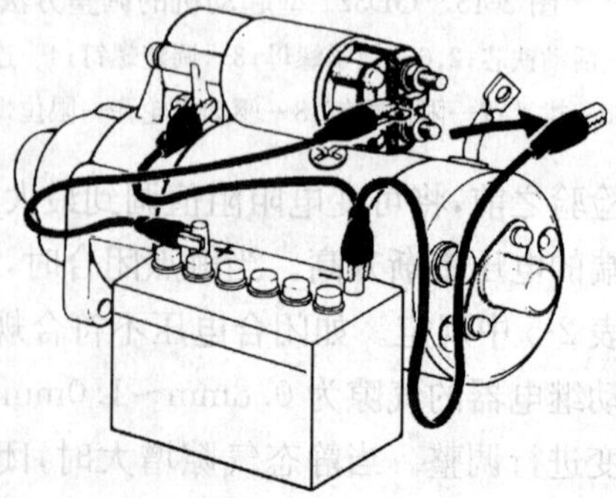

图 2-46　保持动作试验方法

如驱动齿轮复位，说明保持线圈断路，应予检修或更换电磁开关。

3. 复位动作试验

在保持动作测试的基础上，再拆下起动机壳体上的电缆夹，如图 2-47 所示。此时驱动齿轮应迅速复位。如驱动齿轮不能复位，说明复位弹簧失效，应更换弹簧或电磁开关总成。

4. 驱动齿轮端面间隙检测试验

检测驱动齿轮端面与止推垫圈之间间隙的试验方法和程序如下。

(1) 将起动机固定到虎钳上。

(2) 将磁场绕组电缆引线(永磁式起动机为正电刷引线)连接到起动机 C 端子上，用带夹电缆将起动机壳体与蓄电池负极连接，如图 2-48 所示。

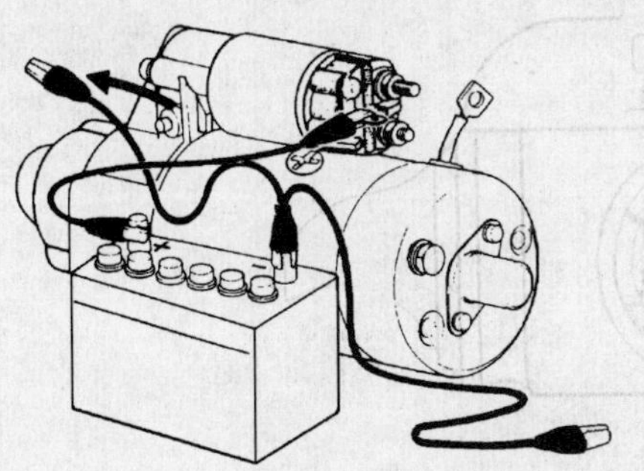

图 2-47 复位动作测试方法

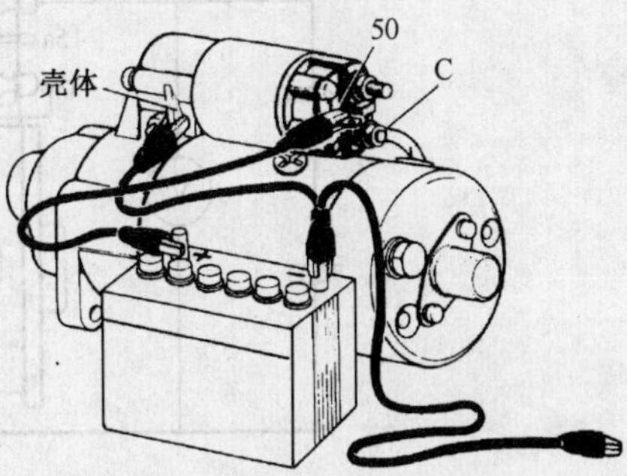

图 2-48 齿轮端面间隙测试方法

(3) 用带夹电缆将起动机“50”端子与蓄电池正极连接时，驱动齿轮应向外移出，与此同时，用游标卡尺测量驱动齿轮端面与止推垫圈之间间隙，标准值应为 0.1mm～0.4mm。

间隙不当时，可通过调整活动铁芯连接移动叉挂钩的旋入量或旋出量进行调整。

(二) 空载性能的简易试验

测试起动机的空载性能时，先将蓄电池充足电，然后按下述方法和程序进行。

(1) 将磁场绕组引线(永磁式起动机为正电刷引线)电缆连接到电磁开关 C 端子上。

(2) 用带夹电缆将蓄电池负极与电磁开关壳体连接，将量程为 0A～100A 以上的直流电流表连接在蓄电池正极与电磁开关的“30”端子之间，如图 2-49(a)所示。

(3) 当将“50”端子与“30”端子连接时，如图 2-49(b)所示，驱动齿轮应向外伸出，起动机应平稳运转。测量电流、电压和转速等各项指标应符合空载性能指标规定。

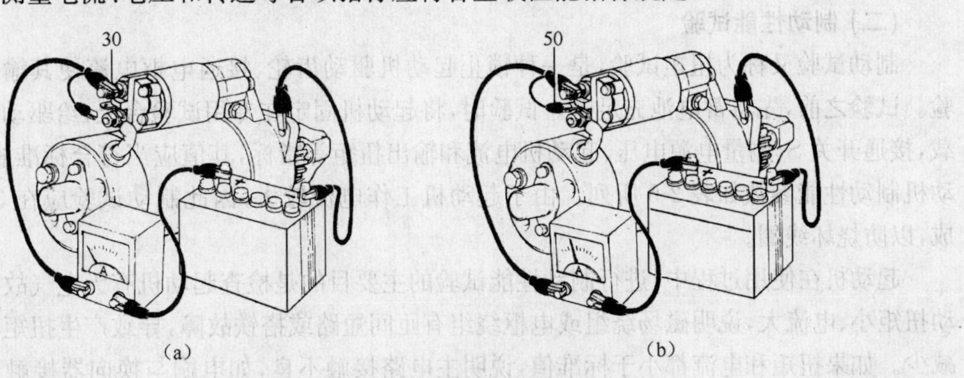

图 2-49 起动机简易空载试验线路与方法

(a)试验线路；(b)试验方法。

一般说来，当蓄电池电压大于或等于 11.5V 时，消耗电流应不超过 90A，转速不低于 5000r/min(减速起动机不低于 3000r/min)。

七、起动机的性能试验

新生产的起动机必须在专用试验台上进行空载性能和制动性能试验。

根据中华人民共和国汽车行业标准 QC/T 731—2005《汽车用起动机技术条件》规定，起动机的性能试验必须在专用试验台上进行，试验电路如图 2-50 所示。

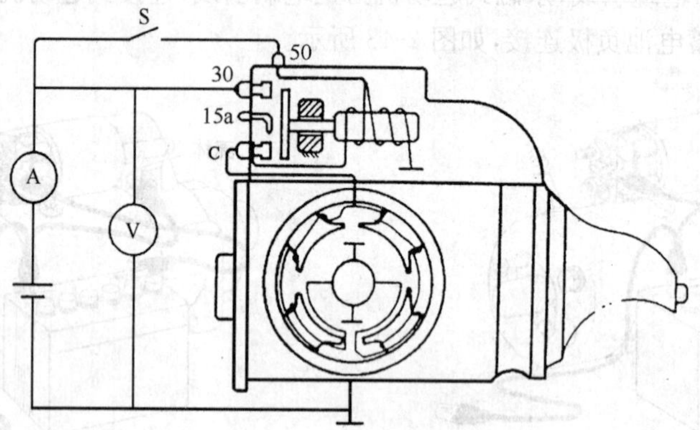

图 2-50　起动机的试验电路

(一) 空载性能试验

空载试验又称为空转试验。试验之前，先将蓄电池充足电。试验时接通开关 S，待电动机运转稳定后，测量起动机消耗的电流、电压和转速等指标应当符合标准规定，常用起动机的空载性能参数如表 2-6 所列。

将测得参数与标准值进行比较，判断起动机有无故障。若电流大、转速低，说明起动机装配过紧使摩擦阻力矩过大或有电气故障。机械故障原因有轴承(或铜套)磨损过多使电枢轴与轴承不同心、电枢轴弯曲使电枢与磁极发生摩擦等。导致电流大、转速低的电气故障原因有磁场绕组、电枢绕组匝间短路或搭铁。

若电流和转速均低于标准值，则说明电动机电路接触不良或电源电力不足。如果蓄电池存电充足，则故障原因是电刷与换向器接触不良或电刷弹簧压力不足等。

(二) 制动性能试验

制动试验又称为扭矩试验，是一种锁止起动机驱动齿轮、接通电枢电流使其输出扭矩的试验。试验之前，先将蓄电池充足电。试验时，将起动机固定在专用试验台上，给驱动齿轮加上负载，接通开关 S，测量电源电压、起动机电流和输出扭矩等指标，其值应当符合标准规定，常用起动机制动性能参数如表 2-6 所列。由于起动机工作电流较大，因此制动试验应在 3s～5s 内完成，以防烧坏线圈。

起动机在使用过程中，进行制动性能试验的主要目的是检查起动机有无电气故障。如果制动扭矩小、电流大，说明磁场绕组或电枢绕组有匝间短路或搭铁故障，导致产生扭矩的有效线圈减少。如果扭矩和电流都小于标准值，说明主电路接触不良，如电刷与换向器接触不良或电刷弹簧压力不足等。如果在驱动齿轮锁止的情况下电枢轴仍能缓慢转动，则说明单向离合器打滑。

表 2-6 常用起动机性能参数

起动机型号	额定参数		空转试验		制动试验			适用车型
	电压/V	功率/kW	电流/A	转速/min	电压/V	电流/A	扭矩/(N·m)	
QD121 QD1255 QD1277	12	1.1	≤100	>5000	≤8	≤525	>15.68	BJ2020
QD124 QD1211 QD1212	12	2.0	≤95	>5000	≤8	≤650	>29.4	EQ1090
QD1215 QD124A	12	2.0	≤90	>5500	≤8	≤600	>25.49	CA1091
QD122C	12	1.47	≤75	>4700	≤8	≤600	>29.4	EQ2100
QD1238A	12	1.1	≤75	>7500	≤8	≤480	>12.70	NJ1041C
QD251A QD251B	24	3.7	≤70	>5200	≤10	≤560	>19.60	NJ1061
QD1225 QD1229	12	0.95	≤110	>5000	≤8	≤480	>13.00	桑塔纳
DW1.4 QD1237 QDY124	12	1.4	≤75	>2900	≤9.6	≤160	—	切诺基
QD251	24	3.5	≤90	>6000	≤9	≤900	>34.30	NJ1061D
KB24	24	4.78	≤95	>3900	≤8	≤1430	>110	奔驰 2026
QD2745	24	5.4	≤80	>5500	≤12	≤1450	>78.4	斯泰尔系列
QDY1206	12	1.1	永磁式减速型起动机					上海桑塔纳(2VQS)
QDY1211	12	1.1	永磁式减速型起动机					帕萨特
QDY1216	12	1.4	永磁式减速型起动机					一汽大众 AudiA6
QDY1218 QDY1218A	12	1.1	永磁式减速型起动机					一汽大众 BoraA4
QDY1237D	12	1.4	永磁式减速型起动机					一汽大众捷达
QDY1208	12	1.1	永磁式减速型起动机					二汽富康轿车
QDY1245	12	1.3	永磁式起动机					猎豹
QDJ1302	12V	2.4	减速型起动机					南京依维柯 2.8L

第六节 启动系统故障诊断与排除

各型汽车启动系统常见故障有接通启动开关起动机不转、起动机空转、起动机运转无力和驱动齿轮与飞轮齿圈不能啮合而发出撞击声等。

一、接通启动开关起动机不转

(一) 故障原因

将点火钥匙转到启动挡时,起动机不转的原因如下。

(1) 蓄电池严重亏电。

(2) 蓄电池正、负极柱上的电缆插头松动或接触不良。

(3) 电动机开关触点严重烧蚀或两触点高度调整不当而导致触点表面不在同一平面内，使触盘不能将两个触点接通。

(4) 换向器严重烧蚀而导致电刷与换向器接触不良。

(5) 电刷弹簧压力过小或电刷在电刷架中卡死。

(6) 电刷引线断路或绝缘电刷(正电刷)搭铁。

(7) 磁场绕组或电枢绕组有断路、短路或搭铁故障。

(8) 电枢轴的铜衬套磨损过多，使电枢轴偏心而导致电枢铁芯"扫膛"(电枢铁芯与磁极发生摩擦或碰撞)。

(二) 故障诊断与排除方法

各型汽车启动系统故障的诊断与排除方法基本相同，仅具体线路有所不同。出现起动机不转故障时，首先应检查蓄电池存电情况和导线特别是蓄电池搭铁电缆和火线电缆的连接情况，然后再检查起动机和开关。故障诊断与排除程序如图 2-51 所示，检查与判断方法如下。

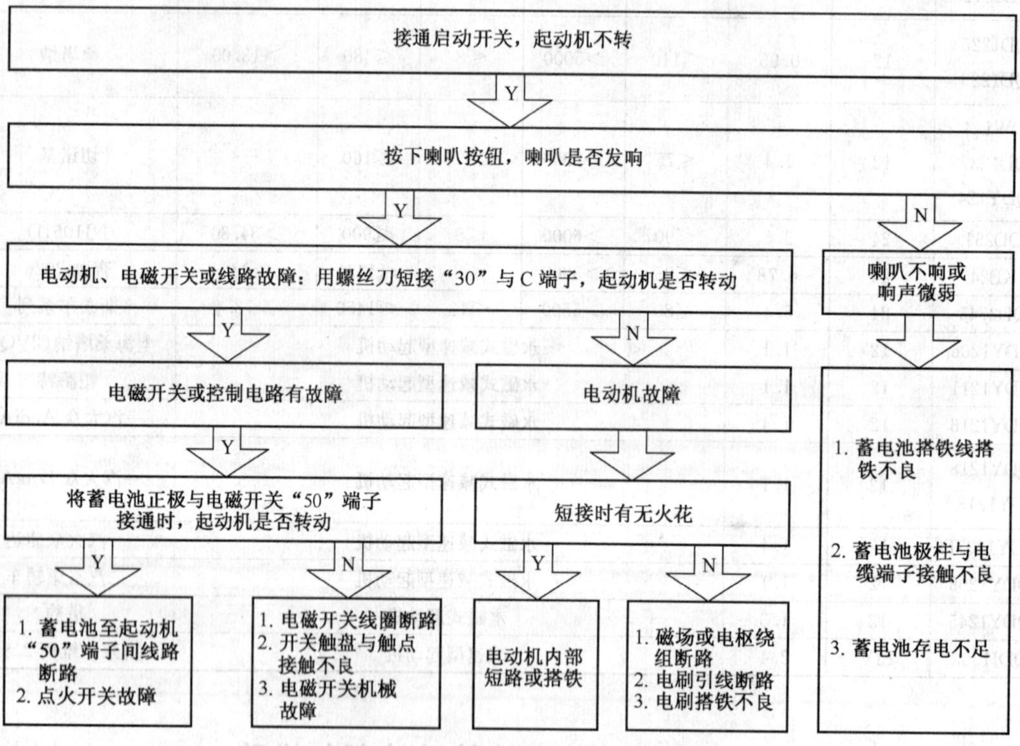

图 2-51 接通启动开关起动机不转故障的诊断与排除

(1) 接通汽车前照灯或喇叭，若灯发亮或喇叭响，说明蓄电池存电较足，故障不在蓄电池；若灯不亮或喇叭不响，说明蓄电池或电源线路有故障，应检查蓄电池搭铁电缆和火线电缆的连接有无松动以及蓄电池存电是否充足。

(2) 若灯亮或喇叭响，说明故障发生在起动机、开关或控制电路。可用螺丝刀将起动机端子"30"与C接通，使起动机空转。若起动机不转，则电动机有故障；若起动机空转正常，说明电磁开关或控制电路有故障。

(3) 诊断电动机故障时，可据螺丝刀搭接端子"30"与C时产生火花的强弱来辨别。若搭接时无火花，说明磁场绕组、电枢绕组或电刷引线等有断路故障；若搭接时有强烈火花而起动机不转，说明起动机内部有短路或搭铁故障，需拆下起动机进一步检修。

(4) 诊断是电磁开关还是控制电路故障时，可用导线将蓄电池正极与电磁开关"50"端子接通(时间不超过3s～5s)，如接通时起动机不转，说明电磁开关故障，应拆下检修或更换电磁开关；如接通时起动机转动，说明端子"50"至蓄电池正极之间线路或点火开关故障。

(5) 排除电磁开关端子"50"至蓄电池正极之间线路或点火开关故障时，可用12V/2W试灯逐段进行诊断排除。将试灯一个引线电极搭铁，另一个引线电极接点火开关"30"端子，如试灯不亮，说明蓄电池正极至点火开关间的线路断路；如试灯发亮，说明该段线路良好，继续下述检查。

(6) 将试灯引线电极接点火开关"50"端子，点火钥匙转到启动位置，如试灯不亮，说明点火开关故障，应予更换；如试灯发亮，说明点火开关良好，故障发生在点火开关"50"端子至起动机"50"端子之间线路中，逐段检查即可排除。

二、起动机运转无力

接通启动开关，若起动机能运转，则说明控制电路工作正常，起动机运转无力，说明带负载能力降低，实际输出功率减小。其原因有以下几个方面。

(1) 蓄电池存电不足或有短路故障使其供电能力降低。

(2) 电动机主电路接触电阻增大使起动机工作电流减小。接触电阻增大的原因包括蓄电池搭铁电缆搭铁不实；电池正、负极柱上的电缆端头固定不牢；电动机开关触点与触盘烧蚀；电刷与换向器接触不良；换向器烧蚀；等等。

(3) 磁场绕组或电枢绕组局部短路使起动机输出功率降低。

(4) 发动机装配过紧或环境温度很低而导致启动阻力矩过大时，也可能出现起动机运转无力的现象。

三、起动机空转

接通启动开关起动机空转的原因是单向离合器打滑，不能传递驱动转矩，更换离合器故障即可排除。

四、驱动齿轮与飞轮齿圈不能啮合而发出撞击声

启动发动机时，起动机驱动齿轮与发动机飞轮齿圈发生打齿现象的原因如下。

(1) 驱动齿轮轮齿或飞轮齿圈轮齿磨损过甚或损坏。

(2) 驱动齿轮端面与端盖凸缘间的距离过小。当驱动齿轮与飞轮齿圈尚未啮合或刚刚啮合时，电动机主电路就已接通，由于驱动齿轮在高速旋转过程中与静止的飞轮齿圈撞击，因此会发出强烈的打齿声。

五、起动机发出"打机枪"似的"哒哒……"声

当接通启动开关时，起动机的活动铁芯产生连续不断的往复运动而发出"哒哒……"声音的现象，称为"打机枪"现象。

(一) 故障原因

导致起动机产生"打机枪"现象的原因如下。

(1) 蓄电池充电不足(亏电)或内部短路。

(2) 启动继电器触点断开电压过高。

(3) 电磁开关保持线圈断路或搭铁不良。

蓄电池充电不足(又称为亏电)或内部短路和启动继电器断开电压过高而导致产生“打机枪”现象的根本原因在于,当起动机的电动机主电路接通时,蓄电池电压因大量放电而急剧下降;当电动机主电路切断时,蓄电池电压因停止大电流放电而迅速回升。下面以启动继电器断开电压过高而导致产生“打机枪”现象为例说明。

当启动继电器断开电压过高时,由于接通启动开关启动继电器触点闭合,吸引线圈和保持线圈电流接通,其电磁吸力使活动铁芯前移将电动机主电路接通,因此,蓄电池大量放电,其电压急剧下降。当蓄电池电压降到断开电压时,继电器触点断开,使吸引线圈和保持线圈电流切断,活动铁芯复位,电动机主电路切断,蓄电池停止大电流放电,其电压迅速回升。与此同时,继电器线圈两端的电压迅速升高,其触点重新闭合,活动铁芯重新前移,电动机主电路重新接通,蓄电池重新大量放电,电压重新急剧下降。由于继电器断开电压高,因此在起动机尚未转动时,蓄电池作用在继电器线圈两端的电压就迅速降到断开电压,触点重新断开,铁芯重新复位。如此重复上述过程,驱动齿轮便周期性地敲击飞轮齿圈而发出“打机枪”似的“哒哒……”声。

(二) 故障排除

排除“打机枪”故障时,可先用万用表检测蓄电池电压。接通起动机时,其电压不得低于9.6V。如电压过低,说明蓄电池严重亏电或内部短路,应予更换新品。如蓄电池技术状况良好,则说明电磁开关保持线圈搭铁不良而断路或启动继电器断开电压过高,分别检修或更换电磁开关、启动继电器即可排除。

思 考 题

(1) 电磁控制式启动系统由哪些部件组成?起动机由哪些部件组成?

(2) 按总体结构不同,起动机可分为哪几种类型?按传动机构啮入方式不同,起动机可分为哪几种类型?

(3) 起动机型号的含义是什么?

(4) 汽车起动机用直流电动机的结构有何特点?

(5) 汽车起动机用单向离合器有哪几种类型?单向离合器的作用是什么?各种单向离合器怎样传递力矩?

(6) 简述电磁式起动机启动系统的工作过程。

(7) 减速式起动机有何优点?起动机的减速传动方式有哪些?

(8) 行星齿轮式减速装置有何优点?

(9) 使用起动机时必须注意哪些问题?

(10) 怎样检修电磁开关的吸引线圈和保持线圈?

(11) 起动机电磁开关的试验内容有哪些?

(12) 起动机的性能试验项目有哪些?怎样根据试验结果判断起动机的技术状态?

(13) 发动机不能启动时,怎样诊断与排除启动系统故障?

(14) 导致起动机产生“打机枪”现象的原因有哪些?

(15) 接通启动开关,起动机空转的原因何在?

第三章 点火系统

汽车发动机的工作循环是由吸气、压缩、作功(燃烧—膨胀作功)与排气4个冲程组成。柴油发动机压缩冲程末期,汽缸内压缩空气的温度已经超过柴油的燃点,从喷油嘴喷出的雾状柴油遇到热空气即可立即燃烧,因此无须设置点火装置。汽油的燃点较高,汽缸内的汽油混合气是用高压电火花点着而燃烧。

点火系统按结构型式分为触点点火系统、电子点火系统和微机控制点火系统3种类型。现代汽车已普遍采用电子点火系统和微机控制点火系统。由于微机控制点火系统一般都与电子控制燃油喷射系统组合在一起并用同一只电子控制单元进行控制,因此,微机控制点火系统应当与电子控制燃油喷射系统一同介绍,本章主要介绍电子点火系统。

第一节 汽油发动机对点火系统的要求

电火花由点火系统产生,点火系统的功用就是把汽车电源系统10V～15V的低压电转变成15kV～20kV的高压电,并按发动机汽缸工作顺序适时地引入汽缸形成电火花点着混合气,从而使发动机正常工作。为了保证汽油发动机在各种工况和使用条件下都能可靠并适时点火,点火系统必须满足以下要求。

一、能够产生足以击穿火花塞间隙的电压

汽油发动机汽缸中的可燃混合气是由高压电击穿火花塞电极间隙而产生的。击穿火花塞电极间隙时的电压称为击穿电压,用字母 U_j 表示。

在正常状态下,任何气体中都有少量的气体分子游离成正离子和电子,该电子或独立存在、或与中性分子结合而形成负离子。当正、负电极两端加有电压时,在电场力的作用下,电极间的正离子便会向负电极运动、负离子和电子便会向正电极运动,如图3-1所示。离子和电子在运动中都会撞击中性分子,从而形成电流。

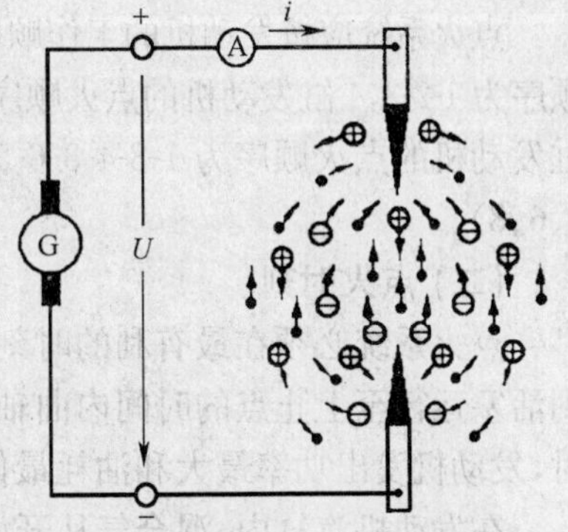

图3-1 电火花形成示意图

当正、负电极两端施加的电压较低时,离子和电子的运动速度较慢、动能较小,不能将中性分子撞破,气体中只有原有少量离子和电子导电,因此电流微小,正、负电极之间不能形成电火花。

当正、负电极两端施加的电压升高时,离子和电子的运动速度加快、动能增大;当电压升到足够高时,离子和电子便将中性分子撞破,使中性分子分裂成正离子和负离子,新产生的离子和电子在电场力的作用下,也以高速分别向正负两极运动,并又撞击其他中性分子。如此进行链式反应,电极间隙之间的离子和电子便骤然增多。离子、电

子激烈地运动与碰撞就会发出大量的热，当温度达到一定值时，便会产生弧光放电，放电电流急剧增大，并产生轻脆的响声，肉眼所见的电火花(电弧)就是弧光放电的表现。

击穿电压的影响因素很多，主要有火花塞电极间隙和形状、汽缸内混合气压力和温度、电极温度和极性以及发动机工况等。

实验证明，电极间隙越大，击穿电压越高。电极形状越尖，击穿电压越低。新火花塞电极端部棱角分明，击穿电压较低；长期使用的火花塞，由于电极端部的棱角消失而成圆弧形状，因此击穿电压升高。汽缸压力越高，混合气密度越大，则击穿电压越高。当汽缸温度升高时，可燃混合气密度减小，击穿电压降低。电极温度越高，在相同电场的作用下，发射电子越容易，所以击穿电压降低。当受热电极(火花塞的中心电极)为高压电的负极时，由于热电极容易发射电子，因此击穿电极降低，实验证明，击穿电压比中心电极为正极时要降低20%左右。启动发动机时击穿电压最高，当火花间隙为0.7mm时可达19kV。这是由于启动时汽缸壁、活塞、燃烧室和火花塞电极都处于冷态，吸入汽缸的混合气温度低、雾化不良。压缩终了混合气温升不高，因此击穿电压最高。汽车加速时，由于大量冷混合气突然吸入汽缸使火花塞中心电极的温度降低，因此击穿电压较高。

综上所述，为使发动机在各种工况下都能可靠点火，点火系统产生的点火电压必须具有一定的储备电压。但是，过高的点火电压又会造成系统部件绝缘困难和成本提高，因此，点火电压不能过高，通常限制在30kV以内。

二、火花应具有足够的能量

当高压电在电极间隙之间跳火时，其电能将变成热能，从而点着可燃混合气。火花能量越大，则混合气越易点着，发动机的着火性能就越好；反之，则着火性能就越差。为使混合气能可靠点着，火花塞产生的电火花必须具有足够的能量。为了保证可靠点火，点火系统应能保证提供50mJ～80mJ的点火能量。

三、点火时间应适应发动机的工况

(一)点火顺序

点火系统应按发动机的工作顺序进行点火，否则发动机就不能正常工作。3缸发动机的点火顺序为1-2-3，4缸发动机的点火顺序为1-2-4-3或1-3-4-2，6缸发动机的点火顺序为1-5-3-6-2-4，8缸发动机的点火顺序为1-8-4-3-6-5-7-2(汽缸次序是自车前向车后，左边为1、3、5、7；右边为2、4、6、8)。

(二)点火时刻

点火系统必须在最有利的时刻点火。点火时刻用点火提前角来表示。从火花塞开始跳火到活塞运行至上止点的时间内曲轴转过的角度，称为点火提前角，用字母θ表示。当负荷一定时，发动机发出功率最大和油耗最低时的点火提前角，称为最佳点火提前角。

在发动机汽缸内，混合气从开始点火到完全燃烧需要一定的时间(2ms～5ms)。为使混合气在活塞压缩终了时能充分燃烧，以使发动机发出最大功率，点火就不应在压缩终了时进行，而应适当提前点火时刻。

如果点火时刻过迟，在活塞到达上止点才进行点火，则会出现混合气一边燃烧、活塞一边下行的现象，燃烧过程将在汽缸容积增大的情况下进行。这会导致燃烧最高压力降低，发动机功率下降；同时由于高温气体与缸壁接触的面积增大，使热传导损失增加，因此容易导致发动机过热，耗油量也会大大增加。

如果点火时刻过早，使混合气燃烧完全在压缩过程中进行，则汽缸压力将急剧升高，在活塞到达上止点之前就达到最高压力，正在向上运动的活塞将受到很大的阻力，不仅会使发动机功率降低、油耗增加，而且还会引起爆燃，加速运动机件磨损或损坏。

(三) 最佳点火提前角的影响因素

发动机型号不同，其最佳点火提前角也不同；同一型号的发动机，其工况和使用条件不同，最佳点火提前角也不相同。影响最佳点火提前角的因素有以下几个方面。

1. 发动机转速

发动机转速升高时，在相同时间内活塞将移动更大的距离，曲轴将转过更大的角度，所以发动机转速越高，最佳点火提前角越大。当发动机高速运转时，由于混合气压力和温度升高以及扰流增强，会使燃烧速度加快，因此当转速增加到一定值时，最佳点火提前角增大的幅度将减小。图 3-2 所示为东风 EQ1090 型汽车在节气门开度一定时，发动机最佳点火提前角与转速的关系。为使最佳点火提前角能随发动机转速升高而增大，在点火系统中采用了离心调节机构进行调节。

2. 发动机负荷

在同一转速下，发动机负荷增大，最佳点火提前角减小。这是因为发动机负荷增大(节气门或油门开度增大)时，吸入汽缸的混合气增多，压缩终了时的压力和温度增高，残余废气相对减少，因此混合气燃速加快，最佳点火提前角减小。图 3-3 所示为跃进 NJ1061 型汽车在不同转速时，发动机最佳点火提前角与负荷的关系。为使最佳点火提前角能随发动机负荷增大而减小，在点火系统中采用了真空调节机构进行调节。

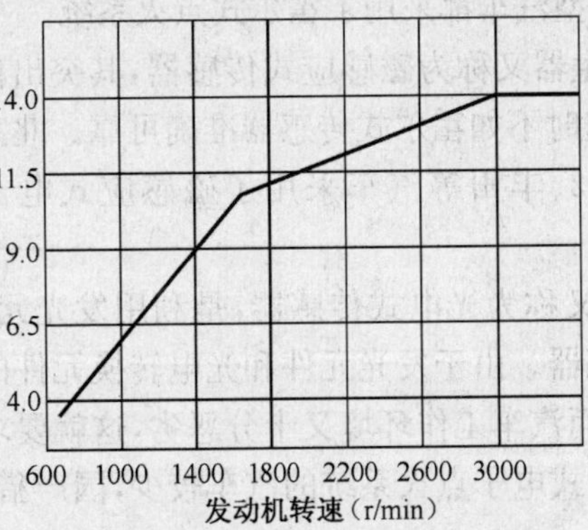

图 3-2 最佳点火提前角与转速的关系

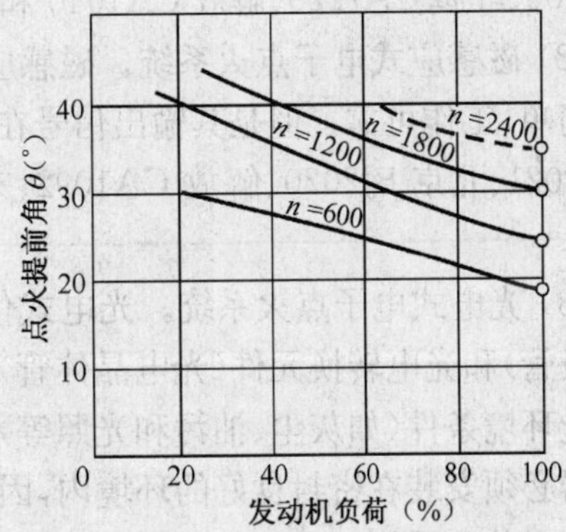

图 3-3 最佳点火提前角与负荷的关系

3. 启动与怠速

当发动机启动或怠速运转时，虽然混合气燃烧速度很慢，但是由于发动机转速很低，混合气全部燃烧时间仅占很小的曲轴转角，点火提前角应很小或不提前点火。如果过早点火，使燃烧过程在上止点以前结束，汽缸压力就会导致曲轴反转，因此要求点火提前角减小(一般为 5°～6°)或不提前。

4. 汽油品质

发动机在一定条件下会出现爆燃现象。爆燃会使发动机动力性降低，油耗增加，并会产生过热现象，对发动机极为有害。

发动机爆燃与汽油品质密切相关，汽油品质用辛烷值来表示。汽油品质越高，其辛烷值也越高，抗爆性亦越好，越不容易产生爆燃；反之，辛烷值越低，就越容易产生爆燃。目前国内汽车采用的汽油牌号有 90 号、93 号、97 号，其中 97 号汽油的抗爆性能最好。使用同一牌号的汽油时，如点火过早，混合气的燃烧容易转为爆燃，这是因为燃烧是在压力增高的时候进行的，燃烧室中先燃烧的部分混合气膨胀而压缩未燃烧的混合气，使其温度急剧上升到自燃温度而突然自行全部着火而形成爆燃。因此，在使用辛烷值低的易爆燃汽油时，应适当减小点火提前角。反之，当使用辛烷值较高的汽油时，点火提前角应适当增大。

使用甲醇—汽油、酒精—汽油燃料亦应增大点火提前角。除此之外，影响最佳点火提前角的因素还有混合气成分、发动机压缩比、冷却液温度、进气压力和温度、火花塞参数等。

第二节　电子点火系统的组成与原理

一、电子点火系统的分类

20 世纪 80 年代以来，汽车普遍采用了无触点电子点火系统。目前所说的汽车电子点火系统均指无触点电子点火系统。其分类方法如下。

(一) 按点火信号发生器类型分类

按点火信号发生器类型不同，电子点火系统可分为霍尔式、磁感应式和光电式电子点火系统 3 种类型。

(1) 霍尔式电子点火系统。霍尔式信号发生器用霍尔元件制成，又称为霍尔效应式信号发生器或霍尔式传感器，其突出优点是输出信号准确可靠，不受发动机转速影响。桑塔纳、捷达、奥迪 100、红旗 CA7220、解放 CA1040 和 CA6440 等型汽车都采用了霍尔式点火系统。

(2) 磁感应式电子点火系统。磁感应式信号发生器又称为磁感应式传感器，其突出优点是结构简单，工作可靠。但是其输出信号在发动机低速时不如霍尔式传感器准确可靠。北京切诺基 BJ2021、北京 BJ2020、解放 CA1092、东风 EQ1092、丰田等汽车采用了磁感应式电子点火系统。

(3) 光电式电子点火系统。光电式信号发生器又称为光电式传感器，是利用发光元件(发光二极管)和光电转换元件(光电晶体管)制成的传感器。由于发光元件和光电转换元件的工作性能受环境条件(如灰尘、油污和光照等)影响较大，而汽车工作环境又十分恶劣，这就要求光电传感器必须安装在密封良好的环境内，因此采用光电式电子点火系统的汽车较少，国产猎豹、日本三菱吉普车采用了光电式电子点火系统。

(二) 按储能方式分类

按储能方式不同，电子点火系统可分为电感储能式和电容储能式两种类型。

(1) 电感储能式电子点火系统。储能元件为点火线圈，发动机工作时，点火系统先将点火能量以磁场能的形式储存在点火线圈中，在需要点火时再将部分点火能量转换为电场能量并分配到火花塞电极间隙上跳火点着混合气。电感储能式电子点火系统结构简单、成本较低，因此汽车普遍采用。

(2) 电容储能式电子点火系统。储能元件为电容器，发动机工作时，点火系统先将点火能量以电场能的形式储存在专用电容器中，在需要点火时储能电容再向点火线圈初级绕组放电，同时在次级绕组中感应产生高压电并加到火花塞电极上跳火点着混合气。电容储能式电子点火系统结构复杂、成本较高，放电持续时间较短($5\mu s \sim 50\mu s$；电感储能式为 $1000\mu s \sim 2000\mu s$)，对发动机启动、低速点火和燃烧稀薄混合气极为不利，因此主要用于转速较高的赛车发动机。

(三) 按初级电流控制方式分类

按点火线圈初级电流的控制方式不同，电子点火系统可分为信号触发式和微机控制式点火系统两种类型。

(1) 信号触发式电子点火系统。点火线圈的初级电流由点火触发信号进行控制，触发信号由发动机曲轴和分电器轴转动的位置以及点火提前调节机构的工作情况确定。上述霍尔式、磁感应式和光电式电子点火系统均为信号触发式电子点火系统。因为影响点火时机的因素还有很多，如发动机冷却液温度、进气温度、进气压力、汽车速度等，所以信号触发式电子点火系统控制的点火时机不可能实现精确控制。

(2) 微机控制式点火系统。当发动机运转时，微型计算机(单片机)根据与发动机工作参数有关的各种传感器(如曲轴位置传感器、空气流量传感器、节气门位置传感器、发动机冷却液温度传感器、进气温度传感器、进气压力传感器、车速传感器等)输入的信号，经过数学运算和逻辑判断，再对点火时机进行控制。由于单片机具有智能功能，因此，微机控制点火系统能对点火时机实现精确控制。

根据高压电的分配方式不同，微机控制点火系统可分为机械配电式点火系统和电子配电式点火系统两种类型。

机械配电式点火系统又称为分配式点火系统。机械配电是指由分火头将高压电分配至分电器盖旁电极，再通过高压线输送到各缸火花塞上依次跳火的传统配电方式。由于分火头与分电器盖之间须有一定间隙，因此，在高压放电期间必然产生火花，不仅浪费点火能量，而且产生无线电和音响的干扰信号。桑塔纳 2000GLi、红旗 CA7220E 型、夏利 2000 系列轿车和切诺基吉普车都采用了分配式点火系统。

电子配电式点火系统又称为直接点火系统。电子配电是指在点火控制器控制下，点火线圈的高压电按照一定的点火顺序，直接加到火花塞上的直接点火方式。直接点火系统没有分电器，故又称为无分电器点火系统(DLIS 或 DIS)。点火线圈次级绕组的两端分别与两个火花塞相连，4 缸发动机有两个点火线圈，6 缸发动机有 3 个点火线圈，8 缸发动机有 4 个点火线圈。发动机运转时，微机根据曲轴位置、空气流量等传感器的信号，直接控制各个线圈产生高压电，使相应的火花塞跳火。微机控制的直接点火系统是最先进的点火系统。

二、电子点火系统的组成

电子点火系统又称为半导体或晶体管点火系统。根据发动机对点火系统的要求，电子点火系统主要由低压电源(蓄电池或发电机)、点火线圈、点火控制器、分电器(内部安装霍尔式、磁感应式或光电式等不同型式的点火信号发生器)、火花塞等组成，如图 3-4 所示。

(1) 低压电源。点火系统的低压电源为蓄电池或交流发电机，标称电压一般为 12V。低压电源的功用是供给点火系统所需的电能。

(2) 点火线圈。构造与自耦变压器相似，主要由铁芯、初级绕组和次级绕组组成，其功用是将 12V～14V 低压电源转变为 15kV～20kV 的高压电源。

(3) 点火控制器。又称为点火电子组件或电子点火器，由半导体元器件(如二极管、三极管、电阻等)组成电子开关电路，主要作用是根据点火信号发生器产生的点火脉冲信号，接通和切断点火线圈初级绕组电路。

(4) 分电器。由点火信号发生器、配电器和点火提前机构组成。

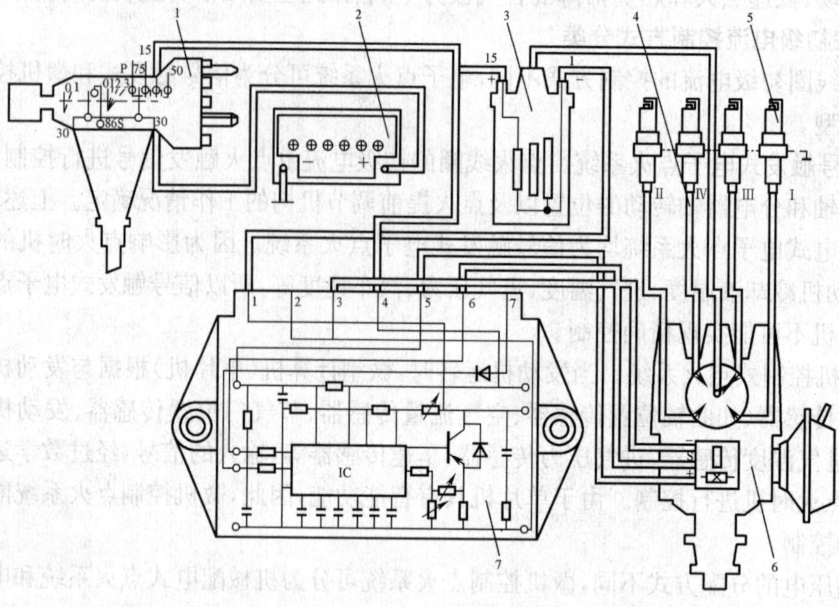

图 3-4　电子点火系统的组成

1—点火开关；2—蓄电池；3—点火线圈；4—高压线；5—火花塞；

6—霍尔式分电器；7—点火控制器。

点火信号发生器又称为点火信号传感器，其功用是根据发动机汽缸点火时刻要求，产生控制点火的脉冲信号。

配电器由分电器盖和分火头组成。分电器盖上设有旁电极(旁电极数等于汽缸数)，当分火头旋转时，其上的导电片轮流与各旁电极靠近，从而将点火线圈产生的高压电按汽缸工作顺序送往各缸火花塞。

点火提前机构的作用是随发动机转速和负荷的变化调节点火提前角。

(5) 火花塞。其作用是将点火线圈次级绕组产生的高压电引入汽缸燃烧室，产生电火花点着可燃混合气。

(6) 点火开关。其功用是控制点火系统的初级电路，点火开关一旦断开，发动机就会立即熄火。

三、电子点火系统的工作原理

点火系统是利用互感原理，先由点火线圈将低压电源转变为高压电源，然后再由配电器将高压电分配到各缸火花塞产生电火花，其工作原理如图 3-5 所示。发动机转动时，信号发生器的转子在配气凸轮轴的驱动下旋转，信号发生器内部就会产生信号电压，并输入点火控制器控制大功率三极管导通与截止。

在点火开关 SW 接通的情况下，当三极管 VT 导通时，初级绕组中就有电流流过(初级电流 i_1 用实线表示)，其电路为：蓄电池正极→电流表 A→点火开关 SW→点火线圈“＋15”端子→初级绕组 W_1→点火线圈“－1”端子→点火控制器大功率三极管 VT→搭铁→蓄电池负极。电流流过线圈时，便在铁芯中形成磁场。

当三极管 VT 截止时，初级电路被切断，初级电流消失，铁芯中的磁通量迅速变化，在初级绕组 W_1 和次级绕组 W_2 中都会感应产生电动势。由于次级绕组匝数多，因此能够感应产生足

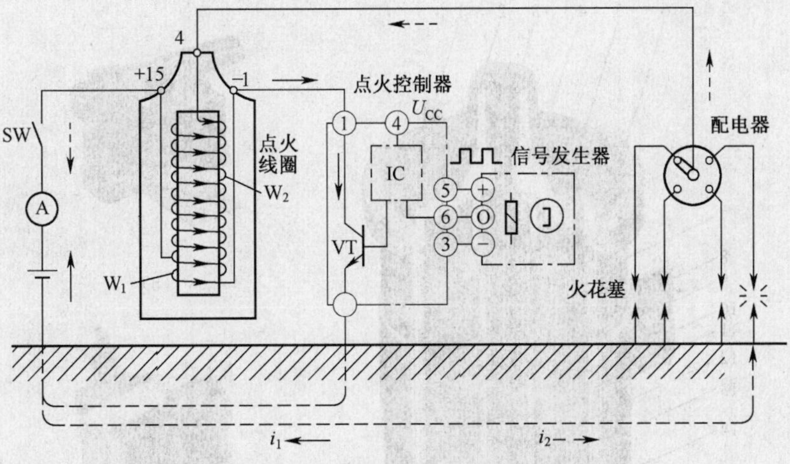

图 3-5　电子点火系统工作原理

以击穿火花塞电极间隙的高压电动势。

高压电流 i_2 用虚线表示，流过的路径为：次级绕组 W_2→点火线圈"+15"端子→点火开关 SW→电流表 A→蓄电池→搭铁→火花塞旁电极→中心电极→配电器旁电极→分火头→点火线圈高压插孔"4"→次级绕组。

由此可见，点火系统有两条电路，初级电流 i_1 流经的电路称为低压电路或初级电路；高压电流 i_2 流经的电路称为高压电路。但在使用过程中，仅将点火线圈高压插孔 4 至火花塞之间的电路称为高压电路。

点火控制器的大功率三极管每截止一次，点火线圈就产生一次高压电。分电器轴每转一转，配电器就按发动机的点火顺序，轮流向各缸火花塞输送一次高压电。发动机工作时，信号发生器转子在发动机凸轮轴驱动下连续旋转，并产生点火信号控制三极管循环导通与截止，点火线圈就不断产生高压电并由配电器按点火顺序分配到各缸火花塞产生电火花点燃混合气，保证发动机正常工作。如要发动机停止工作，只需断开点火开关，切断低压电路即可。

第三节　电子点火装置的结构与原理

电子点火系统采用的点火装置主要包括点火线圈、点火信号发生器、配电器、离心提前装置、真空提前装置、点火控制器和火花塞。其中，点火信号发生器、配电器、离心提前装置与真空提前装置制作在一起，称为分电器。根据信号发生器类型不同，分电器分为霍尔式、磁感应式和光电式 3 种。

一、点火线圈的结构组成

点火线圈是点火系统的重要部件之一，其作用是将低压电源转变为高压电源。按电子点火系统采用点火线圈的结构型式不同，可分为开磁路式和闭磁路式两种，外形结构如图 3-6 所示。

(一) 开磁路式点火线圈

开磁路式点火线圈的内部结构如图 3-7(a)所示，主要由绝缘瓷座 1、铁芯 2、初级绕组 3、次级绕组 4、导磁钢片 5 和胶木盖 8 等组成。

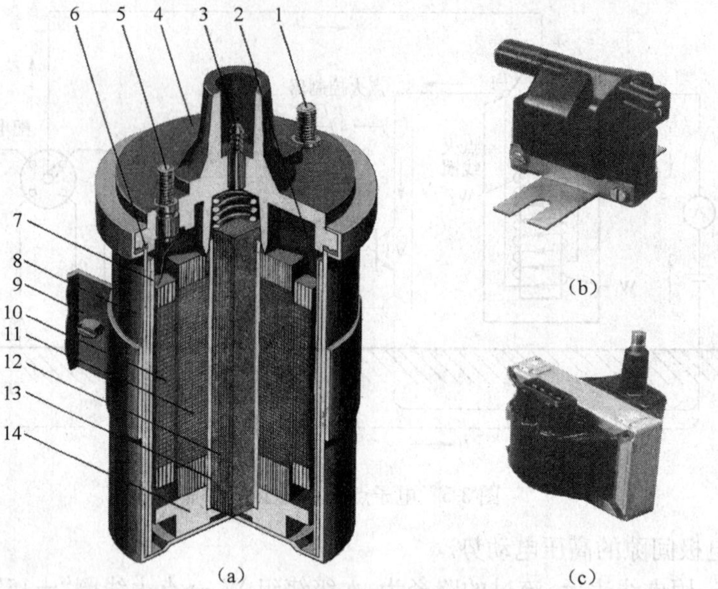

图 3-6 点火线圈外形结构

(a) 开磁路式(奥迪轿车用);(b) 闭磁路式(桑塔纳、捷达轿车用);(c) 闭磁路式(富康轿车用)。

1—“+15”端子;2—密封填料;3—高压插孔;4—绝缘盖;5—“-1”端子;6—胶木密封圈;7—导磁钢片;8—外壳;9—固定夹;10—初级绕组;11—次级绕组;12—铁芯;13—绝缘纸套;14—绝缘瓷座。

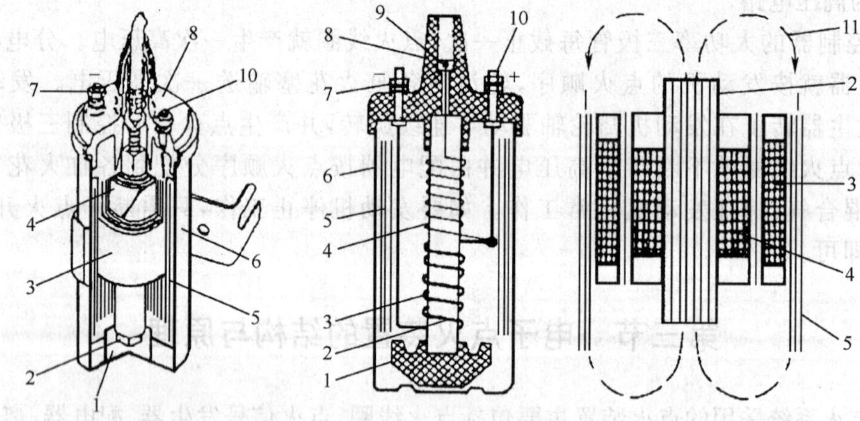

图 3-7 开磁路式点火线圈的结构

(a)内部结构图;(b)原理图;(c)磁路。

1—绝缘瓷座;2—铁芯;3—初级绕组;4—次级绕组;5—导磁钢片;6—壳体;7—“-”(或“1”)端子;8—胶木盖;9—高压插孔;10—“+”(“15”或“开关”)端子;11—磁力线。

铁芯用浸有绝缘漆的片状硅钢片叠合而成,铁芯外面套有绝缘纸套。次级绕组分层绕在绝缘纸套上,其漆包铜线的直径为 0.06mm~0.10mm,匝数为 25000 匝~30000 匝,电阻值电子点火系统一般为 2500Ω~4000Ω(20℃)。为了提高绝缘强度,每层绕组之间都用绝缘纸隔开。因为初级绕组流过电流较大、通电时间较长,产生热量较多,因此将其分层绕在次级绕组的外面,以利散热;初级绕组漆包铜线的直径为 0.5mm~1.0mm,匝数为 230 匝~380 匝,电阻值电子点火系统一般为0.5Ω～1.0Ω(20℃)。初级绕组和次级绕组绕好后，再置于真空环境中渗以石蜡和松香的混合物，用以提高绝缘强度。

导磁钢片安放在外壳与绕组之间，用来构成导磁回路。绝缘瓷座装在壳内底部，防止高压电向外壳放电。为了提高绝缘强度和防止潮气浸入点火线圈，在壳内装好绝缘瓷座、带铁芯的绕组总成和导磁钢片之后，再用沥青与润滑油的混合物或变压器油填充密封。填充变压器油的线圈散热容易，温升较低，绝缘强度较高，现代汽车普遍采用。

胶木绝缘盖及接线端子是用热模压铸工艺制成，中央铸有高压线插孔，代号标记为“4”。胶木盖与外壳之间采用卷压工艺封装。根据胶木绝缘盖上的低压接线端子数目不同，点火线圈分为两端子式和三端子式两种，电子点火系统普遍采用两端子式点火线圈。代号标记分别为“＋”(或“15”)和“－”(或“1”)，如图3-7(b)所示。连接点火线路时，“＋”(或“15”)端子应当连接点火开关，“－”(或“1”)端子应当连接点火控制器。

当初级电流流过初级绕组时，产生的磁通由铁芯经导磁钢片构成回路，如图3-7(c)所示。因为磁路上、下两部磁通是从空气中穿过，铁芯与导磁钢片未构成闭合磁路，所以称为开磁路式点火线圈。

(二) 闭磁路式点火线圈

目前，国内外生产的小轿车都已普遍采用闭磁路式点火线圈，结构如图3-8(a)所示。铁芯由浸有绝缘漆的导磁钢片叠合成“口”字形或“日”字形，分别如图3-8(b)、图3-8(c)所示。铁芯内绕初级绕组、外绕次级绕组绕。壳体采用热熔性塑料注塑而成，填充剂采用热熔性树脂作为绝缘填充物，因此具有较好的绝缘性能和密封性能。为了减少磁滞现象，铁芯设有一个微小的气隙，如图3-8(c)所示。因为磁路几乎是闭合回路，所以称为闭磁路式点火线圈。

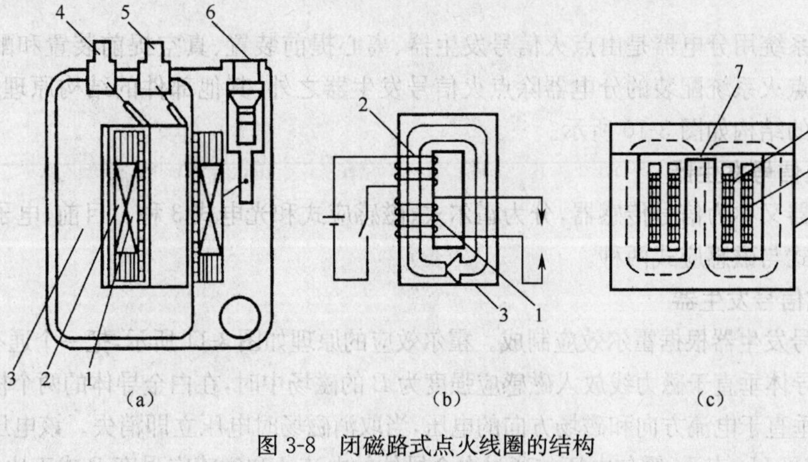

图3-8　闭磁路式点火线圈的结构

(a)结构图；(b)“口”字形铁芯；(c)“日”字形铁芯。

1—次级绕组；2—初级绕组；3—铁芯；4、5—初级绕组接线端子；6—高压插孔；7—气隙。

闭磁路式点火线圈的显著优点是漏磁少、磁阻小，因此能量损失小，其能量转换效率可达75%(开磁路式点火线圈只有60%)。与开磁路式点火线圈相比，在产生相同次级电压的条件下，绕组匝数大大减少。除此之外，还有体积小、结构紧凑的优点。因此，有的汽车(如丰田和夏利系列轿车)便将点火线圈设装在分电器内部。

(三) 点火线圈的型号规格

根据汽车行业标准QC/T 73—1993《汽车电气设备产品型号编制方法》规定，点火线圈的型号组成如图 3-9 所示，型号规格与适用车型如表 3-1 所列。

(1) 产品代号：点火线圈的产品代号为 DQ、DQG、DQD 共 3 种，分别表示点火线圈、干式点火线圈和电子点火系统用点火线圈(早期代号为 JDQ，表示晶体管点火用线圈)。

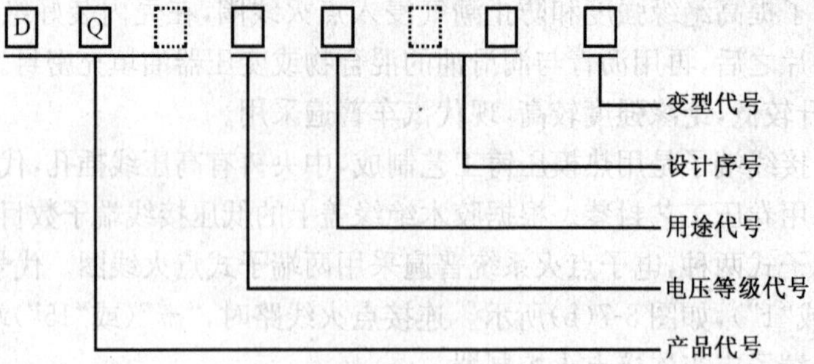

图 3-9　点火线圈的型号组成

(2) 电压等级代号：“1”表示 12V。

(3) 用途代号：点火线圈的用途代号用 1 位阿拉伯数字表示，其含义如下。

1—单、双缸发动机用；2—4、6 缸发动机用；3—4、6 缸发动机用(带附加电阻)；4—6、8 缸发动机用(带附加电阻)；5—6、8 缸发动机用；6—8 缸以上发动机用；7—无触点点火系统用；8—高能点火系统用；9—其他(包括 3、5、7 缸发动机)点火系统用；

(4) 设计序号：按产品设计先后顺序，用一或两位阿拉伯数字表示；

(5) 变形代号：用汉语拼音大写字母 A、B、C…顺序表示(但不能用 O 和 I 两个字母)。

二、分电器的结构原理

电子点火系统用分电器是由点火信号发生器、离心提前装置、真空提前装置和配电器等组成。各种电子点火系统配装的分电器除点火信号发生器之外，其他部件的结构原理大同小异，霍尔式分电器的结构如图 3-10 所示。

(一) 点火信号发生器

信号发生器又称为信号传感器，分为霍尔式、磁感应式和光电式 3 种。目前，电子点火系统常用的有霍尔式与磁感应式两种。

1. 霍尔式信号发生器

霍尔式信号发生器根据霍尔效应制成。霍尔效应的原理如图 3-11 所示，把一个通有电流 I 的长方体形白金导体垂直于磁力线放入磁感应强度为 B 的磁场中时，在白金导体的两个横向侧面上就会产生一个垂直于电流方向和磁场方向的电压，当取消磁场时电压立即消失。该电压后来称为霍尔电压，用字母 U_H 表示，霍尔电压与通过白金导体的电流 I 和磁感应强度 B 成正比，即

$$U_H = \frac{R_H}{d} I \cdot B$$

式中：R_H 为霍尔系数；d 为白金导体(或半导体基片)厚度(mm)。

霍尔效应在自动控制技术领域直到 1947 年发现半导体器件之后才得以应用。实验证明，半导体材料也存在霍尔效应，且霍尔系数远远大于金属材料的霍尔系数，因此一般都用半导体材料制作霍尔元件。利用霍尔效应制成传感器或信号发生器的突出优点，一是输出电压信号近似于方波信号；二是输出电压高低与被测物体的转速无关。霍尔式传感器与磁感应式传感器不同的是需要外加电源。

表 3-1　点火线圈型号规格与适用车型

点火线圈型号	适用车型	初级绕组 导线直径/mm	初级绕组 匝数/匝	初级绕组 电阻/Ω（20℃）	初级绕组 电感/mH	次级绕组 导线直径/mm	次级绕组 匝数/千匝	次级绕组 电阻/kΩ（20℃）	次级绕组 电感/H	结构特点与安装方式	8mm连续发火次数	高压输出特性
JDQ171	桑塔纳、捷达、高尔夫			0.52～0.76	5.8			2.4～3.5		12V，油浸式 −40℃～100℃ 镙钉 M8×2 孔距 70±3	≥14000	50pF/1MΩ 4000r/min $U_2 \geqslant 25$kV
DQ125 DQ125C	东风 EQ1090、2080 系列汽车	0.71	250～261	1.5	8.5	0.08	23.8	7.3	70	12V，油浸式 −40℃～100℃	≥14000	
DQ130U DQ43 DQ132	解放 CA1091，日本三菱系列工具车，4、6 缸传统点火系汽车	0.71	250	1.5	8.2	0.08	23.8	7.3	70	12V，油浸式 −40℃～100℃ 带附加电阻 1.5Ω～1.7Ω	≥14000	
DQ1904A	长安、昌河、吉林、松花江等微型车									12V，油浸式 −40℃～100℃ 带附加电阻 固定镙钉 M8×2	≥14000	
DQ1313	城市公交车									12V，油浸式 −40℃～100℃ 带附加电阻 固定镙钉 M8×2	≥14000	
JDQ176	一汽奥迪									12V，油浸式 −40℃～100℃ 镙钉 M8×2 孔距 70±3	≥14000	50pF/1MΩ 4000r/min $U_2 \geqslant 25$kV
JDQ176A	一汽红旗轿车、CA488 发动机汽车			0.52～0.76	5.8			2.4～3.8		12V，油浸式 −40℃～100℃ 镙钉 M8×2	≥14000	50pF/1MΩ 4000r/min $U_2 \geqslant 25$kV
DG314	美国道奇、福特各型 4、6 缸汽车									12V，油浸式 −40℃～100℃	≥14000	

(续)

点火线圈型号	适用车型	初级绕组				次级绕组				结构特点与安装方式	8mm连续发火次数	高压输出特性
		导线直径/mm	匝数/匝	电阻/Ω(20℃)	电感/mH	导线直径/mm	匝数/千匝	电阻/kΩ(20℃)	电感/H			
DQG1212	北京切诺基吉普车									12V,干式 −40℃~100℃ 镙钉 M6×2	≥14000	50pF/1MΩ 4000r/min U_2≥20kV
DQG1213	神龙富康、标致、雪铁龙4缸轿车									12V,干式 −40℃~100℃	≥14000	50pF/1MΩ U_2≥20kV
DQG1912	重庆长安、奥托									12V,干式 −40℃~100℃	≥14000	50pF/1MΩ U_2≥20kV
DQG1219	桑塔纳2000轿车									12V,干式 −40℃~100℃ 镙钉 M6×2	≥14000	50pF/1MΩ U_2≥20kV
DQ122B DQ41A	各型4~6缸发动机汽车	0.5~0.57	330~380	3.1~3.65	12.4	0.08	23.8~24.5	6.2~7.3	63	12V,油浸式 −40℃~100℃	≥14000	
DQ124 DQ124U	各型4~6缸发动机汽车	0.5	325	3.6	14	0.08	23.8	7.3	70	12V,油浸式 −40℃~100℃	≥14000	
DQ125T	微型汽车	0.71	250~261	1.5	8.5	0.08	23.8	7.3	70	12V,油浸式 −40℃~100℃ 带附加电阻1.5Ω	≥14000	
DQ126	各型4~6缸发动机汽车	0.71	261	1.5	8.5	0.08	23.8	7.3	70	12V,油浸式 −40℃~100℃	≥14000	
DQ130 DQ130A DQ130B	北京BJ2020系列汽车	0.71	330	1.8~2.0	12.2	0.09	22.8	6.5	60	12V,油浸式, −40℃~100℃ 带附加电阻1.5Ω	≥14000	
DQ170	各型4~6缸电子点火汽车	1.0	246	0.65	6.0	0.08	12.0	3.0	15	12V,油浸式 −40℃~100℃	≥14000	50pF/1MΩ U_2≥25kV

（续）

点火线圈型号	适用车型	初级绕组				次级绕组				结构特点与安装方式	8mm连续发火次数	高压输出特性
		导线直径/mm	匝数/匝	电阻/Ω（20℃）	电感/mH	导线直径/mm	匝数/千匝	电阻/kΩ（20℃）	电感/H			
DQ172	解放CA1092点火汽车			0.70～0.80	7～7.5			3.0～4.0		12V，油浸式 −40℃～100℃	≥14000	50pF/1MΩ U_2≥25kV
DQ177	北京BJ2020点火汽车			0.8				2.8		12V，油浸式 −40℃～100℃	≥14000	50pF/1MΩ U_2≥25kV

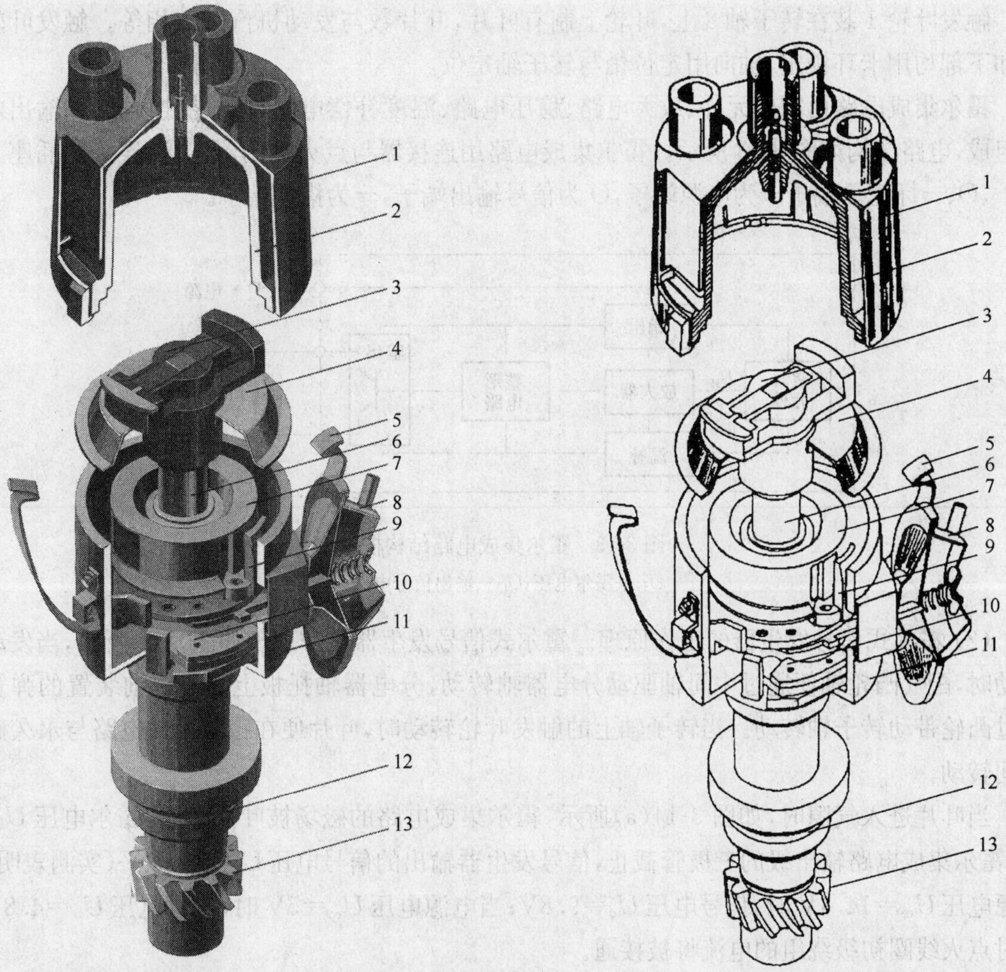

（a）　　　　　　　　（b）

图 3-10　霍尔式分电器的结构

(a) 灰度图；(b) 黑白图。

1—抗干扰屏蔽罩；2—分电器盖；3—分火头；4—防尘罩；5—分电器盖弹簧夹；6—信号转子轴；7—触发叶轮；8—真空提前装置；9—霍尔式信号发生器；10—离心提前装置；11—分电器壳体；12—橡胶密封圈；13—驱动斜齿轮。

(1) 霍尔式信号发生器的结构。霍尔式信号发生器的基本结构如图 3-12 所示，主要由触发叶轮 1、霍尔集成电路 2、导磁钢片 5 与永久磁铁 3 等组成。

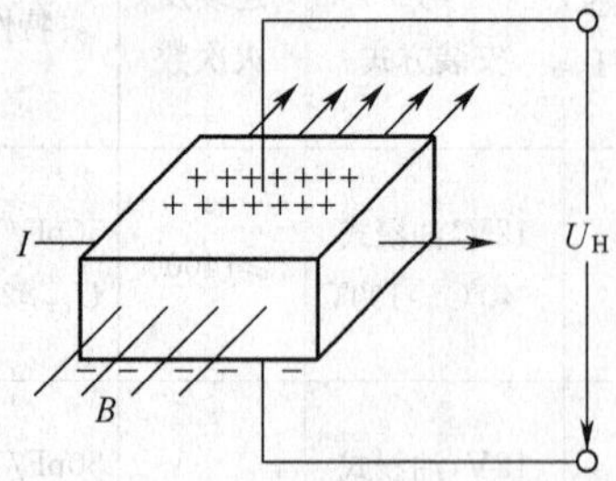

图 3-11 霍尔效应原理图

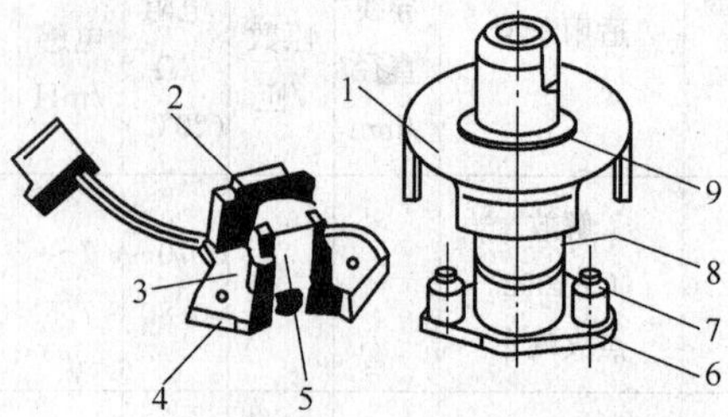

图 3-12 霍尔式传感器的结构

1—触发叶轮；2—霍尔集成电路；3—永久磁铁；4—铸塑填料；5—导磁钢片；6—凸轮；7—弹簧销；8—信号转子轴；9—卡环。

触发叶轮 1 装在转子轴 8 上，叶轮上制有叶片，叶片数与发动机汽缸数相等。触发叶轮上部和下部均用卡环锁定，轴向用定位销与转子轴定位。

霍尔集成电路由霍尔元件、放大电路、稳压电路、温度补偿电路、信号变换电路和输出电路等组成，电路结构如图 3-13 所示。霍尔集成电路用连接器与点火控制器连接，连接器插座上标有＋、O、－标记。端子＋为电源端子，O 为信号输出端子，－为搭铁端子。

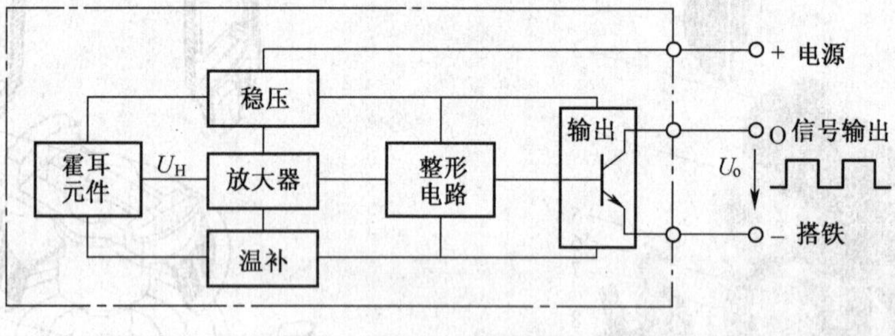

图 3-13 霍尔集成电路结构框图

U_H—霍尔电压；U_O—输出信号电压。

(2) 霍尔式信号发生器的工作原理。霍尔式信号发生器工作原理如图 3-14 所示，当发动机转动时，配气凸轮轴便通过中间轴驱动分电器轴转动，分电器轴托板上离心提前装置的弹簧便通过凸轮带动转子轴转动。当转子轴上的触发叶轮转动时，叶片便在霍尔集成电路与永久磁铁之间转动。

当叶片进入气隙时，如图 3-14(a)所示，霍尔集成电路的磁场被叶片旁路，霍尔电压 U_H 为零，霍尔集成电路输出级的三极管截止，信号发生器输出的信号电压 U_o 为高电平（实测表明，当电源电压 U_{cc}＝14.4V 时，信号电压 U_o＝9.8V；当电源电压 U_{cc}＝5V 时，信号电压 U_o＝4.8V），此时点火线圈初级绕组的电流将被接通。

当叶片离开气隙时，如图 3-14(b)所示，永久磁铁的磁通便经霍尔集成电路和导磁钢片构成回路，霍尔元件产生电压（U_H＝1.9V～2.0V），输出级三极管导通，输出信号电压 U_o 为低电平（实测表明，当电源电压 U_{cc}＝14.4V 或 5V 时，信号电压均为 U_o＝0.1V～0.3V）。此时点火线圈的初级电流将被切断，次级绕组将感应产生高压电。

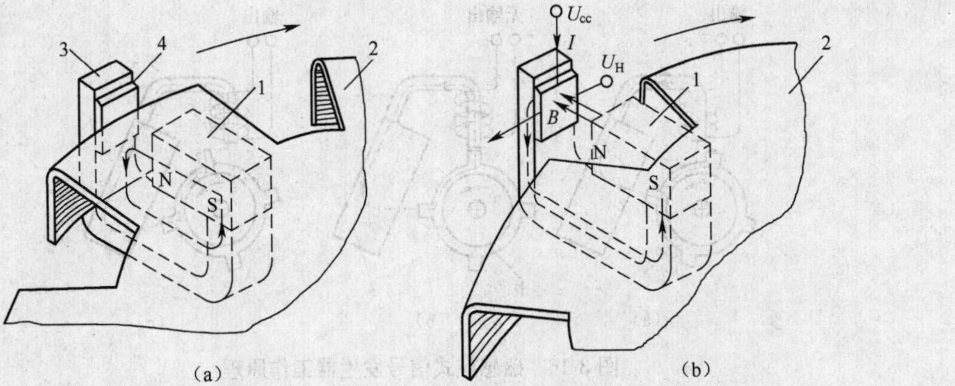

图 3-14 霍尔信号发生器工作原理

(a) 叶片进入气隙，磁场被旁路；(b) 叶片离开气隙，磁场饱和。

1—永久磁铁；2—触发叶轮；3—磁轭；4—霍尔集成电路。

2. 磁感应式信号发生器

(1) 磁感应式信号发生器的结构。各型汽车用点火信号发生器的结构大同小异，解放CA1092型载货汽车用磁感应式信号发生器的结构如图3-15所示，主要由信号转子2、定子4、塑性永久磁环5和信号线圈(又称为传感线圈)3等组成。

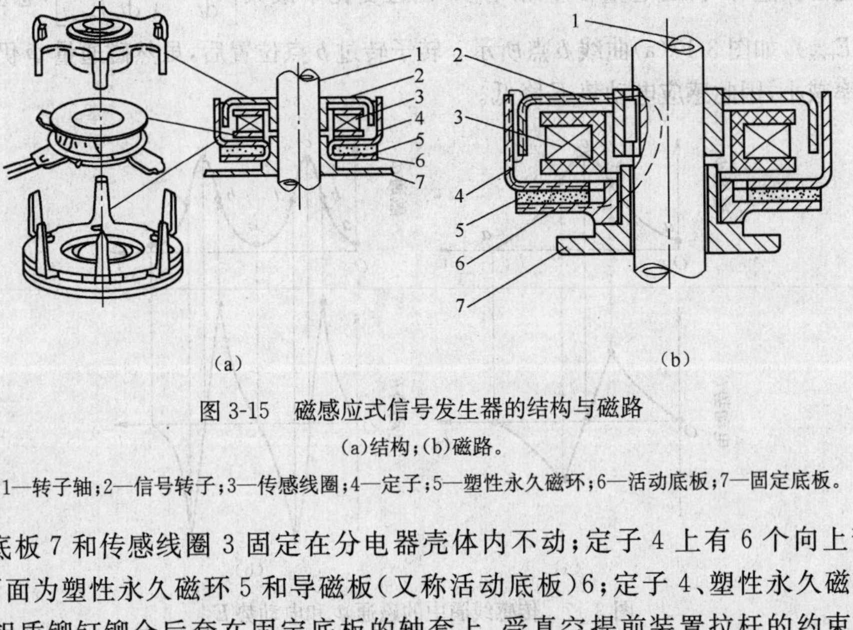

图 3-15 磁感应式信号发生器的结构与磁路

(a)结构；(b)磁路。

1—转子轴；2—信号转子；3—传感线圈；4—定子；5—塑性永久磁环；6—活动底板；7—固定底板。

固定底板7和传感线圈3固定在分电器壳体内不动；定子4上有6个向上弯曲的爪极，定子下面为塑性永久磁环5和导磁板(又称活动底板)6；定子4、塑性永久磁环5和导磁板6用铝质铆钉铆合后套在固定底板的轴套上，受真空提前装置拉杆的约束。信号转子上有6个向下弯曲的爪极(爪极数等于汽缸数)，转子用定位销固定在转子轴的上端，并随转子轴一同旋转。

(2) 磁感应式信号发生器的工作原理。当分电器轴转动时，分电器的离心提前机构便带动信号转子旋转，磁路中的气隙发生周期性变化，磁路的磁阻和穿过信号线圈磁头的磁通量随之发生周期性变化。根据电磁感应原理，传感线圈中就会感应产生交变电动势。

磁感应式信号发生器工作原理如图3-16所示，磁力线穿过的路径为：永久磁铁N极→定子

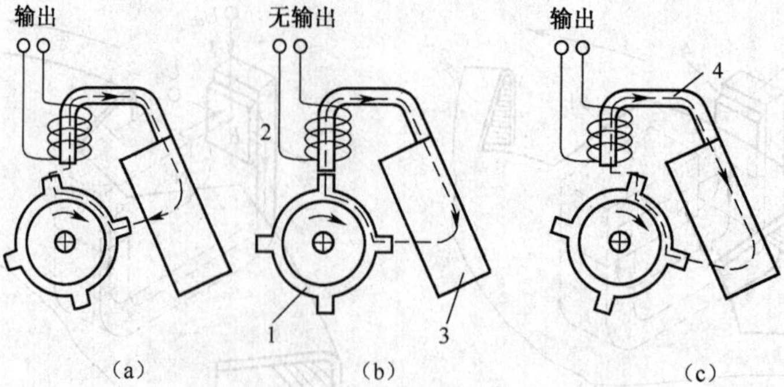

图 3-16　磁感应式信号发生器工作原理

(a)接近；(b)对正；(c)离开。

1—信号转子；2—传感线圈；3—永久磁铁；4—磁轭。

与转子间的气隙→转子爪极(凸齿)→转子爪极与定子磁头间的气隙→磁头→导磁板→永久磁铁S极。

当信号转子按顺时针方向旋转时，转子爪极与磁头间的气隙减小，磁路磁阻减小，磁通量Φ增多，磁通变化率增大$\left(\frac{d\Phi}{dt}>0\right)$，感应电动势$E$为正($E>0$)，如图 3-17(a)曲线$abc$所示。当转子爪极接近磁头边缘时，磁通量$\Phi$急剧增多，磁通变化率最大$\left[\frac{d\Phi}{dt}=\left(\frac{d\Phi}{dt}\right)_{max}\right]$，感应电动势$E$最高($E=E_{max}$)，如图 3-17(a)曲线$b$点所示。转子转过$b$点位置后，虽然磁通量$\Phi$仍在增多，但磁通变化率减小，因此感应电动势$E$降低。

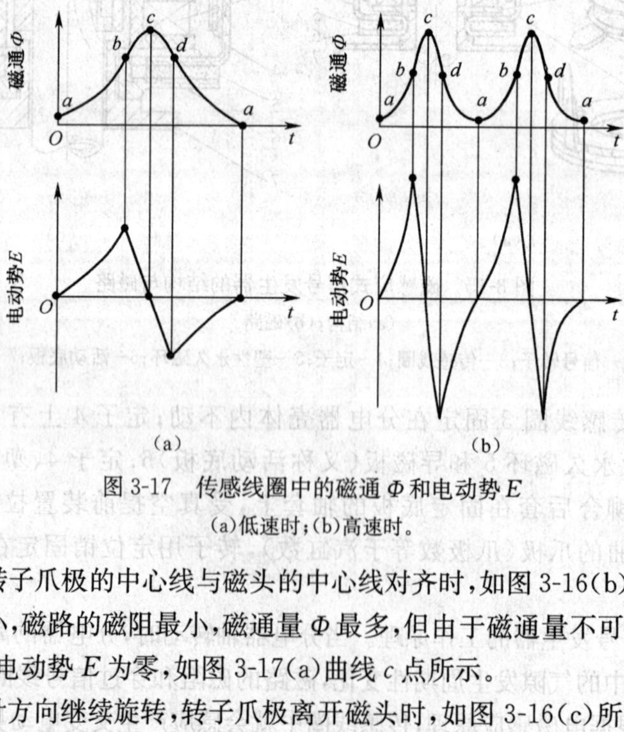

图 3-17　传感线圈中的磁通Φ和电动势E

(a)低速时；(b)高速时。

当转子旋转到转子爪极的中心线与磁头的中心线对齐时，如图 3-16(b)所示，虽然转子爪极与磁头间的气隙最小，磁路的磁阻最小，磁通量Φ最多，但由于磁通量不可能继续增加，磁通变化率为零，因此感应电动势E为零，如图 3-17(a)曲线c点所示。

当转子沿顺时针方向继续旋转，转子爪极离开磁头时，如图 3-16(c)所示，爪极与磁头间的气隙增大，磁路磁阻增大，磁通量Φ减少$\left(\frac{d\Phi}{dt}<0\right)$，所以感应电动势$E$为负值，如图 3-17(a)中

曲线 cda 所示。当爪极转到将要离开磁头边缘时，磁通量 Φ 急剧减少，磁通变化率达到负向最大值$\left[\frac{d\Phi}{dt}=-\left(\frac{d\Phi}{dt}\right)_{max}\right]$，感应电动势 E 也达到最小值($E=-E_{min}$)，如图 3-17(a)中曲线上 d 点所示。

由此可见，信号转子每转过一个爪极，传感线圈中就会产生一个周期的交变电动势，即电动势出现一次最大值和一次最小值，传感线圈也就相应地输出一个交变电压信号。转子每转一圈(发动机曲轴转两转，分电器轴转一转，转子轴就带动信号转子转一圈)，传感线圈就会产生与发动机汽缸数相同个数的交变电压信号输入点火控制器。每当信号电压达到一定值时，控制器便切断点火线圈初级电流，次级绕组中就会感应产生高压电使火花塞跳火。

磁感应式信号发生器的突出优点是不需要外加电源，永久磁铁起着将机械能变换为电能的作用，其磁能不会损失。当发动机转速变化时，转子爪极转动的速度将发生变化，铁芯中的磁通变化率也将随之发生变化。转速越高，磁通变化率就越大，传感线圈中的感应电动势也就越高。转速不同时，磁通和感应电动势的变化情况如图 3-17(b)所示。

由于转子爪极与磁头间的气隙直接影响磁路的磁阻和传感线圈输出电压的高低，因此在使用中，转子爪极与磁头间的气隙不能随意变动。气隙如有变化，必须按规定进行调整，气隙应在 0.2mm～0.4mm 范围内。

(二) 离心提前装置

各型汽车离心提前装置结构原理基本相同，桑塔纳轿车 JFD452 型霍尔式分电器离心提前装置结构如图 3-18(a)所示，主要由托板 8、离心块 7、弹簧 5、凸轮 4 和转子轴 2 等组成。

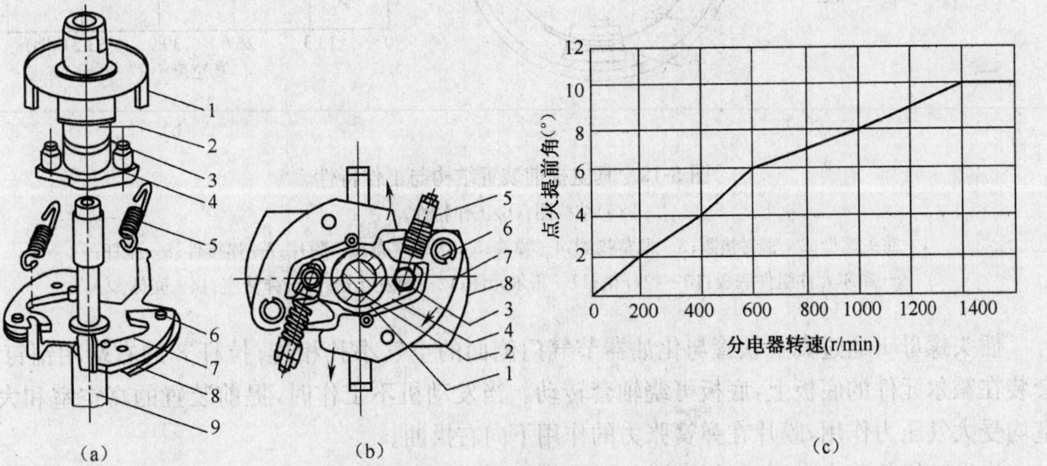

图 3-18 离心提前装置结构

(a)零部件组成；(b)工作情况；(c)工作特性。

1—触发叶轮；2—转子轴；3—弹簧销；4—凸轮；5—弹簧；6—柱销；7—离心块；8—托板；9—分电器轴。

分电器轴 9 与托板 8 压接成一体，离心块 7 的一端套装在托板 8 上的柱销 6 上，另一端可随离心力大小而绕柱销 6 转动；弹簧 5 共有两根，一粗一细。弹簧一端挂在托板 8 的挂钩上，另一端挂在凸轮 4 上的弹簧销 3 上。凸轮 4 与凸轮轴 2 压装成一体，转子轴 2 与分电器轴 9 的小头为动配合。

当分电器轴 9 旋转时，托板 8 上的柱销 6 和离心块 7 便带动凸轮 4 和转子轴 2 一起转动。离心块 7 高速运动时就会产生离心力。当离心力超过弹簧 5 的拉力时，离心块 7 便绕柱销 6 向外甩出，其圆弧面就拨动凸轮 4 使凸轮沿原顺时针旋转方向相对于分电器轴 9 转动一定角度，从而使转子轴 2 及其轴上触发叶轮 1 的叶片提前进入或离开气隙，信号发生器输出的信号电压 U。在时间上提前产生，驱动点火控制器实现点火提前。发动机转速越高，离心块的离心力越大，点火提前角随之增大；发动机转速降低时，离心力减小，点火提前角随之减小。

当分电器轴旋转时，刚度较小的弹簧先起作用，待转速达到一定值时，刚度较大的弹簧才起作用。当转速继续升高到某一值时，离心块 7 受托板 8 上挡片的限位作用而不再外甩，可见离心提前装置的工作特性曲线是由 3 段线段组成，如图 3-18(c)所示。

（三）真空提前装置

各型汽车真空提前装置的结构原理基本相同，桑塔纳轿车 JFD452 型霍尔式分电器真空提前装置结构如图 3-19(a)所示。真空提前装置是通过拉杆 8 拉动霍尔元件及其底板来调节点火提前角的。

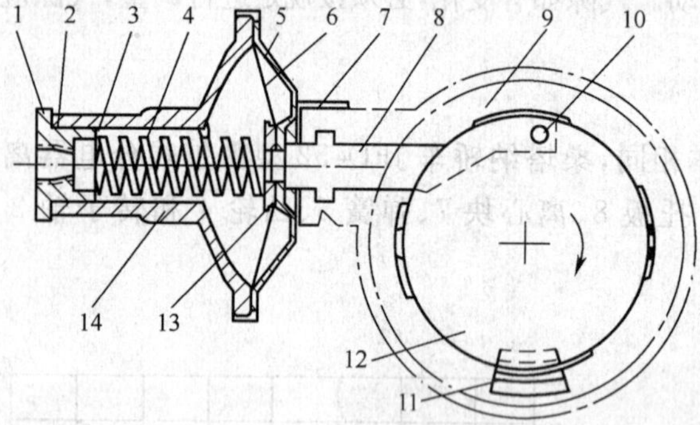

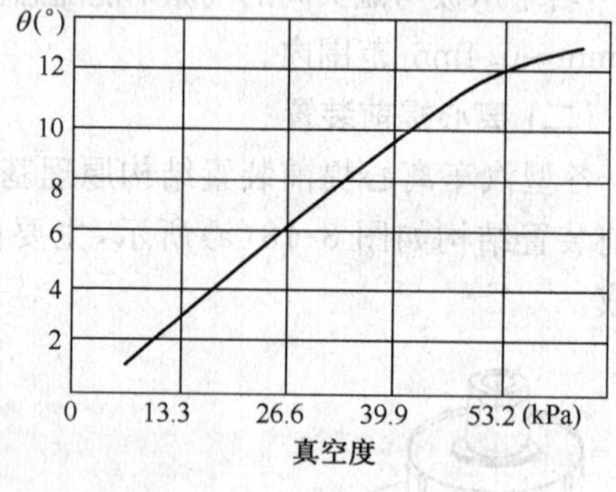

图 3-19 真空提前装置结构与工作特性

(a)结构图；(b)工作特性。

1—插头螺母；2—密封垫圈；3—调整垫圈；4—弹簧；5—大气室壳；6—膜片；7—连接件；8—拉杆；9—霍尔元件组件底板；10—拉杆销；11—霍尔元件；12—触发叶轮；13—弹簧座；14—壳体。

插头螺母 1 通过真空软管与化油器节气门侧面的空气小孔相连；拉杆 8 的右端用销钉 10 套装在霍尔元件的底板上，底板可绕轴套转动。当发动机不工作时，提前装置的真空室和大气室均受大气压力作用，膜片在弹簧张力的作用下向右拱曲。

当发动机负荷小时，节气门(油门)开度小，节气门空气小孔处气体的流速快、压力低，真空室的真空度大，真空吸力克服弹簧的张力使膜片左移，并带动拉杆拉动霍尔元件及其底板沿逆时针方向(逆着触发叶轮的旋转方向)转动一定角度，使触发叶轮的叶片提前进入或离开霍尔元件的气隙，信号发生器输出电压在时间上提前产生，触发电子控制器实现提前点火，即发动机负荷减小时，点火提前角增大，如图 3-19(b)所示。

当发动机负荷增大时，节气门开度增大，节气门空气小孔处气体的流速减慢、压力增高，真空室的真空度减小，在弹簧张力的作用下，膜片慢慢右移复位，并通过拉杆推动底板及霍尔元件沿顺时针方向(顺着触发叶轮的旋转方向)转动一定角度,使触发叶片推迟进入或离开气隙,输出电压在时间上推迟产生,触发电子控制器推迟点火,即发动机负荷增大时,点火提前角减小。

(四) 配电器

配电器的功用是分配高压电,由分电器盖和分火头组成。分电器盖和分火头一般用胶木粉热模压铸而成。沿盖内圆周上压铸有与发动机汽缸数相等的旁电极,这些旁电极分别与盖上的旁插孔相通,旁插孔用于插接各缸高压分线。盖的中央压铸有中央高压线插孔和中心电极,中心电极中装有带弹簧的炭精柱,使其弹性地压在分火头的导电片上。

分火头套装在转子轴顶端,随转子和分电器轴一同转动。当轴转动时,分火头上导电片的端部便在距旁电极间隙为 0.25mm～0.80mm 的圆周上旋转,从而将高压电分配到火花塞。

(五) 分电器的型号规格

根据汽车行业标准 QC/T 73—1993《汽车电气设备产品型号编制方法》规定,分电器的型号组成如图 3-20 所示,型号规格与适用车型如表 3-4 所列。

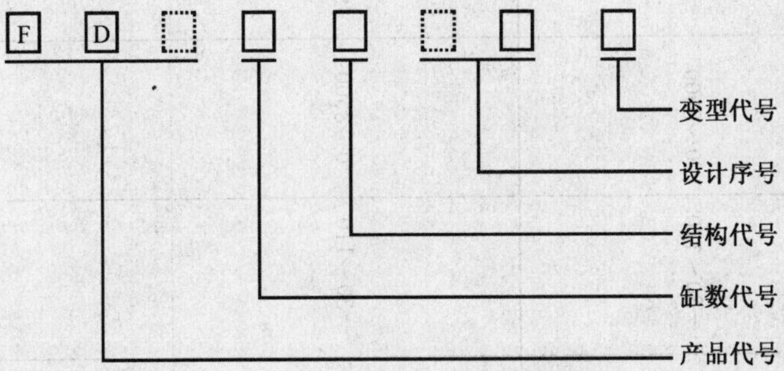

图 3-20 分电器的型号组成

(1) 产品代号。分电器的产品代号为 FD、FDW 两种,FD 表示有触点分电器、FDW 表示无触点分电器(早期代号为 JFD,表示晶体管点火用分电器)。

(2) 缸数代号。用 1 位阿拉伯数字表示,其含义如下。

2—两缸发动机用;3—3 缸发动机用;4—4 缸发动机用;6—6 缸发动机用;8—8 缸发动机用。

(3) 结构代号。用 1 位阿拉伯数字表示,传统分电器用来表示离心提前机构和真空提前机构的结构型式,其含义如表 3-2 所列;无触点分电器用来表示触发脉冲形式,其含义如表 3-3 所列。

表 3-2 点火提前机构的结构型式代号

代号	1	2	3	4	5	6	7	8
结构	无离心	无真空	拉偏心	拉同心	拉外壳	—	特殊结构	—

表 3-3 点火触发脉冲形式代号

代号	3	4	5	6	7
触发脉冲形式	电磁振荡式	光电式	霍尔式	磁脉冲式	—

表 3-4　国产分电器型号规格及适用车型

分电器型号	适用车型	规格	结构型式	旋转方向	安装尺寸/mm	工作温度/℃	工作转速/(r/min)	分火角度/(°)	离心提前装置特性		真空提前装置特性	
									转速/(r/min)	提前角/(°)	真空度/kPa	提前角/(°)
JFD452	桑塔纳轿车	12V	霍尔式	顺时针	ϕ34(0.039～0.005)	−30～110	0～3500	90±0.5	250	−0.5～+0.5	10	0
									650	0～2.8	17	0～3.1
									900	2.6～4.8	22	3.1～5.8
									2000	11.4～13.8	25	5～7
									2300	13.5～15.5	40	5～7
									3000	13.5～15.5		
JFD452A	一汽捷达FA827发动机	12V	霍尔式	顺时针	ϕ34(0.039～0.005)	−30～110	0～3500	90±0.5	250	−0.5～+0.5	0～15	−0.5～+0.5
									850	0.4～2.9	24	3～5.8
									1250	2.8～5	32～40	7～8
									2000	6.8～9		
									2850	11.8～14		
									3000	13.5～15.5		
JFD453C	一汽CA488轻型卡车	12V	霍尔式	顺时针	ϕ27(0.04～0.073)	−30～110	0～3000	90±0.5	325	0	0	0
									600	1～3	12.5	0～1
									1200	2.3～4.3	15	1.1～3.1
									1600	3.25～5.25	30	3.5～5.5
									2000	4～6	37.5	4.7～6.7
									2400	5～7		
									2600	5～7		
FDP451A	一汽小红旗	12V	霍尔式	顺时针	ϕ27(0.04～0.073)	−30～110	0～2400	90±0.5				

（续）

分电器型号	适用车型	规格	结构型式	旋转方向	安装尺寸/mm	工作温度/℃	工作转速/(r/min)	分火角度/(°)	离心提前装置特性		真空提前装置特性	
									转速/(r/min)	提前角/(°)	真空度/kPa	提前角/(°)
JFD453A	一汽488发动机汽车	12V	霍尔式	顺时针	ϕ27(0.04～0.073)	−30～110	0～3000	90±0.5	325	0	0	0
									600	3.5～5.5	10	2～4
									1200	4.5～6.5	20	2.5～4.5
									1600	6～8	40	4～6
									2000	7～9	60	5.5～7.5
									2200	7.5～9.5		
									2400	7.5～9.5		
FDW4518	NJG415发动机	12V	霍尔式	逆时针	ϕ42.5(0.089～0.05)	−30～110	0～3500	90±0.5	640	0～2.4	17	0～3.1
									1200	4.6～6.4	22	3.1～5.8
									1500	6.2～8.4	25	5～7
									2250	10～12	40	5～7
									3000	9.8～11.8		
FD13 FD27 FD427	北京2020 长江H1202B 492Q发动机各车型	12V	触点式	逆时针	ϕ27(0.025～0.055)	−30～110	0～2200	90±1	200	0～3	8	0
									500	3～6	13.3	0～2.5
									1000	8～11	26.7	5.5～8.5
									1500	13.5～16	37.3	10～13
									1900	17.5～20		
									2200	17.5～20		
FD642	解放CA1091	12V	触点式	顺时针	ϕ27(0.041～0.02)	−30～110	0～1600	60±1	200	0～2.0	13.3	2～4
									600	5.0～7.0	26.6	5～7
									800	7.5～9.5	33.3	9～11

（续）

<table>
<tr><th rowspan="2">分电器型号</th><th rowspan="2">适用车型</th><th rowspan="2">规格</th><th rowspan="2">结构型式</th><th rowspan="2">旋转方向</th><th rowspan="2">安装尺寸/mm</th><th rowspan="2">工作温度/℃</th><th rowspan="2">工作转速/(r/min)</th><th rowspan="2">分火角度/(°)</th><th colspan="2">离心提前装置特性</th><th colspan="2">真空提前装置特性</th></tr>
<tr><th>转速/(r/min)</th><th>提前角/(°)</th><th>真空度/kPa</th><th>提前角/(°)</th></tr>
<tr><td rowspan="3">FD642</td><td rowspan="3">解放 CA1091</td><td rowspan="3">12V</td><td rowspan="3">触点式</td><td rowspan="3">顺时针</td><td rowspan="3">ϕ27(0.041～0.02)</td><td rowspan="3">−30～110</td><td rowspan="3">0～1600</td><td rowspan="3">60±1</td><td>1000</td><td>9.0～11.0</td><td>39.6</td><td>9～11</td></tr>
<tr><td>1200</td><td>10.5～12</td><td></td><td></td></tr>
<tr><td>1500</td><td>12.0～14</td><td></td><td></td></tr>
<tr><td rowspan="3">FD645B</td><td rowspan="3">解放 CA1091</td><td rowspan="3">12V</td><td rowspan="3">触点式</td><td rowspan="3">顺时针</td><td rowspan="3">ϕ27(0.041～0.02)</td><td rowspan="3">−30～110</td><td rowspan="3">0～1600</td><td rowspan="3">60±1</td><td>600</td><td>6～8</td><td>10</td><td>0～1</td></tr>
<tr><td>1000</td><td>9～11</td><td>34</td><td>9～11</td></tr>
<tr><td>1500</td><td>12～13</td><td></td><td></td></tr>
<tr><td rowspan="5">FD16F
FD632F
FD646F</td><td rowspan="5">东风
EQ1090
EQ2080</td><td rowspan="5">12V</td><td rowspan="5">触点式</td><td rowspan="5">顺时针</td><td rowspan="5">ϕ27(0.041～0.02)</td><td rowspan="5">−30～110</td><td rowspan="5">0～1600</td><td rowspan="5">60±1</td><td>400</td><td>0～1.5</td><td>13.3</td><td>1～2.5</td></tr>
<tr><td>600</td><td>3～4.5</td><td>26.6</td><td>3.0～5.0</td></tr>
<tr><td>800</td><td>6～7.5</td><td>46.6</td><td>5.5～8.0</td></tr>
<tr><td>1000</td><td>7.5～8.5</td><td>53.3</td><td>5.5～8.0</td></tr>
<tr><td>1500</td><td>7.5～8.5</td><td></td><td></td></tr>
<tr><td rowspan="5">FD16</td><td rowspan="5">东风
EQ1090
EQ2080</td><td rowspan="5">12V</td><td rowspan="5">触点式</td><td rowspan="5">顺时针</td><td rowspan="5">ϕ27(0.041～0.02)</td><td rowspan="5">−30～110</td><td rowspan="5">0～1600</td><td rowspan="5">60±1</td><td>400</td><td>0～2</td><td>13.3</td><td>2.5～5</td></tr>
<tr><td>500</td><td>3～5</td><td>33.3</td><td>7～9.5</td></tr>
<tr><td>1000</td><td>6～8</td><td>53.3</td><td>10～12.5</td></tr>
<tr><td>1500</td><td>8～10</td><td></td><td></td></tr>
<tr><td>1600</td><td>8～10</td><td></td><td></td></tr>
<tr><td rowspan="5">FD632C</td><td rowspan="5">东风
EQ1090
EQ2080</td><td rowspan="5">12V</td><td rowspan="5">触点式</td><td rowspan="5">顺时针</td><td rowspan="5">ϕ27(0.041～0.02)</td><td rowspan="5">−30～110</td><td rowspan="5">0～1600</td><td rowspan="5">60±1</td><td>400</td><td>0～2.5</td><td>6.7</td><td>0～2</td></tr>
<tr><td>600</td><td>3.5～5.0</td><td>13.3</td><td>2.5～5.0</td></tr>
<tr><td>800</td><td>5.5～7.0</td><td>33.3</td><td>7.0～9.5</td></tr>
<tr><td>1000</td><td>7.5～8.5</td><td>53.3</td><td>10～12.5</td></tr>
<tr><td>1500</td><td>7.5～8.5</td><td></td><td></td></tr>
</table>

三、点火控制器

点火控制器是电子点火系统的核心部件，又称为点火电子组件或点火器。点火控制器的性能高低和技术状态好坏，直接影响点火系统的工作性能和工作状态。

（一）点火控制器的功能

点火控制器的基本功能是控制点火线圈初级电路的接通与切断。除此之外，大多数点火控制器还有限流控制、导通角控制、停车断电控制和过压保护控制等功能。桑塔纳与奥迪轿车点火控制器的控制参数如表 3-5 所列。

表 3-5 点火控制器控制参数

检测条件	电源电压 $U=14V$；初级绕组电阻 $R=0.65\Omega$				
分电器转速/(r/min)	300	750	1000	1200	1600
峰值电流/A	7.56	7.56	7.56	7.56	7.56
平均电流/A	1.4	1.9	2.45	2.65	3.4
导通角/(°)	20	32	43	49	63
限流时间/ms	4.5	0.95	0.66	0.68	0.2
相对导通率/%	22	36	48	54	70

（二）点火控制器的结构组成

目前，点火控制器普遍采用混合集成电路制成，并用导热树脂封装在铸铝散热板上以利于散热。不同公司的设计思路不同，所设计的控制器电路也不相同，桑塔纳与奥迪轿车点火控制器的外形结构如图 3-21 所示，点火控制器与点火系统的电路连接关系如图 3-22 所示。

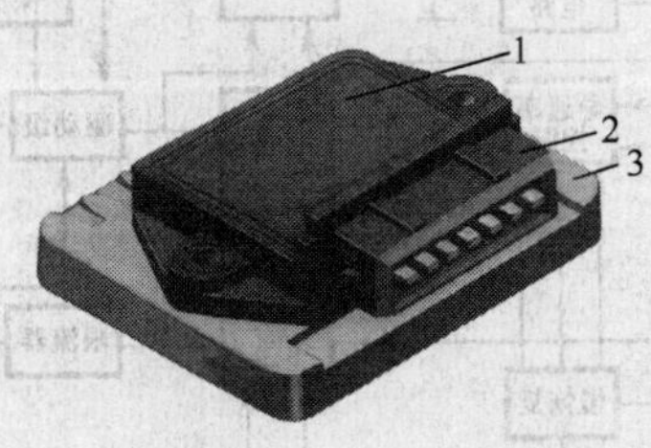

图 3-21 点火控制器的外形结构

1—控制器壳体；2—线束插座；3—散热板。

点火控制器内部电路为混合集成电路，由专用点火集成电路(IC)和辅助电路组成。常用专用集成电路有 L482、BD497、L497、89S01 型等 16 管脚(端子)准双列直插式和 L497D 型平板式集成电路，控制参数如表 3-6 所列。

虽然各种专用集成电路与辅助电子电路的结构组成各有不同，但其功能基本相同。桑塔纳与奥迪轿车霍尔式点火系统用 L497、BD497 型专用集成电路的管脚排列与功能组成框图如图 3-23 所示，各管脚(端子)的功能如下所述。

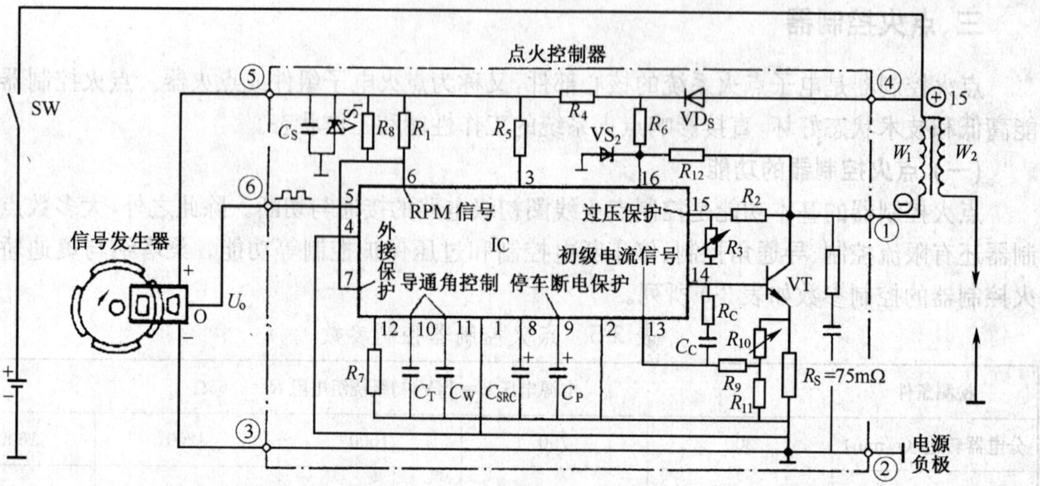

图 3-22 桑塔纳、奥迪轿车霍尔式点火系统控制线路

表 3-6 霍尔式点火系统专用 IC 技术参数

序号	项目名称	技术参数		
		L482	BD497	L497
1	工作电压/V	3.5～28	3.5～28	3.5～20
2	最高反向电压/V	−14	−16	−16
3	达林顿管保护电压/V	25	26	24
4	90℃时的耗散功率/W	0.75	—	0.6～1.2
5	工作温度/℃	−40～150	−55～150	−55～150
6	存储温度/℃	−65～150	−55～150	−55～150

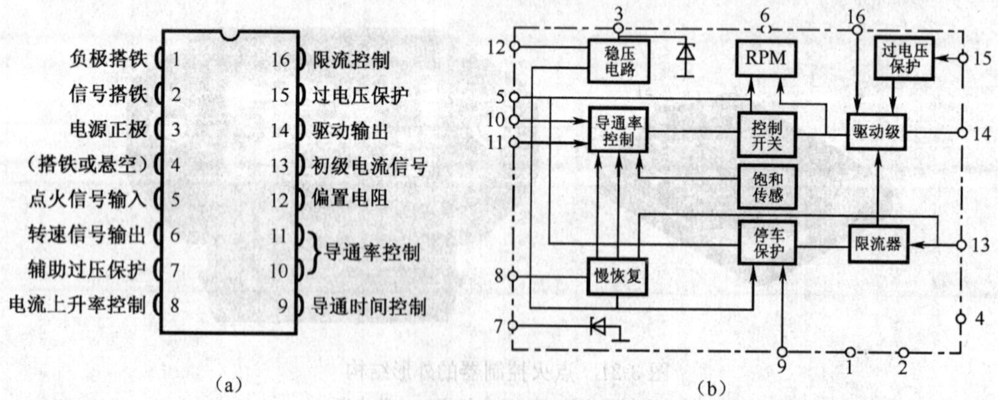

图 3-23 L497 与 BD497 型专用集成电路的结构组成

(a) 管脚排列；(b) 功能框图。

(1) 端子 1:搭铁端子。与电源负极连接。

(2) 端子 2:信号搭铁端子。与霍尔式点火信号发生器“−”端子连接。

(3) 端子 3:专用 IC 的电源端子。因为 IC 芯片内部接有 7.5V 稳压管,所以 3 端子的电压为 7.5V。其作用是向 IC 提供电源并保护霍尔式传感器。

(4) 端子 4:搭铁或悬空端子。此端子最好搭铁,以避免干扰。

(5) 端子 5:霍尔式传感器信号输入端子。与传感器 O 端子连接。

(6) 端子 6:转速信号输出端子。当点火线圈流过电流时,6 端子输出信号为低电平,向发动机转速表输入转速信号。

(7) 端子 7:辅助过压保护端子。在 7 端子内部接有一个 21V 稳压管,当 7 端子上的电压达到 21V 时便可起到过压保护作用。7 端子外接电阻 R_8(820Ω)为稳压管的限流电阻。

(8) 端子 8:电流上升率控制端子。控制点火线圈电流由零上升到额定值的上升斜率,8 端子外接电容器 C_{SRC} 的电容为 1μF。在输入的霍尔信号电压由高电平向低电平转换之前,如线圈电流小于额定值的 94%,便增大电流的上升斜率。

(9) 端子 9:导通时间控制端子。当输入的霍尔信号电压致使达林顿三极管导通时间超过设定值时,控制点火线圈初级电流逐渐减小至零,9 端子外接电容器 C_P 的电容为 1μF。

(10) 端子 10:导通角控制定时端子。导通角是指控制点火线圈初级电流的大功率三极管或达林顿三极管导通期间发动机曲轴转过的角度。由电容器 C_T 充电和放电进行控制,该电容器相当于一个定时器,10 端子外接电容器 C_T 的电容为 0.1μF。

(11) 端子 11:导通角控制信号端子。11 端子外接电容器 C_W(0.1μF),该电容上的电压 U_W 与定时电容 C_T 上的电压 U_T 比较后决定导通时间长短。

(12) 端子 12:偏置电阻端子。12 端子外接电阻 R_7(62kΩ),该电阻阻值的大小直接影响导通角控制电容器的充电电流值、点火线圈电流上升率和停车断电保护控制电流值的大小。

(13) 端子 13:初级电流传感信号端子。检测点火线圈初级电流的大小。

(14) 端子 14:专用 IC 驱动输出端子。外接达林顿三极管基极,为达林顿三极管驱动输入控制端子。

(15) 端子 15:过压保护控制端子。该端子向 IC 输入达林顿三极管过压保护采样信号,端子外接电阻 R_2(5kΩ)、R_3(350Ω),调节 R_2 或 R_3 的阻值即可调节达林顿三极管的保护电压。

(16) 端子 16:限流控制端子。该端子为专用 IC 内部驱动级的限流控制端子。外接 24V 稳压管,为限流电路提供稳定的工作电压,外接电阻 R_6(56Ω)起限流作用。

四、火花塞

(一) 火花塞的工作条件及其要求

火花塞的作用是将点火线圈产生的高压电引入发动机的燃烧室内,在其电极间隙中形成火花,点燃混合气。可见,火花塞的工作条件极为恶劣,它受到高温、高压以及燃烧产物的强烈腐蚀,因此对其具有较高的要求。

(1) 火花塞承受冲击性高电压的作用,因此要求绝缘体应有足够的绝缘强度,能承受 30kV 的高压。

(2) 混合气燃烧时,火花塞的下部将受到 1500℃~2000℃高温燃气的作用,而进气时,又要受到 50℃~60℃进气的突然冷却,因此要求火花塞能承受这种温度剧烈的变化,且要求火花塞有适当的热特性,使其裙部保持一定的温度,既不能有局部过热,也不可温度过低。

(3) 混合气燃烧时,火花塞下部将突然受到气体压力的冲击,其压力可达 5.88MPa～6.86MPa,因此要求火花塞的主要零件应有足够的机械强度。

(4) 发动机工作时,火花塞的裙部将受到高温燃烧产物的作用,由于燃烧产物中含有多种活性气体和物质(如臭氧、氧、一氧化碳、氧化硫和氧化铅等)会使电极腐蚀,因此火花塞的电极应采用难熔、耐蚀的材料制作。

(二) 火花塞的构造

火花塞的功用是将点火线圈产生的高压电引入汽缸,构造与零部件组成如图 3-24 所示,主要由壳体、绝缘体和电极 3 部分组成。

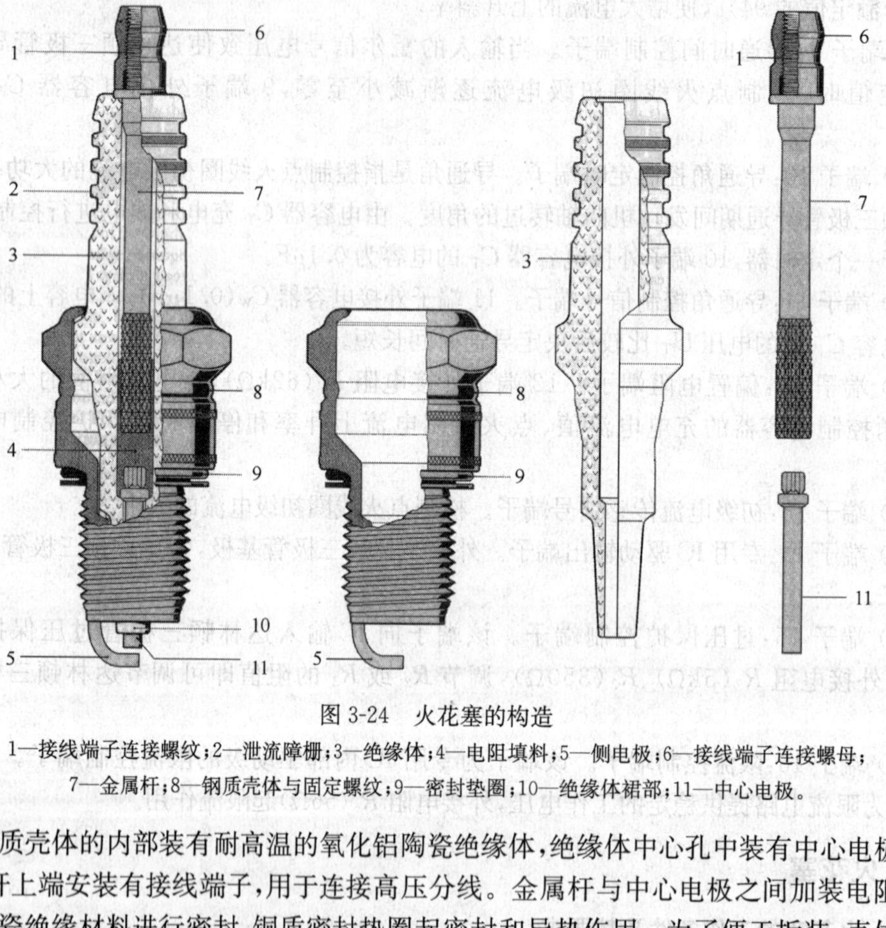

图 3-24 火花塞的构造

1—接线端子连接螺纹;2—泄流障栅;3—绝缘体;4—电阻填料;5—侧电极;6—接线端子连接螺母;7—金属杆;8—钢质壳体与固定螺纹;9—密封垫圈;10—绝缘体裙部;11—中心电极。

在钢质壳体的内部装有耐高温的氧化铝陶瓷绝缘体,绝缘体中心孔中装有中心电极和金属杆,金属杆上端安装有接线端子,用于连接高压分线。金属杆与中心电极之间加装电阻填料或氧化铝陶瓷绝缘材料进行密封,铜质密封垫圈起密封和导热作用。为了便于拆装,壳体上部制有六角平面,下部制有固定螺纹,螺纹下端焊接弯曲的侧电极。

火花塞电极用镍—锰合金制成,具有较好的耐高温、耐腐蚀性能。为了提高耐热性能,有的采用镍包铜电极。普通火花塞的电极间隙为 0.6mm～0.8mm。采用高能电子点火时,电极间隙可增大至 1.1mm～1.3mm。

火花塞与汽缸盖上的火花塞安装孔之间应密封良好。密封方式有平面密封和锥面密封两种。平面密封时,在火花塞与安装孔之间应安装铜包石棉垫圈;锥面密封是利用火花塞壳体的锥面与汽缸盖上的火花塞安装孔的锥面进行密封的,无须再安装垫圈。

顶置气门式发动机大都采用绝缘体突出型火花塞,其绝缘体裙部较长,电极间隙伸到燃烧室内部,混合气容易被点燃。由于突出型火花塞裙部较长,吸热量大,直接受进气冷却,降低裙部温度，因此不会引起炽热点火。其突出优点是热值范围广、抗污染能力强。

目前，现代汽车使用的火花塞还有能抑制电磁干扰的电阻型和屏蔽型火花塞、具有多个旁电极的多电极火花塞以及采用贵金属制作电极的贵金属电极火花塞等。火花塞的发展方向是提高着火性能、延长电极寿命、提高抗污染能力和抗干扰能力。

（三）火花塞的热特性及其选用

火花塞的热特性是指火花塞绝缘体裙部的温度和热传导性能。为了保证火花塞正常工作，其绝缘体裙部的温度应保持在500℃～750℃，这样才能使落在绝缘体上的油滴立即被烧掉而不致形成积炭。通常将油滴落在绝缘体裙部上能被立即烧掉的温度称为火花塞的“自净温度”。若裙部温度低于自净温度，油雾就会聚积在绝缘体裙部形成油污或积炭而导致火花塞不能跳火；若裙部温度高于这个温度，则当混合气与炽热的绝缘体接触时，可能早燃而引起爆燃，甚至在进气行程中燃烧而引起回火现象。

绝缘体裙部温度取决于裙部受热和散热情况。要使裙部经常保持在自净温度，就必须使火花塞吸收的热量与散发的热量处于平衡状态，并在发动机转速和功率正常变化的范围内保持稳定。火花塞壳体下部的内径越大、绝缘体裙部越长，吸收的热量就越多。绝缘体吸收的热量，除一小部分(20%左右)被进气时的新鲜混合气带走外，其余大部分都要经火花塞壳体与绝缘体之间的密封垫圈传给火花塞壳体，然后再传给发动机汽缸盖，还有一小部分则由中心电极传出。所以裙部越长，传热路径就越长，散热就越困难。

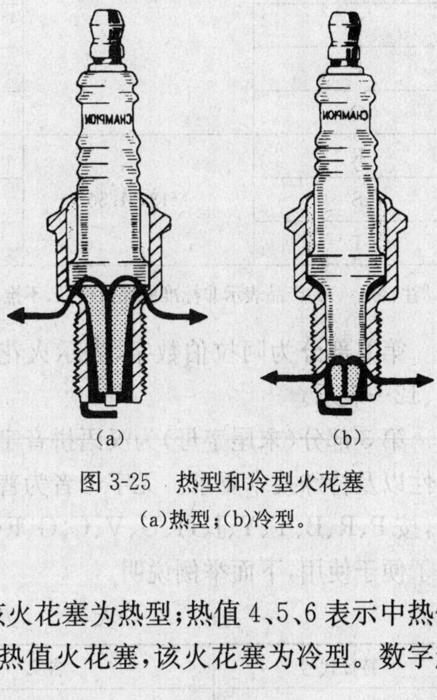

图3-25　热型和冷型火花塞
(a)热型；(b)冷型。

影响火花塞裙部温度的主要因素是绝缘体裙部长度。绝缘体裙部越长，受热面积就越大，传热路径也越长，散热就越困难，裙部温度就越高，这种火花塞称为“热型”火花塞，如图3-25(a)所示；反之，绝缘体裙部越短，受热面积就越小，传热路径也越短，散热就越容易，裙部温度就越低，这种火花塞称为“冷型”火花塞，如图3-25(b)所示。

火花塞热特性的标定方法各国不尽相同。国产火花塞是用热值1、2、3、4、5、6、7、8、9、10、11、12…等阿拉伯数字表示。其中，热值1、2、3表示低热值火花塞，该火花塞为热型；热值4、5、6表示中热值火花塞，该火花塞为中热型；热值在7以上时，表示为高热值火花塞，该火花塞为冷型。数字越小，表示火花塞越热；数字越大，表示火花塞越冷。

火花塞裙部温度高低还与汽缸工作温度有关。对于大功率、高压缩比和高转速发动机，由于其燃烧室温度相对较高，为了防止产生炽热点火，应当采用“冷型”火花塞；对于小功率、低压缩比和低转速发动机，由于其燃烧室温度相对较低，为了防止形成积炭，应采用“热型”火花塞。

（四）火花塞的型号规格

根据机械电子工业部1989年3月30日批准、1990年1月1日实施的国家专业标准ZBT 37003—89《火花塞产品型号编制方法》规定，火花塞的型号由3部分组成。

第1部分(首位字母)为汉语拼音字母，表示火花塞结构类型和主要尺寸规格，各字母的含义如表3-7所列。

表 3-7 火花塞的结构类型与规格

代表字母	螺纹规格/mm	安装座型式	螺纹旋合长度/mm	壳体六角对边/mm
A	M10×1.00	平座	12.7	16.0
C	M12×1.25	平座	12.7	17.5
D		平座	19.0	17.5
E	M14×1.25	平座	12.7	20.8
F		平座	19.0	20.8
(G)		平座	9.5	20.8
(H)		平座	11.0	20.8
(Z)		平座	11.0	19.0
J		平座	12.7	16.0
K		平座	19.0	16.0
L		矮型平座	9.5	19.0
(M)		矮型平座	11.0	19.0
N		矮型平座	7.8	19.0
P		锥座	11.2	16.0
Q		锥座	17.5	16.0
R	M18×1.50	平座	12.0	20.8
S		平座	19.0	(22)
T		锥座	10.9	20.8

注:带(　)的产品表示非标准的保留产品,不推荐使用。

第 2 部分为阿拉伯数字,表示火花塞的热值。由热型到冷型用 1、2、3、4、5、6、7、8、9、10、11、12…表示。

第 3 部分(末尾字母)为汉语拼音字母,表示火花塞派生产品的结构特征、发火端特性、材料特性以及特殊技术要求。无字母者为普通型火花塞。在同一产品型号中,需要用两个字母表示时,按 P、R、B、T、Y、J、H、U、V、C、G、F…的先后次序进行排列,各字母的含义如表 3-8 所列。为了便于使用,下面举例说明。

表 3-8　火花塞产品的结构特征代号

特征代号	含义	特征代号	含义
B	半导体型火花塞	C	镍铜复合电极火花塞
F	非标准火花塞	G	贵金属电极火花塞
H	环状电极火花塞	J	多电极型火花塞
P	屏蔽型火花塞	R	电阻型火花塞
T	绝缘体突出型火花塞	U	电极缩入型火花塞
V	V 形电极火花塞	Y	沿面跳火型火花塞

例 1:“E4T”型火花塞,即为拧入发动机汽缸盖的螺纹旋回长度 12.7mm、壳体六角对边 20.8mm、热值代号 4、螺纹规格 M14×1.25 的绝缘体突出型平座火花塞。

例 2:“K7RT”型火花塞,即为螺纹旋回长度 19mm、壳体六角对边 16mm、热值代号 7、螺纹规格 M14×1.25 带电阻的突出型平座火花塞。

例 3:"F6RTC"型火花塞,即为螺纹旋合长度 19mm、壳体六角对边 20.8mm、热值代号 6、带电阻及镍铜复合电极的突出型火花塞。

火花塞型号的编制方法曾经多次修改,变化也较大。1978 年以前的型号标准由 4 部分组成,1978 年制订的标准 JB 2490—78《火花塞产品型号编制方法》由 5 部分组成,1989 年制订的标准 ZBT 37003—89《火花塞产品型号编制方法》则由 3 部分组成。国产火花塞主要产品新老型号对照与适用车型如表 3-9 所列。

表 3-9 国产火花塞主要产品与适用车型

新标准型号 ZBT 37003—89	旧标准型号 JB 2490—78	适用车型
Z4C	4114C	CA10B、CA30A,BJ2020,NJ1041
H7T	4Z7T	红旗 CA630、CA770,上海 SH760A
E6TC	4E6TC	BJ2020
E7TC	4E7TC	上海 SH760B
T5TC	4C5TC	EQ1090,CA1091,广州标致 504、504L、504PU、505,天津大发 TJ110J、TJ110SV、TJ110HV,天津夏利 TJ730,丰田皇冠 2800(5M)、2000(5R),海狮 12R、2Y,蓝鸟 U11,奔驰 201、202
F7TC	4C7TC	奥迪 100,上海桑塔纳
K4RTCF	S4C4TCR	北京切诺基

第四节 电子点火装置的检修与试验

电子点火系统的检修主要是点火线圈、分电器和电子控制器的检修。各种电子点火系统点火线圈、配电器、离心提前装置、真空提前装置与火花塞的检修方法基本相同,但点火信号发生器和点火控制器的检修方法有所不同,下面分别以桑塔纳轿车霍尔式电子点火系统和切诺基吉普车磁感应式电子点火系统为例,介绍其检修方法。

一、点火线圈的检修

点火线圈的检修主要是检查初级绕组和次级绕组有无断路、短路故障,可用万用表检查绕组电阻进行判断。电子点火系统采用两端子式点火线圈,其检修方法如下。

(一) 初级绕组的检修

将万用表置于 $R\times1\Omega$(数字式万用表置于 OHM×200Ω)挡,两只表笔分别连接点火线圈端子"+15"、"—1",如图 3-26(a)所示,测得电阻值电子点火系统应为 0.5Ω~1.0Ω(20℃),传统点火系统应为1.5Ω~3.0Ω(20℃)。如电阻值为无穷大,说明初级绕组断路,应予更换新品。

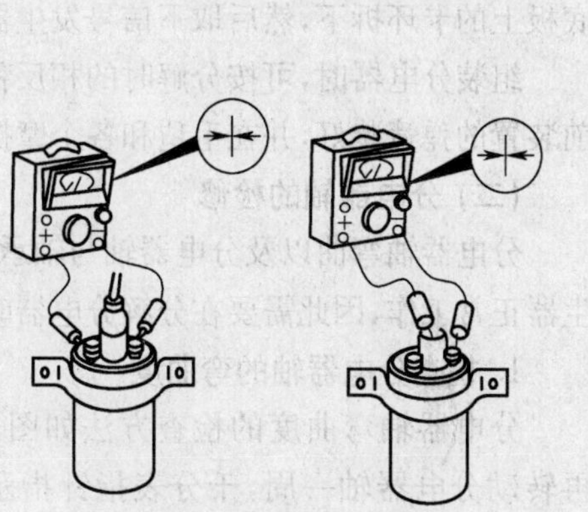

(a) (b)

图 3-26 检测点火线圈阻值

(a) 检查初级绕组;(b) 检查次级绕组。

（二）次级绕组的检修

将万用表拨到 $R \times 1\text{k}\Omega$（数字式万用表拨到 OHM×20kΩ）挡，一只表笔接点火线圈的高压插孔，另一只表笔接“+15”与“−1”中任意一个端子，如图 3-26(b)所示，测得电阻值电子点火系统应为 2500Ω～4000Ω(20℃)。如电阻值为无穷大，说明次级绕组断路；如电阻值过小，说明次级绕组短路，无论断路或短路都应更换点火线圈。

二、分电器的检修

（一）分电器的分解

各型电子点火系统分电器的分解程序与方法大同小异，下面以桑塔纳系列轿车用霍尔式分电器的分解为例说明。

(1) 拆下分电器盖，拔下分火头，取下防护罩。

(2) 取下凸轮轴顶端的毛毡，拆下分电器轴顶端的凸轮轴轴向限位螺钉，然后用一字形螺丝刀拆下分电器壳体上的铝质椭圆孔盖，再用镊子伸入椭圆孔中将离心提前装置的弹簧从挂钩上拨下，以便拆卸触发叶轮下面一个卡环时有足够的轴向间隙进行操作。

(3) 向上拔起凸轮轴，先用拆装卡环用的专用工具将触发叶轮下面一个卡环拨开并将其向下移出卡环槽，然后下压触发叶轮使其定位销露出。

(4) 先取下触发叶轮定位销，然后转动并拔下触发叶轮，再用专用工具拆下触发叶轮下面一个卡环。

(5) 用十字形螺丝刀拆下固定真空提前装置的两个螺钉（其中一个为分电器盖挂钩的固定螺钉），取下真空提前装置。

(6) 先用尖嘴钳拔出信号发生器线束插座上的塑料螺钉，再将信号发生器线束插座从分电器壳体的槽中拔出。

(7) 先用十字形螺丝刀拆下分电器壳体上固定霍尔信号发生器底板的两个螺钉，然后取出信号发生器底板和信号发生器，再从分电器轴上取下凸轮轴。

(8) 取下分电器轴下端的横销，从分电器壳体内取出分电器轴和离心提前装置。

如需更换霍尔信号发生器，则在信号发生器底板和信号发生器拆下之后，先将信号发生器底板上的卡环拆下，然后取下信号发生器，再将新品装到底板上即可。

组装分电器时，可按分解时的相反程序进行。值得注意的是在安装凸轮轴时，应将离心提前装置的弹簧装好，并在毛毡和各个摩擦部位滴上几滴润滑油。

（二）分电器轴的检修

分电器轴弯曲以及分电器轴与轴承（铜衬套）之间的配合间隙过大时，都会影响点火信号发生器正常工作，因此需要在分解分电器时进行检查，以便进行修理或更换零部件。

1. 检查分电器轴的弯曲度

分电器轴弯曲度的检查方法如图 3-27(a)所示。先将千分表触针垂直顶在轴的上端，再转动分电器轴一周，千分表指针指示的摆差应不大于 0.05mm，否则应予校直或更换分电器轴。

2. 检查分电器轴与轴承（铜衬套）的配合间隙

轴与轴承配合间隙的检查方法如图 3-27(b)所示。先将千分表触针垂直顶在轴的上端，再沿触针轴线方向推拉分电器轴，千分表指针的摆差应为 0.02mm～0.04mm，最大不得超过 0.07mm，否则应当更换轴承(铜衬套)。

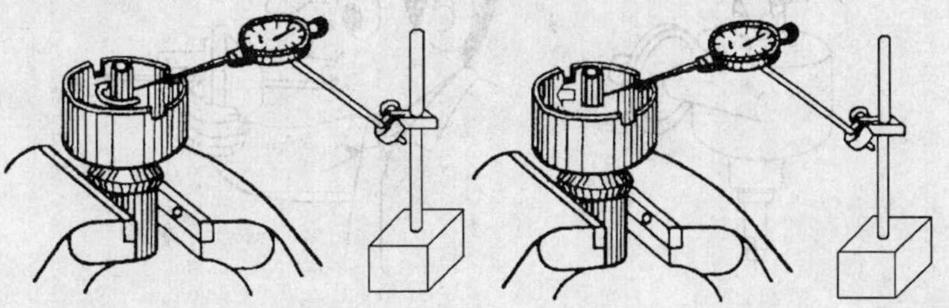

(a) (b)

图 3-27 分电器轴的检查

(a)检查轴的弯曲度；(b)检查轴与衬套的配合间隙。

(三) 配电器的检修

1. 分火头的检修

检查分火头有无烧蚀、裂纹，并通过检查分火头导电片的表面状态判断分电器盖中央插孔内的炭精柱是否过度磨损、弹簧张力是否过弱，常见故障发生的部位如图 3-28 所示。如有裂纹，则需要更换分火头；如有烧蚀，可用细砂布打磨干净；如果炭精柱过度磨损或弹簧张力过弱，可以通过拉伸弹簧，使其张力增大进行修复。

2. 分电器盖的检修

检查分电器盖有无破损、裂纹、烧蚀、炭迹与磨损等故障，常见故障发生的部位如图 3-29 所示。如有破损、裂纹或炭迹，则需更换分电器盖；电极烧蚀可用细砂布打磨修复。

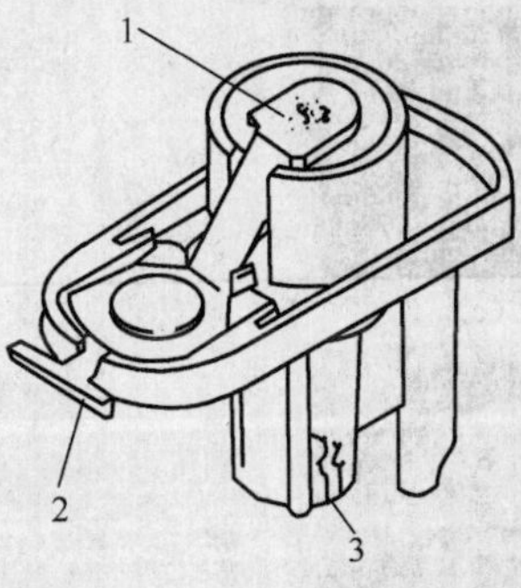

图 3-28 分火头常见故障

1—弹簧张力过弱；2—烧蚀；3—裂纹。

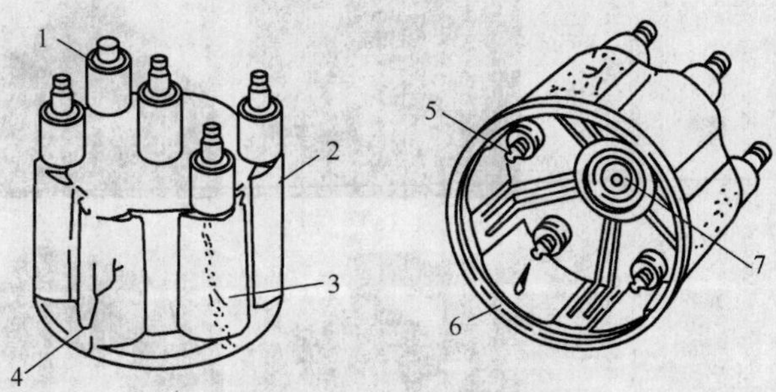

图 3-29 分电器盖常见故障

1—破损；2—盖；3、6—炭迹；4—裂纹；5—烧蚀；7—炭精柱磨损。

(四) 离心提前装置的检修

离心弹簧不得有锈蚀、变形或折断现象，否则应予更换新品。检修分电器时，离心块上的销孔与销的配合处应加注几滴润滑油。

检查离心提前装置技术状态的简易方法如图 3-30(a)所示，一手捏住分电器轴，另一手将信号转子轴沿分电器轴工作时的旋转方向转动到极限位置，当放松转子轴时应能迅速复位。如果转子轴不能复位或出现卡滞现象，应当更换离心提前装置总成。

(五) 真空提前装置的检修

真空提前装置的膜片不得有漏气现象。检查其技术状态的简易方法如图 3-30(b)所示，用

(a)　　　　　　　　　　　　(b)

图 3-30　检查点火提前机构

(a) 检查离心提前机构；(b) 检查真空提前机构。

嘴吸吮真空管接头时，拉杆应能随之移动，否则应予更换新品。

三、火花塞的检修

(一) 检查火花塞的技术状态

火花塞的技术状态正常时，绝缘体裙部呈褐色或棕褐色，电极只有轻微的损耗，如图 3-31(a)所示。在使用过程中，火花塞可能出现各种各样的故障现象，分别如图 3-31(b)至图 3-31(i)所示。

当火花塞出现绝缘体破碎、电极熔化、电极烧蚀或过热(绝缘体发白并有疱状突起、电极腐蚀)现象时，分别如图 3-31(b)、图 3-31(e)、图 3-31(f)和图 3-31(i)所示，应当更换火花塞，并检查调整点火正时。

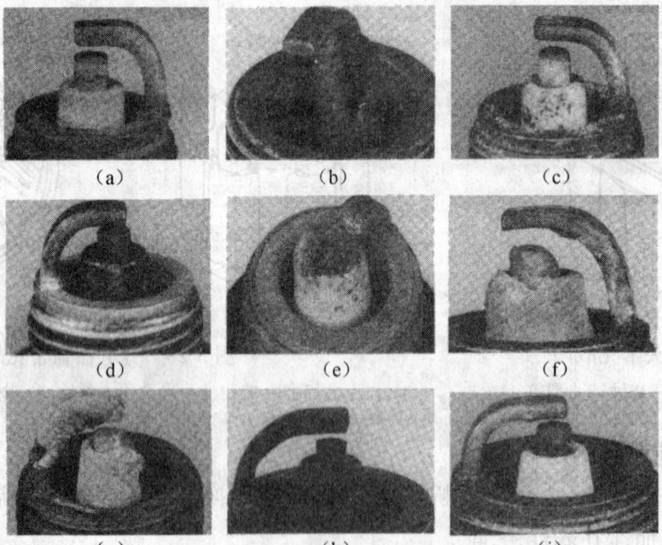

图 3-31　火花塞的技术状态

(a)正常；(b)绝缘体破碎；(c)炭迹；(d)严重油污；(e)电极熔化；(f)电极烧蚀；(g)结垢；(h)严重积炭；(i)过热。

当火花塞出现严重油污、结垢或积炭时，分别如图 3-31(d)、图 3-31(g)、图 3-31(h)所示，则应更换火花塞。当出现轻微炭迹、油污、结垢或积炭时，可在清除后继续使用。清除积炭、油污或结垢时，先用汽油或酒精浸泡，然后用毛刷进行清洗。导致火花塞积炭或油污的原因主要有以下几点。

(1) 火花塞的型号选择不当，即火花塞热值偏高，其裙部温度偏低。

(2) 混合气过浓或混合气中润滑油过多。

(3) 发动机启动频繁或经常长时间启动。

(4) 发动机长时间低速运转。

(5) 曲轴箱润滑油过多。

(6) 活塞环磨损过多。

(7) 点火时间过迟。

(二) 检查火花塞的绝缘电阻值

现代汽车普遍采用电阻型火花塞，其绝缘电阻值为 3kΩ～15kΩ。检查方法是将万用表拨到 R×1kΩ(数字式万用表拨到 OHM×20kΩ)挡，两只表笔分别连接中心电极和高压线插头进行测量。如阻值为无穷大，说明电阻断路，应予更换火花塞；如阻值过小，则不能抑制无线电干扰信号，亦应更换火花塞。

(三) 检查调整电极间隙

实践证明，汽车每行驶 1600km，火花塞电极烧蚀约为 0.025mm，因此汽车行驶一段时间后，应当检查调整电极间隙。在一般情况下，汽车每行使 15000km～20000km(长效火花塞 30000km)或电极严重烧蚀时，应检查调整火花塞的电极间隙，方法如图 3-32 所示。

电极间隙应当使用火花塞专用量规进行测量和调整，标准间隙桑塔纳轿车 JV/AFE 型发动机为 0.7mm～0.9mm，AJR 型电喷发动机为 0.9mm～1.1mm，切诺基吉普车为 0.84mm～0.97mm，其他车辆用火花塞的标准间隙可参照车型《维修手册》规定进行调整。

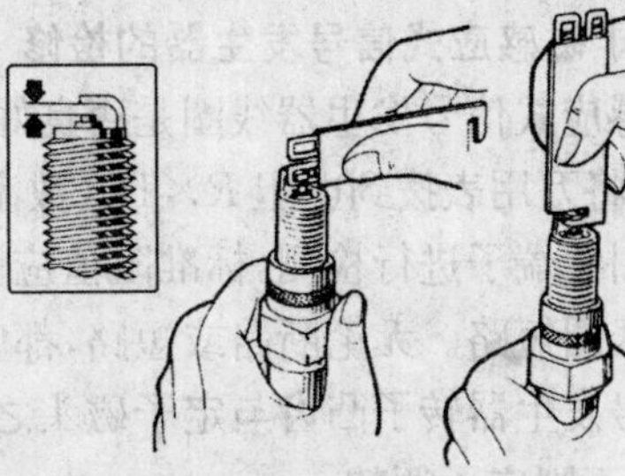

图 3-32　火花塞间隙的调整

四、点火信号发生器的检修

信号发生器类型不同，检修方法也不相同。下面分别以桑塔纳轿车霍尔式信号发生器和切诺基吉普车磁感应式信号发生器为例说明。

(一) 霍尔式信号发生器的检修

霍尔式信号发生器的保护电路设在点火控制器中，因此不能直接向信号发生器施加电源进行检测。其技术状态可在汽车上通过测量输入电压和输出电压进行判断。检测之前，先断开点火开关，再拆下分电器盖，拔出中央高压线并将其端头搭铁，如图 3-33 所示，然后进行测量。

1. 检测输入电压

(1) 将直流电压表正极与信号发生器插座上"+"端子引线(红黑色导线)连接，电压表负极与插座上"−"端子引线(棕白色导线)连接。

(2) 接通点火开关，无论触发叶轮的叶片是否进入气隙，电压表显示的电压都应接近于电源电压(当电源电压为 14.4V 时，输入电压应为 13V～13.5V；当叶片刚进入气隙时，虽然输入电压约为 10.3V，但会迅速上升到 13V～13.5V)。

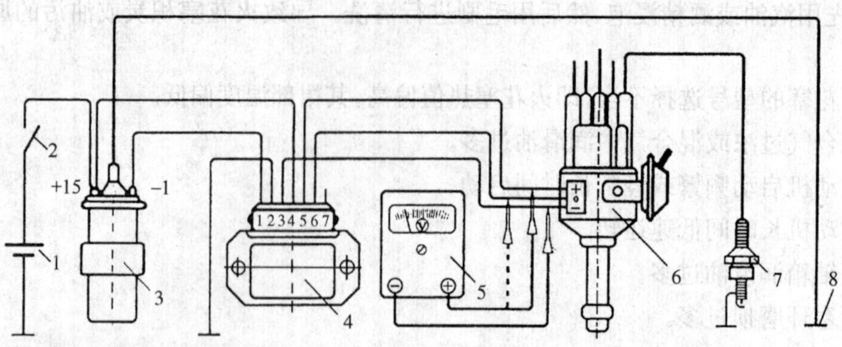

图 3-33　检测霍尔式信号发生器输入与输出电压

1—蓄电池；2—点火开关；3—点火线圈；4—点火控制器；5—电压表；6—分电器；7—火花塞；8—搭铁。

2. 检测输出电压

(1) 首先断开点火开关，然后将直流电压表正极改接到信号发生器插座 O 端子连接的引线上(绿白色信号输出线上)，如图 3-33 虚线所示。

(2) 接通点火开关，转动触发叶轮。当触发叶片进入气隙时，电压应为 9.8V，即比叶片刚进入气隙时的输入电压约低 0.5V；当触发叶片离开气隙时，电压应为 0.1V～0.5V。

如输入电压和输出电压与上述检测结果相符，说明信号发生器良好，否则说明有故障，应予更换新品。

(二) 磁感应式信号发生器的检修

磁感应式信号发生器线圈是否良好可用万用表检测信号线圈的电阻值进行判断。检测电阻值时，将万用表拨到电阻 $R\times1\Omega$(数字式万用表拨到 OHM×2kΩ)挡，两只表笔分别连接信号线圈引线端子进行检测，标准阻值应为(800±400)Ω。阻值为无穷大说明线圈断路，阻值过小说明线圈短路。无论断路或短路，都应更换新品。

信号发生器转子凸齿与定子磁头之间的气隙可用塞尺进行检查，标准气隙应为 0.2mm～0.4mm，否则应予调整。

磁感应式信号发生器的技术状态也可用交流电压表或万用表交流电压挡进行检查。方法是将万用表拨到交流电压 ACV×10V 挡，两只表笔分别连接分电器线束插座上信号线圈两端引线连接的端子，然后快速转动分电器轴，如万用表指示有 2V 左右的电压，说明信号发生器良好；如万用表指示电压为零，说明信号发生器有故障，应予修理或更换新品。

五、点火控制器的检修

电子控制器从车上拆下后，首先检查底部有无明显的烧蚀现象。如有烧蚀痕迹，说明控制器已经烧坏，应予更换新品。点火控制器类型不同，检修方法也不相同。下面分别以桑塔纳轿车霍尔式点火控制器和切诺基吉普车磁感应式点火控制器为例说明。

(一) 霍尔式点火控制器的检修

桑塔纳轿车霍尔式点火控制器可在汽车上进行检查，方法如下。

(1) 首先断开点火开关，然后拔下分电器上信号发生器的线束插头。

(2) 将直流电压表正极接点火线圈“＋15”端子，负极接点火线圈“－1”端子。

(3) 接通点火开关，电压表读数应为 6V 左右且在 1s～2s 内降低到 0V。如电压不下降到 0V 或保持 6V 不降低，说明点火控制器失效，应予更换新品。

(二) 磁感应式电子控制器的检修

切诺基吉普车磁感应式点火控制器检测线路如图 3-34 所示，检查方法如下。

(1) 用导线将四端子插座上的 C_1 端子搭铁。

(2) 在 C_4 端子与蓄电池正极之间串接一只小灯泡(2W/12V 左右)。

(3) 用导线将两端子插座上的 E_1、E_2 端子连接 12V 蓄电池正极。

(4) 在四端子插座的 C_2、C_3 端子之间连接 2V 左右的直流电压(两节 5 号电池也可)作为信号源，同时观察小灯泡工作情况。

(5) 对调 C_2、C_3 端子与 2V 电源的连接极性，如小灯泡一次发亮一次不亮，说明点火控制器良好；如对调前后小灯泡始终发亮或始终不亮，说明点火控制器失效，应予更换新品。

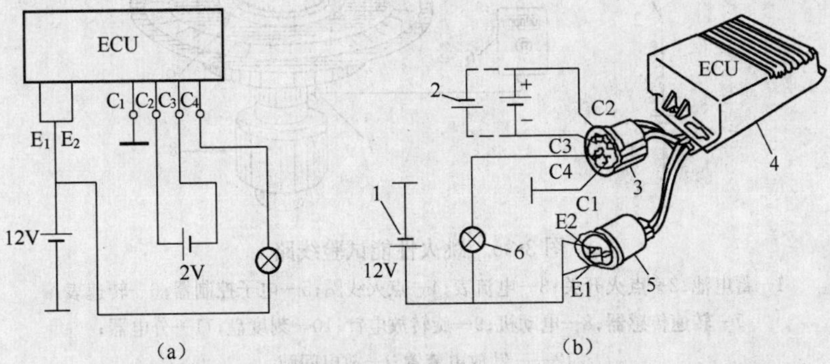

图 3-34 检查磁感应式电子控制器

(a) 检测原理图；(b) 检测线路图。

1—12V 电源；2—2V 电源；3、5—连接器插座；4—点火控制器；6—小试灯(2W/12V)。

六、电子点火装置的试验

为了保证发动机在最高转速时可靠点火，检修后的点火线圈、内装点火信号发生器的分电器和点火控制器应在电器试验台上进行跳火性能、点火配角和点火提前角试验。

(一) 跳火性能试验

跳火性能试验的目的是检验点火线圈产生的高压电在电极间隙之间发出火花的强度以及电火花的连续性，因此又称为火花强度试验。电子点火装置跳火性能试验线路如图 3-35 所示，试验方法如下。

(1) 将内装点火信号发生器的分电器固装在试验台上，并配用相应的电源和点火线圈。

(2) 用高压线将分电器的旁电极插孔分别与三针放电装置的电极连接。

(3) 将三针放电装置的电极间隙调到 10mm(电极间隙 1mm，约需击穿电压 1500V)。

(4) 先启动试验台拖动电机并以低速运转，将点火线圈加热到 60℃～70℃正常工作温度后，再将分电器转速调节到规定数值(一般为 3000r/min)，点火线圈应能在 30s 内连续地发出蓝色火花，且跳火响声清脆、无断火现象。

(二) 点火配角试验

点火配角通常称为火花间隔角度。点火配角应均匀，否则点火时刻就会提前或推迟。对 4 缸发动机而言，点火信号发生器转子每旋转 90°就应跳火一次；对 6 缸发动机而言，信号转子每旋转 60°就应跳火一次。如果 4 缸发动机的第一缸在 0°跳火，则其余各缸应分别在 90°、180°、270°处跳火。电子点火装置火花间隔角度试验线路如图 3-36 所示。试验方法如下。

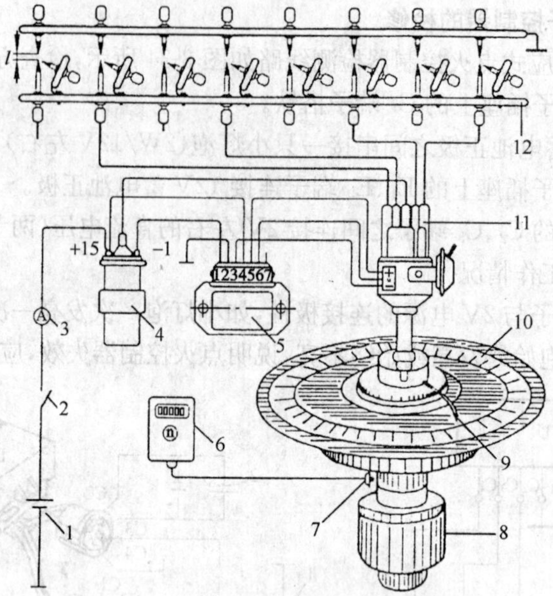

图 3-35　跳火性能试验线路

1—蓄电池；2—点火开关；3—电流表；4—点火线圈；5—电子控制器；6—转速表；7—转速传感器；8—电动机；9—旋转放电针；10—刻度盘；11—分电器；12—三针放电装置；l—放电间隙。

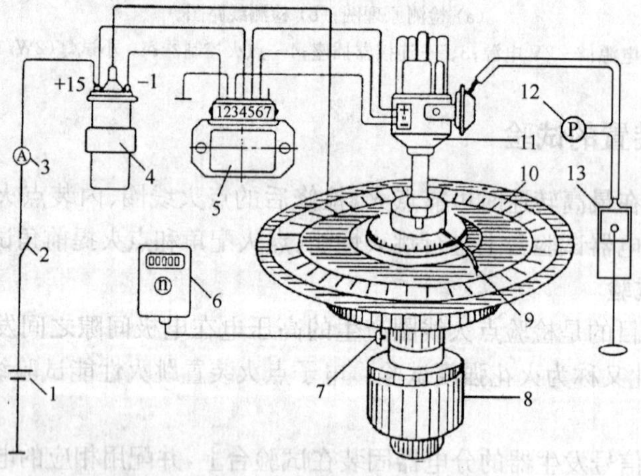

图 3-36　火花间隔角度试验线路

1—蓄电池；2—点火开关；3—电流表；4—点火线圈；5—电子控制器；6—转速表；7—转速传感器；8—电动机；9—旋转放电针；10—刻度盘；11—分电器；12—真空表；13—真空泵。

(1) 将点火线圈上的中央高压线连接到刻度盘旁边的插孔中，旋转放电针尖端与刻度盘之间设有 2mm～3mm 的间隙，放电针搭铁并与蓄电池负极相通。

(2) 启动试验台的拖动电机，并将分电器转速调到 50r/min～100r/min，观察试验台刻度盘上火花跳火间隔角度。以任意一缸为基准，其余各缸在刻度盘上跳火间隔角度的偏差值应不大于±1°。如角度偏差超过标准，通常是分电器轴松旷、弯曲所致。

(三) 点火提前角试验

点火提前性能试验的目的是检查离心提前装置和真空提前装置的调节性能。试验线路与火花间隔角度试验相同。

1. **离心提前性能试验**

进行离心提前性能试验时,真空提前装置上的真空管必须拆下。先将分电器转速调到最低转速(50r/min～100r/min),然后将刻度盘上的"0"对准某一个火花,再逐渐升高分电器转速,同时查看规定转速时的点火提前角是否符合规定标准。如不符合标准,可通过改变离心弹簧的弹力进行校正。如校正无效,则需更换离心弹簧。

2. **真空提前性能试验**

进行真空提前性能试验时,将分电器转速保持在1000r/min,使离心提前装置调节的点火提前角保持不变。然后抽动真空泵使真空度均匀地增大,再使真空度均匀地减小,同时查看规定真空度时的点火提前角是否符合规定标准。如不符合,可通过增减真空提前装置接头处的垫圈使弹簧的弹力改变进行校正。

第五节　电子点火系统故障诊断与排除

电子点火系统设计先进、工作可靠,使用中一般很少发生故障。当出现故障时,可按下述方法进行诊断与排除。

一、电子点火系统故障的诊断方法

当发动机不能启动或行驶中突然熄火而怀疑点火系统有故障时,可按下述程序进行诊断。

(1) 首先断开点火开关,然后拔出分电器盖上的中央高压线,并将其端头距发动机缸体5mm～7mm(注意距离不能过大,否则诊断结果有误)。

(2) 接通点火开关并使发动机转动,同时观察中央高压线端头与发动机缸体之间是否跳火。如有火花跳火,说明故障不在点火系统,可能是发动机燃油供给系统故障;如无火花跳火,则可断定点火系统有故障,可继续进行下述检查。

二、点火电源供电能力的诊断

当确定电子点火系统有故障时,可将系统分成电源(低压电源和高压电源)、控制部件和线路3部分进行检查。首先检查电源部分,方法如下。

(1) 断开点火开关,拆下点火线圈"－1"端子上的全部导线。

(2) 拔出分电器盖上的中央高压线并将其端头距发动机缸体5mm～7mm。

(3) 另取一根跨接线并将其一端接到点火线圈"－1"端子上,如图3-37所示,另一端在接通点火开关时短时搭铁(每次搭铁时间不得超过1s),然后断开(不搭铁),同时观察高压火花跳火情况。如有火花跳火,说明蓄电池和点火线圈工作良好,故障可能发生在点火控制部件,可继续进行检查。如无火花跳火,说明点火线圈、点火开关、蓄电池或低压线路有故障,应分别进行检查。

电子点火系统一般都采用高能点火线圈,没有设置初级电容。因此,间断搭铁的速度将直接影响跳火火花的强弱。为了防止人工操作跨接线使初级电流切断速度过慢而影响诊断结果,可在点火线圈"－1"端子与搭铁之间连接一只(0.25±0.10)μF的电容器C,以便提高初级电流的切断速度。

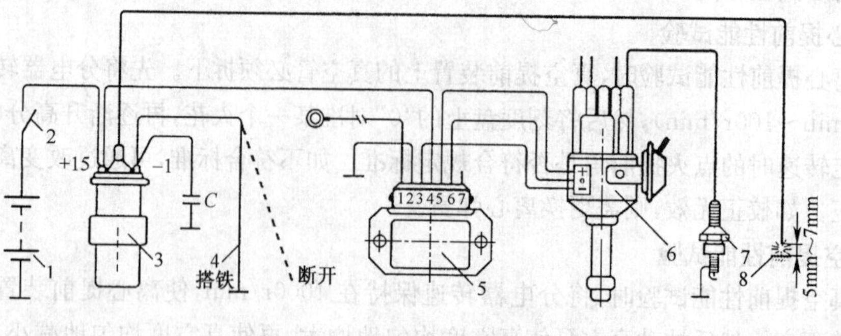

图 3-37　检查电源供电能力

1—蓄电池；2—点火开关；3—点火线圈；4—跨接线；5—电子控制组件；6—内装传感器的分电器；7—火花塞；8—发动机缸体；C—初级电容$(0.25\pm0.10)\mu F$。

三、点火控制部件故障的诊断

点火控制部件包括点火信号发生器和点火控制器，其技术状态好坏既可从车上拆下按前述零部件检修方法进行检查，也可在汽车上进行诊断。霍尔式点火系统诊断方法如下。

(1) 断开点火开关，拆下分电器盖。

(2) 转动曲轴使触发叶片离开霍尔式信号发生器气隙(如用起动机拖动发动机旋转，则在叶片位置调好后断开点火开关)。

(3) 拔出分电器盖上的中央高压线并将其端头距发动机缸体 5mm～7mm，如图 3-38 所示。

(4) 接通点火开关，用小螺丝刀或薄铁片在信号发生器气隙中轻轻插入和拔出(模拟触发叶片在气隙中运动)，同时观察高压线端头与发动机缸体之间是否跳火。如有火花跳火，说明控制部件工作良好。如无火花跳火，说明信号发生器、点火控制器或线路有故障。

为了确诊点火控制器与霍尔式信号发生器中谁有故障，常用旁路信号发生器的方法进行诊断，方法如下。

(1) 断开点火开关，拔下分电器盖上的中央高压线并将其端头距发动机缸体 5mm～7mm。

(2) 拔出分电器壳体上的线束插头，取一根跨接线，将其一端接在信号电压输出插片(绿白色导线所连接的插片)上，如图 3-39 所示。

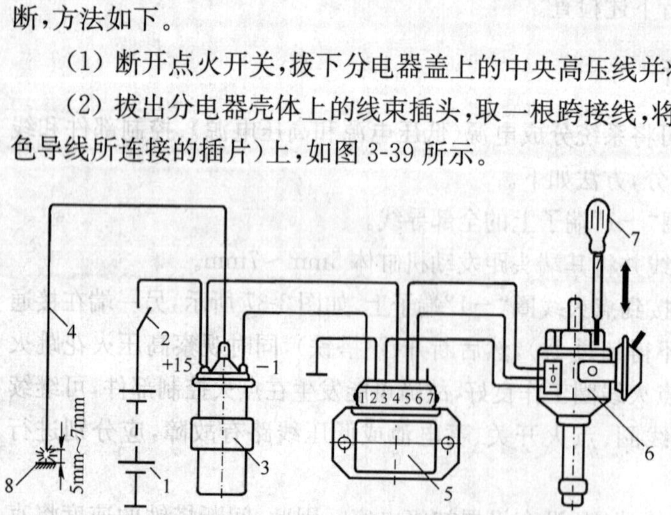

图 3-38　点火控制部件故障诊断

1—蓄电池；2—点火开关；3—点火线圈；4—高压线；5—点火控制器；6—分电器；7—螺丝刀；8—缸体。

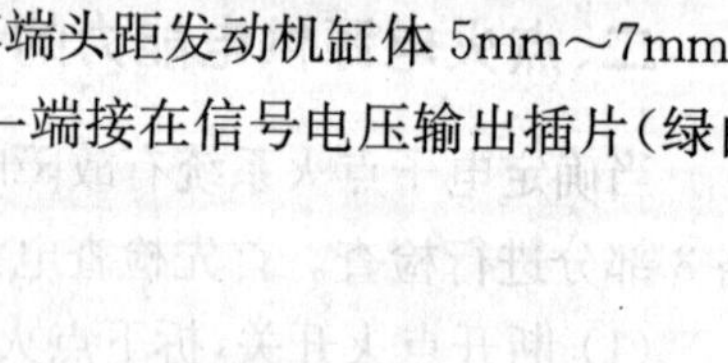

图 3-39　旁路霍尔式传感器的方法

1—跨接线；2—信号电压输出插片；3—分电器线束插头。

(3) 接通点火开关，将跨接线的另一端短时搭铁(时间不超过 1s)，同时观察跨接线搭铁瞬间，高压线端头与发动机缸体之间是否跳火。如有火花跳火，说明点火控制器良好，故障发生在霍尔式传感器。如无火花跳火，说明点火控制器及其线路故障。无论是传感器损坏，还是控制器损坏，都无法修理，只能更换新品。

思 考 题

(1) 点火系统必须满足哪些条件才能保证汽油发动机在各种工况和使用条件下都能可靠与适时点火？

(2) 什么是击穿电压？影响击穿电压的因素有哪些？

(3) 什么是点火提前角？影响最佳点火提前角的因素有哪些？

(4) 电子点火系统由哪些部件组成？

(5) 电子点火系统按储能方式分为哪些类型，按信号发生器类型分为哪些类型？

(6) 点火线圈的功用是什么，按结构型式不同分为哪些类型？

(7) 闭磁路式点火线圈具有哪些优点？

(8) 点火线圈的型号由哪几部分组成？各代号的含义是什么？

(9) 电子点火系统用分电器由哪几部分组成？点火信号发生器分为哪些类型？

(10) 什么是霍尔效应？霍尔式信号发生器由哪几部分组成？它具有哪些优缺点？

(11) 磁感应式信号发生器由哪几部分组成？它具有哪些优缺点？

(12) 霍尔效应式信号发生器和磁感应式信号发生器的信号电压是怎样产生的？

(13) 离心提前装置的功用是什么？怎样调节点火提前角？

(14) 真空提前装置的功用是什么？怎样调节点火提前角？

(15) 配电器的功用是什么？它由哪些部件组成？

(16) 分电器的型号由哪几部分组成？各代号的含义是什么？

(17) 火花塞的功用是什么？它由哪些部件组成？怎样正确选用火花塞？

(18) 什么是火花塞的“自净温度”？“热型”火花塞有何特点？“冷型”火花塞有何特点？

(19) 点火控制器具有哪些控制功能，基本功能是什么？限流控制的目的是什么？

(20) 怎样检修点火线圈和点火提前装置？

(21) 对点火装置进行跳火性能试验和点火提前性能试验的目的分别是什么？

(22) 怎样诊断电子点火系统故障？

第四章 照明与信号系统

为了保证汽车在夜间无光或微光条件下安全行驶，汽车上装备有照明系统。为使其他车辆和行人注意本车的行驶状况，保证车辆和行人安全，汽车上装备有灯光信号系统和音响信号系统。

第一节 汽车照明系统

汽车上装备有多种照明装置。目前，中高档轿车一般都装备有 20 只左右的外部照明灯和 40 只左右的内部照明灯。部分汽车照明灯的功率选配如表 4-1 所列。

表 4-1 部分汽车照明灯功率的选配表 (单位：W)

汽车型号	电压/V	前照灯		示宽	转向	牌照	制动	仪表	顶灯	其他灯具
		远光	近光							
奥迪 100	12	60	55	8	21	5	21	2	10	倒车灯 21、前防雾灯 55、前停车灯 4
切诺基	12	55	45	3.8	6.1	4.9	26.9	2.7	—	尾灯 6.1、警告灯 1.4
CA1091	12	60(外侧) 55(内侧)	55	5	21	5	21	2	5	后照灯兼倒车灯 21、临时停车示宽灯 3
EQ1090	12	50	35	20	20	8	20	2	5	前侧灯、后照灯 28、工作灯 20、发动机舱照明灯 8
BJ2020	12	50 (45)	40 (20)	8	20	8	20	2	8	防空与防雾灯 35、工作灯 8、阅读灯 2
NJ130	12	50 (45)	40 (20)	8	20	8	20	2	8	工作灯 20
NJ150	24	50 (55)	40 (35)	8	20	8	20	2	8	防雾灯 35、侧示宽灯 8
注：前照灯参数中，无括号者为真空度；括号内为白炽灯泡										

按照明灯的安装位置不同，既可分为前部照明灯和后部照明灯，也可分为外部照明灯和内部照明灯。前部照明灯的安装位置如图 4-1 所示，后部照明灯的安装位置如图 4-2 所示。外部照明灯主要有前照灯、防雾灯、牌照灯、倒车灯等；内部照明灯主要有仪表照明灯、阅读灯、顶灯等。在所有照明装置中，前照灯是最重要的照明装置。

为使汽车外形美观，目前各种汽车普遍采用组合式外部照明灯，图 4-3 和图 4-4 所示分别为桑塔纳 2000GSi 型轿车装备的组合前照灯和组合后灯。

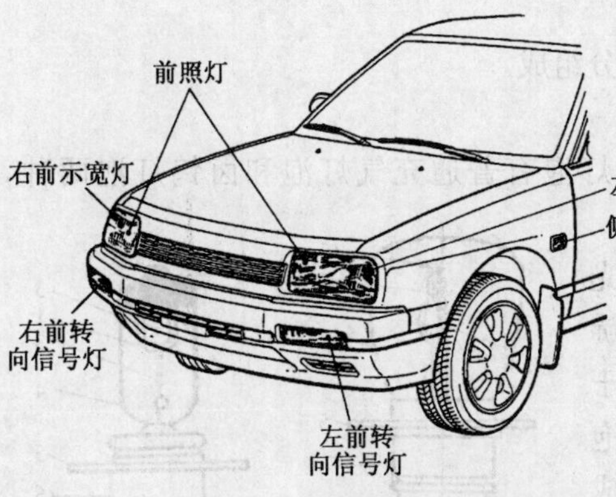

图 4-1 前部照明灯的安装位置

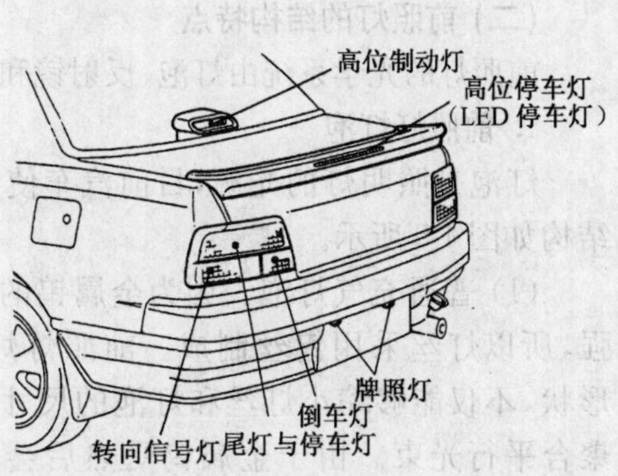

图 4-2 后部照明灯的安装位置

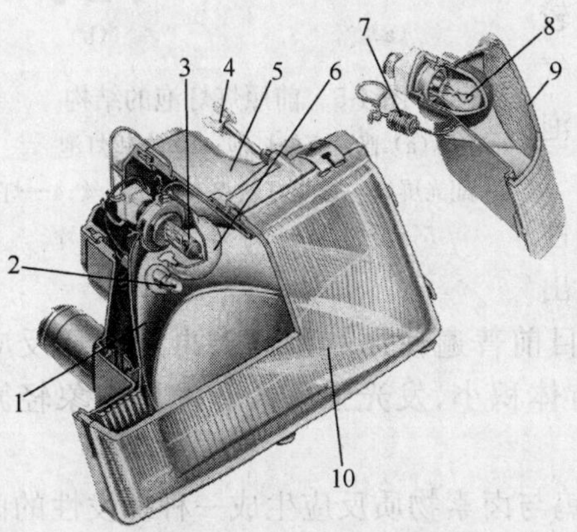
图 4-3 桑塔纳 2000GSi 型轿车组合前照灯

1—前照灯反射镜;2—驻车灯灯泡;3—前照灯灯泡;4—光束调整螺栓;5—灯体;6—遮光罩;7—拉簧;8—前转向灯灯泡;9—前转向灯配光镜;10—前照灯配光镜。

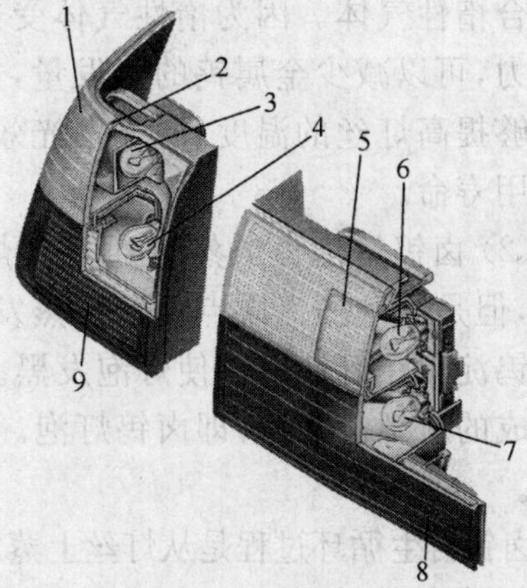
图 4-4 桑塔纳 2000GSi 型轿车组合后灯

1—后转向灯;2—后转向灯配光镜;3—后转向灯灯泡;4—制动灯与尾灯灯泡;5—倒车灯配光镜;6—倒车灯灯泡;7—后防雾灯灯泡;8—后防雾灯配光镜;9—制动灯与尾灯配光镜。

一、前照灯

前照灯俗称大灯,其功用是在夜间行车时照亮车前的道路及物体,同时可以利用远、近光变换信号超越前方车辆。在各型汽车的所有照明装置中,前照灯是最重要的照明装置,因此下面主要介绍前照灯的有关内容。

(一) 前照灯的基本要求

前照灯安装在汽车前部左右两侧,其照明效果直接影响夜间交通安全,为此世界各国都以法律形式规定了汽车前照灯的照明标准,其基本要求如下。

(1) 照明距离不低于 100m。前照灯应保证车前有明亮而均匀的照明,使驾驶员能够辨明车前 100m 以内路面上的任何障碍物。随着汽车行驶速度的提高,对前照灯的照明距离也越来越远,现代汽车的照明距离应当达到 200m～400m。

(2) 防止眩目功能。前照灯应具有防止眩目功能,以免夜间两车迎面相遇时,使对方驾驶员眩目而造成交通事故。

(二) 前照灯的结构特点

前照灯的光学系统由灯泡、反射镜和配光镜 3 部分组成。

1. 前照灯灯泡

灯泡是照明灯的光源，目前汽车使用的前照灯灯泡有普通充气灯泡和卤钨灯泡两种，结构如图 4-5 所示。

(1) 普通充气灯泡。因为金属钨的熔点高、发光强，所以灯丝采用钨丝制成。前照灯灯丝制成螺旋形状，不仅能够缩小灯丝和灯泡的尺寸，而且有利于聚合平行光束。由于金属钨受热后会蒸发，使灯泡的使用寿命缩短，因此在制造时先将玻璃泡内抽成真空，然后充入 86%左右的氩气和 14%左右的氮气的混合惰性气体。因为惰性气体受热膨胀会产生较大压力，可以减少金属钨的蒸发量，所以充入惰性气体能够提高灯丝的温度，增强发光效率，并延长灯泡的使用寿命。

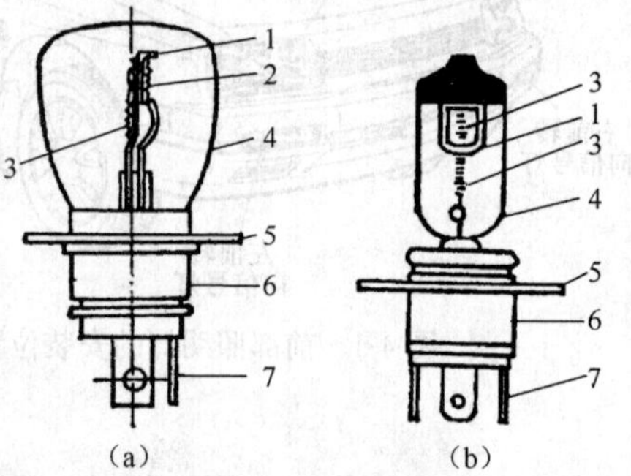

图 4-5 前照灯灯泡的结构

(a) 普通充气灯泡；(b) 卤钨灯泡。

1—配光屏；2—近光灯丝；3—远光灯丝；4—灯壳；5—定焦盘；6—灯头；7—电极插片。

(2) 卤钨灯泡。虽然普通充气灯泡充满了惰性气体，但是灯丝的钨质点仍然会蒸发损耗，且蒸发出来的钨淀积在灯泡上会使灯泡发黑。因此国内外目前普遍使用利用卤钨再生循环反应原理制成的新型电光源，即卤钨灯泡。卤钨灯泡具有体积小、发光强度大和发黑现象轻微的优点。

卤钨再生循环过程是从灯丝上蒸发出来的气态钨与卤素物质反应生成一种挥发性的卤化钨，当卤化钨扩散到灯丝附近的高温区域时又会分解，使钨重新回到灯丝上，被释放出来的卤素(指元素周期表上的氟、氯、溴、碘等卤族元素)继续扩散参与下一次循环反应，从而减少金属钨的蒸发量和灯泡发黑现象。

卤钨灯泡的灯壳采用机械强度较高、耐高温的石英玻璃或硬玻璃制成，因此充入惰性气体的压力较高，不仅能够抑制钨的蒸发，而且可以减少灯泡发黑现象。

目前，国内外普遍使用的卤素是溴和碘，分别称为溴钨灯泡和碘钨灯泡。我国使用的是溴钨灯泡。

2. 反射镜

前照灯灯泡的功率为 40W～60W，因此灯丝发出的光度有限。如无反射镜反射光束，则只能照亮汽车前方 6m 左右的路面。

反射镜的作用是将灯泡发出的光线聚合成平行光束导向前方，如图 4-6 所示。灯丝位于焦点上，所发出的绝大部分光线向反射镜照射到立体角度 ω 范围内，经反射镜反射成平行光束射向远方，使光束增强几百倍至几千倍，使汽车前方 150m～400m 范围内的路面和障碍物清晰可见。

反射镜由薄钢板模压或由玻璃、塑料制成旋转抛物面形状，如图 4-7 所示。反射镜的内表面镀有银、铝或铬，并采用抛光工艺加工，以提高发射能力。

3. 配光镜

为使照明范围内照度均匀，需要将反光镜反射出的平行光束进行整形，故在前照灯上配装有配光镜，又称为散光玻璃。

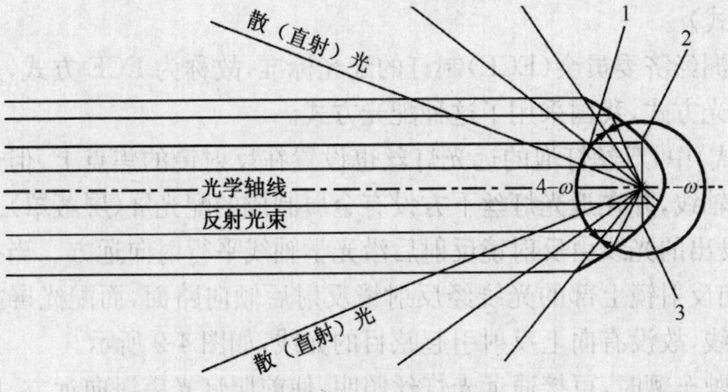

图 4-6 反射镜的作用
1—配光镜；2—反射镜；3—灯丝。

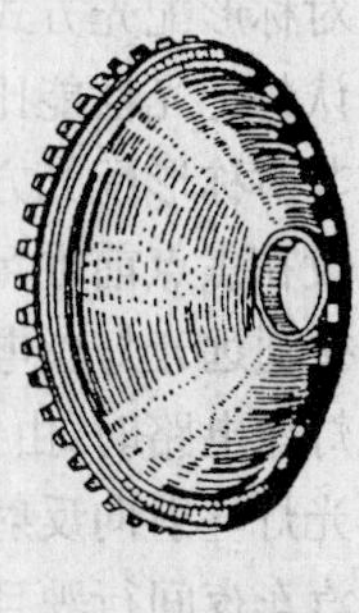

图 4-7 半封闭式
前照灯反射镜

配光镜的作用是将反射镜反射出的光束在水平方向扩散、在竖直方向向下折射，使前照灯照射符合配光法规要求。配光镜是由若干块棱镜和透镜组合而成，几何形状比较复杂，如图 4-8(a)所示。配光镜是用透光玻璃压制而成，外形一般为圆形、异形和矩形。当反射镜反射出的平行光束照射到凹透镜上时，凹透镜将使光束向水平方向散射，如图 4-8(b)所示；当平行光束照射到棱镜上时，棱镜将使光束向下折射，如图 4-8(c)所示。

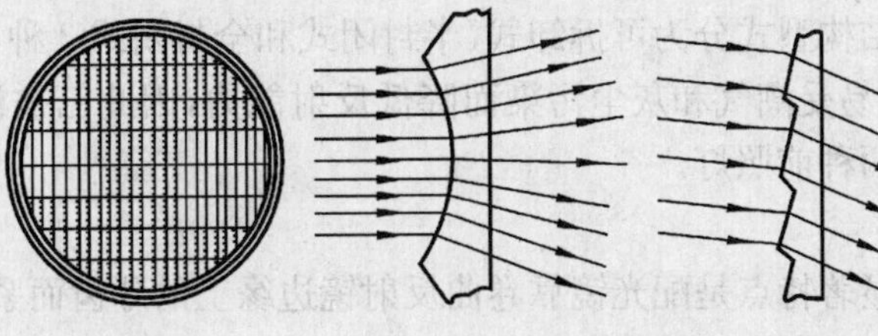

(a)　(b)　(c)

图 4-8 配光镜
(a)几何形状；(b)水平散射光束；(c)垂直折射光束。

(三) 前照灯的防眩措施

前照灯射出的强烈光束如果突然射入人的眼睛，就会使人眼瞳孔来不及收缩而本能地闭上眼睛或只能看见亮的东西，不能看到暗处的路面或障碍物，这种现象称为眩目。

夜间会车时，强光束会导致迎面车辆的驾驶员眩目而发生交通事故。为了避免驾驶员眩目，前照灯采用了双丝灯泡，从而保证夜间行车安全。双丝灯泡有两根灯丝，其中一根灯丝功率较大，为远光灯丝；另一根灯丝功率较小，为近光灯丝。

在国内外汽车用双丝灯泡的前照灯中，按近光灯配光方式不同，分为对称形和非对称形两种配光方式。

1. 对称形配光方式(SAE 方式)

对称形配光方式(SAE 方式)是美国汽车工程师学会(SAE)制订的配光标准。在 SAE 方式中，双丝灯泡的远光灯丝设置在反射镜的焦点上，近光灯丝设置在焦点上方并稍向右偏(从灯泡向反射镜观看)位置。美国和日本采用了这种配光方式。

当接通远光灯丝电路时，灯丝发出的光线由反射镜反射后沿光学轴线平行射向远方。当接通近光灯丝电路时，照射到反射镜上部的近光灯丝光线由反射镜反射后倾向路面，而照射到反射镜下部的近光灯丝光线由反射镜反射后将倾向上方，由于近光灯丝的大部分光线由反射镜反射后倾向路面，因此大大减小了对迎面车辆驾驶员的眩目作用。

2. 非对称形配光方式(ECE 方式)

非对称形配光方式是联合国欧洲经济委员会(ECE)制订的配光标准,故称为 ECE 方式,是世界公认的配光性能比较理想的配光方式,我国采用了这种配光方式。

在非对称形配光方式(ECE 方式)中,双丝灯泡的远光灯丝也设置在反射镜的焦点上,但近光灯丝设在焦点前方且稍高于光学轴线,并在近光灯丝下方设有金属制成的配光屏(屏蔽罩)。

当接通远光灯丝电路时,灯丝发出的光线由反射镜反射后沿光学轴线平行射向远方。当接通近光灯丝电路时,由近光灯丝射向反射镜上部的光线经反射镜反射后倾向路面,而配光屏挡住了近光灯丝射向反射镜下部的光线,故没有向上反射引起眩目的光线,如图 4-9 所示。

当汽车夜间行驶且迎面没有行驶车辆时,可接通远光灯丝照明,使前照灯光束射向远方,以便提高车速。当两车相遇时,应当接通近光灯丝照明,使光束倾向路面,车前 50m 内路面也能清晰可见,从而避免迎面车辆驾驶员眩目。

(四) 前照灯的分类

汽车前照灯可按装备数量和反射镜的结构型式进行分类。

前照灯按数量不同可分为四灯制和双灯制两种。安装两只前照灯称为双灯制,内装双丝灯泡。安装 4 只前照灯称为四灯制,外侧两只采用双丝灯泡,内侧两只采用单丝(远光灯丝)灯泡。当需要使用远光照明时,4 只灯泡同时发亮,用以增强照明效果。

前照灯按反射镜的结构型式分为可拆卸式、半封闭式和全封闭式 3 种。由于可拆卸式前照灯的气密性不良,反射镜易受潮气和灰尘污染而降低反射能力,因此已被淘汰。汽车目前大都采用半封闭式和封闭式两种前照灯。

1. 半封闭式前照灯

半封闭式前照灯的显著特点是配光镜靠卷曲反射镜边缘上的牙齿而紧固在反射镜上,反射镜结构如图 4-7 所示。配光镜与反射镜之间垫有橡皮密封圈,灯泡只能从反射镜后端装入。半封闭式前照灯的优点是灯泡灯丝烧断后,可以直接更换灯泡,因此目前仍被各国采用。其缺点是密封不良。

2. 全封闭式前照灯

全封闭式前照灯又称为真空灯,结构如图 4-10 所示,其反射镜和配光镜熔焊为一个整体形成灯泡,内部充以惰性气体,灯丝焊在反射镜底座上。反射镜的反射面采用真空镀铝工艺进行处理。全封闭式前照灯的优点是密封性能好,反射镜不会受到大气中灰尘和潮气的污染,反射效率高,使用寿命长。其缺点是灯丝烧坏后,需更换整个总成,因此使用成本较高。

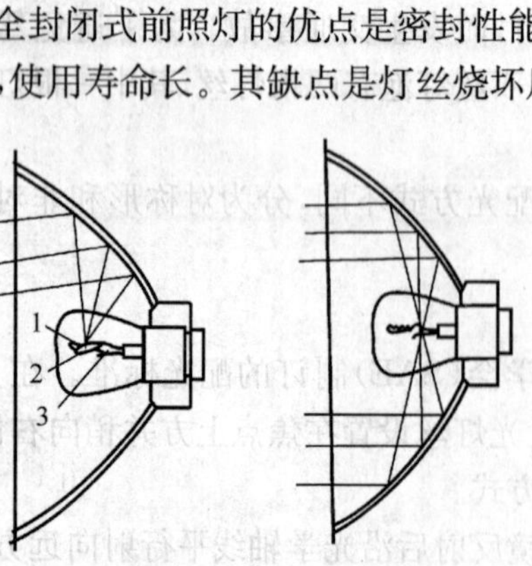

图 4-9 具有配光屏的双丝灯泡

(a) 近光接通时;(b) 远光接通时。

1—近光灯丝;2—配光屏;3—远光灯丝。

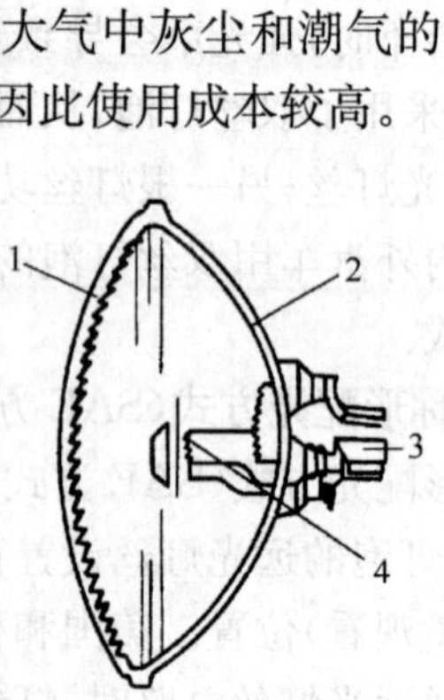

图 4-10 全封闭式前照灯的结构

1—配光镜;2—反射镜;3—插头;

4—灯丝。

(五) 前照灯光束的检测与调整

为了保证夜间行车安全,在汽车定程维护过程中,应对前照灯光束照射的方向和距离进行检测和调整。

前照灯的光束可用测试仪或屏幕进行检测与调整。其中利用屏幕检测调整的方法简便、应用较广,现简要介绍如下。

(1) 将汽车轮胎气压调整到符合标准规定,前照灯表面清洁,汽车空载。

(2) 将汽车置于黑暗空间内平坦的地面上,前照灯距屏幕距离 10m,屏幕垂直于地面且与前照灯表面平行。

(3) 在屏幕上画出前照灯的水平中心线 H-H 和垂直中心线 V-V,如图 4-11 所示。

(4) 遮住一侧前照灯或将其电路插接器拔开,拆除前照灯的塑料装饰罩,拧动其调整螺钉,直到符合图 4-11 所示要求为止。

对不同车型而言,图 4-11 中所示 L、H、A 等值是不同的。例如,解放 CA1091 型汽车的参数为 L=1320mm,H=1035mm,A=207mm~259mm,a=104mm,l=165mm,l'=35mm;东风 EQ1090 型汽车参数为 L=1035mm,H=1086mm,A=262mm;东风 EQ1092 型汽车参数为 L=1110mm,H=1140mm,A=262mm。

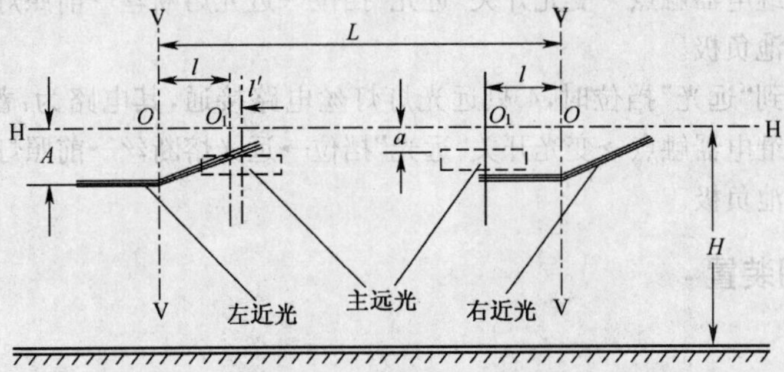

图 4-11 前照灯光束的检测与调整

L—前照灯中心距;H—前照灯中心高度;A—光束明暗分界线偏移量;

a—单远光灯光束亮区偏移量;l—单侧两灯中心距;l'—左侧主远光中心偏移量。

解放 CA1091 型汽车采用四灯制和 ECE 配光方式的非对称防眩前照灯,在 4 只前照灯中,外侧两只为双丝(远光、近光)灯泡,内侧两只为单丝(远光)灯。当远光电路接通时,4 只前照灯远光灯丝全亮。内侧两只远光灯的调整光束如图 4-11 虚线部分所示。

东风 EQ1090 型汽车也装有 4 只前照灯,但仍为双灯制,内侧两只为前照灯,配装双丝灯泡,外侧两只是单丝灯泡,为辅助前照灯,又称为侧灯,供夜间山区或转弯行驶使用,受灯总开关第 3 挡控制。

(六) 前照灯控制电路

各型汽车前照灯的控制电路大同小异,解放 CA1091 型汽车前照灯的控制电路如图 4-12 所示。

灯光继电器的作用是保护车灯开关。因为前照灯消耗的电流较大,每只前照灯灯丝电流一般都在 4A 左右,而车灯开关触点允许流过的电流有限,因此采用了灯光继电器直接控制前照灯电流。

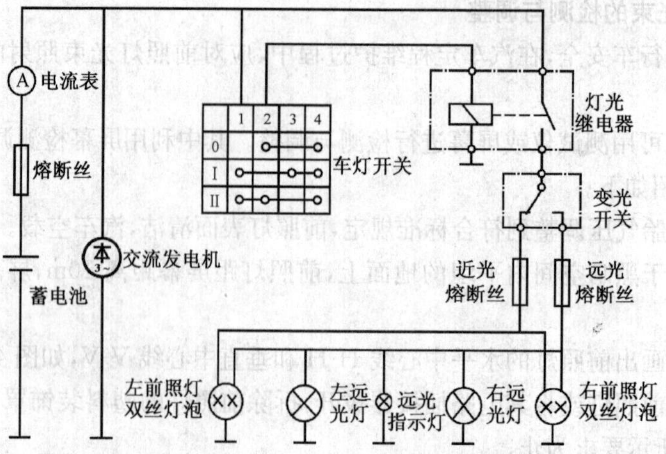

图 4-12 解放 CA1091 型汽车前照灯控制电路

当车灯开关接通前照灯电路时，只接通灯光继电器线圈电路，灯光继电器触点闭合，前照灯电流经继电器触点流向前照灯灯丝，而不流过车灯开关，从而防止车灯开关的触点烧蚀。

当变光开关拨到“近光”挡位时，两只近光灯灯丝电路接通，其电路为：蓄电池正极→易熔线→电流表→灯光继电器触点→变光开关“近光”挡位→近光熔断丝→前照灯左、右共两只近光灯丝→搭铁→蓄电池负极。

当变光开关拨到“远光”挡位时，4 只远光灯灯丝电路接通，其电路为：蓄电池正极→易熔线→电流表→灯光继电器触点→变光开关“远光”挡位→远光熔断丝→前照灯左、右共 4 只远光灯丝→搭铁→蓄电池负极。

二、其他照明装置

(一) 防雾灯

防雾灯又称为雾灯，其功用是在雾天、下雪天、下雨天或沙尘暴天气以及尘埃弥漫导致能见度较低时，照明道路并为其他车辆和行人提供指示信号。防雾灯的显著特点是光色为黄色或橙色，因为黄色或橙色的光波较长，所以透雾性能较强。

防雾灯的结构与前照灯相似，采用单丝灯泡，每车装备一或两只，安装位置比前照灯稍低，一般距离地面约 50cm 左右，照射出的光线倾斜度较大。

(二) 外部照明灯

1. 牌照灯

牌照灯的功用是照亮汽车牌照，发光为白色。牌照灯安装在汽车牌照上部，一般采用 5W～10W(电流小于 1A)的灯泡进行照明。

牌照灯受停车灯开关和前照灯开关控制。当其中一个开关接通，牌照灯电路即可接通发亮，指示车辆牌照号码。

2. 倒车灯

倒车灯的功用是提供夜间倒车照明。当汽车倒行时，照亮车后路面和障碍物，以便安全倒车。同时可向其他车辆和行人发出倒车警告(有的汽车还增加了倒车蜂鸣器)。

倒车灯受倒车灯开关控制。倒车灯开关一般都安装在变速器上，当挂上倒挡时，倒车灯开关将电路接通而使倒车灯发亮。

倒车灯一般采用 20W 左右(电流约为 2A)的灯泡进行照明。

(三) 内部照明灯

1. 顶灯

顶灯的功用是满足汽车内部照明。顶灯安装在车厢或驾驶室内顶部,一般采用 5W～10W 的灯泡进行照明。

2. 仪表灯

仪表灯的功用是照亮汽车仪表盘,以便驾驶员看清仪表显示的信息。仪表灯安装在仪表盘上,一般采用 2W 左右的灯泡进行照明。

除此之外,为了便于驾驶员阅读资料和使用说明书,在驾驶室安装有阅读灯;为了便于夜间检修车辆,设有工作灯与工作灯插座。有的汽车在发动机舱还安装有发动机罩下灯,其功用与工作灯相同。

(四) 防空照明灯

为了防止汽车在战争环境条件下行驶时遭到空袭,部分汽车如国产东风 EQ2102N/G 型汽车除了装备普通照明系统之外,还装备有防空照明灯,简称防空灯。防空灯有前防空灯和后防空灯两种,均为外装式结构。

前防空灯一般安装在汽车前保险杠左上方(从车前视),灯泡为白炽灯泡,其发光面不是配光镜整个表面,而是用罩盖将配光镜罩住并只露出一个水平长方孔或圆孔透光,有的还用鸭舌帽沿遮住射向天空的光线,如北京 BJ2020SJ、BJ2020VJ 系列吉普车。

后防空灯由防空制动灯和防空后位灯组合在一个灯壳内构成,一般安装在汽车右部尾灯支架上(从车后视),两种灯均发红光。防空制动灯和防空后位灯在壳体内用不透明隔板隔开,配光镜用罩盖罩住并露出透光孔,从而达到防空目的。

(五) 光纤照明装置

光纤照明装置是一种远距离传输光线的装置,它以普通车用灯泡为光源,让光线通过光导纤维传到末端发出微光照亮一定范围。在只需要微弱光线且不便安装灯泡的地方如仪表表面、烟灰盒、门锁孔等处,往往采用光纤照明。光纤照明装置由光导纤维和照明灯组成,如图 4-13 所示。

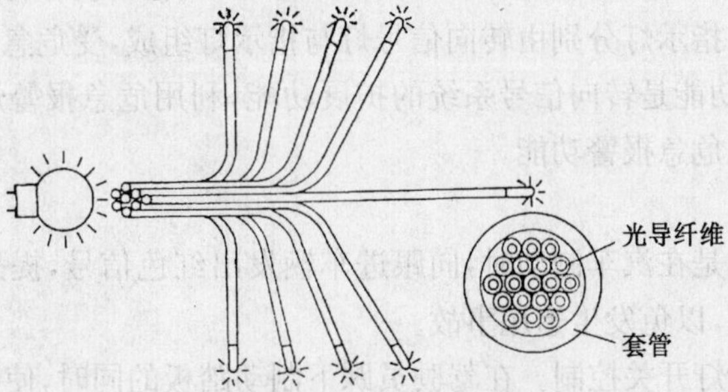

图 4-13 光纤照明装置

光导纤维由有机玻璃丝制成,其外部包有具有隔光作用的透明聚合物质。当灯泡产生的光线通过光导纤维时,在其内部经过多次反射,曲折前进而传到末端即可达到照明目的。

将多根光导纤维组合在一起就组成了光缆。光缆外部包有不透明的软管,可以任意弯曲或扭转而不会影响光线的传输。增加光导纤维的数量就可增加光缆输出端的亮度,故在不便甚至无法安装灯泡的地方已得到广泛应用。

第二节　灯光信号系统

汽车采用的信号装置分为灯光信号和音响信号两种。灯光信号装置包括各种指示灯和控制装置。指示灯有转向信号灯与指示灯、危急报警信号灯及指示灯、制动信号灯、示宽灯、尾灯、停车灯和门控灯等；音响信号装置包括喇叭、蜂鸣器和语音倒车报警器等。

一、信号灯与指示灯

为了便于其他车辆和行人了解本车运行状况，汽车配装有各种信号灯和指示灯。常用信号灯和指示灯有以下几种。

1. 转向信号灯

转向信号灯又称为转向灯。转向信号灯的功用是当汽车转弯时，在闪光器（一种使信号灯和指示灯闪烁发光的装置）的控制下，向其他车辆和行人发出明暗交替的闪烁信号，指示汽车向左或向右的行驶方向。

转向信号灯一般采用功率为20W左右的白炽灯泡，受转向灯开关和闪光器控制。转向信号灯安装在汽车前部、后部和中部左右两侧，每车一般采用4只或6只（侧转向灯2只，功率8W～10W）。近年来，为了警示行人、保证安全，部分车身较长的大客车采用的转向信号灯多达10只，前部和后部4只信号灯功率为20W，侧转向灯6只功率为8W～10W。

通常将前转向信号灯和示宽灯制成双丝灯泡，其中功率较大（20W左右）的灯丝用于转向信号灯，功率较小（8W左右）的灯丝用于示宽灯。后转向信号灯与尾灯通常也制成双丝灯泡。

2. 转向指示灯

转向指示灯的功用是向驾驶员指示汽车转向方向和转向信号灯工作情况。转向指示灯安装在驾驶室仪表盘上，每辆汽车安装1只～2只，受转向灯开关和闪光器控制。

3. 危急报警信号灯与指示灯

在汽车行驶过程中，如遇危险或紧急情况，可将危急报警信号灯开关接通，使前、后、左、右及两侧转向信号灯和仪表盘上的转向指示灯同时闪烁，向其他车辆和行人发出报警信号。

危急报警信号灯与指示灯分别由转向信号灯与指示灯组成，受危急报警灯开关和闪光器控制。实际上，危急报警功能是转向信号系统的扩展功能，利用危急报警灯开关将左右转向信号灯电路同时接通来实现危急报警功能。

4. 制动信号灯

制动信号灯的功用是在汽车制动时，向跟进车辆发出红色信号，提醒跟进车辆驾驶员采取相应措施（减速或躲避），以免发生追尾事故。

制动信号灯受制动灯开关控制。在驾驶员踩下制动踏板的同时，使制动灯开关将制动信号灯电路接通而发出红色信号。

5. 示廓灯

示廓灯是示宽灯与示高灯的统称。其功用是在汽车夜间行驶时，分别指示汽车的宽度和高度。

示宽灯又称为前小灯，安装在汽车前部两侧边缘上。示高灯配装在载货汽车和大客车上，安装在汽车前、后、左、右的外侧顶部，能够指示车身高度和顶部宽度位置。

6. 停车灯

停车灯的功用是指示汽车夜间停放的位置。汽车前后各两只，通常将示宽灯兼作停车灯。

7. 门控灯

门控灯的功用是指示车门的开闭状况。通常将顶灯兼作门控灯。

门控灯受车门轴处的门控开关控制。当车门关闭时，门控开关断开，门控灯熄灭；当车门打开时，门控开关接通，门控灯发亮照明车内空间，以便乘员入座。

8. 尾灯

尾灯的功用是在夜间行车时，提醒跟进车辆保持一定距离。尾灯安装在汽车尾部左右两侧，受车灯开关控制。

现代汽车特别是小轿车外形美观、流线型好，普遍都将汽车后部的后转向信号灯、制动灯、倒车灯和尾灯等组合在一起构成组合后灯，而将前照灯、防雾灯和前转向信号灯等组合在一起构成组合前灯。

二、闪光器

在转向信号系统或危急报警信号系统中，控制信号灯和指示灯闪烁发光的装置称为闪光继电器，简称闪光器。

闪光器按结构不同可分为电热式、电容式、水银式、电子式闪光器等几种类型。国产汽车目前使用较多的有电热式和电子式两种。

电热式闪光器又称为热丝式闪光器，具有结构简单，成本低廉的优点，仍有部分载货汽车采用。由于电热式闪光器闪光频率不稳定，使用寿命短，因此载货汽车和小轿车目前普遍采用闪光频率稳定，使用寿命较长的电子式闪光器。

(一) 电热式闪光器

1. 电热式闪光器结构组成

电热式闪光器的结构如图 4-14 所示，主要由电热丝、电磁铁机构、触点总成和附加电阻组成。

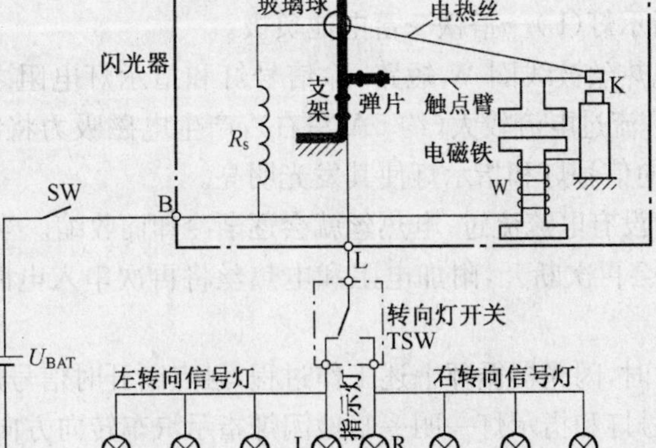

图 4-14 电热式闪光器

U_{BAT}—电源电压；SW—点火开关；TSW—转向灯开关；R_s—附加电阻丝；K—触点；W—线圈；LF—左前转向信号灯；LS—左侧转向信号灯；LR—左后转向信号灯；RF—右前转向信号灯；RS—右侧转向信号灯；RR—右后转向信号灯；L—左转向指示灯；R—右转向指示灯。

电热丝由镍—铅合金丝制成，电阻值为 $R_h = 2\Omega$ 左右。电热丝一端与活动触点 K 连接，另一端与附加电阻丝一起熔接在玻璃球内，玻璃球绝缘支撑在金属支架上并将电热丝拉紧，使触点 K 处于常开状态。

附加电阻 R_s 由镍铬合金丝绕制成螺旋形状，阻值为 $R_s = 10\Omega$ 左右。附加电阻丝一端与电热丝一起熔接在玻璃球内，另一端与闪光器电源端子 B 连接(B 端子连接点火开关)。

触点臂一端焊接活动触点 K 并与电热丝连接，另一端用弹片铆接在金属支架上，金属支架铆接在绝缘胶木底板上，并与闪光器接线端子 L 连接(L 端子连接转向灯开关以及转向信号灯和指示灯)。

当闪光器不工作时，弹片的弹力小于电热丝的拉力，因此触点 K 处于常开状态。

电磁铁机构由铁芯和线圈组成。铁芯为工字形铁芯，固定在胶木底板上，线圈 W 绕在铁芯上，电阻值为 $R_w = 0.2\Omega$。线圈一端焊接在静触点支架上，静触点支架铆接在胶木底板上，另一端与闪光器电源端子 B 连接。

2. 电热式闪光器工作原理

镍铅合金丝制成的电热丝的显著特点是线性膨胀系数较大。当电热丝通过电流时，就会受热伸长使触点 K 闭合；当电热丝电流切断时，就会冷却收缩使触点 K 断开。电热式闪光器就是利用镍铅合金丝热胀冷缩这一原理来工作的。

在汽车行驶过程中需要转向时，接通转向灯开关 TSW(设向左转弯)如图 4-14 所示，闪光器工作电路为：蓄电池正极→点火开关 SW→闪光器电源端子 B→附加电阻 R_S→电热丝→触点臂→弹片→闪光器信号灯端子 L→转向开关 TSW→左前(LF)、左侧(LS)、左后(LR)转向信号灯和仪表板上的左转向指示灯(L)→搭铁→蓄电池负极。

由于附加电阻 R_S 和电热丝串接在电路中，除信号灯和指示灯电阻之外，电路的电阻为 $R = R_s + R_h = 10\Omega + 2\Omega = 12\Omega$，因此流过转向信号灯和指示灯的电流较小，灯泡不能发光或发光暗淡。

当电热丝通电一段时间(约 0.5s)后就会受热膨胀而伸长，使触点 K 闭合。触点闭合时闪光器电路为：蓄电池正极→点火开关 SW→闪光器电源端子 B→电磁铁线圈 W→触点 K→触点臂→弹片→闪光器接线端子 L→转向开关 TSW→左前(LF)、左侧(LS)、左后(LR)转向信号灯和仪表板上的左转向指示灯(L)→搭铁→蓄电池负极。

此时附加电阻和电热丝被线圈 W 短路，除信号灯和指示灯电阻之外，电路的电阻为 $R = R_x = 0.2\Omega$，所以线圈 W 流过电流较大(约 5A 左右)，产生电磁吸力将触点 K 紧紧吸闭。与此同时，线圈电流流过转向信号灯和指示灯使其发光明亮。

若电热丝被短路时没有电流流过，电热丝就会逐渐冷却而收缩。当其收缩的拉力大于弹片的作用力时，触点 K 就会再次断开，附加电阻和电热丝将再次串入电路中，转向信号灯和指示灯灯光又会变暗。

当转向灯开关接通时，闪光器循环上述工作过程，触点断开时信号灯熄灭，触点闭合时信号灯发亮，从而使转向信号灯和指示灯一明一暗地闪烁指示汽车转向方向。

转向灯的闪光频率为 60 次/min～120 次/min。如果信号灯闪光频率过高或过低，可通过用尖嘴钳调节弹片的弹力，改变其对电热丝的拉力进行调整。

(二) 分立元件式闪光器

电子式闪光器是根据电容器充放电原理来工作的。现代汽车用电子式闪光器一般都带有继电器，由分立元件与继电器组成的电子式闪光器电路如图 4-15 所示，主要由三极管 VT 组成的开关电路和一只继电器J组成。

在汽车行驶过程中需要转向时，接通转向灯开关TSW(设向左转弯)如图4-15所示，闪光器工作电路为：蓄电池正极→点火开关SW→闪光器电源端子B→电阻R_1→继电器J的常闭触点K→闪光器接线端子S→转向灯开关TSW→左前(LF)、左侧(LS)、左后(LR)转向信号灯和仪表板上的左转向指示灯(L)→搭铁→蓄电池负极。此时常闭触点K闭合，左转向信号灯和指示灯因流过电流较大而发亮。

当电流通过R_1时，在R_1上产生电压降，三极管VT正向偏置而导通，集电极电流I_c通过继电器J的线圈，使继电器常闭触点K立即断开，左转向信号灯熄灭。

在三极管VT导通的同时，其基极电流向电容器C充电。充电电路为：蓄电池正极→点火开关SW→接线端子B→三极管VT发射极→基极b→电容器C→电阻R_3→接线端子S→转向灯开关TSW→左前(LF)、左侧(LS)、左后(LR)转向信号灯和仪表板上的左转向指示灯(L)→搭铁→蓄电池负极。随着电容器充电时间增长，积累的电荷增多，充电电流I_{ch}逐渐减小，三极管VT集电极电流I_c随之减小。当集电极电流减小到不足以维持继电器衔铁吸合而释放时，继电器J的常闭触点就会再次闭合，转向信号灯再次发亮。

转向信号灯再次发亮时，电容器C通过电阻R_2、继电器J的常闭触点K和电阻R_3放电。放电电流在R_2上产生的电压降为三极管VT提供反向偏压，加速三极管VT截止，使继电器J的常闭触点迅速断开，转向信号灯再次熄灭。

当放电电流接近零时，R_1上的电压降又为三极管VT提供正向偏压使三极管导通。这样，电容器C不断地充电和放电，三极管VT就不断地导通与截止，控制继电器的触点K循环闭合与断开，使转向信号灯和指示灯闪烁发光指示转向方向。

(三)集成电路式闪光器

上海桑塔纳轿车用德国西门子公司制造的电子闪光器电路原理如图4-16所示。其核心器件是一块低功耗、高精度的汽车电子闪光器专用集成电路U243B。

专用集成电路U243B的标称电压为12V，实际工作电压范围为9V～18V，采用双列8脚直插塑料封装，其引脚及内部电路框图如图4-16所示。内部电路主要由输入检测器SR、电压检测器D、振荡器Z及功率输出级SC 4部分组成。

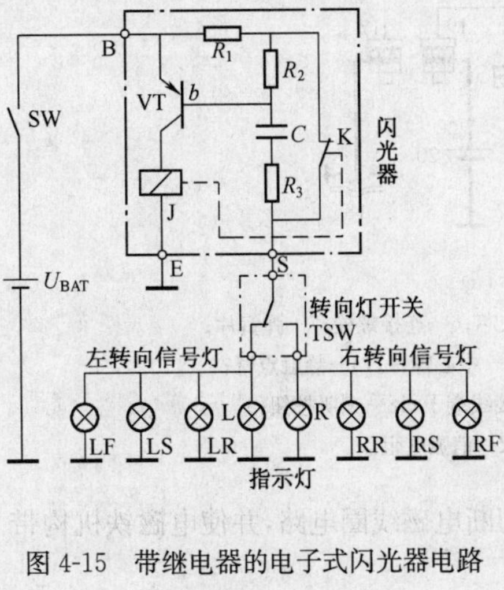

图4-15 带继电器的电子式闪光器电路

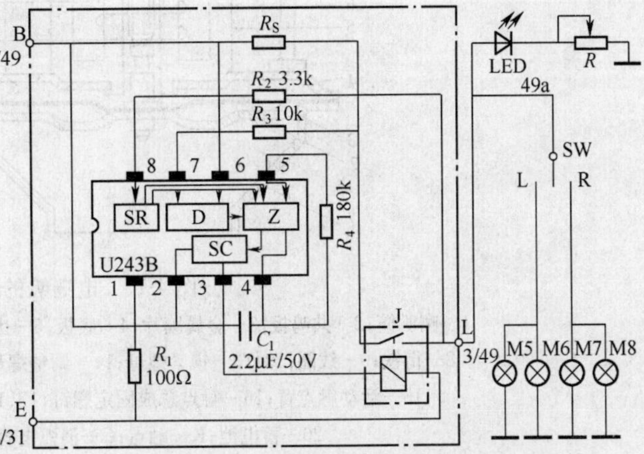

图4-16 有触点集成电路闪光器

SR—输入检测器；D—电压检测器；Z—振荡器；SC—输出级；

R_S—取样电阻；J—继电器。

输入检测器用来检测转向信号灯开关是否接通。振荡器由一只电压比较器和外接电阻 R_4 及电容器 C_1 构成。内部电路给比较器的一端提供了一个参考电压(其值高低由电压检测器控制),比较器的另一端则由外接电阻 R_4 及电容器 C_1 提供一个变化的电压,从而使电路产生振荡。

振荡器工作时,输出级控制继电器线圈的电路,使继电器触点循环断开与闭合,从而使转向信号灯和转向指示灯(发光二极管)以 80 次/min 的频率闪烁发光。

如果一只转向信号灯烧坏,则流过取样电阻 R_S 的电流减小,其电压降低,经电压检测器识别后,控制振荡器中电压比较器的参考电压,从而改变振荡(闪光)频率,此时转向指示灯的闪光频率将加快一倍,提醒驾驶员及时检修更换灯泡。

第三节　音响信号系统

汽车装备音响信号装置的功用是引起行人和其他车辆的注意,保证行车安全。汽车采用的音响信号装置主要包括喇叭、蜂鸣器和语音倒车报警器等。

一、电喇叭

电喇叭是利用电磁转换原理使金属膜片产生振动而发出音响信号的装置。汽车用喇叭分为电喇叭和气喇叭两种,现代汽车普遍采用电喇叭。电喇叭又分为筒形电喇叭、盆形电喇叭和电子式(无触点)电喇叭 3 种。

(一) 筒形电喇叭的结构原理

筒形电喇叭又称为螺旋形电喇叭,结构如图 4-17 所示。主要由喇叭筒、金属膜片、山形铁芯、电磁线圈、触点 K 等组成。

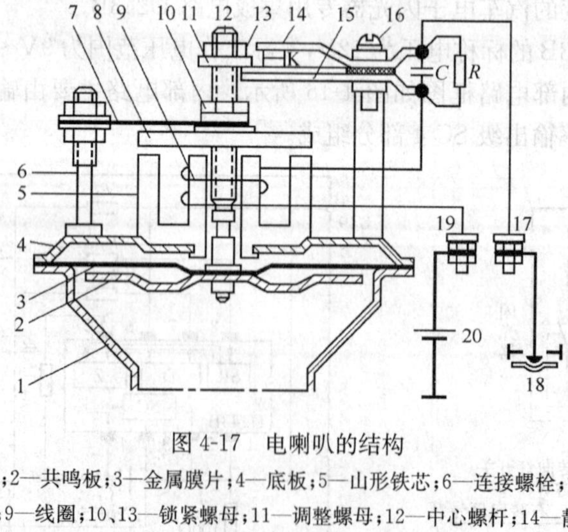

图 4-17　电喇叭的结构

1—喇叭筒;2—共鸣板;3—金属膜片;4—底板;5—山形铁芯;6—连接螺栓;7—弹簧片;8—衔铁;9—线圈;10、13—锁紧螺母;11—调整螺母;12—中心螺杆;14—静触点臂;15—活动触点臂;16—触点总成固定螺钉;17、19—接线端子;18—喇叭按钮;20—蓄电池;K—触点;C—消弧电容器;R—消弧电阻。

电喇叭的工作过程是利用触点闭合与断开来接通与切断电磁线圈电路,并使电磁铁机构带动金属膜片振动而发出音响信号。

当按下喇叭按钮时，电磁线圈电流接通，其电路为蓄电池正极→接线端子19→电磁线圈9→活动触点臂15→触点K→固定触点臂14→接线端子17→喇叭按钮18→搭铁→蓄电池负极。

当电流流过电磁线圈时，山形铁芯被磁化，产生电磁吸力吸引衔铁8向下移动，与此同时，中心螺杆上的调整螺母11带动活动触点臂15下移使触点K断开。

当触点K断开时，电磁线圈电路切断，电磁吸力消失，在弹簧片7和金属膜片3的弹力作用下，衔铁上移复位，触点K再次闭合。

当触点K再次闭合时，电磁线圈电路再次接通，山形铁芯又被磁化并吸引衔铁8向下移动使触点K再次断开。只要按下喇叭按钮不放松，触点和电磁线圈就会重复上述工作过程使衔铁上下循环移动，并带动金属膜片3振动而发出一定频率(300Hz～450Hz)和音调的声波经喇叭筒发出音响信号。

共鸣板2与膜片3刚性连接，其功用是在膜片振动时发出伴音，使声音更加悦耳。消弧电容器C和消弧电阻R与喇叭触点并联连接，其作用都是减小触点火花。有的喇叭只采用一只电阻或只采用一只电容器。

当松开喇叭按钮时，线圈电流切断，电磁吸力消失，衔铁停止振动，喇叭停止发音。

(二) 盆形电喇叭的结构原理

筒形电喇叭体积和质量较大，一般装备载货汽车。盆形电喇叭体积和质量较小，小轿车普遍采用，桑塔纳系列轿车就采用了盆形电喇叭。

盆形电喇叭也是利用电磁转换原理使金属膜片产生振动而发出音响信号的。盆形电喇叭的结构如图4-18所示，主要由电磁铁机构、触点总成和金属膜片组成。

电磁线圈2绕在固定铁芯1上，固定铁芯中空，导杆可在固定铁芯的中心孔中移动并保持轴心同心。活动铁芯6下缘与固定触点臂保持接触，活动铁芯向下移动时，固定触点臂将随之移动，触点7就会由闭合状态转变为断开状态。盆形电喇叭的显著特点是没有扬声筒，而是将活动铁芯6、膜片4和共鸣板5固装在中心轴上，并随膜片一同振动。

当喇叭按钮按下时，电磁线圈电路接通，电流由电源正极→线圈2→触点7→按钮9→搭铁回到电源负极。流过线圈的电流在铁芯中产生电磁吸力将活动铁芯向下吸引。活动铁芯向下移动使触点7断开，线圈电流切断，电磁吸力消失，活动铁芯复位。

当活动铁芯复位时，触点重新闭合，线圈电流重新接通，又会产生电磁吸力吸引活动铁芯向下移动。

当按钮按下时，触点不断断开与闭合，线圈电流循环切断与接通，活动铁芯不断上下移动，带动膜片振动产生一定频率的声波，并激励与膜片一体的共鸣板产生共鸣，从而发出比基本频率强得多且分布又比较集中的谐音。

当松开喇叭按钮时，线圈电流切断，电磁吸力消失，铁芯停止振动，喇叭停止发音。

为了减小触点火花，防止触点严重烧蚀，在触点两端还并联有一只电容器。

(三) 喇叭音量与音调的调整

1. 喇叭音量的调整

电喇叭音量的大小由电磁线圈电流的大小决定。电流越大则音量越大；电流越小则音量越小。

盆形电喇叭音量的调整方法是转动图4-18所示调整螺钉8，改变触点接触压力进行调整。

当触点压力增加时,触点闭合时间相对增长,流过线圈的电流增大,音量相应增大。反之,音量减小。

筒形电喇叭音量的调整方法是拧松图 4-17 所示锁紧螺母 13,然后拧动调整螺母 11,即可改变触点接触压力。当压力增加时,触点闭合时间相对延长,流过线圈的电流增大,音量相应增大。

2. 喇叭音调的调整

喇叭音调的高低由活动铁芯或衔铁的振动频率决定。减小活动铁芯或衔铁与固定铁芯间的气隙可以提高喇叭的音调;增大活动铁芯或衔铁与固定铁芯间的气隙可以降低喇叭的音调。

盆形电喇叭音调的调整方法是转动图 4-18 所示调整螺钉 11,调整活动铁芯与固定铁芯之间的气隙进行调整。减小气隙时喇叭音调升高,增大气隙时音调降低。

筒形电喇叭音调的调整方法是拧松图 4-17 所示固定螺母 10,再拧松连接螺栓 6 上的固定螺母,然后转动衔铁,即可减小或增大衔铁与山形固定铁芯的气隙。调整时应注意衔铁要平正、不能歪斜,使其周围的气隙均匀。否则喇叭工作时就会发生碰撞而产生杂音。

喇叭音调和音量的调整是相互影响的,因此应反复调整,直至声音悦耳为止。

(四) 喇叭继电器

汽车装备一只电喇叭时,喇叭线圈的电流直接由按钮控制。当在装备两只或 3 只电喇叭时,由于喇叭总电流较大(每只 10A 左右),因此如果仍用按钮直接控制喇叭电流,那么在喇叭按钮接通或松开时就会产生强烈的电火花而烧坏按钮。为避免喇叭按钮烧蚀,采用了喇叭继电器来控制多个喇叭流过的电流,控制电路如图 4-19 所示。

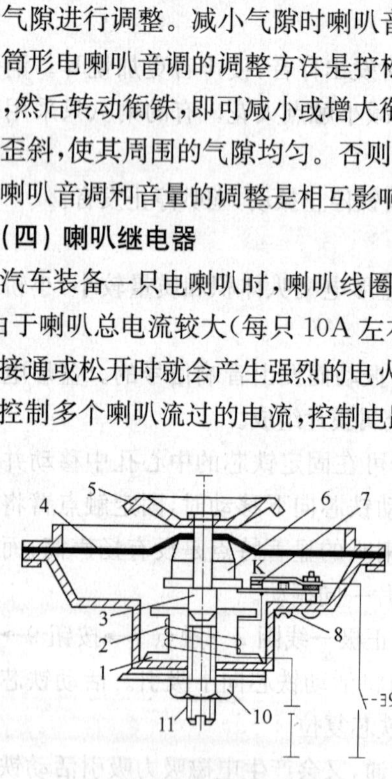

图 4-18 盆形电喇叭的结构

1—固定铁芯;2—线圈;3—导杆;4—膜片;5—共鸣板;6—活动铁芯;7—触点 K;8—音量调整螺钉;9—喇叭按钮;10—锁紧螺母;11—音调调整螺钉。

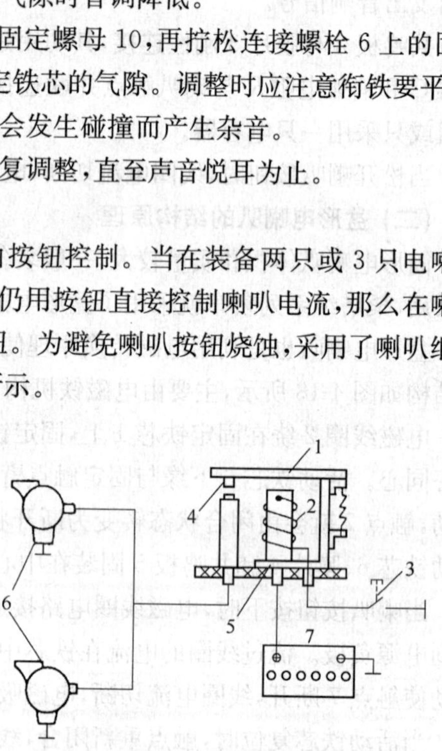

图 4-19 喇叭继电器

1—触点臂;2—线圈;3—喇叭按钮;4—触点;5—支架;6—喇叭;7—蓄电池。

当按下喇叭按钮时,喇叭继电器线圈电流流过按钮,其电路为:蓄电池正极→继电器线圈→喇叭按钮→搭铁→蓄电池负极。线圈电流使继电器铁芯磁化,产生电磁吸力将触点臂向下吸引使触点闭合,从而接通喇叭电路。由于继电器线圈电阻较大,因此流过线圈和按钮的电流较小,从而避免喇叭按钮烧蚀。

流过喇叭的较大电流通过继电器触点,其电路为:蓄电池正极→继电器支架→触点臂→触点→喇叭→搭铁→蓄电池负极。

当松开喇叭按钮时,继电器线圈电流切断,电磁吸力消失,继电器触点断开,喇叭电路切断而停止发音。

二、倒车蜂鸣器与语音报警器

当汽车倒行时,为了警告车后的行人和其他车辆,除了在尾部装备有倒车灯之外,部分汽车还准备有倒车蜂鸣器或语音倒车报警器。

倒车蜂鸣器或语音倒车报警器以及倒车灯的电源电路均受安装在变速器盖上的倒车灯开关控制。当变速器换挡杆拨入“倒挡”位置使倒车灯开关闭合时,倒车蜂鸣器或语音倒车报警器以及倒车灯才能接通电源工作。

(一) 倒车灯开关

倒车灯开关的结构如图 4-20 所示,主要由钢球、膜片、触点和弹簧组成。

当换挡杆拨入“倒挡”时,倒车灯开关中的钢球 1 被释放,在弹簧 5 的弹力作用下,顶杆和导电片(相当于触点臂)下移使触点 4 闭合,倒车灯、倒车蜂鸣器或语音倒车报警器电源电路接通而工作,倒车灯发光照明车后路面或障碍物,倒车蜂鸣器发出断续的鸣叫声,语音倒车报警器则连续发出“倒车,请注意! 倒车,请注意!”的声音。

(二) 倒车蜂鸣器

倒车蜂鸣器是一种间歇发声的音响装置。倒车蜂鸣器型号不同,其控制电路不尽相同,但工作原理大同小异。

解放 CA1090 型汽车用倒车蜂鸣器的控制电路如图 4-21 所示。其发音部分是一只功率较小的电喇叭,控制电路是一个由无稳态电路和反相器组成的开关电路。

三极管 VT_1、VT_2 组成一个无稳态电路,又称为多谐振荡器,因为 VT_1 和 VT_2 之间采用电容器耦合,所以三极管 VT_1 与 VT_2 只有两个暂时的稳定状态,或三极管 VT_1 导通、VT_2 截止,或三极管 VT_1 截止、VT_2 导通,这两个状态周期地自动翻转。

三极管 VT_3 在电路中起开关作用,VT_3 与三极管 VT_2 直接耦合,三极管 VT_2 的发射极电流就是三极管 VT_3 的基极电流。

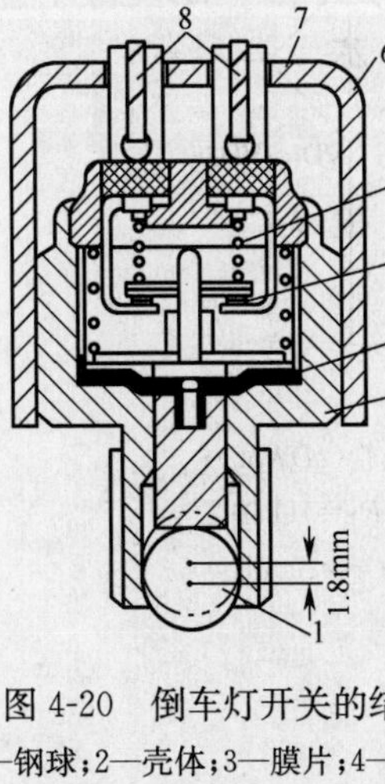

图 4-20 倒车灯开关的结构

1—钢球;2—壳体;3—膜片;4—触点;5—弹簧;6—保护罩;7、8—导线。

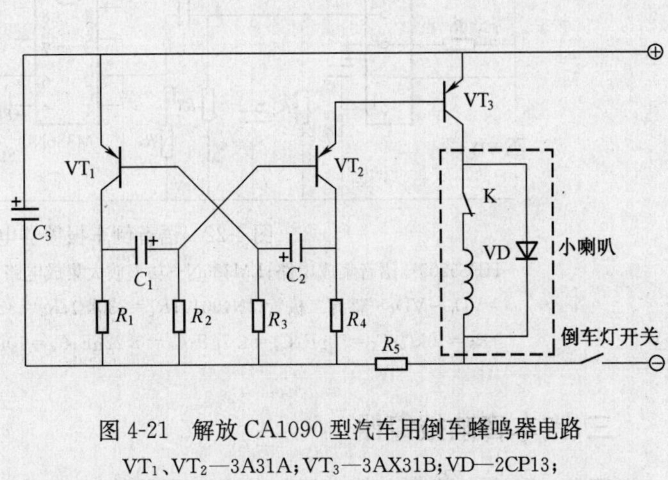

图 4-21 解放 CA1090 型汽车用倒车蜂鸣器电路

VT_1、VT_2—3A31A;VT_3—3AX31B;VD—2CP13;

$R_1=1.5k\Omega$;R_2、$R_3=10k\Omega$;$R_4=15k\Omega$;$R_5=100\Omega$;$C_1=C_2=C_3=33\mu F$。

当三极管 VT_2 导通时，三极管 VT_3 具有足够大的基极电流而饱和导通。电流便从电源正极，经三极管 VT_3、蜂鸣器（小喇叭）的常闭触点 K、线圈流回电源负极。蜂鸣器线圈通电后，其铁芯磁化吸动衔铁并带动膜片产生变形而发出声音。与此同时，电阻 R_2 上的电压向电容器 C_1 充电，使三极管 VT_2 基极电位逐渐升高。当 VT_2 基极电位升高到一定值时，三极管 VT_2 与 VT_3 将由导通转变为截止状态。当 VT_2 截止时，其集电极电位降低，电源将通过三极管 VT_1 向电容器 C_2 充电，使 VT_1 导通，振荡器工作状态自动翻转。

当三极管 VT_2 截止时，三极管 VT_3 无基极电流而截止，蜂鸣器线圈断电，铁芯磁力消失，衔铁与膜片复位。电路如此循环导通与截至，三极管 VT_3 按照无稳态电路的翻转频率不断地导通、截止，从而使倒车蜂鸣器发出间歇性的鸣叫声音。

（三）语音倒车报警器

随着集成电路技术的发展，将语音信号压缩储存在集成电路中已成为可能，从而出现了会说话的倒车报警器，即语音倒车报警器。当汽车倒车时，能重复发出“倒车，请注意！”的声音，以此提醒过往行人或车辆避让而确保车辆安全倒车。

语音倒车报警器电路如图 4-22 所示，HFC5209 是存储语音信号的集成电路，LM386N 是功放集成电路，稳压管 VD 用于稳定 HFC5209 的工作电压。为了防止电源电压接反，在电源的输入端使用了 4 只整流二极管组成的桥式整流电路，这样无论 12V 电源怎样接入，均可保证整只电路正常工作。

当汽车换挡杆拨入“倒挡”时，倒车灯开关接通电源，电源便由 4 只二极管（VD_1～VD_4）组成的桥式整流电路输入报警电路，语音信号集成电路 HFC5209 的输出端便输出一定幅度的语音信号电压，此语音信号电压经 C_2、C_3 及 R_3、R_4、R_5 组成的阻容电路后将杂音消除，改善音质，同时耦合到集成放大电路 LM386N 的输入端，经 LM386N 进行功率放大后，再由喇叭输出，即可发出清晰的“倒车，请注意！”的声音。

语音倒车报警器具有体积小、成本低、声音清晰的优点，因此特别适合于车身较长、倒车视野不便观察的大客车和载货汽车采用。

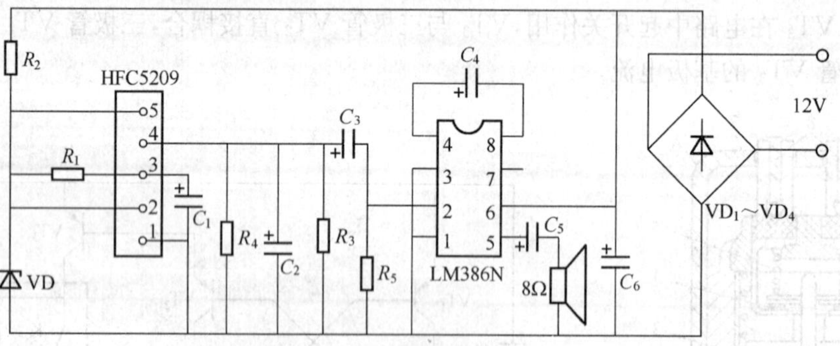

图 4-22　语音倒车报警器电路

HFC5209—语音集成电路；LM386N—功率放大集成电路；VD—稳压二极管（2DW52）；VD_1～VD_4—整流二极管（IN4001）；$R_1=330k\Omega$；$R_2=330\Omega$；$R_3=200\Omega$；$R_4=10k\Omega$；$R_5=10k\Omega$；$C_1=50pF$；$C_2=4.7\mu F$；$C_3=0.22\mu F$；$C_4=10\mu F$；$C_5=100\mu F$；$C_6=100\mu F$。

三、汽车音响报警器

警车、救护车、消防车等都需加装音响报警装置。图 4-23 所示为集成电路式汽车音响报警器电路。该音响报警器电路主要由大规模集成电路 CW9561 和少量分立元件组成。

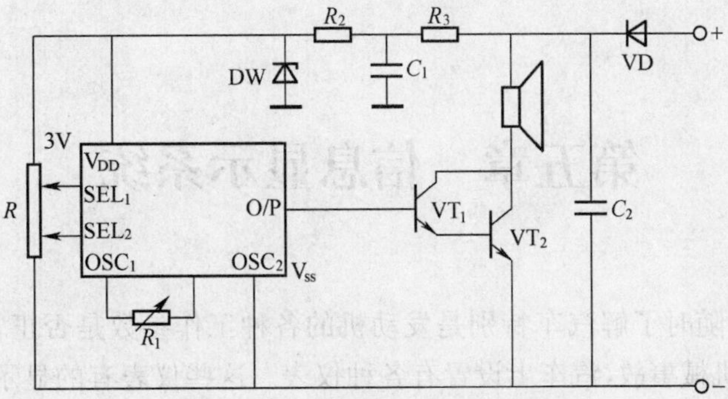

图 4-23　集成电路报警音响器

VT_1—3DG12；VT_2—3DD03；VD—2CZ13；DW—2CW11；R、R_1—音调调节电阻；

$R_2=120k\Omega$；$R_3=1k\Omega$；$C_1=100\mu F/16V$；$C_2=1000\mu F/25V$。

电容器 C_1、C_2，电阻 R_1、R_2 和稳压二极管 DW 组成稳压电路，防止汽车电源电压波动对报警器电路特别是集成电路 CW9561 的正常工作带来影响。二极管 VD 作为极性反接保护，防止报警器极性接反时造成损坏。三极管 VT_1、VT_2 连接成复合管形式，也可直接采用达林顿三极管。当电源电压为 12V 时，扬声器输出功率约为 3W，其音量足以达到使用要求。

由大规模集成电路 CW9561 组成的集成电路式汽车音响报警器具有体积小、成本低、音调可调的优点。由于报警器采用元件很少，因此故障率很低。

思　考　题

(1) 汽车常用的外部照明灯和内部照明灯分别有哪些？在所有照明装置中，最重要的照明装置是什么？

(2) 世界各国都以法律形式规定了汽车前照灯的照明标准，其基本要求是什么？

(3) 前照灯的功用是什么？它主要由哪几部分组成？各组成部分的作用分别是什么？

(4) 目前汽车使用的前照灯灯泡有哪两种？

(5) 什么是眩目？汽车是如何避免眩目的？

(6) 在汽车用双丝灯泡的前照灯中，按近光灯配光方式不同，分为哪两种配光方式？

(7) 前照灯按数量多少分为哪两种类型？按反射镜的结构型式不同分为哪 3 种类型？

(8) 调整前照灯光束时，需要注意哪些问题？

(9) 汽车采用的信号装置分为哪两种？常用灯光信号装置有哪些？常用音响信号有哪些？

(10) 汽车装备音响信号装置的功用是什么？

(11) 什么是闪光器？按结构不同闪光器可分为哪些类型？国产汽车使用较多的有哪两种？

(12) 电热式闪光器是根据什么原理来工作的？电子式闪光器是根据什么原理来工作的？

(13) 电喇叭分为哪 3 种类型？筒形和盆形电喇叭由哪几部分组成？工作原理是什么？

(14) 怎样调节电喇叭的音量与音调？

(15) 喇叭继电器的功用是什么？

第五章 信息显示系统

为了便于驾驶员随时了解汽车特别是发动机的各种工作参数是否正常，以便及时采取措施，防止发生人身和机械事故，汽车上设置有各种仪表。这些仪表有的显示汽车的常规运行参数，有的显示某些极限参数。由于传统的汽车都采用机械式或机电结合式仪表，都是通过指针和刻度实现模拟显示的，因此存在着显示信息量少、视觉特性不好、易使驾驶员疲劳、准确率低等缺点，难以满足人们对汽车性能越来越高的要求。

汽车信息显示系统由各种指示仪表、指示灯、报警灯和电子显示器件等组成。电子显示器件包括发光显示器件、线条图形显示器件以及液晶显示屏等。随着新型传感器、电子显示器件以及电子技术在汽车上的广泛应用，汽车仪表电子化已经成为显示汽车信息的发展潮流。

汽车常用仪表一般都由传感器和指示表两部分组成，按功能不同可分为电流表、机油油压表、冷却液温度表、燃油表、车速表与里程表等；按结构不同可分为指针式和电子显示式两种类型；按工作原理不同可分为电磁驱动式、电热驱动式（双金属片式）、磁感应式（如车速里程表）和电子控制式 4 种类型。

汽车的各种仪表和指示装置通常都安装在仪表板上组成一个总成，称为组合仪表盘。东风“猛士”（EQ2050 型）1.5 吨级高机动性越野汽车组合仪表盘上各种仪表和指示装置的安装位置如图 5-1 所示，桑塔纳 2000GSi 型轿车组合仪表盘的结构组成如图 5-2 所示。

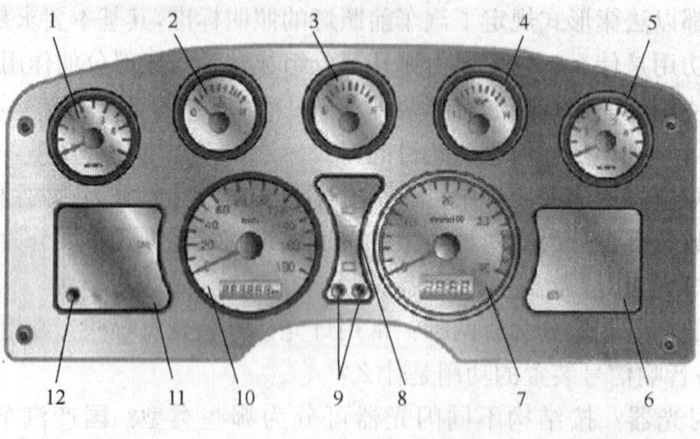

图 5-1　东风“猛士”（EQ2050 型）越野汽车组合仪表板的结构

1—前轮充放气管路气压表；2—发动机冷却液温度表；3—燃油表；4—机油压力表；5—后轮充放气管路气压表；6—右指示与报警区域（包括轮胎气压过低警报灯、充气泵工作指示灯、远近光灯工作指示灯等）；7—发动机转速表；8—中部指示区域（包括转向指示灯、充电系统故障指示灯等）；9—时钟调节按钮；10—车速里程表与时钟；11—左指示与报警区域（包括发动机冷却液温度过高报警灯、冷却液液面过低报警灯、机油压力过低报警灯、分动器锁止指示灯等）；12—里程累计/日计调节按钮。

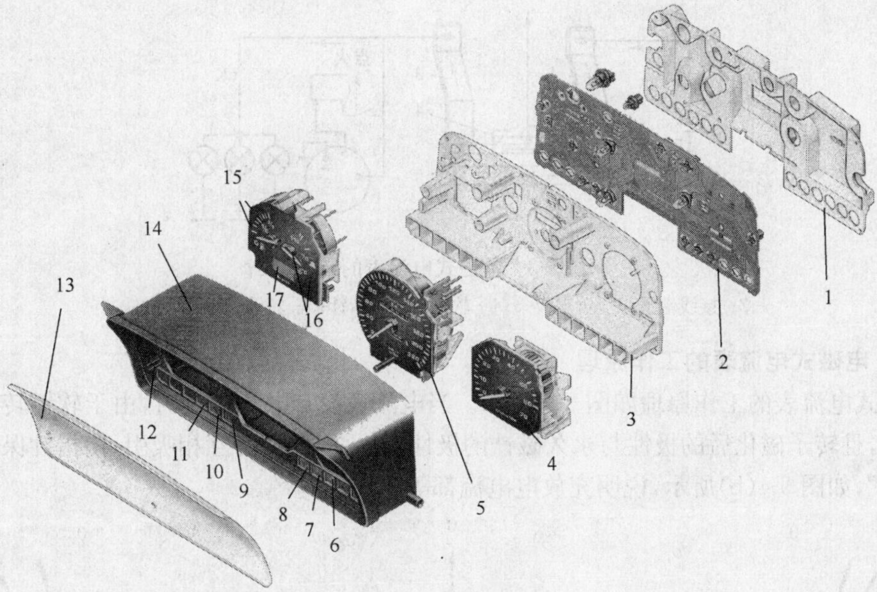

图 5-2　桑塔纳 2000GSi 型轿车组合仪表盘的结构

1—组合仪表盘后盖；2—印刷电路板；3—导光板；4—发动机转速表；5—车速与里程表；6—冷却液不足警告灯；7—后风窗电加热器指示灯；8—前照灯远光指示灯；9—充电指示灯；10—机油压力过低警告灯；11—制动系统故障与驻车制动指示灯；12—数字时钟调整按钮；13—透明护板；14—仪表台；15—燃油表及油面过低报警灯；16—冷却液温度表及报警灯；17—数字时钟。

第一节　电磁驱动式仪表

电磁驱动式仪表是根据电流的磁效应和电磁驱动原理而工作的仪表。根据指示仪表的工作方式不同，电磁驱动式仪表可分为电磁式和动磁式两种类型。

一、电磁式电流表

(一) 电流表的功用

在现代汽车上，充电系统工作状态的指示方式有电流表指示、充电指示灯指示和电压表指示 3 种。电流表的显著特点是不仅能够指示充电系统的充放电状态，而且还能指示充放电电流的大小，适合于整车负载电流相对较小、仪表盘安装空间相对较大的载货汽车选装。充电指示灯只能指示充电系统的充放电状态，不能指示充放电电流的大小，适合于整车负载电流相对较大、仪表盘安装空间相对较小的轿车选装。

现代汽车常用电流表有电磁式和动磁式两种类型。电流表的功用是指示充电系统的工作状态。电流表串接在蓄电池与发电动机之间的电路中使用。当蓄电池向用电设备放电时，其指示值为负值，当发电动机向蓄电池充电时，其指示值为正值。

(二) 电磁式电流表的结构组成

电磁式电流表的结构如图 5-3 所示。黄铜板条 3 固定在绝缘底板上，两端与接线端子 1 和 2 相连，下面夹有永久磁铁 6。在磁铁内侧的转轴 5 上装有带指针的软钢转子 4。

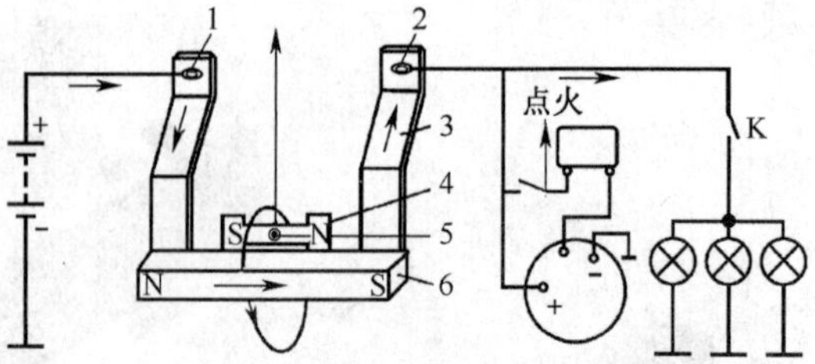

图 5-3 电磁式电流表的结构

1、2—接线端子；3—黄铜板条；4—软钢转子与指针；5—转轴；6—永久磁铁。

(三) 电磁式电流表的工作原理

电磁式电流表的工作原理如图 5-4 所示。当电流表没有电流流过时，由于软钢转子被永久磁铁磁化，且转子磁化后的极性与永久磁铁的极性相反，因此两者互相吸引，使指针保持指向中间位置“0”，如图 5-4(b)所示，说明充放电电流都等于零。

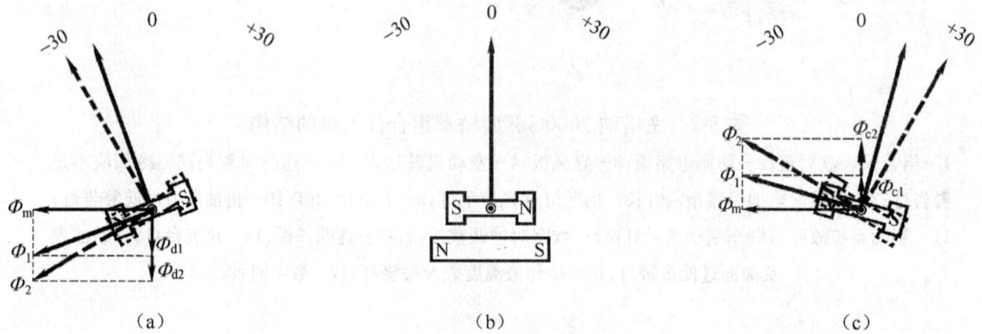

图 5-4 电磁式电流表的工作原理

(a) $I<0$；(b) $I=0$；(c) $I>0$。

当蓄电池的放电电流流过黄铜板条时，在其周围就会产生磁场，方向可用安培定则(右手螺旋定则)判定，如图 5-3 所示。由图可见，放电电流的磁场方向与永久磁铁的磁场方向垂直。因此，放电电流的磁场(磁通量用 Φ_{d1} 表示)与永久磁铁的磁场(磁通量用 Φ_m 表示)就会产生一个合成磁场(磁通量用 Φ_1 表示)，如图 5-4(a)所示，转子与指针在合成磁场的作用下，就会向刻度盘上的负值(－)方向偏转一个角度，指示充电系统处于放电状态。放电电流越大，电流的磁场就越强(磁通量用 Φ_{d2} 表示)，合成磁场也就越强(磁通量用 Φ_2 表示)，转子与指针偏转的角度也就越大，如图 5-4(a)中虚线所示。

如果交流发电动机向蓄电池充电，则电流及其磁场方向放电时恰好相反，如图 5-4(c)所示。充电电流小时的磁通量用 Φ_{c1} 表示，合成磁场的磁通量用 Φ_1 表示，此时合成磁场使转子与指针向刻度盘正值(＋)方向偏转的角度小。充电电流大时的磁通量用 Φ_{c2} 表示，合成磁场的磁通量用 Φ_2 表示，此时合成磁场使转子与指针偏转的角度增大。

电磁式电流表的两个接线端子具有正负极之分，标有正极“＋”标记的端子应与交流发电动机的输出端子 B 相连，标有负极“－”标记的端子应与蓄电池正极端子 BAT 相连。

二、动磁式电流表

动磁式电流表具有结构简单的突出优点，因此现代汽车普遍采用，如国产东风系列汽车就采用了动磁式电流表。

（一）动磁式电流表的结构组成

动磁式电流表的结构如图5-5所示。黄铜导电板3固定在绝缘的塑料底板上，两端与接线端子1、4相连，中间夹有磁轭6。导电板3上固装有一根针轴，永磁转子5和指针2套装在针轴上，称为磁钢指针。因为永磁转子可随指针一同转动，故称为动磁式电流表。

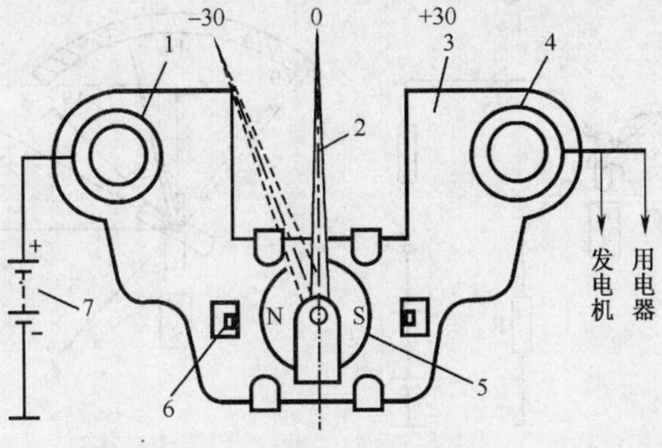

图5-5 动磁式电流表的结构

1、4—接线端子；2—指针；3—导电板；5—永磁转子；6—磁轭。

（二）动磁式电流表的工作原理

动磁式电流表的工作原理与电磁式电流表基本相同。当电流表没有电流流过时，永磁转子产生的永磁磁场使磁轭磁化并相互吸引，使指针保持在中间“0”的位置。当放电电流通过导电板时，在导电板周围就会产生磁场，电流与永磁磁铁产生的合成磁场就会使套装在导电板上的磁钢指针向负值（－）方向偏转，指示充电系统处于放电状态。放电电流越大，指针偏转角度越大，指示的放电电流值也越大。当交流发电动机的充电电流流过导电板时，合成磁场将使磁钢指针向正值（＋）方向偏转，指示充电系统处于充电状态。充电电流越大，指针偏转角度越大，指示的充电电流值也越大。

三、电磁式电压表

（一）电压表的功用

电压表的功用是指示电源系统的工作情况。因为电压表能够指示电压的高低来反映发电动机、调节器和蓄电池的技术状况，所以它比电流表和充电指示灯更为直观实用。这正是装备电压表的汽车逐年增多的原因。

电压表有电磁式和双金属片式两种。由于双金属片式在接通或断开电源时，指示摆动较为迟缓，故应用较少。

（二）电磁式电压表的结构组成

北京切诺基BJ2021型汽车用电磁式电压表的结构原理如图5-6所示，由两只十字交叉布置的电磁线圈、永久磁铁、转子、指针及刻度盘组成。两只电磁线圈与稳压管VS以及阻值为112Ω的限流电阻R串联。在电磁线圈电路中串联稳压管的目的是当电源电压达到一定数值时，电磁线圈才有电流流过，电压表电路才能接通。

（三）电磁式电压表的工作原理

当电压表尚未接通或电源电压低于稳压管的稳定电压时，永久磁铁将转子磁化，使指针保持在初始位置（指针指向9V位置），如图5-6(a)所示。

当电压表电路接通、电源电压达到稳压管稳定电压时，电磁线圈通过电流 I_1 和 I_2，产生磁场(磁通量分别用 Φ_1 和 Φ_2 表示)将转子磁化,磁场的方向是 Φ_1 和 Φ_2 的合成磁场(磁通量分别用 $\Phi_{电}$)的方向,电流的合成磁场 $\Phi_{电}$ 与永久磁铁的磁场 $\Phi_{永}$ 合成磁场 Φ,便使转子带动指针偏转,如图 5-6(b)所示。

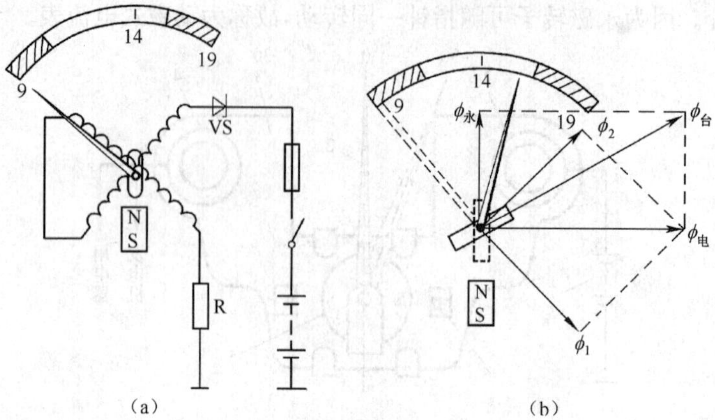

图 5-6　电磁式电压表结构原理

(a) 无电流流过时;(b) 有电流流过时。

电源电压越高,通过电磁线圈的电流就越大,电流的合成磁场就越强,因此指针偏转的角度就越大。

(四) 电压表的检查与调整

接通点火开关、但未启动发动机时,电压表指示的是蓄电池端电压,12V 电器系统一般为 11.5V～12.6V。

在接通起动机瞬间,电压表指示读数有所降低,对于 12V 电器系统的电压会降低到约 9V～10V。若电压表指示值过低,则表明蓄电池亏电或有故障。

发动机启动后正常运转时,电压表指针应指在额定电压区域内(13.5V～14.5V)。若接通点火开关,发动机启动前后电压表指示读数不变,则表明发电动机不发电;若启动后电压表指示读数不在额定区域内,则表明调节器损坏。

四、电磁式油压表

(一) 油压表的功用

发动机润滑油压力表又称为机油压力表,简称油压表,其功用是指示发动机润滑油压力的高低。油压表由安装在仪表板盘上的油压指示表和安装在发动机主油道或粗滤器上的油压传感器两部分组成。

汽车油压表按工作原理不同可分为电磁式和电热式(双金属片式)两种类型。

(二) 电磁式油压表的结构组成

电磁式油压表由电磁式油压指示表与可变电阻式油压传感器组成,结构原理如图 5-7 所示。

可变电阻式油压传感器是利用油压大小推动滑臂来改变可变电阻阻值的传感器。当压力升高时,电阻值减小;当压力降低时,阻值增大。油压指示表中设有两个电磁线圈 W_1、W_2 和铁磁转子,电磁线圈 W_1 与传感器电阻并联连接。转子上固定指针,称为指针转子,指针转子套装在轴上,由电磁线圈产生的合成磁场驱动而摆动。

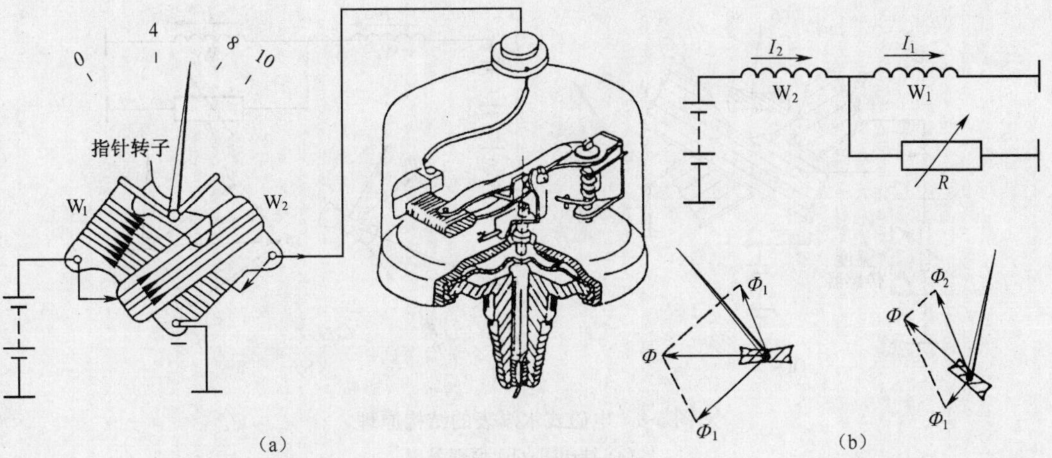

图 5-7　电磁式油压表

(a) 结构图;(b) 原理图。

(三) 电磁式油压表的工作原理

当油压较低时,传感器电阻值较大,电磁线圈 W_2 上的分压值较低,流过线圈 W_2 中的电流相对较小,W_1 中的电流相对较大,两个电磁线圈电流产生的合成磁场驱动转子和指针指向油压较低一边。

当油压升高时,传感器电阻值减小,电磁线圈 W_2 上的分压值升高,流过线圈 W_2 中的电流相对增大,线圈 W_1 中的电流相对减小,线圈电流产生的合成磁场驱动转子和指针向油压较高一边偏摆,从而指示油压升高。

电磁式油压表的优点是当电源电压变化时,通过线圈 W_1 和 W_2 的电流成比例增大或减小,油压指示表指示的油压值不受电源电压变化的影响。

五、电磁式水温表

(一) 水温表的功用

水温表的标准名称是冷却液温度表,其功用是指示发动机冷却液的工作温度。水温表由安装在发动机冷却水道上的温度传感器和安装在仪表盘上的温度指示表两部分组成。

汽车水温表按工作原理不同可分为电磁式和电热式(双金属片式)两种类型。

(二) 电磁式水温表的结构组成

电磁式水温表由电磁式温度指示表和热敏电阻式传感器组成,结构原理如图 5-8 所示。

水温指示表中设有两个电磁线圈 W_1、W_2 和铁磁转子,电磁线圈 W_2 与传感器的热敏电阻并联连接。转子上固定指针,称为指针转子,指针转子套装在轴上,由电磁线圈产生的合成磁场驱动而摆动。

热敏电阻式传感器的阻值随冷却液温度变化而变化。当温度降低时,热敏电阻的阻值增大;反之,当温度升高时阻值减小。

(三) 电磁式水温表的工作原理

当冷却液温度较低时,热敏电阻的阻值较大,电磁线圈 W_1 上的分压值较低,流过线圈 W_1 的电流相对较小,流过线圈 W_2 的电流相对较大,其合成磁场驱动指针转子向左偏转角度较大,从而指示水温较低。

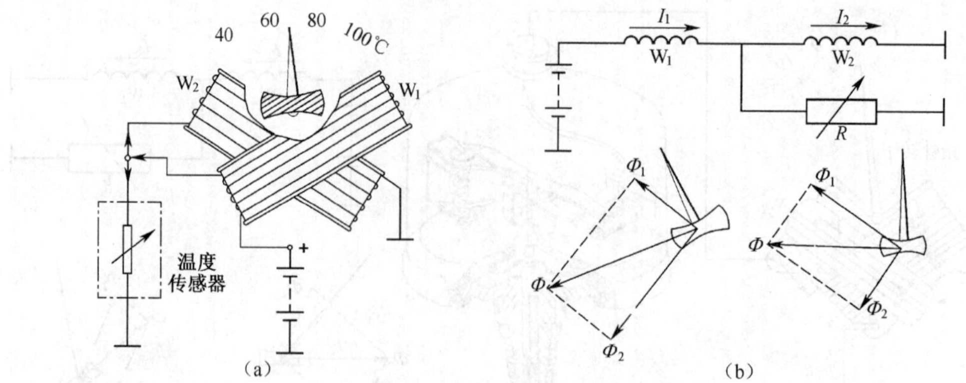

图 5-8　电磁式水温表的结构原理

(a) 结构图;(b) 原理图。

当冷却液温度升高时,热敏电阻的阻值减小,电磁线圈 W_1 上的分压值增大,流过线圈 W_1 的电流相对增大,流过 W_2 的电流相对减小,其合成磁场驱动指针转子向右偏转角度增大,从而指示水温升高。发动机正常工作时,水温一般在 85℃左右。

六、电磁式燃油表

(一) 燃油表的功用

燃油表的功用是指示燃油箱内储存的燃油量。燃油表由安装在燃油箱上的燃油传感器和安装在仪表盘上的燃油指示表两部分组成。

汽车燃油表按工作原理不同可分为电磁式和电热式(双金属片式)两种类型。

(二) 电磁式燃油表的结构组成

电磁式燃油表由电磁式指示表与可变电阻式传感器组成,结构如图 5-9 所示。

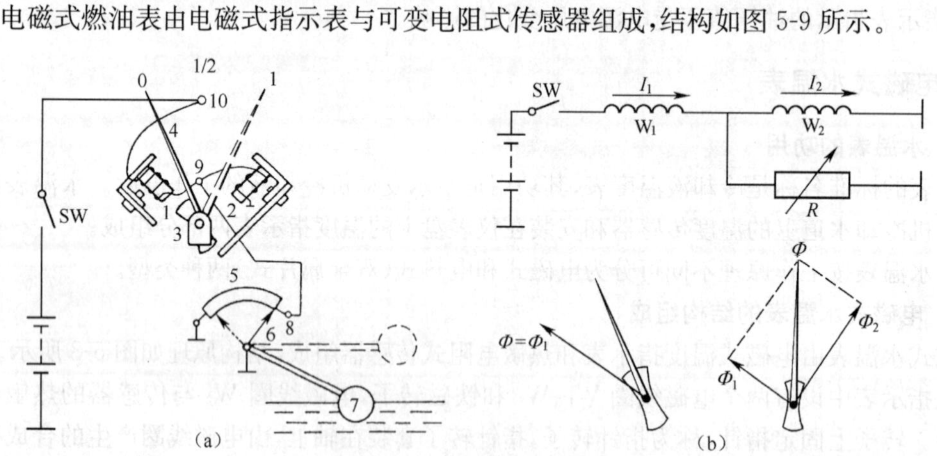

图 5-9　电磁式燃油表结构原理

(a) 结构图;(b) 原理图。

1—左线圈 W_1;2—右线圈 W_2;3—转子;4—指针;5—线绕电阻;6—滑片;7—浮子;8、9、10—接线端子。

指示表由左电磁线圈 W_1、右电磁线圈 W_2、指针转子和刻度盘等组成。左右线圈 W_1 和 W_2 分别绕在两只铁芯上,两只铁芯成 90°安装,且右电磁线圈 W_2 与燃油传感器并联连接。指针转子套装在转子轴上。

燃油传感器由线绕电阻 5、滑片 6 和浮子 7 组成。浮子浮在油面上,随油面升降而改变其高低位置。

(三) 电磁式燃油表的工作原理

当点火开关接通时，电流流过燃油表的路径为：蓄电池正极→点火开关 SW→燃油表“+”接线端子 10→左线圈 W_1→燃油表“—”接线端子 9，然后分成右线圈和可变电阻两条支路。右线圈支路经过右线圈 W_2 后直接搭铁回到蓄电池负极；可变电阻支路为：接线端子 9→燃油传感器接线端子 8→线绕电阻 5→滑片 6→搭铁→蓄电池负极。

当左、右线圈流过电流时，在其铁芯中就会产生磁场，其合成磁场就会驱动指针转子摆动，使指针指向某一刻度值。

当燃油箱内无油时，传感器浮子下沉，可变电阻被短路，此时右线圈 W_2 也被搭铁短路。左线圈 W_1 在电源电压作用下，通过电流达到最大值，产生的电磁吸力最强，吸引针指转子向左摆动，使指针指在“0”(或 E)位置。

当燃油箱内油量增加时，传感器浮子随油面上浮，并带动滑片在线绕电阻上滑动，串入电路中的可变电阻值逐渐增大，右线圈 W_2 上的分压值逐渐升高，流过的电流逐渐增大，产生的磁场逐渐增强。此时，左线圈上的分压值降低，流过的电流将逐渐减小，产生的磁场逐渐减弱。因此，合成磁场使指针转子逐渐向右偏摆，指示燃油量增加。当油箱内燃油充满半箱时，在合成磁场作用下，指针将指在“1/2”位置；当油箱全满时，合成磁场将使指针指向“1”(或 F)位置。

传感器线绕电阻一端搭铁的目的是防止滑片在线绕电阻上滑动时产生电火花而引起火灾。

第二节　电热驱动式仪表

电热驱动式仪表又称为双金属片式仪表。双金属片由两种热膨胀系数不同的金属制成。当加热线圈通过电流时，产生的热量就会使双金属片产生弯曲变形，如图 5-10 所示。

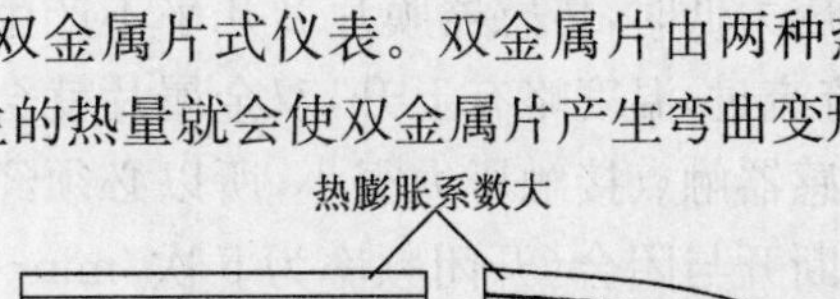

图 5-10　电磁式燃油表结构原理

(a) 无电流通过时；(b) 有电流通过时。

如果在双金属片的一端制作一对触点，并将其串联连接在电路中，那么当双金属片受热后产生变形时，触点就会断开，电路就被切断；当双金属片冷却收缩时，触点又会闭合，电路又将接通。双金属片式仪表就是通过触点的闭合和断开使电路接通或切断而工作的。

一、双金属片式油压表

(一) 双金属片式油压表的结构

目前，大多数汽车都采用了双金属片式油压表。这种油压表由双金属片式油压指示表与双金属片式油压传感器组成，结构如图 5-11 所示。

油压传感器由双金属片、加热线圈、膜片、校正电阻和导电弹片等组成。膜片 2 的中央部位与弯曲的弹簧片 3 接触，弹簧片一端焊有触点，另一端固定并通过壳体搭铁。双金属片 4 上绕有加热线圈，加热线圈一端与双金属片触点相连，另一端通过接触片 6、接线端子 7 与油压指示

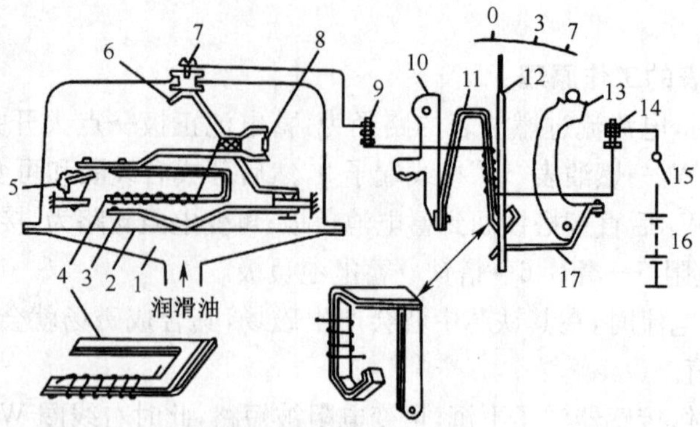

图 5-11　双金属片式油压表

1—油腔；2—膜片；3、17—弹簧片；4、11—双金属片与加热线圈；5、10、13—调整齿扇；6—接触片；7、9、14—接线端子；8—校正电阻；12—指针；15—点火开关；16—蓄电池。

表的接线端子 9 相连。校正电阻 8 为分流电阻，与加热线圈并联。制作油压表时，改变校正电阻的阻值，即可调整流过加热线圈电流的大小。

油压指示表内也设有双金属片 11 和加热线圈，双金属片一端固定在调整齿扇 10 上，另一端与指针 12 相连，指示表的加热线圈绕在双金属片上。

（二）双金属片式油压表的工作原理

当点火开关接通时，加热线圈流过电流的电路为：蓄电池正极→点火开关→指示表接线端子 14→指示表双金属片 11 上的加热线圈→指示表接线端子 9→油压传感器接线端子 7→接触片 6→双金属片 4 上的加热线圈→传感器触点→弹簧片 3→搭铁→蓄电池负极。

当发动机主油道润滑油的压力低时，传感器膜片 2 几乎不产生变形，作用在触点上的压力很小，传感器加热线圈稍有电流流过，温度略有上升，双金属片就会受热产生变形使触点断开，油压表电路即被切断。因为传感器触点接触压力很小，所以必须经历较长时间后，触点才能闭合将电路接通。触点如此循环断开与闭合（开闭频率为 5 次/min～20 次/min），使指示表加热线圈流过一个平均电流。当润滑油压力低时，传感器触点接触压力小，触点闭合时间短、断开时间长，因此流过指示表加热线圈的平均电流较小，指示表双金属片 11 受热弯曲变形小，带动指针 12 偏转的角度小，从而指示油压低。

当润滑油压力升高时，传感器膜片 2 向上拱曲，传感器触点接触压力增大，双金属片向上位移增多，只有当加热线圈通过较大电流产生较多热量使双金属片产生较大变形时，才能使触点断开；当触点断开后不久，双金属片稍微冷却就会复位使触点闭合。因此当油压升高时，触点闭合时间增长、断开时间缩短，且开闭频率升高，如图 5-12 所示，流过指示表加热线圈的平均电流增大，指示表双金属片 11 受热弯曲变形增大，带动指针 12 偏转角度增大，从而指示油压升高。

实测表明，当润滑油压力为 0 时，触点开闭频率为 10 次/min～15 次/min，平均电流约为 I=60mA；当油压为 200kPa 时，触点开闭频率为 40 次/min～70 次/min，平均电流约为 I=170mA；油压为 500kPa 时，开闭频率为 100 次/min～130 次/min，平均电流约为 I=240mA。

发动机低速运转时，油压应不低于 150kPa，发动机正常工作时，油压应在 200kPa～400kPa 范围内，压力最高不超过 500kPa。

为使油压的指示值不受外界温度的影响，双金属片制成“Ⅱ”字形。其中，绕有加热线圈的边称为工作臂，另一边称为补偿臂，当环境温度变化时，工作臂产生的附加变形能被补偿臂产生的相应变形所补偿。

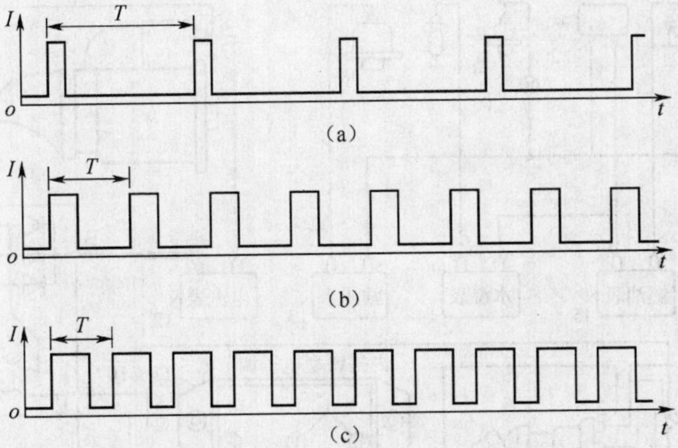

图 5-12　双金属片式油压传感器加热线圈电流 I 的波形

(a) 润滑油压力 $p=0$ 时，触点开闭频率 $f=10$ 次/min～15 次/min，平均电流约为 $I=60$mA；

(b) $p=200$kPa 时，$f=40$ 次/min～70 次/min，$I=170$mA；

(c) $p=500$kPa 时，$f=100$ 次/min～130 次/min，$I=240$mA。

为了避免工作臂上加热线圈产生的热气上升导致补偿臂产生附加变形，在安装油压传感器时，必须使传感器壳上的箭头朝上，其偏移垂直位置的角度应不超过±30°，目的是使工作臂在补偿臂之上。

二、双金属片式水温表

双金属片式水温表可分为双金属片式指示表与热敏电阻式传感器、双金属片式指示表与双金属片式传感器两种水温表。目前，水温传感器普遍采用负温度系数型热敏电阻式传感器。

众所周知，双金属片式指示仪表是依靠加热线圈通过电流产生热量对其进行加热而工作的。如果双金属片式指示表匹配使用的传感器不是双金属片式传感器，而是热敏电阻式传感器，那么当电源电压发生变化时，指示表加热线圈流过电流的大小和产生热量的多少都会发生变化，指示的数值就会发生偏差。因此，凡是双金属片式指示仪表与热敏电阻式传感器匹配使用的汽车仪表，在其电路中都串接有一只仪表电源稳压器，简称仪表稳压器，从而避免电源电压变化给仪表指示精度带来影响。

东风 EQ1090 系列汽车的水温表和燃油表都匹配了可变电阻式传感器，其仪表系统电路如图 5-13 所示。

(一) 仪表稳压器的结构原理

仪表稳压器的功用是当电源电压波动时，向指示仪表和传感器电路提供一个稳定的电压，保证指示仪表指示的读数准确。

常用仪表稳压器分为双金属片式和电子式两种。桑塔纳等小轿车采用了电子式；东风、解放等载货汽车采用了双金属片式，其结构如图 5-14 所示。

仪表稳压器主要由双金属片、加热线圈和一对常闭触点组成。双金属片制成“Π”形，如图 5-15 所示，加热线圈绕制在双金属片上，加热线圈一端搭铁，另一端焊接在双金属片上。双金属片一端固定，另一端铆接有活动触点，固定触点与电源端子“+”连接。仪表稳压器的工作原理如下。

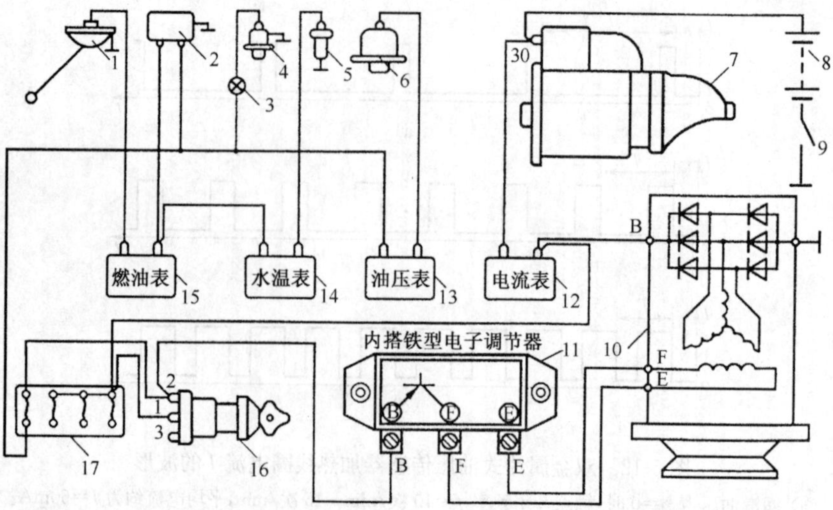

图 5-13　东风 EQ1090 型汽车仪表系统电路

1—燃油传感器；2—仪表稳压器；3—油压过低指示灯；4—油压过低报警开关；5—水温传感器；
6—油压传感器；7—起动机；8—蓄电池；9—电源总开关；10—交流发电动机；11—电压调节器；
12—电流表；13—油压表；14—水温表；15—燃油表；16—点火开关；17—熔断器盒。

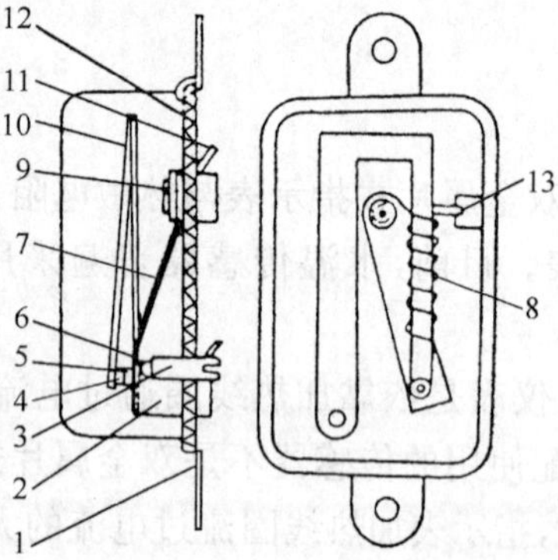

图 5-14　仪表稳压器的结构

1—固定支架；2—双金属片固定螺钉；3—输出接线片；4—上触点；
5—下触点；6—调节螺钉；7—接触片；8—加热线圈；9—接触片固定螺钉；
10—双金属片；11—输入接线片；12—绝缘底板；13—搭铁线。

当点火开关接通、稳压器触点处于闭合状态时，输出端子输出的电压 U_o 与输入电压 U_i 相等($U_o=U_i$)。此时双金属片上的加热线圈有电流流过，并产生热量对双金属片进行加热。

当双金属片受热时就会向上弯曲，使触点断开。当触点断开时，输出电压 $U_o=0$。此时加热线圈电流切断，双金属片逐渐冷却复位，触点将重新闭合。触点如此循环断开与闭合，稳压器不断输出脉冲信号电压，并使输出电压保持在某一平均值。

当汽车电源电压升高时，由于稳压器的输入电压升高，流过加热线圈的电流增大，产生热量多，因此双金属片只需加热较短时间即可使触点断开。触点断开后，待双金属片逐渐冷却复位时，触点就会再次闭合。由此可见，虽然电源电压升高时会使输入稳压器的电压 U_i 有所升高，但是触点闭合时间缩短使得稳压器输出电压的平均值将基本保持不变。同理，当汽车电源电压降低时，稳压器的输入电压降低，由于触点闭合时间增长，因此输出电压的平均值将基本保持稳定。

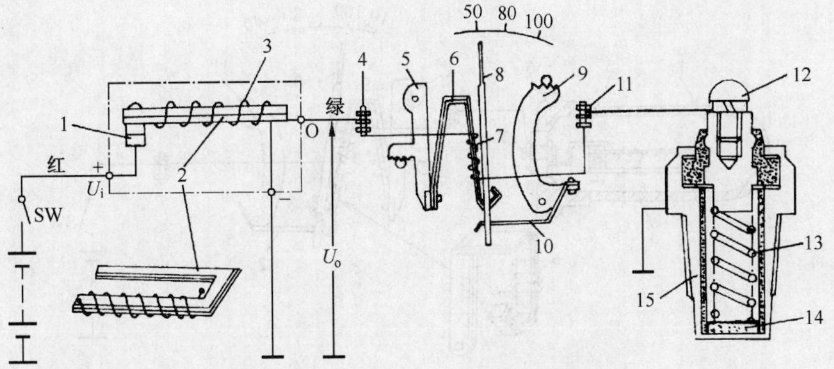

图 5-15　双金属片式温度表的结构原理

1—稳压器触点；2、6—双金属片；3、7—加热线圈；4、11、12—接线端子；5、9—调整齿扇；8—指针；10—弹簧片；13—弹簧；14—热敏电阻；15—金属壳体。

汽车用仪表电源稳压器的稳压值依车型而异，东风 EQ1090 系列汽车为(8.64±0.15)V，解放 CA1091 系列汽车为 7V，桑塔纳轿车为 9V。如果仪表稳压器的输出电压不符合规定值，对于双金属片式稳压器，可通过调节图 5-14 所示调节螺钉 6 进行调整，拧入螺钉时输出电压升高，拧出调节螺钉时电压降低。电子式稳压器不能调整，只能更换新品。

(二) 双金属片式水温指示表的结构特点

东风、解放等汽车用双金属片式水温指示表的结构与油压指示表完全相同，唯一不同的是刻度盘上的数值不同。油压指示表的数值为“0、3、7”，水温指示表的数值为“50、80、100”。

(三) 热敏电阻式传感器的结构特点

水温传感器目前普遍采用负温度系数型热敏电阻式传感器。热敏电阻由铜、钴、镍、锰烧结而成，其显著特点是温度升高时电阻值减小，温度降低时电阻值增大。

(四) 双金属片式水温指示表与热敏电阻式传感器的工作原理

由仪表稳压器、双金属片式水温指示表与热敏电阻式传感器组成的水温表的工作原理如图 5-15 所示，当点火开关 SW 接通时，仪表稳压器电路接通，其加热线圈和双金属片工作，并向水温指示表和热敏电阻式传感器提供一个稳定的平均电压。

水温指示表和热敏电阻式传感器电路为稳压器输出端子 O→指示表加正极端子 4→指示表加热线圈 7→指示表负极端子 11→传感器接线端子 12→传感器弹簧 13→热敏电阻 14→壳体 15 搭铁→仪表稳压器负极。

当发动机冷却液温度较低时，传感器的热敏电阻阻值较大，指示表加热线圈流过的电流值较小，指示表双金属片受热弯曲变形较小，指针向右偏摆角度较小，从而指示水位较低。

当发动机冷却液温度升高时，传感器的热敏电阻阻值减小，指示表加热线圈流过的电流增大，双金属片受热产生的变形量增大，指针向右偏摆角度增大，从而指示水位升高。

(五) 双金属片式水温指示表与双金属片式水温传感器的工作原理

当水温表的温度指示表和传感器均为双金属片式时，电路中可以不采用仪表稳压器。双金属片式指示表与双金属片式传感器的结构原理如图 5-16 所示。

双金属片式水温指示表的结构与双金属片式油压指示表完全相同，唯一不同的是仪表板刻度不同。

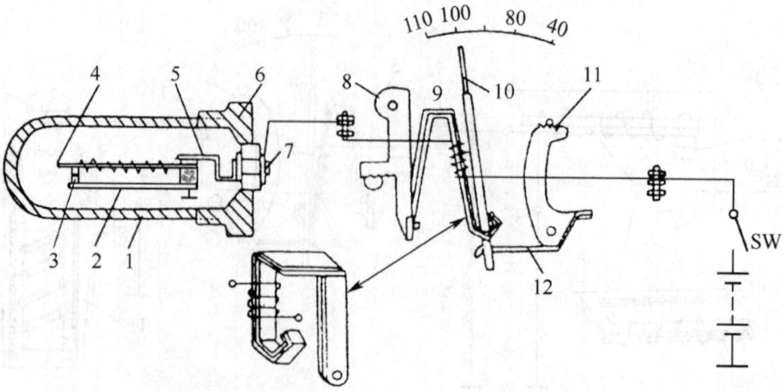

图 5-16　不带稳压器的双金属片式温度指示表与传感器结构原理

1—水温传感器壳体；2—触点臂；3—固定触点；4、9—双金属片；5—导电接触片；
6—接线座；7—传感器接线端子；8、11—调整齿扇；10—指针；12—弹簧片。

双金属片式水温传感器是一个密封的铜质壳体，内装"Ⅱ"形双金属片，双金属片上绕有加热线圈。加热线圈一端焊接在双金属片的触点上，另一端与导电接触片 5 相连。固定触点用螺钉固定在触点臂上，触点臂另一端与铜质壳体连接而搭铁。

当点火开关接通时，水温表电路为：蓄电池正极→点火开关 SW→指示表双金属片 9 上的加热线圈→传感器接线端子→导电接触片→加热线圈→触点→触点臂搭铁→蓄电池负极。双金属片 4 经加热线圈加热后，向上弯曲变形，使触点断开，切断电流通路。经过一段时间后，双金属片冷却复位，触点重新闭合，电路又被接通，如此循环，电路中形成一个平均电流。平均电流的大小取决于冷却液温度的高低。

当冷却液温度较低时，由于传感器双金属片周围环境温度较低，因此只有当加热线圈通过较大电流使双金属片产生较大变形时，才能使触点断开。与此同时，因为传感器双金属片周围环境温度较低、散热容易，所以触点断开后双金属片在较短时间内就会冷却复位使触点再次闭合。因此当冷却液温度较低时，触点闭合时间较长、断开时间较短，流过指示表加热线圈的平均电流较大，使指示表双金属片受热变形较大，带动指针偏转角度较大，从而指向低温。

当冷却液温度升高时，传感器双金属片周围环境温度较高且散热困难，传感器加热线圈通过较小电流就能使触点张开，且在触点断开后双金属片需要经过较长时间散热才能使触点再次闭合，因此当冷却液温度升高时，触点闭合时间缩短、断开时间增长，流过指示表加热线圈的平均电流减小，使指示表双金属片受热变形减小，带动指针偏转角度减小，从而指示温度升高。

三、双金属片式燃油表

（一）双金属片式燃油表的结构特点

为了避免电源电压波动给仪表的指示精度带来影响，在采用可变电阻式燃油传感器的燃油表电路中，同前述水温表一样，必须设置仪表稳压器。由仪表稳压器、双金属片式燃油指示表和可变电阻式传感器组成的燃油表的结构原理如图 5-17 所示。

由图 5-17 和图 5-15 可见，仪表稳压器的结构原理完全相同，双金属片式指示表的结构原理也相同，仅刻度盘读数有所不同，水温指示表的数值为"50、80、100"，燃油指示表的数值为"0、1/2、1"或"E、1/2、F"。可变电阻式燃油传感器为滑线式。

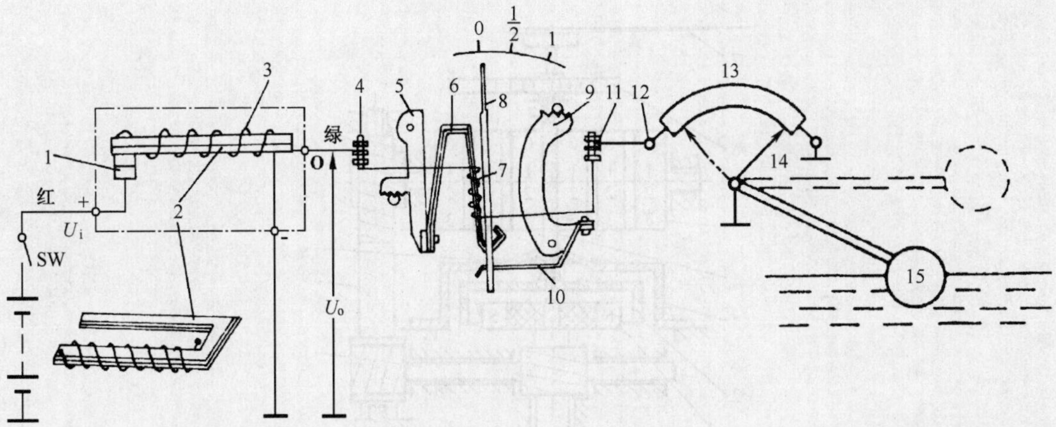

图 5-17　带稳压器的双金属片式燃油指示表与可变电阻式传感器结构原理

1—触点；2、6—双金属片；3、7—加热线圈；4、11、12—接线端子；5、9—调整齿扇；8—指针；10—弹簧片；13—滑线式可变电阻；14—滑片；15—浮子。

(二) 双金属片式燃油表的工作原理

由仪表稳压器、双金属片式燃油指示表与可变电阻式传感器组成的燃油表的结构原理如图 5-17 所示，当点火开关 SW 接通时，仪表稳压器电路接通，其加热线圈和双金属片工作，并向燃油指示表和可变电阻式传感器提供一个稳定的平均电压。

燃油指示表和可变电阻式传感器电路为：稳压器输出端子 O→指示表加正极端子 4→指示表加热线圈 7→指示表负极端子 11→传感器接线端子 12→传感器滑线电阻 13→传感器滑片 14 搭铁→仪表稳压器负极。

当燃油箱储油量少时，传感器浮子下沉，滑线电阻接入仪表电路的阻值较大，指示表加热线圈流过的电流值较小，指示表双金属片受热弯曲变形小，指针向右偏摆角度较小，从而指示燃油较少。

当燃油箱内油量增加时，传感器浮子随油面上浮，并带动滑片在线绕电阻上滑动，使串入电路中的电阻值逐渐增大，指示表加热线圈流过的电流增大，双金属片受热产生的变形量增大，指针向右偏摆角度增大，从而指示燃油油量增加。

当油箱内燃油充满半箱时，指针偏摆指在“1/2”位置；当油箱全满时，指针将指向“1”(或 F)位置。

传感器线绕电阻一端搭铁的目的是防止滑片在线绕电阻上滑动时产生电火花而引起火灾。

第三节　车速里程表

车速里程表的功用是指示汽车行驶速度和行驶里程数，行驶里程数又分为累计行驶里程数和单程行驶里程数两种。按工作原理不同，车速里程表可分为磁感应式和电子式两种。

一、磁感应式车速里程表

磁感应式车速里程表由车速表和里程表两部分组成，结构如图 5-18 所示，主要由永久磁铁、感应罩、磁屏(铁护罩)、游丝、指针与刻度盘、计数轮、蜗轮蜗杆和主动轴等组成。主动轴由变速器(或分动器)传动蜗杆经钢缆软轴驱动。

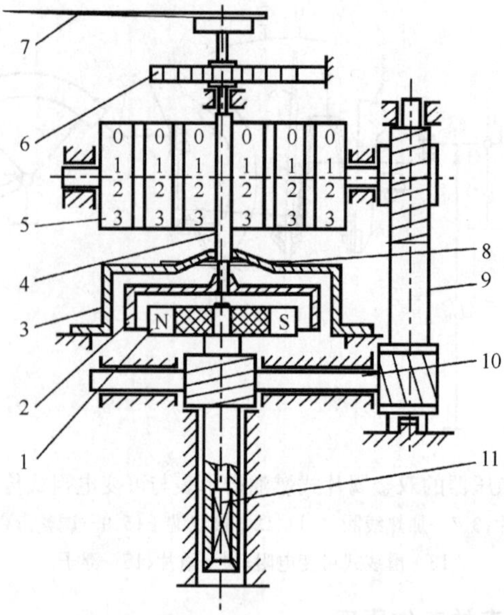

图 5-18 磁感应式车速里程表

1—永久磁铁(磁钢);2—感应罩;3—磁屏(铁护罩);4—针轴;5—计数轮;
6—游丝;7—指针;8—卡簧;9—竖直蜗轮轴;10—水平蜗轮轴;11—主动轴。

(一) 磁感应式车速表的结构原理

车速表由与主动轴紧固在一起的永久磁铁 1、带有针轴和指针 7 的感应罩(铝罩)2、磁屏(铁护罩)3 和紧固在车速里程表外壳上的刻度盘等组成。

汽车停驶时,铝罩在盘形游丝弹簧的弹力作用下,使指针指向刻度盘的"0"位置。

当汽车行驶时,主动轴带动永久磁铁旋转,磁力线在铝罩上就会产生涡流,涡流产生的磁场与永久磁铁的旋转磁场相互作用就会产生转矩,这个转矩克服游丝弹簧的力矩就会使铝罩沿着永久磁铁转动的方向转动一定角度与游丝弹簧的弹力平衡。与此同时,铝罩通过针轴带动指针转过一个与车速成正比的角度,从而在刻度盘上指示出相应的车速。车速越高,永久磁铁旋转越快,铝罩上的涡流越强,转矩越大,铝罩带动指针偏转的角度越大,指示的车速也就越高。

(二) 里程表的结构原理

里程表由蜗轮蜗杆机构和十进制计数轮组成。计数轮上制作有传动齿轮和进位齿轮。蜗轮蜗杆具有一定的传动比,汽车行驶时,钢缆软轴带动主动轴转动,并经 3 对蜗轮蜗杆驱动里程表右边的第一计数轮转动。第一计数轮上所刻的数字为 1/10km。

在两个相邻的计数轮之间,既通过自身的内齿轮进行传动,又通过进位计数轮进行进位传动,从而形成 1∶10 的传动比。即在右侧计数轮转动一周,数字由"9"翻转到"0"的同时,其进位计数轮便使左侧相邻的计数轮转动 1/10 周,形成十进位递增关系。当汽车行驶时,就可累计出行驶里程数。

二、电子式车速里程表

电子式车速里程表用设在变速器上的传感器获取车速信号,并通过导线传输信号,能够克服磁感应式车速里程表用钢缆软轴传输转矩带来的磨损等缺点。电子式车速里程表还具有精度高、指示值平稳和寿命长等优点。因此,现代汽车特别是小轿车普遍采用,国产桑塔纳 2000

系列和奥迪 100、200 型轿车都采用了电子式车速里程表。

电子式车速里程表的结构如图 5-19 所示，主要由车速传感器、电子电路、车速表和里程表 4 部分组成，既能指示汽车行驶速度，又能记录行驶里程(包括累计里程和单程里程)，并具有复零功能。

车速传感器一般采用舌簧开关式或磁感应式传感器，由变速器驱动，能够产生与汽车行驶速度成正比的电信号。桑塔纳 2000 型、奥迪 100 型轿车采用舌簧开关式传感器，由一个舌簧开关和一个具有 4 对磁极的转子组成。转子每转一周，舌簧开关中的触点闭合 8 次，产生 8 个脉冲信号，汽车每行驶 1km，车速传感器将输出 4127 个脉冲信号。

电子电路的作用是将车速传感器输入的与车速成正比的频率信号经过整形、触发，输出一个与车速成正比的电流信号。电子电路主要包括稳压电路、单稳态触发电路、恒流源驱动电路、64 分频电路和功率放大电路，如图 5-20 所示。车速表的指示精度由电阻 R_1 调节，初始工作电流由电阻 R_2 调节，电阻 R_3 和电容 C_3 用于电源滤波。

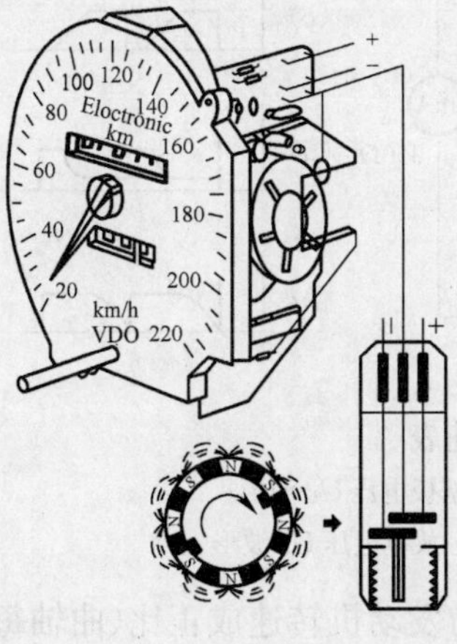

图 5-19　电子式车速里程表的结构

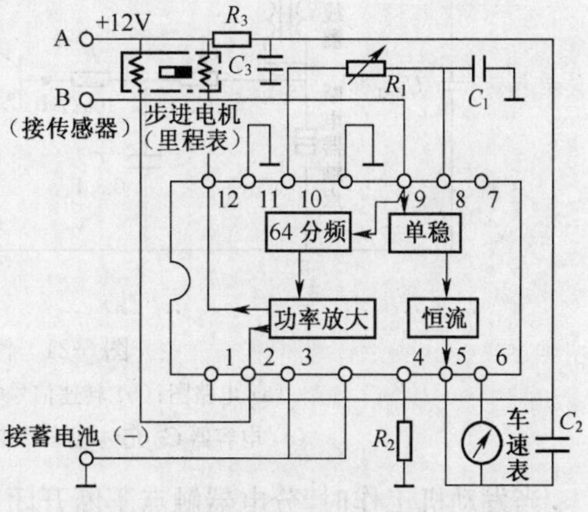

图 5-20　电子式车速里程表的结构

车速表实际上是一个磁电式电流表，当汽车以不同车速行驶时，从电子电路接线端子 6 输入与车速成正比的电流信号便驱动车速表指针偏转，从而指示相应的车速。在车速表刻度盘上 50km/h～130km/h 的区域标有红色标记，表示经济车速区域。

里程表由一个步进电动机及 6 位数字的十进位齿轮计数器组成。步进电动机是一种利用电磁铁的作用原理将脉冲信号转换为线位移或角位移的微型电动机。车速传感器输出的频率信号经过 64 分频后，再经功率放大器放大到具有足够的功率去驱动步进电动机，带动 6 位数字的十进位齿轮计数器工作，从而记录累计里程和日程里程。

累计里程和日程里程的任何一位计数轮转动一圈，进位齿轮就会使其左边的相邻计数轮转动 1/10 圈。车速里程表上设有一个单程里程复位杆，当需要清除单程里程时，只需按一下复位杆，单程里程计的 4 个计数轮就会全部复位为零。

第四节　发动机转速表

为了检查调整和监视发动机的工作状况，更好地掌握换挡时机、利用经济车速行驶等，在汽车仪表盘上还装有发动机转速表。

发动机转速表分为机械式和电子式两种。机械式转速表的结构原理与上述磁感应式车速表基本相同。电子式转速表指示平稳、结构简单、安装方便，因此小轿车广泛采用。

电子式转速表又分为汽油发动机转速表和柴油发动机转速表两种。前者的转速信号既可从点火系统的初级电路获取，也可从转速传感器获取；后者的转速信号只能从转速传感器获取。

一、汽油发动机转速表

（一）汽油发动机用电子式转速表的结构组成

发动机转速表由信号源、电子电路和指示表3部分组成。汽油发动机用电子式转速表的转速信号一般取自点火系统的初级电路，如分电器触点或电子点火系统的点火线圈“-1”接线端子，因此可以节省一只转速传感器。转速信号取自点火系统初级电路的转速表电路如图5-21所示。

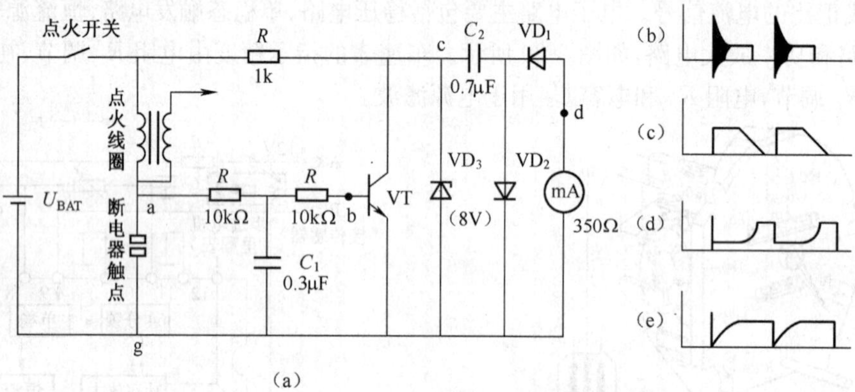

图5-21 汽油机用电子转速表

(a) 电路图；(b) 转速信号电压 U_a 波形；(c) 基极电压 U_b 波形；

(d) 电容器 C_2 充电电压 U_c 波形；(e) 电容器 C_2 放电电压 U_d 波形。

当发动机工作时，分电器触点不断开闭，其开闭次数与发动机转速成正比（曲轴每转一圈，4缸发动机触点开闭两次；6缸发动机触点开闭3次）。触点开闭产生断续电流，经 R_1、C_1 组成的积分电路整形送至三极管VT，从而取得一个具有固定幅值（电流值）和脉冲宽度（时间）的矩形波电流，此电流通过毫安表便可驱动指针摆动指示发动机转速。

（二）汽油发动机用电子式转速表的工作原理

当触点闭合时，三极管VT无偏压而处于截止状态，电容器 C_2 被充电，其充电电路为：蓄电池正极→电阻 R_3→电容器 C_2→二极管 VD_2→蓄电池负极。

当触点分开时，三极管VT的基极电位接近电源正极，VT由截止转为导通状态。此时电容器 C_2 所充满的电荷经毫安表放电。其放电电路为：电容器 C_2 正极→三极管VT→毫安表→二极管 VD_1，电容器 C_2 负极。触点循环开闭，电路重复上述工作过程。二极管 VD_2 为电容器 C_2 提供充电回路，二极管 VD_1 为电容器 C_2 提供放电回路，C_2 的放电电流通过毫安表。因为电容器 C_2 每次充、放电电量 Q 与其电容量 C 和电容器两端电压 U 成正比，即

$$Q=CU$$

所以每个周期 T 内平均放电电流为

$$I=\frac{Q}{T}=\frac{CU}{T}=CUf$$

在电源电压稳定、充电时间常数 $\tau=R_3C_2$ 不变的情况下，电容量 C 和电容器两端电压 U 是固定值，则通过毫安表的电流平均值 I 只与触点的开闭频率 f 成正比。因此，毫安表的读数即可直接反映发动机的转速。

二、磁感应式发动机转速表

磁感应式发动机转速表是指采用磁感应式传感器检测发动机转速信号的电子式转速表。这种转速比既可用于测量汽油发动机转速，也可用于测量柴油发动机转速。因为从点火系统初级电路获取转速信号时，点火线圈初级绕组具有 250V～350V 的自感电动势，电子电路不便处理，所以采用传感器获取转速信号的转速表的汽油发动机汽车越来越多。

磁感应式转速表由磁感应式传感器、电子电路和毫安表组成，如图 5-22 所示。转速信号一般取自发动机曲轴信号，因此传感器一般都安装在飞轮壳上。

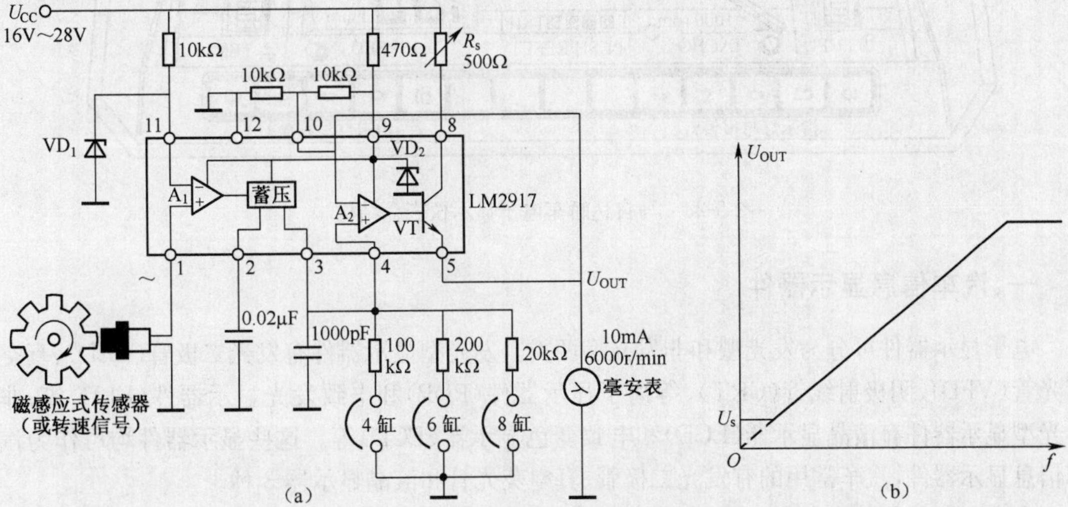

图 5-22　磁感应式发动机转速表

(a) 电路图；(b) 输出电压与频率的关系。

在图 5-22 所示电路中，电子电路的核心部件是频率电压转换器 LM2907 或 LM2917。试验证明，转速传感器信号输入频率电压转换器后，经过频率电压转换器 LM2907 或 LM2917 内部电路进行处理，即可将反映发动机转速的频率信号转换为电压信号，从而得到图中曲线所示的输出特性，这样毫安表便能随传感器输入信号频率增加，平稳地指示发动机转速升高。

电压 U_s 称为最小输出电压，在频率较低（发动机转速在 0r/min～100r/min 范围内）时，保持最小输出电压稳定的目的是克服毫安表的机械惯性和磁滞性，使转速表在低速时就能准确指示发动机转速。调节电阻 R_s 的阻值即可调节最小输出电压的大小，从而使毫安表在某一转速开始比较准确地指示发动机转速。

上述电路可适用于 4 缸、6 缸和 8 缸发动机。制作转速表，只需根据图中所示电路连接相应阻值的电阻并将该电阻与负极连接即可。

第五节　数字式汽车仪表

数字式汽车仪表是指采用荧光屏、液晶显示屏、数码管和发光二极管等显示器件，显示温度、电压、油压、燃油、发动机转速、车速和里程等状态信息的仪表，又称为电子式汽车仪表。

随着汽车电子技术和汽车仪表电子化的发展，电子式温度表、油压表、燃油表、电压表、发动机转速表和车速里程表等应运而生，马自达轿车采用的电子显示组合仪表盘的外形结构如图5-23 所示。

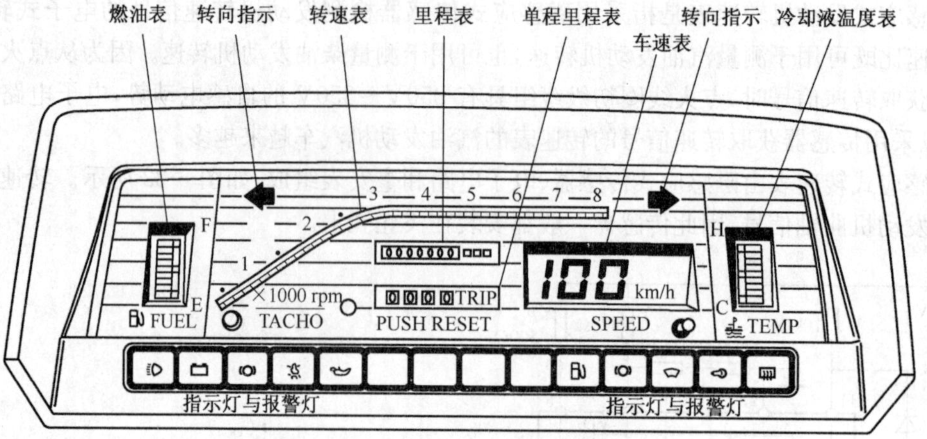

图 5-23 马自达轿车电子显示仪表盘结构

一、汽车信息显示器件

电子显示器件可分为发光型和非发光型两类。发光型显示器件有发光二极管(LED)、真空荧光管(VFD)、阴极射线管(CRT)、等离子显示器件(PDP)和电致发光显示器件(ELD)等；非发光型显示器件有液晶显示器(LCD)和电致变色显示器(ECD)等。这些显示器件均可作为汽车信息显示器件，汽车常用的有发光二极管、真空荧光管和液晶显示器 3 种。

在上述显示器件中，发光二极管不仅具有光色多，可发出红、绿、黄、橙等颜色的优点，而且价格便宜，既可单独使用，也可组成数字、点阵或线条图形等使用，因此汽车使用最多。如单独使用用作各种指示灯和报警灯；组成数字显示车速和里程；组成点阵显示电压、油压、油量和冷却液温度等；组成线条图形显示发动机转速和高位制动警告信号等。

二、数字式汽车仪表驱动电路

数字式汽车仪表主要由采集信息的传感器、分析处理信息的电子电路(包括单片机)以及各种信息显示器件组成。其中，传感器和电子电路的功用与前述发动机转速表基本相同，主要区别在于信息显示方式有所不同。

在数字式汽车仪表中，除汽车行驶速度(车速)一般采用数字形式显示之外，其余信息(如电压、油压、温度、油量和发动机转速等)一般都采用线条图形或象形图形显示。线条图形和象形图形制作在组合仪表盘透明护板下面的面膜上，在面膜下面制作有安装固定发光二极管等显示器件的支架，各种显示器件与印刷电路板上的电子电路和驱动电路等连接。当驱动电路驱动发光二极管等显示器件工作时，即可通过面膜上的线条图形或象形图形显示相应的状态参数。由此可见，显示驱动电路是数字式汽车仪表的重要组成部分。常用的点/线显示驱动电路有 LM3914、LM3915 和 LM3916 等，下面以 LM3914 点/线显示驱动器电路为例，说明数字式汽车仪表显示驱动电路的工作原理。

(一) LM3914 显示驱动器的特点

LM3914 显示驱动器简化电路如图 5-24 所示。LM3914 是检测模拟电平，驱动 10 个发光二极管 LED 进行线性模拟显示的单片集成电路。显示形式(显示点或显示线条图形)可以通过改变专门设置端子(11 端子)的连接进行转换。

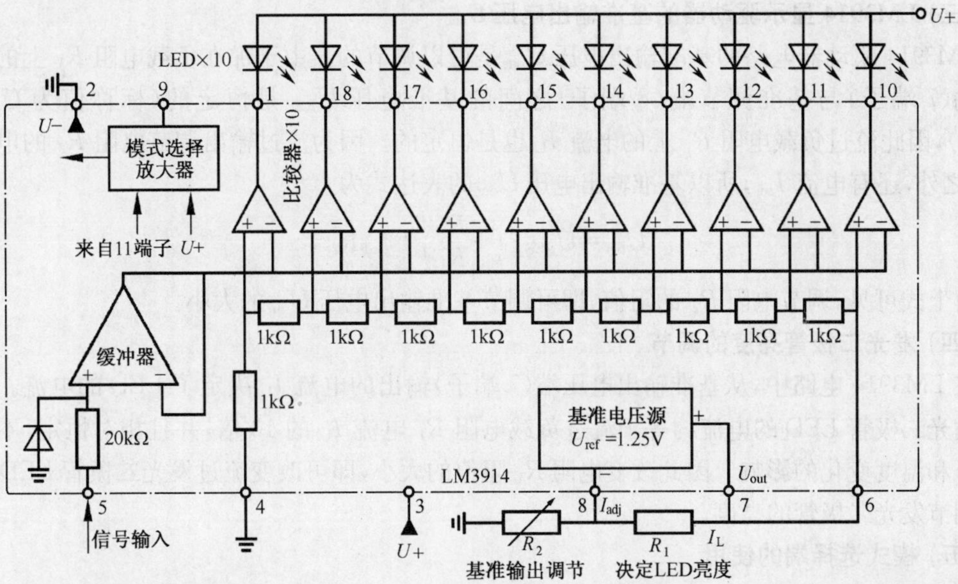

图 5-24 LM3914 点/线显示驱动器电路

该电路设有可调基准电压和精密的 10 级分压器。用低偏流输入缓冲器来接收低到搭铁或 U_- 的信号,对高于 35V 或低于搭铁的输入信号不需要保护。缓冲器再驱动 10 个独立的比较器,比较器的基准电压来自精密分压器,这样即使在很宽的温度范围(0℃～70℃)内,也能将指示的非线性控制在 0.5%范围内。

LM3914 可方便地使显示系统增加控制器、可视报警、展宽刻度的功能。该电路可驱动多种颜色的 LED 或低电流白炽灯,并可将多个 LM3914"链接"起来形成 20 到 100 级以上的显示。由于分压器两端均连接到电路外部,因此可用两个驱动器制作成中心为零位的指示表,如充放电电流指示表。该显示驱动器具有以下特点。

(1)可驱动发光二极管(LED)、液晶显示管(LCD)或真空荧光管(VFD)。

(2)用户可在外部选择线条图形显示模式或点显示模式。

(3)可扩展到 100 级显示。

(4)内部电压基准为 1.2V～12V。

(5)可在低于 3V 的电源下工作。

(6)输入可低到搭铁电平,可输入±35V 电压而不会损坏或发生错误输出。

(7)LED 驱动器输出是集电极电流输出,输出电流在 2mA～30mA 范围内可调,输出端之间没有相互作用,可与 TTL 或 CMOS 逻辑电路相连接。

(8)LM3914 内部 10 级分压器是浮动的,可连接很宽的电压(±35V)范围。

(二) LM3914 显示驱动器功能说明

信号电压输入高阻抗缓冲器后,再加到 10 个比较器的反向输入端("−"端),每个比较器串联一只电阻并偏置在不同的比较电平上。在图 5-24 中,电阻串接到内部的 1.25V 基准电压上。在此情况下,输入信号每增加 125mV,比较器就接通另一个指示 LED。该电阻分压器可连接在高于 U_- 和比 U_+ 低 1.5V 的任意两个电压之间。如果需要扩展指示表显示量程范围,则分压器的总电压可降低到200mV。虽然扩展指示表量程显示比较精密，但是只有在使用线图模式时各段LED才能均匀发光。当每级为50mV以上时可用点模式显示。

（三）LM3914显示驱动器的基准输出电压U_{out}

LM3914驱动器电路的基准输出电压U_{out}是可以调节的。由于加在负载电阻R_1上的基准输出端（7端子）与基准调节端（8端子）之间的基准电压U_{REF}是恒定的（标称值为$U_{REF}=1.25V$），因此流过负载电阻R_1上的电流I_L也是恒定的。因为流过输出调节电阻R_2的电流除了I_L之外，还有电流I_{adj}，所以基准输出电压U_{out}的表达式为

$$U_{out}=U_{REF}\left(1+\frac{R_2}{R_1}\right)+I_{adj}R_2$$

由上式可见，调节电阻R_2的阻值，即可调节基准输出电压U_{out}的大小。

（四）发光二极管亮度的调节

在LM3914电路中，从基准输出电压端（7端子）输出的电流I_L决定了LED的电流。流经每只发光二极管LED的电流约等于流过负载电阻R_1电流I_L的10倍，并且相对恒定，不受电源电压和温度变化的影响。因此改变电阻R_1阻值的大小，即可改变流过发光二极管LED的电流来调节发光二极管的亮度。

（五）模式选择端的使用

模式选择输入端（9端子）具有控制多个LM3914的连接以及显示线图或点模式工作的功能。使用方法是，当显示为线条图形时将模式选择输入端（9端子）连接到电源端子（3端子）上。当显示为点阵形式时，单个LM3914驱动器的模式选择端开路即可，多个LM3914驱动器串联驱动20个或更多个LED时，则将前一级驱动器（有最低输入电压比较点的驱动器）的9端子接到较高一级LM3914驱动器的1端子，并连续地将较低输入驱动器的9端子接到较高输入驱动器的1端子。相互串联连接的最后一个LM3914驱动器的9端子接到11端子上。除最后一个LM3914驱动器之外，在其余所有驱动器的11端子与电源之间均应连接一只20kΩ的电阻（与第9只LED并联一只20kΩ的电阻）。

三、数字式汽车仪表实例

为了说明数字式汽车仪表的显示情况，下面以发光二极管（LED）显示汽车电源电压的电压表为例说明。

（一）点阵显示功能

驱动器LM3914驱动LED以点阵形式显示电源电压的电压表电路如图5-25所示，该电路的显著特点是模式选择输入端（9端子）与11端子连接，从而实现点阵显示功能。驱动器LM3914的作用是驱动电压表的发光二极管（LED）发光，从而指示电源电压的高低。该电路可指示2.5V～3.6V之间的电压。

电压表读数的最大值和最小值可通过选择电阻R_2和R_4的阻值来决定。电阻R_1和R_2构成的分压器连接在LM3914的电源端子3与搭铁之间，并将电阻R_2上的分压值从信号输入端子5输入驱动器，从而即可显示10.5V～15V之间的电源电压。

在给定时刻内，10个发光二极管中仅有一个可发光。当电源电压为10.5V时，分压电阻R_2上的分压值从信号输入端子5输入驱动器LM3914，此时LM3914只驱动端子1连接的LED1发光；当电源电压为11V时，LM3914只驱动端子18连接的LED2发光；其余LED工作情况以此类推。如果电源电压低于10.5V，则LED都不发光；如果电源电压等于或超过15V，

则 LED 全亮。电压表工作时，根据仪表盘面膜下面每只 LED 的工作情况，即可知道电源电压高低。

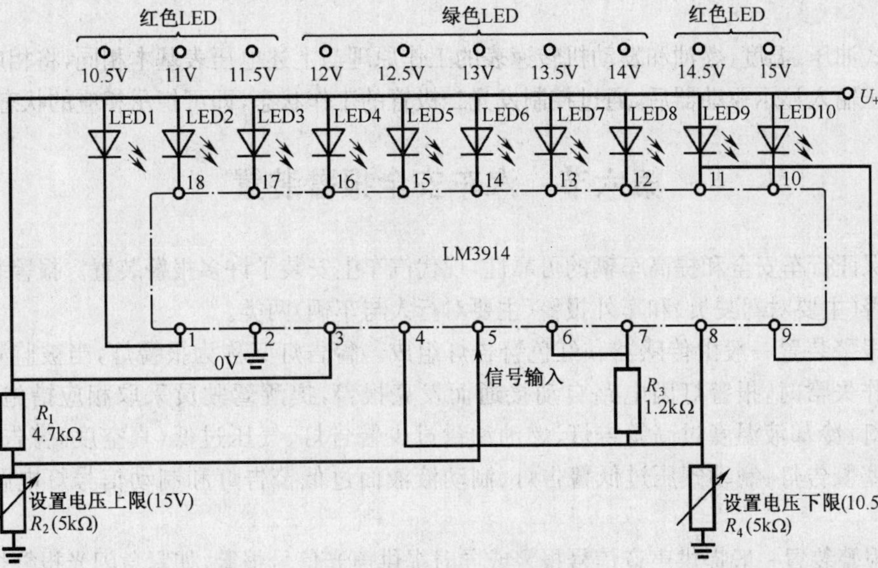

图 5-25　汽车电压表点阵显示电路

(二) 线条图形显示功能

驱动器 LM3914 驱动 LED 以线条图形形式显示电源电压的电压表电路如图 5-26 所示，该电路的显著特点是模式选择输入端(9 端子)与电源端子(3 端子)连接，从而实现线条图形显示功能。其余电路连接与点阵显示相同。

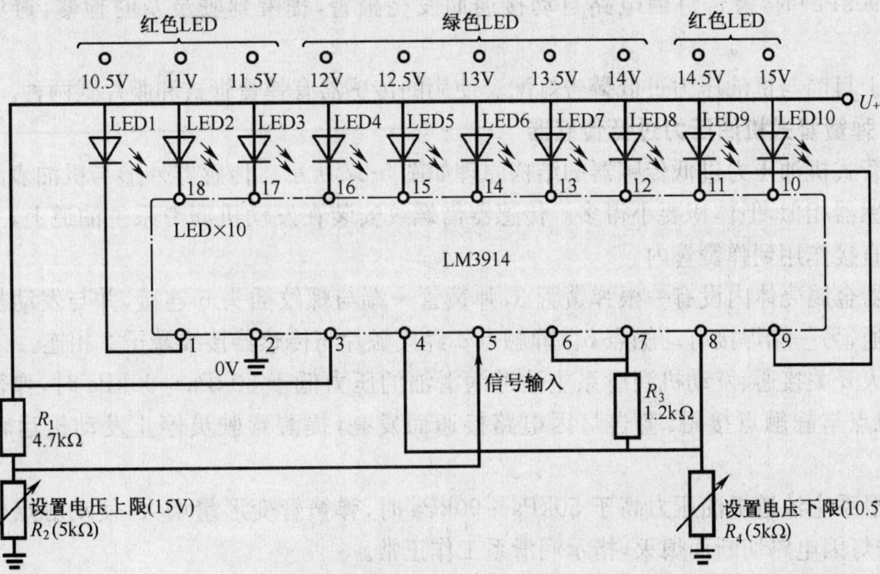

图 5-26　汽车电压表线条图形显示电路

在给定时刻内，10 个发光二极管中有一个或若干个 LED 发光。当电源电压为 10.5V 时，分压电阻 R_2 上的分压值从信号输入端子 5 输入驱动器 LM3914，此时 LM3914 只驱动 LED1 发光；当电源电压为 11V 时，LM3914 将驱动 LED1、LED2 同时发光；当电源电压为

13V 时，LM3914 将驱动 LED1、LED2、LED3、LED4、LED5、LED6 同时发光；其余情况以此类推。如果电源电压低于 10.5V，则 LED 都不发光；如果电源电压等于或超过 15V，则 LED 全亮。

数字式油压、温度、燃油和发动机转速表的工作原理与上述电压表基本相同，将相应传感器的信号电压输入显示驱动器后，通过控制发光二极管的工作状态，即可指示相应的状态参数。

第六节　汽车安全报警装置

为了保证行车安全和提高车辆的可靠性，现代汽车上安装了许多报警装置。报警装置可分为车内报警（主要对驾驶员）和车外报警（主要对行人与车辆）两类。

车内报警装置一般由传感器和红色警告灯组成。警告灯又称为报警灯，当被监测的部件或系统工作失常时，报警灯因电路自动接通而发亮报警，提醒驾驶员采取相应措施，如机油压力警告灯、冷却液温度过高警告灯、燃油油量过少警告灯、气压过低（真空度）警告灯、空气滤清器堵塞警告灯、制动气压过低警告灯、制动液液面过低警告灯和制动信号灯电路断路报警灯等。

车外报警装置一般提供声音信号报警或同时提供声光信号报警，如紧急闪光报警灯与报警喇叭、转向蜂鸣器、倒车蜂鸣器、语音倒车报警器等。

一、机油压力过低警告灯

在汽车润滑系统中，除了装备有机油压力表之外，还装备有机油压力过低警告灯。

机油压力过低警告灯为红色警告灯，其功用是当润滑系统的机油压力降低到一定值（50kPa～90kPa）时，警告灯因电路自动接通而发亮报警，提醒驾驶员及时检修，避免损坏发动机。

汽车上目前与机油压力过低警告灯配套使用的传感器有弹簧管式和膜片式两种。

（一）弹簧管式机油压力过低传感器

弹簧管式机油压力过低传感器的结构原理如图 5-27 所示。传感器外形与机油表配用的机油压力传感器相似，但体积要小得多。传感器借螺纹安装在发动机润滑系主油道上，主油道润滑油压力直接作用到弹簧管内。

传感器金属壳体内设有一根弹簧管 3，弹簧管一端与螺纹插头 6 连接，并与发动机润滑系主油道相通，另一端焊接有动触点 5。静触点 4 经接触片与传感器接线端子 2 相连。

当点火开关接通、发动机润滑系主油道润滑油的压力低于 50kPa～90kPa 时，弹簧管变形量小，动触点与静触点接触，警告灯因电路接通而发亮，提醒驾驶员停止发动机运转并及时检修。

当润滑系主油道机油压力高于 50kPa～90kPa 时，弹簧管变形量增大，使动触点与静触点分离，警告灯因电路切断而熄灭，指示润滑系工作正常。

（二）膜片式机油压力过低传感器

膜片式机油压力过低传感器的结构如图 5-28 所示。传感器外形和结构与机油表配用的机油压力传感器十分相似，但体积要小得多。传感器借螺纹安装在发动机润滑系主油道上，主油道润滑油压力直接作用到膜片上。

钢制膜片将传感器分割成两个互不相通的腔室，下腔室与发动机润滑系主油道相通。下腔室内设有一块弹片,弹片上焊有动触点,静触点固定在壳体上。上腔室内设有一根弹簧,调节弹簧的预紧力可以调整报警压力的高低。

当点火开关接通、发动机润滑系主油道润滑油的压力低于 50kPa～90kPa 时,膜片在弹簧预紧力的作用下克服机油压力向下拱曲,带动弹片和动触点向下移动并使触点闭合,警告灯由电路接通而发亮。

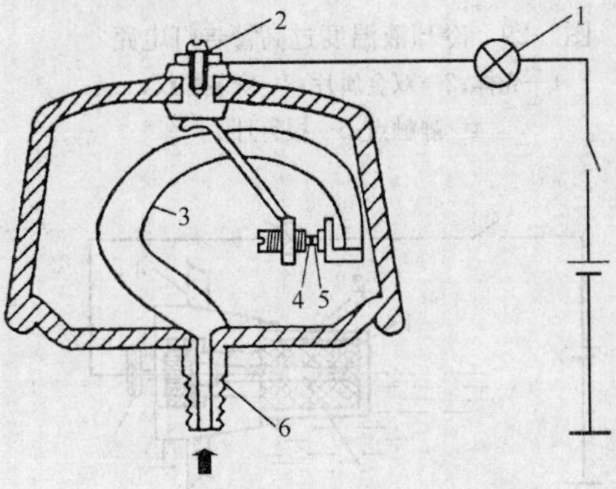

图 5-27　弹簧管式油压过低传感器

1—警告灯;2—接线端子;3—弹簧管;4—静触点;5—动触点;6—螺纹插头。

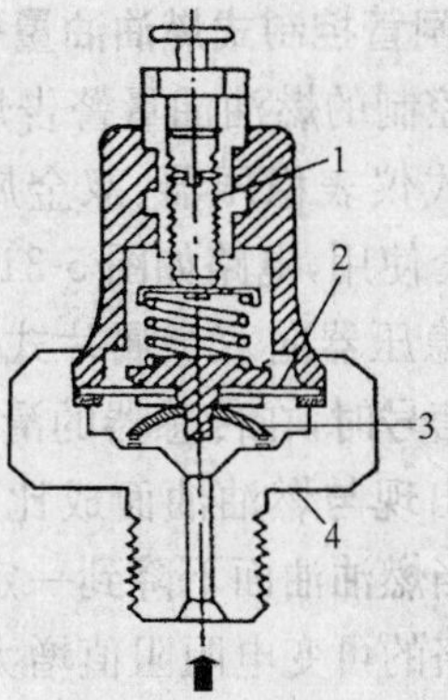

图 5-28　膜片式油压过低传感器

1—弹簧片;2—膜片;3—弹片与触点;4—壳体。

润滑系主油道润滑油压力升高时,油压对膜片的作用力增大。当油压达到正常工作油压时,油压对膜片的作用力将克服弹簧预紧力使膜片向上拱曲,同时带动弹片和动触点向上移动使触点断开,警告灯因电路切断而自动熄灭,指示润滑系工作正常。

二、冷却液温度过高警告灯

在汽车冷却系统中,除了装备有冷却液温度表之外,还装备有冷却液温度过高警告灯。

冷却液温度过高警告灯为红色警告灯,其功用是当冷却液温度升高到一定值时,警告灯自动发亮报警,指示冷却液温度过高。

冷却液温度过高警告灯电路如图 5-29 所示,与警告灯配用的传感器为双金属片式温度传感器。

当冷却液温度升高时,传感器内部双金属片受热产生的变形量增大。当冷却液温度升高到 95℃～98℃时,双金属片向下弯曲变形使触点闭合,警告灯因电路接通而发亮,指示冷却液温度过高。

三、燃油油量过少警告灯

在汽车燃油供给系统中,除了装备有燃油表之外,还装备有燃油油量过少警告灯。

燃油油量过少警告灯为红色警告灯,其功用是当油箱燃油油量少于某一规定值时,警告灯自动发亮,提醒驾驶员及时补充燃油。汽车常用燃油油量警告灯的控制方式有热敏电阻控制式、晶闸管控制式和电子控制式 3 种。

(一) 热敏电阻控制式燃油油量警告灯

热敏电阻控制式燃油油量警告灯如图 5-30 所示。热敏电阻式传感器安装在燃油箱上,当油箱内燃油油量多时,传感器的热敏电阻元件浸泡在燃油中,由于燃油温度低、散热快,因此热敏电阻阻值较大,警告灯因电路流过电流较小而不能发光。

当油箱的燃油油量减少到规定值以下时，传感器将露出油面，由于传感器周围的环境温度高于燃油温度，因此热敏电阻阻值减小，警告灯因电路流过电流增大而发亮，提醒驾驶员及时补充燃油。

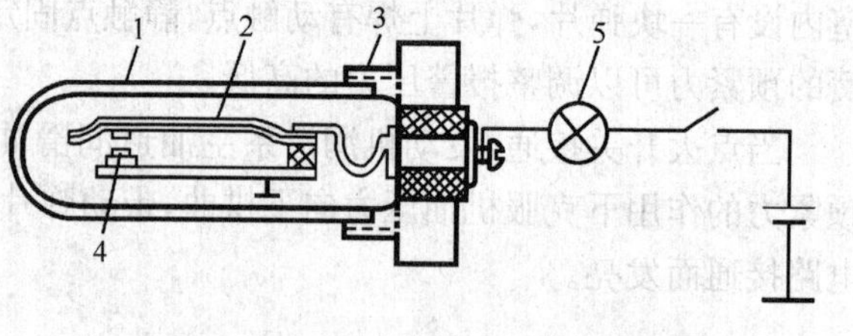

图 5-29　冷却液温度过高警告灯电路
1—壳体；2—双金属片；3—安装螺纹；4—静触点；5—报警灯。

（二）晶闸管控制式燃油油量警告灯

晶闸管控制的燃油油量警告灯适合于与双金属片式仪表稳压器、双金属片式燃油指示表配套使用，电路如图 5-31 所示。

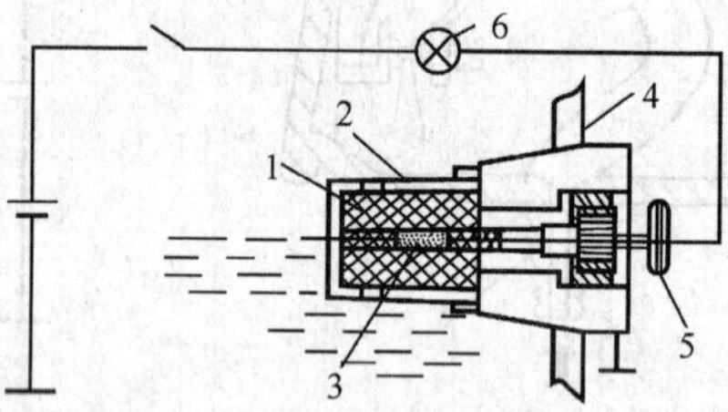

图 5-30　热敏电阻式燃油油量警告灯电路
1—防爆金属丝网；2—传感器壳体；3—热敏电阻；4—油箱壳体；5—接线端子；6—警告灯。

当仪表稳压器向双金属片式指示表输入脉冲电压信号时，在传感器的滑线式可变电阻上也会出现与燃油油面成比例的脉冲电压信号。当燃油油面下降到一定值时，串入指示表电路的可变电阻阻值增大，脉冲电压的幅值随之增大。当脉冲电压的幅值达到一定值时，便会触发晶闸管 SCR 使其导通。当晶闸管导通时，警告灯因电路接通而发亮，指示燃油油面过低，提醒驾驶员及时补充燃油。当脉冲电压消失时，触发信号消失，晶闸管截止，警告灯熄灭。

调整电阻 R_1 的阻值，可以调整晶闸管的导通时机，以使警告灯的报警时刻与燃油量减少到报警油面一致。

（三）电子控制式燃油油量警告灯

电子控制式燃油油量警告灯适合于与电磁式燃油指示表配套使用，电路如图 5-32 所示。图中各电子元件的参数分别为 $R_1=10\text{k}\Omega$，$R_2=15\text{k}\Omega$，$R_3=2.7\text{k}\Omega$，$R_4=3.3\text{k}\Omega$，$R_5=5\Omega/2\text{W}$，$R_6=6.8\text{k}\Omega$，$R_7=9.1\text{k}\Omega$，$R_8=1\text{k}\Omega$，$R_9=120\text{k}\Omega$，$C=5\mu\text{F}/15\text{V}$。

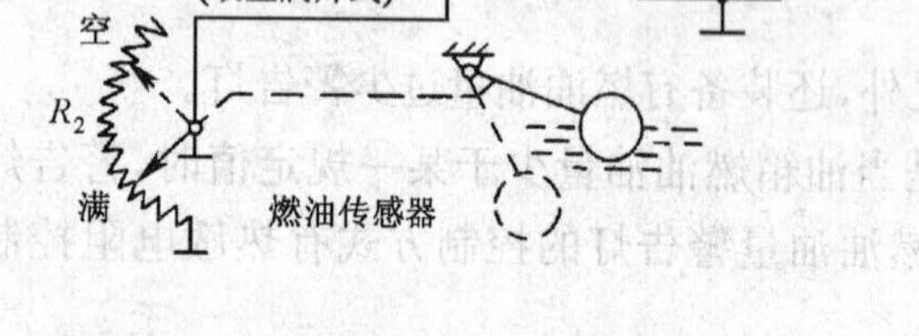

图 5-31　晶闸管控制式燃油油量警告灯电路

图 5-32　电子控制式燃油油量警告灯电路

三极管 VT_1、VT_2 组成施密特触发器，可变电阻 R_1 上的电压与燃油箱内的燃油油面高度成正比，即油面升高时，传感器滑线电阻串入指示表电路的阻值增大，可变电阻 R_1 上的电压升高；反之，油面降低时，R_1 上的电压降低。

当油箱全满时浮子上浮,带动滑片向下滑动使滑线电阻串入指示表电路的阻值增大,电阻 R_1 上的电压升高,三极管 VT_1 的基极电位升高而导通,VT_1 集电极电位降低使三极管 VT_2 截止,VT_2 截止时将 VT_3 基极电流切断,因此 VT_3 截止,警告灯无电流流过而熄灭。

当燃油箱内的燃油油面高度降低时,浮子下沉并带动滑片向上移动,滑线电阻串入指示表电路的阻值减小,电阻 R_1 上的电压降低,三极管 VT_1 的基极电位随之降低。当燃油箱内的燃油油面高度降低到规定报警油面高度时,三极管 VT_1 因基极电位降低而截止,三极管 VT_2、VT_3 导通,警告灯因电路接通而发亮,指示燃油油面过低,提醒驾驶员及时补充燃油。

四、制动系统警告灯

现代汽车制动系统设置的警告装置有驻车制动警告灯、制动压力过低警告灯、制动液液位过低警告灯和制动信号灯电路断路报警灯等。

(一) 驻车制动与制动压力过低警告灯

驻车制动警告灯的功用是在驻车制动器处于制动状态时自动发亮,提醒驾驶员在挂挡起步之前,预先松开驻车制动器。

制动压力过低警告灯功用是在制动管路的压力降低到一定值时自动发亮,提醒驾驶员及时排除故障,以免发生危险。

驻车制动警告和制动压力过低警告采用同一个指示灯进行报警,又称为制动报警灯,警告灯电路如图 5-33 所示。驻车制动开关与制动管路压力开关并联连接。

当点火开关接通时,如果驻车制动器处于制动状态,则驻车制动开关处于接通状态,制动警告灯因电路接通而发亮,提醒驾驶员在挂挡起步之前,松开驻车制动器。当松开驻车制动器后,驻车制动开关断开,警告灯因电路切断而熄灭。

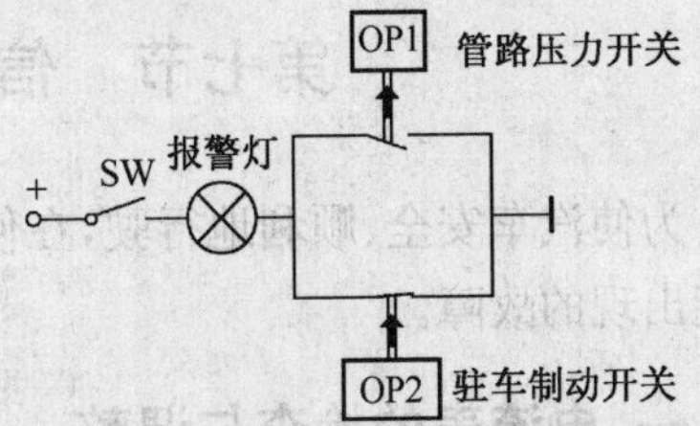

图 5-33　驻车制动警告灯电路及其组成

制动管路压力开关受制动管路油压的控制。在汽车行驶过程中,当管路油压正常时,压力开关处于断开状态,警告灯因电路切断而熄灭。当制动管路失效时,管路压力下降使开关触点接通,警示灯因电路接通而发亮,提醒驾驶员及时排除故障,以免发生危险。

(二) 制动液液位过低警告灯

制动液液位过低警告灯电路中串联有一只传感器,如图 5-34 所示。

传感器为舌簧开关式,安装在制动液储液罐上。传感器壳体上设有两个接线端子,其中一个连接 12V 电源,另一个连接警告灯。传感器浮子随制动液液位高低而上下浮动,浮子上固装有永久磁铁。舌簧开关的触点受永久磁铁磁场的作用而断开与闭合。

在点火开关 SW 接通的情况下,当浮子随制动液液面下降到规定值时,永久磁铁的磁场使舌簧开关触点磁化而闭合,警告灯因电路接通而发亮,提醒驾驶员及时补充制动液。

当补充制动液时,浮子带动永久磁铁随制动液液面升高而上升,随着永久磁铁对舌簧开关触点的作用力减弱,舌簧开关触点在自身弹力的作用下断开,警告灯因电路切断而熄灭,表示制动液液位正常。

(三) 制动信号灯电路断路报警灯

制动信号灯电路断路报警灯的电路原理如图 5-35 所示。在左右制动信号灯电路中,连接有两个电磁线圈 W_1、W_2 以及舌簧开关 K,信号灯电路断路报警灯与舌簧开关串联。

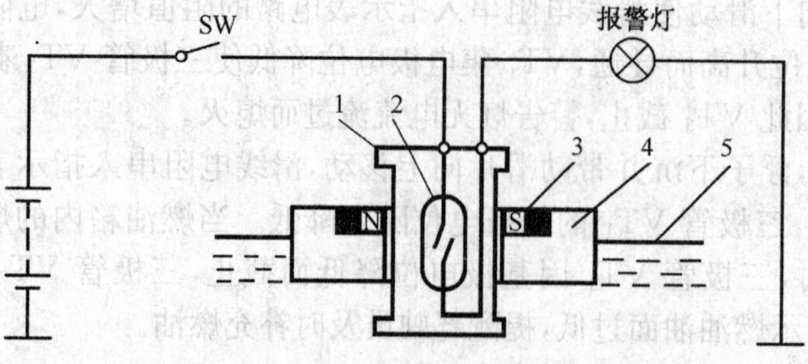

图 5-34　制动液液位过低警告灯与传感器结构原理

1—壳体；2—舌簧管；3—永久磁铁；4—浮子；5—制动液液位。

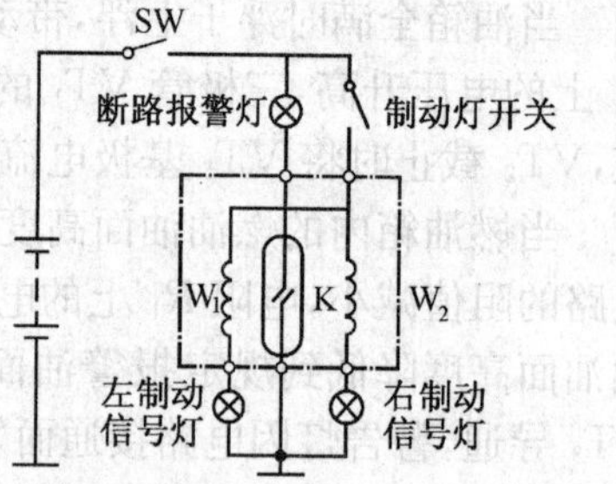

图 5-35　制动信号灯断路报警灯电路

在点火开关 SW 接通的情况下，如果左、右制动信号灯电路正常，那么当踏下制动踏板时，制动灯开关接通，电流分别经电磁线圈 W_1、W_2 流过左、右制动信号灯使其发亮，指示跟随车辆本车正在制动。此时，两个线圈产生的的磁场相互抵消，舌簧开关触点 K 在自身弹力作用下断开，断路报警灯处于熄灭状态。

当踏下制动踏板时，如果左(或右)制动信号灯线路(或灯丝)断路，则电磁线圈 W_1、W_2 中将有一个线圈无电流通过，另一个线圈通电产生的磁场将使舌簧开关触点 K 磁化而闭合，使断路报警灯因电路接通而发亮，提醒驾驶员及时排除故障。

第七节　信息显示系统故障诊断与排除

为使汽车安全、顺利地行驶，在使用过程中必须及时发现和排除汽车仪表和信息显示系统可能出现的故障。

一、电流表的检查与调整

检修电流表时，应当注意以下几点。

(1) 用手摇动电流表时，指针应能灵活摆动；停止摇动后，指针应能很快停在“0”位。如果指针摆动呆滞，多为转子轴的轴承过紧，应加以调整；如果指针不能回到“0”位，可拨动配重块进行校准。若指针虽能灵活摆动，但不能迅速停在“0”位，可能是永久磁铁退磁所致，应进行充磁处理。

(2) 当电流表通电后指针偏转迟缓、读数比标准值低时，一般为转子轴和轴承磨损或指针碰擦卡住，应拆开电流表进行检查。如果轴和轴承磨损，应更换；如为指针歪斜而碰擦，可用镊子校正指针。当电流表的读数比标准值高时，一般为永久磁铁磁性减弱，应进行充磁处理。

(3) 对充磁电流表进行充磁处理时，用永久磁铁或电磁铁与电流表永久磁铁的异性磁极接触一段时间，即可恢复原有的磁性。如磁性过强，则会使读数偏低，应予退磁。其方法与充磁相同，所不同的是用永久磁铁或电磁铁与电流表永久磁铁的同性磁极接触一段时间。

(4) 当电流表指针向一边偏摆角度大，而向另一边偏摆角度小时，一般为转子不正，指针碰擦，应拆开进行检修。

(5) 检验电流表的准确度时，可用标准量程为－30A～0A～＋30A 的直流电流表和标准阻值为 0Ω～5Ω、额定电流为 30A 的可变电阻与被试电流表以及蓄电池串联在一起进行检验。检验时，接通蓄电池电源，在逐渐减小可变电阻值的同时，比较两只电流表读数的大小。如果读数之差在20%的范围内，说明被测电流表工作基本正常（注：汽车电流表的误差允许在20%范围内），否则，应予修理或更换新品。

二、电压表的检查与调整

检修电压表时，应当注意以下几点。

(1) 接通点火启动开关、发动机尚未启动时，电压表指示的蓄电池端电压读数范围，12V电气系统应为11.4V～12.6V，24V电气系统应为22.8V～25.2V。如端电压过低，说明蓄电池严重亏电或内部短路。

(2) 实测表明，在接通点火启动开关启动发动机的3s～5s内，电压表指示的12V电气系统蓄电池端电压读数应为9V～11V。对于额定容量小于或等于60A·h的蓄电池，如电压表读数低于9V，说明蓄电池有故障或寿命终止，需要更换新品。如电压表读数在9V～11V之间，说明蓄电池技术状态良好，端电压接近11V可继续使用，接近9V应补充充电。如电压表读数高于11V，说明蓄电池技术状态很好，可以继续使用，无须补充充电。对于24V电气系统，在接通点火启动开关启动发动机的3s～5s内，蓄电池端电压读数应为18V～22V。如电压表读数低于18V，说明蓄电池有故障或寿命终止，需要更换新品。如电压表读数在18V～22V之间，说明蓄电池技术状态良好，端电压接近22V可继续使用，接近18V应补充充电。如电压表读数高于22V，说明蓄电池技术状态很好，无须补充充电，可继续使用。

(3) 发动机正常运转时，电压表指示的蓄电池端电压读数范围：12V电气系统应为(14.2±0.25)V，24V电气系统应为(28.0±0.3)V。如果电压表指示的读数与发动机启动前的读数相同，说明交流发电动机不发电，需要检修交流发电动机和电压调节器；如电压表指示电压过高，说明电压调节器故障，需要更换调节器。

三、油压表故障的检修与排除

油压表常见故障有读数偏大、偏小或指针不动。油压表读数不准可进行校准；若指针不动，一般是电热线圈烧坏或触点烧蚀，应进行修理。双金属片式油压表一般都可进行调整。下面以北京BJ2020系列汽车用油压表为例介绍双金属片式油压表的检修与调整方法。

(一) 油压表的检查

(1) 油压指示表和传感器电阻的检查。用万用表测量电热线圈的阻值是否符合表5-1规定。如果阻值小于标准阻值，说明电热线圈有匝间短路故障。如果阻值大于标准阻值，说明线圈与连接部件接触不良。如果万用表指针不动，说明线圈电路断路。

表5-1 油压指示表及传感器电热线圈技术参数

项目名称	标准阻值/Ω	线圈直径/mm	导线材料
指示表	17.5	0.112	漆包康铜线
降压电阻	17.5～18.5	0.112	漆包康铜线
传感器	8～12	0.112	漆包康铜线

(2) 指示表指针偏摆角度的检验与调整。将指示表与毫安表(0mA～300mA)、可变电阻(0Ω～100Ω)和12V蓄电池串联组成检验电路，如图5-36所示。接通电路开关，调节可变电阻，当毫安表指示读数分别为60mA、170mA和240mA时，指示表指针应相应地指示在“0”、“2”、“5”的刻度上，指示不准应进行调整或修理。

如指示表指针在“0”位有误差，可用起子或专用工具调整零位调整扇齿。向左拨动(从表背面看)，读数增高；向右拨动，读数降低。如最大读数的误差超过 20%，可拨动偏摆角度调整扇齿。向左拨动，读数增高；向右拨动，读数降低。

(3) 重新绕制电热线圈。电热线圈烧坏后，可按表 5-1 所示技术数据重新进行绕制。绕制方法如图 5-37 所示。在绕制电热线圈时，注意每绕一圈后，捏线的手指应捻动一下，给导线松一下劲，或者每绕一圈把导线松开一下，让其松一下劲，然后再绕下一圈。这样绕出的线圈既平整又不致破坏导线的绝缘。每圈之间的距离要均匀，松紧也要均匀，线圈的连接和电阻值应与原来的相同。绕制成功后，需要再次进行检验。

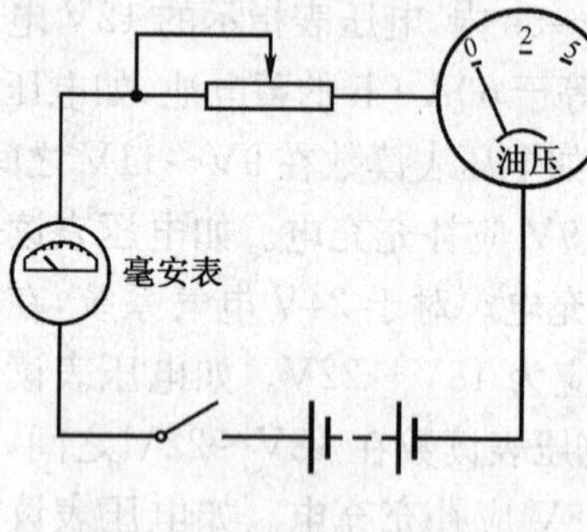

图 5-36 油压指示表检查电路

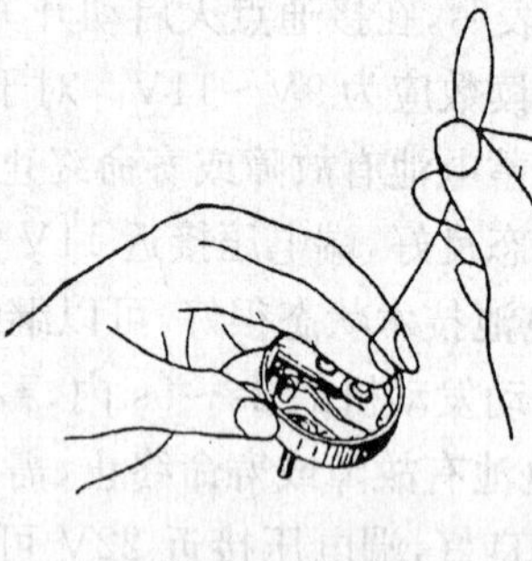
图 5-37 绕制电热线圈

在指示表内，指针与双金属片方框构成的 3 个直角应在一个平面内，否则会使读数不准，要用镊子将其校正平整。

(4) 传感器输出电流的检验与调整。将被检验的传感器与标准的指示表、12V 蓄电池、油压机、机械式油压表组成图 5-38 所示的检验装置。如果没有油压机，可用汽车液压制动总泵代替。

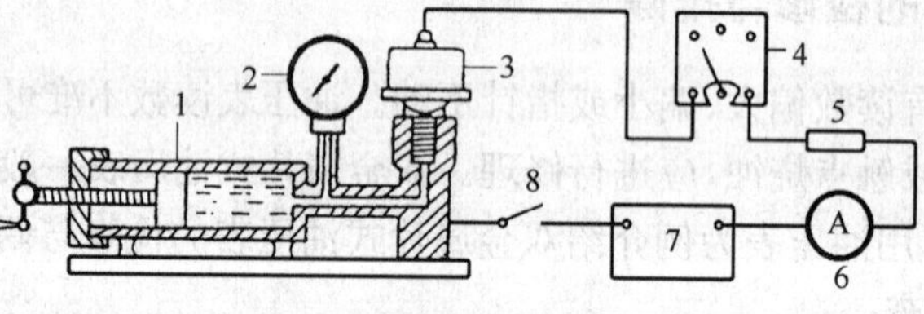

图 5-38 机油传感器的检验

1—油压机；2—油压表；3—传感器；4—标准指示表；5—降压电阻；6—电流表；7—蓄电池；8—开关。

检验时，接通控制开关，摇转油压机手柄，当机械式油压表指示的压力分别为 0、200kPa、500kPa 时，如标准指示表应相应地指示 0、200kPa、500kPa 压力，则表明被检传感器工作良好。否则说明传感器工作不正常，应予修理或更换新品。在规定压力下，传感器输出电流以及规定电流下指示表指针的读数如表 5-2 所列。

表 5-2 油压与电流对应值

传感器所感受的压力/kPa	指示表的读数/kPa	传感器应输出的电流/mA
0	0	65±5
200	200±20	170±3
500～600	500±10	240

在传感器感受高压时，如输出电流比规定值低，则多为校正电阻阻值增大所致。可将指示表弹片的张力减弱或改变电阻值来进行校准。

上述检验传感器的装置，也可以用来检验指示表。

(二) 油压表故障诊断与排除

汽车发动机油压表常见故障及其排除方法如下。

(1) 发动机工作时油压指示表指针不动。此时如水温表和燃油表都不工作，故障可能是点火开关到仪表的导线断路。如水温表和燃油表工作正常，说明故障发生在指示表至传感器之间的线路中。可将传感器上的连接导线短时间搭铁进行试验。如果指示表指针摆动，说明故障在传感器内部。如指针仍不动，说明指示表或指示表至传感器之间的导线断路。

(2) 一旦接通点火开关，指针就偏摆到最大刻度位置。发现这种故障时，应先拆下传感器上的导线，此时指针如能回到"0"位，说明传感器内部短路，需要更换新品；如指针仍然指在最大刻度位置，说明线路中有搭铁故障或线路连接错误，应逐段检查排除。

(3) 指示表指针指示的数值不准。在发动机工作时，若发动机的机油压力正常，但指示表指针指示的数值偏低或偏高，应检查指示表或传感器是否发生故障。如无故障，则应进行调整和校正。

四、水温表故障的检修与排除

水温表的检修与调整方法大同小异，下面以北京 BJ2020 系列汽车水温表的检修与调整为例说明。

(一) 水温表的检查与调整

(1) 水温指示表和传感器电阻的检验。水温指示表和传感器电阻的检验方法与油压表相同，水温指示表电热线圈的技术参数如表 5-3 所列。

表 5-3　水温指示表及传感器电热线圈数据

项目名称	标准阻值/Ω	线圈直径/mm	导线材料
指示表	17.5	0.112	漆包康铜线
降压电阻	17.5～18.5	0.112	漆包康铜线
传感器	8.5～9	0.112±0.01	漆包康铜线

(2) 水温指示表指针偏摆度的检验与调整。指示表指针偏摆度的检验方法与油压表相同，技术参数如表 5-4 所列。但必须注意的是，在相应电流强度时，水温表指示的刻度大小排列顺序与油压表相反。

表 5-4　在规定电流条件下水温指示表指示的读数

电流强度/mA	指针指示读数/℃	允许误差/℃
80±5	100	±4
160±5	80	±5
240±5	40	±10

水温表指示的检修与调整方法与油压指示表相同。

(二) 水温表故障的诊断与排除

汽车发动机水温表常见故障及其排除方法如下。

(1) 发动机工作时指示表指针不动。此时如油压表和燃油表都不工作，故障可能是点火开关到仪表的导线断路。如油压表和燃油表工作也不正常，说明故障发生在指示表到传感器之间的线路中。可将传感器上的连接导线短时搭铁进行试验，如指示表指针摆动，说明故障发生在传感器内部；如指针仍然不动，说明指示表或指示表至传感器之间的导线断路。

(2) 发动机水温升高后指针却不摆动。一旦接通点火开关，指针就偏摆到最高温度位置。出现这种现象时，可先拆下传感器接线端子上的导线，观察指针能否回到静止状态时的位置，如能回位，说明传感器内部短路或搭铁。如指针仍然指示在最高温度位置，说明线路中有搭铁故障或连接错误，可逐段检查排除。

(3) 指示表指针指示的数值不准。在发动机工作时，如发动机的温度正常，但指示表指针指示的数值偏低或偏高，应检查指示表或传感器是否发生故障。如无故障，则应进行调整。

五、燃油表故障的检修与排除

(一) 燃油表的检验

燃油表的传感器和指示表都可使用图 5-39 所示的仪器和连接电路进行检查。需要特别指出的是，如果检验燃油指示表，那么传感器就必须是标准的燃油传感器；反之，如果检验燃油传感器，指示表就必须是标准的燃油指示表。

在检验燃油指示表或燃油传感器时，首先接通控制开关 SW，然后将浮子臂分别摆到 31°和 89°位置进行检验时，指示表的指针应相应地指在“0”和“1”位置。如果误差不超过 10%，指示表或传感器就可继续使用，否则应当进行调整、修理或更换新品。

如果没有量角器，也可用手扳动燃油传感器浮子进行检验。方法是将浮子放在最低位置(相当于 31°位置)和抬高到水平位置(相当于 89°位置)时，燃油指示表指针应相应地指示在“0”或“1”位置。这种方法虽不如仪器检验准确，但操作简便。

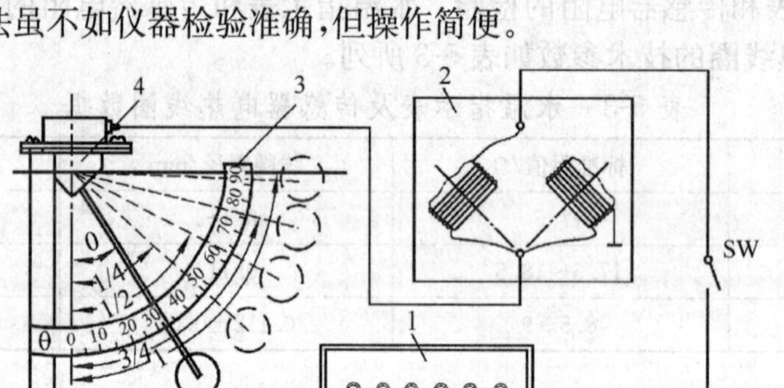

图 5-39　燃油表的检验电路

1—蓄电池；2—指示表；3—量角器；4—传感器。

(二) 燃油表的调整

(1) 燃油指示表的调整。当燃油传感器良好，燃油指示表的指针不能摆到“0”位置时，可上下移动左线圈的位置进行调整。当左线圈距离指针转子远些时，磁力便减弱，转子被右线圈吸引过去的角度便增大；反之，当左线圈距离指针转子近些时，转子被右线圈吸过去的角度便减小。与此同时，弯曲右线圈的导磁磁轭，改变其磁路磁阻的大小，也可调整指针的摆角。

(2) 燃油传感器的调整。调整燃油传感器时，先把铜套固定螺钉拧松，然后移动铜套和滑片，滑片应与电阻接触良好。并注意检查电阻是否烧坏，搭铁是否良好，有无短路、断路，浮子杆上下摆动是否灵活等，否则应予修理或更换新品。

(三) 燃油表的修理

当燃油传感器的可变电阻烧坏时，可用相同直径的镍铬合金丝进行绕制。绕制电阻时，其阻值和连接方法必须与原传感器相同。修复后要经过检验,证明无误后才可使用。

当燃油指示表线圈损坏后,可用相同直径的漆包康铜线进行绕制。绕制指示表线圈时,线圈的绕向、匝数、电阻和连接方法必须与原指示表线圈相同。由于燃油指示表左、右线圈的匝数、绕线方向不同,因此,不能互换使用。修复后必须经过检验,证明无误后才可使用。

(四) 燃油表故障的排除

燃油表常见故障及其排除方法如下。

(1) 发动机工作时,指示表指针不动。当发现燃油指示表指针不动时,如果油压表和水温表都不工作,那么,故障可能是点火开关至组合仪表盘的导线断路。如油压表和水温表工作正常,故障就发生在指示表至传感器之间的线路中。可将传感器上的连接导线短时搭铁进行试验,此时如指示表指针摆动,说明故障发生在传感器内部;如指针仍然不动,则说明指示表或指示表至传感器之间的导线断路。

(2) 不论存油多少,指针总是指在"0"位置。导致燃油指示表指针总是指在"0"位置的主要原因有以下两点。

①指示表至传感器之间的导线搭铁。

②右线圈导线插头脱焊或搭铁不良造成断路。

(3) 不论存油多少,指针总是指向"1"位置或偏高。导致燃油指示表指针总是指向"1"位置或偏高的主要原因有以下几点。

①传感器滑动触片的搭铁线断路。

②传感器滑动触片与可变电阻丝接触不良或可变电阻丝磨断。

③指示表和传感器之间的导线断路或连接不良。

④指示表接线柱上的导线接反。

六、车速里程表的检查与调整

(一) 车速里程表的检查

车速里程表的检查包括以下几个方面。

(1) 检查车速里程表的铝制金属碗有无歪斜、碰撞摩擦现象。如有歪斜或碰撞摩擦,就会导致读数不准或工作失常,应进行校正。

(2) 检查游丝弹簧以及表轴与轴套之间有无松动。如有松动,可用空心冲将其铆紧。

(3) 检查各部轴承有无松旷。如果轴承磨损而松旷,应予修理或更换新品。

(4) 检查车速里程表针轴的轴向间隙是否过大。如果轴向间隙过大,就应进行修理或更换新品。

(5) 检查车速里程表驱动软轴的润滑情况。取下车速里程表驱动软轴插头的油毡,用汽油清洗干净、晾干后,再浸足变压器油并装回即可。车速里程表内的传动机件禁止使用润滑脂(黄油)进行润滑。

(二) 车速表准确度的检查与调整

检查车速表指示的准确度时,用一电动机同时驱动标准车速表和被试车速表,调节驱动电动机的转速,比较被试车速表和标准车速表的读数。被试车速表的读数误差较大时应进行调整,顺时针拨动指针可使读数增大,反时针拨动指针可使读数减小。车速表的读数误差也可通过改变磁铁与铝盘之间的空气间隙进行调整,气隙增大可使读数减小;反之,气隙减小可使读数增大。

（三）车速里程表故障的排除

车速里程表常见故障及其排除方法如下。

(1) 车速表指针不动。指针不动的主要原因是软轴连接处松脱、表内有发卡现象或软轴扭断等，应拆开仪表进行修理。

(2) 车速表指针跳动。指针跳动的主要原因是磁铁轴承磨损导致磁铁旋转时窜动而碰撞金属碗，因此需要更换轴承。

(3) 里程表计数轮不转。计数轮不转的主要原因是软轴连接处松脱、表内有发卡现象或软轴扭断等。如果仅有部分计数轮不转，则其原因是计数轮之间的进位拨销折断或传动齿轮损坏，需要更换新品。

思　考　题

(1) 汽车信息显示系统由哪些部件组成？

(2) 汽车常用仪表按功能不同分为哪些类型，按工作原理不同分为哪些类型？

(3) 电磁驱动式仪表的工作原理是什么？电热驱动式仪表的工作原理是什么？根据指示仪表的工作方式不同，电磁驱动式仪表分为哪两种类型？

(4) 在现代汽车上，充电系统工作状态的指示方式有哪些？

(5) 汽车电流表的功用是什么？怎样检测充电系统充放电电流的大小？常用电流表分为哪两种类型？

(6) 汽车发动机润滑油压力表的功用是什么？油压表按工作原理不同分为哪两种类型？

(7) 电磁式油压表由哪几部分组成，怎样检测润滑油压力？电热式油压表由哪几部分组成，怎样检测润滑油压力？

(8) 水温表的功用是什么？水温表按工作原理不同分为哪两种类型？

(9) 电磁式水温表由哪几部分组成，怎样检测冷却液温度？电热式水温表由哪几部分组成，怎样检测冷却液温度？

(10) 燃油表的功用是什么？燃油表按工作原理不同分为哪两种类型？

(11) 电磁式燃油表由哪几部分组成，怎样检测燃油箱的储油量？电热式燃油表由哪几部分组成，怎样检测燃油箱的储油量？

(12) 在采用双金属片式指示仪表与热敏电阻式传感器匹配的汽车仪表电路中，为什么需要串接一只仪表稳压器？

(13) 常用仪表稳压器分为哪两种类型？双金属片式仪表稳压器怎样稳定仪表电压？

(14) 车速里程表的功用是什么？磁感应式车速里程表由哪两部分组成？电子式车速里程表由哪几部分组成？

(15) 汽车发动机转速表的功用是什么？电子式转速表由哪几部分组成？磁感应式转速表由哪几部分组成？数字式汽车仪表主要由哪几部分组成？

(16) 汽车常用信息显示器件有哪些？将发光二极管(LED)组成点阵或线条图形后，能够显示汽车的哪些信息？

(17) 为什么在现代汽车上，大量采用发光二极管来显示汽车信息？

(18) 汽车车内报警和车外报警装置分别有哪些？

第六章 空调系统

汽车空调系统是汽车空气调节系统的简称，又称为采暖通风与空气调节系统，其发展过程大致可分为单一供暖、单一制冷、冷暖一体化、自动控制空调和智能空调5个阶段。

单一供暖阶段。1925年，美国率先利用汽车发动机冷却液通过加热器加热的方法取暖。到1927年，发展到具有加热器、鼓风机和空气滤清器等较为完整的供暖系统。目前，国内外大部分载货汽车和越野汽车仍然使用这种单一供暖系统。

单一制冷阶段。1939年，美国通用汽车公司首先在轿车上安装了机械制冷降温的空调器，从而成为汽车空调的先驱。目前，在热带、亚热带地区运行的普通轿车和客车上，这种单一制冷的空调系统仍在广泛使用。

冷暖一体化阶段。1954年，美国通用汽车公司首先在纳什牌轿车上安装了冷暖一体化的空调系统，使汽车空调系统不仅具有调节车内空气温度的功能，而且具有调节空气湿度的功能。冷暖一体化空调系统的显著特征是能够根据需要将冷风和暖风按适当比例混合在一起，因此，又称为二次加热型或再加热型空调系统。随着汽车空调技术的发展，冷暖一体化空调系统已经具备降温、除湿、通风、过滤和除霜等功能，大大提高了汽车的乘坐舒适性，目前是中高档轿车用量最大的空调系统。冷暖一体化空调系统的不足之处在于需要人工操纵，增加了驾驶员的工作量。此外，控制质量也不太理想。

自动控制空调阶段。1964年，美国通用汽车公司将采用电子控制器自动控制的空调系统安装到了凯迪拉克轿车上。只要预先设定好温度，这种空调系统就能在设定的温度范围内自动工作，达到调节车内空气温度的目的。

智能空调阶段。1973年，美国通用汽车公司与日本五十铃汽车公司一起，开始联合研制微机控制的汽车空调系统，并于1977年同时安装在各自生产的汽车上。智能空调系统的显著特点是采用微型计算机（单片机）控制空调系统工作，具有故障自诊断功能。随着微电子技术的发展，汽车空调的功能不断增加和完善，实现了显示数字化，冷气、暖气、通风一体化。目前，在中高档轿车采用的全自动空调系统中，空调电控单元已与发动机电控单元和车身电控单元组成局域网络，随时根据车内外环境条件，自动控制空调系统的工作，实现了空调运行与汽车运行协调统一，极大地提高了汽车的舒适性和整体性能。

我国汽车空调工业的发展大致经历了单一供暖、引进消化和自主创新3个阶段。

20世纪60年代初到20世纪70年代末为单一供暖阶段，主要是利用发动机排出的废气或冷却液产生的热量来供给车内采暖。

20世纪80年代初至20世纪90年代初为引进组装阶段。20世纪80年代初期，主要是从日本购进制冷降温用的汽车空调系统，装配在红旗、上海等小轿车和豪华大客车上。20世纪80年代中后期，一汽、上海、北京、广州、佛山等厂从日本、德国引进先进的空调生产线和生产技术，生产大中型客车、轻型车及轿车的空调系统。

20世纪90年代开始至今为自主创新阶段。国内已有一批形成生产规模的汽车空调制造企业，分别从国外引进最先进的压缩机、冷凝器和蒸发器生产技术和生产线，同时按照《蒙特利尔议定书》和《中国消耗臭氧层物质逐步淘汰国家方案》的要求，生产和推广使用汽车空调制冷系统，制冷剂由 R12 向 R134a 转换。目前，国内汽车空调技术已在短时间内接近或达到世界先进水平。

第一节　汽车空调系统的组成

一、汽车空调系统的功能

汽车空调系统的功能是调节车内空气的温度（提供冷气和暖气）、湿度、气流速度和通风净化空气，为乘员提供清新舒适的车内环境。

汽车空调系统的基本功能是调节车内空气的温度。在炎热的夏季，降低车内温度由制冷系统提供冷气来实现；在寒冷的冬季，升高车内温度由采暖系统提供暖风来实现。汽车采暖的热源有两种，一种是以发动机冷却液作为暖风的热源，另一种是以专门设置的独立式加热器作为暖风的热源，再利用采暖系统的控制机构控制暖风流动来升高车内温度。小轿车、中小型客车、载货汽车和越野汽车车内空间小、升高车内温度需要热量小，因此，普遍采用以发动机冷却液作为暖风热源的采暖系统。大型客车车内空间大、升高车内温度需要热量大，因此，普遍采用以独立式加热器作为暖风热源的采暖系统，这种采暖系统称为独立式采暖系统。

汽车空调系统的第二项功能是调节车内空气的湿度。虽然普通汽车空调系统具有一定的除湿功能，但是，调节车内空气湿度的功能，只有高级轿车和豪华型大客车采用的冷暖一体化空调系统才能实现。除湿的方法是：空调系统通过制冷装置对空气进行冷却降温去除空气中的水分，再由采暖装置对空气进行二次加热升温，从而达到降低车内空气相对湿度的目的。

汽车空调系统的第三项功能是调节车内空气的流速和流向。空气的流速和流动方向对人体的舒适性有很大影响。为了提高汽车的乘坐舒适性，汽车空调控制系统依据人体工程学原理和座椅位置，设计有风速控制开关、风向控制开关和若干个冷气或暖气出风口以及出风口开关等。

汽车空调系统的第四项功能是净化车内空气。汽车车内空间小、乘员密度大，容易出现缺氧和二氧化碳浓度过高的现象。此外，道路上的粉尘和空气中的废气等进入车内会造成车内空气污浊，影响乘员的身体健康。因此，汽车空调系统必须具有补充车外新鲜空气、过滤和净化车内空气的功能。为此，汽车空调系统设有新风门、排风门、空气过滤装置和净化装置等。

二、汽车空调系统的组成

汽车空调系统由制冷系统、采暖系统、通风系统和控制系统等 4 个子系统组成。各型汽车空调系统的组成大同小异，图 6-1 所示为桑塔纳 2000GSi 型轿车采暖与空调系统零部件的安装位置。

(1) 制冷系统。制冷系统是汽车空调系统最重要子系统，其主要功用是夏季为车内提供冷气。因为作为冷源的蒸发器的温度低于空气的露点温度，所以制冷系统还具有除湿和净化空气的作用。

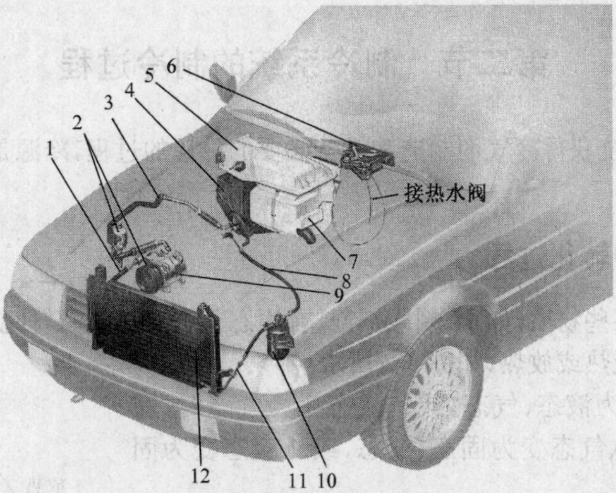

图 6-1　桑塔纳 2000GSi 型轿车制冷系统的组成与制冷部件的安装位置

1—"D"形管；2—消声器；3—"S"形管；4—蒸发器；5—进风罩；6—控制面板；7—热交换器；8—"L"形管；9—空调压缩机；10—储液干燥器；11—"C"形管；12—冷凝器。

(2) 采暖系统。采暖系统又称为暖风系统，其主要功用是冬季为车内提供暖气以及为风窗玻璃除霜除雾。根据获取热源的方法不同，汽车采暖系统可分为独立式和非独立式采暖系统两种类型。

独立式采暖系统利用柴油或煤油等燃料在一个专门的燃烧装置内燃烧产生热量，为车内提供暖气，其特点是供暖充分，不受汽车运行状态的影响。但是，独立式采暖系统结构复杂、耗能多，故主要用于需要较大供暖量的大、中型客车。

非独立式采暖系统利用发动机工作时冷却液的余热(95℃左右的热水)为车内提供暖气，又称为水暖式采暖系统。水暖式采暖系统具有结构简单、成本低、不耗能、操作维修方便等优点。虽然非独立式采暖系统的供暖量较小(小于 29 308kJ/h)，但对小型客车和轿车来说足以满足车内供暖需求，因此广泛用于小型客车和轿车。非独立式采暖系统的缺点是供暖量受汽车发动机工况的影响较大。

(3) 通风系统。通风系统的功用是净化车内空气，保持车内空气新鲜舒适。汽车通风分为自然通风和强制通风两种形式。自然通风是利用汽车行驶时，在汽车内、外产生的风压来实现的换气通风。强制通风是利用鼓风机将车外空气强制送入车内来实现的换气通风。

(4) 控制系统。控制系统的功用是控制空调系统工作，实现制冷、采暖和通风。控制系统主要由电器部件、真空管路、操纵机构和控制开关等组成。控制系统一方面要对制冷和采暖系统的温度、压力进行控制，另一方面要对车内空气的温度、风量、流向进行控制，从而实现空调系统的各项功能。

在大中型客车上，上述各系统通常独立安装并可单独使用。如在车顶安装两个或 3 个独立的强制换气扇用于车内通风换气，冬季采用独立的燃油燃烧式加热器为车内供暖，夏季则用专门的空调发动机(副发动机)驱动独立式制冷系统为车内提供冷气。

在小型客车和轿车上，则将上述各系统有机地结合起来，组成具有采暖、通风、降温、除湿、风窗玻璃除霜除雾等功能的冷、暖一体化空调系统。这种空调系统冷、暖、通风公用一只鼓风机和一套操纵机构，采用冷暖混合式调温方式和多种功能的送风口，使整个空调系统具有总成数量少、占用空间小、安装布置方便、操作调控简单、温湿度调节精度高、出风分布均匀等优点，而且容易实现自动控制，为自动空调系统奠定了良好的基础。

第二节 制冷系统的制冷过程

制冷是指空调系统获得冷气而制造和维持必要的冷源的过程，冷源是指温度低于环境温度的物体或场所。

一、物质状态的转化过程

由物理学可知，某些物质(如水、制冷剂)具有固态、液态和气态3种状态。当这些物质的状态发生变化时，需要吸热或放热，如图6-2所示。

当物质从固态变为液态、气态，或从液态变为气态时，需要吸收热量；当物质从气态变为固态、液态，或从液态变为固态时，将会释放热量。

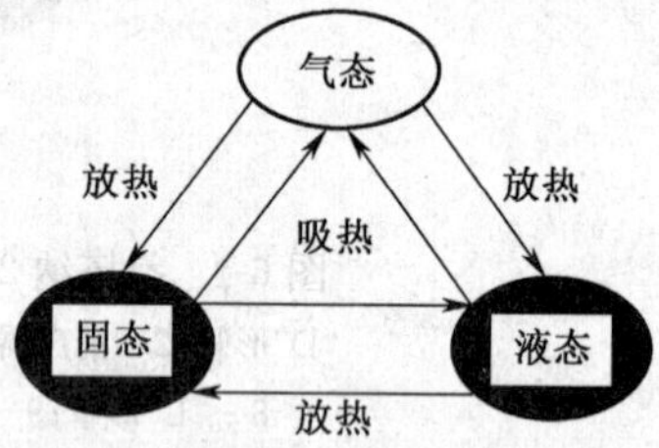

图6-2 物质状态的转化过程

液体转变为气体的过程称为汽化。汽化方式有蒸发和沸腾两种，液体表面汽化的现象称为蒸发；液体表面和内部同时汽化的现象称为沸腾。沸腾时液体达到的温度称为沸点。

气体转变为液体的过程称为液化。液化分为冷却与冷凝两个过程，物体温度下降的过程称为冷却；饱和蒸汽完全变为饱和液体的过程称为冷凝。

物质的物理状态变化时所需要的热量称为潜热。物质由气态转变为液态时要释放出热量，所释放的热量称为冷凝潜热。物质由液态转变为气态时要吸收热量，所吸收的热量称为蒸发潜热。汽车空调系统就是利用液态制冷剂(目前汽车已普遍使用无氟环保型制冷剂R134a)在蒸发器内蒸发或沸腾变成气态制冷剂，同时吸收大量热量使车内温度降低的。

二、制冷系统的组成

同家用空调和其他空调系统一样，汽车空调制冷系统也是由压缩机、冷凝器(散热器)、储液干燥器、热力膨胀阀(或节流孔管)、蒸发器等制冷部件组成，各制冷部件之间用耐压的铜管或铝管以及耐压、耐氟橡胶管连接成一个密闭的循环系统，如图6-3所示。

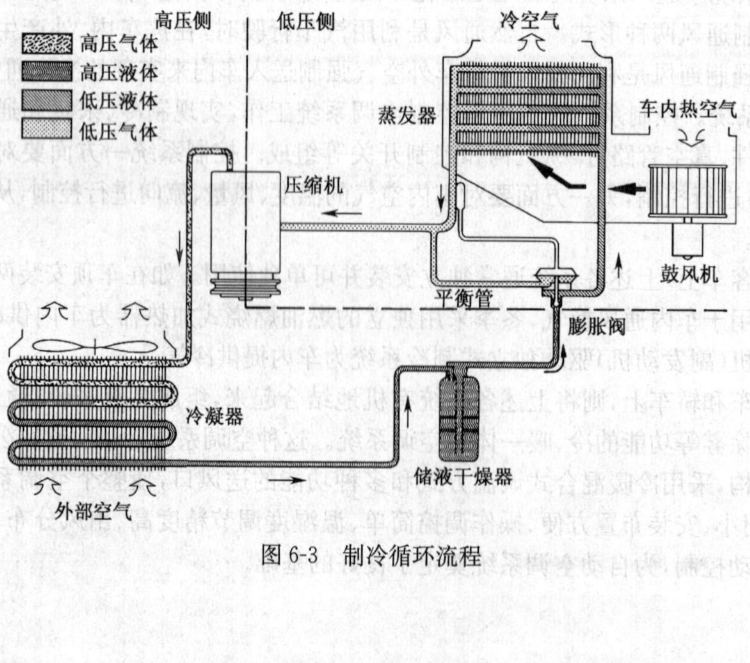

图6-3 制冷循环流程

三、制冷循环过程

制冷循环就是利用有限的制冷剂在封闭的制冷系统中，反复地将制冷剂压缩、冷凝、膨胀、蒸发，不断在蒸发器中吸热汽化，使蒸发器始终保持很低的温度而用于车内空气的降温除湿。在制冷循环系统中，压缩机是动力源。

在汽车空调系统中，压缩机由发动机曲轴上的驱动带驱动旋转，并将蒸发器中因吸收车内热量而汽化的低温低压气态制冷剂，经低压软管和低压阀吸入压缩机。

低温低压气态制冷剂经压缩机压缩后，变成高温（约 65℃）、高压（约 1300kPa）的气态制冷剂，经高压阀和高压软管送入发动机水箱前面的冷凝器。

制冷剂在冷凝器中由车外空气冷却成为高温（约 55℃）、高压（约 1300kPa）的液态制冷剂，并从冷凝器底部流向储液干燥器。经储液干燥器过滤、脱水后，由高压软管送入热力膨胀阀。

经热力膨胀阀节流降压后，变成低温（约零下 5℃）、低压（约 150kPa）的液态制冷剂进入蒸发器，并在蒸发器内大量吸收蒸发器管壁及周围空气的热量而蒸发汽化，使蒸发器表面及其周围的车内热空气温度降低（由此产生冷源）。

当鼓风机将车内热空气或车外热空气强制吹过蒸发器表面时，热空气便被蒸发器冷却而变成冷气送回车内空间，从而达到降低车内温度的目的。液态制冷剂在蒸发器内吸热汽化为低温（约为 0℃）、低压（约 150kPa）的气态制冷剂，并经低压软管由压缩机再次吸入，从而完成制冷循环。

由此可见，制冷循环由压缩、冷凝、膨胀和蒸发 4 个过程组成。

(1) 压缩过程。压缩机从蒸发器吸入低温低压气态制冷剂，并将其压缩成高温（约 65℃）、高压（约 1300kPa）气态制冷剂送往冷凝器冷却降温。

(2) 冷凝过程。高温高压气态制冷剂由发动机水箱前面的冷凝器（散热器）散热，将其冷凝成高温（约 55℃）、高压（约 1300kPa）液态制冷剂。

(3) 膨胀过程。冷凝后的高温高压液态制冷剂经热力膨胀阀节流降压后，将其转变成低温（约零下 5℃）、低压（约 150kPa）的液态制冷剂送入蒸发器。

(4) 蒸发过程。低温低压液态制冷剂流经蒸发器时，不断吸收车内空气的热量而汽化成低温（约为 0℃）、低压（约 150kPa）气态制冷剂。从蒸发器流出的气态制冷剂又被压缩机吸入而进入下一次制冷循环。

当制冷系统工作正常时，低压管路呈低温状态，高压管路呈高温状态。从膨胀阀出口经蒸发箱至压缩机入口为低压区；从压缩机出口经冷凝器、储液干燥器至膨胀阀为高压区。检查低压区时，由膨胀阀出口经蒸发箱至压缩机入口应当是由凉变冷，但无霜冻。检查高压区时，由压缩机出口经冷凝器、储液干燥器至膨胀阀入口应当是由暖变热（检查时，注意手与被检查部位之间应保持一定的距离，避免烫伤）。如压缩机入口与出口之间无明显的温差，说明制冷剂泄漏或无制冷剂。如储液干燥器特别凉或其入口与出口之间温差明显，说明储液干燥器堵塞。表 6-1 所列为桑塔纳轿车空调系统的状态参数。

表 6-1　桑塔纳轿车空调系统状态参数

测量部位	制冷剂物理状态	怠速 950r/min、环境温度为 20℃条件下		检测方式
		温度/℃	压力/kPa	
压缩机高压端	气体	60～66	1100～1400	压力:用高压表在压缩机高压阀处检测 温度:用温度计在冷凝器入口处检测
冷凝器	气体→蒸气→液态	50～55	1100～1400	压力:用高压表在压缩机高压阀处检测 温度:用温度计在冷凝器出口处检测
储液干燥器	液体	50～55	1100～1400	压力:用高压表在压缩机高压阀处检测 温度:用温度计在冷凝器出口处检测
蒸发器	液体	−6	150	压力:用低压表在压缩机入口处检测 温度:用温度计在压缩机入口处检测
蒸发器出口至压缩机低压端	气体	0	150	压力:用低压表在压缩机低压端检测 温度:用温度计在膨胀阀感温筒处检测

第三节　制冷系统的结构原理

汽车空调制冷系统采用的制冷部件主要有压缩机、冷凝器、储液干燥器、热力膨胀阀(或节流孔管)、蒸发器等,下面分别介绍其结构原理。

一、压缩机

汽车空调系统的压缩机安装在发动机前部,由发动机曲轴上的驱动轮经驱动带驱动旋转。压缩机是制冷循环系统的动力源,其功用是驱动制冷剂循环流动,将低温(约 0℃)低压(约 150kPa)的气态制冷剂压缩成高温(约 65℃)高压(约 1300kPa)的气态制冷剂。

空调压缩机种类繁多,形式各异,主要有斜盘式(翘板式)、曲柄连杆式、转子式、叶片式、螺杆式和涡旋式 6 种。目前,汽车空调系统一般都采用斜盘式、曲柄连杆式或转子式压缩机。

曲柄连杆式压缩机的结构原理与汽车装备的往复活塞式四冲程发动机和压气机相似,1988 年以前桑塔纳轿车装备的压缩机就是由美国约克(YORK)公司制造的曲柄连杆式压缩机。目前,曲柄连杆式压缩机主要用于大、中型客车空调系统,小轿车普遍采用斜盘式压缩机,桑塔纳轿车 1988 年开始装备的 SD-508 型(制冷剂用 R12)以及 2000 年开始装备的 SE5H-14 型(制冷剂用 R134a)压缩机均为斜盘式压缩机。

(一) 斜盘式压缩机的结构

斜盘式压缩机又称为翘板式压缩机。各型斜盘式压缩机的结构大同小异,桑塔纳 2000GSi 型轿车空调系统用 SE5H-14 型斜盘式压缩机的结构如图 6-4 所示,主要由电磁离合器、传动斜盘、带圆锥齿轮的行星盘、汽缸与活塞、吸气阀片与排气阀片以及缸体(壳体)等组成,技术参数如表 6-2 所列。

斜盘又称为传动板,与压缩机轴压装成一体,并随压缩机轴一同旋转。带有锥齿轮的行星盘又称为翘板,行星盘与斜盘之间通过推力轴承传递动力。由于斜盘制作成楔形形状,因此当压缩机轴旋转时,斜盘就会驱动行星盘摆动,即行星盘的一边向后移动时,相对的另一边就会向前移动,并通过球形万向节驱动活塞前后往复运动。因为行星盘摆动时,就像小朋友玩翘翘板一样,一边升高则另一边降低,所以斜盘式压缩机又称为翘板式压缩机。

表 6-2 SE5H-14 型斜盘式压缩机的技术参数

项目名称	技术参数	项目名称	技术参数
气缸数/个	5	制热量/W	7000～8000
气缸直径/mm	35	风量(干)/(m^3/h)	420
活塞行程/mm	22.6	消耗功率/kW	2.5
每转排量/cm^3	138	润滑油牌号	PAG/POE 或 SW-100
制冷剂	R134a	润滑油容量/mL	135
额定制冷量/W	3998	最高允许转速/(r/min)	7000

汽缸与活塞(一般配置 3 只～5 只)以压缩机轴为中心,均匀分布在压缩机壳体(缸体)内部的径向圆周上,活塞的运动方向与压缩机轴平行。活塞与行星盘之间用连杆连接,行星盘与连杆之间、连杆与活塞之间,均采用球形万向节连接,其目的是保证斜盘驱动行星盘摆动时,活塞的轴向运动不会受到干涉。行星盘中央压装有圆锥齿轮,该圆锥齿轮与固定锥齿轮之间采用钢球支撑与定位,其目的是使行星盘只能以钢球为中心沿压缩机轴线方向摆动,而不能绕压缩机轴转动。

在压缩机后端盖一端设有吸气阀片、排气阀片和阀板,以便制冷剂进入或排出压缩机。阀板夹在吸气阀片与排气阀片之间,吸气阀片靠近活塞一侧,以便吸入制冷剂,排气阀片靠近后端盖一侧,以便排出制冷剂。每个汽缸都设有一个吸气孔和一个排气孔,各个汽缸的吸气孔均与吸气腔和制冷剂进口接头相连,各汽缸的排气孔均与排气腔和制冷剂出口插头相连。

(二) 电磁离合器的结构原理

电磁离合器的功用是根据需要接通或切断发动机与压缩机之间的动力传递。电磁离合器是汽车空调控制系统中最重要的部件之一,受空调 A/C 开关、温度控制器和压力开关等部件的控制。

电磁离合器一般安装在压缩机前端并作为压缩机总成的一部分,主要由电磁线圈、驱动带轮、压盘、轴承等零部件组成,结构与工作原理如图 6-5 所示。

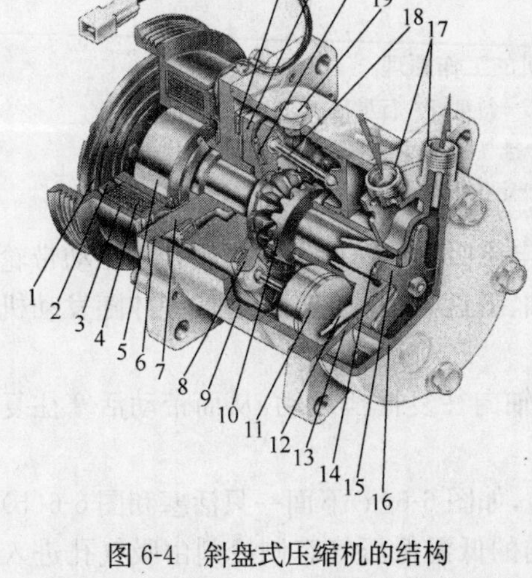

图 6-4 斜盘式压缩机的结构

1—压盘;2—电磁离合器;3—多槽驱动带带轮;4—电磁离合器线圈;5—轴承;6—密封圈;7—驱动端盖;8—带锥齿轮的行星盘;9—缸体;10—固定锥齿轮;11—活塞;12—吸气阀片;13—阀板;14—排气阀片;15—阀片限位板;16—后端盖;17—制冷剂进出插头;18—连杆;19—注油塞;20、22—推力轴承;21—斜盘。

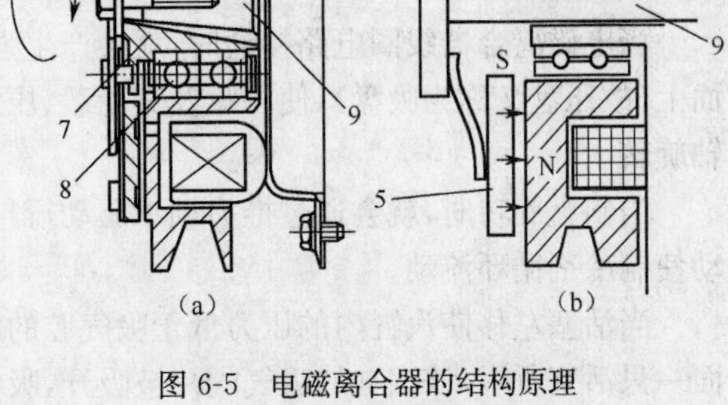

图 6-5 电磁离合器的结构原理

(a) 结构图;(b) 原理图。

1—压缩机驱动端盖;2—电磁线圈电极引线;3—电磁线圈;4—驱动带轮;5—压盘;6—片簧;7—压盘轮毂;8—滚珠轴承;9—压缩机轴。

驱动带轮由发动机曲轴前端的驱动带轮通过一根三角驱动带或多槽驱动带驱动旋转。压盘又称为摩擦盘，一般用 3 只片簧与压盘轮毂相连接，压盘轮毂用一只平键与压缩机前端伸出的轴相连接，电磁线圈固定在驱动带轮内的压缩机驱动端盖上。

当电磁线圈电路尚未接通时，压盘与驱动带轮之间在 3 只片簧的弹力作用下保持分离状态，此时压盘与驱动带轮外端面之间保持有一定的间隙(约 0.4mm～1.0mm)，因此，驱动带轮在曲轴的带动下空转，压缩机不工作。

当电磁线圈电路通电时，在驱动带轮外端面产生很强的电磁吸力，如图 6-5(b)所示，将压盘紧紧地吸合在驱动带轮端面上(故压盘又称为吸盘)，驱动带轮便通过压盘带动压缩机轴一起转动，从而使压缩机进入工作状态。

(三) 斜盘式压缩机的工作过程

汽车空调压缩机与发动机之间的动力联系均采用电磁式离合器进行控制。压缩机与电磁离合器的工作情况如图 6-6 所示。

空调电磁离合器受空调 A/C 开关、温度控制器和压力开关等部件的控制。当电磁离合器线圈电路未接通时，发动机曲轴通过驱动带驱动压缩机驱动带轮空转。

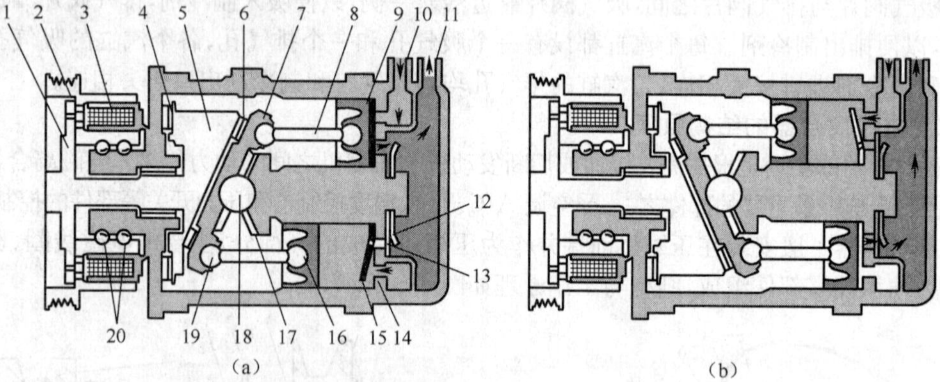

图 6-6　斜盘式空调压缩机的工作原理

1—压盘；2—驱动带轮；3—电磁线圈；4、6—推力轴承；5—斜盘；7—行星盘；8—连杆；9—活塞；10—吸气插头；11—排气插头；12—阀片限位板；13—排气阀片；14—阀板；15—吸气阀片；16、19—球形万向节；17—固定锥齿轮；18—定位钢球；20—滚珠轴承。

当电磁离合器线圈电路接通时，就会产生强大的电磁吸力将压盘紧紧地吸合在驱动带轮端面上(故压盘又称为吸盘)，使压盘及其轮毂、压缩机轴、斜盘与驱动带轮结合成一体随发动机曲轴旋转。

当斜盘旋转时，就会通过推力轴承驱动行星盘沿轴向往复摇摆运动，从而带动活塞往复运动使制冷剂循环流动。

当活塞左移使汽缸内的压力低于吸气腔的压力时，如图 6-6(a)下面一只活塞和图 6-6(b)上面一只活塞所示，该汽缸的吸气阀片被吸开，吸气腔内的低温低压气态制冷剂由吸气孔进入该汽缸。当斜盘转过一定角度，活塞右移使汽缸内的压力高于排气腔的压力时，如图 6-6(a)上面一只活塞和图 6-6(b)下面一只活塞所示，该汽缸的排气阀片被压开，活塞将汽缸内的气态制冷剂压缩成高温高压气态制冷剂从排气孔排入排气腔，并经高压管路送往冷凝器冷却。

当电磁离合器线圈电路切断时，线圈电流和电磁吸力消失，压盘在片簧弹力作用下与驱动带轮分开，曲轴带动压缩机驱动带轮空转，压缩机停止工作，制冷循环停止。

在压缩机工作过程中，活塞和汽缸壁等运动部件的润滑主要依靠随制冷剂一起循环、并在吸气腔因压力和温度降低而析出的润滑油（冷冻油）进行润滑。

（四）曲柄连杆式压缩机的工作过程

曲柄连杆式压缩机的工作原理如图 6-7 所示，活塞 4 由曲柄连杆 6 带动并在汽缸 5 内往复运动。汽缸盖上有两种阀片，一种是吸气阀片 3，另一种是排气阀片 1。

当活塞向下运行时，如图 6-7(a)所示，压缩机处于吸气冲程工作，吸气阀片将进气阀门打开，压缩机将来自蒸发器的低温低压气态制冷剂吸入汽缸。

当活塞向上运行时，如图 6-7(b)所示，压缩机处于排气冲程工作，排气阀片将排气阀门打开，压缩机将低温低压气态制冷剂压缩成高温高压气态制冷剂排出，并送往冷凝器冷却降温。

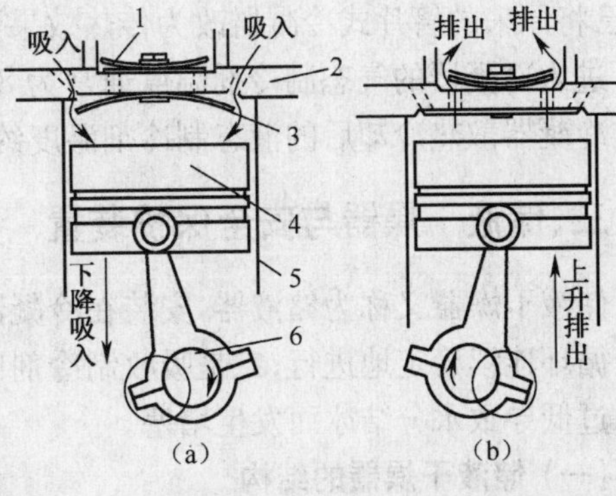

图 6-7　曲柄连杆式压缩机的工作原理
(a) 吸气冲程；(b) 排气冲程。
1—排气阀片；2—阀板；3—吸气阀片；
4—活塞；5—汽缸；6—曲柄连杆。

二、冷凝器

冷凝器的功用是将空调压缩机送来的高温、高压气态制冷剂中的热量散发到车外，使制冷剂冷凝成高温、高压液体再进入储液干燥器。

冷凝器一般都安装在汽车发动机冷却液散热器的后面，以便车辆行驶中的迎面来风冷却散热。为了保证良好的散热效果和提高制冷能力，在冷凝器前面还安装有电控风扇。当空调系统工作或发动机的冷却液温度上升到一定值时，温控开关自动接通风扇电路，增强冷凝器和散热器的散热效果。

冷凝器是一种由铜管（或铝管）与散热片（铝片或铁片）组成的热交换器，结构如图 6-8 所示。制冷剂在铜管或铝管中流动，散热片套装或焊接在管的周围以便散热。冷凝器的制冷剂入口必须设在顶部，以便冷凝后的液态制冷剂流到冷凝器底部。

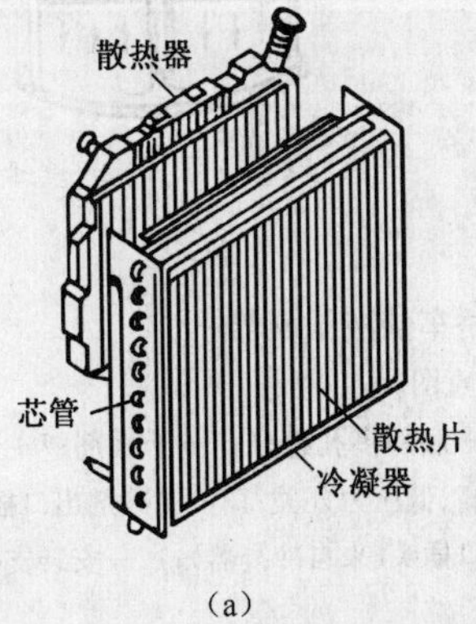

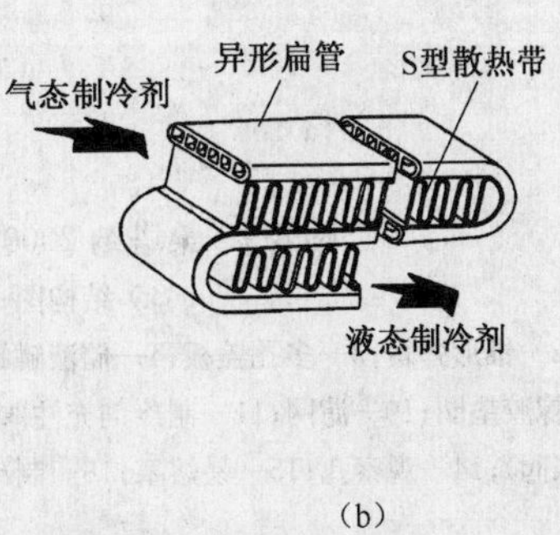

图 6-8　管带式冷凝器的结构
(a) 管片式冷凝器与散热器；(b) 管带式冷凝器。

按散热片结构不同，冷凝器可分为管片式和管带式两种。管片式冷凝器由铜管或铝管套装散热片而构成，其结构形状与家庭取暖用新型热交换器相似，如图 6-8(a)所示。管带式冷凝器由S形异形多孔扁管焊接S形散热带而构成，结构如图6-8(b)所示。管带式冷凝器的散热效率可比管片式冷凝器提高10%左右，但工艺复杂、成本较高，一般用于小轿车空调系统。桑塔纳2000系列轿车空调系统使用R134a制冷剂后，由于制冷系统压力升高，因此为了提高冷凝效果，已将原来的管片式冷凝器改为传热效果更好的全铝管带式冷凝器。

进入冷凝器的气态制冷剂温度通常为80℃～120℃，制冷剂压力约为1400kPa～1800kPa，经过冷凝器散热冷却后的液态制冷剂温度约为50℃～65℃。

三、储液干燥器与安全保护装置

储液干燥器又称为储液器，安装在冷凝器与膨胀阀之间，其功用一是临时储存制冷剂，保证制冷循环连续稳定地进行；二是吸收制冷剂中的水分，防止制冷系统发生冰塞。所谓冰塞是指温度过低导致水分结冰而发生堵塞。

（一）储液干燥器的结构

储液干燥器由罐体、干燥剂、输液管、滤网、制冷剂充注阀、观察孔、制冷剂进口与出口插头等组成，图6-9所示为桑塔纳2000系列轿车空调系统用储液干燥器的结构，在储液干燥器上，还安装有高、低压力开关和易熔塞等安全保护装置。

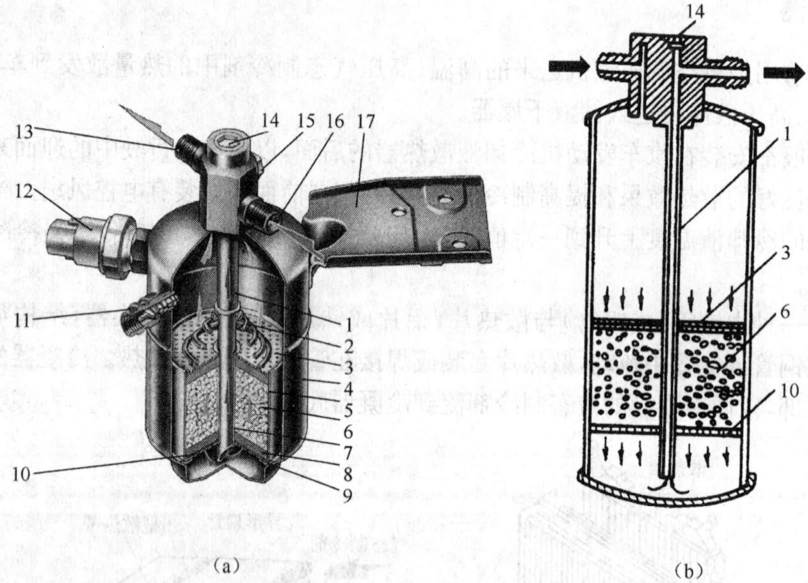

图6-9　桑塔纳2000系列轿车储液干燥器

(a) 结构图；(b) 示意图。

1—输液管；2—锥形弹簧；3—多孔盖板；4—储液罐罐体；5—底部多孔杯壳；6—干燥剂；7—连接管；8—过滤布；9—橡胶垫圈；10—滤网；11—制冷剂充注阀；12—高、低压力开关；13—制冷剂出口插头(通往膨胀阀)；14—观察孔；15—易熔塞；16—制冷剂进口插头(来自冷凝器)；17—安装支架。

储液罐罐体分为铁罐和铝罐两种，为提高罐体的抗腐蚀能力，使用R134a制冷剂的空调系统一般采用铝罐。由于R134a与水的亲合力强、脱水困难，因此对干燥剂性能的要求有所提高，表6-3所列为使用R134a制冷剂的桑塔纳2000系列轿车与使用R12制冷剂的桑塔纳普通型轿车储液干燥器技术参数的主要区别。

表 6-3　桑塔纳 2000 系列轿车与桑塔纳普通型轿车储液干燥器的主要区别

项目名称	桑塔纳 2000 系列轿车	桑塔纳普通型轿车
储液干燥器型号	QKC0.5-1H	—
干燥剂牌号	XH-7 或 XH-9	4A
适用制冷剂	R134a	R12
储液干燥剂形状	颗粒分子筛	烧结块状分子筛
压力开关/MPa	高、中、低三位一体压力开关 高压切断：3.14±0.20 中压：1.77±0.10 低压切断：0.196±0.1	中、低分开的压力开关 中压：1.448±0.06895 低压：0.20±0.03
气门芯	快速连接	螺纹连接
容量/L	0.5	0.5
平衡吸水量/g	3	3
易熔塞击穿温度/℃	103～110.5	—

储液罐用于临时性地储存一些制冷剂。当蒸发器制冷负荷变化或制冷系统有微量泄露时，及时向制冷系统补充制冷剂，保证制冷循环连续稳定地进行，同时还可起到气液分离作用。

干燥剂是一种能从气体或液体中去掉潮气的固体物质。用以吸收制冷剂中的水分，防止制冷系统发生冰堵。过滤布和干燥剂都可过滤制冷剂中的杂质以及汽缸与活塞磨损的金属颗粒，保证制冷剂的洁净。输液管管口伸入到储液罐底部，确保从储液罐输送到膨胀阀的制冷剂均为液态制冷剂。

观察孔设在储液器顶部，用以观察制冷循环系统是否具有足够的制冷剂或制冷剂中是否含有水分，从而可以判断制冷循环系统工作是否正常。

（二）安全保护装置

1. 压力开关

压力开关又称为制冷系统的压力继电器，通过螺纹插头安装在制冷系统的高压管路上（一般安装在储液干燥器上），其功用是当制冷系统工作压力异常（过高或过低）时，自动切断电磁离合器线圈电路，使压缩机停止运转或接通冷凝风扇高速挡，使冷凝风扇高速运转，从而防止制冷系统压力过高或过低而损坏压缩机和制冷部件。

压力开关分为高压开关，低压开关和高、低压双向复合开关 3 种。高压开关又分为触点常闭型和触点常开型两种。高、低压开关的结构与外形大同小异，如图 6-10 所示。

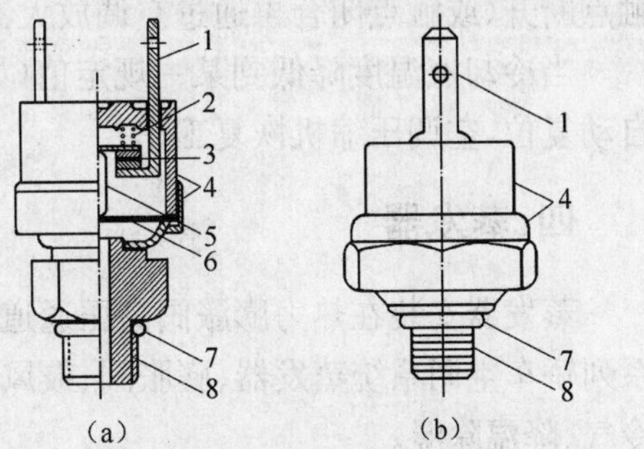

图 6-10　高压开关和低压开关的结构及外形

(a) 触点常闭型高压开关；(b) 低压开关。

1—接线插片；2—复位弹簧；3—触点；4—壳体；5—推杆；6—膜片；7—“O”型密封圈；8—螺纹安装插头。

触点常闭型压力开关的结构如图 6-10(a)所示，其常闭触点串联在空调压缩机电磁离合器线圈电路中，当制冷系统压力升高到一定值时，作用在膜片上的制冷剂压力推动推杆使触点断开，切断电磁离合器线圈电路，从而使压缩机停止运转，避免制冷剂压力进一步升高而损坏压缩机或制冷部件。当高压管路的压力恢复正常值时，触点在复位弹簧作用下恢复闭合状态，压缩机又可正常工作。触点常闭型压力开关触点的断开压力和(恢复)闭合压力依车而异，断开压力一般为2.1MPa～3.5MPa，(恢复)闭合压力一般为1.6MPa～1.9MPa。

触点常开型压力开关的功用是当制冷系统压力升高到一定值时，接通冷凝风扇高速挡电路高速运转，增强冷凝器的散热效果，降低制冷剂温度与压力。如奥迪100型轿车用触点常开型高压开关的触点闭合压力为(1.58±0.17)MPa，触点断开(恢复)压力为(1.335±0.17)MPa。

低压开关又称为制冷剂泄漏检测开关，其触点为常闭触点，并与空调压缩机电磁离合器线圈电路串联。低压开关的功用是在制冷系统严重缺少制冷剂，导致高压侧压力低于一定值(一般为0.2MPa，如桑塔纳2000系列轿车空调系统为(0.196±0.1)MPa)时，触点断开切断电磁离合器线圈电路使压缩机无法运转，防止压缩机在没有润滑保障的情况下运转而损坏。因为车用小型压缩机是靠制冷剂将润滑油带入各润滑部位进行润滑的。

高、低压双向复合开关同时具有高压开关和低压开关的双重功能。如天津夏利轿车空调系统就采用了双向复合压力开关，其触点串联在电磁真空转换阀和电磁离合器线圈的供电回路中，当制冷系统压力过高(高于2.3MPa)或过低(低于0.2MPa)时，压力开关触点断开，用以保护压缩机和制冷部件。

2. 易熔塞

易熔塞是一个设有轴向通孔的螺塞，孔内填充有易熔材料(低熔点铅锡合金)，并借螺塞的螺纹安装在储液干燥器上(一般安装在储液干燥器头部)。

易熔塞的功用是当储液干燥器内部制冷剂温度达到一定值(一般为105℃左右，如桑塔纳2000系列轿车空调系统为103℃～110.5℃)时，易熔塞中的易熔材料熔化，将制冷剂通过易熔塞散发到大气中，避免高温、高压导致制冷部件损坏。

当冷凝器通风不良或冷气负荷过大使冷凝器散热不足时，就会导致冷凝器和储液干燥器内部制冷剂压力和温度异常升高。当制冷剂压力达到3MPa以上、温度达到易熔材料的熔点(约105℃左右)时，易熔材料就会熔化，将高温、高压制冷剂排到大气中，避免制冷部件损坏。

3. 冷却液过热开关

冷却液过热开关又称为水温开关，其功用是防止在发动机过热的情况下使用空调。过热开关一般安装在发动机散热器或冷却液管路上，以便监测发动机冷却液温度。

当发动机冷却液温度超过某一规定值(如奥迪100型轿车的设定值为120℃)时，过热开关触点断开(或触点闭合再通过空调放大器)切断电磁离合器线圈电路使压缩机停止运转。

当冷却液温度降低到某一规定值(如奥迪100型轿车的设定值为106℃)时，过热开关触点自动复位，空调压缩机恢复工作。

四、蒸发器

蒸发器安装在热力膨胀阀高压通道出口与低压通道入口之间，图6-11所示为桑塔纳2000系列轿车空调系统蒸发器、膨胀阀、鼓风机和暖风加热器芯的安装位置。蒸发器的功用是产生冷气、降温除湿。

(一) 蒸发器的结构特点

蒸发器的结构与冷凝器相似，也是由铜管(或铝管)与铝片(或铁片)组成的一种热交换器。有所不同的是冷凝器通过散热片散热使制冷剂冷凝成高温、高压液体，而蒸发器则通过铝片(或铁片)吸收其周围的热量使空气冷却降温变成冷气，故又称为冷却器。由于蒸发器的芯管管径较大、管壁较薄，因此不能与冷凝器互换使用。

蒸发器也分为管片式和管带式两种。为了提高蒸发效率，目前小轿车空调系统普遍采用全铝管带式蒸发器，桑塔纳 2000 系列轿车空调系统采用的管带式蒸发器的结构如图 6-11 所示。

(二) 蒸发器的工作原理

当热力膨胀阀节流降压后的低温、低压制冷剂在蒸发器内流动时，由于制冷剂蒸发汽化吸热，并通过管壁和吸热片吸收风道中空气的热量，因此空气冷却降温变成冷气(产生冷源)，再用鼓风机将冷空气从各出风口送入车内(乘员室内)，从而达到降温目的。

在蒸发器产生冷气的同时，空气中的水分由于温度降低而凝结在蒸发器表面变成水滴滴落到收集器中排出，从而起到除湿作用。

五、膨胀阀

膨胀阀又称为节流阀或流量控制阀，是空调系统的重要制冷部件之一，安装在蒸发器入口处，如图 6-11 所示。

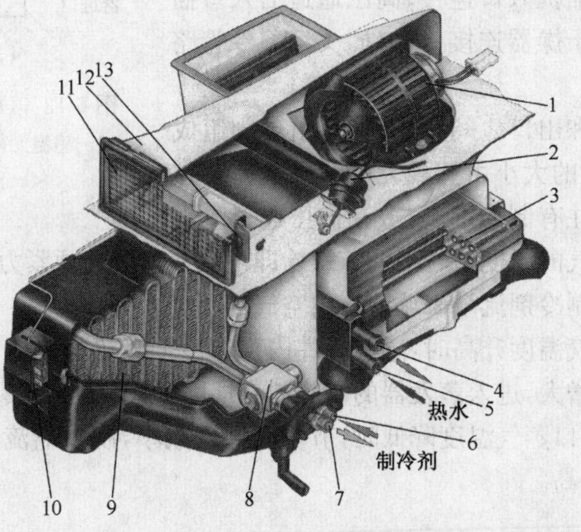

图 6-11　桑塔纳 2000 系列轿车膨胀阀、蒸发器、鼓风机和暖风加热器芯的安装位置

1—鼓风机；2—真空阀；3—加热器芯；4—出水口；5—进水口；6—制冷剂进口(来自储液器)；
7—制冷剂出口(通往压缩机)；8—膨胀阀；9—蒸发器芯；10—温控器；
11—进风罩滤网；12—进风罩；13—车厢温度开关。

(一)热力膨胀阀的功用

热力膨胀阀具有两项功能：一是节流降压，即将来自储液干燥器的高温高压液态制冷剂通过节流变成低温低压液态制冷剂，保证制冷剂在蒸发器内蒸发汽化吸热，以便降低车内空气温度，故又称为热力膨胀阀；二是调节流量，即调节制冷剂流入蒸发器的流量，使制冷剂流量适应制冷负荷变化的需求，避免压缩机发生液击现象和蒸发器蒸发不足而出现冷气不足现象。

所谓液击现象是指流入蒸发器的液态制冷剂过多，未蒸发的液态制冷剂进入压缩机后，由于压缩压力升高而导致压缩机阀片损坏的现象。过多的液态制冷剂流入蒸发器不仅会导致液击现象，而且还会导致蒸发器表面结霜或结冰，从而阻碍空气在蒸发器芯内流通而降低空调系统的制冷能力。

如果流入蒸发器的液态制冷剂过少，就没有足够的制冷剂供蒸发器蒸发吸热，因此会导致制冷系统(车厢内)出现冷气不足现象。

(二) 热力膨胀阀的结构原理

汽车空调制冷系统常用的热力膨胀阀有 H 型膨胀阀、内平衡式膨胀阀和外平衡式膨胀阀 3 种。H 型膨胀阀结构紧凑、工作可靠,因此现代汽车(如桑塔纳 2000、3000,神龙富康,奔驰 230E 型轿车,克莱斯勒汽车和北京切诺基吉普车等)普遍采用。下面就以 H 型膨胀阀为例,说明热力膨胀阀的结构原理。

H 型膨胀阀的结构如图 6-12 所示,主要由阀体、感温元件、球阀、调节螺栓和预紧弹簧组成。因为其内部结构与字母"H"相似,所以称为 H 型膨胀阀,又称为整体式膨胀阀。

在 H 型膨胀阀上,设有低压与高压两个通道和 4 个管路插头,如图 6-11 所示,分别与制冷系统的低压管路和高压管路连接。在图 6-12 所示结构示意图中,上面一个通道为低压通道,下面一个通道为高压通道。低压通道的入口插头经制冷管路与蒸发器出口连接、出口插头经制冷管路与空调压缩机入口连接;高压通道的入口插头经制冷管路与储液干燥器连接、出口插头经制冷管路与蒸发器入口连接。

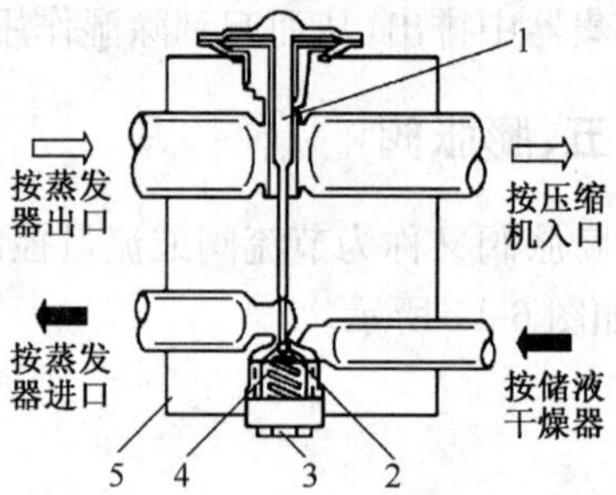

图 6-12 H 型膨胀阀的结构示意图
1—感温元件;2—球阀;3—调节螺栓;4—预紧弹簧;5—阀体。

在高压液体进口和出口之间,设有一个由球阀组成的节流阀,节流阀开度的大小由感温元件和预紧弹簧控制。感温元件内部充注有制冷剂,安放在低压通道上直接感受蒸发器出口蒸气的温度。转动调节螺栓即可调节弹簧的预紧力,从而便可调节节流阀的开度和流入蒸发器的制冷剂流量来调节车内空气的温度。

当蒸发器出口蒸气温度升高时,感温元件内部制冷剂吸热膨胀压力升高,迫使球阀压缩预紧弹簧使节流阀开度增大,进入蒸发器的制冷剂流量增大,蒸发器制冷量增大,车内空气温度降低。反之,当蒸发器出口蒸气温度降低时,节流阀开度减小,制冷剂流量减小,蒸发器制冷量减少,车内空气温度将升高。

六、制冷剂与冷冻油

(一) 制冷剂

在 19 世纪 30 年代,制冷剂 R12 即氟利昂问世,氟利昂几乎成为家喻户晓的名词,其原因在于:一是氟利昂的诞生使得空调技术得到了飞速的发展;二是在 R12 中的"氯"是破坏臭氧层的"罪魁祸首",会造成地球的温室效应,而温室效应将导致全球气候变暖使两极冰山溶解、海平面上升等不良后果。近年来,由于臭氧层受到严重破坏,大量的紫外线直接照射到地球表面,造成人类皮肤癌、白内障患病率的增加以及免疫系统的破坏。故氟利昂在欧美等许多国家已被禁用。

制冷剂 R134a 是一种新型的汽车空调制冷剂,其性能与 R12 基本相同。但 R134a 不含氯的成分,不会破坏臭氧层,有利于环境保护。故 R134a 是取代 R12 最理想的制冷剂,目前已被广泛采用。

(二) 冷冻油

空调系统使用的润滑油不同于普通的机油,是一种特殊的润滑油,因此在空调系统中被称为冷冻油或冷冻机油。

在制冷系统中,冷冻油溶解于制冷剂中,并与制冷剂一起在制冷系统中循环,保证压缩机正常工作和延长使用寿命。冷冻油在空调制冷系统中具有以下作用。

(1) 润滑作用。压缩机是高速运动的机器,轴承、活塞、活塞环和连杆等机件表面需要润滑,以减少阻力和磨损,延长使用寿命,降低功耗,提高制冷效率。

(2) 密封作用。空调压缩机传动轴需要油封来密封,防止制冷剂泄漏。油封只有在具有润滑油的前提下才能起到密封作用。同时,活塞环上的润滑油不仅能够起到减磨作用,而且还能起到密封压缩蒸气的作用,防止泄气和压缩压力降低。

(3) 冷却作用。运动部件摩擦表面会产生高温,需要冷冻油进行冷却。冷冻油冷却不足就会导致压缩机温度过高、排气压力过高、制冷效率降低,甚至烧坏压缩机。

第四节 汽车空调控制系统

为了保证汽车空调系统安全可靠地工作,需要对系统的工作状况进行必要的调节和控制,以便达到车内乘员要求的温度与湿度条件的要求。

空调控制系统主要由蒸发器温度控制器、鼓风机、电磁离合器、各种控制开关(空调开关A/C、鼓风机风量开关、高压保护开关、低压保护开关、通风方向控制开关、温度调节控制开关、除霜风门控制开关等)、真空管路、各种控制阀和继电器等组成。

控制系统一方面要对制冷和采暖系统的温度、压力进行控制,另一方面要对车内空气的温度、风量、流向进行控制,从而实现制冷、采暖和通风等功能。

一、蒸发器温度控制器

蒸发器温度控制器简称温控器,又称为恒温器。为了充分发挥蒸发器的最大冷却能力,同时又不致造成蒸发器表面的冷凝水(除湿水)结冰、结霜而堵塞蒸发器换热片之间的空气通道,蒸发器表面的温度应当控制在1℃～4℃范围内。温控器的作用就是根据蒸发器表面温度的高低,接通和切断空调压缩机电磁离合器线圈电路,使蒸发器表面温度保持在规定的(一般为1℃～4℃)范围内。

常用的温控器有波纹管式(如桑塔纳轿车和奥迪100型轿车空调系统采用的温控器)和热敏电阻式(如天津夏利和长安奥拓微型轿车空调系统采用的温控器)两种。

(一) 波纹管式温度控制器

波纹管式温控器又称为压力式温控器,结构如图6-13所示,主要由感温管、波纹管、温度调节凸轮、弹簧、触点等组成。在感温管内充有制冷剂饱和液体,一端与温控器内的波纹伸缩管相连通,另一端插入蒸发器吸热片内20cm～25cm。

当蒸发器温度较高时,插在其吸热片内的感温管的温度相应也较高,因此感温管内部制冷剂液体膨胀,压力相应较高而使波纹伸缩管伸长,推动与传动杠杆放大机构使触点K闭合,接通电磁离合器线圈电路使压缩机运转制冷,蒸发器温度开始下降,感温管温度随之下降,其内部制冷剂压力下降而使波纹伸缩管逐渐收缩。

当蒸发器温度下降到某一设定值(一般为1℃)时,波纹伸缩管的收缩量通过传动杠杆放大机构使触点K断开,电磁离合器线圈切断,压缩机停止运转,制冷系统停止制冷,因此蒸发器温度开始上升。

当蒸发器温度升高到设定温度的上限值(一般为4℃)时,温控器触点K再次闭合,压缩机重新运转制冷,蒸发器温度重新降低。温控器和制冷系统如此循环工作,便可使蒸发器温度控制在设定的温度范围内。

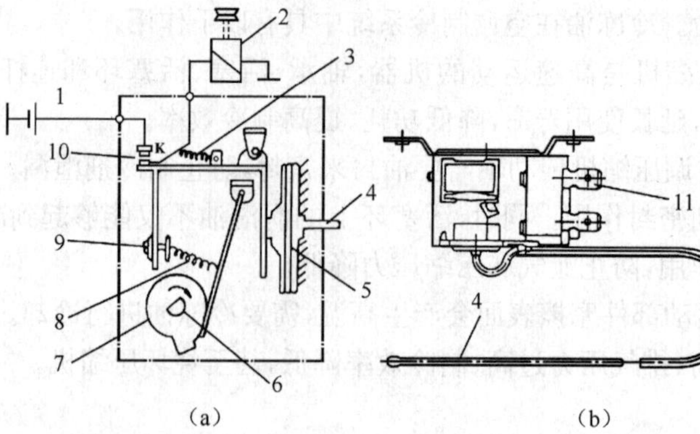

图 6-13　波纹管式温度控制器

(a) 原理图；(b) 外形图。

1—蓄电池；2—空调电磁离合器线圈；3、8—弹簧；4—感温管；5—波纹伸缩管；6—凸轮轴；7—温度调节凸轮；9—调整螺钉；10—触点 K；11—接线插头。

在使用过程中，转动温度调节凸轮可以改变弹簧的预紧力，从而便可改变蒸发器的温度调节范围。

(二) 热敏电阻式温度控制器

热敏电阻式温控器又称为电子控制式温控器，由热敏电阻式蒸发器温度传感器，电子放大电路、电磁离合器继电器等组成。这种温控器具有反应迅速、控制精度高等优点。图 6-14 所示为丰田航行者牌中型客车空调系统用电子温控器电路原理图，主要由热敏电阻式温度传感器，4 只三极管 VT_1、VT_2、VT_3、VT_4，电阻，电容和二极管等电子元件以及一只继电器组成。

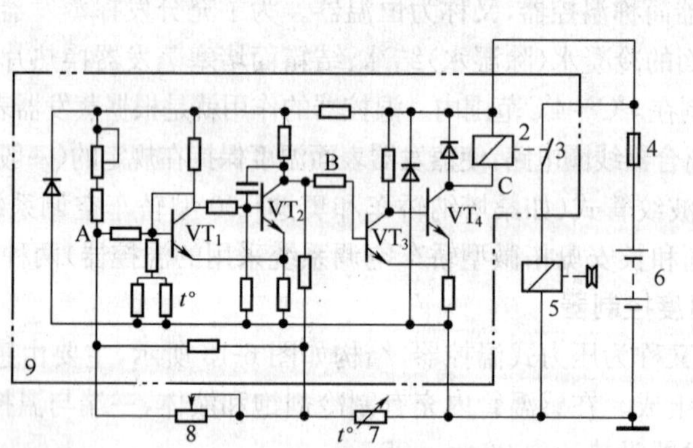

图 6-14　热敏电阻式电子温控器原理

1—点火开关；2—继电器磁化线圈；3—继电器触点；4—熔断丝；5—压缩机电磁离合器线圈；6—蓄电池；7—热敏电阻；8—温度调节电位器；9—电子式温控器。

热敏电阻式温度传感器采用负温度特性的热敏电阻，具有温度升高电阻值减小、温度下降电阻值增大的特点。热敏电阻 7 安装在蒸发器空气出口一侧，以便感测蒸发器出口冷气的温度，温控器的设定温度由电位器 8 设定，触点常开型继电器 2 由三极管 VT_4 控制，继电器触点 K 串联在压缩机电磁离合器线圈电路中。

当蒸发器温度高于设定温度值时，热敏电阻阻值较小，温控器电路中 B 点电位较低，三极管 VT_3 截止、VT_4 导通，继电器磁化线圈 2 通电，产生电磁吸力将触点 3 吸闭，接通电磁离合器线圈电路，使压缩机运转制冷，蒸发器温度开始下降。

当蒸发器温度下降到设定温度的下限值时，热敏电阻阻值增大，B点电位升高，使三极管VT_3导通、VT_4截止，继电器磁化线圈电路切断、触点断开，使电磁离合器线圈电路切断，压缩机停止运转，蒸发器温度开始升高。当温度升高到设定温度的上限值时，温控器又会使压缩机运转制冷，蒸发器温度将再次下降，如此循环工作，便可使蒸发器温度控制在设定的温度范围内。

二、空调系统控制电路

汽车空调系统电路是为了保证汽车空调系统各装置之间的相互协调工作，正确完成汽车空调系统的各种控制功能和各项操作而设置的。由于不同车型空调系统的功能和制冷部件的类型不尽相同，因此控制电路也有所不同。

(一) 汽车空调系统基本控制电路

汽车空调系统的基本控制电路一般包括电源电路、鼓风机控制电路和电磁离合器控制电路，如图 6-15 所示。其工作过程如下。

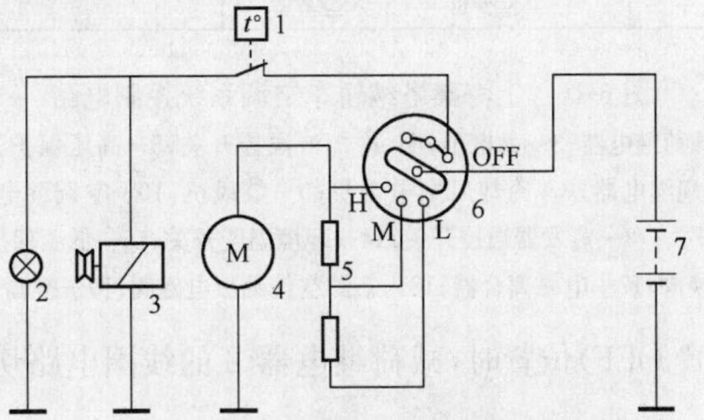

图 6-15　汽车空调系统的基本电路

1—温控器；2—空调指示灯；3—电磁离合器；4—鼓风机；
5—鼓风机调速电阻；6—鼓风机开关；7—蓄电池。

接通空调及鼓风机开关，电流从蓄电池流经空调及鼓风机开关后分为两条电路，一条电路经温控器至电磁离合器，使电磁离合器线圈通电，发动机带动压缩机运转制冷，与此同时，与电磁离合器线圈并联的压缩机工作指示灯通电发亮；另一条电路从开关的低速挡端子L经两个鼓风机调速电阻到鼓风电动机，这时鼓风电动机开始运转。由于电流通过两只电阻才到达鼓风电动机，故此时电动机转速最低。

转动空调及鼓风机开关使其接通中速挡端子M时，温控器与电磁离合器线圈电路不变。鼓风电动机电流只经过一只调速电阻，因此电动机转速升高。

如果继续沿顺时针方向转动开关使其接通高速挡端子H时，温控器与电磁离合器线圈电路仍然不变。鼓风机电流不经任何电阻直接流过电动机，因此电动机转速最高，冷气供给量最大。

当车厢内温度高于设定温度时，温控器触点处于闭合状态。当空调工作使车厢内温度降低到低于设定温度时，温控器触点断开，电磁离合器线圈断电，压缩机停止工作，指示灯熄灭，这时鼓风机仍在工作。空调停止工作后，车厢温度上升，当车厢温度高于设定温度时，温控器的触点又闭合，电流通过电磁离合器线圈使压缩机再次运转制冷，从而将车厢内温度控制在设定温度值范围内。

(二) 空调系统控制电路实例

为了分析空调系统控制电路的控制过程，下面以桑塔纳轿车空调系统为例说明。

桑塔纳轿车空调系统控制电路由电源电路、电磁离合器控制电路、鼓风机控制电路和冷凝器风扇电动机控制电路组成，如图 6-16 所示，其控制过程如下。

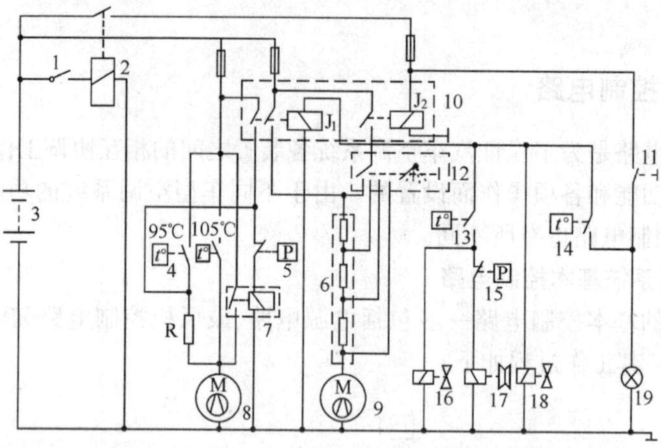

图 6-16　上海桑塔纳轿车空调系统控制电路

1—点火开关；2—减荷继电器；3—蓄电池；4—冷却液温控开关；5—高压保护开关；6—鼓风机调速电阻；7—冷却风扇继电器；8—冷却风扇电动机；9—鼓风机；10—空调继电器；11—空调开关 A/C；12—鼓风机开关；13—蒸发器温控开关；14—环境温度开关；15—低压保护开关；16—怠速提升真空转换阀；17—电磁离合器；18—新鲜空气翻板电磁阀；19—空调开关指示灯。

点火开关处于断开（置 OFF）位置时，减荷继电器 2 的线圈电路切断，触点断开，空调系统不工作。

点火开关处于启动（置 ST）位置时，减荷继电器线圈电路切断，触点断开，中断空调系统的工作，保证蓄电池具有足够的电能来启动发动机。

点火开关处于接通（置 ON）位置时，减荷继电器线圈电路接通，触点闭合，空调继电器 10 中的线圈 J_2 通电，接通鼓风机电路，此时可由鼓风机开关 12 进行调速，使鼓风机按要求的转速运转，进行强制通风、换气或送出暖风。

当外界气温高于 10℃时，环境温度开关 14 才能接通，空调才能使用。当需要制冷系统工作时，接通空调开关 11，空调开关 A/C 的指示灯 19 发亮，表示空调开关已经接通。此时电源经空调开关 11、环境温度开关 14 接通以下电路。

(1) 新鲜空气翻板电磁阀 18 电路接通，该电磁阀动作后接通新鲜空气翻板真空促动器的真空通路，从而可使新鲜空气进口关闭，鼓风机才能强制通过蒸发器总成的空气通道进风，使制冷系统进入车内空气内循环。

(2) 经蒸发器温控开关 13、低压保护开关 15 对电磁离合器 17 线圈供电，同时电源还经蒸发器温控开关接通化油器的怠速提升真空转换阀，提高发动机的转速，以满足空调所需动力的要求，防止发动机转速降低而熄火。

(3) 对空调继电器中的线圈 J_1 供电，使两对触点同时闭合，其中一对触点接通冷凝器冷却风扇继电器 7 的线圈电路；另一对触点接通鼓风机 9 的电路。

低压保护开关 15 串联在蒸发器温控开关 13 和电磁离合器 17 之间，当制冷系统缺少制冷剂使制冷系统压力过低时，低压保护开关断开使压缩机停止工作。

高压保护开关 5 串联在冷却风扇继电器和空调继电器 J_1 的触点之间，当制冷剂压力正常时，高压保护开关触点断开，电阻 R 串入冷却风扇电动机电路中，使风扇电动机低速运转。当制冷剂压力超过规定值(1.448±0.06895)MPa 时，高压保护开关触点闭合，接通冷却风扇继电器线圈电路，冷却风扇继电器的触点闭合，电阻 R 被短路，风扇电动机将高速运转，增强冷凝器的冷却能力。

冷却风扇电动机由空调冷凝器与发动机散热器公用，因此还直接受发动机冷却液温控开关 4 的控制，当空调开关 A/C 尚未接通时，若发动机冷却液温度低于 95℃，则风扇电动机电路不通而不会转动；当发动机冷却液温度高于 95℃时，冷却风扇电动机低速转动，防止发动机过热；当冷却液温度达到 105℃时，则冷却液温控开关的高温(105℃)触点闭合，电阻 R 被短路，冷却风扇电动机将高速运转，增强发动机散热器的散热能力。

当空调开关 A/C 一旦接通时，空调继电器 J_1 右边的一个触点就会闭合，鼓风机只能以低速运转来防止蒸发器表面温度过低而结冰或冻坏蒸发器。因此使用空调时，应在接通空调开关 A/C 之前，首先接通鼓风机开关，使较多空气流通。

第五节　汽车采暖系统

汽车采暖系统的功用是冬季为驾驶室和车厢提供暖气以及车窗玻璃除霜。根据热源不同，采暖系统分为余热式和独立燃烧式两种。余热式采暖系统利用发动机工作时剩余的热量提供暖气。余热式采暖系统分为液暖式和气暖式两种。液暖式采暖系统利用的是发动机冷却液的热量，气暖式采暖系统利用的是发动机排气的热量。

独立燃烧式采暖系统利用燃料在燃烧器中燃烧产生的热量提供暖气。

一、液暖式采暖系统

液暖式采暖系统以发动机冷却液作为热源，是汽车采用最多的采暖系统。轿车、载货车和中小型客车取暖需要的热量较少，普遍采用发动机冷却液的余热来直接供暖。液暖式采暖系统的结构原理如图 6-17 所示。

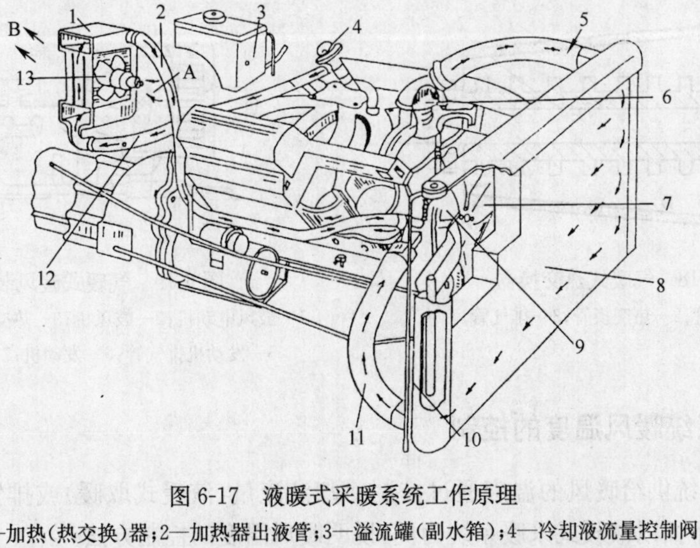

图 6-17　液暖式采暖系统工作原理

1—加热(热交换)器；2—加热器出液管；3—溢流罐(副水箱)；4—冷却液流量控制阀；5—出液管；6—节温器；7—冷却风扇；8—散热器；9—水泵；10—散热器溢流管；11—回液管；12—加热器进液管；13—鼓风机；A—冷空气；B—暖气。

发动机的冷却液通过管路引入车内的热交换器中，鼓风机将车厢内空气(内循环式)或车厢外空气(外循环式)送往热交换器进行热交换，空气加热后送入车厢内即可取暖。

当发动机冷却液温度达到80℃时，节温器大循环阀门开启，一部分冷却液即可流经供暖系统的加热器(热交换器)芯，另一部分冷却液流到散热器。

冷却液在加热器芯内散热后，加热器周围的空气便被加热，鼓风机将热空气送入车内即可取暖。

冷却液从加热器流出后，在水泵的作用下重新进入发动机，从而完成一次供暖循环。

在节温器和加热器之间，设有一个冷却液流量控制阀(热液开关)，通过控制冷却液的流量来控制暖风温度。暖风装置的送风温度一般为29℃。

二、气暖式采暖系统

液暖式采暖系统的优点是利用余热、节约燃料、使用安全、供热可靠。只要发动机正常工作，热液即可产生出来。其缺点是采暖必须在发动机冷却液温度上升到大循环时才能供暖，在寒冷的冬季供暖量往往不足，严重时会影响发动机正常工作。这对需要较大供暖量的大型客车来说，仅仅依靠液暖式采暖显然难以满足取暖要求。因此，必须采取其他供暖方式取暖。

气暖式采暖系统利用发动机的排气余热进行供暖。在汽油发动机汽车上，发动机排气带走的热量约占36%，在柴油发动机汽车上，约占30%。因此，采用气暖式采暖系统供暖是解决北方寒冷地区长途客车取暖问题的有效方法之一。

气暖式供暖将排气管通过驾驶室直接供暖，或将加热器(热交换器)铸成带散热片的管子，结构如图6-18所示，将加热器与发动机排气管连接，内腔作排气管用，外腔加热空气，将热空气汇集起来送到车内取暖。

气暖式采暖系统的工作原理如图6-19所示。加热空气的热交换器安装在发动机排气管上，并与消声器并联连接。当需要采暖系统工作时，将通往消声器的废气阀门关闭，汽车发动机排出的废气便流经热交换器并从热交换器的排气口B排出。热交换器周围的冷空气A吸收热交换器的热量后温度升高，再由鼓风机吹入车厢内用于取暖和除霜。

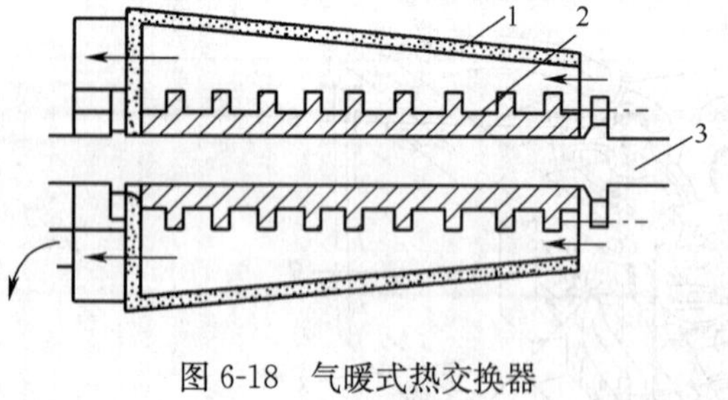

图6-18　气暖式热交换器

1—保温管；2—热交换管；3—排气管。

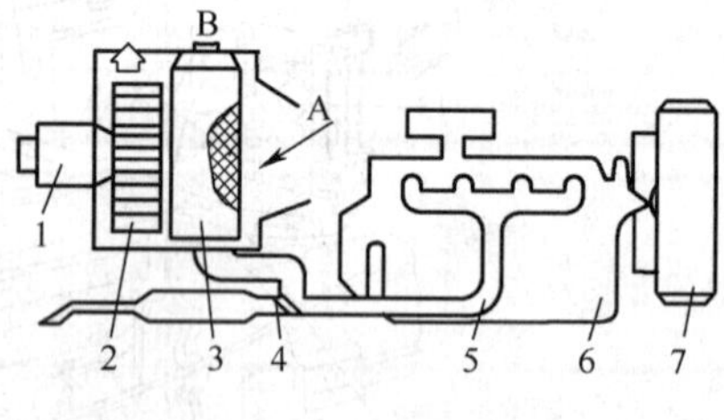

图6-19　气暖式暖风装置示意图

1—鼓风电动机；2—鼓风机；3—热交换器；4—废气阀门；5—发动机排气管；6—发动机；7—发动机散热器。

三、采暖系统暖风温度的控制

汽车采暖系统供给暖风的温度通过控制冷却液流量(液暖式取暖)或排气流量(气暖式取暖)进行控制。下面以液暖式采暖系统为例，说明暖风温度的控制方法。

冷却液流量控制阀(热液开关)安装在加热器与节温器之间，其功用是通过控制流入加热器的冷却液流量来控制暖风温度。暖风装置的送风温度一般为 29℃。

冷却液控制阀有两种,一种是手动控制阀,另一种是真空控制阀。

(一) 手动控制式冷却液控制阀

手动控制式冷却液控制阀适用于手动控制采暖系统。控制阀的结构原理如图 6-20 所示,钢索与驾驶室仪表台上的调节旋钮连接。手动调节旋钮的转动方向,钢索就带动控制阀打开或关闭的角度,从而调节冷却液流量的大小来控制暖风温度。

(二) 真空控制式冷却液控制阀

真空控制式冷却液控制阀既可用于手动采暖系统,也可用于自动采暖系统。控制阀的结构原理如图 6-21 所示,控制阀阀门的开启与关闭由一个封闭的真空膜片盒控制,控制阀上的真空管插头通过真空管路控制开关与发动机进气歧管或真空罐连接。

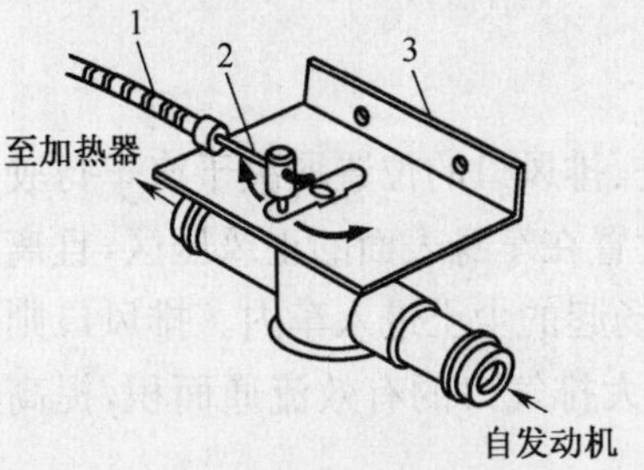

图 6-20 手动控制式冷却液控制阀

1—护套;2—钢索;3—固定支架。

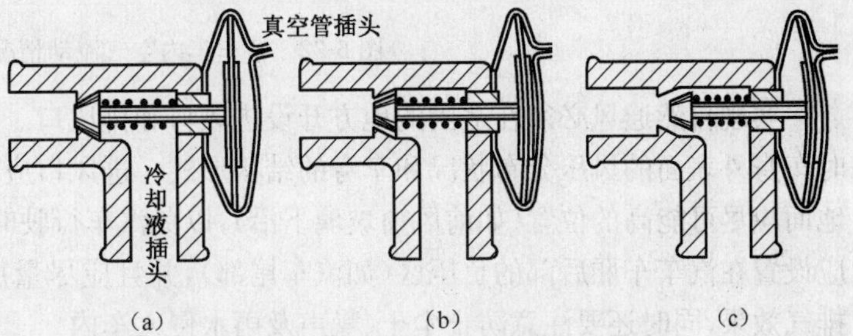

图 6-21 真空式冷却液控制阀

(a) 真空源断开;(b) 真空度小时;(c) 真空度大时。

当冬季来临需要取暖时,接通真空管路控制开关,膜片盒的右腔室与真空源(进气歧管或真空罐)接通,膜片在其两端压差作用下,克服复位弹簧的张力并带动阀芯一起右移,使阀门打开将发动机冷却液至采暖系统热交换器之间的管路接通,此时发动机冷却液便流入加热器(热交换器)芯,热交换器周围的冷空气吸收热量后温度升高,再由鼓风机送入车厢内取暖。

暖风温度高低取决于真空阀真空度的大小。作用在膜片上的真空度越小,真空阀阀门开度越小,如图 6-21(b)所示,冷却液流量则越少,暖风温度则越低。真空度越大,真空阀阀门开度越大,如图 6-21(c)所示,冷却液流量则越大,暖风温度则越高。

当不需要暖气时,关闭真空管路的控制开关将真空源切断,膜片在复位弹簧的张力作用下复位,真空阀阀门关闭,切断冷却液至采暖系统热交换器之间的流通通路,加热器就不会发热。

如果将真空管路控制开关设计成一套能够自动控制真空管路接通与关闭的控制装置,那么,暖风温度就能实现自动控制。

第六节 汽车通风与空气净化系统

汽车车厢内部是一个相对封闭而狭小的空间,满足乘员舒适性的要求不仅需要适宜的温度,而且需要足量的新鲜空气。

一、车内通风系统

为使汽车车厢内部空气符合卫生标准,保证乘员身体健康舒适,在汽车行驶过程中,需要输入一定量的新鲜空气,并排出人们呼吸产生的二氧化碳、蒸发的汗液、吸烟以及从车外进入厢内的灰尘、花粉等污染物。将新鲜空气输入车厢内部取代污浊空气的过程，称为通风。

汽车通风系统的功用是净化车内空气，保持车内空气新鲜舒适。汽车通风分为自然通风和强制通风两种形式。自然通风又称为动压通风。

(一) 自然通风

自然通风是利用汽车行驶时，在汽车内、外产生的风压来实现的换气通风。轿车自然通风时，车内空气的流动情况如图 6-22 所示。

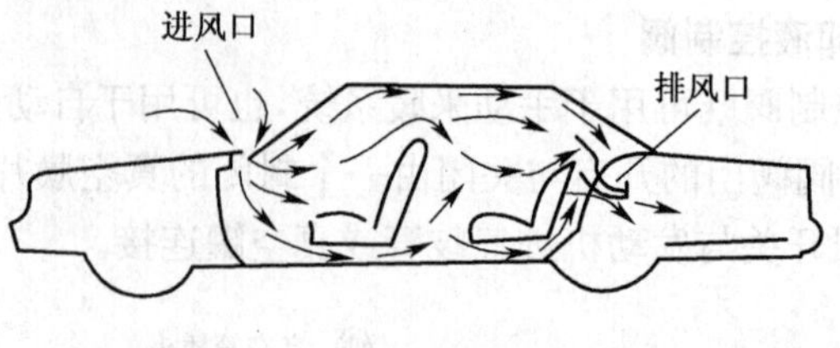

图 6-22 轿车车内空气流动情况

实现自然通风必须在适当的地方开设进风口和排风口。进、排风口的位置取决于汽车行驶时车身外表面的风压分布状况和车身的结构形式。进风口应设置在车身表面的正风压区，且离地面应尽可能高的位置(如前风窗玻璃下沿)，以免汽车行驶时扬起的尘土进入车内。排风口则应设置在汽车车厢后部的负压区(如汽车尾部)，并且应尽量加大排气口的有效流通面积，提高排气效果，同时还要注意防止尘土、噪声及雨水侵入车内。

利用普通轿车模型进行风洞试验测得的车身表面压力分布表明，车身外部大多受到负压，只有在车前及前风窗玻璃周围为正压区。因此，轿车的进风口一般都设在前风窗玻璃下部的正风压区，且此处都设有控制新鲜空气流量的进气阀门和内循环空气阀门。在空调系统刚刚启动时，车内外温差较大，应当关闭外循环气道，利用内循环方式工作，这样可以尽快降低车内温度。

自然通风不耗动力、结构简单、通风效果较好。因此，轿车大都设有自然通风口，进风口设置在前风窗玻璃下沿，排风口设置在轿车尾部。在春、秋季节里行车时，利用自然通风导入凉爽的车外空气，可以取代制冷系统工作，同样可以保证舒适性要求。

(二) 强制通风

强制通风是利用鼓风机将车外空气强制送入车内来实现的换气通风。

强制通风需要能源和通风设备。在装备冷暖一体化空调系统的汽车上，大多采用通风、采暖和制冷联合控制装置，将车外空气与空调冷暖空气混合后送入车内，这种通风装置常用于高级轿车和豪华旅行客车。

二、车内空气净化装置

汽车空调系统采用的空气净化装置通常有空气过滤式和静电集尘式两种。

空气过滤式净化装置在空调系统的进风口和送风口处设置空气滤清装置，能够滤除空气中的灰尘和杂物，结构简单，只需定期清理过滤网上的灰尘和杂物即可，故广泛用于各种汽车空调系统。

静电集尘式净化装置是在空气进口的过滤器后再设置一套静电集尘装置或单独安装一套用于净化车内空气的静电除尘装置，不仅具有过滤和吸附烟尘等微小颗粒的作用，而且还有除臭、杀菌、产生负氧离子以使车内空气更为新鲜洁净的作用。由于该种净化装置结构复杂、成本高，所以只用于高级轿车和豪华旅行客车中。

第七节　汽车空调系统使用与维修

各型汽车空调系统空气的调节与控制方法大同小异，下面以桑塔纳轿车冷暖一体化空调系统为例说明。桑塔纳 2000GSi 型轿车空调系统控制面板、空气通道及风门分布如图 6-23 所示。

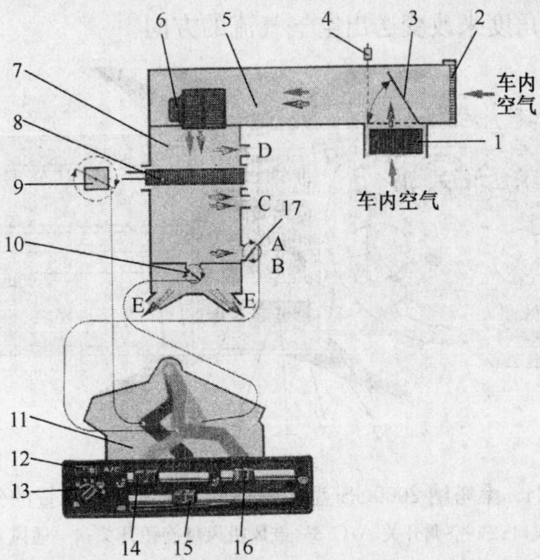

图 6-23　桑塔纳 2000GSi 型轿车空调系统控制面板、空气通道及风门分布

1—蒸发器；2—进风罩滤网；3—进风口转换风门；4—真空阀；5—进风罩；6—鼓风机；7—空气分布箱；8—暖风加热器芯；9—暖风阀；10—足部出风门；11—操纵机构；12—空调开关 A/C；13—鼓风机风量旋钮开关；14—通风方向（空气分布）控制键；15—温度调节控制键；16—除霜风门控制键；17—除霜风门；A、B、C、D、E—出风口（所有出风口均可送出新鲜空气或冷气，出风口 A、B、C、E 还可送出暖风）。

一、控制开关的功用

通风方向控制键 14 控制空气的分布，故又称为空气分布控制键。控制键 14 向左拨动时，足部出风门 10 打开，出风口 E 送风，各出风口的位置如图 6-24 所示。

除霜风门控制键 16 向右拨动时，除霜风门 17 打开，出风口 A、B 送风。通风方向控制键 14 和除霜风门控制键 16 向中间靠拢时，足部出风门 10 和除霜风门 17 均关闭，出风口 A、B、E 停止送风，此时出风口 C、D 送风量将增大。

温度调节控制键 15 用于调节暖风阀开度的大小，从而调节空气温度的高低，温控键 15 向右拨动时温度升高，向左拨动时温度降低，如此时空调开关接通，则冷气量将增大。

鼓风机风量旋钮开关 13 设有 5 个挡位，当开关旋钮转到“0”挡位时，如空调开关 A/C 接通，鼓风机只能以低速运转来防止蒸发器表面温度过低而结冰或冻坏蒸发器。

空调开关 A/C 接通时，开关内部的指示灯将发亮，指示空调开关 A/C 已经接通，提醒驾驶员及时接通鼓风机开关使鼓风机运转送风，防止空气流量过小导致蒸发器表面温度过低而结冰或冻坏蒸发器。

桑塔纳 2000GSi 型轿车空调系统出风口的位置分布如图 6-24 所示。未经加热的新鲜空气和经过制冷系统制冷后的冷气均可从各个出风口 A、B、C、D、E 送入车厢内，其中，出风口 A、B、

C、E还可送出暖风。从后座出风口供出的空气与出风口E供出的空气均通过操作通风方向控制键14进行调节。出风口C和D旁边和中间还设有调节送出空气气流大小和方向的滚花盘调节旋钮，可以单独调节送出空气气流的大小和方向。转动出风口C和D旁边的纵向滚花盘旋钮时，可以调节送出空气气流的大小，但在出风口C和D输送冷气时，其中必须有一个保持打开，以免造成制冷系统结冰而损坏制冷部件。转动出风口C和D中间的横向滚花盘旋钮时，可以调节出风叶片的偏转角度来改变送出空气气流的方向。

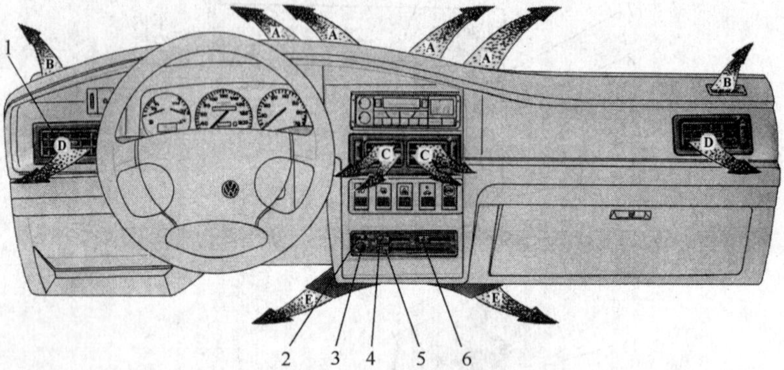

图6-24　桑塔纳2000GSi型轿车空调系统出风口位置的分布

1—仪表盘出风口；2—空调开关A/C；3—鼓风机风量旋钮开关；4—通风方向控制键；5—温度调节控制键；6—除霜风门控制键；A、B、C、D、E—出风口

（所有出风口均可送出新鲜空气或冷气，出风口A、B、C、E还可送出暖风）。

二、空气调节与控制

（一）冷气的调节

在夏季炎热天气行车时，可用空调系统为车内提供冷气降温。使用空调时，首先转动鼓风机风量旋钮开关使鼓风机运转，然后单击空调开关A/C，使空调电磁离合器线圈电路接通，发动机便带动压缩机运转，制冷系统开始循环工作提供冷气，与此同时，空调开关A/C内的指示灯发亮，提醒驾驶员空调已经接通。

接通空调开关A/C、制冷系统提供冷气后，便可根据冷气温度要求调节温度调节控制键来选择车内乘员需要的冷气温度，同时转动鼓风机风量旋钮开关所处挡位来调节鼓风机转速，即冷气气流的大小。

如果前排乘员对冷气气流大小或方向感觉不够满意，则可转动图6-24所示出风口C和D旁边或中间的滚花盘旋钮进行调节，并保证出风口C和D中有一个保持打开状态，以免造成制冷系统结冰而损坏制冷部件。

如果仅用通风就能达到所需温度要求，则应关闭空调开关A/C使制冷系统停止工作，以便延长制冷系统的使用寿命。

（二）最大冷气量的调节

在炎热的夏季或车内温度较高、需要供给较大冷气量来降温时，首先启动发动机运转，然后单击空调开关A/C，使压缩机运转制冷提供冷气，再关闭所有车门，并将温度调节控制键拨到最左端（温度最低一端），鼓风机风量旋钮开关旋转到“4”挡（最高挡），通风方向控制键向右移到最右端，除霜风门控制键向左移到最左端，前排乘员需要的冷气气流大小和方向还可通过调节出风口 C 和 D 旁边或中间的滚花盘旋钮进行调节。注意，必须保证出风口 C 和 D 中有一个出风口保持常开，以免造成制冷系统结冰而损坏制冷部件。

(三) 车内取暖

汽车冷暖一体化空调系统普遍采用了利用发动机冷却液的余热来提高车内空气温度的非独立式采暖系统，其采暖方法是先将发动机冷却液引入暖风加热器芯中，然后利用鼓风机将已被加热的空气送入车厢内，使车厢内空气温度升高来满足车内乘员取暖要求。因此其采暖系统一般都是在发动机冷却系统的基础上，增设鼓风机(与制冷系统公用)、暖风加热器芯和暖风阀等部件组成。

桑塔纳 2000GSi 型轿车冷暖一体化空调系统用鼓风机和暖风加热器芯在空调箱中的安装位置如前述图 6-11 所示，暖风加热器芯通过进水口和出水口与发动机冷却液管路连接。提供冷气的蒸发器和提供暖气的暖风加热器芯安放在同一个送风通道内，如前述图 6-23 所示，控制加热器芯进水量的暖风阀由控制面板上的温度调节控制键控制。当发动机正常工作、冷却液温度达到正常工作温度(95℃)后，即可接通空调鼓风机取暖。

在冬季环境温度较低、车内乘员需要取暖时，先将通风方向控制键拨到左端，使图 6-23 所示足部出风门 10 打开，以便出风口 E 输送暖风；将除霜风门控制键拨到右端，使除霜风门 17 打开，以便出风口 A、B 输送暖风；调节图 6-24 所示出风口 C、D 旁边的纵向滚花盘旋钮，使出风口 C 打开、出风口 D 关闭。然后根据取暖温度需要，将鼓风机风量旋钮开关旋转到"2"挡位置即可得到暖风取暖。

当车内温度达到所需温度后，通风方向控制键保持在左端，将除霜风门控制键向右拨到全行程的 2/3 位置，温度调节控制键向右拨到空气温度适宜位置，鼓风机风量旋钮开关旋转到"1"挡位置，调节出风口 D 旁边的滚花盘旋钮，使出风口 D 打开输送新鲜空气，这样可以得到新鲜舒适的暖风。

(四) 车内通风

在春秋两季期间行车时，可用空调系统对车内进行强制通风换气。将温度调节控制键拨到最左端，以便关闭暖风阀。然后接通鼓风机风量开关，各出风口均可供给新鲜空气。当通风方向控制键和除霜风门控制键都拨到中间位置时，出风口 C、D 的出风量最大。

(五) 风窗及侧窗除霜

当风窗及侧窗需要除霜时，将所有控制键拨到右端，鼓风机风量开关转到"2"挡位置，关闭出风口 C、D，即可达到除霜的目的。

当空气潮湿、风窗及侧窗玻璃上结雾需要除去时，将温度调节控制键和除霜风门控制键拨到右端，鼓风机风量旋钮开关转到"2"或"3"挡位置，温度调节控制键向右拨到暖风区域，关闭出风口 C、D，即可达到除雾的目的。

三、空调系统使用注意事项

汽车空调系统几乎都为非独立式，因此，使用空调时不仅要考虑空调系统自身的结构与使用，而且还要兼顾汽车的行驶状况，才能使空调系统保持最佳的工作状态，并延长空调装置的使用寿命。使用汽车空调时，必须注意以下几点。

(1) 在使用空调之前，应当了解空调控制面板上各种控制开关或操作按钮的功能。

(2) 使用空调时，鼓风机开关应在发动机稳定运转几分钟后才能接通，然后再按下空调 A/C 开关启动压缩机运转。

(3) 当温度调节处于最大冷气量位置时,鼓风机应当接通高速挡,以免蒸发器过冷而结冰。

(4) 在通风换气而不需要冷气时,只需接通鼓风机即可,不必启动压缩机。

(5) 风窗玻璃前面的进风口应保持畅通。避免树叶或其他物品遮盖,以便取暖和通风时空调系统能正常工作。空调系统不用时,为了避免有害气体进入车内,地板出风口应当关闭。

(6) 只有在所有车门关闭时,空调系统调节的冷气或暖气效果才会显著。当汽车停放在太阳光下、车内温度较高时,应打开车窗,放出车内热空气。

(7) 在发动机怠速运转状态下使用汽车空调时,应适当调高发动机怠速转速(一般调高到1000r/min或稍高。设有怠速提高装置的汽车能够自动提高发动机怠速转速,不必调高怠速转速),以免发动机因驱动压缩机的负荷增大而熄火。

(8) 汽车行驶过程中,长距离爬坡或超车时应暂时停止压缩机工作,以免发动机动力不足或因发动机超负荷运行而过热。

(9) 汽车夜间行驶时,由于整车耗电量较大,因此,空调不宜长时间使用,以免充电系统负荷过大而导致蓄电池亏电。

(10) 汽车停驶时,连续使用空调的时间不能太长,以免冷凝器和发动机散热不良而影响空调的制冷性能和发动机寿命。

(11) 汽车以低速(低于25km/h)行驶时,变速器应换用低速挡位,使发动机保持足够转速运转,防止发电动机发电量不足和空调冷气不足。

(12) 取暖效果取决于发动机冷却液温度,只有在发动机冷却液温度达到正常工作温度后,才能获得最佳取暖效果。

(13) 当制冷量突然减少时,应断开空调开关A/C,检查排除空调系统故障后再继续使用。

(14) 当环境温度高、湿度大时,冷凝器表面可能会形成水珠,此为正常现象,并不是冷凝器泄漏。

(15) 发动机过热时,应当停止空调压缩机运转,待发动机正常工作后再使用。

四、制冷剂使用注意事项

汽车空调系统使用的制冷剂主要有R12和R134a两种。在使用制冷剂时,需要注意以下几点。

(1) 制冷剂不能混用。为了保护环境,许多汽车将使用R12制冷剂的空调系统改装成使用R134a制冷剂的空调系统,这必须由专业人员按照一定的技术要求进行操作,因为使用这两种制冷剂的空调系统是不相容的。例如,在R12系统中很多部位采用铜材料,但R134a对铜会产生镀铜现象,因此在R134a系统中,各部位都以钢和铝为原料;在R12系统中采用橡胶作密封材料,但R134a会使橡胶溶解而膨胀,因此凡是使用R12的制冷系统绝对不能直接使用R134a,否则就会严重损害空调系统。

(2) 制冷剂必须妥善储存。空调制冷剂必须在室内温度储藏,不能靠近暖气或火源,否则制冷剂容器受热就会引起内部压力升高而产生爆炸造成严重事故。制冷剂不能直接接触火焰或高温的金属表面,否则会产生一种剧毒气体。

(3) 避免制冷剂接触皮肤。制冷剂在常温常压下会迅速蒸发,当制冷剂液体滴落到人体皮肤上时,就会迅速吸收皮肤上的大量热量而蒸发,造成局部冻伤。特别危险的是当制冷剂液体进入人的眼睛时,就会冻结眼球中的水分,可能造成失明的重大事故。因此,在处理制冷剂时,应戴上眼镜和防护手套。一旦制冷剂触及眼睛,就应尽快用冷水冲洗,不要用手或手帕揉搓。

当有疼痛感觉时，可用稀硼酸溶液或2%以下的食盐水溶液冲洗；如果制冷剂触及皮肤，应立即用大量清水冲洗，并涂敷凡士林膏防止冻伤。接触皮肤面积较大时，应立即到医院妥善治疗。

(4) 使用场所注意通风。当制冷剂排入大气中的含量超过一定量时，会使大气中的氧气浓度下降而使人窒息。因此，在打开制冷系统管路进行检查和添加制冷剂时，要在通风良好的地方进行操作。欧美等国行业法律规定，汽车空调系统必须由资格认定的专职技术人员维修，废旧制冷剂属于特殊垃圾，不得随地泼洒，应密封保管，否则会造成严重的环境污染，给人类造成重大损失。

五、冷冻油使用注意事项

冷冻油是一种特殊的润滑油，使用中需要注意以下几点。

(1) 按压缩机要求使用规定牌号的冷冻油。冷冻油的工作环境与一般润滑油不同，必须严格按照原车空调压缩机所规定的牌号使用冷冻油，或换用具有同等性能的冷冻油，绝对不能用其他润滑油替，否则就会损坏压缩机。

(2) 充注冷冻油时操作要迅速。冷冻油吸收潮气的能力极强，因此，在充注或更换冷冻油时，操作必须迅速，以免潮气浸入制冷系统而影响制冷效果。充注冷冻油的准备工作尚未就绪时，不得打开油罐的密封盖。冷冻油充注完毕后，剩余冷冻油应立即密封罐盖储存，不得有渗漏现象。

(3) 冷冻油用量要适当。冷冻油是润滑油，不但不能制冷，还会妨碍热交换器的换热效果。因此，充注时要用油尺进行测量，只允许充注到规定用量，绝不允许过量使用，以免减少制冷量。

(4) 排放制冷剂时要防止冷冻油排出。在排放制冷剂时，排放速度要缓慢，以免冷冻油与制冷剂一起喷出。

(5) 禁用变质冷冻油。冷冻油是一种淡黄色、无味、不起泡、不含硫的清澈液体。任何杂质都会使其颜色变深，不纯净的冷冻油不能用于空调系统。如果制冷系统含有很重的气味，表明冷冻油已不纯净，应予更换。

冷冻油变质的原因很多，主要原因有以下几点。

①混入水分。冷冻油混入水分后，在氧气作用下会生成一种酸性物质，腐蚀金属零部件。

②高温氧化。当压缩温度过高时，冷冻油就会被氧化分解而炭化变黑。

③混用冷冻油。不同牌号的冷冻油混合使用时，由于牌号不同的冷冻油添加的氧化剂不同，因此就会产生化学反应而导致变质。

六、空调系统的常规检查

汽车空调系统在使用过程中应当进行常规检查，以便保证空调系统能正常运行。检查汽车空调系统时，应将汽车停放在通风良好的场地上，使发动机转速维持在2000r/min左右，鼓风机风速调至最高挡，使车内空气处于内循环状态，此时便可进行以下检查。

(一) 检查制冷管路表面温度

当制冷系统工作正常时，低压管路呈低温状态，高压管路呈高温状态。从膨胀阀出口经蒸发箱至压缩机入口为低压区；从压缩机出口经冷凝器、储液干燥器至膨胀阀为高压区。检查低压区时，由膨胀阀出口经蒸发箱至压缩机入口应当是由凉变冷，但无霜冻。检查高压区时，由压缩机出口经冷凝器、储液干燥器至膨胀阀入口应当是由暖变热。注意，检查时手与被检查部位之间应保持一定的距离，以避烫伤。

如压缩机入口与出口之间无明显的温差，说明制冷剂泄漏或无制冷剂。如储液干燥器特别凉或其入口与出口之间温差明显，说明储液干燥器堵塞。当检查制冷系统压力时，应当符合表6-1规定，否则说明系统有故障。

(二) 观察制冷系统有无渗漏

一旦发现制冷系统的连接部位或冷凝器表面有油渍，就说明该处可能有制冷剂泄漏。可用较浓的肥皂水涂抹在可疑之处，观察有无气泡进行判断。如有气泡，则说明有制冷剂泄漏。

(三) 检查制冷系统工作情况

制冷系统的工作情况可以通过储液罐顶部的观察窗观察制冷剂的状态进行判定。

(1) 制冷剂清晰、无气泡。说明有3种可能：一是出风口排出冷风，说明制冷系统工作正常，系统内制冷剂充足，看起来像盛满水的玻璃瓶；二是出风不冷，说明制冷剂严重泄漏，没有制冷剂，看起来像个空玻璃瓶；三是出风口冷气不足，切断压缩机1min后仍有气泡慢慢流动或在压缩机停止工作的一瞬间就清晰无气泡，说明制冷剂过多。

(2) 制冷剂常有气泡出现。若膨胀阀结霜，则说明有水分，需要更换储液干燥器，并补充20ml冷冻油和适量制冷剂；若膨胀阀没有结霜，则可能是制冷剂不足或内部有空气。

(3) 观察窗玻璃上有油痕。若出风口不冷，说明制冷系统完全没有制冷剂。在系统运行时油滴挂在观察窗上，当其离开观察窗，玻璃上就会留下油痕。

(4) 出现浑浊泡沫。可能是制冷系统中加入冷冻油过多。

七、空调系统常用检修设备

汽车空调系统的检修方法大同小异。汽车空调系统不同与一般的控制系统，其使用与维修都具有很多区别于其他系统的特殊要求。

在检测与维修空调系统过程中，会用到各类检测与维修设备。下面介绍几种常用设备及其操作使用方法。

(一) 检修阀

检修阀是一种在维修空调时，对系统进行测量、检漏、回收制冷剂、抽真空和充注制冷剂必不可少的控制阀。

检修阀通常安装在压缩机两侧，即一个在低压侧，另一个在高压侧，如图6-25所示。

1. 制冷剂R12系统用手动检修阀

手动检修阀共有3个位置，又称为三位检修阀，工作原理如下。

(1) 阀杆左置时，如图6-26所示，系统压力与压缩机和压力表分离，压力表读数表示压缩机

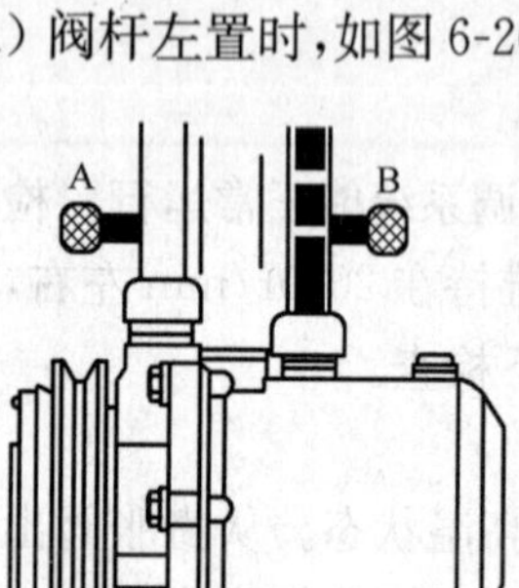

图6-25 检修阀

A—低压侧检修阀；B—高压侧检修阀。

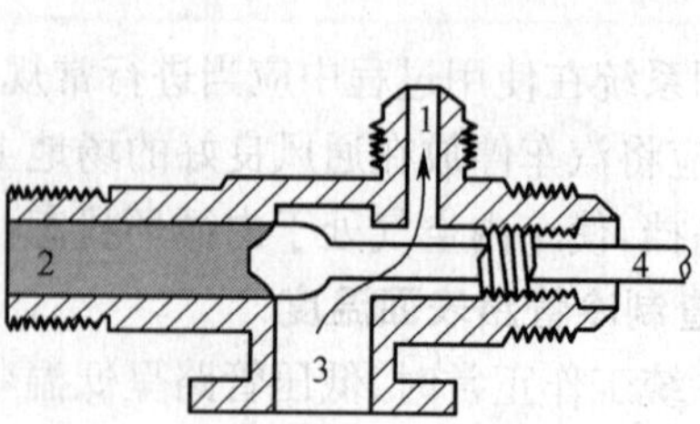

图6-26 手动检修阀阀杆左置

1—检修接口；2—系统软管接口；3—压缩机接口；4—阀杆。

压力值。阀杆左置通常用于在系统不排空的情况下，隔离压缩机和测试压缩机的好坏。但这种测试不得超过 20s，否则将损坏压缩机。

(2) 阀杆中置时，如图 6-27 所示，制冷系统可以正常运行，与此同时，压力表可以监测系统压力。阀杆中置通常用于监测制冷系统工作情况，压缩机允许长时间工作，但需要注意制冷剂不得流失。

(3) 阀杆右置时，如图 6-28 所示，是正常工作状态。压缩机与制冷系统接通，检测接口被隔离。阀杆右置通常用于检修结束后撤除维修设备。

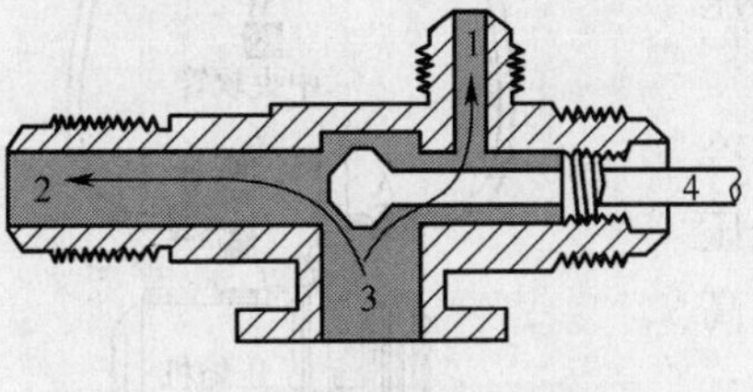

图 6-27 检修阀阀杆中置

1—检修接口；2—系统软管接口；3—压缩机接口；4—阀杆。

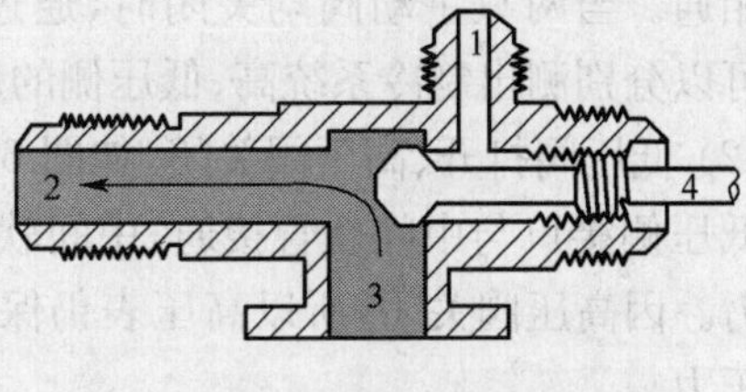

图 6-28 检修阀阀杆右置

1—检修接口；2—系统软管接口；3—压缩机接口；4—阀杆。

2. 制冷剂 R134a 系统用快接式检修阀

快接式检修阀的结构如图 6-29 所示。插入软管插头，阀门自动打开；断开软管插头，阀门自动关闭。

无论哪一种检修阀都无须修理，如有泄漏现象或破损，必须更换新品。

检修阀在制冷系统的安装位置并非固定不变。系统如有两只检修阀，则低压侧检修阀在蒸发器出口和压缩机入口之间，高压侧检修阀通常在压缩机出口和冷凝器入口之间。

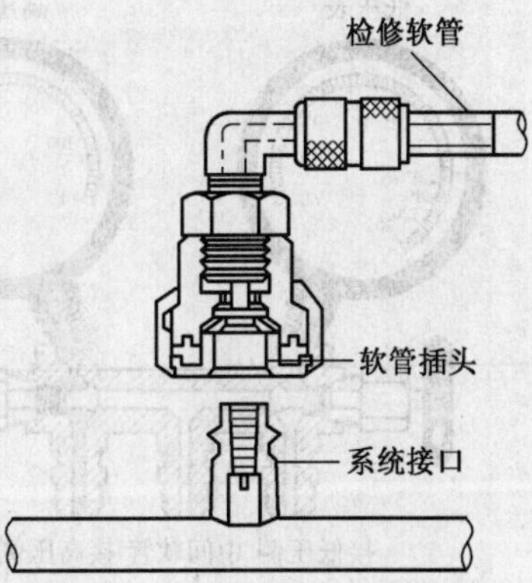

图 6-29 快接式检修阀的结构

(二) 歧管压力表

1. 歧管压力表的结构

歧管压力表用于充注制冷剂、添加润滑油、系统抽真空与故障排除等作业，是维修汽车制冷系统必不可少的专用设备，主要由两个压力表、两个手动阀、3 个软管插头组成，如图 6-30 所示。

使用歧管压力表时，先将高、低压手动阀关闭，再将高压软管和低压软管分别连接到压缩机的高、低压检测接口上，然后利用制冷系统内部的制冷剂将歧管压力表中的空气排净，即可测得压力。低压表测量系统低压侧压力，高压表测量系统高压侧压力，正常压力指示为：低压 118kPa～216kPa，高压 1373kPa～1668kPa。

歧管压力表中间的软管插头用于抽真空、充注和回收制冷剂作业。

制冷剂 R12 系统检修软管的标准颜色为：低压侧软管为蓝色，高压侧软管为红色，中间软管为黄色(或白色)。这样可以防止或减少歧管压力表与空调系统连接时发生失误。

制冷剂 R134a 系统检修软管颜色的标识与 R12 系统基本相似，蓝色带黑镶条或黑色带蓝镶条软管用于低压侧，红色带黑镶条或黑色带红镶条软管用于高压侧，黄色或绿色带黑镶条或黑色带绿或黄镶条为中间软管。

2. 歧管压力表的工作状态

当歧管压力表上的高、低压手动阀分别与压缩机上的高、低压维修阀检测接口正确连接后，歧管压力表的工作状态如下。

(1) 两只手动阀均关闭，如图 6-31 所示，制冷系统高、低压侧分别与各自的压力表相通，高、低压力表彼此互不相通。当两只手动阀均关闭时，通过高、低压侧压力表可以分别测出制冷系统高、低压侧的压力。

(2) 低压阀打开、高压阀关闭，如图 6-32 所示，制冷系统低压侧接口与中间软管接通，中间软管压力为低压侧压力。因高压阀关闭，所以高压表仍保持制冷系统高压侧压力。

(3) 低压阀关闭、高压阀打开，如图 6-33 所示，制冷系统高压侧接口与中间软管接通，中间软管压力为高压侧压力，低压侧因关闭仍保持低压侧压力。

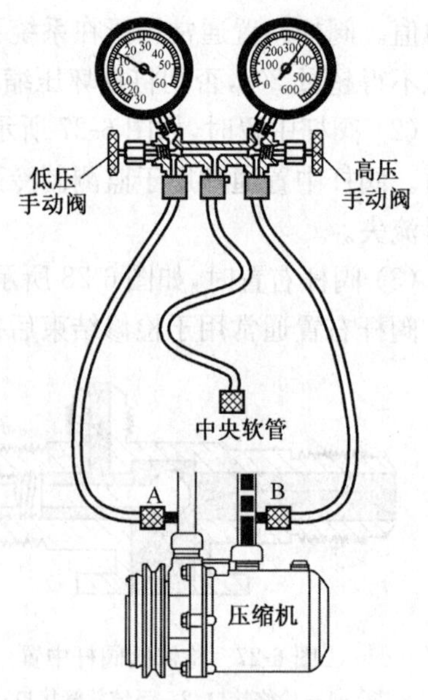

图 6-30 歧管压力表

(4) 两只手动阀均打开，如图 6-34，高、低压侧接口均与中间软管接通，表上指示的读数无意义，这时中间软管为混合压力。

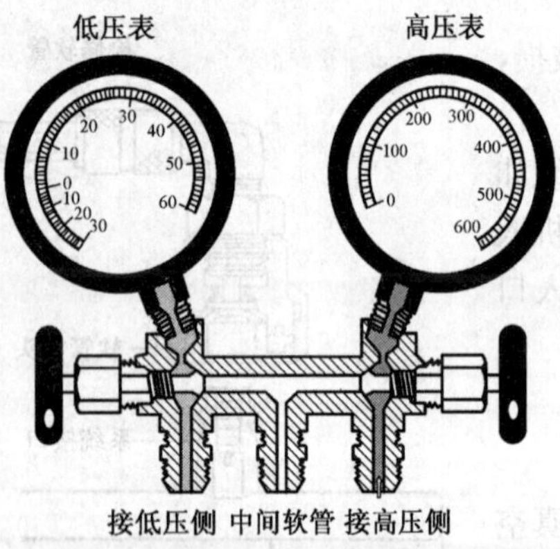

图 6-31 高、低压阀均关闭

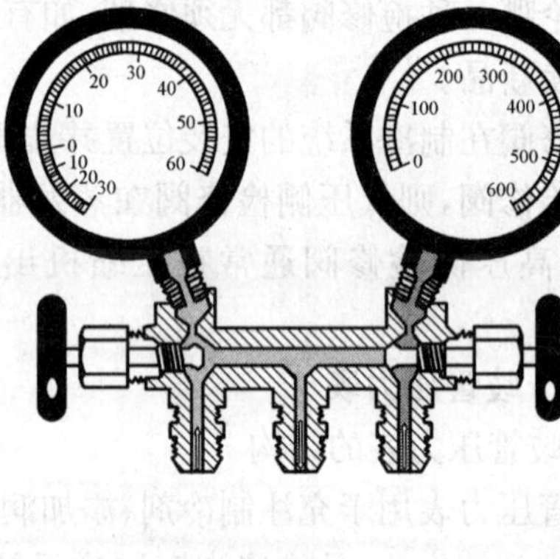

图 6-32 低压阀打开，高压阀关闭

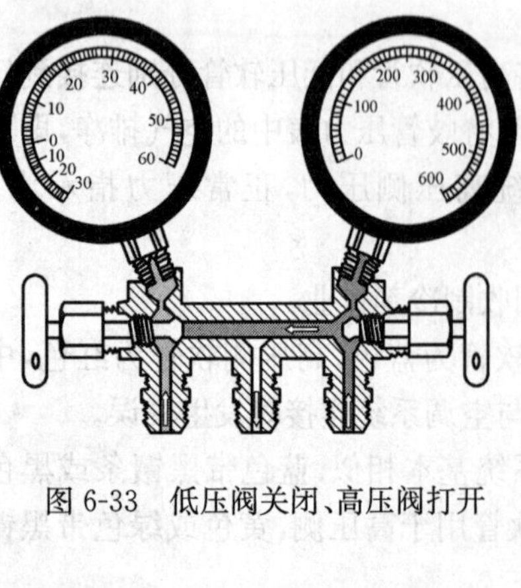

图 6-33 低压阀关闭、高压阀打开

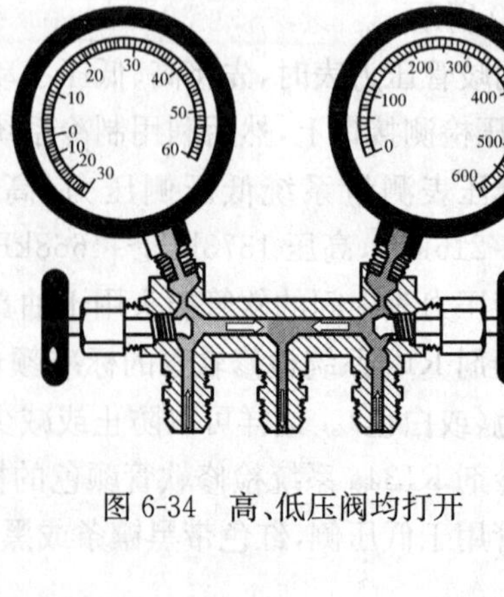

图 6-34 高、低压阀均打开

（三）制冷剂充注阀

制冷剂充注阀分为 R12 制冷剂充注阀和 R134a 制冷剂充注阀两种，制冷剂充注阀的结构如图 6-35 所示。

当需要向制冷系统充注制冷剂时，将制冷剂充注阀安装在制冷剂罐上，充注阀插头与歧管压力表的中间软管连接，然后根据充注方法调节歧管压力表的高、低压阀状态，再旋动制冷剂充注阀蝶形手柄，阀针刺穿制冷剂罐盖后即可充注制冷剂。使用制冷剂充注阀的操作步骤如下。

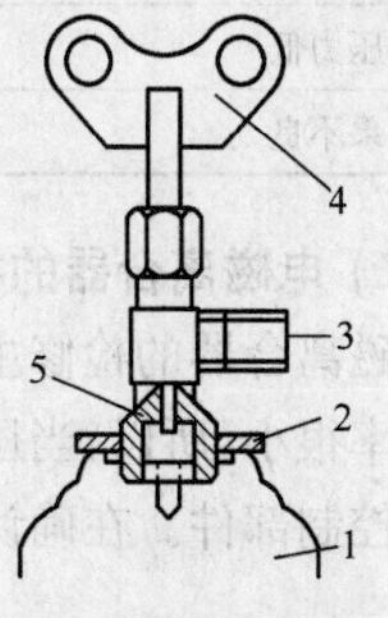

图 6-35　制冷剂充注阀示意图

1—制冷剂罐；2—板状螺母；3—插头；4—蝶形手柄；5—阀针。

(1) 将制冷剂充注阀的蝶形手柄沿逆时针方向旋转，直到阀针完全缩回为止。

(2) 沿逆时针方向转动制冷剂充注阀的板状螺母(圆盘)，使其上升到最高位置。

(3) 将制冷剂充注阀的板状螺母与制冷剂罐螺栓结合，使充注阀固定在制冷剂罐上。

(4) 沿顺时针方向拧紧制冷剂充注阀的板状螺母。

(5) 沿顺时针方向转动制冷剂充注阀的蝶形手柄，使充注阀的阀针在制冷剂罐上扎开一个小孔。

(6) 将歧管压力表的的中间注入软管连接到充注阀插头上。

上述充注制冷剂的准备工作结束后，沿逆时针方向转动充注阀的蝶形手柄，使阀针退出即可充注制冷剂。如暂时不充注制冷剂，则制冷剂充注阀的蝶形手柄不要退出，以免制冷剂泄漏。

（四）真空泵

真空泵在制冷系统抽真空时使用。安装和维修制冷系统之后，在充注制冷剂之前都必须对制冷系统进行抽真空处理，否则制冷系统内部的空气和水分会引起系统内部压力升高和膨胀阀产生冰塞，影响制冷系统正常工作。

（五）制冷剂检漏仪

制冷剂检漏仪分为卤素检漏仪和电子检漏仪两种类型。它既可探测 R12 制冷剂，也可探测 R134a 制冷剂。虽然检漏仪的结构各有不同，但其原理基本相同。

卤素检漏仪是一种乙醇(或丙烷)气燃烧喷灯，故又称为卤素检漏灯，检测原理是利用气态制冷剂进入检漏灯的检测管内会使喷灯的火焰改变颜色来检测制冷剂泄漏程度。当泄漏部位的空气中制冷剂浓度达到 0.1%时，卤素检漏灯就可检测出来。

电子检漏仪的检测原理是在检漏仪内设有一对电极和加热元件，在电源电压和加热元件的加热作用下，电极之间就会产生电流。当气态制冷剂流过电极时，回路中的电流就会明显增大，经过信号处理和放大后，即可发出制冷剂泄漏的报警信号。

八、空调装置的检修

（一）空调压缩机的检修

当空调制冷系统出现低压侧压力高、高压侧压力低和制冷效果不良等常见故障时，与压缩机有关的故障原因及其排除方法如表 6-4 所列。

表 6-4　空调压缩机故障原因及其排除方法

故障现象	故障原因	排除方法
低压侧压力高	压缩机内部泄漏磨损	拆下压缩机缸盖检修压缩机，必要时更换阀板
高压侧压力低	缸盖密封垫漏气	更换密封垫
制冷效果不良	压缩机传动带打滑	调整驱动带挠度

(二) 电磁离合器的检修

电磁离合器的检修主要是对电磁线圈进行检查。因为电磁线圈工作比较稳定可靠，出现故障的概率很小，所以，当压缩机上的电磁离合器不能结合时，首先应当检查空调继电器以及空调系统的控制部件。在确认电磁线圈的工作电压不正常后，再检查电磁线圈是否故障。检查方法如下。

(1) 检测电磁线圈电阻。在空调开关断开的情况下，将指针式万用表的功能转换开关拨到 $R\times1\Omega$(数字式万用表拨到 OHM×200Ω)挡，测量电磁线圈插座上两个接线端子之间电阻值，12V 空调系统电磁线圈的阻值应为 3Ω～ 5Ω，24V 空调系统电磁线圈的阻值应为 4Ω～6Ω。如果阻值过小，说明线圈短路；如阻值为无穷大，说明线圈断路。无论短路或断路，都需更换电磁离合器。

(2) 检测工作电压。接通空调开关，用电压表测量电磁线圈插座上两个接线端子之间电压值，12V 空调系统应不低于 11V，24V 空调系统应不低于 22V。如果电压过低或为 0V，则应检修空调开关、蓄电池和空调系统线路。

(3) 检测工作电流。将电流表串联在电磁线圈电路中，接通空调开关时，电流表读数 12V 空调系统应为 3A～3.6A，24V 空调系统应为 4A～5A。如果电流值为 0A，说明线圈断路；如果电流过大，说明线圈短路。无论短路或断路，都需更换电磁离合器。

(4) 检查噪声。空调压缩机与电磁离合器声音异常时，故障原因与排除方法如表 6-5 所列。

表 6-5　空调压缩机与离合器噪声异常的原因及其排除方法

故障原因	排除方法	故障原因	排除方法
驱动带打滑	调整驱动带挠度	压缩机油封泄漏	更换油封
驱动带偏斜	调整平行度	零件匹配不当	更换零部件
离合器打滑	调整间隙或更换离合器轮毂	离合器压盘油污	修理或更换
轴承损坏	更换轴承或离合器		

(三) 冷凝器的检修

冷凝器与发动机散热器安装在一起，检查时应先检查冷凝器外部散热片是否破裂或脏污堵塞，插头和管路有无损伤、泄漏等。散热片被脏污或灰尘堵塞，应用清水冲洗干净；散热片弯曲或凹瘪，可用尖嘴钳或其他工具进行矫正；散热片漏气，需要焊接修补或更换新品。

需要拆卸冷凝器进行修补或更换时，应按制冷剂排出方法先缓慢排出冷凝器中的制冷剂，再进行拆卸。连接管路拆开时，管口应及时封堵，防止潮气侵入系统。冷凝器修复后，制冷系统应当补加 50mL 制冷剂，并对插头进行检漏试验。

(四) 蒸发器的检修

蒸发器一般都安装在车内隐蔽的地方，检查时需要拆除外部装饰部件，并拆下蓄电池搭铁线。

蒸发器的检修方法与冷凝器相同。除此之外，在更换蒸发器后，还应向压缩机补充40mL～50mL冷冻油；安装完毕应抽真空、补加制冷剂和进行系统性能试验。

九、空调装置的安装

(一) 空调压缩机的安装

安装空调压缩机时，应当注意以下几点。

(1) 电磁离合器带轮、发动机带轮的V形槽必须处在同一个平面内，并按规定力矩拧紧固定螺栓。

(2) 散热器与风扇之间应保持一定距离。对于塑料风扇，距离至少为20mm。

(3) 压缩机及压缩机支架与高、低压软管之间应当留出15mm间隙。

(二) 冷凝器的安装

安装冷凝器应尽可能安装得高一些，周围应有足够的空气流动，使其能充分散热；冷凝器与车罩至少应间隔5mm。

(三) 蒸发箱的安装

安装蒸发箱时，应当注意以下几点。

(1) 蒸发箱安装于副驾驶席一侧杂物箱下方或隐蔽处。蒸发箱上插有感温开关的毛细管，感温开关安装于蒸发箱右侧。

(2) 蒸发箱壳体下方设有排水小孔，该小孔不能堵塞或掩盖。

(3) 汽车线束与发动机和暖风部分的发热体或传热体至少相隔50mm，燃油管与发动机和暖风部分的发热体或传热体至少相隔100mm。

(四) 储液干燥器的安装

安装储液干燥器时，应当注意以下几点。

(1) 储液干燥器必须安装在通风良好的位置，并远离发动机排气管。

(2) 储液干燥器必须垂直安装，其入口应与冷凝器出口连接。

(3) 只有在抽真空之前才能将导管接至储液干燥器。

(4) 高压开关的最大拧紧力矩为27N·m，密封力矩大于10N·m。

(5) 低压开关的最大拧紧力矩为18N·m，密封力矩大于10N·m。

(6) 易熔塞的最大拧紧力矩为30N·m，密封力矩大于23N·m。

(7) 锁紧螺母的最大拧紧力矩为45N·m，密封力矩大于35N·m。

(五) 空调管路的安装

安装空调系统管路时，应当注意以下几点。

(1) 在连接空调系统的金属管和胶管之前，管口的密封塞不要急于拆下，待连接时再拆下不迟，以免水汽或尘埃进入管内。

(2) 连接空调系统管件的螺母可涂抹少量压缩机润滑油(冷冻油)。连接铝质管件时，润滑油应涂抹在铝管端部喇叭口的内侧和外侧。管路连接完毕后，应立即开始抽真空。

(3) 空调系统管件与发动机排气管之间的距离至少不低于20mm。

十、制冷系统检漏

空调系统常用检漏方法有检漏仪检漏、压力检漏、抽真空检漏、充注制冷剂检漏和外观检漏等。

(一) 使用检漏仪检漏

检查制冷剂有无泄漏,既可使用电子式检漏仪,也可使用火焰式检漏仪。

使用电子式检漏仪检漏时,检漏仪探头必须尽可能接近检漏部位(在3mm之内),探头的移动速度必须低于3cm/s。探头脏污或电压偏低都会影响检漏的准确性。

使用卤素检漏灯(也称火焰式检漏仪)检漏时,注意燃烧后的生成物有毒,因此必须在通风良好的环境下操作,以免中毒。

(二) 压力检漏

利用氮气瓶提供压力进行检漏的操作方法如下。

(1) 正确连接歧管压力表。在空调系统没有制冷剂的情况下,先把歧管压力表的高压软管连接到空调系统的高压维修阀上,把压力表的低压软管连接到低压维修阀上,再把中间软管连接到氮气瓶上。

需要注意的是,严禁使用压缩空气进行检漏,因为压缩空气中含有水分,水分随空气进入制冷系统会使系统造成冰塞。而氮气无腐蚀性、无水分,且价格便宜,但瓶装氮气一定要使用减压表才能充注。

(2) 打开氮气瓶开关,然后打开歧管压力表的高、低压手动阀,向系统充注干燥氮气。当压力达到1.2MPa~1.5MPa时,关闭歧管压力表高、低压手动阀。

(3) 用肥皂液涂抹在容易漏气的管路插头处或焊接处,仔细观察有无气泡。如有泄漏,则漏气处会有气泡涌出,漏气量大的地方有微小声音,并会出现大量气泡,漏气量小的地方,则会间断出现小气泡。

(4) 在漏气处作上记号,再反复检查几次,直到全部漏气处都找到为止,并对漏气处进行维修。

(5) 维修完毕后,还应再次进行检漏。如空调系统压力保持24h~48h不降低,说明泄漏已经排除;如压力稍有降低,还应继续检漏,直到找出泄漏处并消除为止。

十一、抽真空

制冷系统检修完毕后,只有抽完真空才能充注制冷剂。因此,抽真空是充注制冷剂之前必须进行的操作步骤。在抽真空的过程中,还要进行检漏操作。

(一) 抽真空必需的专用机具

(1) 真空泵。流量必须大于18L/min。

(2) 歧管压力表。应当采用高压表与低压表组合在一起的复合式压力表。

(3) 检漏仪。卤素检漏仪或电子检漏仪。

(二) 抽真空的操作步骤

利用真空泵进行抽真空的操作方法如下。

(1) 连接歧管压力表。先把歧管压力表高压软管接到空调系统高压维修阀上,再把低压软管接到低压维修阀上,把中间软管接到真空泵上。

(2) 打开歧管压力表高压手动阀与低压手动阀。

(3) 启动真空泵开始抽真空。观察低压表上的读数,直到低压表指示的真空度达到负压100kPa为止。抽真空时间为5min~10min,如真空度达不到100kPa,应关闭高、低压手动阀,停止抽真空,检查泄漏处。

(4) 当低压表指示的真空度达到100kPa后,关闭高、低压手动阀;静置5min后,观察压力表指示情况。如真空度变化,说明有泄漏,可用检漏仪检查排除;如真空度不变,说明系统正常,可继续下述操作。

(5) 继续抽真空 20min～25min。

(6) 关闭歧管压力表上的高、低压手动阀,停止抽真空。从真空泵接口上拆下中间注入软管,抽真空完毕,准备充注制冷剂。

十二、充注制冷剂

(一) 充注制冷剂必需的专用机具

(1) 歧管压力表。应当采用高压表与低压表组合在一起的复合式压力表。

(2) 制冷剂充注阀。灌注小瓶制冷剂。

(3) 制冷剂计量工具。小瓶制冷剂用制冷剂充注阀,大瓶制冷剂用制冷剂计量器。

(二) 制冷剂的充注方法

充注制冷剂的方法有两种:一种为抽完真空后,不启动发动机,不开空调,从高压端直接加入液态制冷剂,这种充注方法特点是快速、安全,适用于制冷系统第一次充注制冷剂;另一种是从压缩机低压端充注,充入的是制冷剂气体,这种充注方法的特点是充注速度慢,适用于补充充注制冷剂。

(三) 从高压端加注制冷剂

通过抽真空确认制冷系统没有泄漏之后,即可充注制冷剂。从高压端加注制冷剂的操作步骤如下。

(1) 在制冷系统抽完真空后,关闭歧管压力表上的高、低压手动阀和抽真空机。

(2) 将歧管压力表上的中间软管从抽真空机上拆下,然后将其接到制冷剂充注阀上。

(3) 将小型制冷剂罐固定到制冷剂充注阀上,然后沿顺时针方向拧紧充注阀的蝶形手柄,使充注阀的阀针在制冷剂罐上扎开一个小孔。

(4) 沿逆时针方向拧松充注阀蝶形手柄,使充注阀阀针退出,与此同时,制冷剂罐中的制冷剂注入中间软管,此时不能打开高、低压手动阀。

(5) 拧松歧管压力表的中间软管螺母,当看到白色制冷剂气体外溢、听到"嘶嘶"声时(目的在于排出中间软管中的空气),拧紧该螺母。

(6) 拧松高压手动阀,将制冷剂罐倒立,以便从高压端注入液态制冷剂(注意从高压端向系统注入制冷剂时,发动机应停转,不可拧开歧管压力表上的低压手动阀,以防对压缩机产生液击现象),此时从储液干燥器观察窗能看到制冷剂流动。

使用小罐制冷剂加注时,在第一罐加注完毕、用第二、三罐加注时,仍应先关闭高压手动阀,再更换另一个制冷剂罐,此时中间软管还要放出空气。直到加入规定量的液态制冷剂后,再关闭高压手动阀。

(7) 启动发动机,接通空调开关使空调系统运行,并使鼓风机以高速运转,观察压力表压力是否正常。

(四) 从低压端充注制冷剂的步骤

从低压端充注制冷剂的操作步骤如下。

(1) 当抽真空完毕后,关闭歧管压力表上的高、低压手动阀,把中间软管从抽真空机上拆下,并将中间软管接到制冷剂充注阀上。

(2) 将小型制冷剂罐固定到制冷剂充注阀上,然后沿顺时针方向拧紧充注阀的蝶形手柄,使充注阀的阀针在制冷剂罐上扎开一个小孔。

(3) 沿逆时针方向拧松充注阀蝶形手柄，使充注阀阀针退出，与此同时，制冷剂罐中的制冷剂注入中间软管(此时不能打开高、低压手动阀)。

(4) 拧松歧管压力表的中间软管螺母放出中间管内的空气，当看到白色制冷剂气体外溢、听到"嘶嘶"声时拧紧该螺母。

(5) 拧松低压手动阀，将制冷剂以气体形式从低压侧注入制冷系统，当高压表压力达到400kPa时，关闭低压手动阀(注意在从低压侧充注制冷剂时，一定要以气态形式注入制冷剂。如以液体形式注入，会对压缩机造成液击现象而损坏压缩机)。

(6) 启动发动机，接通空调开关使空调系统运行，并使鼓风机以高速运转，观察压力表压力是否正常。此时再打开低压手动阀让制冷剂继续注入制冷系统，直到充注压力达到规定压力值。充注完毕后，关闭低压手动阀。

(7) 断开空调开关，使发动机停止运转，静止1min～3min后，拆下歧管压力表与压缩机连接的高、低压管路插头。卸下插头时动作要快，以免制冷剂泄出过多。压缩机停止运转后，高、低压管路内的压力会持平，以利于压缩机下次启动。如压差过大，会使压缩机启动困难。

(五) 制冷剂的补充

在汽车运行过程中，由于汽车振动或其他原因，空调系统某些管路插头难免松动而导致制冷剂泄漏，造成制冷效果变差。遇此情况时，需要从低压端向系统补充制冷剂，方法如下。

(1) 连接歧管压力表。先把歧管压力表高压软管接到空调系统高压维修阀上，再把低压软管接到低压维修阀上，并关闭高、低压手动阀。

(2) 拧松低压软管与歧管压力表插头，放出管内空气并拧紧；再拧松高压软管与歧管压力表插头，放出管内空气并拧紧。

(3) 启动发动机，接通空调开关使空调运行，从储液干燥器观察窗处查看制冷剂流动情况。若气泡连续出现，则表明系统内缺少制冷剂。

(4) 先将歧管压力表的中间软管接到制冷剂充注阀上，再将制冷剂罐接到充注阀上并拧紧，然后沿顺时针方向拧紧充注阀的蝶形手柄，使充注阀的阀针在制冷剂罐上扎开一个小孔。

(5) 沿逆时针方向拧松充注阀蝶形手柄，使充注阀阀针退出，与此同时，制冷剂罐中的制冷剂注入中间软管，再拧松中间软管与歧管压力表插头处螺母，放出管内空气后拧紧。

(6) 启动发动机，接通空调开关使空调系统运行，并使鼓风机以高速运转。同时打开低压手动阀让制冷剂以气体形式进入低压管，直到系统压力达到规定值，出风口温度达到4℃～7℃为止。

(7) 关闭低压手动阀，断开空调开关，使发动机停止运转。等待1min～3min后，快速拆下歧管压力表，以免制冷剂泄出过多，补充制冷剂结束。

第八节　汽车空调系统故障诊断与排除

汽车空调系统故障应由经过专业技术训练的人员使用专用仪器和机具进行检测与诊断。在缺乏仪器设备的情况下，驾驶员只能进行外部检查和处理。

汽车空调系统常见故障现象有空调压缩机不转、制冷系统不制冷、制冷量不足、间歇性制冷和制冷系统噪声过大等。故障原因可归纳为制冷系统故障、控制系统电路故障、机械系统故障和调控系统故障。

一、空调压缩机不转

接通空调开关,空调压缩机不转的原因及其排除方法如下。

(1) 空调开关接触不良、控制电路熔断器断路、空调继电器触点接触不良。检修空调开关、更换熔断器、检修空调继电器。

(2) 线束插接器接触不良、松脱或导线断路。检修空调线路和插接器。

(3) 驱动带过松、断裂或离合器间隙过大。检查驱动带张力和离合器间隙是否符合规定,离合器间隙是指压盘与压缩机带轮之间的间隙,一般为 0.4mm~1.0mm。

(4) 离合器电磁线圈断路导致压缩机不转。可用万用表检测其阻值进行判断,12V 空调系统电磁线圈的阻值应为 3Ω~5Ω,24V 空调系统电磁线圈的阻值应为 4Ω~ 6Ω。如果阻值过小,说明线圈短路;如阻值为无穷大,说明线圈断路。无论短路或断路,都需更换电磁离合器。

(5) 压缩机机械故障导致运转不正常。可拆下压缩机通过作转动试验进行检查,转动时如有卡滞现象,应当更换压缩机。

二、制冷系统不制冷

制冷系统不制冷是空调系统常见故障之一,其原因有制冷系统故障、控制系统电路故障、机械系统故障和调控系统故障等。

(一) 制冷系统故障

(1) 制冷系统无制冷剂(制冷剂完全泄漏)。查找泄漏原因并排除泄漏故障后,再充注制冷剂。

(2) 储液干燥器脏污堵塞。更换储液干燥器。

(3) 膨胀阀进口滤网完全脏堵。清洗或更换进口滤网。

(4) 膨胀阀阀门不能打开、低压侧压力过高、蒸发器流液。更换膨胀阀。

(5) 发动机不同转速运行时,高、低压侧压力仅有微小变化。说明压缩机进、排气阀片损坏,失去吸气和排气能力。检修压缩机进排气阀片组件或更换相同型号规格的压缩机。

(6) 制冷管路破裂或裂纹,高、低压侧压力为零。利用检漏仪检漏,检修制冷管路。

(二) 控制系统与控制电路故障

(1) 电磁离合器线圈搭铁不良或脱焊断路。检查电磁离合器线圈及有关电路,拧紧搭铁端子或重新焊接脱焊端头。

(2) 电路熔断器烧断。检查、更换熔断器。

(3) 控制开关失效。检修各控制开关。

(4) 鼓风机不转。检修鼓风机开关、熔断器、电动机及其调速电阻。

(三) 调控系统故障

(1) 热水阀不能关闭。检修或更换热水阀控制器件。

(2) 空气混合门位置不当(处于取暖位置)。调整空气混合门使其处于制冷位置。

(四) 机械系统故障

(1) 压缩机驱动带松弛或折断。检查调整驱动带挠度或更换新品。

(2) 压缩机机件损坏卡死不能转动。检修或更换压缩机。

(3) 鼓风机机件损坏卡死不能转动。检修或更换鼓风机。

三、制冷系统冷气不足

(一) 冷气不足的原因

冷气不足是空调系统常见故障之一。其原因主要有以下几点。

(1) 制冷剂不足。

(2) 制冷系统内部有空气、水汽或异物。

(3) 制冷剂过多。

(4) 冷凝器散热不良。

(5) 鼓风电动机不转或转速过低。

(6) 压缩机驱动带挠度过大而丢转。

(7) 压缩机故障,电磁离合器打滑。

(8) 空调系统冷冻油过多。

(二) 冷气不足故障的排除

当发现冷气不足时,应当使用歧管压力表(高、低压力表组)检查系统压力(高压应为1100kPa～1400kPa,低压应为150kPa左右),并通过查看储液干燥器上观察玻璃孔处制冷剂的状态进行诊断。诊断方法如下。

(1) 如从观察玻璃孔处观察制冷剂状态有气泡或泡沫,用歧管压力表检测高、低压侧压力均偏低,说明制冷剂不足。应当使用检漏仪检查有无泄漏,以便查明是泄漏所致还是充注制冷剂不足。如有泄漏,应先修理后再补充充注。

(2) 如从观察玻璃孔处观察制冷剂状态有气泡或泡沫,用歧管压力表检测高、低压侧压力均偏高且压力表有抖动现象,说明充注制冷剂时抽真空不彻底,制冷剂中有空气。此时需要放出制冷剂,然后按正常充注程序重新充注制冷剂。

(3) 如从观察玻璃孔处观察没有气泡,但停机1min后有气泡慢慢流动,用歧管压力表检测高、低压侧压力均偏高,说明制冷剂过多,应当从低压侧慢慢放出多余的制冷剂。

(4) 如制冷系统工作一段时间后膨胀阀结霜,停机一定时间后再接通空调又能正常工作,但是不久又重复上述现象,说明制冷系统中有水汽,产生了冰塞现象,应予更换储液干燥器。

(5) 如冷凝器过热,高、低压侧压力均偏高,且系统不存在制冷剂过多和有空气问题,说明冷凝器散热不良。应检查散热风扇电动机有无故障,特别注意检查主动风扇与被动风扇间的驱动带是否过松以及控制风扇电动机转速的高压开关是否失效。

(6) 如高、低压侧压力过低,膨胀阀前后管路有霜或结露,说明空调系统内部有异物,应当检修或更换膨胀阀与压缩机。

(7) 如低压管路大量结霜或结露,说明制冷剂过多,流过蒸发箱时来不及完全蒸发而在低压管路中蒸发吸热。应当检查膨胀阀和感温包。如膨胀阀开度过大,则应调整其过热度(膨胀阀的过热度一般为5℃),膨胀阀和感温包有泄漏时应予更换新品。

(8) 如压缩机转动时有异常敲击声、低压侧压力过高、高压侧压力过低、压缩机入口与出口温差不大,说明压缩机阀片、轴承或"O"形密封圈损坏,应予检修或更换压缩机。

(9) 如压缩机转速比正常运转转速明显偏低,说明驱动带挠度过大,应当重新调整挠度或更换驱动带。调整驱动带挠度时,在驱动带的中央部位施加100N压力,驱动带的挠度应为

8mm～12mm。注意有的空调压缩机(如 SD-508 型压缩机)没有设置张紧轮,挠度是通过改变带轮之间的中心距进行调整的。

(10) 当从观察玻璃孔处观察到有气泡或泡沫且很浑浊,说明冷冻油(润滑油)过多,应尽快放出制冷剂和冷冻油,重新充注冷冻油、再充注制冷剂。

四、间歇性制冷

空调系统间断性制冷故障可分压缩机运转正常和压缩机运转失常(时转时不转)两种情况进行排除。

(一) 压缩机运转正常

(1) 制冷系统有冰塞。放出制冷剂、抽真空后重新充注制冷剂。

(2) 温控开关的热敏电阻或感温包失灵,用歧管压力表检测高、低压侧压力均偏高或均偏低。检修或更换温控开关。

(3) 鼓风机损坏。检修或更换鼓风机。

(4) 控制开关损坏。检修或更换开关。

(二) 压缩机运转不正常

(1) 电磁离合器打滑。检查调整电磁离合器与压盘(吸盘)之间的空气间隙(一般为 0.4mm～1.0mm)。

(2) 电磁离合器线圈松脱或搭铁不良。检查电磁离合器线圈及有关电路,拧紧搭铁端子或重新焊接脱焊端头。

(3) 空调继电器开、闭失控。检查、调整或更换空调继电器。

(4) 压缩机驱动带打滑。调整驱动带挠度或更换驱动带。

五、制冷系统噪声过大

制冷系统噪声分为外部噪声和内部噪声两种。噪声过大的原因很多,排除故障时可据噪声发出部位进行排除。

(一) 制冷系统外部噪声过大

(1) 压缩机驱动带过松或过度磨损。调整驱动带挠度或更换驱动带。

(2) 压缩机安装支架或固定螺钉松动。拧紧固定螺钉。

(3) 压缩机进排气阀片破损或轴承损坏。检修或更换相同型号规格的压缩机。

(4) 鼓风机风扇叶片振动或固定螺钉松动。拧紧固定螺钉。

(5) 电磁离合器间隙调整不当。检查调整电磁离合器与压盘(吸盘)之间的空气间隙。

(6) 电磁离合器轴承缺油或损坏。检修或更换轴承。

(二) 制冷系统内部噪声过大

(1) 制冷系统制冷剂过多产生噪声。释放适量制冷剂。

(2) 制冷系统制冷剂过少导致膨胀阀产生噪声。充注适量制冷剂。

(3) 制冷系统有水分导致膨胀阀产生噪声。先放出制冷剂,抽真空之后再重新充注制冷剂。

(4) 制冷系统高压管路压力过高导致压缩机振动而产生噪声。检修或更换高压限压阀。

六、空调系统典型故障案例分析

(一)“冰塞”故障案例分析

1. 故障现象

一辆丰田皇冠牌轿车空调系统在空调开关刚刚接通时，制冷系统工作基本正常。但是，工作不到1min压缩机就自动停转。经过一段时间(3min～5min)后，压缩机又自动运转。如此往复，车厢内部温度不能降低，乘员很不舒服。

2. 故障原因

可能出现了“冰塞”。当膨胀阀的针阀处结冰，使制冷剂通道被堵时，高压液态制冷剂无法经过针阀而蒸发成低压、低温气态制冷剂。这样，蒸发器内没有制冷剂蒸发，当然就无冷气；而低压侧压力继续降低，低压开关动作，切断电源，压缩机停转。过一段时间后，膨胀阀处结成的冰被解冻，通道被打开，又能恢复制冷。

3. 故障诊断与排除

为了尽快确认膨胀阀处是否发生“冰塞”，可将歧管压力表的高、低压软管分别与制冷系统的高、低压维修接口连接，并用热毛巾或布包住膨胀阀，如果低压侧压力在几分钟后回升，压缩机立即工作，说明膨胀阀处确实有“冰塞”。

“冰塞”由制冷系统混入水分所致。维修操作不当、抽真空不彻底、制冷剂或冷冻油中的含水量偏高等，都会使水分进入制冷系统。因此，要排除“冰塞”，首先就要排除系统内部的水分。

故障排除方法：将制冷系统全部分解，对各部件分别进行清洗，然后吹干或烘干，并更换储液干燥器。

(二)“堵塞”故障案例分析

1. 故障现象

一辆天津一汽夏利牌轿车空调系统制冷效果逐渐变差，最终完全不能制冷，且膨胀阀入口处滤网附近有一小团白霜。

2. 故障原因

可能出现了“堵塞”。在制冷系统正常的情况下，膨胀阀进口的小滤网处不会结霜。如果出现结霜，说明该处有“堵塞”(注意滤网结霜“堵塞”与“冰塞”的区别)。

3. 故障诊断与排除

首先听膨胀阀处有无断断续续的气流声，再用小扳手或螺丝刀头等轻击膨胀阀处的小滤网。如果气流声明显变大，且膨胀阀球阀处所结的白霜慢慢融化，但过一会儿又出现结霜现象，说明膨胀阀小滤网处确实“堵塞”。

排除结霜“堵塞”故障的方法如下。

(1) 彻底清洗制冷系统零部件。

(2) 用汽油(或四氯化碳)清洗滤网部件。

(3) 用干燥空气(或氮气)将零部件上残留的清洗剂吹干并进行烘干处理。

(4) 更换储液干燥器，并严格按照操作规程装复制冷系统的零部件。

(三) 电磁线圈经常烧坏案例分析

1. 故障现象

一辆桑塔纳2000型轿车在炎热的夏季行驶途中，空调压缩机的电磁离合器线圈突然烧毁，更换离合器电磁线圈后，仅行驶 1500km 左右，电磁线圈又被烧毁。

2. 故障原因

空调压缩机电磁离合器线圈烧毁的原因除质量问题外，主要是制冷系统压力过高所致。

当制冷系统压力升高时，压缩机运转的阻力力矩随之增大，需要电磁线圈产生的电磁吸力力矩随之增大，线圈电流也随之增大。由于线圈电流增大受电源电压的限制，因此，线圈产生的吸力力矩有限。当阻力力矩超过吸力力矩时，离合器压盘与带轮之间就会产生滑动摩擦产生热量，导致电磁线圈过热烧毁。

制冷系统压力过高的原因有以下几点。

(1) 停车时发动机怠速运转，且长时间在太阳曝晒下使用空调。

(2) 当散热风扇出现故障时，还长时间、高强度使用空调。

(3) 制冷系统充注制冷剂过量。

3. 故障诊断与排除

接通空调开关使压缩机运转，查看储液干燥器观察窗内有没有气泡，再连接歧管压力表测量高、低压侧压力，发现高压侧和低压侧压力均偏高，说明制冷剂充注过量。

故障排除方法：从低压侧排放适量制冷剂后故障被排除，制冷系统工作转为正常。

(四) 排水不畅案例分析

1. 故障现象

一辆桑塔纳 2000 型轿车副驾驶席地板上积水。

2. 故障原因

除人为因素和车门漏水之外，副驾驶席地板上积水的主要原因有两种，一种是暖风机水箱漏出的水，另一种是空调蒸发器热交换时产生的水。如果积水温度很低，则说明是制冷系统排出的水。

3. 故障诊断与排除

桑塔纳轿车空调系统的蒸发器位于副驾驶席仪表台前方，蒸发器周围热空气中的水分降温后凝结成水滴，经蒸发器壳收集可排出车外。经检查汽车底部空调排水量很小，因此，故障原因是排水口排水不畅，导致大量的水在蒸发器壳体内存积，然后溢出蒸发器壳体进入车内。

故障排除方法：清理空调排水管中的污物，检查空调排水管的安放位置是否正确。

(五) 空调系统疑难杂症案例分析

1. 故障现象

一辆奥迪 100 型轿车空调系统运行时，压缩机工作 2min～3min 后离合器就分离，再过 3min～4min 后离合器又接合，制冷效果极差，但出风口风量正常。

2. 故障原因

空调压缩机断续工作通常认为故障原因可能是制冷系统制冷剂泄漏，导致低压保护开关不通，压缩机不工作；制冷系统制冷剂量充注过多，导致高压保护开关不通，压缩机不工作；恒温器开关失灵，压缩机电磁离合器故障等。

3. 故障诊断与排除

先进行常规检测，用万用表检查电磁离合器线圈阻值为 3.2Ω～3.5Ω，说明正常。用外接 12V 电源强行使压缩机工作，同时测量高、低压侧的压力，若低压保护开关工作，说明低压侧压力过低；若高压保护开关工作，说明高压侧压力过高，经检查，高、低压测压力基本正常。检查恒温器，也正常。

上述被检项目均正常，即制冷系统中的直接控制元件均无故障。在这种情况下就要检查与制冷系统有关的项目：发动机冷却液温度及其传感器。具体方法是：在压缩机运行过程中，测量离合器刚刚分离时发动机冷却液温度，若冷却液温度超过 120℃，则循环系统有故障，应予以修理；若冷却液温度低于 120℃，则应检查冷却液温度传感器是否失灵。若换上新的传感器后故障现象消失，则说明冷却液温度传感器有故障。

查找该例故障原因的难点在于，许多维修人员在分析空调制冷系统故障时，常常局限在制冷系统的零部件上，而忽视了发动机冷却液温度及其传感器对制冷系统的影响。奥迪 100 型轿车发动机冷却液温度超过 120℃或冷却液温度传感器失灵报警时，除了组合仪表中冷却液温度报警灯会闪亮报警外，空调电控单元会使空调自动停止工作，待冷却液温度信号相当于 115℃的信号时，压缩机会重新恢复工作。该车空调制冷效果差，是因发动机冷却液温度传感器失效造成的，更换冷却液温度传感器后，故障随即排除。

思考题

(1) 汽车空调系统的发展过程分为哪几个阶段？国产汽车空调的发展经历了哪 3 个阶段？

(2) 汽车空调系统的功用是什么？它主要由哪几部分组成？

(3) 什么是蒸发、沸腾、冷却和冷凝？空调系统降温属于哪种过程？

(4) 汽车空调制冷系统主要由哪些部件组成？各部件的功用是什么？

(5) 什么是制冷循环？制冷循环过程分为哪 4 个过程？

(6) 汽车空调系统怎样使车内温度降低？

(7) 目前汽车空调系统采用的压缩机主要有哪几种？

(8) 空调电磁离合器的功用是什么？它主要由哪些部件组成，主要受哪些部件控制？

(9) 冷凝器的功用是什么？蒸发器的功用是什么？冷凝器与蒸发器的结构有何特点？

(10) 汽车空调系统常用冷凝器与蒸发器分为哪些类型？

(11) 储液干燥器的功用是什么？它主要由哪些部件组成？

(12) 储液干燥器顶部设置的观察孔有何用途？

(13) 汽车空调系统常用安全保护装置有哪些？其工作原理分别是什么？

(14) 热力膨胀阀的功用是什么？汽车空调制冷系统常用的热力膨胀阀有哪些？

(15) 空调制冷系统常用制冷剂有哪些？使用制冷剂需要注意哪些问题？人体皮肤一旦接触制冷剂时，应当怎样进行处理？

(16) 空调系统使用的润滑油有何功用？使用时需要注意哪些问题？冷冻油变质的原因有哪些？

(17) 为什么说 R134a 是取代 R12 最理想的制冷剂？

(18) 汽车采暖系统的功用是什么？

(19) 根据热源不同，汽车采暖系统分为哪两种类型？各有什么特点？

(20) 汽车采暖系统供给暖风的温度怎样进行控制？

(21) 汽车通风系统的功用是什么？通风形式有哪两种？

(22) 使用汽车空调时，必须注意哪些问题？

(23) 为了保证空调系统正常运行，使用过程中进行常规检查的项目有哪些？

(24) 怎样根据观察窗观察到的制冷剂状态来判定制冷系统工作情况？

(25) 空调系统常用检修设备有哪些？歧管压力表的功用是什么？它主要由哪些部件组成？

(26) 汽车空调系统低压侧压力是多少？高压侧压力是多少？

(27) 怎样检修空调压缩机和电磁离合器？12V 和 24V 空调系统电磁线圈的阻值分别是多少？

(28) 空调系统常用检漏方法有哪几种？

(29) 怎样对制冷系统进行抽真空？

(30) 充注制冷剂的方法有哪两种？怎样从高压端直接加入液态制冷剂？怎样补充充注制冷剂？

(31) 怎样排除空调制冷系统不制冷故障？

(32) 怎样排除空调制冷系统制冷量不足故障？

(33) 怎样排除空调制冷系统间歇性制冷故障？

第七章　辅助电器系统

汽车辅助电器系统主要包括风窗玻璃刮水系统、风窗玻璃洗涤系统、风窗玻璃升降系统、中央门锁系统、低温启动预热系统、收录机和点烟器等。随着汽车技术的发展，辅助电器系统将日益增多，主要是向安全、舒适和娱乐保障方面发展。

第一节　电动刮水与洗涤系统

汽车在下雨或下雪天气条件下行驶时，雨水或积雪会飘落到风窗玻璃上。在停放或行驶过程中，空气中的尘土或污物会集聚在风窗玻璃上。这些雨水、积雪、尘土或污物会妨碍驾驶员观察路面和道路交通状况，给行车安全带来隐患。

汽车风窗玻璃刮水系统的功用是刮除风窗玻璃上的雨水、积雪、尘土和污物，为驾驶员提供良好的视野，确保行车安全。然而，在刮水系统刮除尘土或污物时，如果风窗玻璃上没有水分或洗涤液，尘土或污物就很难刮净，甚至还会刮伤玻璃。因此，汽车上配装有风窗玻璃洗涤系统。

风窗玻璃洗涤系统的功用是将洗涤液喷洒到风窗玻璃上，以便刮水系统刮洗尘土或污物。

汽车风窗玻璃刮水系统可分为电动式和气动式两种。汽车普遍采用电动式刮水系统，气动式刮水系统主要用于载货汽车和大型客车。因此，本书只介绍电动式刮水系统。

一、电动刮水系统的结构原理

电动刮水系统由刮水器和控制开关组成。刮水器由刮水电动机、传动机构、控制机构和刮水片组件 4 部分组成，结构如图 7-1 所示。

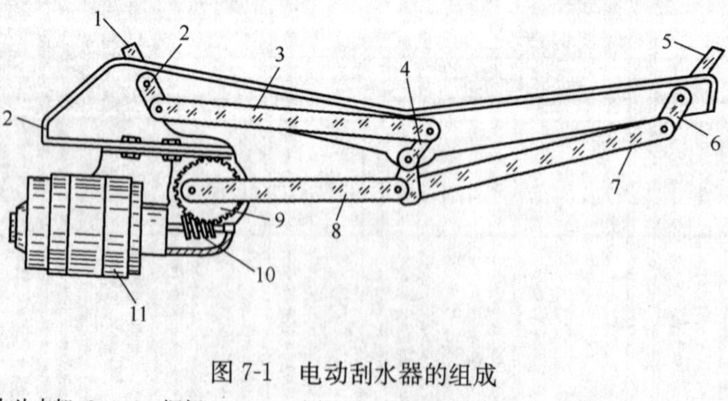

图 7-1　电动刮水器的组成

1、5—刮水片支架；2、4、6—摆杆；3、7、8—连杆；9—蜗轮；10—蜗杆；11—刮水电动机；12—支架。

刮水电动机 11 普遍采用结构简单的永磁式直流电动机。传动机构由蜗轮蜗杆机构和杠杆联动机构组成，蜗轮蜗杆机构由蜗轮 9 和蜗杆 10 组成，杠杆联动机构组成由连杆 3、7、8 和摆杆 2、4、6 组成。控制机构由刮水器开关、间歇刮水控制器和停车复位机构组成。刮水片组件由刮水片支架 1、5 和橡胶刮水片(又称为橡皮刷)组成。

永磁式电动机固装在支架上，刮水片支架连接在摆杆 2、6 上，刮水片支架的上端连接橡胶刮水片。电动机的旋转运动由轴端的蜗杆 10 传给蜗轮 9 并转换为往复运动，蜗轮上的偏心销与连杆 8 铰接。蜗轮转动时，通过连杆 8、7、3 带动摆杆 4、6、2 摆动，风窗玻璃上的刮水片便在刮水片支架 1 和 5 的带动下摆动刮水。

二、电动刮水系统的变速原理

电动刮水片的摆动速度由电动机转速决定，刮水电动机转速的高低可通过永磁三刷电动机进行变换。刮水电动机的构造与普通激磁式电动机基本相同，不同的是磁场由永久磁铁产生，电动机上有 3 只电刷，变速原理如图 7-2 所示。

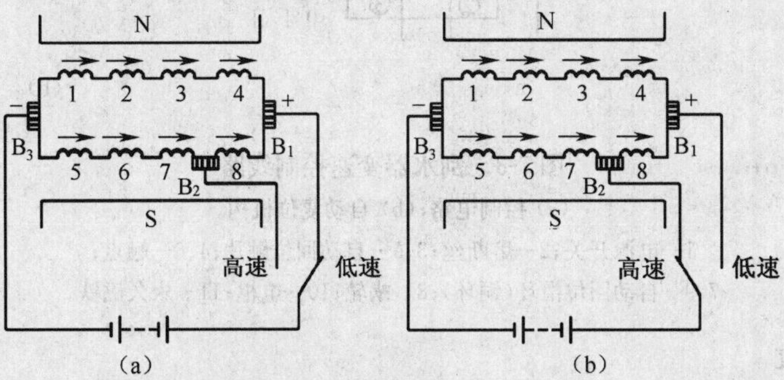

图 7-2　刮水器变速原理电路图
(a) 低速时电路；(b) 高速时电路。

当开关拨向“低速”位置时，电源电压加在相隔 180°的电刷 B_1 和 B_3 之间，如图 7-2(a)所示。在电刷 B_1 和 B_3 之间有两条并联支路，一条是由线圈 1、2、3、4 串联起来的支路；另一条是由线圈 5、6、7、8 串联起来的支路，每条支路各有 4 个线圈。两路线圈产生的全部反电动势与电源电压平衡后，电动机便稳定在某一转速旋转，此时转速较低。

当开关拨向“高速”位置时，电源电压加在偏置的电刷 B_2 和 B_3 之间，如图 7-2(b)所示。在 B_2 和 B_3 之间也有两条支路，一条由线圈 5、6、7 共 3 个线圈串联而成；另一条线圈 8、1、2、3、4 共 5 个线圈串联而成，其中线圈 8 的反电动势与线圈 1、2、3、4 的反电动势方向相反，因此电刷 B_2 和 B_3 之间的反电动势降低，电枢电流增大，驱动转矩增大，电动机转速升高，从而使刮水器的橡皮刷快速摆动。

由此可见，永磁式三刷电动机的变速原理是当电刷偏置时，两电刷间之间的反电动势降低，电枢电流增大，驱动转矩增大，所以电动机转速升高。

三、电动刮水系统的控制过程

电动刮水器是由刮水器开关控制电动机电路变换实现变速刮水的，变速控制电路如图 7-3 所示，控制过程如下。

(一) 慢速刮水

当电源开关接通，刮水器开关接通“Ⅰ”挡时，电流由蓄电池正极→电源开关→熔断丝→电刷 B_3→电枢→电刷 B_1→刮水器开关“Ⅰ”挡搭铁→蓄电池负极。这时电枢反电动势较大，电流较小，转速较低，从而使刮水器的刮水片慢速摆动，摆动为 35 次/min～55 次/min。

(二) 快速刮水

当刮水器开关接通“Ⅱ”挡位置时，电流由蓄电池正极→电源开关→熔断丝→电刷 B_3→电枢→电刷 B_2→刮水器开关“Ⅱ”挡搭铁→蓄电池负极。由于电刷 B_2 偏置一个角度，因此电动机高速转动，从而使刮水片快速摆动，摆动为 50 次/min～70 次/min（对于同一刮水系统，刮水片快速摆动次数与慢速摆动次数之差应当大于 10 次/min）。

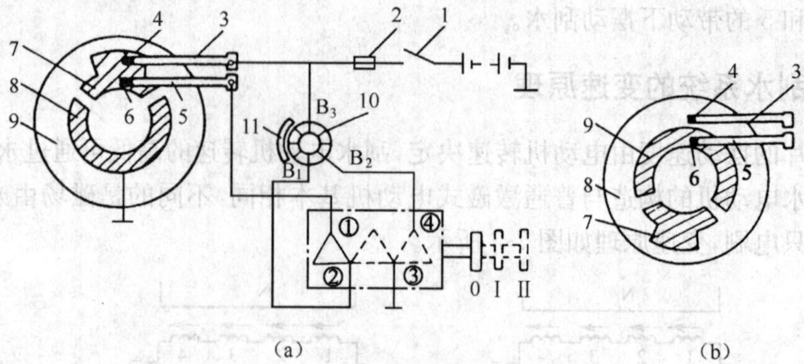

图 7-3　刮水器变速控制线路

(a) 控制电路；(b) 自动复位机构。

1—电源开关；2—熔断丝；3、5—自动回位触片；4、6—触点；

7、9—自动回位滑环（铜环）；8—蜗轮；10—电枢；11—永久磁铁。

（三）停机复位

电动机刮水器自动复位机构如图 7-3(b)所示。在用尼龙制成的蜗轮 8 上嵌有铜环 7、9。铜环分成两部分，面积较大的铜环 9 与电动机外壳连接而搭铁。触片 3、5 用磷铜片或其他弹性材料制成，一端铆有触点 4 和 6。由于触片 3、5 具有弹性，因此在蜗轮 8 转动时，触点 4、6 与蜗轮 8 的端面（包括铜环 7、9）保持接触。

当刮水器开关推到“0”挡（停止）时，如果刮水器的橡皮刷没有停在风窗玻璃下沿，那么蜗轮转动的位置将使触点 6 与铜环 9 接通，电流继续流入电枢。此时电流从蓄电池正极→电源开关→熔断丝→电刷 B_3→电枢→电刷 B_1→刮水器开关→触片 5→触点 6→铜环 9→搭铁→蓄电池负极形成回路，电动机以低速运转，直到蜗轮旋转到如图 7-3(a)所示位置时，触点 4、6 与铜环 7 接通为止。

当触点 4、6 与铜环 7 接通时，在电枢转动的惯性力作用下，电动机不能立即停转，而是以发电动机运行形式发电。因为电枢绕组产生的电动势的方向与外加电源电压的方向相反，所以电流从电刷 B_3→触片 3→触点 4→铜环 7→触点 6→触片 5→刮水器开关→电刷 B_1 形成回路，并产生制动扭矩使电动机立即停止转动，此时橡皮刷恰好复位到风窗玻璃下沿。

四、电动刮水系统间歇刮水原理

汽车在闲闲细雨或雾天气候条件下行驶时，如果刮水器按一般速度进行刮水，风窗玻璃上的微量水分和灰尘就会形成发黏的表面，不仅不能将风窗玻璃刮拭干净，而且还会留下污迹或斑点使玻璃模糊不清，影响驾驶员的视线。因此，大多数汽车都装备有间歇刮水电子控制器，在遇到上述天气时，将刮水器开关接通间歇刮水挡位，使刮水器刮水片摆动 1 次～2 次之后，按一定周期停止一定时间（3s～6s），以便风窗玻璃上积聚更多水分而将灰尘刮除干净，同时驾驶员也能获得良好的视野。

刮水系统的间歇刮水功能主要依靠间歇刮水控制器来实现，间歇刮水控制器又称为间歇刮水继电器。各型汽车间歇刮水控制系统的结构原理大同小异，现以图 7-4 所示奥迪 100 型轿车间歇刮水控制系统为例说明。

奥迪100型轿车间歇刮水控制系统由间歇刮水控制器1、刮水器开关2、洗涤电动机3、刮水电动机4等组成。间歇刮水控制器由电子元件与小型继电器组合而成，主要技术参数如表7-1所列。间歇刮水控制器的工作情况如下。

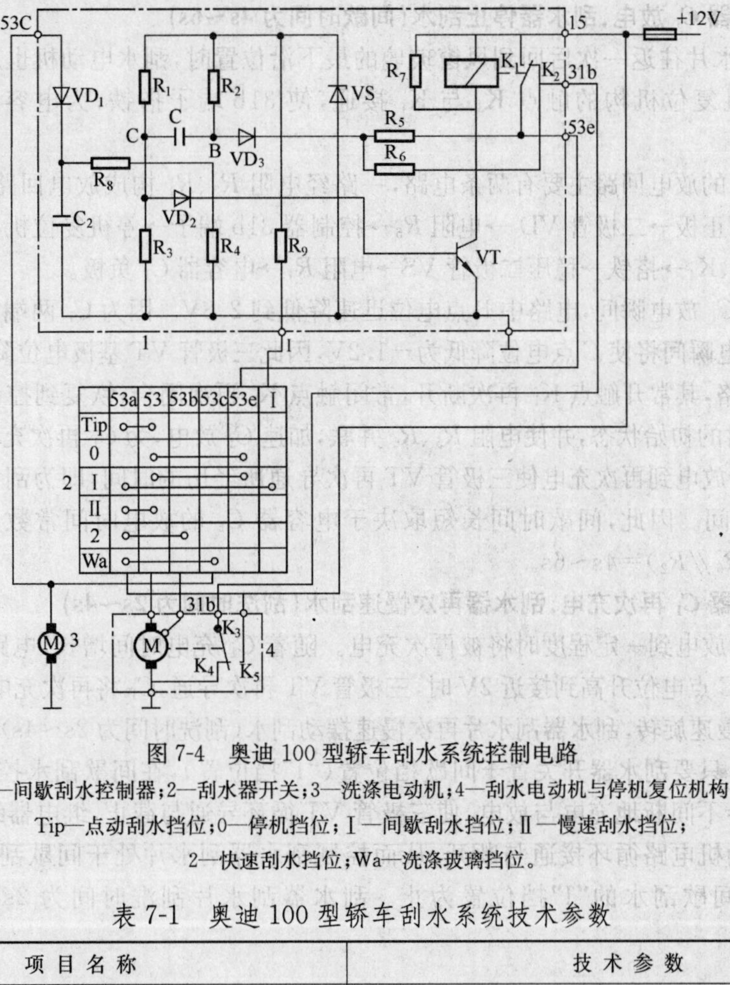

图7-4　奥迪100型轿车刮水系统控制电路

1—间歇刮水控制器；2—刮水器开关；3—洗涤电动机；4—刮水电动机与停机复位机构；

Tip—点动刮水挡位；0—停机挡位；Ⅰ—间歇刮水挡位；Ⅱ—慢速刮水挡位；

2—快速刮水挡位；Wa—洗涤玻璃挡位。

表7-1　奥迪100型轿车刮水系统技术参数

项目名称	技术参数
工作电压/V	12
刮洗时间/s	2～4
间歇时间/s	4～6

(一) 刮水器开关接通间歇刮水挡位"I"挡时，电容器 C_1 被充电，刮水器慢速刮水(刮洗时间为2s～4s)

当刮水器开关置于间歇刮水挡位"I"挡位置时，电流经熔断器，刮水器开关53a端子、刮水器开关内部"I"挡导电片进入间歇刮水控制器I端子。此时，电容器 C_1 被充电，充电电路为：电源正极→熔断器→刮水器开关53a→"I"挡→间歇控制器I端子→电阻 R_9→R_2→电容器 C_1→二极管 VD_2→三极管VT的基极、发射极→搭铁→蓄电池负极。此时电路中C点电位为1.6V，B点电位为5.6V，电容器 C_1 两端的电位差为4V。

电容器 C_1 充电时，其充电电流为三极管VT的基极电流，从而使三极管VT导通，接通了继电器线圈电路。继电器线圈通电产生电磁吸力使其常闭触点 K_2 断开、常开触点 K_1 闭合，接通刮水电动机电路，其电路为：电源正极→熔断器→间隙刮水控制器 15 端子→常开触点 K_1→控制器 53e 端子→刮水器开关 53e 端子→开关内"I"挡导电片→刮水器开关 53 端子→刮水电动机电枢→搭铁→电源负极。刮水电动机电路接通并慢速旋转，刮水器刮水片慢速摆动刮水，刮洗时间为 2s～4s。

（二）电容器 C_1 放电，刮水器停止刮水（间歇时间为 4s～6s）

当橡皮刮水片往返一次后回到风窗玻璃的最下沿位置时，刮水电动机也旋转至自动复位位置，此时停机复位机构的触点 K_3 与 K_4 接通，使 31b 端子搭铁，为电容器 C_1 提供放电回路。

电容器 C_1 的放电回路主要有两条电路，一路经电阻 R_2、R_1 构成放电回路，另一条放电回路是电容器 C_1 正极→二极管 VD_3→电阻 R_6→控制器 31b 端子→停机复位机构 31b 端子→自动复位触点 K_3、K_4→搭铁→稳压二极管 VS→电阻 R_1→电容器 C_1 负极。

在电容器 C_1 放电瞬间，电路中 B 点电位迅速降低到 2.8V。因为 C_1 两端放电前的电位差为 4V，所以放电瞬间将使 C 点电位降低为－1.2V，因此三极管 VT 基极电位降低而截止，切断继电器线圈电路，其常开触点 K_1 再次断开，常闭触点 K_2 再次闭合，恢复到控制器 31b 端子与 53e 端子接通时的初始状态，并使电阻 R_5、R_6 并联，加速 C_1 放电，为 C_1 再次充电作好准备。从电容器 C_1 开始放电到再次充电使三极管 VT 再次导通所经历的时间，即为刮水器刮水片间歇（停止摆动）时间。因此，间歇时间长短取决于电容器 C_1 的放电时间常数，其值约为 $\tau_d = C_1(R_1 + R_5 /\!/ R_6 /\!/ R_2) = 4s \sim 6s$。

（三）电容器 C_1 再次充电，刮水器再次慢速刮水（刮洗时间为 2s～4s）

电容器 C_1 放电到一定程度时将被再次充电。随着 C_1 充电时间增长，电路中 C 点电位将逐渐升高。当 C 点电位升高到接近 2V 时，三极管 VT 再次导通，C_1 将再次充电，刮水电动机电路再次接通并慢速旋转，刮水器刮水片再次慢速摆动刮水（刮洗时间为 2s～4s）。

由此可见，只要刮水器开关置于间歇挡位置（"I"挡位置），在间歇刮水控制器的控制下，电容器 C_1 就会不间断地充电与放电，使三极管 VT 循环导通与截止，继电器线圈循环通电与断电，刮水电动机电路循环接通与断开，从而控制刮水器刮水片处于间歇刮水状态，直到刮水器开关离开间歇刮水的"I"挡位置为止。刮水器刮水片刮洗时间为 2s～4s，间歇时间为4s～6s。

五、风窗玻璃洗涤系统的结构原理

风窗玻璃洗涤系统的功用是将洗涤液喷洒到风窗玻璃上，以便刮水系统刮洗尘土或污物。在汽车行驶或停驶过程中，风窗玻璃上沾染尘土或污物是很难避免的。为使驾驶员具有良好的视野，大多数汽车都配装有风窗玻璃洗涤系统。

（一）洗涤系统的结构组成

风窗玻璃洗涤系统由洗涤器和控制开关组成。洗涤器主要由洗涤电动机、储液罐、洗涤水泵、喷嘴和水管组成，结构如图 7-5 所示。

洗涤电动机一般都为微型永磁式高速电动机，空载转速可达 20000r/min。电动机是全封闭的，其工作制度为短时额定工作制。

洗涤水泵为离心式叶片泵，叶片转子固定在水泵轴上，水泵轴用联轴节与洗涤电动机轴连接。出水软管用胶管分别与两个或 4 个喷嘴连接。喷嘴安装在风窗玻璃前方的发动机盖上，左右各安装一个或两个喷嘴，分别将洗涤液喷洒到风窗玻璃上，以便刮水系统刮洗尘土

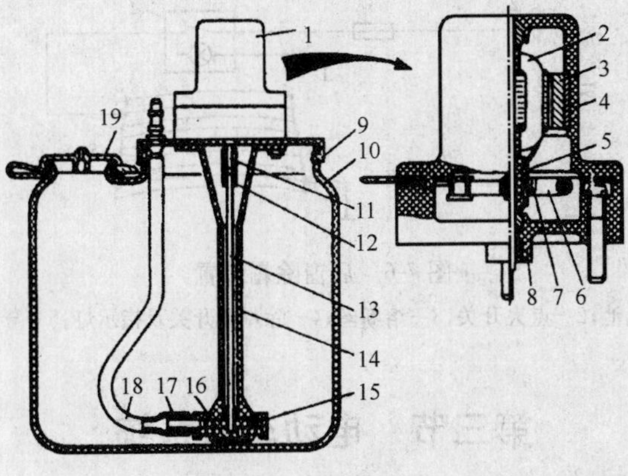

图 7-5　洗涤器组成

1—电动机；2—电枢；3—永久磁铁；4—电动机壳体；5—集电环；6—电刷架；7—电刷；8—法兰盘；9—水泵固定盘；10—储液罐；11—电动机轴；12—联轴节；13—水泵轴；14—水泵壳；15—水泵转子；16—滤清器；17—插头；18—出水软管；19—储液罐盖。

或污物。

储液罐由塑料制成，内装洗涤液。洗涤液一般由水或水与适量的添加剂组成，添加剂有助于清洁或降低冰点。如在水中加入 5％的氯化钠(食盐)，则可提高洗涤液的清洁能力。在寒冷地区为了防止洗涤液冻冰，可在水中加入 50％的乙二醇等。

(二) 洗涤系统工作原理

当接通洗涤电动机电流时，电枢绕组便在永久磁铁产生的磁场中受力旋转。电枢轴转动时，通过联轴节驱动水泵轴和泵转子一同旋转，泵转子便将储液罐内的洗涤液泵入出水软管，并经风窗玻璃前方的喷嘴喷向风窗玻璃。与此同时，刮水器同步工作，刮水片同时摆动，从而将风窗玻璃上的尘土或污物刮洗干净。

刮洗风窗玻璃上的尘土或污物时，首先应当接通洗涤开关使洗涤泵旋转，并将洗涤液喷洒到风窗玻璃上，然后再接通刮水器开关使刮水片摆动进行刮洗。洗涤泵连续工作的时间不得大于 5s，使用间歇时间不得少于 10s。当储液罐内无洗涤液时，不要接通洗涤泵空转，以免损坏洗涤电动机。

第二节　风窗玻璃除霜系统

在寒冷的冬季，汽车风窗玻璃表面容易结上一层冰霜，这些冰霜利用刮水器难以清除。风窗玻璃除霜系统的功用是清除风窗玻璃表面的冰霜，保证驾驶员和车内乘员具有良好的视野。清除结冰结霜的有效方法是对玻璃进行加热。

在装有空调或暖风装置的汽车上，接通空调暖风可以清除前风窗和侧风窗玻璃上的冰霜，后风窗玻璃通常都是利用电热丝对玻璃进行加热来除霜的。

风窗玻璃除霜系统主要由除霜器、控制开关和指示灯等组成，如图 7-6 所示。

除霜器是在后风窗玻璃的内表面镀上数条相互并联的导电膜，形成电热丝一样加热电阻。当导电膜通电，便可对玻璃进行加热，从而清除或防止表面结霜。这种装置的耗电量为 30W～50W，广泛应用于轿车和客车。

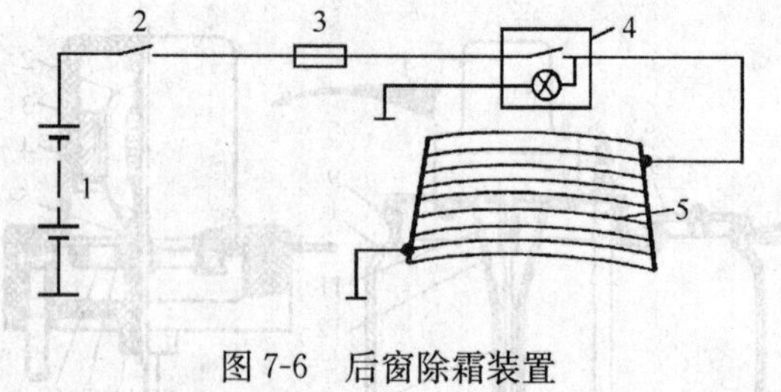

图 7-6　后窗除霜装置

1—蓄电池；2—点火开关；3—熔断丝；4—除霜器开关及指示灯；5—导电膜。

第三节　电动车窗系统

电动车窗系统简称电动车窗，俗称车窗玻璃升降器，是指由电力驱动的车窗玻璃升降系统。目前，小轿车普遍配装有电动车窗。驾驶员坐在驾驶席上，即可利用控制开关或遥控开关使所有车门玻璃自动升降，操作简便且有利于行车安全。

电动车窗系统由车窗玻璃、升降驱动电动机、玻璃升降机构、继电器、总开关(一般设在驾驶席侧门上)、各车窗开关和控制组件等组成，控制电路如图 7-7 所示。

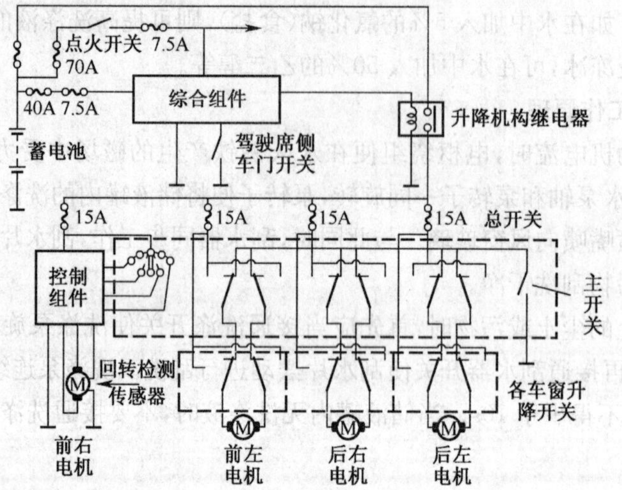

图 7-7　电动车窗的控制电路

玻璃升降驱动电动机常用的有永磁式和双绕组式直流电动机。改变通过电动机电流的方向，即可改变电动机的旋转方向，通过升降机构即可驱动车窗玻璃升高或降低。

玻璃升降机构常用的有绳轮式和交叉臂式两种，如图 7-8 所示。日本车系常用绳轮式玻璃升降机构，结构如图(a)所示。当升降驱动电动机转动时，通过减速器、钢绳和滑轮，即可驱动玻璃升高或降低。

德国大众车系常用交叉臂式玻璃升降机构，结构如图(b)所示。当升降驱动电动机转动时，通过减速器、传动齿扇、调节支架和导轨，即可驱动玻璃升高或降低。

电动玻璃升降机构实质上是在手动玻璃升降系统的基础上，增设玻璃升降驱动电动机和减速器而构成的。因此，在手动玻璃升降机构的基础上，增加驱动电动机、减速器和控制开关，即可改装成电动车窗系统。

驾驶席侧面的总开关可以控制全部车门玻璃的升降，各车窗升降开关可以单独控制各自车门玻璃的升降。

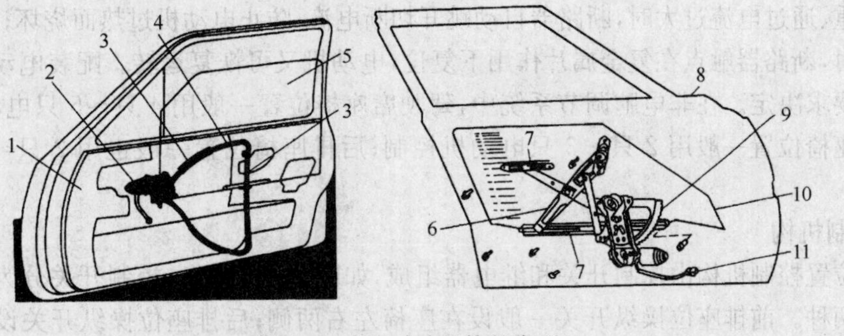

图 7-8　车窗玻璃机构的类型

(a) 绳轮式玻璃机构；(b) 交叉臂式玻璃机构。

1—盖板；2—升降驱动电动机与减速器；3—导向套；4—钢绳；5、10—玻璃；

6—调节支架；7—导轨；8—车门；9—齿扇；11—电动机线束插头。

当点火开关处于 ON(接通)状态时，综合组件内的时间与开关回路控制车窗升降机构继电器线圈电流接通，产生电磁吸力将继电器触点吸闭，使控制组件和各开关的电源接通。此时根据各车窗玻璃升降需要，分别操纵总开关处的各个开关或操纵各车窗玻璃升降开关，就可使升降电动机两端分别输入正向或反向电压，从而使电动机正向或反向旋转。升降电动机旋转时，就会通过联动机构使玻璃升高或降低。

当点火开关处于 OFF(断开)状态时，只有在驾驶员侧的车门开关 ON(接通)30s 后，玻璃升降机构才能进行升降动作实现车门玻璃升降。

第四节　电动座椅系统

为了便于驾驶员进行驾驶操作和满足乘坐舒适性的要求，中高档轿车座椅普遍采用了电动座椅系统。通过操纵控制开关，既可调整座椅的前后和高低位置，也可调整头枕和靠背的倾斜位置，有的还可调整座椅腰垫的位置。

汽车电动座椅系统又称为座椅位置(座位)调节系统(SPCS)，按控制方式不同，座位调节系统分为电脑(ECU)调节系统和非电脑调节系统两大类。

一、座椅位置非电脑调节系统

非电脑调节系统又称为不带存储功能的座位调节系统，通过操纵座位控制开关，可以调整座位的前后滑移、前垂直、后垂直位置，靠背和头枕的倾斜位置以及腰垫的位置。由于系统没有存储功能，因此座椅位置不能存储和复位。

(一) 座椅位置非电脑调节系统的组成

汽车座椅位置非电脑调节系统由控制电动机、控制机构和传动机构 3 部分组成。

1. 控制电动机

丰田凌志 ES300 型轿车前排座椅控制电动机的安装位置如图 7-9 所示。驾驶席座位采用了座椅前后滑移(滑动或前后位置调整)电动机，座椅前沿高低(前垂直位置)调整电动机，座椅后沿高低(后垂直位置)调整电动机和座椅靠背倾斜角度调整电动机等 4 只电动机控制，前排乘员席座位采用了一只前后滑移电动机和一只倾斜电动机两只电动机控制。

座椅位置控制电动机一般都采用微型永磁式直流电动机。电动机内部设有断路器，当电动机负荷过重、通过电流过大时，断路器自动跳开切断电流，防止电动机过热而烧坏；当热量散失、负荷减轻时，断路器触点在复金属片作用下复位，电动机又可恢复运转。配装电动机的多少由座位调整要求决定。在非电脑调节系统中，驾驶席座椅位置一般用 4 只～5 只电动机控制；前排乘员席座椅位置一般用 2 只～3 只电动机控制；后排座椅位置一般也用 2 只～3 只电动机控制。

2. 控制机构

座椅位置控制机构由控制开关和继电器组成，如图 7-10 所示。控制开关分为操作开关和限位开关两种。前排座位操纵开关一般设在座椅左右两侧；后排座位操纵开关设在后排车门上，为了便于驾驶员控制，在仪表盘左下方专门设有一个后排座位操纵开关。限位开关用来限制传动部件移动的极限位置，安装在传动机构终端。

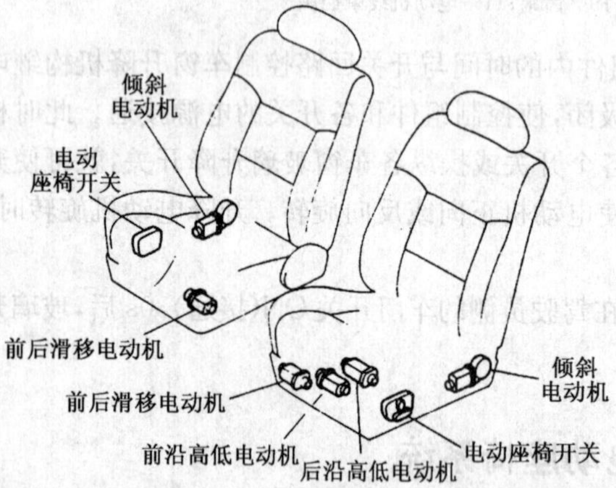

图 7-9　凌志 ES300 轿车前排座位控制电动机位置

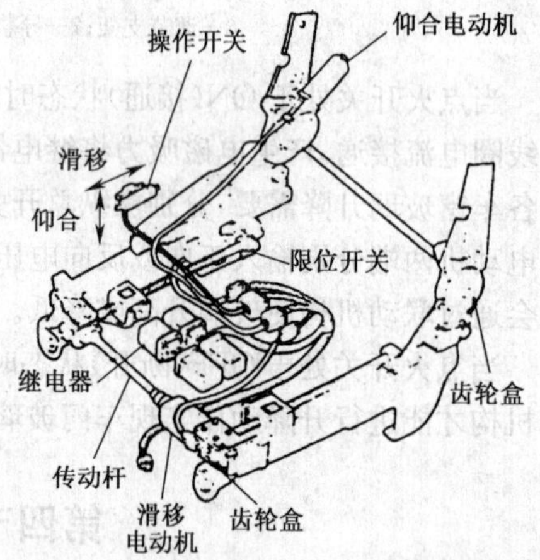

图 7-10　座位控制与传动机构的安装位置

继电器的功能是防止操纵开关触点烧蚀，延长开关的使用寿命。座位控制电动机虽然工作时间很短，但工作电流较大(约 10A～20A)，容易烧蚀开关触点。配装继电器后，电动机电流流经继电器触点，流过开关的电流仅是流过继电器线圈的小电流，所以开关触点不易被烧蚀。

3. 传动机构

传动机构由齿轮盒与传动杆组成，安装位置如图 7-10 所示。传动杆相当于连杆，其功能是传递动力。齿轮盒由齿轮、蜗轮蜗杆机构组成，其功能是传递电动机动力，并将电动机的旋转运动转变为传动杆的往复运动，从而实现对座椅不同位置的调整。

(二) 座椅位置非电脑调节系统的工作原理

座椅前后滑移和靠背仰合控制电路如图 7-11 所示。

1. 座椅前后滑移控制原理

当需要座椅向前移动时，座椅(操作)开关接通“前”位置，上面一个滑动继电器线圈电路接通，其电路为：蓄电池正极→熔断器(70A)→熔断器(40A、15A)→上滑动继电器线圈→座椅开关“前”触点→座椅开关→搭铁→蓄电池负极。

继电器线圈通电后，产生电磁吸力将上滑动继电器常开触点吸闭，使滑动电动机电路接通，其电路为：蓄电池正极→熔断器(70A)→熔断器(30A)→上滑移继电器常开触点→滑移电动机→下滑动继电器常闭触点→限位开关→搭铁→蓄电池负极。

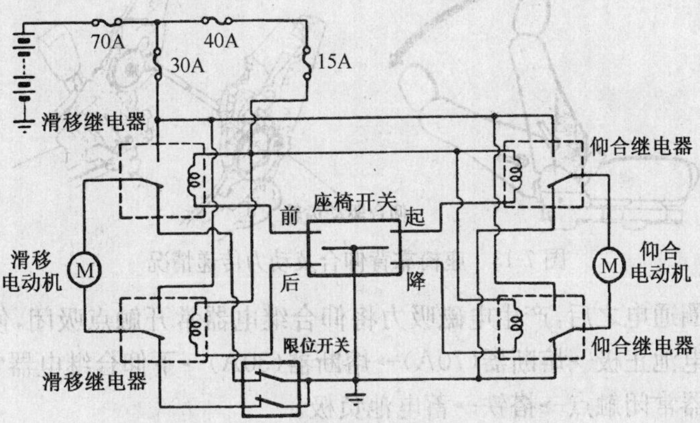

图 7-11　座椅前后移动和仰合控制电路

电动机电流接通时，其电枢便开始转动并输出力矩，经齿轮、蜗轮蜗杆和传动杆等传动机构传动，如图 7-12 所示，从而驱动座椅向前滑移。

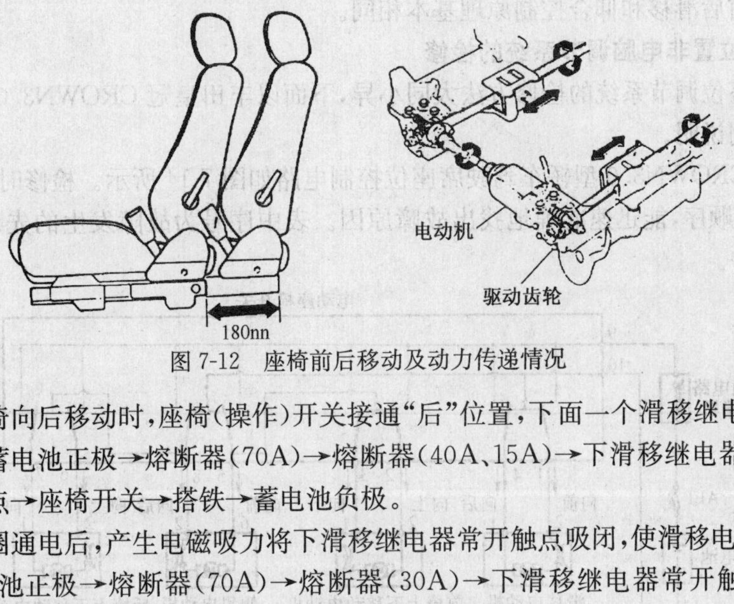

图 7-12　座椅前后移动及动力传递情况

当需要座椅向后移动时，座椅(操作)开关接通“后”位置，下面一个滑移继电器线圈电路接通，其电路为：蓄电池正极→熔断器(70A)→熔断器(40A、15A)→下滑移继电器线圈→座椅开关“后”移动触点→座椅开关→搭铁→蓄电池负极。

继电器线圈通电后，产生电磁吸力将下滑移继电器常开触点吸闭，使滑移电动机电路接通，其电路为：蓄电池正极→熔断器(70A)→熔断器(30A)→下滑移继电器常开触点→滑移电动机→上滑移继电器常闭触点→限位开关→搭铁→蓄电池负极。

由于电动机电流方向与座椅向前移动时电动机电流的方向相反，因此电动机转向反向，产生的力矩经齿轮、蜗轮蜗杆和传动杆传动后，驱动座椅向后滑移。座椅向后滑移的最大距离一般为 180mm，当滑移距离达到最大距离时，限位开关被顶开，电动机电流电路被切断，电动机停转，座椅不再滑移。

2. 座椅靠背仰合控制原理

电动机电流接通，产生驱动力矩，经齿轮和传动杆传动，如图 7-13 所示，驱动座椅靠背向后倾倒，最大倾斜角度一般为 52°。

当需要座椅靠背向后倾斜时，操作座椅开关接通“倒”位置，下面一个仰合继电器线圈电路接通，其电路为：蓄电池正极→熔断器(70A)→熔断器(40A、15A)→仰合继电器线圈→座椅开关“倒”触点→座椅开关→搭铁→蓄电池负极。

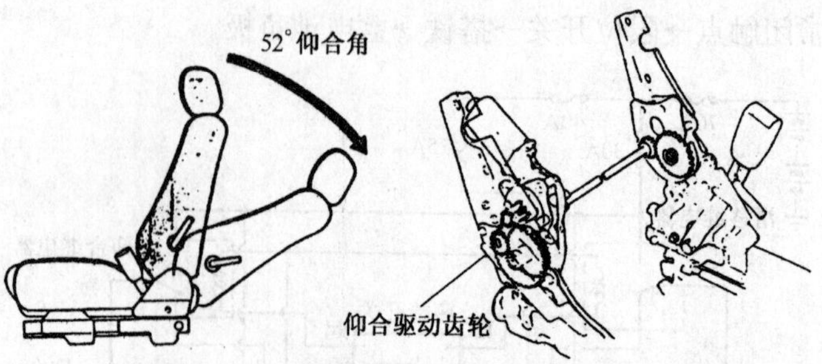

图 7-13　座椅靠背仰合及动力传递情况

仰合继电器线圈通电之后，产生电磁吸力将仰合继电器常开触点吸闭，使仰合电动机电路接通，其电路为：蓄电池正极→熔断器(70A)→熔断器(30A)→下仰合继电器常开触点→仰合电动机→上仰合继电器常闭触点→搭铁→蓄电池负极。

座椅靠背向前合起的控制原理与向后倾倒的原理基本相同。

3. 座椅前后垂直升降控制原理

座椅前沿、后沿垂直位置的升降分别通过前、后垂直升降电动机驱动实现，其控制电路和控制原理与上述前后滑移和仰合控制原理基本相同。

(三) 座椅位置非电脑调节系统的检修

各型汽车座位调节系统的检修方法大同小异，下面以丰田皇冠 CROWN3.0 轿车座位调节系统的检修为例说明。

丰田皇冠 CROWN3.0 型轿车驾驶席座位控制电路如图 7-14 所示。检修时，按表 7-2 所列序号 1、2、3…的顺序，能迅速准确地找出故障原因。表中序号为故障发生的先后顺序，必要时应更换有关部件。

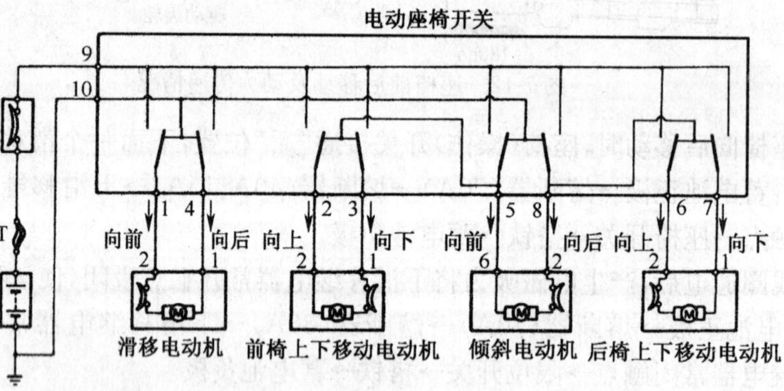

图 7-14　皇冠 CROWN3.0 型轿车驾驶席座位控制电路

表 7-2　皇冠 CROWN3.0 型轿车驾驶席座位调节系统故障排除顺序表

故障现象	ALT 熔断器	门锁电路断路器	座椅操作开关	座椅滑动电动机	前上下移动电动机	后上下移动电动机	座椅靠背倾斜电动机	座椅控制线束
座椅不动作	1	2	4					3
不能滑动			1	3				2
前垂直不动作			1		3			2
后垂直不动作			1			3		2
倾斜不动作			1				3	2

皇冠 CROWN3.0 型轿车后排乘员席座位控制电路如图 7-15 所示。检修时，按表 7-3 所列序号 1、2、3…的顺序，能迅速准确地找出故障原因。表中序号为故障发生的先后顺序，必要时应更换有关部件。

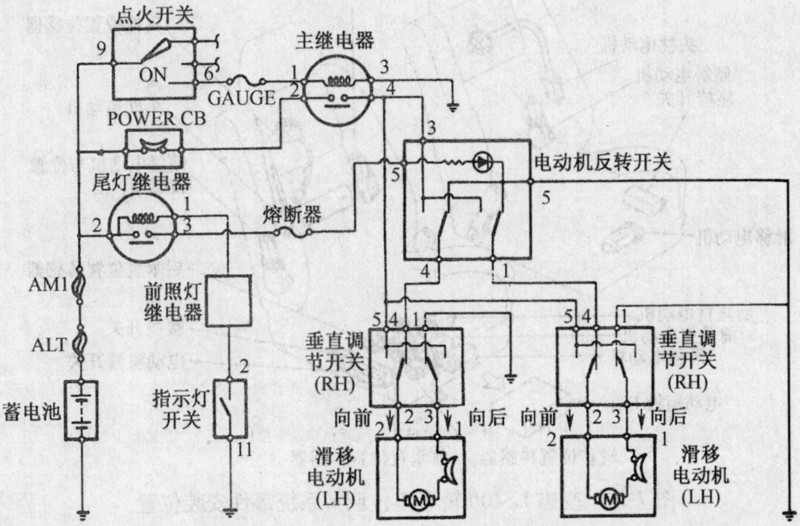

图 7-15　皇冠 CROWN3.0 型轿车后排乘员席座位控制电路

表 7-3　皇冠 CROWN3.0 型轿车后排乘员席座位调节系统故障排除顺序表

故障现象	ALT 熔断器	AM1 熔断器	尾灯控制继电器	前照灯导通继电器	指示灯控制开关	点火开关	仪表熔断器 GAUGE	电路主电磁继电器	滑移电动机反转开关	后座椅开关	滑动电动机	座椅控制线束
座椅不动	1	2	4	5	6	7	8	9	10	11	12	3
不能移动									1	2	4	3

二、座椅位置电脑调节系统

座椅位置电脑调节系统又称为带存储功能的座位调节系统，其显著特点是通过操纵座位控制开关，可将座位的前后滑移、前垂直、后垂直位置参数，靠背和头枕的倾斜参数，以及腰垫的位置参数存储在存储器中；当存储与复位开关输入控制信号后，座位在 ECU 的控制下将自动存储和复位。

目前，在大多数高档轿车上，配装了座位电脑调节系统，其座椅位置的调整由座位控制电脑(ECU)控制。下面以丰田凌志 LS400 型轿车座椅位置电脑调节系统为例说明其结构原理。

(一) 座椅位置电脑调节系统的组成

丰田凌志 LS400 型轿车座椅位置电脑调节系统也是由电动机、控制机构和传动机构 3 部分组成，如图 7-16 所示。电动机和传动机构等执行器与非电脑 ECU 调节系统基本相同，其不同之处在于控制机构。

座位 ECU 调节系统的控制机构由控制开关、位置传感器和 ECU 组成。

控制开关有操纵(存储)开关和限位开关两种。操纵(存储)开关采用触摸式导电橡胶开关，操作同一个开关，可向座椅电控单元 ECU 顺序输入多个控制参数。限位开关用来限制传动部件移动的极限位置。

位置传感器的功能是监测并向座位 ECU 输入座椅不同位置的信号。

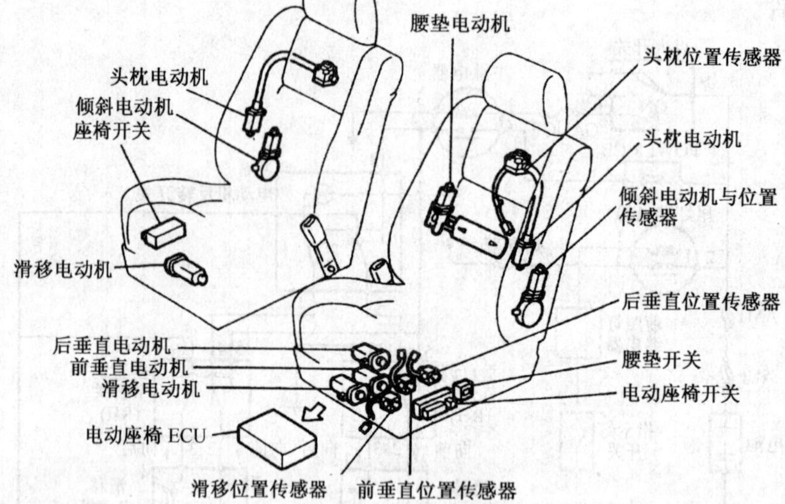

图 7-16　凌志 LS400 轿车座位调节系统部件安装位置

丰田凌志 LS400 型轿车座椅位置 ECU 调节系统电路如图 7-17 所示，系统有电动机插接器 A、传感器插接器 B 和控制开关插接器 C 共 3 个插接器，插接器各端子的连接部位如表 7-4 所列。

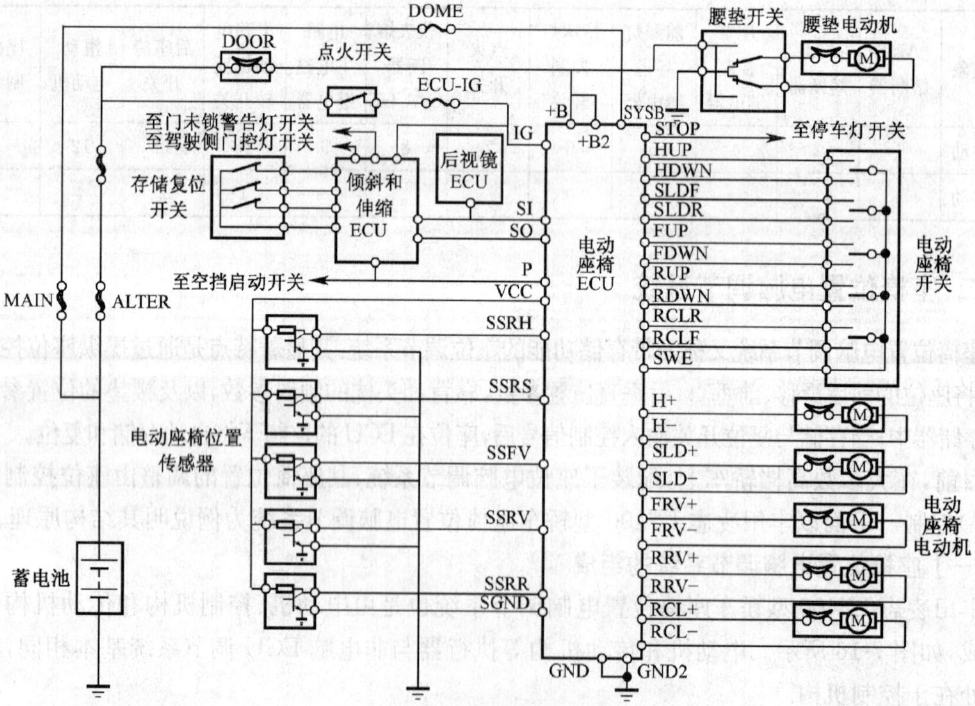

图 7-17　丰田凌志 LS400 轿车座位调节系统电路

表 7-4 丰田凌志 LS400 轿车座位调节系统插接器端子名称

编号	代号	端子名称	编号	代号	端子名称	编号	代号	端子名称
A1	GND	搭铁	B1	STOP	停车灯	C1	HUP	头枕开关(向上)
A2	H+	头枕电动机(向上)	B2	SYSB	电源	C2	SLDF	滑动开关(向前)
A3	SLD+	滑动电动机(向前)	B3	—	备用端子	C3	RCLR	倾斜开关(向后)
A4	FRV+	前垂直电动机(向上)	B4	SSRH	头枕传感器	C4	FUP	前垂直开关(向上)
A5	RRV+	后垂直电动机(向上)	B5	—	备用端子	C5	RUP	后垂直开关(向上)
A6	+B	电源	B6	—	备用端子	C6	SWE	手动开关搭铁
A7	GND2	搭铁	B7	—	备用端子	C7	HDWN	头枕开关(向下)
A8	H−	头枕电动机(向下)	B8	SI	串行通讯	C8	SLDR	滑动开关(向后)
A9	SLD−	滑动电动机(向后)	B9	P	空挡起动开关	C9	RCLF	倾斜开关(向前)
A10	RCL−	倾斜电动机(向下)	B10	VCC	位置传感器电源	C10	—	备用端子
A11	RCL+	倾斜电动机(向上)	B11	IG	点火开关	C11	FDWN	前垂直开关(向下)
A12	FRV−	前垂直电动机(向下)	B12	SSRR	倾斜传感器	C12	RDWN	后垂直开关(向下)
A13	RRV−	后垂直电动机(向下)	B13	SSRV	后垂直传感器			
A14	+B2	电源	B14	SSFV	前垂直传感器			
			B15	SSRS	滑动传感器			
			B16	—	备用端子			
			B17	SO	串行通讯			
			B18	SGND	传感器搭铁			

(二) 控制部件的功能

电动座位开关的功能是当接通该开关时，向座位 ECU 输入座椅前后滑移、前垂直、后垂直、靠背倾斜和头枕高低位置等信号。

存储和复位开关的功能是通过倾斜和伸缩 ECU 将记忆和复位信号输送到座位 ECU 的存储器中。

座位 ECU 的功能是控制各电动机电流的接通与切断、控制执行存储和复位动作。当座位 ECU 接收到电动座位开关的输入信号后，ECU 立即控制内部的继电器动作，接通或切断相应的控制电动机的电流，并通过动力传动机构驱动座椅移动。座椅位置的存储和复位由倾斜和伸缩 ECU 与电动座位 ECU 之间的相互通讯联系进行控制。

腰垫开关的功能是控制腰垫驱动电动机电流的接通、切断和电动机电流的流向(控制电动机的旋转方向)。当电动座椅电控单元接收到来自门控熔断器 DOOR+B 的电源时，说明腰垫开关接通，腰垫驱动电动机电流就接通；开关断开则电动机电流切断。腰垫开关与座位 ECU 并不连接，因此，腰垫调整参数不能存储在存储器中。

位置传感器的功能是将每只电动机(包括滑动、前垂直、后垂直、倾斜和头枕电动机)的位置信号输送到座位 ECU，再由座位 ECU 与倾斜和伸缩 ECU 控制存储和复位。

驱动电动机的功能是提供动力。每只电动机内部都设有电路断路器。座椅前后滑动、前垂直、后垂直、倾斜和头枕电动机由电动座位 ECU 控制；腰垫驱动电动机由腰垫开关控制。

（三）调节系统工作原理

丰田凌志 LS400 型轿车座椅位置 ECU 调节系统的工作原理如下。

(1) 电动座位 ECU 根据电动座位开关输入的座椅前后滑移、前垂直、后垂直、靠背倾斜和头枕高低位置等信号，通过 ECU 内部的继电器分别控制各个驱动电动机动作，使座椅位置达到使用人员设定要求。

(2) 位置传感器将每只电动机(包括滑动、前垂直、后垂直、倾斜和头枕电动机)的位置信号输送到座位 ECU，再由座位 ECU 与倾斜和伸缩 ECU 根据存储和复位开关信号控制座椅位置的存储和复位。

第五节　中央门锁控制系统

汽车中央门锁控制系统的功用是对车门门锁与行李箱盖锁锁止或打开的状态进行集中控制，提高操纵门锁的方便性。

在配装中央门锁控制系统的轿车上，驾驶席车门都设置有门锁总开关。操纵门锁总开关，即可使所有门锁或行李箱锁同时锁止或打开。为了便于单独操作使用，除驾驶席车门之外，在其他车门上还单独设置有门锁开关，分别控制该车门的锁止或打开。部分汽车还用车门锁柄兼作门锁开关，其功能与门锁开关相同，当提起驾驶席车门上的锁柄时，可使所有门锁同时打开；当压下车门上的锁柄时，所有门锁同时锁止。

一、中央门锁控制系统的组成

中央门锁控制系统由门锁开关、门锁控制器和门锁执行机构组成，如图 7-18 所示。

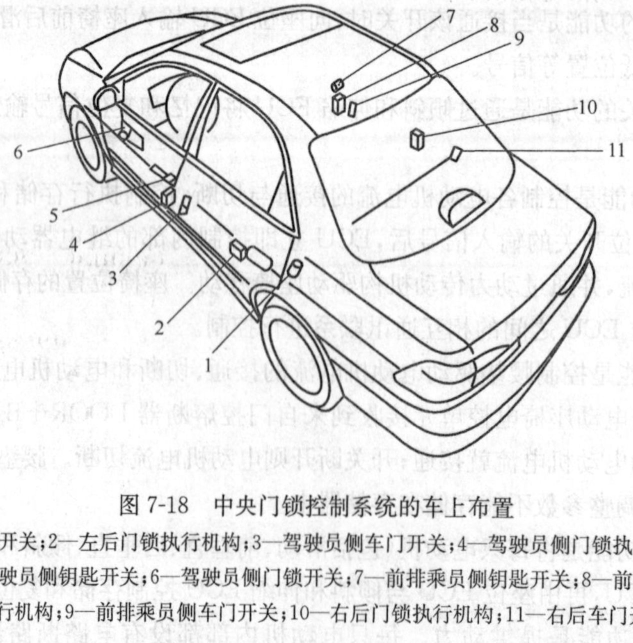

图 7-18　中央门锁控制系统的车上布置

1—左后车门开关；2—左后门锁执行机构；3—驾驶员侧车门开关；4—驾驶员侧门锁执行机构(按钮开关)；5—驾驶员侧钥匙开关；6—驾驶员侧门锁开关；7—前排乘员侧钥匙开关；8—前排乘员侧门锁执行机构；9—前排乘员侧车门开关；10—右后门锁执行机构；11—右后车门开关。

(一) 门锁开关

1. 中央门锁开关

中央门锁开关安装在驾驶席和前排乘员席车门内侧扶手上，在车内控制全车车门的锁止与开启，如图 7-19 所示。

2. 钥匙开关

钥匙控制开关安装在驾驶员侧车门和前排乘员侧车门的外侧门锁上，如图 7-20 所示。当在车外用车门钥匙打开车门或锁上车门时，可使全车车门同时锁止或打开。

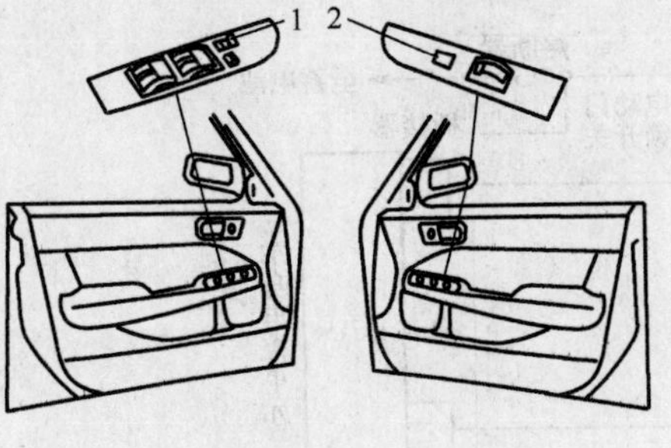

图 7-19　门锁开关

1—驾驶席门锁开关；2—前排乘员席门锁开关。

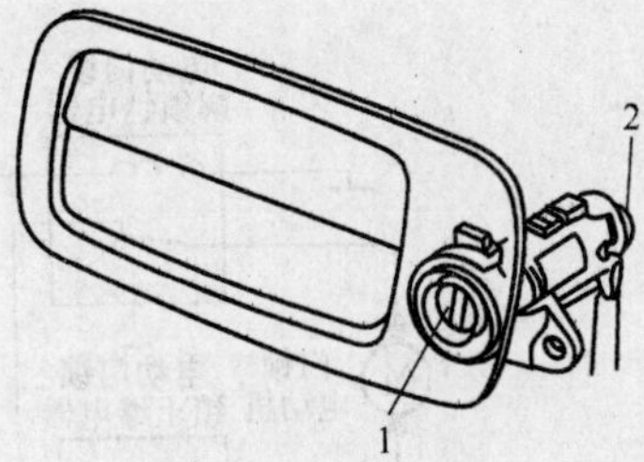

图 7-20　钥匙开关

1—车门钥匙孔；2—钥匙开关。

车门钥匙的功用是在汽车外面将车门门锁锁止或打开。车门钥匙同时兼作点火锁、燃油箱锁、行李箱锁等共用的钥匙。

3. 门控开关

门控开关的功用是检测车门的开闭状况。车门打开时，门控开关将门控灯电路接通，门控灯发亮；车门关闭时，门控开关断开，门控灯因电路切断而熄灭。

(二) 行李箱盖开启器

行李箱盖开启器安装在行李箱盖上，由固定铁芯、活动铁芯、电磁线圈、顶杆和支架组成，如图 7-21 所示。顶杆一端固定在活动铁芯上，另一端与行李箱盖锁连接。当电磁线圈通电时，电磁吸力吸引活动铁芯并带动顶杆一同移动，使行李箱盖打开。断路器用来防止电磁线圈电流过大而过热烧坏。

行李箱盖开启器开关安装在仪表盘下面，拉动该开关便能打开行李箱盖，如图 7-22 所示。汽车型号不同，行李箱盖开启器开关的操作方法有所不同。操纵图 7-22 所示行李箱盖开启器

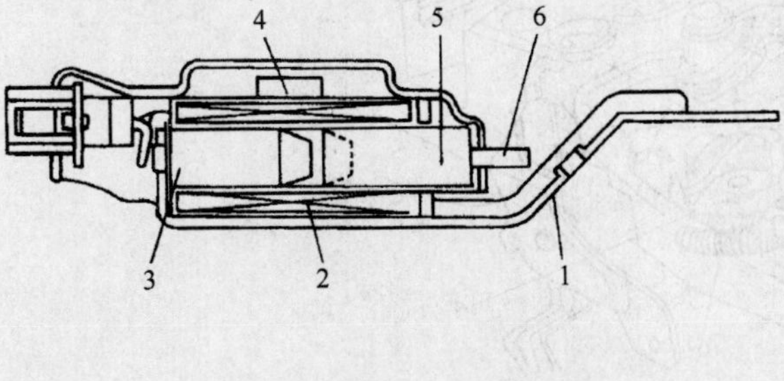

图 7-21　行李箱盖开启器

1—支架；2—电磁线圈；3—固定铁芯；

4—断路器；5—活动铁芯；6—顶杆。

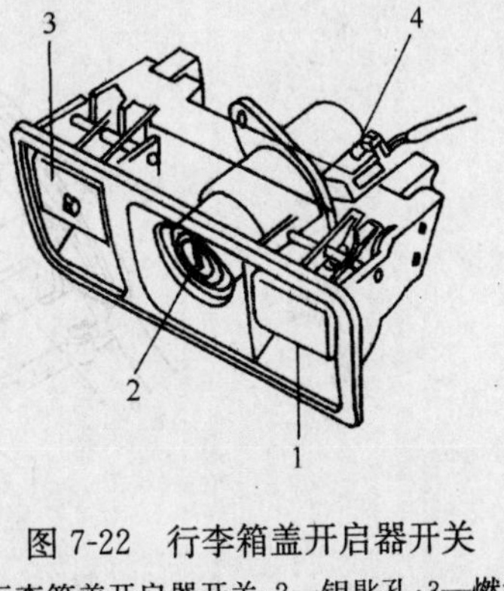

图 7-22　行李箱盖开启器开关

1—行李箱盖开启器开关；2—钥匙孔；3—燃油箱盖开启器开关；4—行李箱盖开启器主开关。

开关时，先用钥匙顺时针旋转打开行李箱盖开启器主开关，然后再用行李箱盖开启器开关打开行李箱。

(三) 门锁控制器

门锁控制器的主要功用是控制门锁执行机构动作，使门锁打开或锁止。常用门锁控制器有电子式、车速感应式和车身电控单元控制式 3 种。采用车身电控单元控制的中央门锁控制系统电路如图 7-23 所示。车身电控单元 ECU 利用电动门锁开关信号控制锁止或解锁继电器动作，通过控制流入电动机电流的方向来实现车门的自动锁止和打开。

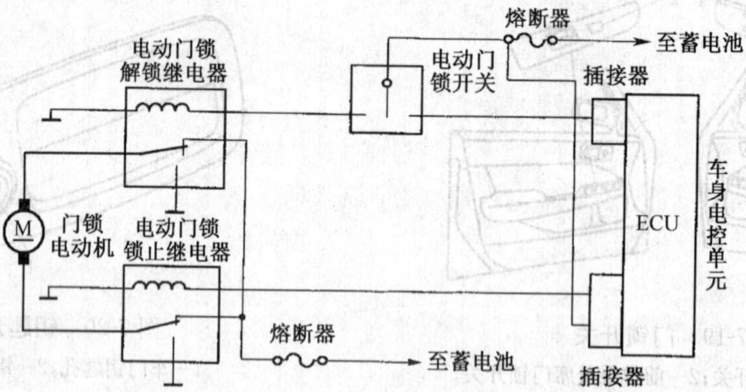

图 7-23 车身电控单元控制的中央门锁控制系统

门锁执行机构工作时要消耗大量电能，为了缩短其工作时间，减少电能消耗和防止执行机构通电时间过长而烧坏，在门锁控制电路中设有定时装置。定时装置一般都利用电容器的充放电特性进行工作，当门锁执行机构的通电时间超过规定时间后，电流就会自动中断，正常锁门或开门也如此。

4 门轿车的门锁执行机构采用的电动机较多，电动机电路由继电器控制，继电器线圈电路由电动门锁开关控制，这样能够防止电动门锁开关触点通过电流过大而烧蚀。

(四) 门锁执行机构

中央门锁控制系统均采用电动门锁。电动门锁常用的执行机构有电动机式、电磁式、真空式和电子式 4 种。电动机式和电磁式门锁总成如图 7-24 和图 7-25 所示。

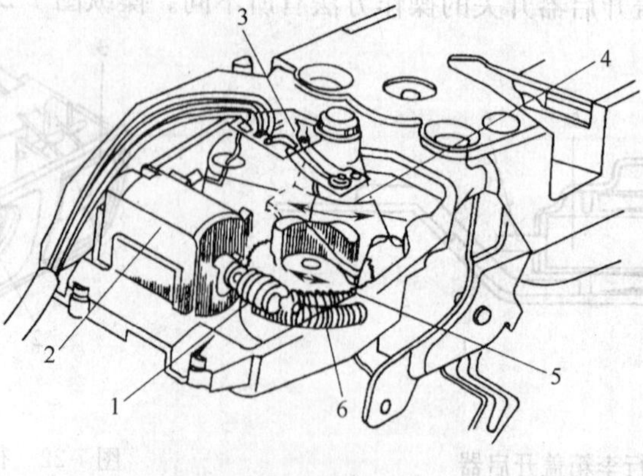

图 7-24 电动机式门锁总成

1—蜗杆；2—电动机；3—位置开关；4—锁柄；5—蜗轮；6—弹簧。

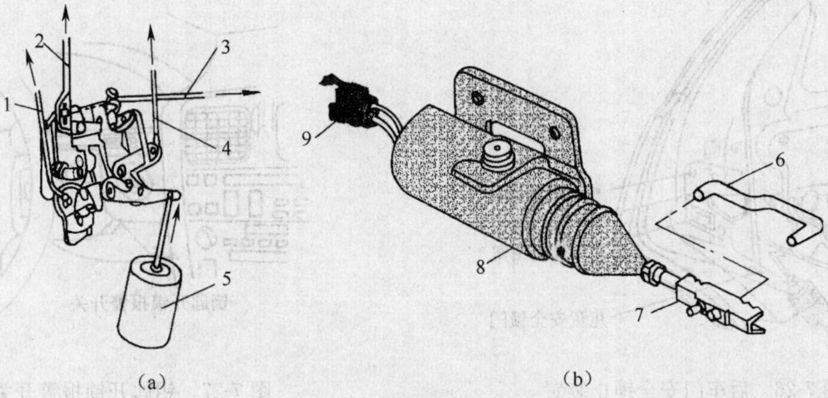

图 7-25　电磁式门锁总成

(a) 门锁总成；(b) 永磁电动机。

1—连杆；2—外手柄连杆；3—内手柄连杆；4—内锁止连杆；

5—永磁电动机；6—连接杆；7—支架；8—电动机；9—线束插头。

门锁执行机构主要由门锁传动机构、开关和壳体等组成。门锁开关用来检测车门的开闭状况。车门关闭时，门锁开关断开；车门开启时，门锁开关接通。

门锁传动机构由电动机、蜗轮蜗杆、锁柄和位置开关等组成。当门锁电动机通电正向转动并带动蜗杆转动时，蜗杆便带动蜗轮转动一定角度，蜗轮上的弧形铁块带动锁柄转动一定角度将车门锁上。当门锁电动机通电反向转动并带动蜗杆转动时，蜗轮上的弧形铁块带动锁柄转动一定角度将车门打开。弹簧起到预紧作用，使蜗轮与蜗杆、弧形铁块与锁柄保持接触，防止工作时产生噪声。位置开关在锁柄推向锁门位置时断开，在锁柄推向开门位置时接通。

二、中央门锁控制系统的功能

中央门锁控制系统一般都具有以下几种功能。

(1) 内外开启与内外锁止功能。在车内开启和锁止车门时，由门锁控制开关来完成；在车外开启和锁止车门时，由钥匙转动控制开关来完成。

(2) 中央控制锁止功能。操纵门锁总开关，即可使所有门锁或行李箱锁同时锁止。在配装车速感应式门锁控制器和车身电控单元控制式中央门锁控制系统的轿车上，当车速传感器信号表示车速达到 10km/h～20km/h 时，所有门锁与行李箱锁将自动锁止，防止车内乘员离开汽车而发生意外和行李箱内物品丢失。

(3) 后车门安全锁止功能。中央门锁控制系统设置后车门安全锁止功能的目的是防止车内儿童擅自打开车门。只有当中央门锁控制系统处于“开锁”状态时，后车门安全锁闩才能退出，如图 7-26 所示。在有的轿车上，当后车门安全锁闩拨到锁止位置时，在车内用内扣手不能开门，而在车外用外扣手才能打开车门。

(4) 防止驾驶席车门误锁功能。在配装中央门锁控制系统的汽车上，当驾驶员侧车门关上后，内部锁止开关处于锁止位置并不能将该车门锁止，目的是防止车钥匙忘在车内而不能打开车门。有的汽车为了防止钥匙锁在车内，设置了钥匙开锁报警开关，安装在点火开关旁边，如图 7-27 所示，用其监测点火钥匙是否插进钥匙孔内。当钥匙插进钥匙孔内时，钥匙开锁报警开关电路接通发出报警信号；当钥匙离开钥匙孔时则取消报警。

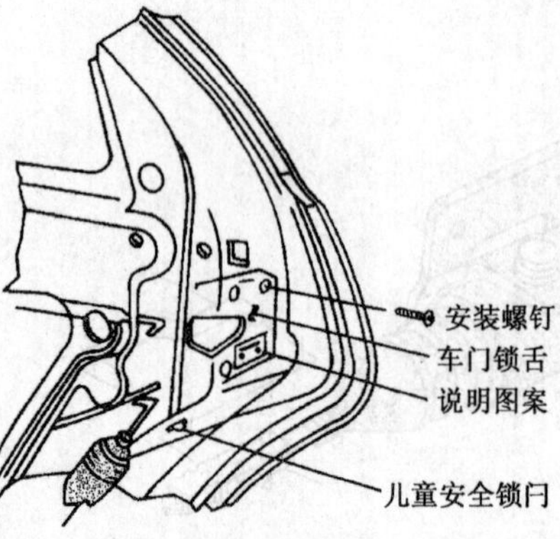

图 7-26　后车门安全锁止装置

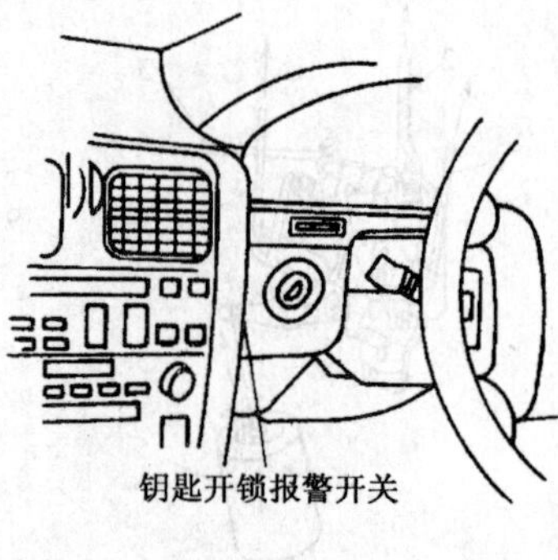

图 7-27　钥匙开锁报警开关

第六节　进气预热系统

在寒冷的冬季,由于气温低、燃油(包括汽油和柴油)雾化困难,汽车发动机特别是大型运输车辆采用的柴油发动机启动十分困难。因此,冬季使用汽车特别是使用大型运输车辆时,常用预热空气或可燃混合气以及预热发动机冷却水或润滑油等办法来保证发动机迅速启动。目前,汽车装备较多的是进气预热系统。

进气预热系统又称为低温启动预热系统,其功用是预热进入汽缸的空气或可燃混合气,保证发动机能够迅速启动。

一、进气预热系统的组成

进气预热系统由进气预热器、预热控制开关(热敏开关)和预热继电器等组成。预热器又称为进气歧管预热器或预热装置,安装在发动机进气歧管上,是进气预热系统的主要部件。下面介绍几种常见的预热器。

(一) 电热塞

电热塞又称为电预热塞。在采用涡流室式燃烧室或预燃室式燃烧室的柴油发动机上,在每个汽缸的涡流室或预燃室中,一般都安装有一只电热塞,以便在启动发动机时对燃烧室内的空气进行预热。

电热塞的结构如图 7-28 所示,主要由发热体钢套、电阻丝、绝缘体和壳体等组成。

螺旋形电阻丝 2 用铁镍铝合金制成,一端焊接在中心螺杆 9 上,另一端焊接在用耐高温不锈钢制成的发热体钢套 1 的下部。

中心螺杆用高铝水泥胶合剂 8 粘接固定在陶瓷绝缘体 7 上。绝缘体与壳体之间采用旋压工艺封装,并借旋压预紧力将陶瓷绝缘体、发热体钢套、密封垫圈 6 和壳体互相压紧在一起。

在发热体钢套内,还填充有具有绝缘性能和导热性能好,而且耐高温的氧化铝填充剂 3,同时也可固定电阻丝 2 在空间的相对位置。

电热塞壳体上带有一个密封垫圈 4,在电热塞安装到汽缸盖上后,能够起到密封作用。

电热塞的中心螺杆用导线并通过专门设置的预热开关连接到蓄电池上。

(二) 火焰预热塞

火焰预热塞又称为火焰预热器或火焰加热塞(器)。国产斯泰尔系列、东风系列大型运输车辆以及 485、490 等型柴油机都采用了火焰预热塞来进行启动预热。东风 EQ6BT 系列发动机还可选装 PTC 陶瓷预热器。

火焰预热塞分为热胀式和电磁式两种。其中,热胀式火焰预热塞应用较广,结构如图 7-29 所示。

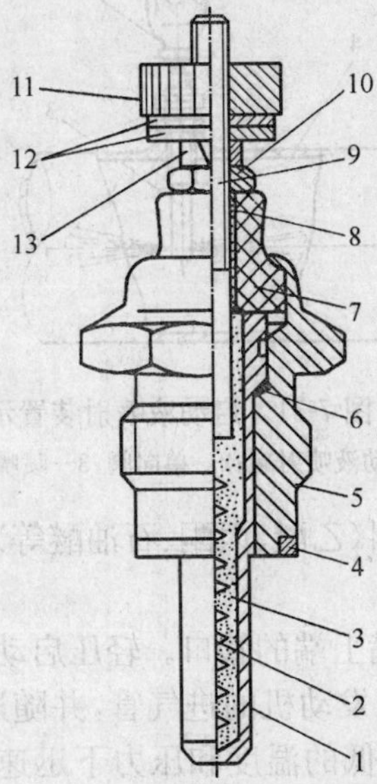

图 7-28　电热塞的结构

1—发热体钢套;2—电阻丝;3—填充剂;4、6—密封垫圈;5—壳体;7—绝缘体;8—胶合剂;9—螺杆;10、11—螺母;12、13—垫圈。

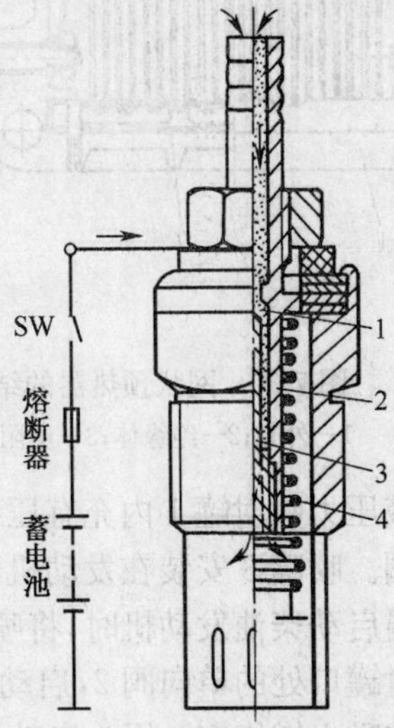

图 7-29　热胀式火焰预热塞

1—进油孔;2—阀体;3—阀芯;4—电阻丝。

阀体 2 由线膨胀系数较大的金属材料制成。阀体内部为空腔结构,空腔的一端为进油孔 1,另一端设有内螺纹。阀芯 3 下端的外螺纹旋在阀体 2 的内螺纹中,上端的锥形尖端在预热塞不工作时将进油孔 1 堵死。

当启动柴油发动机时,接通预热塞开关 SW,蓄电池便对电阻丝 4 供电,炽热的电阻丝加热阀体 2,阀体受热伸长并带动阀芯 3 向下移动,使进油孔 1 开启,从油箱送来的柴油经进油孔 1 流入阀体 2 的内腔而受热汽化。当汽化后的柴油从阀体 2 的内腔喷出时,就会被炽热的电阻丝 4 点燃形成火焰,火焰使进气气流预热后,压缩终了的温度就会升高,以便发动机顺利启动。

当预热塞开关 SW 断开时,电路切断,电热丝变冷,阀体冷却收缩,阀芯上移而堵住进油孔,于是火焰熄灭,预热停止。

上述电热塞的电阻丝安装在发热体钢套内部,称为密封式电热塞。这种电热塞结构牢固,寿命较长。因此,柴油发动机汽车广泛采用。电阻丝裸露在壳体外面的电热塞称为开式电热塞,其性能不如密封式电热塞。

(三) 网状预热器

网状预热器的显著特点是发热电阻丝绕成网状。结构如图 7-30 所示,外壳的形状和尺寸与发动机进气口一样,安装在进气歧管的进气口上。在启动发动机之前,电阻丝通电发热,加热进入汽缸前的空气或可燃混合气,从而改善发动机的启动性能。

(四) 启动液喷射装置

在某些国产柴油发动机(如 6130Q 型柴油机)上,可据需要使用启动液喷射装置,以便顺利启动发动机。启动液喷射装置的结构如图 7-31 所示,主要由启动液压力喷射罐和喷嘴组成。

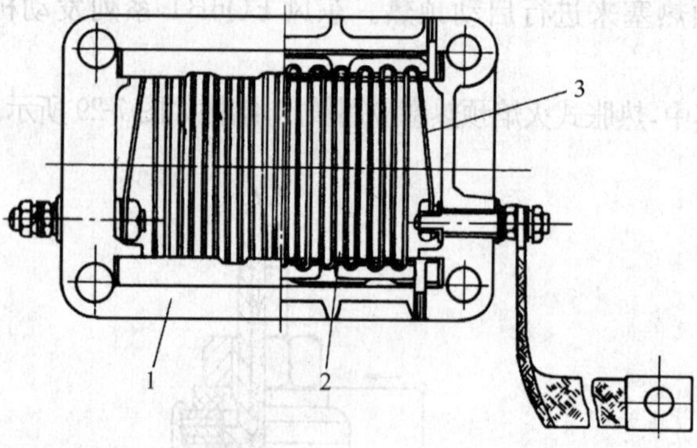

图 7-30　网状预热器的结构

1—外壳；2—绝缘体；3—电阻丝。

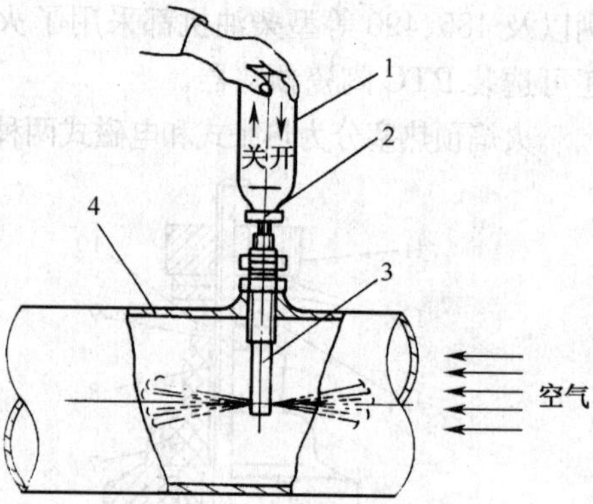

图 7-31　启动液喷射装置示意图

1—启动液喷射罐；2—单向阀；3—喷嘴；4—进气管。

启动液压力喷射罐 1 内充有压缩气体（氮气）和易燃燃料（乙醚、丙酮、石油醚等），罐口设有一个单向阀。喷嘴 3 安装在发动机的进气管内。

当低温启动柴油发动机时，将喷射罐倒立，罐口对准喷嘴上端的管口。轻压启动液喷射罐，即打开喷射罐口处的单向阀 2，启动液通过单向阀、喷嘴喷入发动机的进气管，并随进气管内的空气一起被吸入燃烧室。因为启动液是易燃燃料，故可在较低的温度和压力下迅速着火，从而点燃喷入燃烧室的柴油。

（五）PTC 预热器

为了改善柴油发动机冬季启动性能，解放 CA6110 系列发动机和东风 EQ6BT 系列大部分发动机选装了正温度系数型热敏电阻式陶瓷预热器 PTC 对进气气流进行预热。这种预热器又称为 PTC 陶瓷预热器或 PTC 预热器。

PTC 陶瓷预热器是利用陶瓷半导体材料的电阻值随温度变化而变化的特性制成。根据热敏电阻的特性不同，可分为正温度系数（PTC）热敏电阻、负温度系数（NTC）热敏电阻和临界温度热敏电阻（CTR）。电阻值随温度升高而增大的称为正温度系数 PTC 热敏电阻；电阻值随温度升高而减小的称为负温度系数 NTC 热敏电阻；有一类热敏电阻的阻值以某一温度（称为临界温度）为界，高于此温度时阻值为某一水平，低于此温度时阻值为另一水平，这类热敏电阻称为临界温度热敏电阻 CTR，3 种热敏电阻的温度特性曲线如图 7-32 所示。

PTC 陶瓷预热器安装在进气歧管的进气口上。在启动发动机之前，接通预热器电阻电路，预热器发热加热进入汽缸前的空气，从而改善发动机的启动性能。PTC 陶瓷预热器结构如图 7-33 所示，解放 CA6110 系列发动机和东风 EQ6BT 系列发动机选装的 PTC 预热器与火焰预

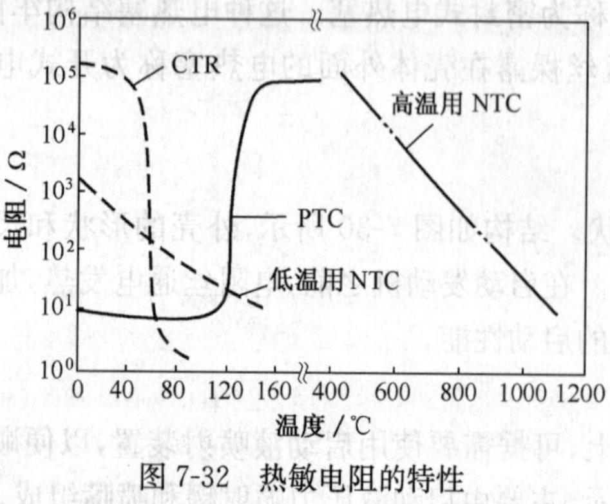

图 7-32　热敏电阻的特性

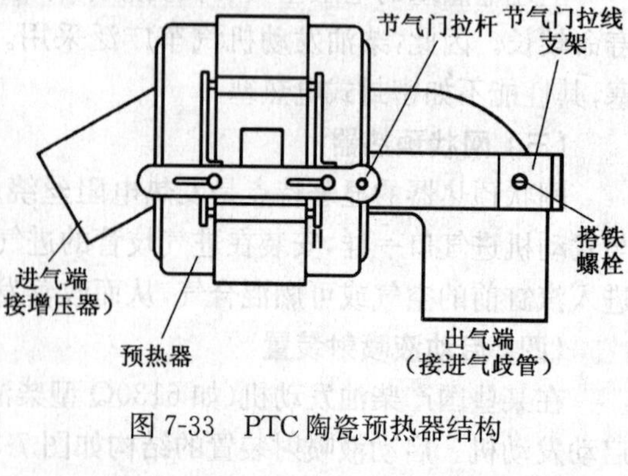

图 7-33　PTC 陶瓷预热器结构

热器的性能参数对比如表 7-5 所列。

表 7-5 进气预热器性能比较

项目名称	PTC 预热器		火焰预热塞
	EQ6BT 系列发动机	CA6110 系列发动机	
加热方式	电	电	电 + 柴油
自动恒温	有	有	无
适用温度/℃	−41	−41	−25
发热元件	PTC 热敏陶瓷电阻	PTC 热敏陶瓷电阻	电热丝+明火
预热时间	(4~8)min	(4~8)min	(48 ± 2)s
额定工作电压/V	直流 24	直流 24	直流 24
工作电压范围/V	直流 22~30	直流 22~30	直流 22~30
额定功率/W	>960	>960	—
恒温功率/W	<280	<280	—
功率消耗/(A·h/次)	<1.6	<1.6	—

二、进气预热系统的工作原理

各型汽车进气预热系统配装的预热器各不相同，因此其工作原理也不相同。下面以桑塔纳轿车进气预热系统为例说明。

该型轿车的进气预热系统由电热丝式预热器、预热控制开关（热敏开关）和进气预热继电器等组成，如图 7-34 所示。

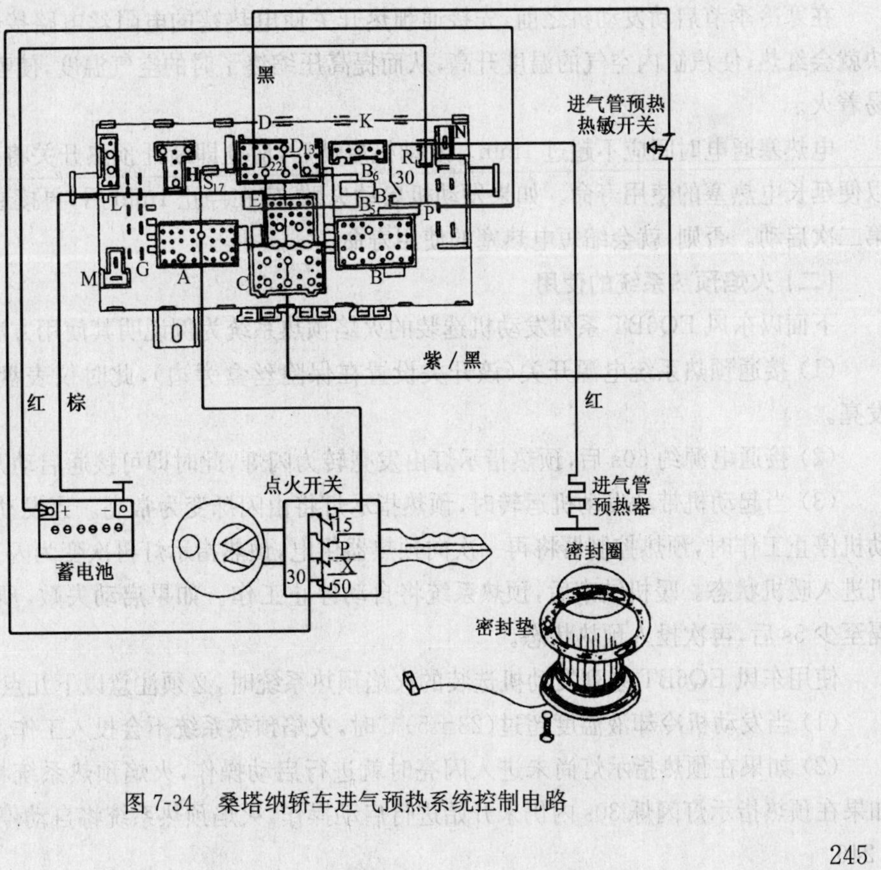

图 7-34 桑塔纳轿车进气预热系统控制电路

电热丝式预热器安装在发动机进气歧管上，主要由电热丝（康铜丝）制成，其电阻值很小，仅为0.25Ω～0.50Ω。接通点火开关时，电流可达20A～50A。电阻丝产生大量热量，加热进气歧管中的空气，以便发动机启动和混合气燃烧。

进气预热控制开关为热敏开关，当进气温度低于60℃时，热敏开关接通；当进气温度高于70℃时，热敏开关断开。

预热继电器盖上标有"1"字样，安装在中央线路板2号位置。进气预热继电器线圈电路为：蓄电池正极→红色导线→中央线路板单端子P插座→红色导线→点火开关"30"端子→点火开关"15"端子→黑色导线→中央线路板 A_8 端子→熔断器 S_{17}→中央线路板 D_2 端子→黑色导线→进气预热热敏开关→紫/黑色导线→中央线路板 D_{13} 端子→进气预热继电器"86"端子→继电器线圈→继电器"85"端子→中央线路板 D_{22} 端子→搭铁→电源负极。

预热继电器线圈电流接通时，产生电磁吸力将其触点吸闭，使进气预热器电路接通，其电路为：蓄电池正极→中央线路板单端子P插座→进气预热继电器"30"端子→继电器触点→继电器"87"端子→红色导线→进气预热器电阻丝→搭铁→电源负极。

三、进气预热系统的使用

实践证明，汽车进气预热系统能够有效地提高汽车发动机的启动可靠性。但在使用中，如果使用不当，就会造成预热器损坏。因此，必须掌握各种预热器的正确使用方法才能充分发挥进气预热系统的作用。

（一）电热塞预热系统的使用

在寒冷季节启动发动机之前，先接通预热开关使电热塞的电阻丝电路接通，发热体钢套很快就会红热，使汽缸内空气的温度升高，从而提高压缩终了时的空气温度，使喷入汽缸的柴油容易着火。

电热塞通电时间应不超过1min。发动机启动后，应立即断开预热开关将电热塞电路切断，以便延长电热塞的使用寿命。如果发动机启动失败，应在停止1min后，再接通电热塞电路进行第二次启动。否则，就会缩短电热塞的使用寿命。

（二）火焰预热系统的使用

下面以东风EQ6BT系列发动机选装的火焰预热系统为例说明其使用方法。

(1) 接通预热系统电源开关（该开关设置在保险丝盒旁边），此时仪表盘上的预热指示灯发亮。

(2) 接通电源约50s后，预热指示灯由发亮转为闪烁，此时即可接通启动开关启动发动机。

(3) 当起动机带动发动机运转时，预热指示灯将由闪烁变为常亮。当发动机启动成功且起动机停止工作时，预热控制器将再一次向预热器供电，预热指示灯再次变为闪亮状态，此时发动机进入暖机状态。暖机结束后，预热系统将自动停止工作。如果启动失败，预热系统将自动间隔至少5s后，再次投入预热状态。

使用东风EQ6BT系列发动机选装的火焰预热系统时，必须注意以下几点。

(1) 当发动机冷却液温度超过(23±5)℃时，火焰预热系统不会投入工作。

(2) 如果在预热指示灯尚未进入闪亮时就进行启动操作，火焰预热系统将自动退出工作。如果在预热指示灯闪烁30s内仍未开始进行启动操作，火焰预热系统将自动停止工作。若需再次使用预热系统预热，必须在先断开预热系统电源开关，再接通电源开关之后，预热系统才能重新投入工作。

(3) 在正常行车时，一定要断开预热装置的电源开关，保护整个预热装置。环境温度低于零下 25 ℃时，火焰预热装置辅助启动性能达不到最佳状态。在这种情况下，可用启动液加注装置辅助启动，但加注装置严禁与进气预热装置同时使用。

(三) PTC 陶瓷预热器预热系统的使用

PTC 陶瓷预热器预热系统的使用方法基本相同，下面以东风 EQ6BT 系列发动机预热系统使用为例说明。

东风 EQ6BT 系列发动机启动预热系统控制电路如图 7-35 所示，PTC 预热器供柴油发动机在－41℃～5℃条件下发动机温度较低而启动困难时使用，方法如下。

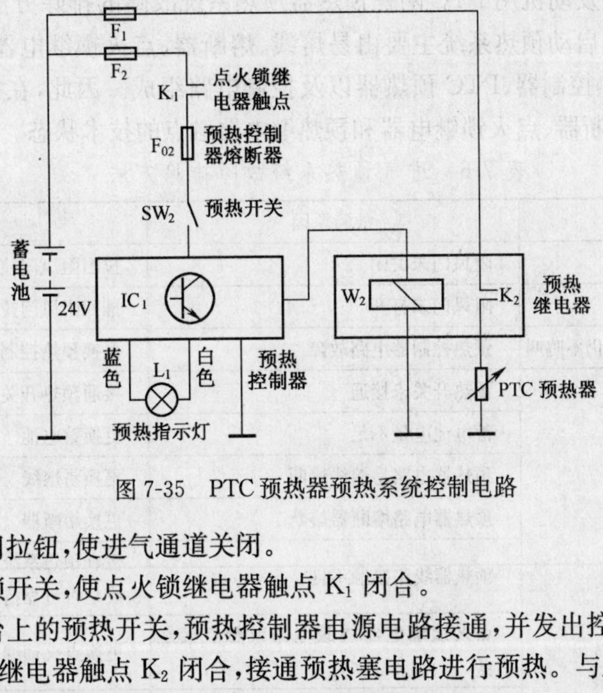

图 7-35　PTC 预热器预热系统控制电路

(1) 拉出阻风门拉钮，使进气通道关闭。

(2) 接通点火锁开关，使点火锁继电器触点 K_1 闭合。

(3) 接通仪表台上的预热开关，预热控制器电源电路接通，并发出控制信号接通预热继电器线圈电路，使预热继电器触点 K_2 闭合，接通预热塞电路进行预热。与此同时，预热控制器还将控制预热指示灯(蓝色或白色指示灯)发亮，表示预热开始。

(4) 预热时间设定为 6min，由预热控制器进行控制。当预热时间达到 6min 时，预热控制器将控制预热指示灯闪烁，蜂鸣器也开始鸣叫，此时即可接通启动开关启动发动机。

(5) 发动机启动成功后，应及时断开预热开关，并推回阻风门拉钮。若一次启动不成功，可在 15s 后重复进行启动操作。

(6) 预热器断电保护时间设定为 12min。当预热结束 12min 时，无论发动机是否启动，只要驾驶员未断开预热开关，预热控制器将自动切断预热器电源，蜂鸣器也将停止鸣叫，预热指示灯将由闪烁转为常亮，提示驾驶员及时断开预热开关。

东风 EQ6BT 系列发动机 PTC 陶瓷预热器预热系统使用注意事项如下。

(1) 进气预热器不能与冷启动液同时使用。

(2) 车辆每天行驶距离较短导致蓄电池充电不足时，应根据蓄电池存电情况合理使用进气预热器。

(3) 在预热系统工作正常的情况下，如发动机多次启动未能成功，应检查启动转速和供油系统工作是否正常。

(4) 在环境温度极低的情况下使用预热器启动发动机时,不要将油门踏板踩到底,以防发动机启动后转速迅速升高造成供油不足而熄火。

四、进气预热系统故障排除

发动机进气预热系统仅在−41℃~5℃条件下使用,因此使用频率较低,驾驶员和维修人员对故障排除方法一般都不熟悉。各型汽车进气预热系统故障的排除方法各不相同,下面以东风EQ6BT系列发动机用PTC陶瓷预热器预热系统和桑塔纳轿车电热丝式预热器预热系统为例,介绍进气预热系统故障的排除方法,供读者使用参考。

(一) 东风汽车PTC预热器预热系统故障排除

东风EQ6BT系列发动机用PTC陶瓷预热器预热系统故障的排除方法如表7-6所列。东风EQ6BT系列发动机启动预热系统主要由易熔线、熔断器、点火锁继电器、预热继电器、预热开关、预热指示灯、预热控制器、PTC预热器以及控制电路组成。因此,在排除故障时,需要特别注意检查易熔线、熔断器、点火锁继电器和预热继电器触点的技术状态。

表7-6　进气预热系统故障排除方法

故障现象	故障原因	排除方法
预热启动效果不良	阻风门未关闭	拉出阻风门拉钮
发动机动力不足	阻风门未打开	推回阻风门拉钮
预热时间达到8min时蜂鸣器仍不鸣叫	预热控制器电路故障	更换预热控制器
预热塞不能加热	预热开关未接通	接通预热开关
	蓄电池电量不足	更换蓄电池
	预热器电路易熔线熔断	更换易熔线
	预热器电路熔断器熔断	更换熔断器
	预热器线路接触不良	检查预热系统线路的连接情况,检查搭铁线是否可靠搭铁
	点火锁继电器线圈电路或触点接触不良	更换点火锁继电器
	预热继电器线圈电路或触点接触不良	更换预热继电器
	预热控制器不工作,预热指示灯不亮	更换控制器
	预热器损坏	更换预热器
预热开关电源指示灯不亮	开关指示灯线路接触不良	检修线路
	控制器电源线路接触不良	检修线路
	指示灯损坏	更换开关指示灯

(二) 桑塔纳轿车电热丝式预热器预热系统故障排除

当桑塔纳轿车发动机冬季难以启动时,首先应当检查进气管预热热敏开关,然后分别检查熔断器S_{17}是否烧断、进气预热继电器和进气预热器是否良好。检查方法如下。

首先接通点火开关,然后测量进气管预热热敏开关处的黑色导线是否有电压,如果没有电压,再检查中央线路板上的熔断器S_{17}是否烧断以及黑色导线与中央线路板D_2端子处是否接触良好。熔断器熔断更换相同规格(10A)的熔断器即可。

如果进气管预热热敏开关处的黑色导线上有电压，则应检查进气预热热敏开关的技术状态是否良好。可将万用表拨到电阻挡，测量热敏开关两个接线端子之间的阻值进行判断。

当温度低于 60℃时，热敏开关触点应当处于闭合状态，用万用表测得阻值应当接近于 0Ω；当温度高于 70℃时，热敏开关触点应当处于断开状态，万用表测得阻值应为无穷大。如果测量阻值不符合上述规定，则应更换新品。

如果进气预热热敏开关正常，系统仍不工作，则应测量进气预热器红色导线上是否有电压(正常电压应为 11.5V)。如果没有电压，再检查中央线路板 2 号位置上的预热继电器及其连接导线是否良好。继电器故障应当更换新品。

如果预热器红色导线上有 11.5V 电压，则应检查进气预热器电阻丝，标准阻值应为 0.25Ω～0.50Ω。阻值不符合规定应当更换新品。

当预热器密封圈、密封垫老化或破损时，应予更换新品。

思 考 题

(1) 电动刮水系统的功用是什么？它主要由哪些部件组成？

(2) 永磁式三刷电动机是怎样实现变速的？

(3) 永磁式电动刮水系统怎样实现自动复位功能？

(4) 电动刮水系统的间歇刮水功能是如何实现的？

(5) 风窗玻璃洗涤系统的功用是什么？它主要由哪些部件组成？

(6) 风窗玻璃除霜系统的功用是什么？它主要由哪些部件组成？

(7) 电动车窗系统的功用是什么？它主要由哪些部件组成？

(8) 常用玻璃升降机构有哪两种？日本汽车常用哪一种？德国汽车常用哪一种？

(9) 汽车座椅位置调节系统 SPCS 按控制方式不同分为哪两类？

(10) 汽车座椅位置调节系统由哪几部分组成？

(11) 在座椅位置非电脑调节系统中，驾驶席座椅位置一般用几只电动机控制？前排乘员席座椅位置一般用几只电动机控制？后排座椅位置一般用几只电动机控制？

(12) 调节座椅位置的控制机构由哪些部件组成？

(13) 调节座椅位置的传动机构由哪些部件组成？

(14) 座椅位置电脑调节系统的显著特点是什么？

(15) 座椅位置电脑调节系统与非电脑调节系统相比，在结构组成上有何不同？

(16) 中央门锁控制系统的功用是什么？它主要由哪些部件组成？

(17) 中央门锁控制系统一般都具有哪几种功能？

(18) 进气预热系统的功用是什么？它主要由哪些部件组成？

(19) 进气预热系统常用预热器有哪些？使用中应当注意哪些问题？

(20) 桑塔纳轿车进气预热器电阻丝的标准阻值是多少？

第八章 全车线路

汽车全车电器设备总线路简称为全车线路或全车电路。全车线路是根据汽车电器系统(包括电源系统、启动系统、点火系统、照明系统、信号系统、信息显示系统和辅助电器系统等)的工作特性和各系统之间的相互联系,利用熔断器、开关和导线等器材连接构成的一个整体线路。了解汽车各种电器设备之间的相互联系,熟悉全车电器线路的组成特点和连接原则,掌握全车线路的识读方法,是正确使用汽车电器设备和快速排除电气故障的必要条件。

第一节 全车线路常用器材

全车线路常用器材有导线、线束、开关、插接器(连接器)、继电器、保险器(易熔线、熔断器、断路器)和接线盒等。

一、汽车导线

汽车电器线路用导线分为低压线和高压线两种。低压线又分为普通导线、启动电缆和搭铁电缆(蓄电池搭铁线)3种;高压线又分为铜芯线和阻尼线两种。

汽车导线主要根据导线的绝缘、通过电流的大小和机械强度3个方面的要求进行选择。例如,点火系的次级电压一般都在10kV~20kV之间,导线的绝缘性能要求较高。因此,必须采用耐高压的导线(高压线)。其他线路均采用低压线。

(一) 低压导线

普通低压导线为带绝缘包层的铜质多丝软线。根据外皮绝缘包层的材料不同,普通低压导线又分为QVR型(聚氯乙烯绝缘包层)和QFR型(聚氯乙烯-丁腈复合绝缘包层)两种。

普通导线的横截面积主要根据用电设备的工作电流进行选择。然而,对功率很小的电器设备而言,如果仅从工作电流的大小来选择导线,那么由于其横截面积小、机械强度低,导线就很容易折断。因此,汽车电器系统中所用导线的截面积不得小于0.5mm²。

汽车用低压导线的结构与规格如表8-1所列,其允许载流量如表8-2所列。汽车12V电器系统主要电路导线截面的推荐值如表8-3所列。

表8-1 汽车用低压导线的结构与规格

标称横截面积/mm²	线芯结构		绝缘层标称厚度/mm	电线最大外径/mm
	根 数	单根直径/mm		
0.5	—	—	0.6	2.2
0.6	—	—	0.6	2.3
0.8	7	0.39	0.6	2.5
1.0	7	0.43	0.6	2.6
1.5	17	0.52	0.6	2.9

（续）

标称横截面积/mm²	线芯结构		绝缘层标称厚度/mm	电线最大外径/mm
	根 数	单根直径/mm		
2.5	19	0.41	0.8	3.8
4	19	0.52	0.8	4.4
6	19	0.64	0.9	5.2
8	19	0.74	0.9	5.7
10	49	0.52	1.0	6.9
16	49	0.64	1.0	8.0
25	98	0.58	1.2	10.3
35	133	0.58	1.2	11.3
50	133	0.68	1.4	13.3

表 8-2 低压导线标称截面允许负载电流值

导线标称横截面积/mm²	0.5	0.8	1.0	1.5	2.5	3.0	4.0	6.0	10	13
允许截流量/A	—	—	11	14	20	22	25	35	50	60

表 8-3 12V 电器系统主要电路导线截面推荐值

汽车种类	额定电压/V	标称截面/mm²	用于连接电器设备或电路名称
轿车、载重车、挂车	12	0.5	尾灯、顶灯、指示灯、仪表灯、牌照灯、燃油表、刮水器电动机、石英钟
		0.8	转向灯、制动灯、停车灯、分电器
		1.0	前照灯近光灯丝、电喇叭(3A 以下)
		1.5	前照灯远光灯丝、电喇叭(3A 以上)
		1.5～4	5A 以上线路(除本表所列电器线路之外)的连接导线
		4～6	电热塞
		4～25	电源线
		16～95	启动线路

导线截面还受通过线路的电压降的制约。整车电路的总电压降(不计接触电阻)最大允许值为 0.8V。当发电机以额定负载工作时,电源线的电压降最大允许值为 0.3V。当起动机通过制动电流时,电压降的最大允许值为 0.5V。这是因为导线横截面积小时,导线电阻将增大、温度将升高。电阻增大会使电压降增大,可能导致用电设备供电电压不足而无法正常工作。温度升高不仅会加速导线老化,缩短其使用寿命,而且还有可能导致火灾。

随着汽车电器增多,导线数量也不断增加。为了便于维修,低压导线常以不同的颜色来区分。其中,横截面积在 4mm² 以上的采用单色,而 4mm² 以下的均采用双色,搭铁线均用黑色。汽车用低压导线的颜色与代号如表 8-4 所列。汽车各电器系统的主色如表 8-5 所列。

在全车线路图中,导线上一般都标注有数字和字母符号,用来表示导线的横截面积和颜色,如 2.5RY、1.0RW 等。其中,数字 2.5、1.0 表示导线的横截面积,单位 mm²;第一个字母 R 表示导线的主色,第二个字母 Y 或 W 表示导线的辅助颜色,即轴向条纹状或螺旋状的颜色。

表 8-4　汽车用低压导线的颜色与代号

导线颜色	黑	白	红	绿	黄	棕	蓝	灰	紫	橙	粉
代　号	B	W	R	G	Y	Br	Bl、L	Gr	V	O	P

表 8-5　汽车各电器系统的主色

序　号	系统或部件名称	主　色	颜色代号
1	电源系统	红	R
2	启动系统、点火系统	白	W
3	雾灯	蓝	Bl
4	灯光、信号系统	绿	G
5	防空灯及车身内部照明系统	黄	Y
6	仪表、报警系统、喇叭系统	棕	Br
7	收音机、石英钟、点烟器等辅助电器系统	紫	V
8	各种辅助电动机及电气操纵系统	灰	Gr
9	搭铁线	黑	B

(二) 启动电缆

启动电缆为带绝缘包层且横截面积较大的铜质或铝质多丝软线电缆。启动电缆是一种专用电缆，接在蓄电池正极与起动机电源端子“30”之间，其横截面积有 $25mm^2$、$35mm^2$、$50mm^2$、$70mm^2$ 等多种规格，允许电流高达 500A 乃至 1000A 以上。为了保证起动机正常工作并产生足够的驱动力矩，要求启动线路上每 100A 电流产生的电压降不得超过 0.1V～0.15V。

(三) 搭铁电缆

搭铁电缆为由铜丝编织而成的扁形软铜线电缆或带绝缘包层且横截面积较大的铜质多丝软线电缆。搭铁电缆也是一种专用电缆，连接在蓄电池负极与车身金属或发动机机体之间，故又称为蓄电池搭铁线。国产汽车常用搭铁线长度有 300mm、450mm、600mm、760mm 共 4 种。

(四) 高压导线

高压导线是一种输送高电压的专用导线。汽车用高压导线有铜芯线和阻尼线两种，型号规格如表 8-6 所列。由于高压导线的工作电压很高(一般都在 10kV 以上)、电流强度较小，因此高压导线的绝缘包层很厚、线芯截面积很小，但耐压性能很好。

表 8-6　高压导线的型号规格

型号	名　称	线芯结构		标称外径 /mm
		根数	单线直径/mm	
QGV	铜芯聚氯乙烯绝缘高压导线	7	0.39	7.0±0.3
QGXV	铜芯橡胶绝缘聚氯乙烯护套高压导线			
QGX	铜芯橡胶绝缘氯丁橡胶护套高压导线			
QG	全塑料高压阻尼导线	1	2.3	
注：QG 全塑料高压阻尼导线由聚氯乙烯塑料加炭黑以及其他辅助原料的混炼塑料经注塑而成型				

为了衰减火花塞产生的电磁波干扰，目前已广泛使用了高压阻尼导线。高压阻尼导线的制造方法和结构亦有多种，常用的有金属电阻丝式和塑料芯式两种高压阻尼导线。金属电阻丝式

高压阻尼导线又有金属电阻丝线芯式和金属电阻丝线绕电阻式两种。

金属电阻丝线芯式是由金属电阻丝梳绕在绝缘线束上，外包绝缘体制成阻尼线；金属电阻丝线绕电阻式是由电阻丝绕在耐高温的绝缘体上制成电阻，再与不同型式的绝缘套组合构成；塑料芯导线式是用塑料和橡胶制成直径为 2mm 的电阻线芯，然后在其外面紧紧地编织玻璃纤维，外面再包上高压 PVC 塑料或橡胶等绝缘体，标准电阻值为 25kΩ/m，这种结构型式制造加工易于自动化，成本低且可制成高阻值线芯。

二、汽车线束

将汽车上的电气设备连接在一起需要若干条导线。目前，一辆高级轿车全车线束的质量已达 120kg。为使汽车线路不致零乱、折断和安装方便，除高压导线、收放机天线、蓄电池搭铁电缆和启动电缆以外，一般都将同一区域不同规格的导线用棉纱编织成线束或用聚氯乙烯塑料薄带半叠缠绕包扎成线束。

汽车线束由导线、端子、插接器插头或插座、护套等组成。

(一) 导线端子

导线端子普遍采用导电性能良好的黄铜或纯铜材料制成。端子与导线之间的连接一般都采用冷铆压制方法压接，如图 8-1 所示。在安装汽车线束时，应当注意以下几点。

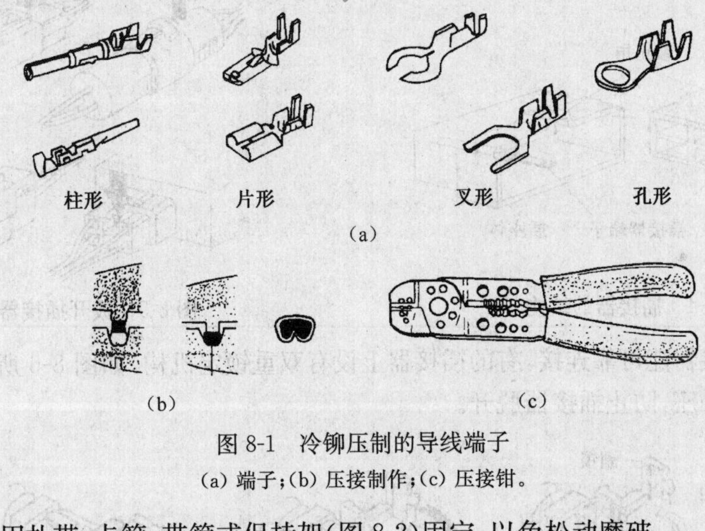

图 8-1　冷铆压制的导线端子

(a) 端子；(b) 压接制作；(c) 压接钳。

(1) 线束应用扎带、卡箍、带箍或保持架(图 8-2)固定，以免松动磨破。

(2) 线束不可拉得过紧，特别是在拐弯处更不能拉得过紧。在绕过锐角或穿过金属孔时，应用橡胶套管或波纹管(图 8-3)加以保护，以免线束磨坏而发生短路、断路或搭铁故障。

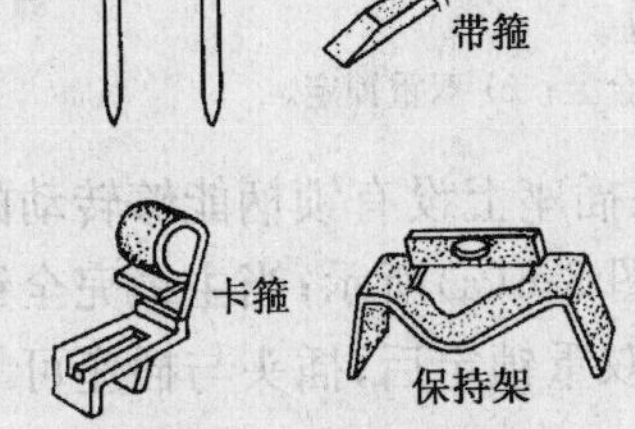

图 8-2　线束固定器材

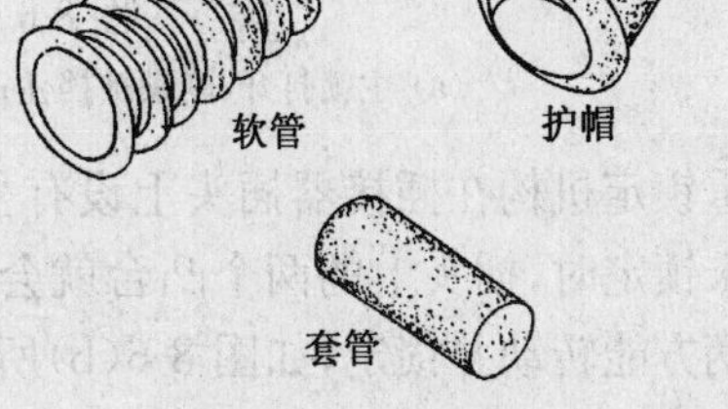

图 8-3　线束护套

(3) 线束连接必须正确。在连接时，可据插接器的规格、形状、颜色、导线的颜色以及粗细套管的颜色进行接线。当线束中导线的头尾难以辨别时，可用试灯或万用表进行测量，不得使用刮火法进行辨别，以防烧毁线束或引起火灾。

(二) 插接器

插接器是一种连接线束或电气设备的电器装置，又称为连接器。一辆汽车的线束由发动机、车身、仪表等分线束组成。分线束与分线束之间、线束与终端电气设备之间的连接采用了插接器。因为插接器连接可靠、检修方便，所以汽车广泛采用。

插接器由导线端子与塑料壳体或橡胶壳体组成，如图 8-4 所示。根据线束连接的需要，插接器有单路、双路或多路式几种。现代汽车线束中设有很多插接器。为了避免装配和安装中出现差错，插接器还制成不同型号规格、不同形状和颜色等加以区分。

插接器端子上设有倒刺片，装入护套内以防脱出。插接器端子由表面镀锡、镀银或镀金(安全气囊系统用)的黄铜片制成，端子有柱状(针状)或片状两类。插接器护套由塑料或橡胶制成。

拔开插接器时，不能直接拉拔导线，应当先将插接器的锁止扣解除，再向两边用力拉动壳体将插头与插座拔开，如图 8-5 所示。有些插接器采用钢丝扣进行锁止，压下钢丝扣后，才能将插接器的插头与插座拔开。

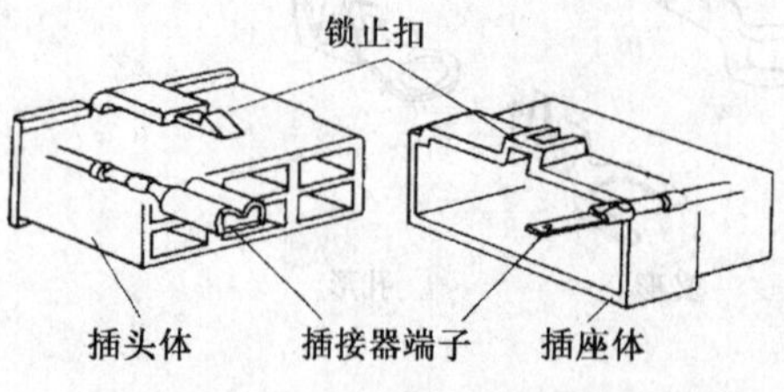

图 8-4　插接器的结构

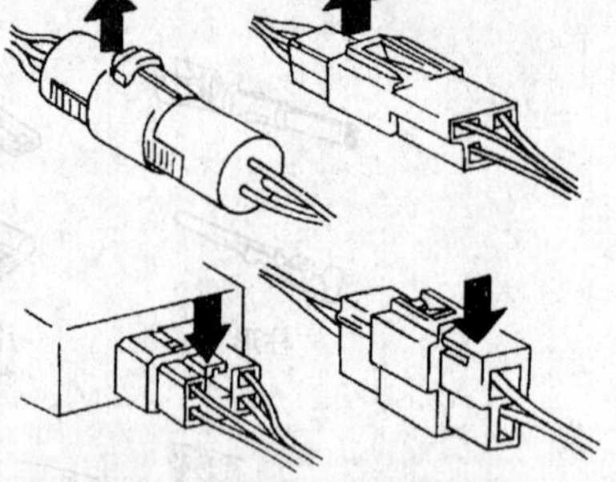

图 8-5　拔开插接器的方法

为了保证插接器能可靠连接，有的插接器上设有双重锁定机构，如图 8-6 所示，其作用是锁定插接器插头与插座，防止插接器脱开。

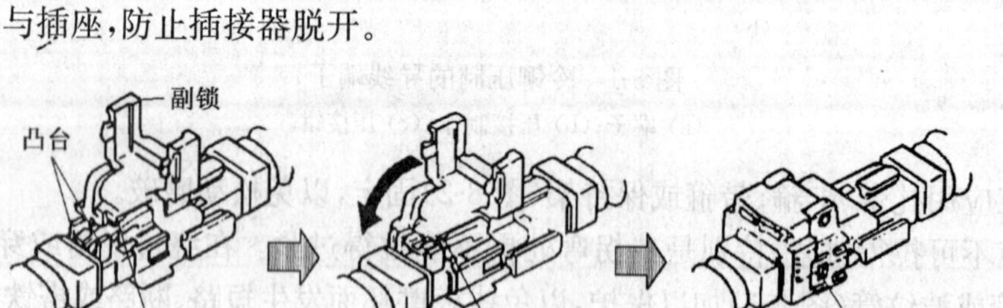

图 8-6　插接器双重锁定机构

(a) 主锁打开，副锁被挡住；(b) 主锁锁定，副锁可以合上；(c) 双重锁定。

双重锁定机构在插接器插头上设有主锁和两个凸台，在插座上设有锁柄能够转动的副锁。当主锁未锁定时，插头上的两个凸台就会阻止副锁锁定，如图 8-6(a)所示；当主锁完全锁定时，副锁锁柄方能转动并锁定，如图 8-6(b)所示；当主锁与副锁双重锁定后，插头与插座可靠连接，如图 8-6(c)所示，从而防止插接器脱开。

当插接器出现端子接触不良或导线断路故障时，先将插接器插头与插座拔开，然后用小螺钉旋具或专用工具从壳体中取出导线与端子，进行修理或更换后再装复使用。

三、电器开关

电器开关的功用是接通或切断电器线路。按操纵方式不同，汽车电器开关分为旋转式、推拉式、压力式、按钮式、翘板式和组合式等几种。

(一) 旋转式开关

汽车常用旋转式电器开关有点火开关、空调鼓风电动机开关和车灯开关等。

点火开关用于控制常用电器的电源电路和启动电路，安装在仪表台或转向柱管上。安装在仪表台上的点火开关不具备锁止转向柱管的功能，安装在转向柱管上的点火开关具有转向柱管锁止功能。

(二) 推拉式开关

推拉式开关通常用于控制照明灯和刮水器，主要由拉钮、中心拉杆、绝缘滑块、接触片、接线柱和壳体组成。拉钮上标有开关用途的图形符号，按拉钮的控制挡位分为单挡式、两挡式、三挡式 3 种。当拉动拉钮时，滑块移动便使动触点与静触点位置按规定的排列组合移动，从而使外接线路接通或切断来达到控制目的。

(三) 压力式开关

按控制方式不同，压力式开关分为液压控制式、气压控制式和脚踏式 3 种。压力式开关通常用作油压开关、气压制动灯开关、高低压报警灯开关、前照灯变光开关。

(四) 翘板式开关

翘板式开关又称为翘片式开关，主要用于控制工作电流较小或某一种电器部件的线路，如控制仪表灯、顶灯、停车灯、雾灯、危急报警灯或继电器线圈电路等。在翘板式开关的翘板上印制有表示开关用途的图形符号。在开关内部安装有照明灯，以便夜间观察使用。

(五) 组合开关

组合开关是将车灯开关(示高灯开关、示宽灯开关、前照灯开关、变光开关)、转向灯开关、危急报警灯开关、刮水与清洗器开关等组合成一体的多功能开关。组合开关安装在便于驾驶员操纵的转向柱管上。在组合开关的操纵手柄上，制作有表示用途的图形符号。

电器开关常见故障是触点烧蚀。检修时，先拔下开关线束插头，然后将指针式万用表拨到 $R\times1\Omega$(数字式拨到 OHM×200Ω)挡，再测量开关触点连接端子之间的电阻值进行判断。当开关拨到某一挡位时，被接通线路端子之间的电阻值应小于 0.5Ω，如阻值过大，就说明触点接触不良，应当拆开开关进行检修或更换开关。当开关断开时，未接通线路端子之间的电阻值应为无穷大，如阻值不是无穷大，说明触点烧结，应予更换开关。

四、继电器

继电器是一种利用较小电流控制较大电流的电器装置。

按用途不同，汽车用继电器可分为功能型继电器和电路控制型继电器两种类型。按外形不同，继电器分为圆形和方形两种。按插接端子多少，继电器分为 3 端子、4 端子、5 端子、6 端子 4 种。JD 系列小型通用继电器电路及插接端子位置如图 8-7 所示，日本丰田公司汽车用继电器电路及插接端子位置如图 8-8 所示。

功能型继电器用于实现某种控制功能，如闪光继电器、间歇刮水继电器等。

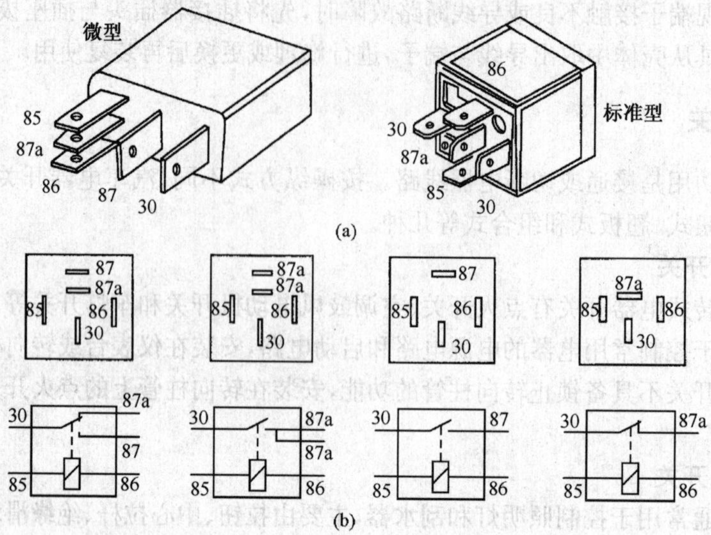

图 8-7 国产 JD 系列小型通用继电器电路及插接端子位置

(a) 继电器外形;(b) 继电器电路及插接端子排列位置。

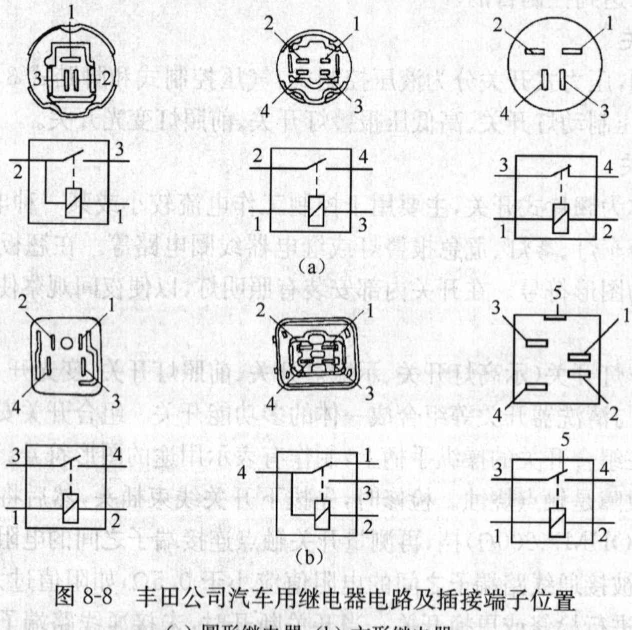

图 8-8 丰田公司汽车用继电器电路及插接端子位置

(a) 圆形继电器;(b) 方形继电器。

电路控制型继电器用于实现电路接通与切断状态的转换,其作用主要是减小控制开关的电流负荷,保护开关触点不被烧蚀,即用流经开关的小电流来控制用电装置的大电流。如电源继电器、启动继电器、减荷继电器、灯光继电器、雾灯继电器、喇叭继电器、鼓风机继电器、空调压缩机电磁离合器继电器等。通常所说的继电器指的是电路控制型继电器。

继电器由电磁铁机构、触点总成和壳体 3 部分组成。为了防止继电器线圈电流切断时产生的自感电动势击穿损坏电子设备,有的继电器在其线圈两端并联有泄流电阻或续流二极管。

根据触点的状态不同,继电器又分为常开型、常闭型和开闭混合型 3 类。常开型继电器的触点在静态时处于断开状态,继电器动作后触点闭合再接通控制电路;常闭型继电器的触点在静态时处于闭合状态，继电器动作后触点断开再切断控制电路；混合型继电器在静态时常闭触点处于接通状态、常开触点处于断开状态，当继电器线圈通电时，触点则处于相反的状态，即常闭触点断开、常开触点接通。

汽车用继电器的工作电压分为 12V 和 24V 两种，分别用于相应标称电压等级的汽车上。两种标称电压等级的继电器不能互换使用。

汽车用继电器常见故障是触点烧蚀和磁化线圈断路。检修时，先拔下继电器线束插头，然后通过用万用表测量继电器各端子之间的电阻值进行判断。

检修触点时，可将指针式万用表拨到 $R\times1\Omega$（数字式拨到 OHM×200Ω）挡进行测量，触点闭合时电阻值应小于 0.5Ω，如阻值过大，就说明触点接触不良，可拆开继电器进行检修或更换新品。触点断开时电阻值应为无穷大，如阻值不是无穷大，说明触点烧结，应予更换新品。

检修磁化线圈时，可将指针式万用表拨到 $R\times1\Omega$（数字式拨到 OHM×2kΩ）挡进行测量，12V 继电器磁化线圈的电阻值应为 65Ω～85Ω，24V 继电器磁化线圈的电阻值应为 200Ω～300Ω。如阻值过小，说明线圈短路；如阻值为无穷大，说明线圈断路。无论线圈短路还是断路，都应予更换新品。

五、保险器

保险器是一种线路保护装置，串联在电源与用电设备之间的线路中使用。

保险器的功用是在电器系统发生过载或短路时自动切断电路，防止烧坏用电设备、导线和引发火灾。汽车广泛使用的保险器有熔断器、易熔线和断路器 3 种。

（一）熔断器

熔断器由熔断丝（或片）与壳体组成。熔断丝（或片）由铅锡铜锌合金制成，壳体由玻璃管、塑料片或胶木片等绝缘材料制成。

根据壳体结构形式不同，汽车常用熔断器可分为玻璃管式和插片（塑料片或胶木片）式两种。玻璃管式熔断器的结构如图 8-9 所示，主要由熔断丝、玻璃管壳和金属帽组成；塑料片式熔断器的结构如图 8-10 所示，主要由熔断丝、塑料片壳体和导电片组成。

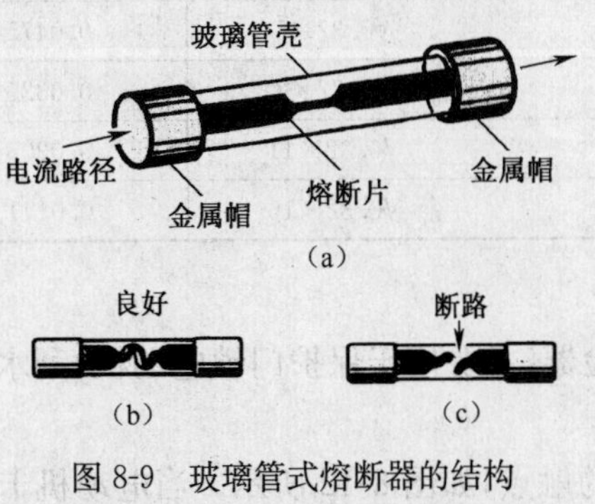

图 8-9　玻璃管式熔断器的结构

(a) 结构；(b) 良好；(c) 断路。

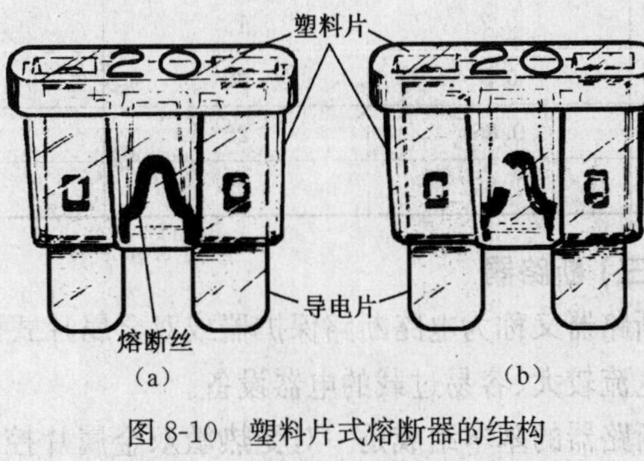

图 8-10　塑料片式熔断器的结构

(a) 良好；(b) 断路。

熔断器串联连接在额定电流较小的电路中使用。当电路中流过的电流超过熔断器的额定电流时，熔断丝首先熔断将电路切断，从而防止电气设备或线路烧坏。各种熔断器的特性如表 8-7 所列。

玻璃管式和插片式熔断器的额定电流分别有 2A、3A、5A、7.5A、10A、15A、20A、25A、30A 几种，并标示在熔断器壳体上。目前，汽车普遍使用便于插拔的塑料插片式熔断器，常用的有 3A、

表 8-7　各种熔断器的特性

熔断器形式 / 项目名称	玻璃管式熔断器	插片式熔断器	金属丝式熔断器	备　注
110%额定电流时熔断时间	4h	100h	4h	指持续通电时间
135%额定电流时熔断时间	<1h	0.75s～180s	—	指持续通电时间
200%额定电流时熔断时间	<10s	0.15s～5s	<30s	指持续通电时间
350%额定电流时熔断时间	—	<0.08s	—	指持续通电时间

10A、15A、20A、30A 这 5 种熔断器，其塑料片颜色分别为紫色、红色、蓝色、黄色和绿色。

在汽车上，为了便于检查排除电器系统故障和更换熔断器，一般都将熔断器集中安装在一起，形成熔断器盒。如东风 EQ1090 型载货汽车设有 4 挡熔断器盒，解放 CA1091 型载货汽车设有 14 挡熔断器盒。在设有中央接线盒的汽车上，则将熔断器安装在中央线路板上。

熔断器的缺点是只能使用一次，每当熔断丝烧断后必须更换。更换熔断器时，必须更换相同规格的熔断器，否则就起不到保险作用。

（二）易熔线

易熔线是一种能够长时间通过较大电流的合金导线或铜芯导线，主要用于保护总电源线路和电流较大的线路。

易熔线的截面积小于被保护线路的截面积。当电流超过易熔线额定电流数倍时，易熔线首先熔断，确保线路或电气设备免遭损坏。

易熔线的绝缘护套有棕、绿、红、黑 4 种颜色，分别表示其不同规格，如表 8-8 所列。

易熔线的多股绞合线外面包有聚乙烯护套，比正常电缆线柔软，长度为 50mm～200mm，利用连接件或接线端子与线路连接，通常连接在被保护线路的起始端，图 8-11 所示为易熔线在总电源线路中的连接部位，即连接在蓄电池正极附近。易熔线不能绑扎于线束内使用。

表 8-8　易熔线的规格

颜色	横截面积/mm^2	连续通电电流/A	5s 内熔断时的电流/A	线径/mm×根数	1m 长的电阻值/Ω
棕	0.3	13	150	ϕ0.32×5	0.0475
绿	0.5	20	200	ϕ0.32×7	0.0325
红	0.85	25	250	ϕ0.32×11	0.0205
黑	1.25	33	300	ϕ0.32×16	0.0141

（三）断路器

断路器又称为电路断路保护器或双金属片式保险器，主要用于保护门锁电动机、刮水电动机等电流较大、容易过载的电器设备。

断路器的基本组成是一对受热敏双金属片控制的触点，如图 8-12 所示。当电动机卡死造成电流过大或发生短路故障时，超过额定值数倍的电流就会使双金属片受热变形，触点断开自动切断电路，以使电器设备和线路得到保护。

断路器与易熔线和熔断器相比具有可重复使用的优点，按断路器作用后的恢复形式不同，可分为一次作用式和多次作用式两种。

一次作用式断路器在电器设备过载或电路发生短路故障时，双金属片受热变形使触点自动断开将电路切断。待故障排除后，按压一次双金属片复位按钮，如图 8-12(a)所示，电路即可恢

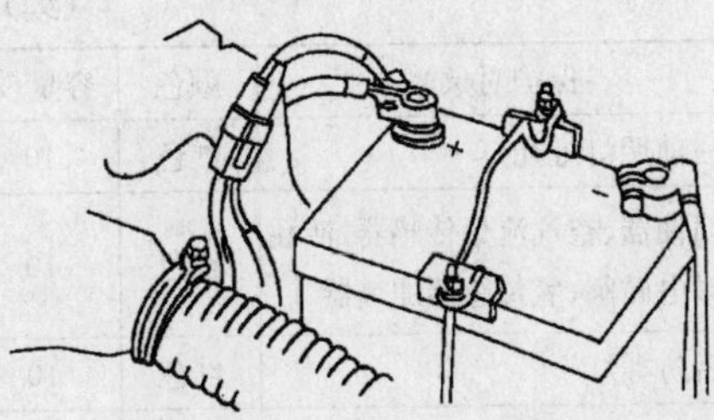

图 8-11　易熔线安装部位

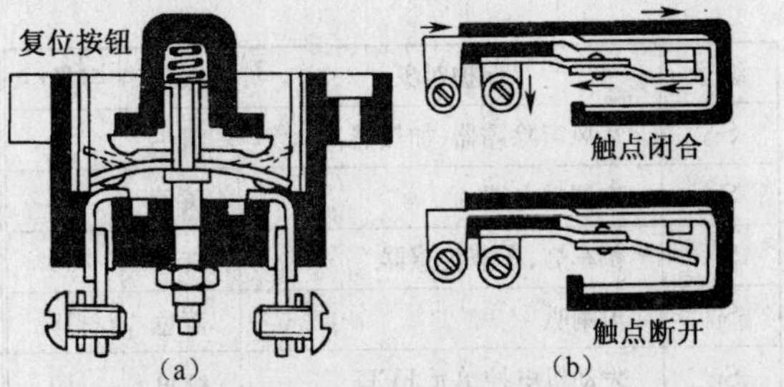

图 8-12　断路器结构原理

(a) 一次作用式断路器;(b) 多次作用式断路器。

复正常。

多次作用式断路器又称为自动恢复式断路器,在电器设备过载或电路发生短路故障时,双金属片受热变形使触点自动断开将电路切断,如图 8-12(b)所示。当触点断开后,双金属片逐渐冷却就会恢复变形,使触点重新闭合将电路接通。多次作用式断路器可用于控制前照灯、刮水电动机、车窗玻璃升降电动机等容易过载的电器线路。

六、接线盒

接线盒又称为中央接线盒、中央继电器盒或中央配电盒,由中央接线板、各种继电器、熔断器和塑料壳体组成。在部分汽车(如桑塔纳、捷达等轿车)上,由于没有设置保护壳体,因此称为中央线路板或中央接线板。

各型汽车都配装有蓄电池、发电机、起动机、控制器、继电器、熔断器以及将这些电器设备按照一定的要求连接起来的电器线束。当电器系统发生故障时,为了便于查找和检修,现代汽车普遍采用了接线盒,将各种继电器和熔断器集中设装在一块印制线路板上,并用插接器和线束将印制线路板与各种电器设备连接起来。该印制线路板又称为中央线路板或中央接线板。

各型汽车中央接线盒的结构各有不同,图 8-13 所示为桑塔纳 2000GSi 型轿车中央线路板正面的结构以及各种继电器和熔断器的安装位置(车型不同或出厂年代不同,继电器或熔断器的安装位置可能有所不同)。

桑塔纳 2000GSi 型轿车设有 30 只熔断器,安装在中央线路板正面上,并标注有熔断器的编号与容量,各熔断器的编号、功用、颜色及容量如表 8-9 所列(车型不同或出厂年代不同,熔断器的安装位置可能有所不同)。

表 8-9　桑塔纳 2000GSi 型轿车熔断器代号、功用、颜色及容量

编号	保护对象	颜色	容量/A	编号	保护对象	颜色	容量/A
S_1	散热器冷却风扇电动机	绿色	30	S_7	左尾灯、左前停车灯	红色	10
S_2	制动灯	红色	10	S_8	右尾灯、右前停车灯、发动机舱照明灯	红色	10
S_3	中央控制门锁、点烟器、收放机、数字时钟、室内灯、后阅读灯、行李箱照明灯、遮阳板灯	蓝色	15	S_9	右前照灯远光灯	红色	10
				S_{10}	左前照灯远光灯	红色	10
S_4	危急报警闪光灯	蓝色	15	S_{11}	前风窗刮水器与洗涤器	蓝色	15
S_5	燃油泵	红色	10	S_{12}	防抱死 ABS 电控单元、车门玻璃升降电动机	蓝色	15
S_6	前雾灯	蓝色	10				

（续）

编号	保护对象	颜色	容量/A
S_{13}	后风窗除霜器(加热器)	黄色	20
S_{14}	空调继电器	黄色	20
S_{15}	倒车灯、车速传感器	红色	10
S_{16}	电喇叭	蓝色	15
S_{17}	发动机电控单元 ECU	红色	10
S_{18}	防抱死制动系统 ABS 指示灯、喇叭继电器、车灯开关	红色	10
S_{19}	防盗器电控单元 ECU、收放机、转向灯	红色	10
S_{20}	牌照灯、杂物箱照明灯	红色	10
S_{21}	左前照灯近光灯	红色	10

编号	保护对象	颜色	容量/A
S_{22}	右前照灯近光灯	红色	10
S_{123}	喷油器、空气流量传感器、活性炭罐电磁阀、氧传感器加热器	红色	10
S_{124}	后防雾灯	红色	10
S_{125}	车门玻璃电动机热保护器		
S_{126}	空调鼓风机电动机	绿色	30
S_{127}	天线自动升降电动机	红色	10
S_{128}	电动后视镜	紫色	3
S_{129}	防抱死制动 ABS 液压泵	绿色	30
S_{130}	防抱死制动 ABS 电磁阀	绿色	30

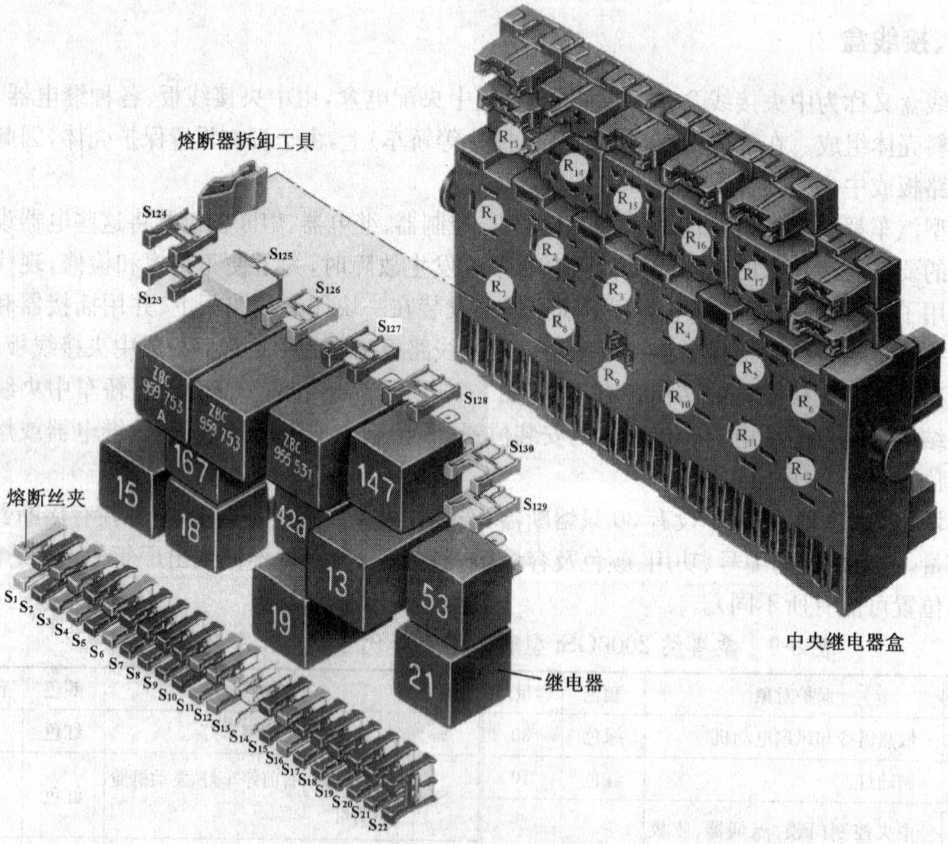

图 8-13　桑塔纳 2000GSi 型轿车中央线路板正面继电器与熔断器安装位置

R_1—空位(备用)；R_2—燃油泵继电器(壳体顶端识别号为 167)；R_3—空位；R_4—冷却液液位继电器(壳体顶端识别号为 42a)；R_5—空调继电器(壳体顶端识别号为 13)；R_6—高、低音喇叭继电器(壳体顶端识别号为 53)；R_7—雾灯继电器(壳体顶端识别号为 15)；R_8—减荷继电器(X 电源线电源继电器，壳体顶端识别号为 18)；R_9—拆卸熔断器专用工具安放孔；R_{10}—前风窗玻璃刮水与洗涤器继电器(壳体顶端识别号为 19)；R_{11}—空位；R_{12}—转向与报警灯闪光继电器(壳体顶端识别号为 21)；R_{13}—故障诊断插座；R_{14}—车门玻璃升降电动机继电器(壳体顶端识别号为 ZBC959 753A)；R_{15}—车门玻璃升降延时继电器(壳体顶端识别号为 ZBC959 753)；R_{16}—内顶灯延时继电器(壳体顶端识别号为 ZBC955 531)；R_{17}—空调压缩机继电器(壳体顶端识别号为 147)。

中央线路板正面上继电器和熔断器的电路分别与中央线路板背面的插接器插座连接，插接器的插头再通过线束从中央线路板背面连接到各只电器部件，从而控制电器部件工作。桑塔纳2000GSi 型轿车中央线路板背面的结构如图 8-14 所示，每个插座的位置代号均用英文字母标注在中央线路板上，各插座连接的线束名称如表 8-10 所列。插接线束插头时，线束插头字母代号必须与相同字母代号的插座连接。

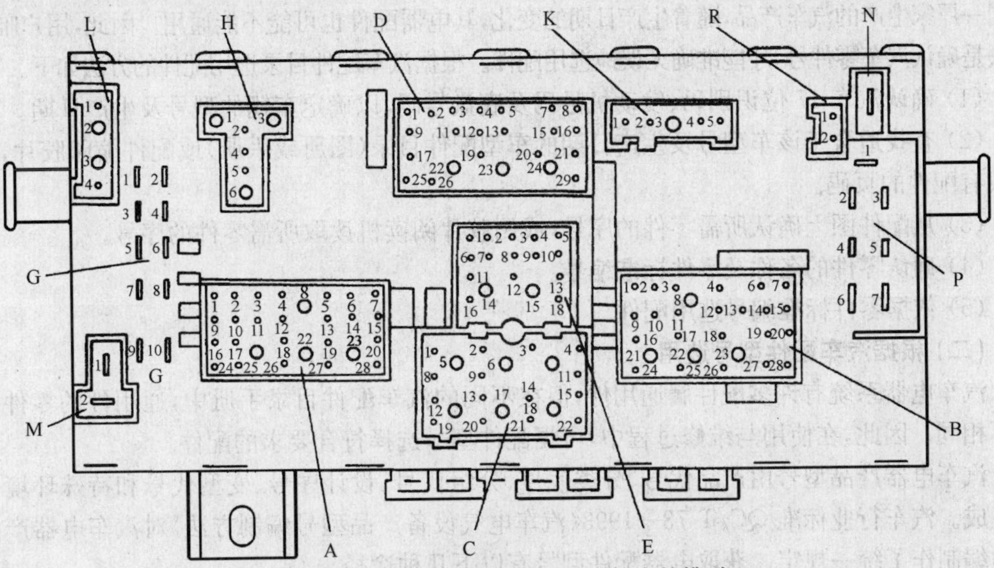

图 8-14　中央线路板背面插接器插座的排列

表 8-10　中央线路板插接器插座代号及其连接线束的名称

插接器插座代号	连接对象	插接器插座代号	连接对象
A	仪表盘线束	K	备用插接器插座
B	仪表盘线束	L	喇叭继电器线束
C	前照灯线束	M	备用插接器插座
D	发动机舱线束	N	单端子插座（主要用于连接进气预热器电阻丝电源线）
E	车身后部线束		
G	单端子插座（主要用于连接冷却液不足指示控制器电源线）	P	单端子插座（连接蓄电池与中央线路板“30”号电源线，中央线路板“30”端子与点火开关“30”端子电源线）
H	空调系统线束	R	备用插接器插座

在继电器端子上标有诸如“3/49a”等字样，其中分子 3 表示继电器位置上的 3 号插孔，49a 表示继电器的 49a 号端子（插头），分子与分母是一一对应的，设计继电器插座与插头时已经保证不会插错。

七、电器配件的选用

汽车电器系统利用电器线路将全车电器配件（电器部件、设备或器材）连接成一个有机的整体，各种电器配件都是根据预期的各种功能，通过精确计算和匹配设计而选择确定的。如果各种电器配件的结构参数或性能参数不匹配，电器系统的工作就会受到影响，甚至不能发挥作用。例如，当熔断器容量过大时，就会失去保护作用；当交流发电机调节器的调节电压过高时，就会损坏用电设备。因此，在检修电器系统的过程中，特别是在电器部件或设备损坏需要选用新品进行更换时，必须根据“汽车配件目录中的零件编号”和“汽车配件型号”选择电器配件。

（一）根据汽车配件目录选用

为了便于配件管理，汽车制造厂均编印有专用的《汽车配件目录》（图册或手册）。目录图册一般都编印有各部件和总成的零件装配关系图、零件编号、零件名称和用量。

随着汽车产品设计与生产技术的提高以及消费者需求档次的变化，目前汽车车型变化较快，即使同一厂家生产的汽车产品，随着生产日期的变化，其电器配件也可能不能通用。因此，用户唯一的办法是确认汽车零件号，才能准确无误地选用配件。根据汽车配件目录选用配件的方法如下。

（1）确认汽车 17 位识别码、发动机号码及底盘号码，以确定车辆的型号及生产日期。

（2）查找适合于该车型号及生产日期的车型配件目录（图册或手册）或配件缩印胶片，找出记载有配件的页码。

（3）从配件图上确认所需零件的序号，或用胶片阅读机读取所需零件的序号。

（4）确认零件的名称及零件标准编号。

（5）依据零件标准编号选用配件。

（二）根据汽车配件型号选用

汽车电器系统有许多配件属通用件，但在不同的汽车配件目录手册中，通用件的零件编号却不相同。因此，在使用与维修过程中，可据配件型号选择符合要求的配件。

汽车电器产品型号由产品代号、分类代号、分组代号、设计序号、变型代号和特殊环境代号等组成。汽车行业标准 QC/T 73—1993《汽车电气设备产品型号编制方法》对汽车电器产品型号的编制作了统一规定。获取电器配件型号有以下几种途径。

（1）从旧配件的商标上查询。

（2）从汽车配件目录手册上查询。

（3）从汽车配件互换性手册上查询。

（4）根据配件的额定电压、额定功率（或容量）、安装尺寸、线路连接方式等要素确定配件型号。

第二节　全车电器线束的分布

汽车型号不同，其全车电器线束的分布位置和形式各不相同。下面以国内汽车保有量较大的桑塔纳 2000 系列轿车为例说明。

桑塔纳 2000GLs 型轿车电器与电子设备及其电器线束的分布情况如图 8-15 所示。桑塔纳系列轿车全车线路包括以下几个部分。

（1）电源系统电路。包括蓄电池和整体式交流发电机。

（2）启动系统电路。包括起动机、进气歧管预热系统（JV 型发动机）。

（3）点火系统电路。JV 型发动机采用霍耳式电子点火系统，包括点火线圈、霍耳式分电器、点火控制器、火花塞、点火开关等；AJR 型发动机采用微机控制电子配电式直接点火系统，包括各种传感器、电控单元 J220、点火控制组件以及火花塞等。AFE 型发动机采用微机控制分配式点火系统，包括各种传感器、电控单元 J220、点火控制器以及火花塞等，其中曲轴位置传感器安装在原分电器位置。

（4）仪表系统电路。包括车速里程表（桑塔纳 2000 系列轿车为电子式）、燃油表、冷却液温度表、发动机转速表（桑塔纳 2000 系列轿车为电子式）等。

（5）照明系统电路。包括前照灯、雾灯、牌照灯、顶灯、阅读灯、仪表板照明灯、行李箱灯、门

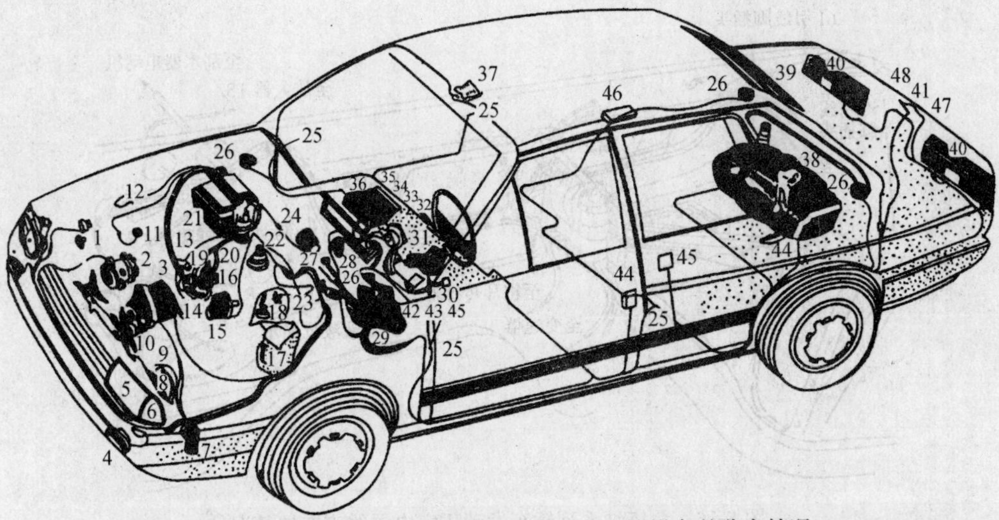

图 8-15　桑塔纳 2000GLs 型轿车电器与电子设备的分布情况

1—电喇叭；2—空调压缩机；3—整体式交流发电机；4—防雾灯；5—前照灯；6—转向指示灯；7—空调储液干燥器；8—中间继电器；9—电动风扇双速热敏开关；10—风扇电动机；11—进气歧管预热器；12—怠速截止电磁阀；13—热敏开关；14—机油压力开关；15—起动机；16—火花塞；17—风窗清洗液电动泵；18—冷却液液面高度传感器；19—分电器；20—点火线圈；21—蓄电池；22—制动液液面高度传感器；23—倒车灯开关；24—空调暖风用鼓风电动机；25—车门接触开关；26—扬声器；27—点火控制器；28—风窗刮水器电动机；29—中央接线盒(中央配电盒)；30—前照灯变光开关；31—组合手柄开关；32—空调及风量调节旋钮；33—防雾灯开关；34—后风窗电加热除霜器开关；35—危急报警灯开关；36—收放机；37—顶灯；38—燃油传感器；39—后风窗电加热除霜器；40—组合后灯；41—牌照灯；42—电动天线；43—电动后视镜；44—中央控制门锁；45—电动玻璃升降器；46—侧顶灯；47—后备箱盖中央控制门锁；48—行李箱照明灯。

控灯、发动机舱照明灯等。

(6) 信号与报警系统电路。包括音响信号和灯光信号装置、制动信号灯、转向信号灯、倒车信号灯、各种报警指示灯等。

(7) 辅助电器系统电路。包括电动玻璃升降器、中央控制门锁、电动后视镜、风窗刮水器与清洗器、电喇叭、点烟器、收放机(或音响装置)以及电子时钟等。

(8) 空调系统电路。包括空调压缩机、冷凝器、储液干燥器、蒸发器等。

(9) 发动机电子控制系统电路(桑塔纳 GLi、2000GLi 型和桑塔纳 2000GSi 型时代超人轿车和桑塔纳 3000 型轿车)。包括各种传感器、电控单元 J220、电动燃油泵、电磁喷油器、活性炭罐与活性炭罐电磁阀、氧传感器加热器等。

(10) 防抱死制动系统 ABS 电路(桑塔纳 2000GSi 型时代超人轿车和桑塔纳 3000 型轿车)。包括轮速传感器、防抱死与制动力分配电控单元 ABS/EBD ECU、制动压力调节器等。

(11) 安全气囊系统 SRS 电路(桑塔纳 2000GSi 型时代超人轿车和桑塔纳 3000 型轿车)。包括碰撞传感器、安全气囊电控单元、气体发生器和气囊电路保险装置等。

桑塔纳系列轿车发动机室电器线束的布置情况如图 8-16 所示。

桑塔纳系列轿车组合仪表盘线束的布置情况如图 8-17 所示。

桑塔纳系列轿车组合仪表盘线束插头的布置情况如图 8-18 所示。

桑塔纳系列轿车前门线束的布置情况如图 8-19 所示。

桑塔纳系列轿车车速里程表传感器线束的布置情况如图 8-20 所示。

桑塔纳系列轿车扬声器线束的布置情况如图 8-21 所示。

桑塔纳系列轿车后门线束的布置情况如图 8-22 所示。

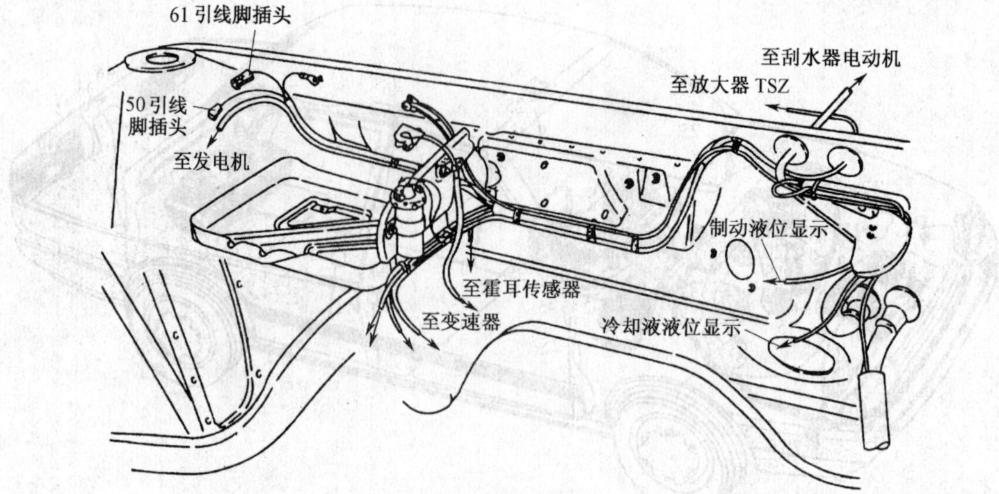

图 8-16 桑塔纳系列轿车发动机室电器线束布置情况

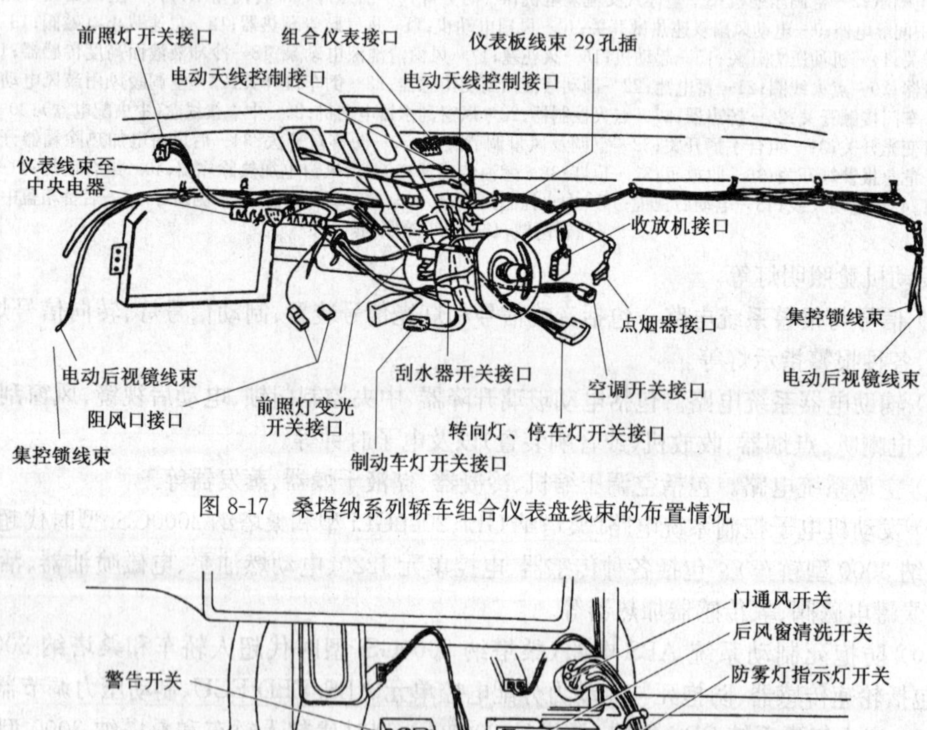

图 8-17 桑塔纳系列轿车组合仪表盘线束的布置情况

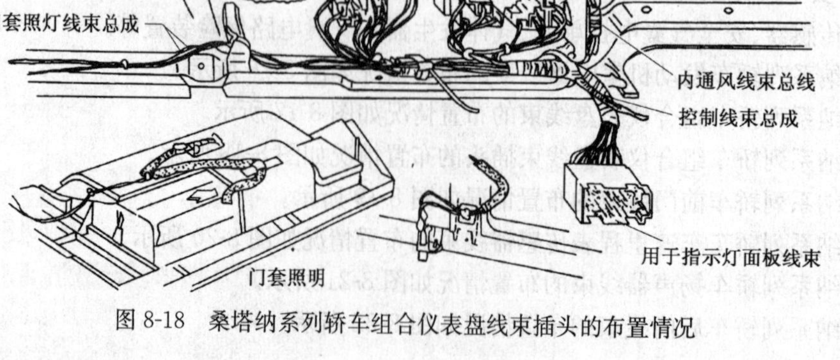

图 8-18 桑塔纳系列轿车组合仪表盘线束插头的布置情况

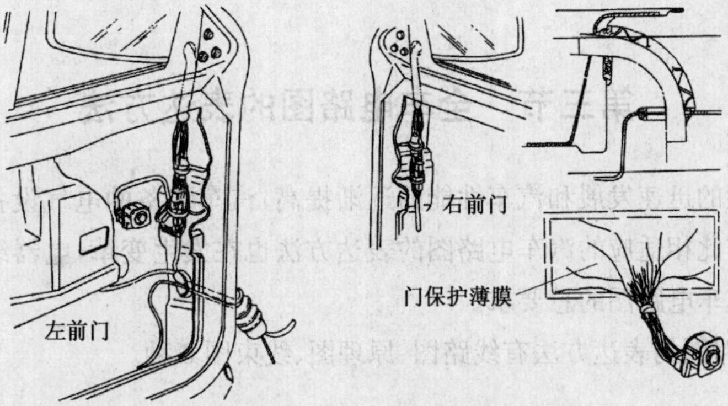

图 8-19　桑塔纳系列轿车前门线束的布置情况

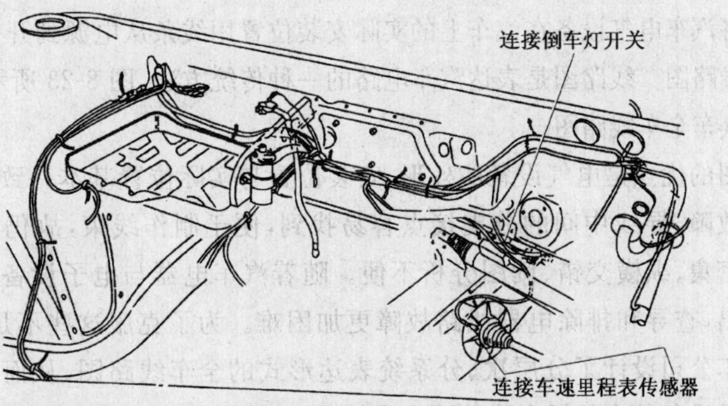

图 8-20　桑塔纳系列轿车车速里程表传感器线束的布置情况

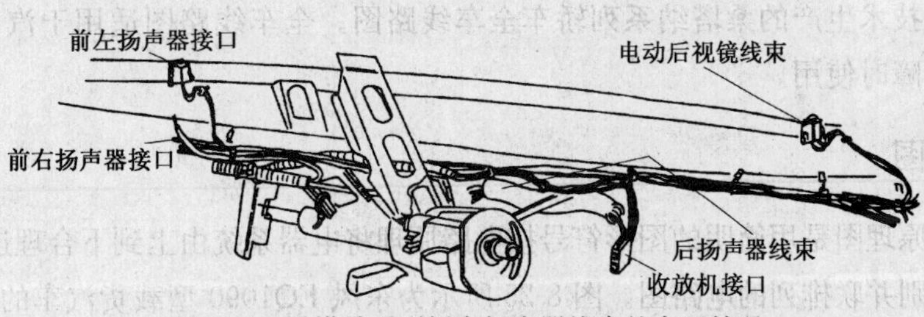

图 8-21　桑塔纳系列轿车扬声器线束的布置情况

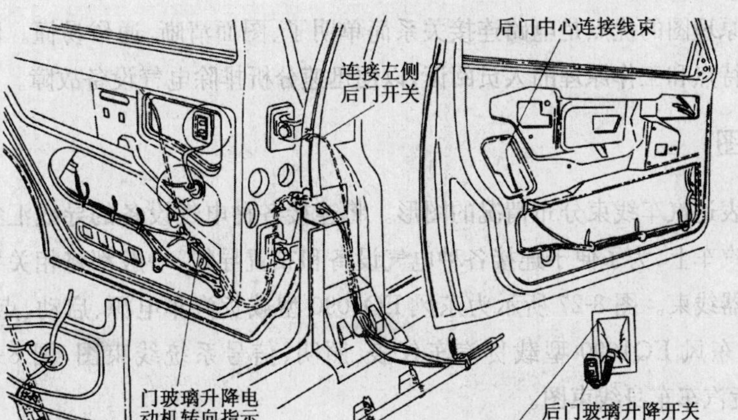

图 8-22　桑塔纳系列轿车后门线束的布置情况

第三节　全车电路图的表达方法

随着汽车工业的迅速发展和汽车性能的逐渐提高，汽车装备的电气设备日益增多，全车线路也日趋复杂。与此相适应的汽车电路图的表达方法也在发生变革，电器线路简化、规范是当今世界各国表达汽车电路图的总要求。

目前，汽车电路图的表达方法有线路图、原理图、线束图3种。

一、线路图

线路图是将汽车电气设备在汽车上的实际安装位置用线条从电源到开关至搭铁一一连接起来所构成的线路图。线路图是表达汽车电路的一种传统方法，图8-23所示为北京BJ2020SJ系列轻型越野汽车全车线路图。

全车线路图的优点是电气设备的外形、安装位置与实际位置基本一致，因此可以沿线路跟踪查找电气故障，导线中间的分支接点容易找到，便于制作线束，故仍有不少厂家沿用。其缺点是线束密集、纵横交错、读图分析不便。随着汽车电器与电子设备增多，这种线路图的缺点更加突出，查寻和排除电器线路故障更加困难。为了克服这些不足，德国、法国和日本等国家的汽车公司设计了分层次、分系统表达形式的全车线路图，从而使全车线路图，特别是电器与电子设备较多的轿车线路图大大简化，且容易识读。图8-24(a)至图8-24(k)所示为引进德国技术生产的桑塔纳系列轿车全车线路图。全车线路图适用于汽车维修人员检查排除电器故障时使用。

二、原理图

汽车电路原理图是用简明的图形符号按电路原理将电器系统由上到下合理连接起来，并将各个子系统分别并联排列的电路图。图8-25所示为东风EQ1090型载货汽车的全车电路原理图，图8-26(a)、图8-26(b)所示为天津夏利轿车全车电路原理图。

全车电路原理图的优点是电路连接关系简单明了、图面清晰、通俗易懂。因此适用于熟悉电器系统结构特点和工作原理的人员阅读，以便迅速分析排除电气设备故障。

三、线束图

线束图是表达汽车线束分布情况的图形。将连接各种电气设备的导线汇集在一起便组成电器线束。在汽车上，为了便于连接各种电气设备和布置导线，一般都将相关导线汇集在一起分别不同的电器线束。图8-27所示为东风EQ1090型载货汽车电源、启动、点火系统线束图，图8-28所示为东风EQ1090型载货汽车仪表、照明、信号系统线束图，图8-29所示为东风EQ1090型载货汽车车身线束图。

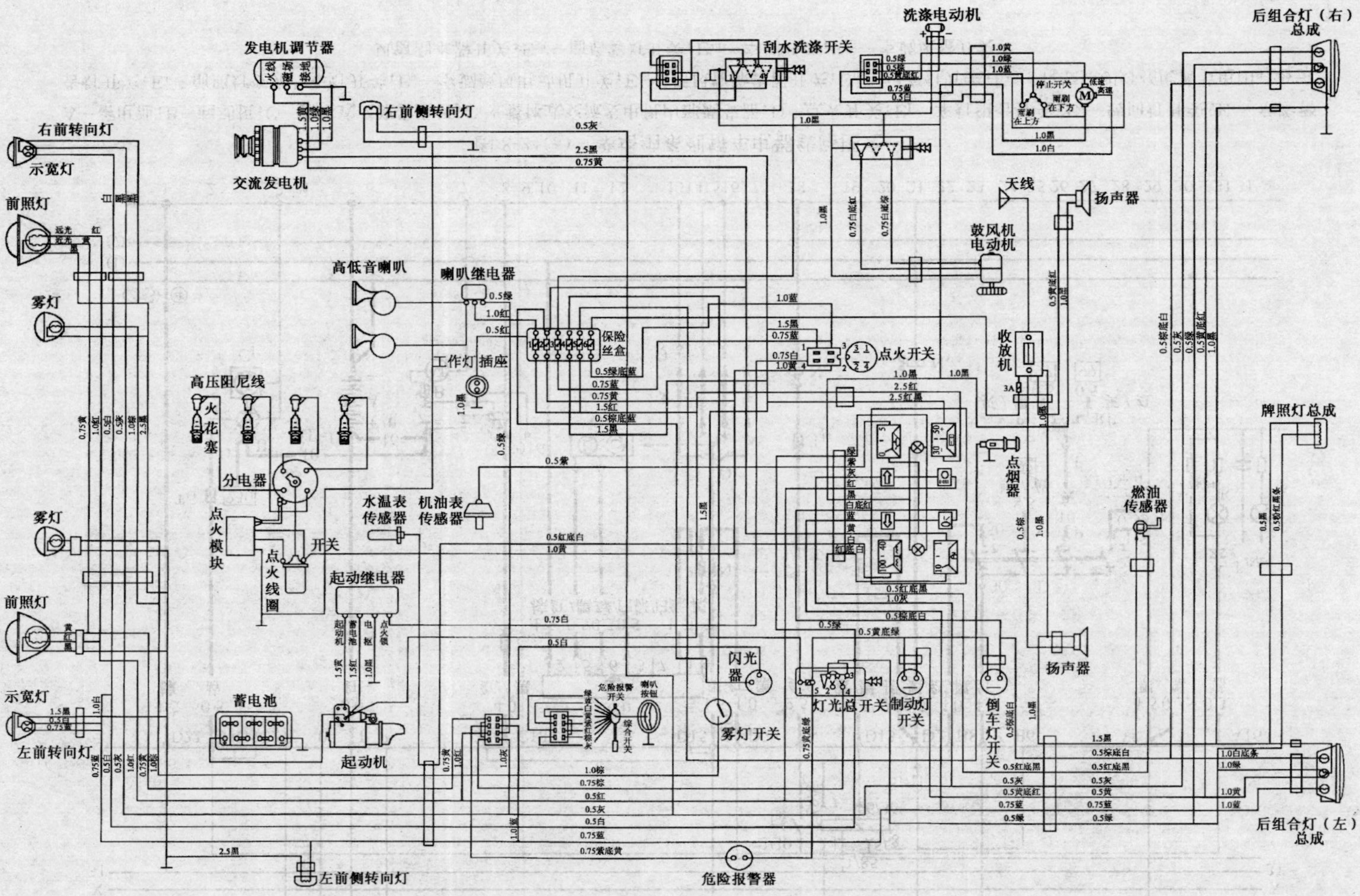

图 8-23　北京 BJ2020SJ 系列轻型越野汽车全车线路图

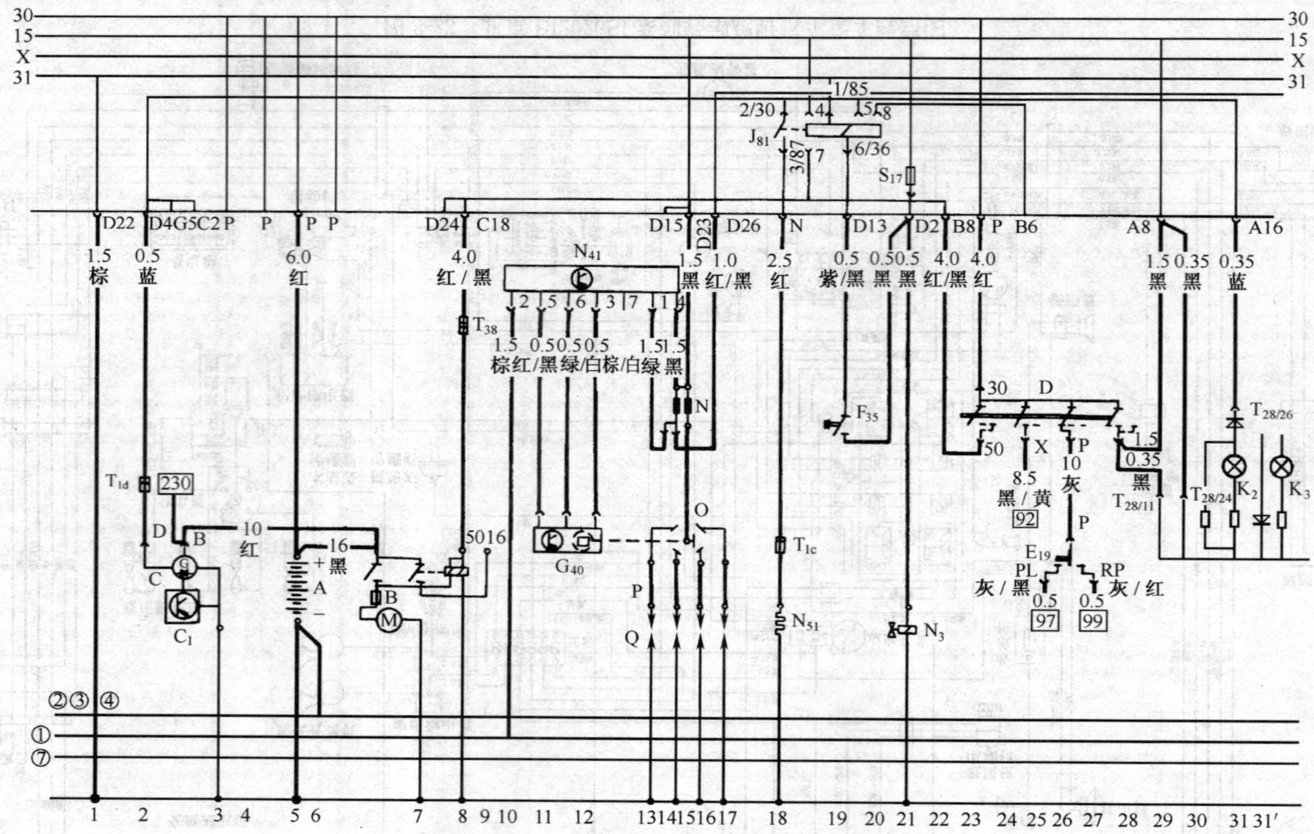

图 8-24(a)　桑塔纳系列轿车电器线路图之一

A—蓄电池；B—起动机；C—整体式交流发电机；C_1—整体式交流发电机内部调节器；D—点火开关；E_1—车灯组合开关；E_2—转向灯开关；E_3—危险警告灯开关；E_4—前照灯变光与车灯开关；E_9—空调鼓风电动机开关；E_{15}—后风窗除霜器开关；E_{19}—停车灯开关；E_{20}—仪表照明灯亮度调节电阻；E_{22}—风窗刮水器开关；E_{23}—前后雾灯开关；E_{30}—空调开关；E_{33}—空调风量开关。

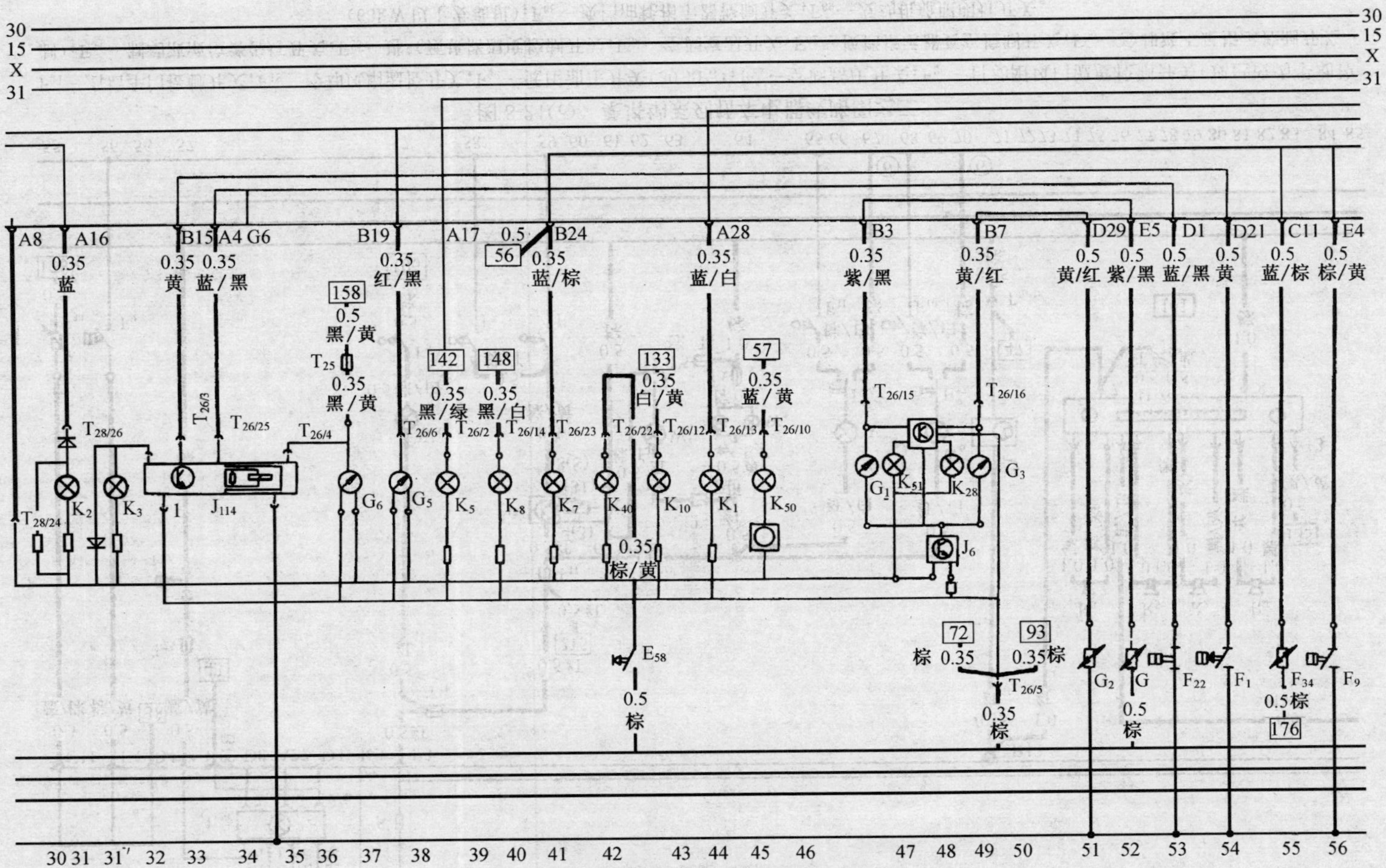

图 8-24(b)　桑塔纳系列轿车电器线路图之二

E_{39}—玻璃升降安全开关；E_{40}—左前玻璃升降电动机开关；E_{41}—右前玻璃升降电动机开关；E_{52}、E_{53}—左后玻璃升降电动机开关；E_{54}、E_{55}—右后玻璃升降电动机开关；E_{66}—后阅读灯开关；F—制动灯开关；F_1—高压油压开关(180kPa)；F_2—左前车门接触开关；F_3—右前车门接触开关；F_4—倒车灯开关；F_5—行李箱照明灯开关；F_9—手制动指示灯开关；F_{10}—左后车门接触开关。

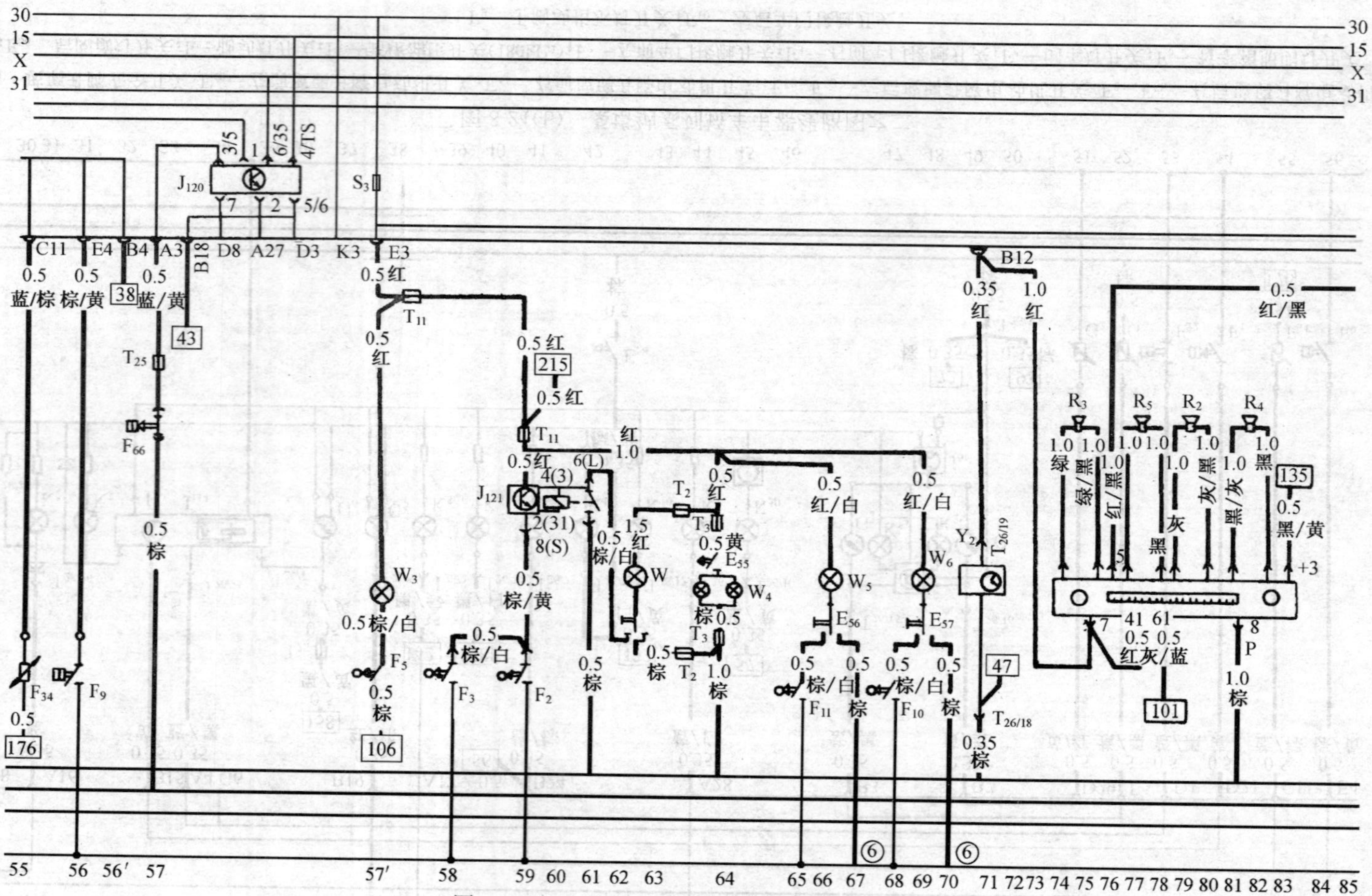

图 8-24(c) 桑塔纳系列轿车电器线路图之三

F_{11}—右后车门接触开关；F_{18}—冷却风扇温控开关；F_{22}—低压油压开关（30 kPa）；F_{23}—空调高压开关；F_{26}—自动阻风门温度控制开关（现已改为手动控制）；F_{34}—制动液液位警告灯开关；F_{35}—进气预热器温度控制开关；F_{38}—空调室温开关；F_{62}—换挡指示器真空控制开关；F_{66}—冷却液不足指示控制开关（63kW 以上发动机）；F_{68}—换挡油耗指示器控制开关；F_{69}—发动机舱照明灯开关。

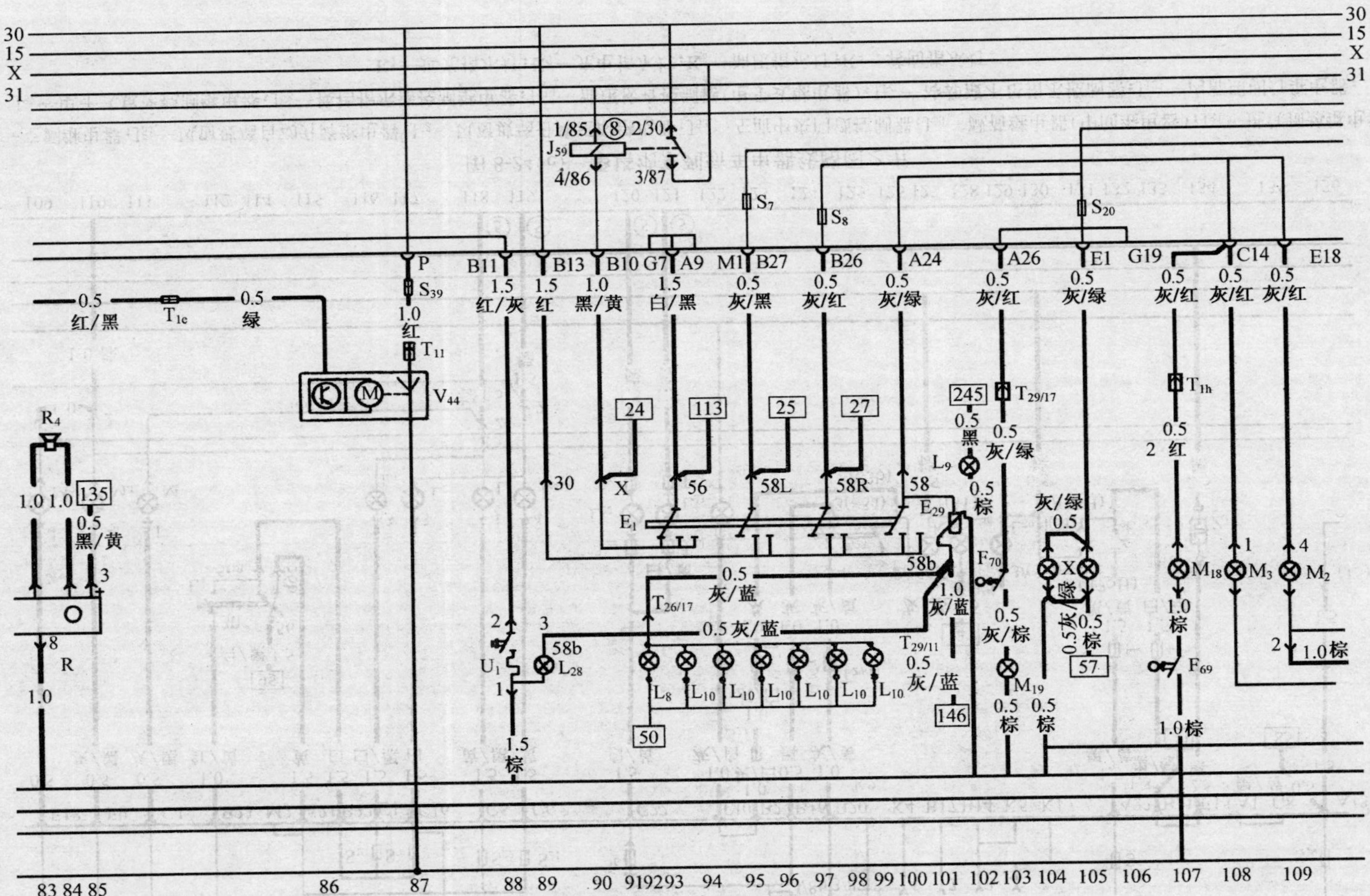

图 8-24(d) 桑塔纳系列轿车电器线路图之四

F_{70}—杂物箱照明灯开关；F_{73}—空调压缩机开关；G—燃油表传感器；G_1—燃油表；G_2—冷却液温度表传感器；G_3—冷却液温度表；G_5—发动机转速表(63kW 以上发动机)；G_6—车速表；G_7—车速传感器；G_{40}—霍耳式传感器；H—喇叭按钮；H_1—双音喇叭；J_2—复合式闪光继电器；J_4—喇叭继电器；J_5—雾灯继电器；J_6—仪表稳压器；J_{26}—空调减负荷继电器；J_{31}—前风窗刮水器与清洗器继电器。

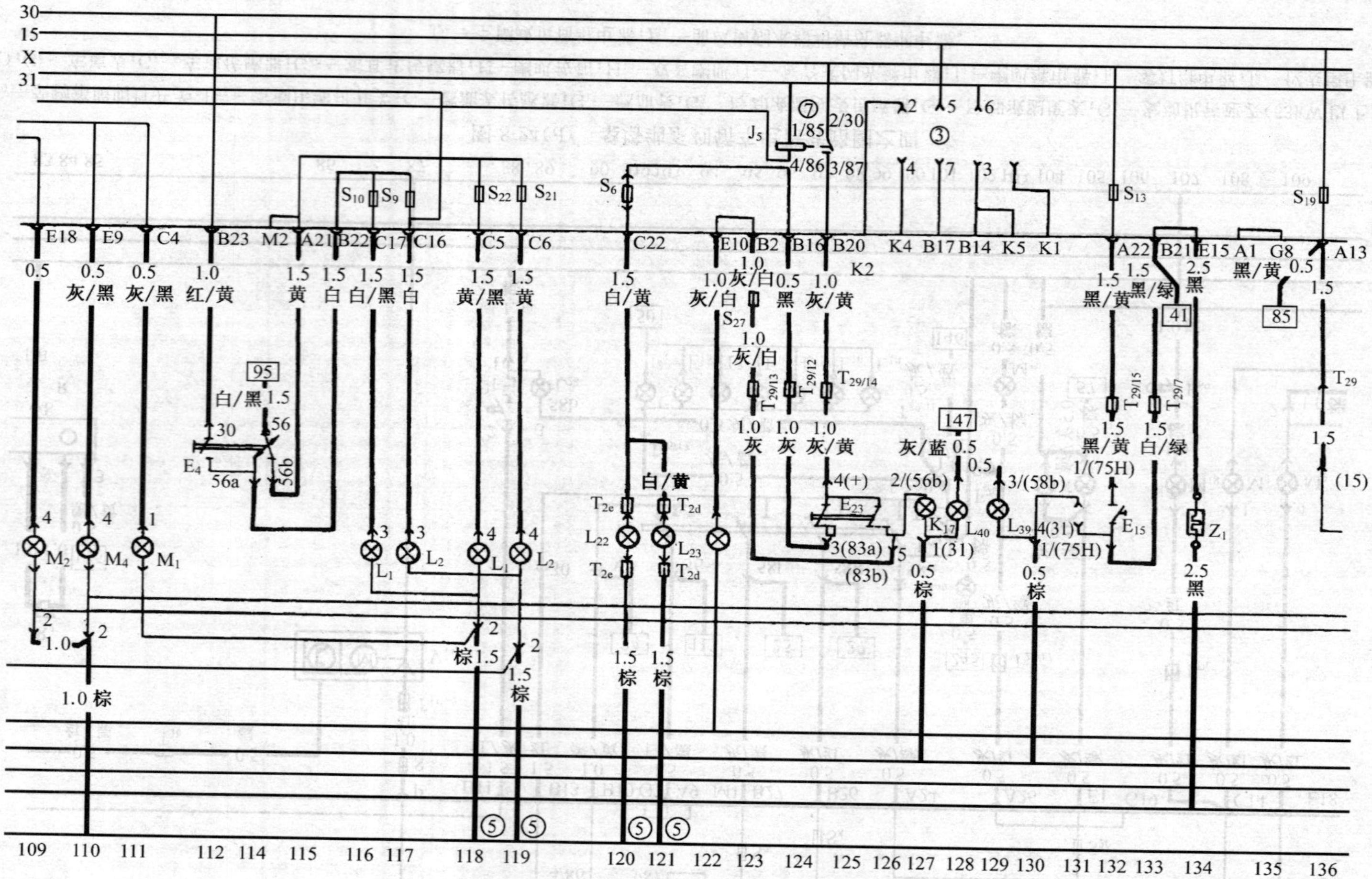

图 8-24(e) 桑塔纳系列轿车电器线路图之五

J_{32}—空调继电器;J_{51}—风窗玻璃自动升降继电器;J_{52}—风窗玻璃升降延时继电器;J_{53}—左前中央门锁控制器;J_{59}—减荷继电器(中间继电器);J_{81}—进气预热继电器;J_{87}—电子式怠速控制继电器;J_{98}—换挡指示器控制继电器;J_{114}—油压检查控制器(电子式继电器);J_{120}—冷却液不足指示控制器;J_{121}—内部照明灯继电器;K_1—远光指示灯;K_2—充电指示灯;K_3—油压指示灯;K_5—转向指示灯。

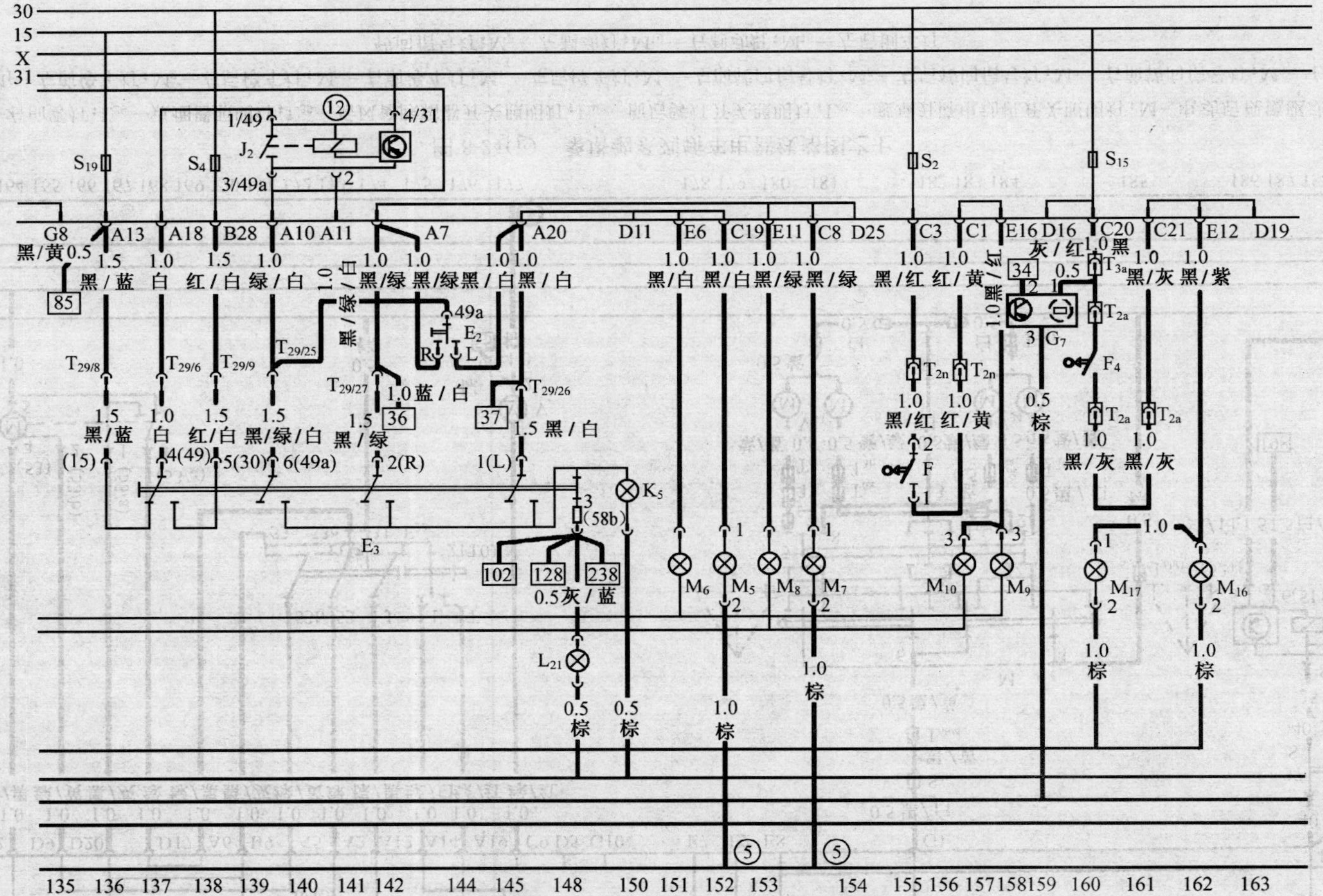

图 8-24(f)　桑塔纳系列轿车电器线路图之六

K_6—危险警告指示灯；K_7—手制动指示灯；K_{10}—后风窗除霜器工作指示灯；K_{17}—雾灯指示灯；K_{28}—冷却液温度过高指示灯(红色发光二极管)；K_{48}—空调开关指示灯；K_{49}—阻风门指示灯；K_{50}—冷却液液位指示灯；K_{51}—燃油不足指示灯；L_1—左前照灯；L_2—右前照灯；L_8—时钟照明灯；L_9—车灯开关照明灯；L_{10}—仪表照明灯；L_{20}—后雾灯；L_{21}—空调暖风开关照明灯；L_{22}—左前雾灯。

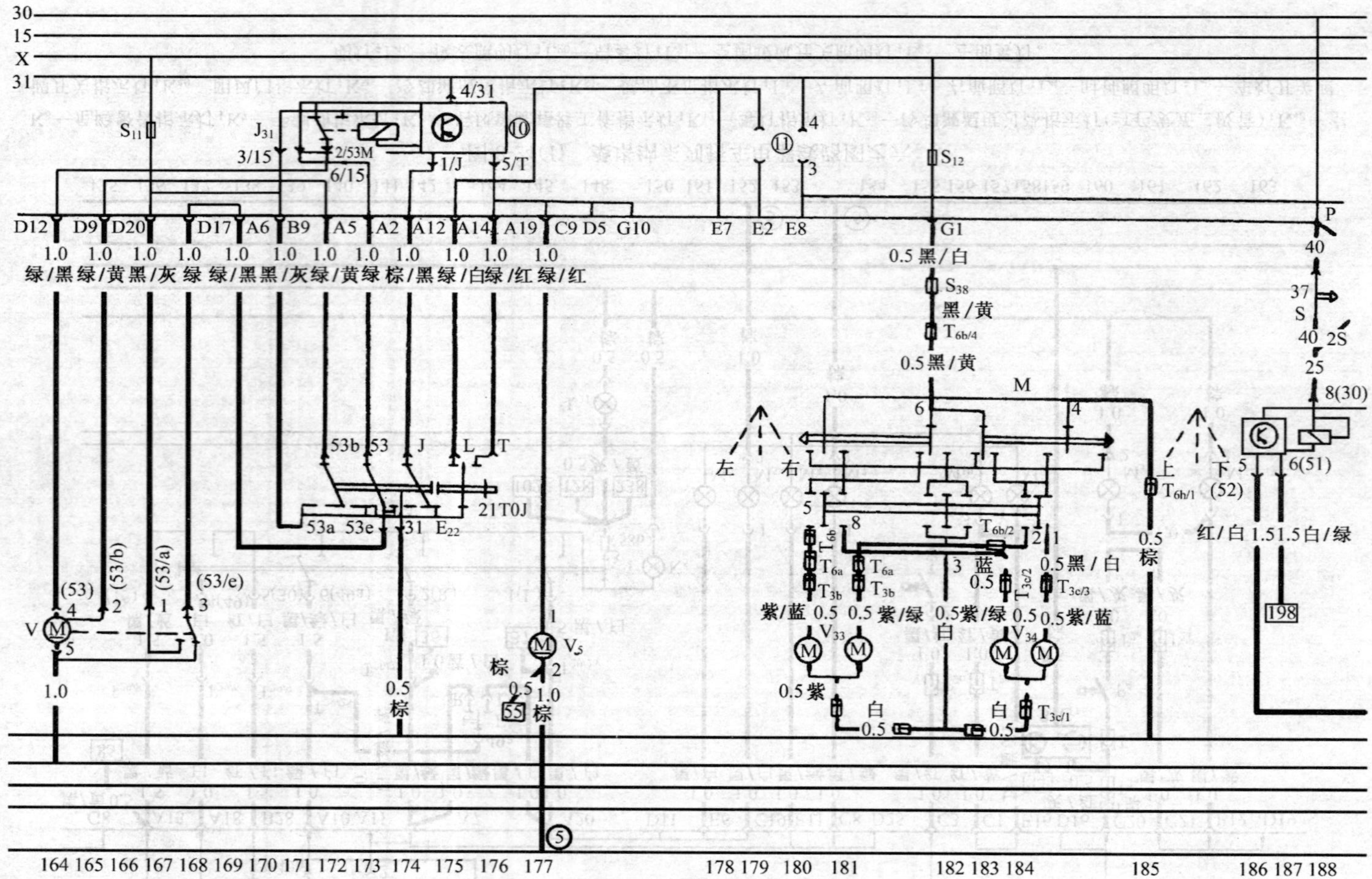

图 8-24(g) 桑塔纳系列轿车电器线路图之七

L_{23}—右前雾灯；L_{28}—点烟器照明灯；L_{39}—后风窗除霜器开关照明灯；L_{40}—前后雾灯开关照明灯；L_{53}—玻璃升降电动机开关照明灯；M—电动后视镜驱动电动机；M_1—左前停车灯；M_2—右后停车灯；M_3—右前停车灯；M_4—左后停车灯；M_5—左前转向信号灯；M_6—左后转向信号灯；M_7—右前转向信号灯；M_8—右后转向信号灯；M_9—左制动灯；M_{10}—右制动灯；M_{16}—左后倒车灯。

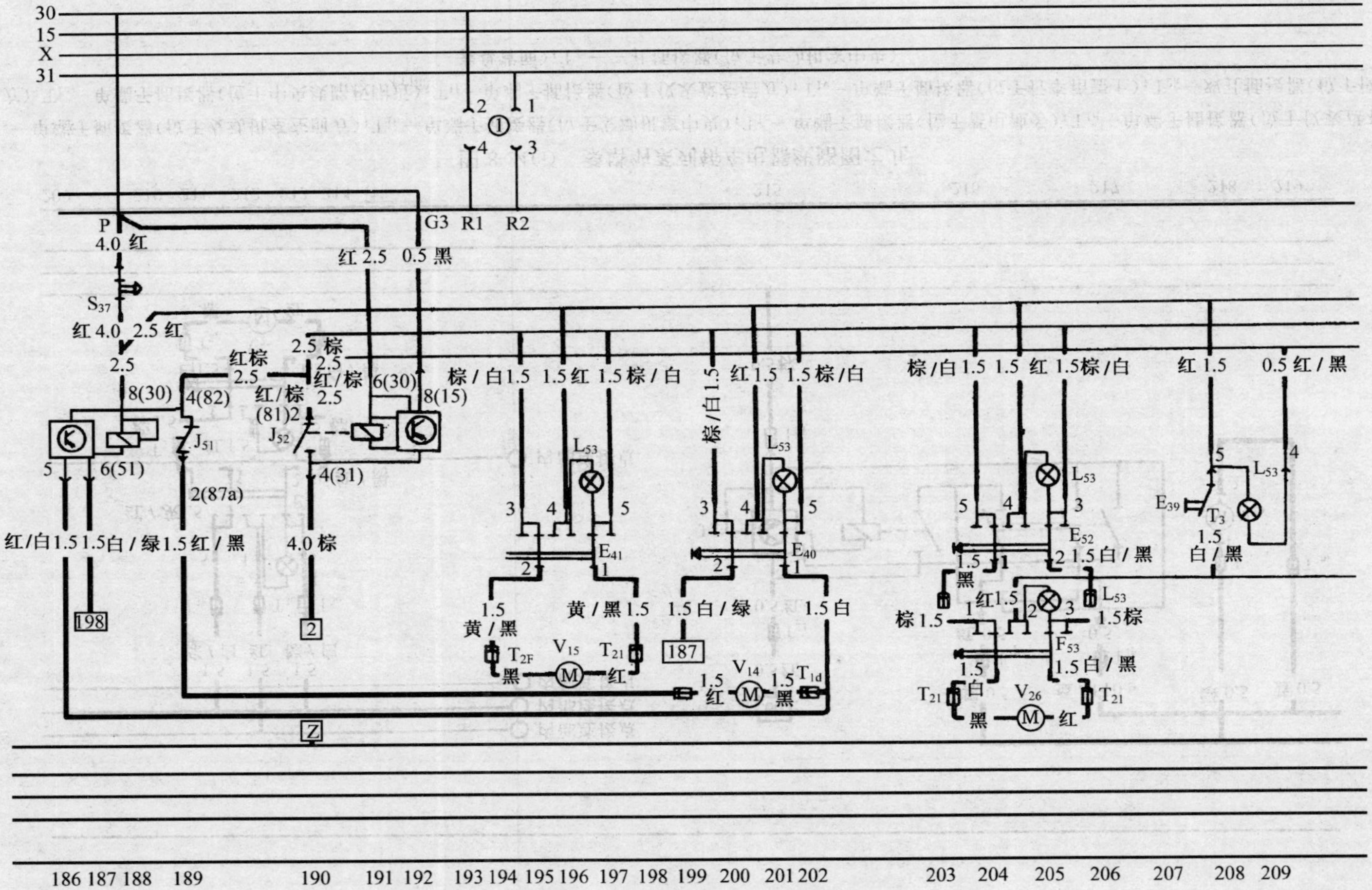

图 8-24(h)　桑塔纳系列轿车电器线路图之八

M_{17}—右后倒车灯；M_{20}—空调控制器指示灯；N—点火线圈；N_3—怠速截止电磁阀；N_{16}—怠速提高(转速)电磁阀；N_{23}—鼓风电动机调速电阻；N_{25}—空调电磁离合器；N_{41}—电子点火控制器；N_{51}—进气预热器加热电阻；N_{63}—电磁阀；O—霍耳式分电器；P—火花塞抗干扰插头；Q—火花塞；R—收放机；R_2、R_3、R_4、R_5—扬声器；T_1—单端子插接器(位于蓄电池旁)。

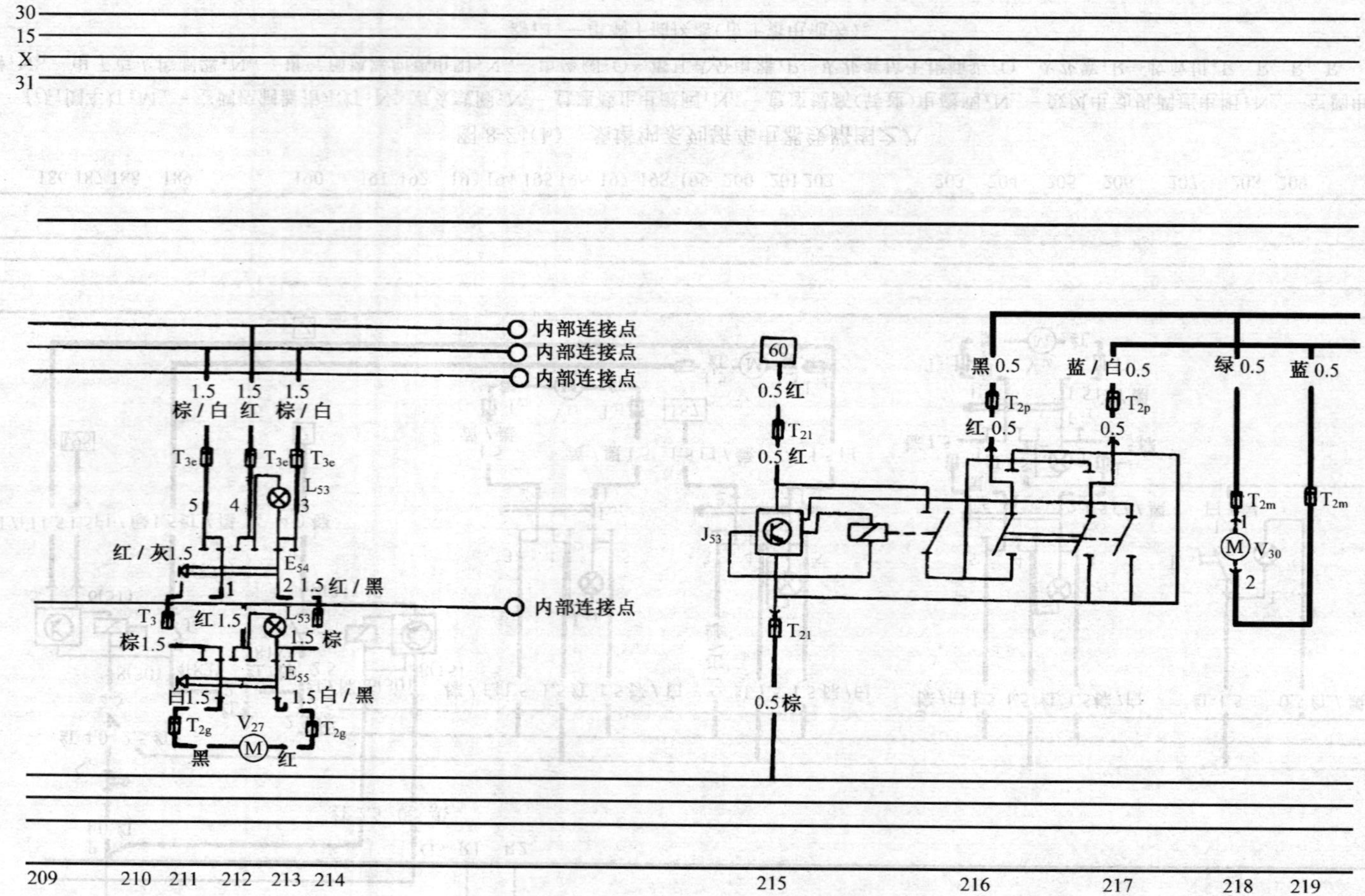

图 8-24(i)　桑塔纳系列轿车电器线路图之九

T_{1a}—单端子插接器(位于发动机室左前方)；T_{1b}—单端子插接器(位于发动机室中央)；T_{1c}—单端子插接器(位于蓄电池旁)；T_{1d}—单端子插接器(位于仪表盘右后方)；T_{1e}—单端子插接器(位于中央线路板附近)；T_{1f}—单端子插接器(位于仪表盘左后方)；T_{1v}—单端子插接器(位于行李箱盖上)；T_{2k}—双孔插接器(位于仪表盘背面)；T_{3a}—三孔插接器(位于发动机室中央)。

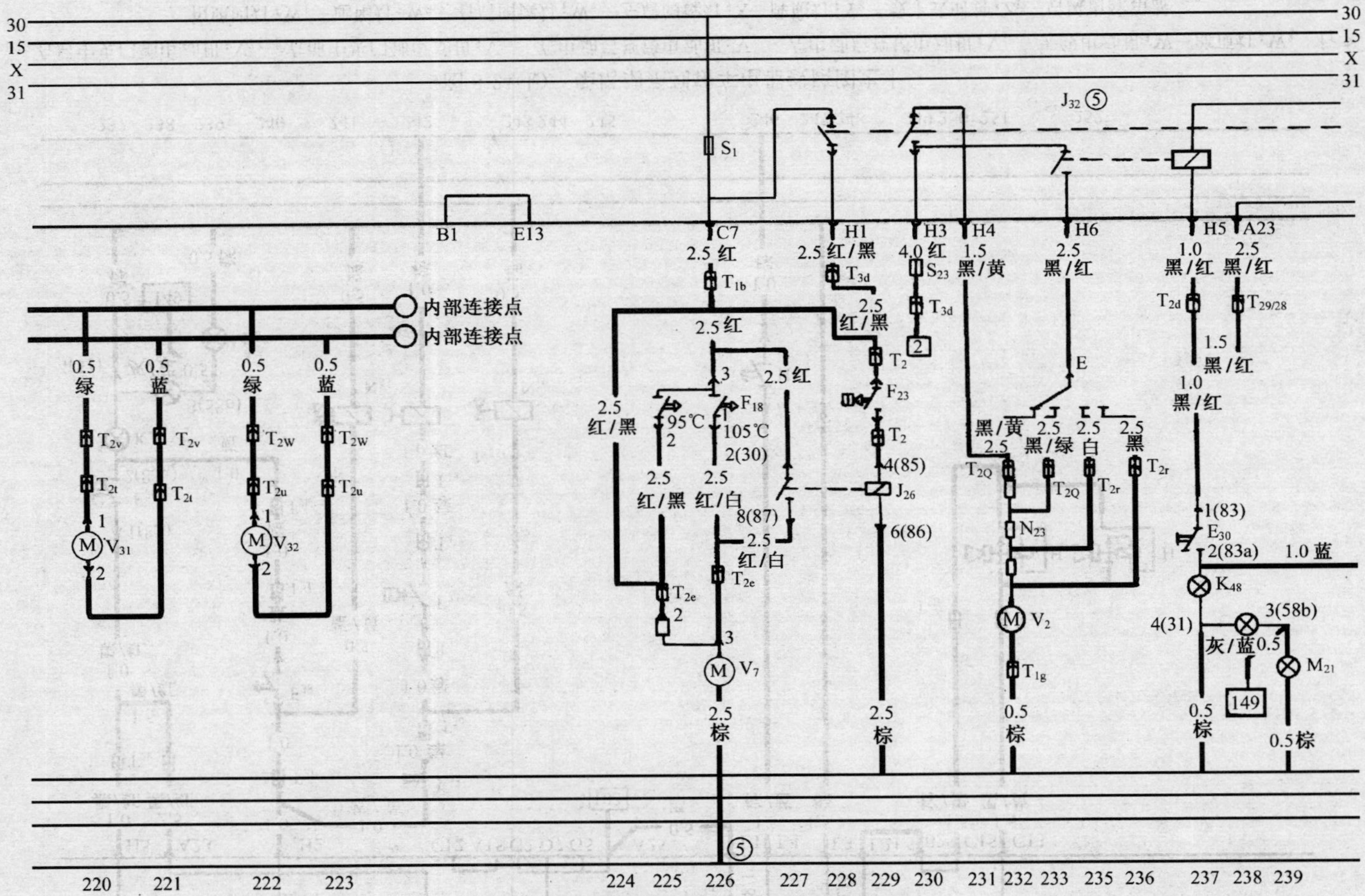

图 8-24(j)　桑塔纳系列轿车电器线路图之十

T_{3b}—三孔插接器(位于蓄电池旁);T_4—四孔插接器(位于仪表盘背面);T_{14}—14 端子插接器(位于组合仪表盘左下方);T_{29}—29 端子插接器(位于组合仪表盘下面);U_1—点烟器;V—前风窗刮水器电动机;V_2—鼓风电动机;V_5—前风窗清洗器电动机;V_7—冷却风扇电动机;V_{14}—左前玻璃升降电动机;V_{15}—右前玻璃升降电动机;V_{26}—左后玻璃升降电动机;V_{27}—右后玻璃升降电动机。

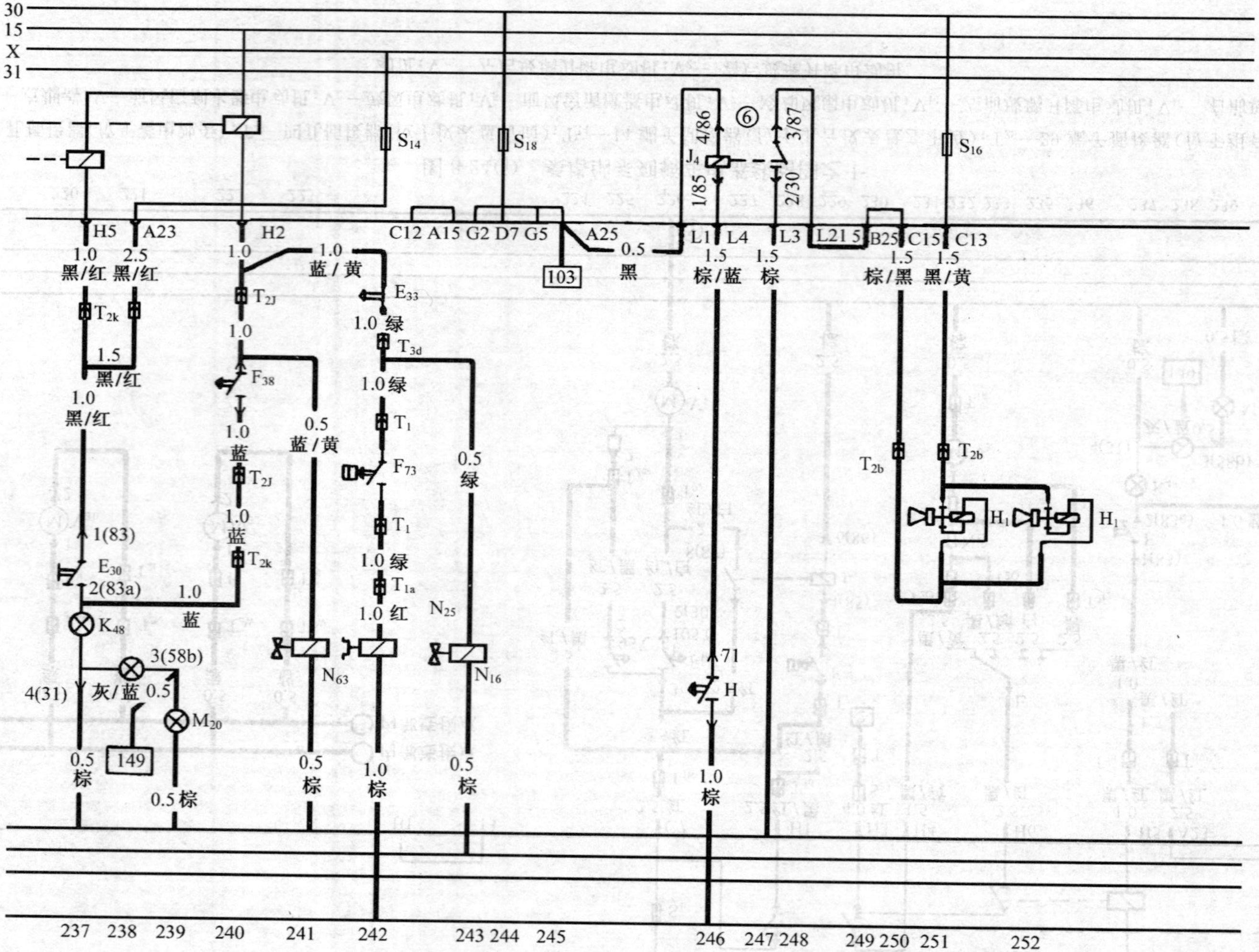

图 8-24(k)　桑塔纳系列轿车电器线路图之十一

V_{31}—右后中央门锁电动机；V_{32}—右前中央门锁电动机；V_{33}—右电动后视镜电动机；V_{34}—左电动后视镜电动机；V_{44}—天线电动机；W—前顶灯；W_3—行李箱照明灯；W_4—遮阳灯；W_5—右后阅读灯；W_6—左后阅读灯；X—牌照灯；Y_2—数字式时钟；Z_1—后风窗除霜器。

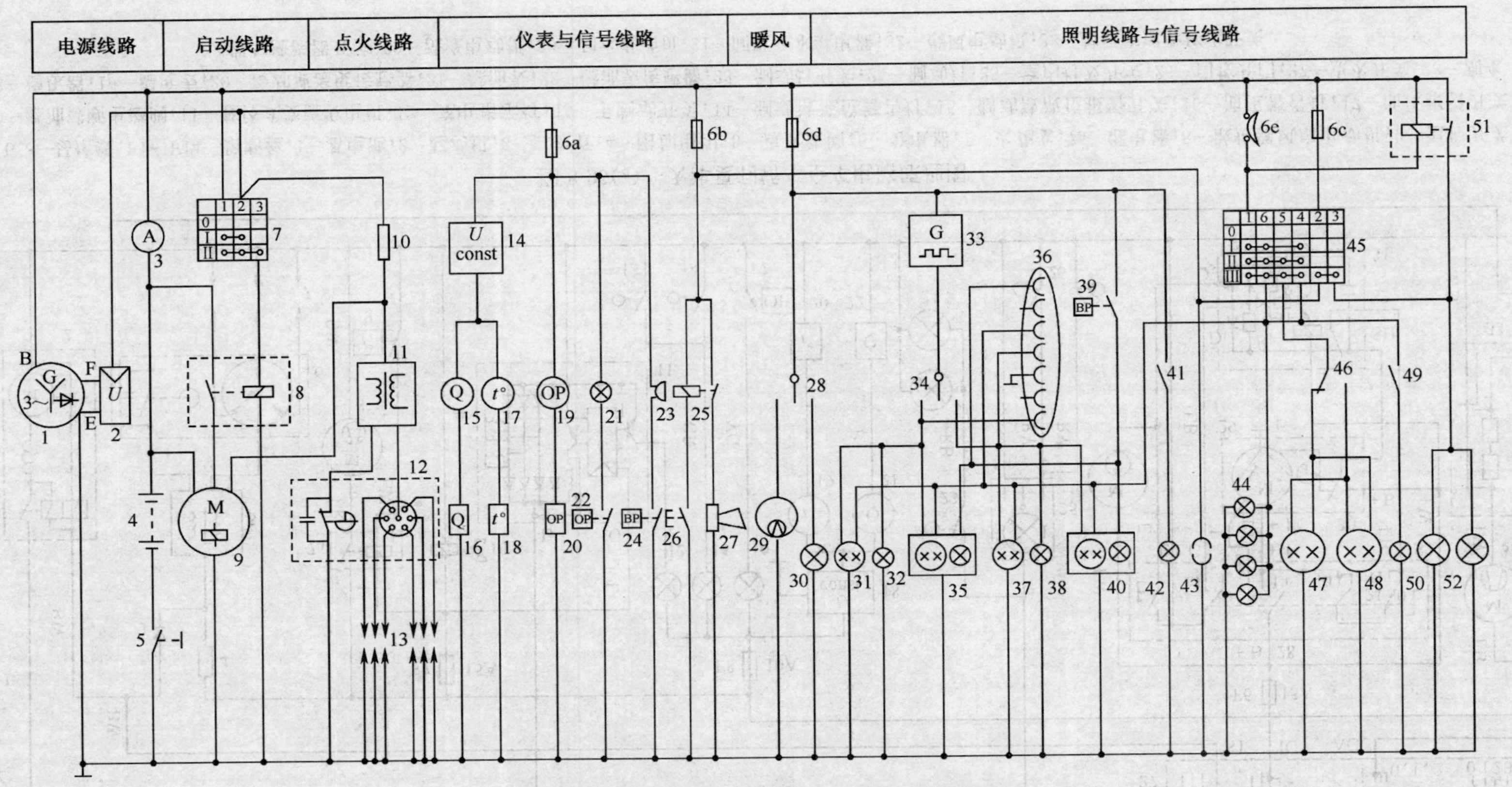

图 8-25　东风 EQ1090 型汽车的全车电路原理图

1—交流发电机；2—交流发电机调节器；3—电流表；4—蓄电池；5—电源总开关；6a～6d—熔断器；6e—双金属片式熔断器(20A)；7—点火开关；8—启动继电器；9—起动机；10—附加电阻线(1.7Ω)；11—点火线圈；12—分电器；13—火花塞；14—仪表稳压器；15—燃油表；16—燃油表传感器；17—冷却液温度表；18—冷却液温度传感器；19—油压表；20—油压表传感器；21—油压过低指示灯；22—油压过低报警开关；23—气压过低蜂鸣器；24—气压过低报警开关；25—喇叭继电器；26—喇叭按钮；27—喇叭；28—后照灯和暖风电动机开关；29—暖风电动机；30—后照灯；31—左前组合灯；32—左转向指示灯；33—闪光器；34—转向灯开关；35—左后组合灯；36—挂车插座；37—右前组合灯；38—右转向指示灯；39—制动灯开关；40—右后组合灯；41—驾驶室顶灯开关；42—驾驶室顶灯；43—工作灯插座；44—仪表灯；45—车灯开关；46—变光开关；47—左前照灯；48—右前照灯；49—发动机罩下灯开关；50—发动机罩下灯；51—灯光继电器；52—前侧灯。

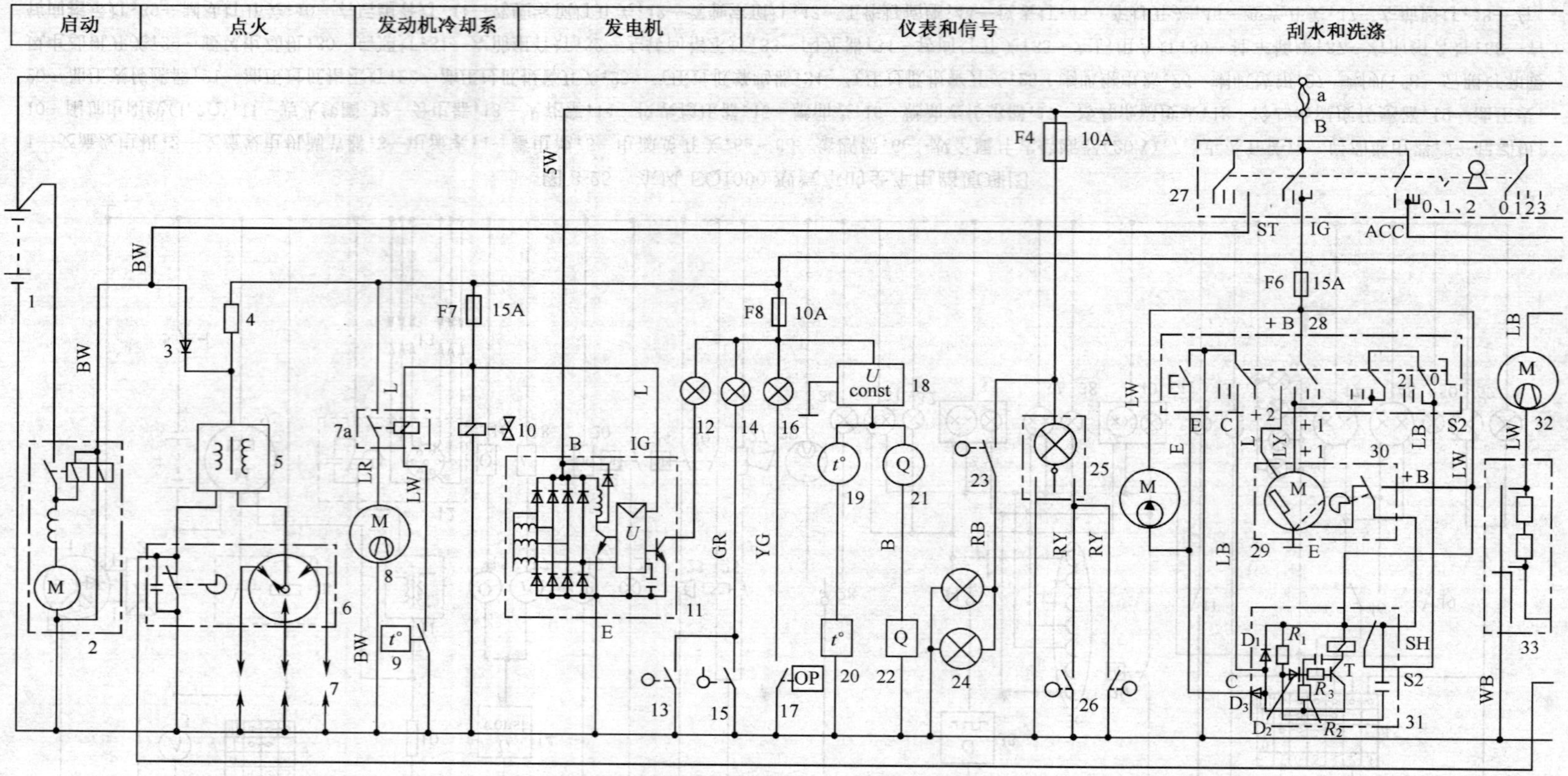

图 8-26(a)　天津夏利轿车全车电路原理图

a、b、c—易熔线；F1～F14—熔断丝；1—蓄电池；2—起动机；3—二极管；4—附加电阻；5—点火线圈；6—分电器；7—火花塞；7a—继电器；8—散热器风扇电动机；9—温控开关；10—燃油截断电磁阀；11—整体式交流发电机；12—充电指示灯；13—手制动开关；14—制动液液位警告灯；15—制动液液位报警开关；16—油压警告灯；17—油压报警开关；18—稳压器；19—温度表；20—冷却液温度传感器；21—燃油表；22—燃油表传感器；23—制动灯开关；24—制动灯；25—室内灯及开关；26—门控开门；27—点火开关；28—刮水器与洗涤器开关；29—洗涤电动机；30—刮水电动机；31—间歇刮水继电器；32—鼓风电动机；33—鼓风变速滑移式开关。

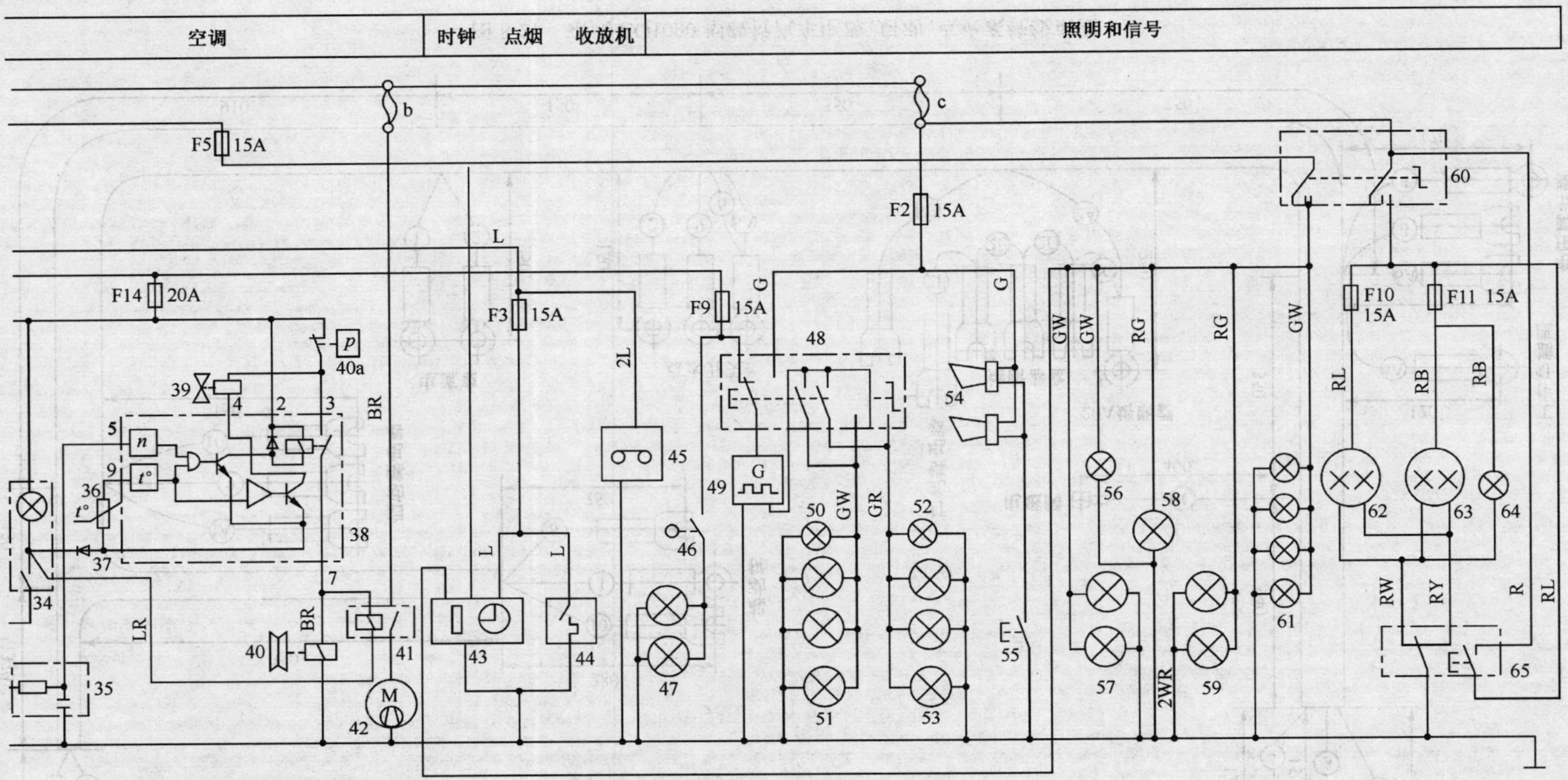

图 8-26(b) 天津夏利轿车全车电路原理图

34—空调开关；35—转速信号滤波器；36—热敏电阻；37—二极管；38—空调放大器；39—真空电磁阀；40—电磁离合器；40a—压力开关；41—空调继电器；42—冷凝器风扇电动机；43—数字式时钟；44—点烟器；45—收放机；46—倒车灯开关；47—倒车灯；48—转向与危险报警开关；49—闪光器；50 左转向指示灯；51—左转向信号灯；52—右转向指示灯；53—右转向信号灯；54—喇叭；55—喇叭按钮；56—开关照明灯；57—前示宽灯；58—牌照灯；59—后示宽灯；60 车灯开关；61—仪表照明灯；62—左前照灯；63—右前照灯；64—远光指示灯；65—变光与超车信号开关。

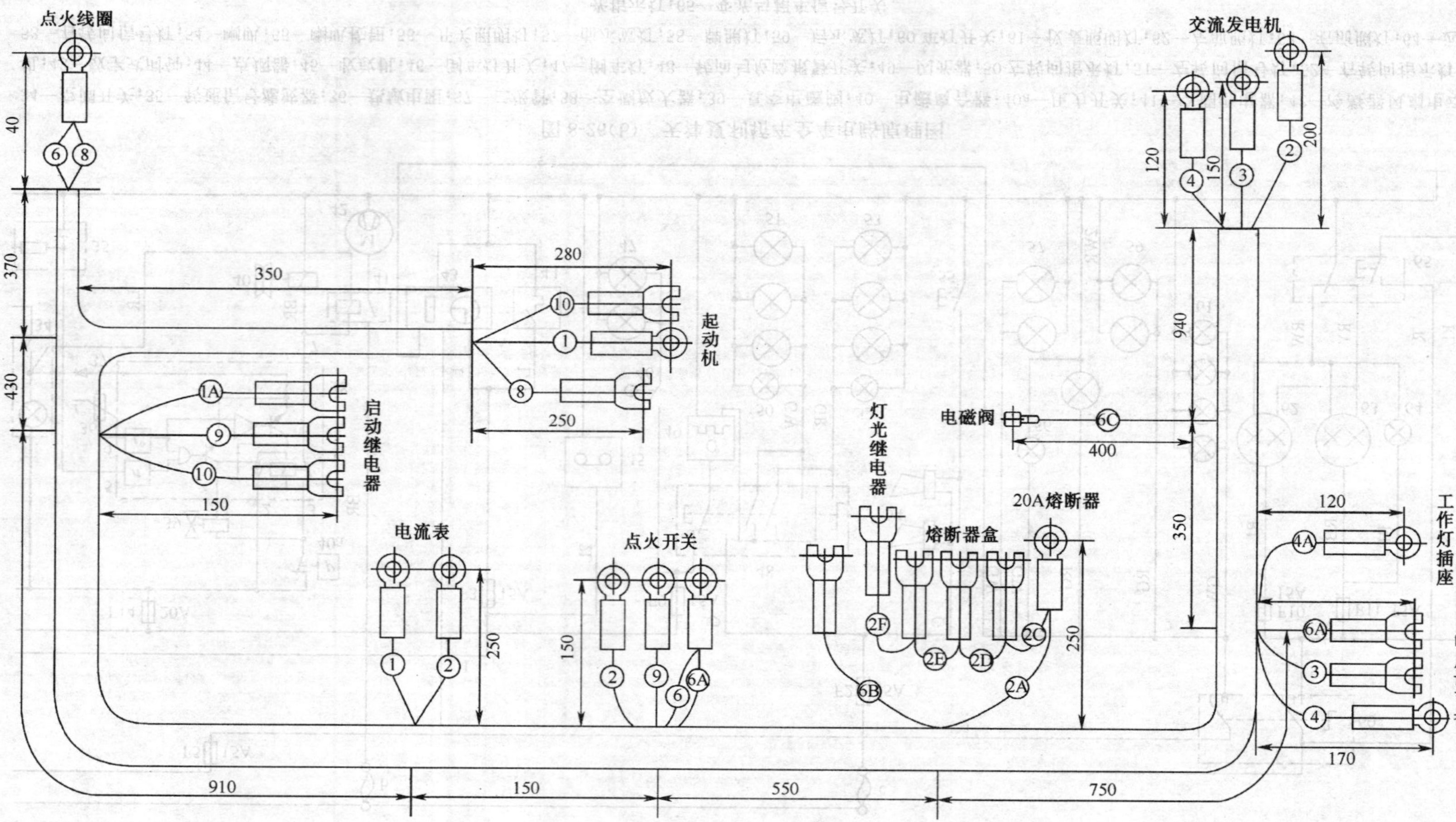

图 8-27　东风 EQ1090 型载货汽车电源、启动、点火系统线束图

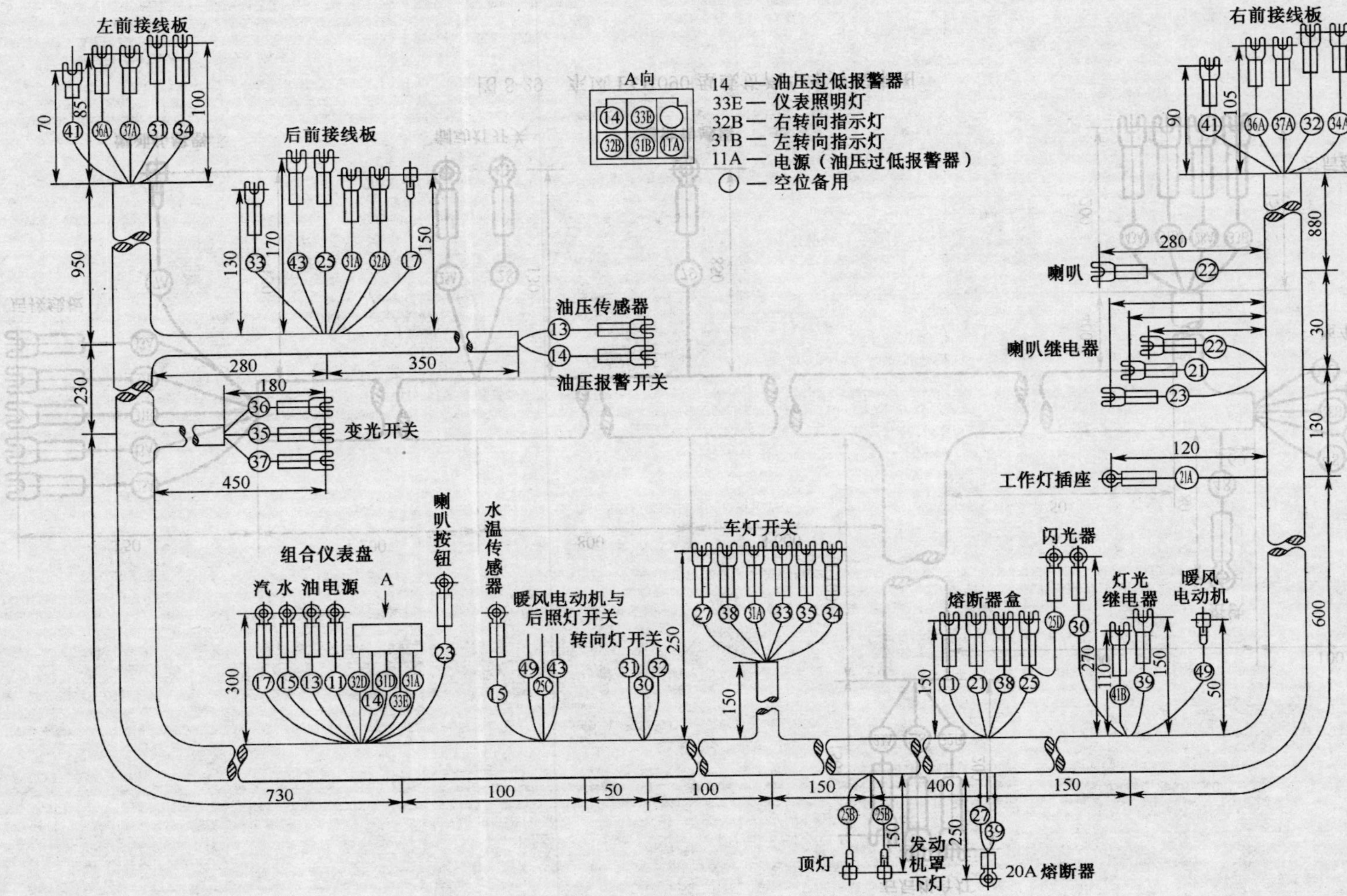

图 8-28 东风 EQ1090 型载货汽车仪表、照明、信号系统线束图

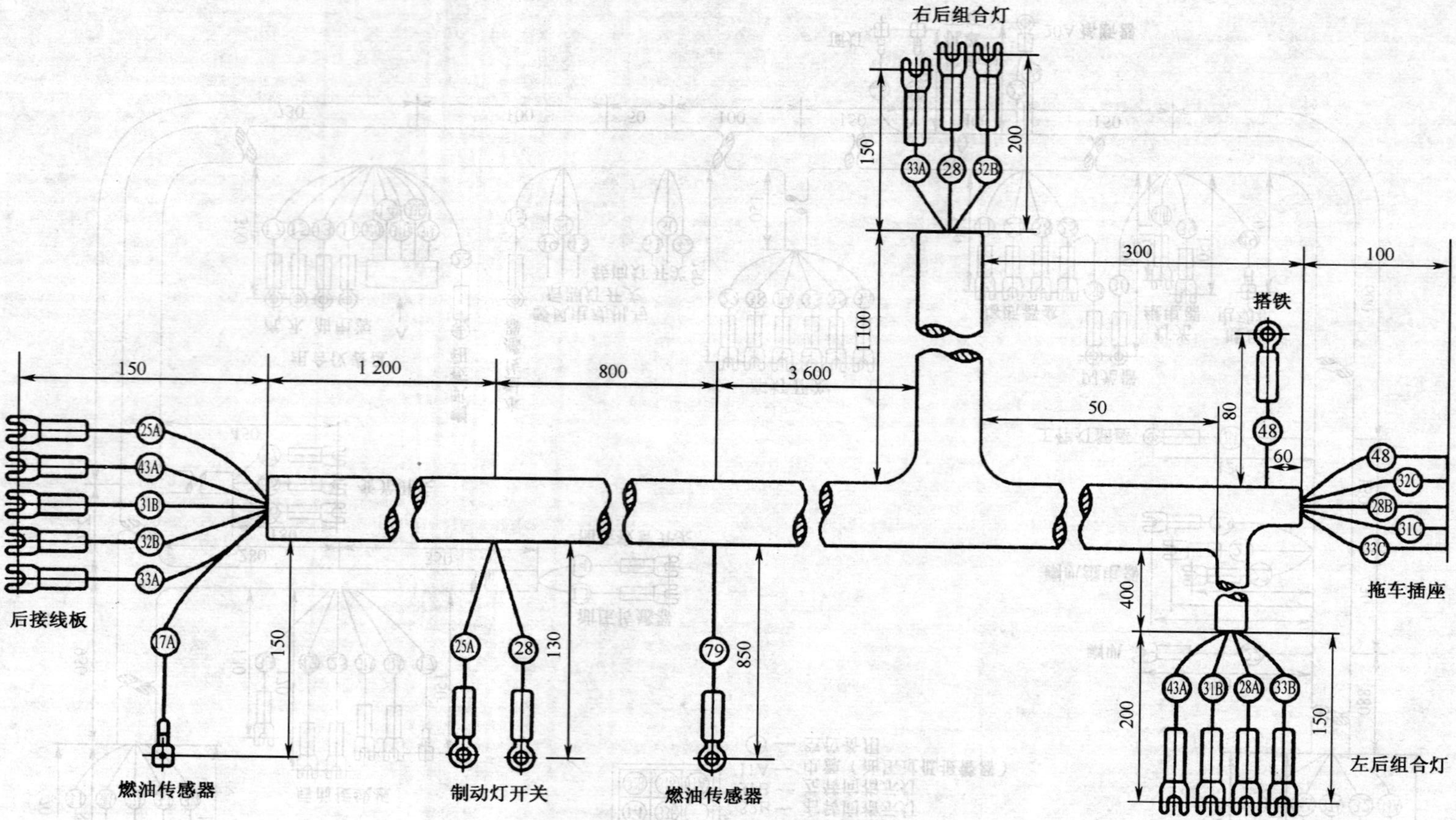

图 8-29 东风 EQ1090 型载货汽车车身线束图

第四节　全车线路图的识读

识读汽车电路图是检修和排除电路故障的前提。了解汽车电路的连接原则、熟悉各种电路图形符号、掌握汽车电路图的识读方法，是快速准确地识读汽车电路图的必要条件。

一、全车电路的连接原则

全车电路按车辆结构形式、电气设备数量、安装位置、接线方法不同而各有不同，但全车电路的连接一般都遵循以下几条原则。

(1) 汽车上各种电气设备大多数都采用单线制连接。

(2) 汽车上装备的两个电源(发电机与蓄电池)必须并联连接。

(3) 各种用电设备采用并联连接，并由各自的开关控制。

(4) 电流表必须能够监测蓄电池充、放电电流的大小。因此，在蓄电池供电时，电流都要经过电流表并与蓄电池构成回路。但是，对于用电量较大且工作时间较短的起动机电流则例外，即启动电流不经过电流表。

(5) 各型汽车均配装有保险器，用以防止发生短路而烧坏用电设备和线束。

二、汽车电路图形符号

汽车电路中常用的图形符号有电路图形符号和仪表、开关、指示灯标志图形符号。

(一) 电路图形符号

在不同国家和汽车公司推出的汽车电路中，采用的电路图形符号各有不同。我国汽车电器行业工程技术人员与专家教授在综合分析国内外汽车电路图表达方法的基础上，以国家标准GB 4728—85《电气图用图形符号》和德国博世(Bosch)公司1987年推出的《汽车电路图及其图形符号》(Automotive Symbols and Circuit Diagrams)为蓝本，参照国际标准化组织ISO制订的电气图用图形符号标准草案，结合国内具体情况，于1990年9月提出了表8-11所列的汽车电路图形符号，并对汽车电路原理图的画法进行了统一规范。因为这些电路图形符号简明扼要、含义准确，所以国内汽车行业目前已经普遍采用。

表8-11　汽车电路图形符号及含义

名　称	图形符号	名　称	图形符号
插座的一个极	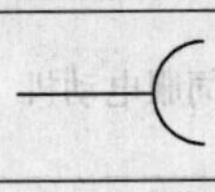	断开的连接片	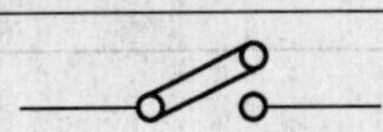
插头的一个极		边界线	
插头和插座	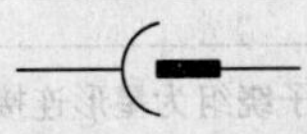	屏蔽(护罩)(可画成任何方便的形状)	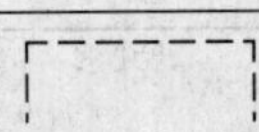
多极插头和插座(示出的为三极)	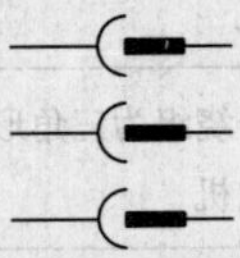	屏蔽导线	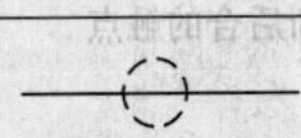
		端子	
接通的连接片	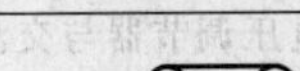	可拆卸的端子	

（续）

名　称	图形符号	名　称	图形符号
电压表		空气质量传感器	
电流表		空气流量传感器	
电压电流表		氧传感器	
温度表传感器	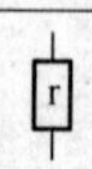	爆燃传感器	
空气温度传感器		中间断开的双向触点	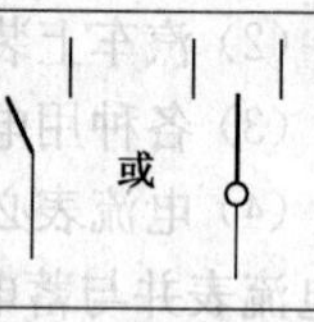
冷却液温度传感器		双向动合触点	
导线的连接		双动断触点	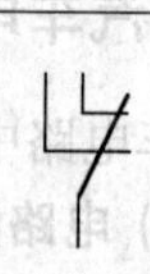
导线的分支连接	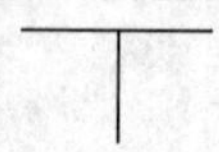	单动断双动合触点	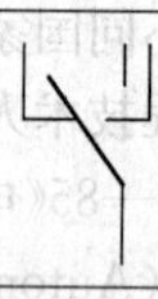
导线的交叉连接	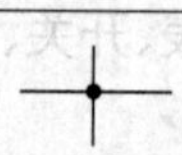	双动断单动合触点	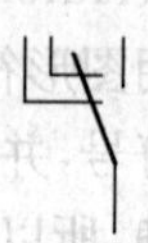
一般情况下手动控制	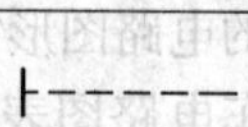	天线电动机	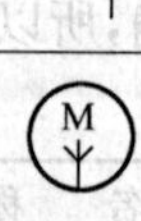
拉拔操作	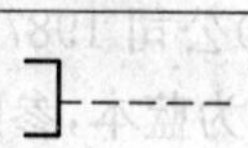	直流伺服电动机	
旋转操作	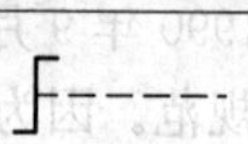	直流发电机	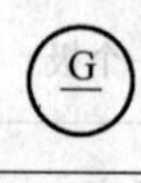
动合（常开）触点		定子绕组为星形连接的交流发电机	
动断（常闭）触点	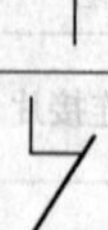	定子绕组为三角形连接的交流发电机	
先断后合的触点	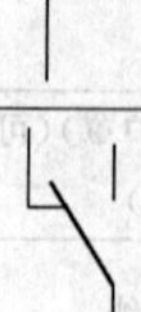	外接电压调节器与交流发电机	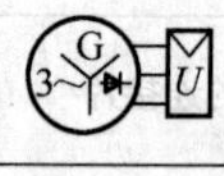
燃油表传感器	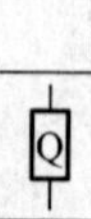		
油压表传感器			

(续)

名　称	图形符号	名　称	图形符号
整体式交流发电机		不同方向绕组电磁铁	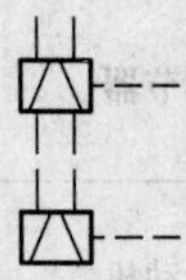
蓄电池	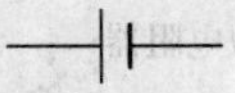	转速传感器	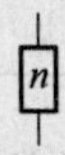
蓄电池传感器	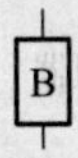	电喇叭	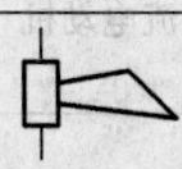
两个绕组电磁铁	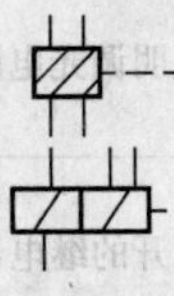	扬声器	
制动灯传感器	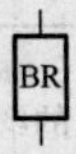	蜂鸣器	
尾灯传感器		报警器、电警笛	
制动器摩擦片传感器		元件、装置、功能元件（填上适当符号或代号，表示元件、装置或功能）	
燃油滤清器积水传感器	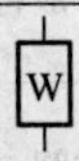	信号发生器	
三丝灯泡	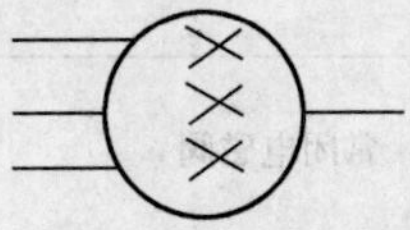	脉冲发生器	
电路集电环与电刷	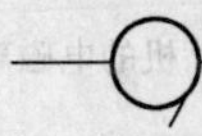	闪光器	
自记车速里程表		霍耳信号发生器	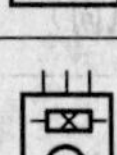
带电钟自记车速里程表		磁感应信号发生器	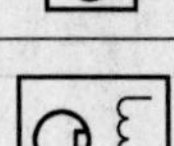
带电钟的车速里程表		分电器（图示为 4 缸）	
门窗电动机（垂直驱动）		火花塞	
座椅安全带装置		电压调节器	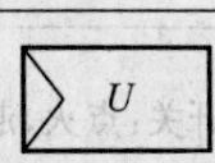
电子门锁（中央集控门锁）		转换调节器	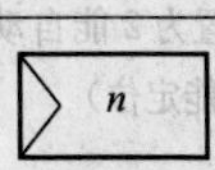

(续)

名　　称	图形符号	名　　称	图形符号
温度调节器	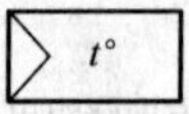	节流阀开关	
直流电动机		压敏电阻器	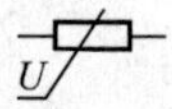
串励直流电动机		热敏电阻器	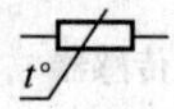
并励直流电动机	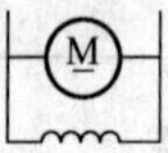	仪表照明调光电阻	
永磁直流电动机		触点常开的继电器	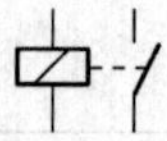
起动机(带电磁开关)		触点常闭的继电器	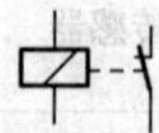
燃油泵电动机、洗涤电动机		温度补偿器	
晶体管电动燃油泵		电磁阀一般符号	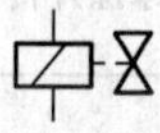
加热定时器		常开电磁阀	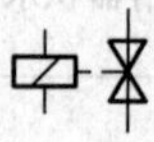
点火电子组件		常闭电磁阀	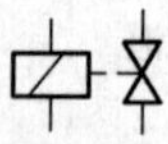
空调鼓风电动机(室内用、可调风量与风向)		空调压缩机的电磁离合器	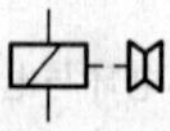
刮水电动机		用电动机操纵的怠速调整装置	
易熔线	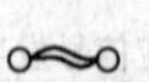	过电压保护装置	
电路断电器		过电流保护装置	
钥匙开关(全部定位)	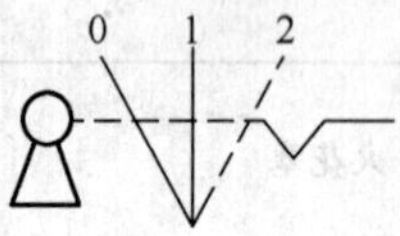	加热器(除霜器)	
多挡开关:点火、起动开关,瞬时位置为2能自动返回到1(2挡不能定位)	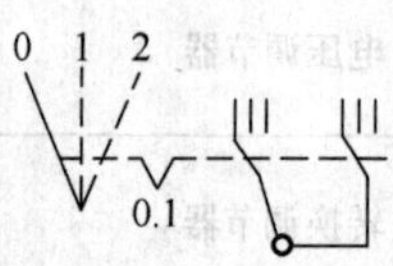	空气调节器	
		汽车仪表稳压器	

（续）

名　称	图形符号	名　称	图形符号
点烟器		荧光灯	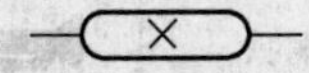
热继电器	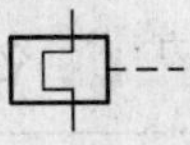	组合灯	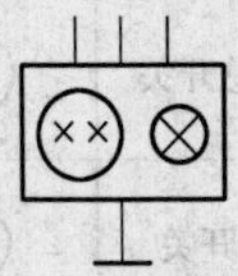
间歇刮水继电器		预热指示器	
防盗刮水继电器		电钟	
收音机		数字式电钟	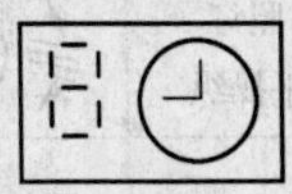
光敏电阻		收放机	
加热元件、电热塞	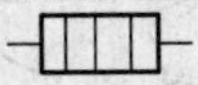	点火线圈	
内部通信联络及音响系统		油压表	
速度传感器		转速表	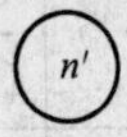
空气压力传感器		温度表	
制动压力传感器	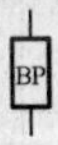	燃油表	
传感器的一般符号（星号按规定字母或符号写入）		车速里程表	
照明灯、信号灯、仪表灯、指示灯		指示仪表（星号按规定字母或符号代入）	
双丝灯			

（二）仪表、开关与指示灯标志图形符号

国内汽车电器行业工程技术人员与专家教授 1990 年 9 月同时提出的仪表、开关与指示灯标志图形符号及含义如表 8-12 所列。这些标志图形符号制作在仪表盘或仪表台的面膜上，面膜带有不同的颜色，在面膜下面设置有相应的照明灯。因此，当相应的照明灯电路接通时，面膜上的标志图形符号和颜色清晰可见。除暖风用红色、冷气和行驶灯光用蓝色之外，其余标志图

表 8-12 仪表、开关与指示灯标志图形符号及含义

名称	符号	名称	符号	名称	符号	名称	符号
喇叭		顶灯		机油温度		后窗刮水	
电源总开关		停车灯		机油压力		后窗洗涤	
灯总开关		转向灯		安全带		后窗洗涤刮水	
远光		危险信号		点烟器		前照灯清洗器	
近光		驻车制动		门开警报		阻风门	
前照灯水平操纵		制动器故障		驾驶锁止		手油门	
远照灯		空滤器堵塞		发动机罩		百叶窗	
前雾灯		机滤器堵塞		行李箱罩		启动预热	
后雾灯		电池充电		前窗刮水		熄火	
后照灯		无铅汽油		间歇刮水		高低挡选择	
示廓灯		汽(柴)油		前窗洗涤器		下坡缓行器	
车厢灯		冷却液温度		前窗洗涤刮水器		轮间差速器	
轴间差速器		冷气		右出风口		全部出风口	
起动机		风扇		左出风口		座垫暖风	
暖风		腿部出风口		右左出风口		前后除霜	

形符号红色表示危险或警告、黄色表示注意、绿色表示安全。

三、汽车线路图的识读方法

汽车线路图在画法上注重各电器设备在汽车上的实际位置，图的左边一般代表汽车的前部，图的右边一般代表汽车的尾部，图中的电器设备大多以实物轮廓的示意形状来表示，给读者以真实感觉。

随着汽车技术的发展，汽车电器设备数量逐渐增多，全车电路图日趋复杂，增加了使用及维

修人员读图的难度。全车电路原理图的识读比较容易，但需要一定基础。汽车线路图的线条多、结点多、符号多、结构紧凑，看起来像蜘蛛网一样复杂。因此，识读比较困难，其识读过程大致可分为浏览、展绘、整理 3 个阶段。

(一) 浏览

各电器设备在线路图上均以阿拉伯数字代号或英文字母代号标注，在图注中也用相应的数字代号或英文字母代号表示该电器设备的名称。

在识读任何车型的线路图时，首先应当仔细阅读图注，并对照图注代号和图形代号找出各主要电器设备(包括电源系统、启动系统、点火系统、发动机燃油喷射系统、防抱死制动系统等)在线路图中的位置，了解整车装备有哪些电器设备。

在识读某一系统的线路图时，既可根据图中数字代号或字母代号在图注中查找该电器设备的名称，也可在图注中查找该电器设备的名称，并根据其数字代号或字母代号在线路图中查找该电器设备。

遇到新系统(如各种电子控制系统)和新型电器设备(如车载局域网电控单元)时，则应查阅有关图书、资料和原理图，了解系统和部件的功能与原理。

(二) 展绘

展绘线路图的目的是把线路图展开，即“化整为零、找出通路”。经过浏览线路图之后，虽然可以基本了解各电器系统的组成，但是由于整车电器系统支路数较多，浏览不一定能完全了解电路原理及连接特点。因此，需要把图中的每条导线准确地展绘出来。

展绘线路图时，为了避免出现差错，可用直尺或纸条把每一条电流通路找出，并将其详细地描绘下来。为了防止遗漏失误，展绘应找出一段记录一条，直到绘制到最后一条导线为止。

展绘电路图的每一条支路时，一般按电源正极→火线→熔断器→继电器或开关等→用电设备→搭铁→电源负极的顺序找线。

现代汽车配装的熔断器、插接器、继电器、报警灯和指示灯等数量较多，这些部件必须仔细标注清楚。由于灯光总开关、刮水器开关、点火开关、组合仪表盘的接线端子较多，且导线密集，因此在展绘时应仔细观察。

展绘的目的仅仅是把线路图展开。因此在展绘过程中，不要求绘出简洁规范的原理图，同时应尽可能用篇幅较大的纸张，以便进行展绘和提高展绘进度。

(三) 整理

展绘得到的电路图杂乱无章、不便识读，需要经过反复修改才能整理出简洁、完整、准确的电路原理图。

整理后的电路原理图布局应有统一的格式，零部件符号应尽可能采用标准符号进行标注，图中接线柱标号和导线标号等必须与原图标号一致。对于特殊电器部件，还应在图注中用文字进行说明。

读者经过识读一定数量汽车线路图之后，就会发现不同车型的全车线路都有许多共同点。例如，外搭铁型交流发电机的磁场线路均为：交流发电机“输出”端子 B→点火开关→发电机磁场绕组→调节器“磁场”端子 F→调节器内部大功率三极管→调节器“搭铁”端子 E→交流发电机“搭铁”端子 E。

内搭铁型交流发电机的磁场线路均为：交流发电机“输出”端子 B→点火开关→电子调节器“电源”端子 B→调节器内部大功率三极管→调节器“磁场”端子 F→发电机磁场绕组→调节器“搭铁”端子 E→交流发电机“搭铁”端子 E。

对于初学者而言，虽然识读汽车线路图比较困难，但是，只要掌握识读方法，就能逐步进行识读。此外，随时归纳总结共性与差异，对快速识读汽车线路图也有很大帮助。

四、全车电路图的识读

全车电路图是一种电路原理图，主要表明汽车电器设备的工作原理，如电流走向、流过电器装置的顺序等，图中符号和线路仅仅表示各电器设备之间的相互联系，并不代表实际安装位置。汽车电路图可按下述方法进行认读。

(一) 熟悉全车电路的特点

在汽车的全车电路图中，电器装置采用从左到右(供电电源在左、用电设备在右，在局部电路的原理图中，信号输入端在左、信号输出端在右)、从上到下(火线在上，搭铁线在下)的顺序进行布置，且各电器系统的电路尽可能绘制在一起。在电路图的上方绘制有一个说明条框，用以说明条框下面电路的组成与功能。

(二) 熟悉局部电路的分析方法

在全车电路中，大多数汽车的局部电路都大同小异，因此只要熟悉几种典型车型的电路之后，即可举一反三进行认读。

认读全车电路图时，首先根据电路图上的电器图形符号和文字符号了解全车电器设备的组成，然后根据电路图上方的说明条框，了解局部电路的组成与功能。在局部电路中，各电器设备之间的联系紧密，根据所学电器系统的相关知识，即能容易地分析其工作原理和判断故障。分析局部电路要特别注意以下几点。

1. 必须遵循回路原则

在分析局部电路的组成时，一定要遵循回路原则，即各局部电路只有电源和电源开关是公用的，任何一种用电设备都要构成回路。因此，需要先查找其电源正极，然后从电源火线到熔断器、控制开关，再继续查找用电设备，最后经搭铁回到电源负极。

2. 明确开关和继电器的初始状态

在分析局部电路的工作原理时，要特别注意控制开关、继电器触点的工作状态。大多数电器设备都是通过开关、继电器触点状态的变化来改变其回路，从而实现不同的电路功能。例如转向信号灯电路就是通过转向灯开关位置转换来接通不同的转向信号灯电路，从而发出转向方向不同的信号。

在电路图中，控制开关和继电器的状态是其初始状态。控制开关总是处于零位，即开关处于断开状态；继电器线圈处于断电状态，其触点处于断开状态；对于电子开关，若初始状态通电，其初始状态则是电路达到稳定工作时的状态；若初始状态时不通电，其初始状态则是静止时的状态，即相当于触点断开。

3. 还原电器部件的原理电路

在全车电路图中，电器部件的图形符号都已大大简化，大多数图形符号都难以表达出电器部件的原理电路。因此，在分析局部电路的工作原理时，可将某些电器部件的图形符号(例如发电机、起动机、刮水器等)还原成较为详细的原理电路，这样便可比较清楚地表达出局部电路的相互联系，分析和查找电路十分方便。

由汽车电路的特点可知，在全车电路图中，各系统的局部电路之间以及局部电路与电源电路之间的连接关系都是并联关系。掌握局部电路的分析方法和工作原理之后，再分析各部分电路之间的联系，整车电路的分析方法和工作原理便可迎刃而解。

(三) 熟悉典型全车电路的分析方法

汽车电器设备的标准化、通用化和专业化生产水平很高，同一国家全车电路的表达形式逐步趋于一致，世界各国汽车电路的形式也可划分为几种类型。例如，了解解放牌汽车电路的特点，国产汽车电路图的识读就可迎刃而解；了解丰田、日产等汽车电路的特点，就可基本了解日本各汽车公司生产汽车的电路特点；了解桑塔纳轿车电路的特点，就可了解德国等西欧汽车公司生产汽车的电路特点。因此，熟悉不同国家和地区生产的几种典型汽车的电路特点和接线原则，并掌握其电路分析方法，是认读各种汽车的全车电路和排除汽车电器故障的必由之路。

第五节　全车线路分析实例

了解汽车电路的连接原则、图形符号和识读方法之后，分析研究各种车型的电路特点以及正确判断电路故障就有了基础。为了便于教学单位组织教学实习，下面以东风 EQ1090 型载货汽车线路和桑塔纳轿车电路为例，说明全车电路的分析方法。

一、东风 EQ1090 型载货汽车全车线路分析

东风 EQ1090 型载货汽车全车线路主要由电源系统、启动系统、点火系统、照明与信号系统、仪表系统以及辅助电器系统等组成，如图 8-25 所示。

(一) 电源系统线路

电源系统包括蓄电池、交流发电机及调节器，东风 EQ1090 汽车配装电子式电压调节器，电源线路如图 8-30 所示，其特点如下。

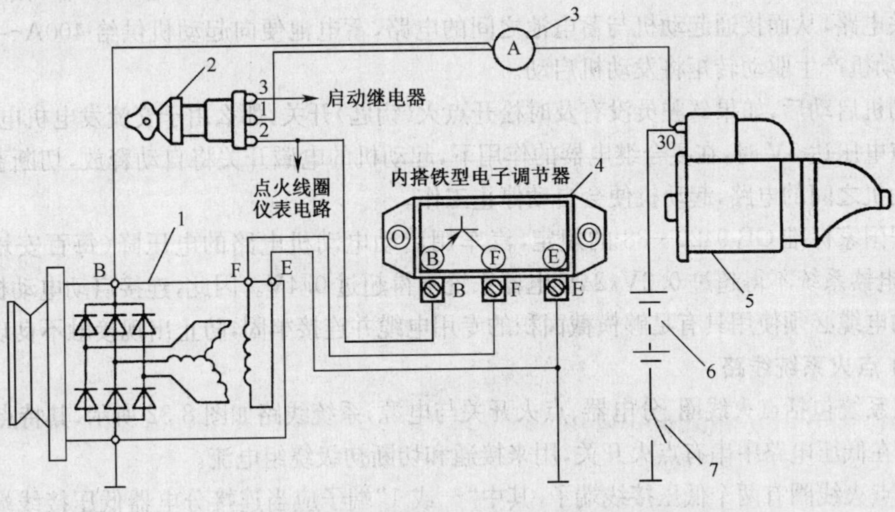

图 8-30　东风 EQ1090 型汽车电源系统线路

1—交流发电机；2—点火开关；3—电流表；4—电子式电压调节器；5—起动机；6—蓄电池；7—电源总开关。

(1) 发电机与蓄电池并联，蓄电池的充放电电流由电流表指示。接线时应注意电流表的“－”端接蓄电池正极，电流表“＋”端与交流发电机“电枢”接线柱 B(或 A)连接，用电设备的电流也由电流表“＋”端引出，这样电流表才能正确指示蓄电池的充、放电电流值。

(2) 蓄电池的负极经电源总开关搭铁。在汽车停用时，应当切断电源总开关，以防蓄电池漏电。

(3) 发电机的磁场电流由点火开关控制。当发电机转速很低，输出电压没有达到规定电压时，由蓄电池向发电机供给磁场电流。

(二) 启动系统线路

启动系统由蓄电池、起动机、启动继电器(部分东风 EQ1090 型汽车配装复合继电器)组成，系统线路如图 8-31 所示。

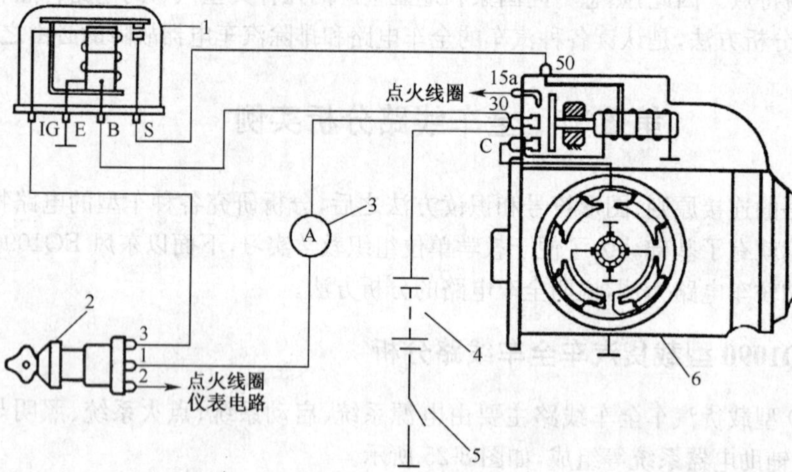

图 8-31 东风 EQ1090 型汽车启动系统线路

1—启动继电器；2—点火开关；3—电流表；4—蓄电池；5—电源总开关；6—起动机。

启动发动机时，将点火开关置于“启动”挡位，启动继电器(或复合继电器)工作，接通起动机电磁开关电路，从而接通起动机与蓄电池之间的电路，蓄电池便向起动机供给 400A～600A 大电流，起动机产生驱动转矩将发动机启动。

发动机启动后，如果驾驶员没有及时松开点火(钥匙)开关，那么由于交流发电机电压升高，其中性点电压达 5V 时，在复合继电器的作用下，起动机的电磁开关将自动释放，切断蓄电池与启动电动机之间的电路，起动机便会自动停止工作。

根据国家标准 GB 9420—88 的规定，汽车用启动电动机电路的电压降(每百安培的电压差)12V 电器系统不得超过 0.2V，24V 电器系统不得超过 0.4V。因此，连接启动电动机与蓄电池之间的电缆必须使用具有足够横截面积的专用电缆并连接牢固，防止出现接触不良现象。

(三) 点火系统线路

点火系统包括点火线圈、分电器、点火开关与电源，系统线路如图 8-32 所示，其特点如下。

(1) 在低压电路中串有点火开关，用来接通和切断初级绕组电流。

(2) 点火线圈有两个低压接线端子，其中“－或 1”端子应当连接分电器低压接线端子，“＋或 15”端子上连接有两根导线，其中来自起动机电磁开关的蓝色导线(个别车型因出厂年代不同其导线颜色可能有所不同)应当连接电磁开关上的附加电阻短路开关端子“15a”；白色导线来自点火开关，该导线为附加电阻线(电阻值为 1.7Ω 左右)，所以不能用普通导线代替。启动发动机时，初级电流并不经过白色导线，而是由蓄电池经起动机电磁开关和蓝色导线直接流入点火线圈，使附加电阻线被短路，从而减小低压电路电阻，增大低压电流，保证发动机能顺利启动。

(3) 在高压电路中，由分电器至各火花塞的导线称为高压导线，连接时必须按照汽缸点火顺序依次连接。

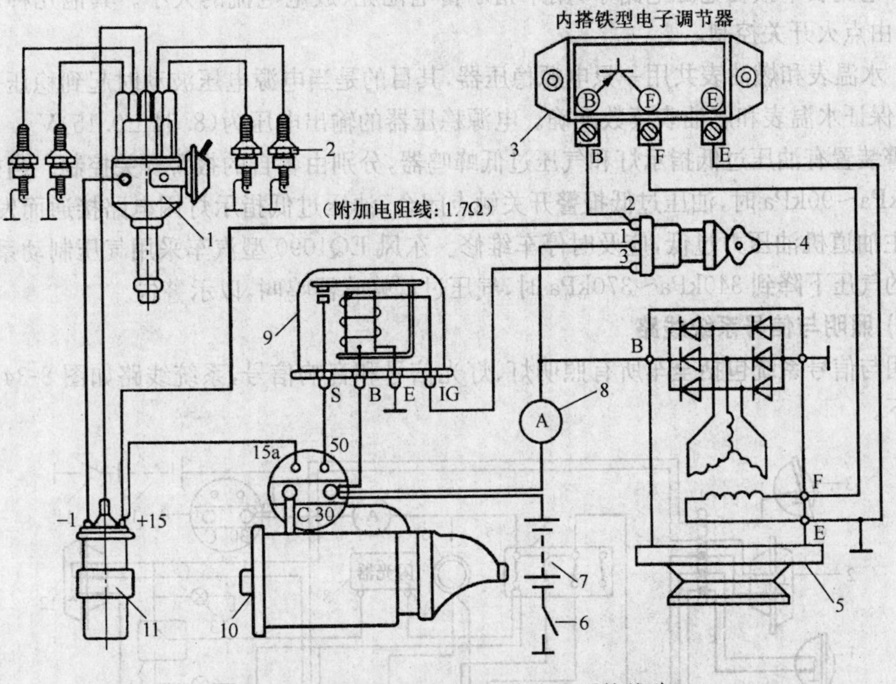

图 8-32　东风 EQ1090 型汽车点火系统线路

1—分电器；2—火花塞；3—电压调节器；4—点火开关；5—交流发电机；6—电源总开关；7—蓄电池；8—电流表；9—启动继电器；10—起动机；11—点火线圈。

(四) 仪表系统线路

仪表系统包括电流表、油压表、水温表、燃油表和与之匹配的传感器，系统线路如图 8-33 所示，其特点如下。

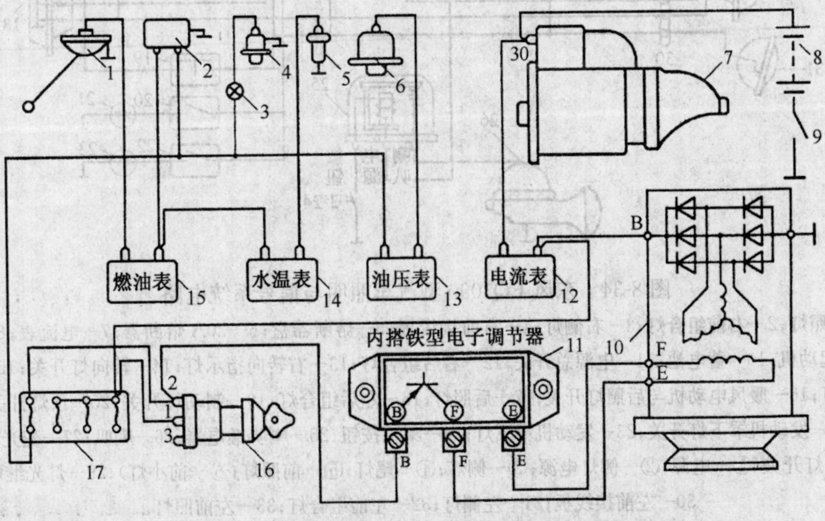

图 8-33　东风 EQ1090 型汽车仪表系统线路

1—燃油传感器；2—仪表稳压器；3—油压过低指示灯；4—油压过低报警开关；5—水温传感器；6—油压传感器；7—起动机；8—蓄电池；9—电源总开关；10—交流发电机；11—电压调节器；12—电流表；13—油压表；14—水温表；15—燃油表；16—点火开关；17—熔断器盒。

(1) 电流表串接在电源电路中，用来指示蓄电池充、放电电流的大小。其他几种仪表相互并联，并由点火开关控制。

(2) 水温表和燃油表共用一只电源稳压器，其目的是当电源电压波动时起到稳压仪表电源的作用，保证水温表和燃油表读数准确。电源稳压器的输出电压为(8.64±0.15)V。

报警装置有油压过低指示灯和气压过低蜂鸣器，分别由各自的报警开关控制。当机油压力低于50kPa～90kPa时，油压过低报警开关触点闭合，油压过低指示灯因电路接通而发亮，指示发动机主油道机油压力过低，应及时停车维修。东风EQ1090型汽车采用气压制动系统，当制动系统的气压下降到340kPa～370kPa时，气压过低蜂鸣器鸣叫，以示警告。

(五) 照明与信号系统线路

照明与信号系统包括全车所有照明灯、灯光信号和音响信号，系统线路如图8-34所示，其特点如下。

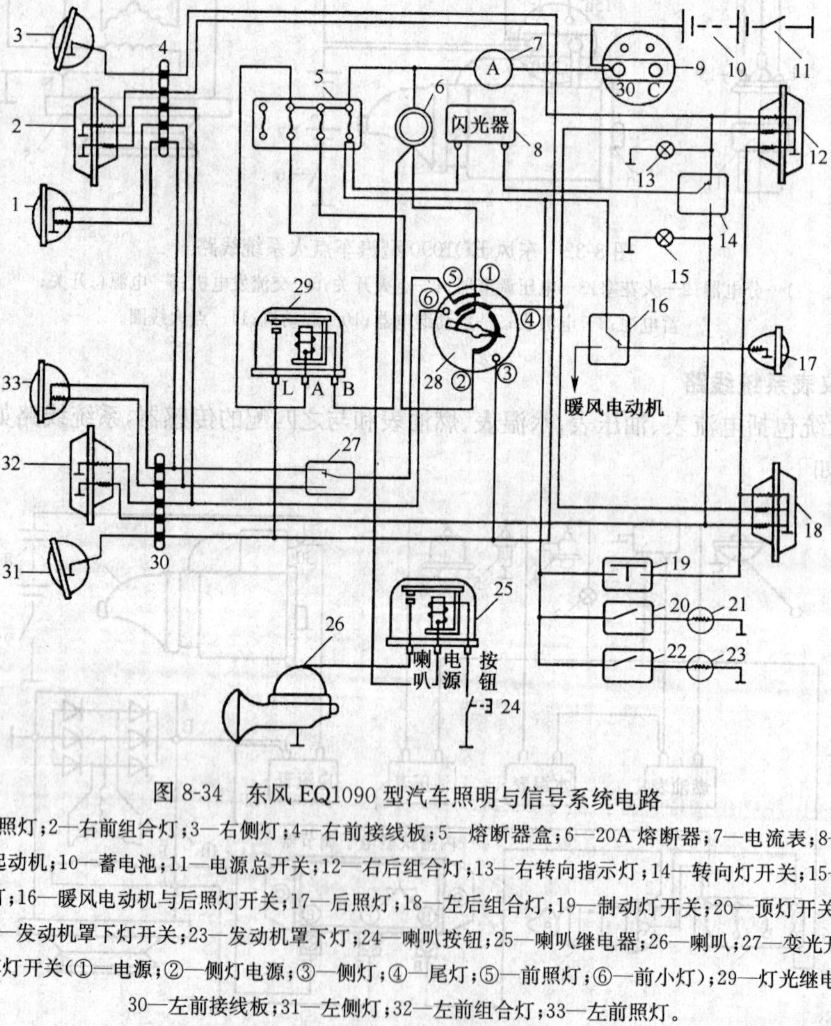

图8-34 东风EQ1090型汽车照明与信号系统电路

1—右前照灯；2—右前组合灯；3—右侧灯；4—右前接线板；5—熔断器盒；6—20A熔断器；7—电流表；8—闪光器；9—起动机；10—蓄电池；11—电源总开关；12—右后组合灯；13—右转向指示灯；14—转向灯开关；15—左转向指示灯；16—暖风电动机与后照灯开关；17—后照灯；18—左后组合灯；19—制动灯开关；20—顶灯开关；21—顶灯；22—发动机罩下灯开关；23—发动机罩下灯；24—喇叭按钮；25—喇叭继电器；26—喇叭；27—变光开关；28—车灯开关(①—电源；②—侧灯电源；③—侧灯；④—尾灯；⑤—前照灯；⑥—前小灯)；29—灯光继电器；30—左前接线板；31—左侧灯；32—左前组合灯；33—左前照灯。

(1) 前照灯为两灯制，并采用双丝灯泡。

(2) 前照灯外侧为前侧灯，采用单灯丝，其光轴与前照灯光轴成20°夹角，即分别向左、右偏斜20°。因此在夜间行车时，如果前照灯与前侧灯同时发亮，那么汽车正前方和左、右两侧的较大范围内都有较好的照明，即使在汽车急转弯时，也能照亮前方的路面，从而大大改善了汽车在弯道多、转弯急的道路上行驶时的照明条件。

(3) 前照灯、前小灯、前侧灯及尾灯均由手柄式车灯开关控制。

(4) 设有灯光保护线路。

(5) 制动信号灯不受车灯总开关控制，直接经熔断丝与电源相连接，只要踩下制动踏板，制动灯开关就会接通制动灯电路使制动灯发亮。

(6) 转向信号灯受转向灯开关控制。

(7) 电喇叭由喇叭按钮和喇叭继电器控制。

二、桑塔纳轿车全车线路分析

(一) 全车线路的构成

桑塔纳系列轿车全车线路主要由电源系统、启动系统、点火系统、照明系统、仪表系统、信号与报警系统、进气预热系统、风窗刮水与清洗系统、空调系统、音响系统和辅助电器系统等组成，如图 8-24 所示。1999 年后生产的桑塔纳系列轿车还配装有发动机燃油喷射系统、防抱死制动系统、安全气囊系统和自动变速系统等。

(二) 全车线路的特点

桑塔纳系列轿车的全车线路图采用了德国设计风格，主要由配装继电器与熔断器的中央线路板线路、导线连通的负载线路、导线颜色、电路号码、搭铁部位以及连接上页或下页电路图的箭头 6 部分构成，如图 8-35 所示。

桑塔纳系列轿车原版电器线路图为彩色电路图，各种导线的颜色用缩写英文字母标注在导线上，各英文字母表示的颜色如下。

ge——黄色；ws——白色；ro——红色；li——紫色；bl——蓝色；gr——灰色；gn——绿色；br——棕色；sw——黑色。

桑塔纳系列轿车电器线路的电源正极分成“30”、“15”和“X”共 3 路火线，标有“31”字样的导线为搭铁线。

(1) 标有“30”(或“30～A”)字样的电源线为常火线。直接与蓄电池连接，中间不经过任何开关，无论汽车处于行驶状态还是停止状态，其电压都等于电源电压(12V～14V)。“30”号电源线的电源专门供给停车灯、制动灯、报警灯、顶灯、冷却风扇电动机等在发动机熄火时需要用电的电气设备使用。

(2) 标有“15”(或“15～B”)字样的电源线为小容量用电设备的电源正极。“15”号电源线的电源受点火开关控制，只有在点火开关处于“Ⅱ”或“Ⅲ”挡位置时才能与“30”电源线接通，用电设备才能通电使用。

(3) 标有“X”(或“X～C”)字样的电源线为大容量用电设备的电源正极。只有在汽车发动机运转、点火开关处于“Ⅱ”或“Ⅲ”挡位置、开关第二掷将减荷继电器(中间继电器)J59 线圈电路接通，减荷继电器触点闭合时，由其供电的用电设备才能接通使用。如风窗玻璃刮水器与清洗器、后风窗除霜器、空调系统的鼓风电动机等。

(三) 全车线路图字母符号的含义

桑塔纳系列轿车电器线路图中各种符号如图 8-36 所示，各个符号代表的含义如下。

(1) 继电器位置号“12”表明继电器在中央线路板(继电器盒)上的 12 号位置。

(2) 根据中央线路板上的继电器或控制器符号，在电气线路图的图注中可以查到其名称，

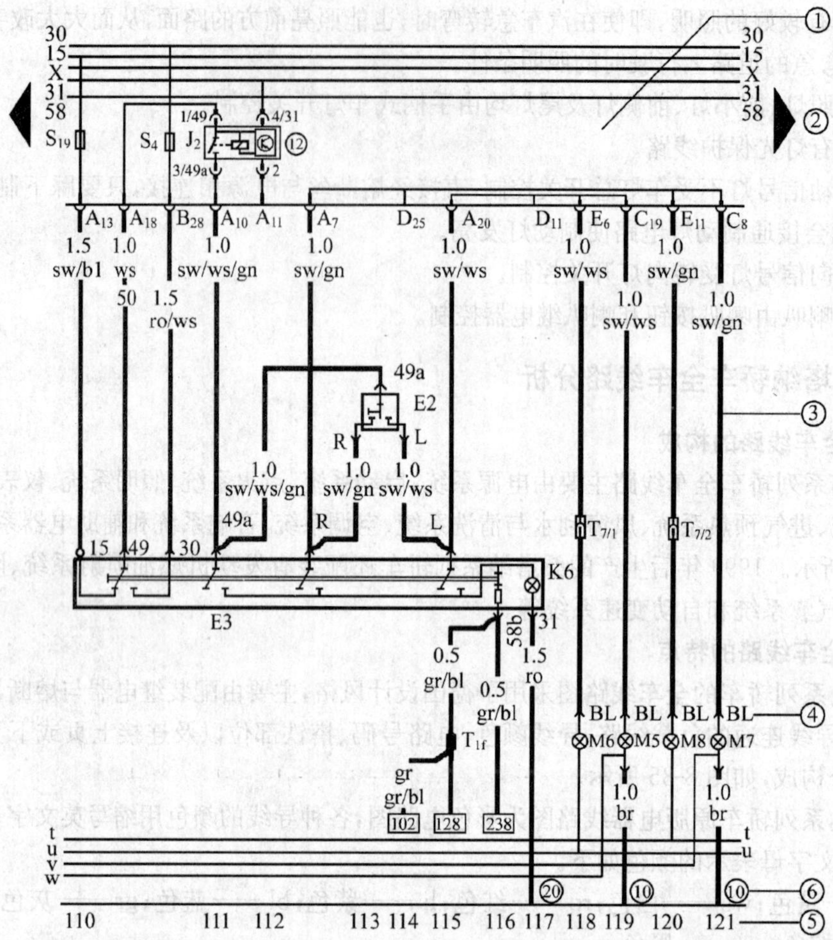

图 8-35 桑塔纳轿车电器线路图的构成(转向与报警信号系统线路图)

①—该区域表示配装有继电器与熔断器的中央线路板;②—箭头方向表示与上或下页电路图连接;③—以导线连通的负载线路(所有开关和触点都处于断开状态);④—导线颜色;⑤—电路号码(以便查找与其相连接处);⑥—圆圈内数字表示搭铁部位(10 表示搭铁点在中央线路板旁边;20 表示搭铁接线柱 31 在仪表盘线束内);E_2—转向灯开关;E_3—危险报警灯开关;J_2—复合式闪光继电器;K_6—转向信号与报警信号指示灯;M_5—左前转向信号灯;M_6—左后转向信号灯;M_7—右前转向信号灯;M_8—右后转向信号灯;T_7—7 孔插座连接端子。

如"J_2"表示复合式闪光继电器。

(3) 熔断器代号表示熔断器在熔断器座上的位置代号,如"S_{19}"表示 19 号熔断器(转向与报警信号系统,红色,10A)。熔断器容量可根据熔断器颜色判定:紫色为 3A;红色为 10A;蓝色为 15A;黄色为 20A;绿色为 30A。

(4) 中央线路板上的插接器代号表示多孔插头的一个端子,如"3/49a"中的 3 表示该继电器(此处为 12 号继电器)位置上的 3 号插孔,49a 表示继电器或控制器的 49a 号端子(插头)。

(5) 中央线路板上的插接器端子位置代号表示带线束的多孔或单孔插头的位置,如 A_{13} 表示多孔插接器插头 A 的 13 号端子。

(6) 导线截面积符号用数字标示在导线上,单位为 mm^2。

(7) 导线颜色符号用英文字母缩写表示,其含义如前所述。

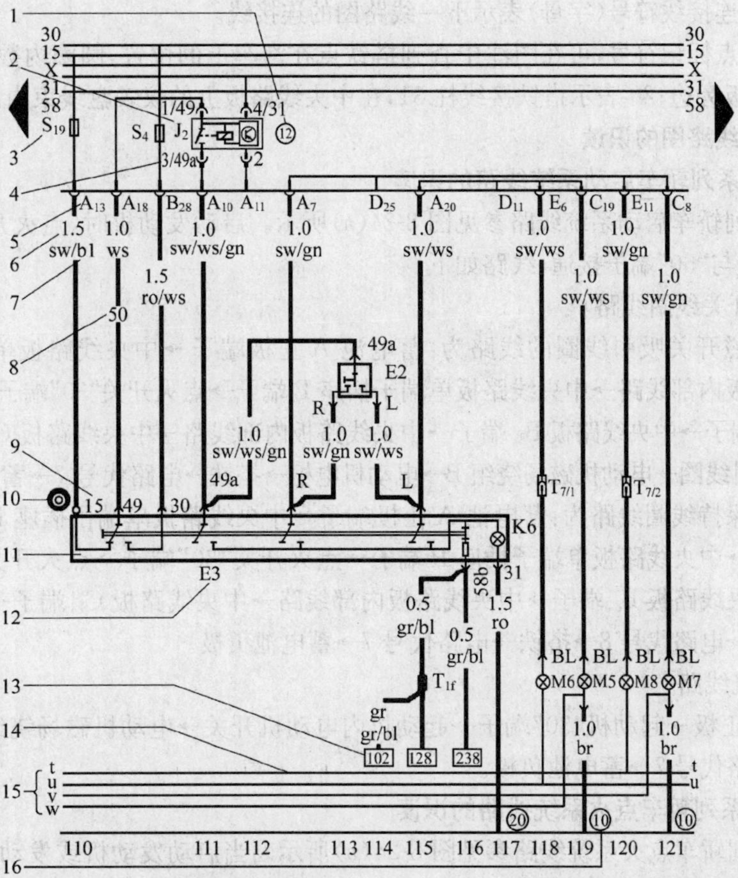

图 8-36　电器线路图中符号的含义(转向与报警信号系统线路图)

1—继电器位置号;2—中央线路板上的继电器或控制器符号;3—熔断器代号;4—中央线路板上的插接器端子代号;5—中央线路板上的插接器端子位置代号;6—导线截面积符号;7—导线颜色符号;8—白色导线上印刷的标记号;9—接线端子代号;10—故障诊断程序用的检测点代号;11—线路标记符号;12—零部件符号;13—导线连接端连接导线的电路号码;14—内部连接导线;15—内部连接线符号(字母);16—搭铁点标记符号;E_2—转向灯开关;E_3—危险报警灯开关;J_2—复合式闪光继电器;K_6—转向信号与报警信号指示灯;M_5—左前转向信号灯;M_6—左后转向信号灯;M_7—右前转向信号灯;M_8—右后转向信号灯;T_7—7 孔插座连接端子。

(8) 白色导线上印刷的标记号用于区分同一线束中不同的白色导线。

(9) 接线端子代号在零部件上可以查到。

(10) 故障诊断测试用的检测点代号,在插图或线路图中可以找到同样的黑色圈内的数字代号,用于故障诊断测试。

(11) 线路标记符号(布纹框)表示一个整体部件。为了便于印刷,全车线路图中已改为黑白线路图。

(12) 零部件符号,在图注中可以查到零件名称,如 E_3 表示故障危急报警灯开关。

(13) 导线连接端头方框内的数字代码表明电路图中与其连接的导线的电路号码,如238表示该导线端头与电路号码为238处的导线端头相连接。

(14) 内部连接导线(细线)仅为内部电路连接,没有连接导线,可以根据内部电路连接追踪电器部件和内部电流走向。

(15) 内部连接线符号(字母)表示下一线路图的连接线。

(16) 搭铁点标记符号,可在图注中查到搭铁点在汽车上的位置,圆圈内数字 10 表示搭铁点在中央线路板旁边;20 表示搭铁接线柱 31,在中央线路板上的仪表盘线束内。

(四) 全车线路图的识读

1. 桑塔纳系列轿车启动系统线路的识读

桑塔纳系列轿车启动系统线路参见图 8-24(a)所示。启动发动机时,点火开关 D 拨到第二挡,其“30”端子与“50”端子接通,线路如下。

(1) 电磁开关线圈线路

起动机电磁开关吸引线圈的线路为:蓄电池 A 正极端子→中央线路板单端子插座 P 端子→中央线路板内部线路→中央线路板单端子插座 P 端子→点火开关“30”端子→点火开关 D→点火开关“50”端子→中央线路板 B_8 端子→中央线路板内部线路→中央线路板 C_{18} 端子→起动机“50”端子→吸引线圈→电动机磁场绕组 B→电动机电枢→搭铁→电路代号 7→蓄电池负极。

电磁开关保持线圈线路为:蓄电池 A 正极端子→中央线路板单端子插座 P 端子→中央线路板内部线路→中央线路板单端子插座 P 端子→点火开关“30”端子→点火开关 D→点火开关“50”端子→中央线路板 B_8 端子→中央线路板内部线路→中央线路板 C_{18} 端子→起动机“50”端子→保持线圈→电路代号 8→搭铁→电路代号 7→蓄电池负极。

(2) 电动机线路

蓄电池 A 正极→起动机“30”端子→起动机内电动机开关→电动机磁场绕组 B→电动机电枢→搭铁→电路代号 7→蓄电池负极。

2. 桑塔纳系列轿车点火系统线路的识读

桑塔纳系列轿车点火系统线路参见图 8-24(a)所示。当启动发动机或发动机正常运转时,点火系统工作,点火开关 D 拨到第一挡或第二挡,其“30”端子与“15”端子接通。

(1) 点火控制器电源线路

蓄电池 A 正极端子→中央线路板单端子插座 P 端子→中央线路板内部线路→中央线路板单端子插座 P 端子→点火开关“30”端子→点火开关 D→点火开关“15”端子→中央线路板 A_8 端子→中央线路板内部线路→中央线路板 D_{23} 端子→点火线圈 N 的“15”端子→点火控制器“4”端子→点火控制器 N_{41} 内部电路→点火控制器“2”端子→电路代号 10→搭铁→蓄电池负极。

(2) 点火线圈初级绕组线路

蓄电池 A 正极端子→中央线路板单端子插座 P 端子→中央线路板内部线路→中央线路板单端子插座 P 端子→点火开关“30”端子→点火开关 D→点火开关“15”端子→中央线路板 A_8 端子→中央线路板内部线路→中央线路板 D_{23} 端子→点火线圈“15”端子→点火线圈 N 的初级绕组→点火线圈“1”端子→点火控制器 N_{41} 的“1”端子→点火控制器内部大功率三极管→点火控制器“2”端子→电路代号 10→搭铁→蓄电池负极。

3. 桑塔纳系列轿车充电系统线路的识读

桑塔纳系列轿车充电系统线路参见图 8-24(a)所示。交流发电机为整体式外搭铁型。当启动发动机或发动机正常运转时,充电系统工作,点火开关 D 的“30”端子与“15”端子接通。

(1) 充电指示灯及发电机磁场绕组线路

蓄电池 A 正极端子→中央线路板单端子插座 P 端子→中央线路板内部线路→中央线路板单端子插座 P 端子→点火开关“30”端子→点火开关 D→点火开关“15”端子→组合仪表盘下方 28 端子插接器的“11”端子(有的车型为 14 端子插接器的“14”端子)→两只并联电阻和充电指

示灯 K_2→组合仪表盘下方 28 端子插接器的“26”端子（有的车型为 14 端子插接器的“12”端子）→中央线路板 A_{16}端子→中央线路板内部线路→中央线路板 D_4 端子→单端子插接器 T_1（蓄电池旁边）→交流发电机 D+端子→交流发电机 C 磁场绕组→电子调节器功率管→电路代号 3→搭铁→蓄电池负极。

(2) 整体式交流发电机充电线路

交流发电机 B+端子→起动机“30”端子→蓄电池 A 正极→蓄电池→蓄电池负极→电路代号 5→搭铁→电路代号 3→发电机负极。

4. 桑塔纳系列轿车停车灯线路的识读

停车灯线路参见图 8-24(a)、图 8-24(d)所示。左侧停车灯线路为：蓄电池 A 正极→中央线路板单端子插座 P 端子→中央线路板内部线路→中央线路板单端子插座 P 端子→点火开关 D 的“30”端子→点火开关第三掷→点火开关 P 端子→停车灯开关 E_{19} 的 P 端子→停车灯开关 E_{19}→停车灯开关 E_{19} 的 PL 端子→下转电路代号 97（方框内数字 97 表示）处、导线端子的电路代号为 25（图 8-24(d)）的导线→车灯开关 E_1 的 58L 端子→中央线路板 B_{27} 端子→熔断器 S_7→中央线路板 E_9 端子（另一路经 C_4 端子→左前停车灯 M_1）→左后停车灯 M_4→电路代号 110→搭铁→蓄电池负极。

右侧停车灯线路为：蓄电池 A 正极→中央线路板单端子插座 P 端子→中央线路板内部线路→中央线路板单端子插座 P 端子→点火开关 D 的“30”端子→点火开关第三掷→点火开关 P 端子→停车灯开关 E_{19} 的 P 端子→停车灯开关 E_{19}→停车灯开关 E_{19} 的 PR 端子→下转电路代号 99（方框内数字 99 表示）处、导线端子电路代号 27（图 8-24(d)）的导线→车灯开关 E_1 的 58R 端子→中央线路板 B_{26} 端子→熔断器 S_8→中央线路板 E_{18} 端子（另一路经 C_{14} 端子→右前停车灯 M_3）→右后停车灯 M_2→电路代号 110→搭铁→蓄电池负极。

5. 桑塔纳系列轿车转向与报警信号系统线路的识读

转向与报警信号线路既受点火开关 D 控制，也受转向灯开关 E_2 控制，还受报警灯开关 E_3 控制，参见图 8-24(a)、图 8-24(f)所示。

(1) 左转向信号灯线路

汽车行驶过程中需要指示左转向时，向后拨动组合手柄开关，其转向灯开关 E_2 的 49a 端子与 L 端子接通，左转向信号灯线路如下。

蓄电池 A 正极端子→中央线路板单端子插座 P 端子→中央线路板内部线路→中央线路板单端子插座 P 端子→点火开关“30”端子→点火开关 D→点火开关“15”端子→中央线路板 A_8 端子→中央线路板内部线路→熔断器 S_{19}（图 8-24(f)）→中央线路板 A_{13} 端子→仪表盘下方 29 端子插接器 8 端子→报警灯开关 E_3“15”端子→报警灯开关“49”端子→仪表盘下方 29 端子插接器“6”端子→中央线路板 A_{18} 端子→复合式闪光器 J_2 触点→中央线路板 A_{10} 端子→仪表盘下方 29 端子插接器“25”端子→转向灯开关 E_2 的 49a 端子→转向灯开关 E_2→E_2 的 L 端子→中央线路板 A_{20} 端子→中央线路板内部线路→中央线路板 C_{19}（左后转向信号灯线路经 E_6 端子）→左前转向信号灯 M_5（左后转向信号灯 M_6）→搭铁→蓄电池负极。由于转向信号灯电路受闪光继电器 J_2 触点控制，在闪光继电器内部电路的作用下，信号灯以 90 次/min～100 次/min 的频率闪烁，指示汽车转弯方向。

(2) 右转向信号灯线路

当汽车行驶过程中需要指示右转向时，向前拨动组合手柄开关，其转向灯开关 E2 的 49a 端子与 R 端子接通，右转向信号灯线路如下。

蓄电池 A 正极端子→中央线路板单端子插座 P 端子→中央线路板内部线路→中央线路板单端子插座 P 端子→点火开关"30"端子→点火开关 D→点火开关"15"端子→中央线路板 A_8 端子→中央线路板内部线路→熔断器 S_{19}(图 8-24(f))→中央线路板 A_{13} 端子→仪表盘下方 29 端子插接器"8"端子→报警灯开关 E_3 的"15"端子→报警灯开关 E_3→报警灯开关"49"端子→仪表盘下方"29"端子插接器"6"端子→中央线路板 A_{18} 端子→复合式闪光器 J_2 触点→中央线路板 A_{10} 端子→仪表盘下方"29"端子插接器 25 端子→转向灯开关 E_2 的 49a 端子→转向灯开关 E_2→E_2 的 R 端子→中央线路板 A_7 端子→中央线路板内部线路→中央线路板 C_8(右后转向信号灯经 E_{11} 端子)→右前转向信号灯 M_7(右后转向信号灯 M_8)→搭铁→蓄电池负极。在闪光继电器 J_2 内部电路的控制下,信号灯以 90 次/min～100 次/min 的频率闪烁,指示汽车转弯方向。

(3) 故障报警灯线路

当汽车故障停车或有紧急情况需要发出报警信号时,按下报警灯开关 E_3,报警灯开关 E_3 的 R 和 L 端子都接通电源。报警灯线路如下。

向蓄电池 A 正极端子→中央线路板单端子插座 P 端子→中央线路板内部线路→中央线路板"30"号电源线→熔断器 S_4(图 8-24(f))→中央线路板 B_{28} 端子→仪表盘下方 29 端子插接器"9"端子→报警灯开关 E_3 的"30"端子→报警灯开关→报警灯开关"49"端子→仪表盘下方"29"端子插接器"6"端子→中央线路板 A_{18} 端子→复合式闪光器 J_2 触点→中央线路板 A_{10} 端子→仪表盘下方"29"端子插接器"25"端子→报警灯开关 49a 端子→报警灯开关→报警灯开关 R(左转向信号灯经 L)端子→中央线路板 A_7 端子(左转向信号灯经 A_{20} 端子)→中央线路板内部线路→中央线路板 C_8、E_{11} 端子(左转向信号灯经 C_{19}、E_6 端子)→右前转向信号灯 M_7 和右后转向信号灯 M_8(左前转向信号灯 M_5 和左后转向信号灯 M_6)→搭铁→蓄电池负极。在闪光继电器 J_2 内部电路的控制下,4 只转向信号灯以 90 次/min～100 次/min 的频率同时闪烁,发出报警信号。

思　考　题

(1) 全车线路通常由哪几个系统的线路组成?

(2) 全车线路常用器材有哪些?

(3) 汽车电器线路用导线分为哪两种? 低压线有哪些? 高压线有哪些?

(4) 汽车用导线根据哪些要求进行选择?

(5) 汽车用普通导线的横截面积主要根据什么条件进行选择? 汽车电器系统中所用导线的截面积不得小于多少?

(6) 为什么在选择汽车用导线的横截面积时,必须考虑通过线路的电压降? 整车电路的总电压降(不计接触电阻)最大允许值是多少? 当发电机以额定负载工作时,电源线的电压降最大允许值是多少? 当起动机通过制动电流时,电压降的最大允许值是多少?

(7) 汽车用低压导线常以不同颜色进行区分,什么导线采用单色? 什么导线采用双色? 搭铁线采用什么颜色?

(8) 全车线路图中标注的数字和字母符号的含义是什么? 2.5RY、1.0RW 表示什么意思?

(9) 启动电缆的横截面积有哪几种规格? 在启动电缆上每 100A 电流产生的电压降不得超过多少?

(10) 汽车常用搭铁电缆(搭铁线)的长度有哪 4 种规格?

(11) 塑料芯导线式高压线的标准电阻值是多少?

(12) 电器开关的功用是什么?按操纵方式不同,汽车电器开关分为哪几种类型?

(13) 什么是继电器?按用途不同,汽车用继电器分为哪两种类型?按外形不同分为哪两种类型?按插接端子多少分为哪两种类型?

(14) 根据触点的状态不同,继电器分为哪 3 种类型?

(15) 什么是保险器?保险器的功用是什么?怎样使用?

(16) 汽车广泛使用的保险器有哪 3 种?

(17) 熔断器的熔断丝(或片)由什么材料制成?汽车常用熔断器有哪两种?

(18) 玻璃管式和插片式熔断器的额定电流有哪几种?目前,汽车普遍使用的塑料插片式熔断器有哪 5 种?其塑料片分别是什么颜色?

(19) 更换熔断器时,必须注意什么问题?

(20) 什么是易熔线?易熔线的绝缘护套分为哪 4 种颜色?分别表示的熔断电流各是多少?

(21) 易熔线一般连接在什么部位?使用易熔线时,必须注意什么问题?

(22) 在电器部件或设备损坏需要更换时,怎样选择电器配件?

(23) 汽车电路图的表达方法有哪几种?

(24) 识读汽车电路图的必要条件是什么?全车电路的连接原则是什么?

(25) 汽车线路图的识读方法是什么?

参 考 文 献

[1] 边焕鹤．汽车电器与电子设备[M]．北京：人民交通出版社，1997.

[2] 秦明华．汽车电器与电子技术[M]．北京：北京理工大学出版社，2003.

[3] 付瑞恒．汽车使用与维修[M]．北京：国防工业出版社，2000.

[4] 陈家瑞．汽车构造[M]．北京：人民交通出版社，1995.

[5] 寇国瑗．汽车电器与电子控制系统[M]．北京：人民交通出版社，1999.

[6] 姚海彬．电工技术[M]．北京：高等教育出版社，1999.

[7] 刘振闻．汽车电器与电子技术[M]．北京：人民交通出版社，2000.

[8] 赵琢．汽车电控燃油喷射系统的运用与检修[M]．北京：人民交通出版社，1996.

[9] [日]ABS株式会社 山海堂．汽车制动防抱死装置(ABS)构造与原理[M]．李朝禄，刘荣华，译．北京：机械工业出版社，1995.

[10] 姚国平．桑塔纳2000/桑塔纳电气系统使用与维修[M]．北京：北京理工大学出版社，1999.

[11] 孟嗣宗，崔艳萍．现代汽车防抱死制动系统和驱动力控制系统[M]．北京：北京理工大学出版社，1997.

[12] 李春明．捷达/捷达王电气系统使用与维修[M]．北京：北京理工大学出版社，1999.

[13] 李春明．奥迪/红旗电气系统使用与维修[M]．北京：北京理工大学出版社，1999.

[14] 董辉．汽车用传感器[M]．北京：北京理工大学出版社，2000.

[15] 何渝生，石晓辉，等．汽车电子技术及控制系统[M]．北京：国防工业出版社，1997.

[16] 张宝诚，等．汽车电子技术与维修[M]．北京：国防工业出版社，1998.

[17] 李明才，等．汽车电工技术手册[M]．南京：江苏科学技术出版社，1997.

[18] 吉永棋，刘建国．汽油喷射发动机的原理与检修[M]．重庆：重庆大学出版社，1996.

[19] 陈德宜．新型汽车电子装置结构原理检修[M]．福州：福建科学技术出版社，1997.

[20] 林平．汽车电子控制汽油喷射系统结构原理检修[M]．福州：福建科学技术出版社，1996.

[21] 武仁．新编桑塔纳轿车维修手册[M]．北京：中国物资出版社，1993.

[22] 杨润斌．进口轿车电路维修手册[M]．北京：中国物资出版社，1997.

[23] 肖超胜，等．丰田汽车维修手册底盘新技术新结构[M]．沈阳：吉林科学技术出版社，1996.

[24] 张月相，等．自动变速器系统的原理和检修[M]．哈尔滨：黑龙江科学技术出版社，1996.

[25] TTME. TOYOTA8A-FE发动机维修手册[M]．天津：天津丰田汽车发动机有限公司，1998.

[26] CROWN REPAIR MANUAL FOR CHASSIS AND BODY[M]. JAPAN：TOYOTA MOTOR CORPORATION，1991.

[27] CAMRY REPAIR MANUAL VOLUME 2. [M]. JAPAN：TOYOTA MOTOR CORPORATION，1993.

[28] PREVIA REPAIR MANUAL. [M]. JAPAN：TOYOTA MOTOR CORPORATION，1992.

[29] LEXUS LS400 REPAIR MANUAL. [M]. JAPAN：TOYOTA MOTOR CORPORATION，1994.

[30] CHRISTOPHER O. NWAGBOSO. AUTOMOTIVE SENSORY SYSTEMS. [M]. NEW YORK：CHAPMAN AND HALL，1993.

[31] TOM DENTON. AUTOMOBILE ELECTRICAL & ELECTRONIC SYSTEMS. 1ST ED[M]. LONDON：EDWARD ARNOLD，1995.